中小企業支援・政策システム

―― 金融を中心とした体系化 ――

村本 孜

はしがき

　イノベーションの必要性が言われて久しい。平成デフレの克服とともに、長期的課題である総人口が減少する社会への備えが求められている。人口減少は、国全体の総人口減（パイの縮小）という問題と、地方から大都市部への人口移動による地方部での著しい人口減少（地方部の疲弊）という問題を提起する。人口減の著しい地域では経済活動が弱体化する一方、都市部へは若い世代が移住するので高齢者が取り残され、地方は超高齢社会になる。現下の政策課題が、地方創生といわれるのも、この総人口の減少と地方部での経済活動の疲弊への対応にあるからである。この地方創生こそ地域イノベーションで、その実現が最重要の課題である。
　地域イノベーションは、イノベーションのコンテクストからすれば、単に技術革新や経営革新に集約されるものではない。社会や生活そのもののイノベーションこそ、地方創生に繋がるものである。特に、その担い手の存在は不可欠である。このような担い手をイノベーターというが、地方部ではイノベーター自体が存在しなかったり、存在しても有効に機能していない場合も多い。
　少なくとも経済の分野では、イノベーションを担うのは企業であり、それも機動力のある中小企業である。中小企業をイノベーターとして捉えると、すぐにベンチャー企業を思い浮かべるが、既存の中小企業もサポーティング・インダストリーとして磨いた技術・技能などによって新たな分野にイノベーターとして活躍しているケースも多い。
　地方創生・地域イノベーションのコンテクストでは、その担い手の主なプレーヤーは中小企業である。地場産業・地元企業は雇用の受け皿であるし、地域活性化の中心である。中小企業の約8割は東京以外にあるというが、この資源を地方創生に繋げることこそ重要で、その鍵は自治体、地域金融機関にもある。

「地域のことは地域に聞け」だからである。

　ここ30年という視点では、人口減少だけでなく、企業数の減少も重要である。日本では人口が増加している時期にも企業数は減少しており、その大半は中小企業である。1980年代に530万社を数え企業数は、直近で385万社まで減少してきた。無論、新たな起業も多いのだが、それ以上に廃業する企業の方が多い。今こそ、経済の下支えをする「中小企業に光を」である。

　1990年代以降グローバリゼーションが進み、大手企業は製造業を中心に生産の海外移転を進めた。部品供給する多くの中小企業も海外進出を進める一方、中小製造業も海外に進出した。これらは、有力製造企業の下請けである場合もある（サプライチェーン型企業）。

　他方、地域で活躍する中堅中小企業も多く、特定の製品分野で国内外に高いシェアと収益力をもつニッチトップ企業、かつグローバル展開するグローバル・ニッチトップ企業が数千社規模で存在する。ニッチトップ企業は、企業戦略として市場のセグメンテーションを通じて自らが生み出したニッチ市場で高いシェアを有し、オンリーワンの存在となっている。このような企業を含む地域中核企業（コネクターハブ企業）は、牽引役としての役割を期待され、地域イノベーションの担い手である。さらに、東京の大田区や東大阪等の中小企業集積に見られる独自の技術を持ち、中小の製造業者同士が対等な立場で受発注する「横請け」を行う企業群もある。

　ところが、地方で7割を占める非製造業は国内に留まらざるを得ず、種々の困難に直面してきた。地域には、観光業を中心とするコングロマリット企業（ホテル、バス、タクシー、土産業、ゴルフ場などを構成）も地域では有力な企業である一方、地場産業・伝統産業として地域に貢献する企業も多い。

　このように、地域イノベーションを担う企業にはさまざまなタイプの企業がある。地方では、規模の小さい企業も多いので、小規模企業振興基本法が、2014年に制定され、そのイノベーターとしての役割に期待が集まっている。このようなイノベーターとしての中小企業を支援する体制は、1999年の中小企業基本法の改正以降種々整備されてきた。中小企業を二重構造の下部組織と

して捉え、その組織的な脆弱性の是正を意図した改正前基本法は、弱者救済的な色彩が強かったが、改正基本法はイノベーティブな中小企業の支援・育成に力点が置かれ、イノベーションの担い手として位置付けられた。中小企業に対する支援・育成も、小規模共済・倒産防止共済のようなセイフティネット整備、研修によるボトムアップ、政策的直接融資による資金支援などの政策システムから、民間資金の誘導、新事業創出支援を研究開発から販路支援まで行う地域プラットフォーム事業、世界に通用する国際競争力を持つ産業・企業を創出する産業クラスター・プロジェクト、新連携・農商工連携などの諸施策が展開された。この改正基本法の下での施策の理念を整理したのが、2010年の中小企業憲章制定であり、改正基本法で十分対応できなかった小規模企業を支援するのが小規模企業振興基本法である。

このような中小企業基本法改正以降のイノベーターとしての中小企業支援システムを広く支えたのが金融の体系である。中小企業金融政策といえば、従来、中小企業金融公庫・国民生活金融公庫・商工組合中央金庫の3機関による直接融資による政策誘導・支援であった。基本法改正以降は、民間融資を支援する公的信用補完制度（公的信用保証）が車の両輪的な機能を果たすようになる一方、リスクマネーの供給を行うシステムとしてのベンチャー・ファイナンスが整備された。さらに、中小企業の取引費用を軽減する仕組みとして、電子記録債権、過度の不動産担保に替わるABL、個人保証の軽減化、自己資本不足に対応する資本性借入制度、間接金融を補完する市場型間接金融である証券化、企業価値を明確にする中小企業会計と非財務情報を表す知的資産経営などが整備され、中小企業金融の抜本的改善が図られた。他方、金融庁の地域密着型金融行政（リレーションシップ・バンキング）が、民間金融機関の地域金融の活性化を促した。

本書は、このような中小企業基本法改正以降の中小企業支援・政策システムを金融の側面から体系化することを意図している。この点で、経済産業研究所の『通商産業政策史』は2000年までを網羅するが、21世紀についての研究成果はない。この点で、本書は未開拓の分野の整理となるといえよう。

目　次

はしがき

序　章　本書の構成と概要 ……1

第1章　日本型モデルとしての中小企業支援・政策システム ……17
　　　　──中小企業金融を中心した体系化

　第1節　はじめに──中小企業支援とその政策　……17

　第2節　中小企業政策　……19
　　1　中小企業基本法の全面改正　……19
　　2　改正基本法の理念　……22
　　3　中小企業憲章　……23

　第3節　中小企業政策・支援施策　……25
　　1　中小企業支援策　……25
　　2　中小企業金融支援──政策誘導効果・補助金効果等　……26
　　　(1)　政策金融機関の直接融資　……26
　　　(2)　信用補完制度──民間融資の誘導・促進効果　……27
　　　(3)　地方自治体の制度融資　……32
　　3　民間金融の促進行政　……33

　第4節　中小企業金融の新たな手法──担保の拡大と知的資産　……35

1　検討のプロセス　……35
2　動産担保の活用　……36
　(1)　売掛債権担保融資　……36
　(2)　ABL　……37
3　CRD――リスク・データベースの構築　……41
　(1)　CRD　……41
　(2)　CRD 以外のリスク・データベース　……43
4　定性情報の把握――知的資産・知的資産経営報告　……44
　(1)　知的資産・知的資産レポーティング　……44
　(2)　統合報告書　……45

第5節　中小企業金融の新たなインフラ　……48
1　市場型間接金融　……48
　(1)　複線的金融システムと市場型間接金融　……48
　(2)　市場型間接金融の手法　……50
　(3)　中小企業金融公庫（日本政策金融公庫）の証券化・同支援業務
　　　　――民間融資の促進効果、リスク低減効果　……53
2　電子記録債権　……55
　(1)　電子記録債権　……55
　(2)　記録機関　……57
　(3)　二つの電子記録債権　……58
3　個人保証の問題　……59
　(1)　中小企業金融における個人保証――個人保証の機能と問題点　……59
　(2)　債権保全における個人保証の限界　……62
　(3)　経営者本人保証の限定　……63
4　資本性負債（DDS、劣後ローン）　……64
　(1)　擬似エクイティ　……64
　(2)　資本性借入金（DDS）の活用　……65

(3)　金融検査マニュアルの改訂　……66

　5　ベンチャー・ファイナンス　……67

　　　(1)　ベンチャー・ファイナンス　……67

　　　(2)　中小企業基盤整備機構のベンチャー・ファンド　……70

　　　(3)　クラウドファンディング　……73

　6　中小企業会計・会計参与　……76

　　　(1)　中小企業会計　……76

　　　(2)　会計参与　……78

第6節　結び法　……79

　補記　中小企業金融円滑化法　……80

　　　(1)　金融危機と金融円滑化法　……80

　　　(2)　金融行政上の返済猶予措置　……82

　　　(3)　実績　……83

　　　(4)　金融円滑化法の有効性　……84

　　　(5)　金融円滑化法の期限終了　……86

第2章　中小企業憲章の制定とその意義　……107
　　　——中小企業政策のイノベーション

1節　はじめに　……107

第2節　憲章の位置付け　……110

　1　憲章の意味　……110

　2　日本における憲章の事例　……111

　　　(1)　児童憲章　……112

　　　(2)　自然保護憲章　……113

　　　(3)　仕事と生活の調和（ワーク・ライフ・バランス）憲章　……113

ix

    3　国際的な憲章の例　……115
      (1)　国際連合憲章（Charter of The United Nations）　……115
      (2)　アセアン憲章（ASEAN Charter）　……116
      (3)　EU 基本権憲章（Charter of Fundamental Rights of The European Union）　……117
      (4)　エネルギー憲章（Energy Charter）　……117
      (5)　ボローニュ憲章（The Bologna Charter on SME Policies）　……117
      (6)　オリンピック憲章（Olympic Charter）　……117

  第3節　ヨーロッパの中小企業憲章　……118
    1　欧州小企業憲章（European Charter for Small Enterprises）　……118
    2　欧州小企業議定書（"Think Small First": Small Business Act for Europe）　……121

  第4節　中小企業憲章の策定の動向　……122
    1　中小企業憲章制定運動　……122
    2　中小企業憲章制定を支持する議論　……124
      (1)　吉田（2005）論文　……124
      (2)　三井（2005）論文　……126
    3　2010年「中小企業憲章」制定以後の対応──全商連の「日本版・小企業憲章」の提案　……129

  第5節　中小企業基本法との関係　……129
    1　中小企業基本法　……129
      (1)　中小企業基本法とその改正　……129
      (2)　改正基本法の理念　……131
      (3)　小規模企業振興基本法との関係　……132
    2　小規模企業政策　……133
      (1)　改正前・改正基本法における小規模企業　……136
      (2)　小規模企業政策研究会　……137

(3) 小規模企業政策の方向 ……141

第6節 「中小企業憲章」……144
　1 "中小企業憲章"に関する研究会 ……144
　2 前文 ……147
　3 基本理念 ……148
　4 基本原則 ……149
　5 行動指針 ……150
　6 結び ……153

第7節 "ちいさな企業"未来部会とりまとめ ……159
　1 未来部会の基本認識 ……159
　2 小規模企業の理念・施策の方針・定義の弾力化、中核となる政策課題……162
　　(1) 理念・施策の明確化と定義の精緻化・強化 ……162
　　(2) 中核となる政策課題 ……163
　3 小規模企業振興基本法 ……166
　　(1) 小規模企業振興基本法の制定 ……166
　　(2) 小規模基本法の内容 ……166

第8節 結び ……168

第3章　イノベーティブな企業の育成・支援 ……177
　　——ベンチャー・ファイナンス

第1節　はじめに ……177

第2節　金融イノベーション ……179

1　情報の非対称性と金融システム　……179
　2　逆選択とモラル・ハザード　……181
　3　金融イノベーション　……182

第3節　イノベーションの金融的支援　……186
　1　高橋泰蔵の所説　……186
　2　シュンペーターの『経済発展の理論』（初版〔1912〕、第2版〔1926〕）……187
　3　シュンペーターの『経済発展の理論』における金融機能　……189
　4　シュンペーター『資本主義・社会主義・民主主義』（1942）　……190
　5　小括　……191

第4節　イノベーションの金融手法　……192
　1　イノベーションと中小企業　……192
　　(1)　イノベーションの担い手　……192
　　(2)　ベンチャー企業の抱えるリスク　……194
　2　ベンチャー・ファイナンス　……197
　3　中小企業基盤整備機構のベンチャー・ファンド　……199
　4　ベンチャー・ファナンスの改革に向けて　……200
　　(1)　ベンチャー・ファナンスの特性　……200
　　(2)　融資の問題　……201
　　(3)　ベンチャー向け資金の調達　……202
　　(4)　保証制度　……203

第5節　イノベーションとリレーションシップ・バンキング　……204
　1　イノベーションとリレバン報告　……204
　2　リレーションシップ・バンキングの補強──信用補完制度の改革　……206

第6節　ベンチャー・ファンドのパフォーマンス──中小機構のファンドの例

……208
1　ベンチャー・ファイナンス研究　……208
　(1)　ベンチャー・キャピタル　……208
　(2)　日本のベンチャー・キャピタル　……210
　(3)　ベンチャー・キャピタルに関する先行研究　……212
　(4)　ベンチャー・キャピタルの審査能力に関する先行研究　……213
　(5)　銀行系ＶＣと独立系ＶＣのパフォーマンス──アメリカの実証研究
　　　　……215
　(6)　日本の実証研究　……216
2　中小企業基盤整備機構のベンチャー・ファンドの実証研究　……220
　(1)　中小機構のベンチャー・ファンド研究の意図　……220
　(2)　研究結果の概括　……222
3　分析の結果　……225
　(1)　基礎分析の概要　……225
　(2)　政策の有効性　……227
4　ファンド投資によるベンチャー企業の成長促進効果　……228
　(1)　ファンドの特性　……228
　(2)　中小機構ファンドの特徴 ─時系列的分析　……235
　(3)　小括　……245
5　中小機構ベンチャー・ファンドの雇用創出効果 ──比較静学的分析　……247
　(1)　全体的傾向　……247
　(2)　規模別効果──従業員・売上高・投資規模　……247
　(3)　ファンド設立後の経過年数別効果　……249
　(4)　投資先企業の業種分類別効果　……253
　(5)　ファンドの累計別効果　……253
　(6)　地域別効果・GP別効果　……253
　(7)　ハンズオンの効果　……255
　(8)　機構関与効果　……255

xiii

第 7 節　まとめ ……258

第 4 章　信用補完制度の改革 ……273

第 1 節　信用補完制度──民間融資の誘導・促進効果 ……273
　1　信用補完 ……273
　2　信用補完制度の問題点 ……278
　3　信用補完制度の補助金効果──特別保証の例 ……280
　　(1)　特別保証 ……280
　　(2)　特別保証の損失額と政府出資──補助金効果 ……282
　　(3)　会計検査院の指摘 ……283
　4　特別保証に対する評価──信用保証制度の経済効果 ……285
　　(1)　特別保証の効果 ……285
　　(2)　肯定的な評価 ……287
　　(3)　特別保証に関するネガティブな評価 ……288
　5　特別保証の以後の措置──緊急保証等 ……296

第 2 節　信用補完制度の改革 ……298
　1　信用保証の固有の課題──再論 ……298
　2　中政審『信用補完制度のあり方に関するとりまとめ』報告の概要 ……299
　　(1)　検討の概要 ……299
　　(2)　中小企業政策審議会の検討──検討の経緯 ……302

第 3 節　中政審報告の内容 ……305
　1　包括的な運用改善による利用者の利便性向上 ……305
　　(1)　保証協会の機能──経営支援・再生支援に係る金融関連サービスの強化 ……305

(2)　企業再生との関連　……306
　2　保証制度の多様化・柔軟化のための見直し　……308
　　(1)　担い手の多様化　……308
　　(2)　不動産担保や保証人に過度に依存しない保証　……308
　3　保証料率の弾力化　……310
　4　事務効率化等　……311
　　(1)　保証協会の事務の簡素化・効率化　……311
　　(2)　免責条項の解釈の統一　……312
　　(3)　回収の合理化　……313
　　(4)　リスク評価システムの活用　……314

第4節　中政審報告──金融機関との適切な責任分担と協調のあり方……315
　1　保証協会と金融機関との責任分担の必要性　……315
　2　具体的方策　……316
　3　信用補完制度の運営規律の強化と適切な評価　……317
　　(1)　保証協会の運営規律の強化　……317
　　(2)　中小公庫（現日本政策金融公庫）保険部門の運営規律の強化　……318
　　(3)　金融機関の制度利用に係る規律の強化　……319
　　(4)　中小企業者による自律的発展　……319
　　(5)　経済産業省による適切な指導・監督　……320

第5節　まとめ　……321

第5章　中小企業向け融資の金融インフラの整備 ……337
　　　──電子記録債権・ABL

　第1節　はじめに ……337

　第2節　電子記録債権──新たな金融インフラ⑴ ……338
　　1　電子記録債権 ……338
　　2　実務的措置 ……342
　　3　電子記録債権の導入の意味 ……344
　　　⑴　電子記録債権の導入の意味 ……344
　　　⑵　決済システムとしてのでんさいネット等 ……345
　　　⑶　中小企業金融に与える影響 ……346

　第3節　ABL──新たな金融インフラ⑵ ……348
　　1　中小企業向け融資の手法 ……348
　　2　日本でのABLの議論 ……352
　　3　ABLの法的側面 ……354

　第4節　むすび ……355

第6章　市場型間接金融を活用する中小企業金融 ……359
　　　──証券化

　第1節　はじめに ……359

　第2節　単線的金融システムから複線的金融システムへ ……361
　　1　産業金融モデルの有効性 ……361
　　2　単線的金融システムの課題 ……362

目　次

第 3 節　金融機能のアンバンドリング　……363
 1　市場型間接金融とアンバンドリング（融資の機能分化）　……363
 2　中小企業貸出のアンバンドリング　……365

第 4 節　市場型間接金融　……365
 1　リレーションシップ・バンキングと市場型間接金融　……365
 2　リレーションシップ・バンキングの補完　……367
 3　市場型間接金融の手法　……368
 4　証券化の展開　……370

第 5 節　中小企業金融における市場型間接金融　……373
 1　リレーションシップ・バンキングの強化・補完　……373
 2　クレジット・デリバティブ、シンセティック型証券　……374
 3　クレジット・スコアリングによるリレーションシップ・バンキングの補完　……375
 4　信用リスク・データの整備によるリレーションシップ・バンキングの補完　……378
 5　政策金融の役割　……379

第 6 節　まとめ　……380

第 7 章　金融インフラの新たな手法としての資本性借入（DDS）　……383
　　　　　──金融イノベーションの視点から

第 1 節　はじめに　……383

第 2 節　「新しい中小企業金融の法務に関する研究会報告」（2003 年 7 月 16 日）　……385
 1　検討の背景　……385

2　「新しい中小企業金融の法務に関する研究会」の概要 ……388
　　3　資本性債務（DDS：劣後ローン） ……388
　　　⑴　中小企業金融当事者のニーズ ……388
　　　⑵　リスクマネー供給 ……389
　　　⑶　資本的性格の資金（DDS、劣後ローン） ……390

　第3節　DDSの基本的モデル ……392
　　1　DDSの要件──基本的考え方 ……392
　　2　具体的な金融商品 ……393
　　　⑴　株式型 ……393
　　　⑵　債務型 ……394
　　3　活用の考え方 ……396

　第4節　バーゼル合意（BIS自己資本比率規制）──自己資本比率規制と資本性借入 ……397
　　1　バーゼル合意（BIS規制） ……397
　　2　自己資本（分子）の項目──金融機関における資本性借入の扱い ……398
　　3　バーゼルⅢ ……401

　第5節　資本性借入金（DDS）の活用 ……403
　　1　金融検査マニュアルの運用の明確化 ……403
　　　⑴　2004年6月の改訂──資本的劣後ローンの新規規定 ……403
　　　⑵　2008年3月の改訂──「准資本型資本的劣後ローン」の導入 ……406
　　　⑶　2008年10月の改訂──中小企業再生支援協議会版「資本的借入金」等 ……408
　　　⑷　2011年11月の改訂──「准資本型資本的劣後ローン」の活用促進 ……409
　　2　中小企業金融円滑化法との関連 ……413
　　　⑴　中小企業金融円滑化法の成立 ……413
　　　⑵　返済猶予措置 ……414
　　　⑶　事業再生とDDS ……415

第 6 節　むすび――個人保証について　……417
　1　個人補償と信用補完　……417
　2　個人保証の機能と問題点　……419
　3　民法（債権関係）の改正と個人保証　……420

第 8 章　ソフト情報としての知的資産と統合報告　……429

第 1 節　はじめに　……429

第 2 節　知的資産経営（報告書）――不動産担保・人的保証に依存しない金融の例……433
　1　知的資産経営　……433
　2　企業価値の把握　……434
　　⑴　企業価値　……434
　　⑵　知的資産経営の意義　……435
　3　知的資産経営の考え方　……435

第 3 節　知的資産経営研究　……437
　1　知的資産研究と各国の対応　……437
　　　――MERITUM（2002）、DMSTI（2003）、PRISM（2003）
　　⑴　MERITUM（2002）　……437
　　⑵　DMSTI（2003）　……438
　　⑶　PRISM（2003）　……439
　2　アメリカでの研究　……439
　3　RICARDIS（2006）　……441
　4　ドイツなどの試み　……442
　　⑴　ドイツ　……442

(2)　スウェーデン　……442
　　(3)　オーストラリア　……443
　　(4)　フランス　……443
　5　資本主義観との関係　……444

第4節　中小企業知的資産経営　……446
　1　中小企業知的資産経営　……446
　　(1)　企業価値の把握　……446
　　(2)　ソフト情報・定性情報・非財務情報 ──知的財産との相違　……447
　　(3)　金融機関との関係において　……448
　2　知的資産経営報告書　……449
　3　『中小企業のための知的資産経営マニュアル』(2007年3月)　……452
　4　地域金融機関への期待　……452
　5　『中小企業のための知的資産経営実践の指針』(2008年10月)　……454
　6　小活　……458

第5節　統合報告書(Integrated Report)の考え方　……459
　1　統合報告書──財務情報と非財務情報を統合する新しい潮流　……459
　2　IIRCのディスカッション・ペーパー(2011年9月)　……461
　3　「統合」の意味　……463

第6節　日本での議論　……467
　1　知的資産報告書の状況　……467
　2　無形資産の学界での議論　……467
　3　金融行政上の要請(ソフト情報の把握)　……469

第7節　むすび　……471

第9章　事業承継・事業再生の金融 ……483

第1節　はじめに ……483

第2節　事業承継の必要性 ……485
　1　経営者の高齢化 ……485
　2　事業承継と財務状況──黒字でも廃業の危機 ……488
　3　事業承継の実態 ……493
　4　事業引継ぎの課題 …… 496

第3節　事業承継と人材マッチング ……496
　1　外部人材の活用 ……496
　2　人材マッチング ……499
　3　新現役の活動を容易化するために ……502

第4節　事業承継の金融 ……506
　1　事業承継の政策的課題 ……506
　2　経営承継円滑化法の措置 ……508
　3　事業承継税制（経営承継円滑化法第12条） ……509
　4　金融支援措置（経営承継円滑化法第12─14条） ……511
　5　MBO・EBO支援の金融 ……513

第5節　事業承継に関する先行研究 ……516
　1　先行研究 ……516
　2　安田・許（2005） ……518

3　中小企業基盤整備機構調査（2008）……518
　　4　帝国データバンク調査（2013）……522
　　5　小括　……522

第6節　事業再生　……523
　　1　事業再生問題　……523
　　2　事業再生の担い手　……525
　　3　中小企業再生支援協議会の概要　……528
　　4　中小企業再生支援事業再生の評価　……533
　　6　事業再生ファンド　……535

第7節　中小企業の経営支援のための政策パッケージ　……539
　　1　金融円滑化法の最終延長を踏まえた政策パッケージ　……539
　　2　地域経済活性化支援機構と中小企業再生支援協議会の機能・連携の強化　……543
　　3　その他経営改善・事業再生支援の環境整備　……547
　　4　政策パッケージ（出口戦略）の意味するところ　……548
　　5　新しい金融モニタリング（2013年9月、2014年9月）　……550

第8節　事業再生の経済理論　……552
　　1　事業再生の経済理論　……552
　　2　メインバンクの機能　……553
　　3　協調の失敗　……555

第9節　まとめ——事業再生の金融理論　……556

序章
本書の構成と概要

1　本書の視点

　経済の構造を分析する場合、製造業に典型的なように、リーディング・インダストリーとそれを支えるサポーティング・インダストリーという二層構造（2-Tier System）の視点が重要である。大まかに言えば、リーディング・インダストリーを構成するのが大企業群であり、それを支えるサポーティング・インダストリーは中小企業によって構成される。サポーティング・インダストリーをサプライヤーとして捉えると、部品メーカー群として整理可能であるが、サプライヤーの構造も複層的であり、一次部品メーカー（Tier1）は規模も大きい企業も多い。Tier1 に部品供給する Tier2、Tier2 に部品供給する Tier3 等々の構造（裾野産業）が形成されており、サポーティング・インダストリーは電機・自動車・航空機等の高度な工業製品製造を支える膨大な部品・周辺製品を製造し、モノ作りの基盤技術を持つ一連の企業群でもある（金型・鋳造・鍛造・

鍍金・プレス・金属加工等)。

　サポーティング・インダストリーは、製造業では部品メーカー群として理解できるが、一部の一次部品メーカーを除けば、その多くは中小企業である。無論、大企業の下請けないし系列として中小企業を捉えることは、かつての高度経済成長期のモデルとしては正しいとしても、経済構造が高度化・グローバル化した経済では一面的でしかない。

　1990年代以降グローバリゼーションが進み、大手企業は製造業を中心に生産の海外移転を進めた。部品供給する多くの中小企業も海外進出を進める一方、中小製造業も海外に進出した。これらは、有力製造企業の下請けである場合もあるが、独自の経営戦略からのものも多い。このタイプの中小企業を、サプライヤー型企業と呼ぶ。

　他方、地域で活躍する中堅中小企業も多く、特定の製品分野で国内外に高いシェアと収益力を持つニッチトップ(NT)企業、かつその中で特に競争力で優れ、グローバル展開し国際市場でも存在感を有するグローバル・ニッチトップ(GNT)企業が数千社規模で存在する。ニッチトップ企業は、企業戦略として市場のセグメンテーションを通じて自らが生み出したニッチ市場で高いシェアを有し、高収益を実現して、オンリーワンの存在となっている(アッパー・ミドルといってよい)。このような企業は多数の取引先を有しており、地域経済の牽引役としての役割を期待され、地域イノベーションの担い手でもある[1]。これらのニッチ型企業を含め、地域の中で取引が集中し、地域外とも取引を行う企業で、特に地域経済への貢献度が高い企業をコネクターハブ企業(地域中核企業)という。

　さらに、東京の大田区や東大阪等の中小企業集積に見られる独自の技術を持ち、中小の製造業者同士が、対等な立場で受発注する「横請け」を行う企業群もある。各企業が技術を持ち寄り、共同で新製品を開発する場合などもあり、下請けに頼らない生産体制を指向している[2]。

　このように、サポーティング・インダストリーといっても、製造業に限っては、サプライヤー型、ニッチ型、独立型といった類型がある。製造業以外では、

表　製造業中小企業の類型

タイプ	取引先数	生産量	利益率	従業員数	事業分野	立地場所
サプライヤー型	少	多量	低位	多数	自動車等の量産部品	マーシャル型集積
ニッチトップ型	多	少量	高位	中間	製造装置、加工機械、計測・分析機器、高機能素材・部品、精密加工、特殊金型等	全国
単工程加工	中間	試作の場合ごく少量	中間	零細	試作（横請け）	大田区、東大阪等の中小企業集積

出所：細谷（2014）から作成。

　これらのタイプに含まれない中小企業群が多様に存在する。
　この他に、従来の産業からスピンアウトしたり、既存企業にとらわれず、独自に事業展開するベンチャー企業も存在し、イノベーションの担い手になっている。
　他方、地方にも多くのニッチ型企業を含むコネクターハブ企業、地場産業企業・伝統産業企業が存在するが、地方で7割を占める非製造業は国内に留まらざるを得ず、市場も限定的で種々の困難に直面している。しかし、地域には、観光業を中心とする地域コングロマリット企業（ホテル、バス、タクシー、土産業、ゴルフ場、食品スーパーなどを構成）も地域では有力な企業である。無論、これ以外にも飲食業、小売業、建設業等で小規模の企業も多く存在する。
　このように、中小企業といっても多様である。さらに、地方創生が現下の最重要政策課題になっており、地方創生こそ地域イノベーションの実現である。地域イノベーションは、イノベーションのコンテクストからすれば、単に技術革新や経営革新に集約されるものではない。社会や生活そのもののイノベー

ションこそ、地方創生に繋がるものである。特に、その担い手としてのイノベーターは中小企業に委ねられるといえよう。中小企業をイノベーターとして捉えると、直ちにベンチャー企業を思い浮かべるが、前述のように、既存の中小企業もサポーティング・インダストリーとして磨いた技術・技能などによって新たな分野にイノベーターとして活躍しているケースも多く、その類型は多様である。

本書は、このように多様化した中小企業の経営・活動を支援する政策システムを体系的に論じることを意図している。その際、金融的支援が重要であるとの観点から、中小企業金融システムに注目して議論を行う。中小企業金融システムは、2000年代に入ってから大きく変貌を遂げてきた。制度的には政策金融機関が統合されたり、公的信用保証の存在が高まったり、民間の中小企業金融支援の証券化や、民間金融機関に中小企業貸出を促進することを意図したリレーションシップ・バンキング（地域密着型金融）が推進されてきた。

その過程で、過度の担保・保証に依存しない担保制度として、不動産担保に替わる動産担保（ABL、売掛債権活用）の整備、コベナンツの活用、手形利用に替わる電子記録債権制度、信用補完制度の合理化、信用情報整備と企業格付けの合理化（CRD等）、非財務情報を把握する知的資産経営報告書、経営者本人保証を含む個人保証の軽減化なども進んだ。さらに、中小企業のうち8割を占める小規模企業の支援育成に力点を置くべく小規模企業振興基本法も整備された。

本書は、このような中小企業支援の態様を、中小企業基本法改正がその起点であったことに注目し、その体系化を金融的側面から行うものである。本書は、9章から構成される。第1、2章は全体の総括と制度を規定する法的側面を整理する。第3章から第9章は、各論でベンチャー・ファイナンス、信用補完制度、証券化、電子記録債権、ABL、知的資産経営、事業再生・事業承継等を整理する。中小企業支援システムを法的側面・制度的側面から把握・評価し、その上で個別の政策支援手法を検討することに本書の特色がある。その際、日本の中小企業支援システムが諸外国に比して先進的でかつ環太平洋地域等の成長国・発展

序章 本書の構成と概要

途上国にとって重要であることの観点から、中小企業を評価し、いかにして中小企業を育成・支援するかを、日本の中小企業支援施策・政策をサーベイすることにより明確化することを意図している。日本の中小企業支援施策・政策は、戦後70年についてだけでも、諸外国に比べてそのパフォーマンスが優れているからである[3]。厚みのある中小企業の存在は、経済発展の健全性・頑健性にとって不可欠である。この観点からすれば、中小企業を育成・支援してきた日本の経験・日本型モデルを整理しておくことは重要といえよう。中小企業の抱える「魔の川」問題、「死の谷」問題、「ダーウィンの海」問題への対応といってよく、これらの問題への対応は普遍的なものであるからである。

2 中小企業基本法改正と中小企業憲章

　2000年代以降の中小企業支援システムが大きく変貌したのは、中小企業基本法の改正が大きな起点であった。経済の二重構造問題に対応する意味をもっていた中小企業基本法が改正された1999年以降、すなわち21世紀の中小企業支援施策・政策はそれまでとは異なった展開を見せてきた。元気な中小企業を積極的に支援する方向性が明確になった。特に、中小企業金融の分野は金融の自由化・規制緩和、金融システムにおける市場型金融システムの活用すなわち複線的金融システムが整備される中で、大きな変化を遂げている。

　すでに見たように、産業構造的に見ると、中小企業には大まかに二つのカテゴリーがある。一つは、経済を牽引するリーディング・インダストリーに対して部品供給・周辺製品を供給する等を行う企業群（サプライヤー）やリーディング・インダストリーの製造を支える基盤技術を持つ幅広い裾野産業、すなわちサポーティング・インダストリーというカテゴリーである。もう一つは、従来の産業ないし企業を超克する技術を持ったイノベーティブな存在としてのベンチャー企業というカテゴリーである。

　日本経済の現状に即して整理してみよう。第二次大戦後の日本経済における

中小企業の役割としては、経済復興期・高度経済成長期に経済を主導したのは、輸出貿易を担うリーディング・インダストリーを構成する大企業であり、産業政策はもっぱら大企業の振興・支援に軸足が置かれていた。そのような状況の下で、中小企業は高度成長を主導する大企業のサポーティング・インダストリーとして機能してきた。いわゆる、下請け関係・系列関係などがその実態で、大企業からの注文を受けるなどそのサプライヤーとして機能し、大企業とともに中小企業も歩んできた経緯がある。その中で、中小企業は大企業の下請け関係から、その弊害を蒙り、種々の格差、不利な状況を強いられることになったのである。いわゆる「二重構造問題」ないし「二重構造論」として知られるものであるが、その是正が中小企業政策の課題となり高度成長期の真只中の 1963 年に「二重構造」の是正、経済取引上の不利の是正、下請け関係の弊害等を克服することを意図して、中小企業基本法が制定されたと整理できよう[4]。

これに対して、中小企業は大企業の下請けに留まらず、独立して新たな分野を開拓していく存在として認識されたのが、ベンチャー企業である。新技術や高度な知識を軸に、大企業では実施しにくい創造的・革新的な経営を展開する中小企業を指す。日本では、ほぼ 10 年置きにベンチャー・ブームが起こった（1970 年代の第一次ベンチャー・ブーム、1980 年代の第 2 次ベンチャー・ブーム、1990 年代末から 2000 年以降の第 3 次ベンチャー・ブーム）。中小企業の支援ないし政策として考えると、先の中小企業の二つのカテゴリー別にそれぞれ異なる課題があり、手法も異なる。

第 1 章では、「日本型モデルとしての中小企業支援・政策システム」を論じるが、本書全体を俯瞰する総論である。中小企業基本法の改正の意義を明確にし、その上で、日本の戦後を中心に、中小企業政策の推移からその課題・手法を整理し、中小企業支援・政策の日本型モデルを抽出する。基本法改正・中小企業憲章制定を経て、小規模企業振興基本法制定の必要性に至る経緯も踏まえている。中小企業の 8 割は規模の小さい企業であり、その振興が十分でないことから、小規模企業振興基本法が 2014 年に制定され、そのイノベーターとしての役割に期待が集まっている。

序章　本書の構成と概要

　日本の中小企業支援・政策は、金融支援等多面にわたっており、諸外国と比しても先進的なものと整理できるもので、国際比較研究において有用な基礎を持つと理解される。基本的には、本書全体の内容を把握可能であるほか、本書に掲載できなかったクラウドファンディングの問題なども整理しているので、中小企業支援・政策システムを体系的に把握することが可能であり、第1章を読んだ上で、各施策の各論に及ぶことで理解を深められると思われる。その際、企業にも誕生・成長・成熟・老化という発展ステージがあり、そのステージごとに金融の課題もある点に注目した。クラウドファンディングはまさに誕生から成長への段階に対応する。

　第2章は、「中小企業憲章の制定」を論じる。中小企業憲章は、ヨーロッパでその先駆的制定があるが、日本では該当する憲章はなかった。中小企業基本法があるので、不要との考え方があったが、2009年発足の民主党政権下で、政権公約としてその制定が閣議決定として図られた経緯がある。この経緯と中小企業政策における位置付けおよびその意義を整理した。「中小企業は、経済を牽引する力であり、社会の主役である」という一節にその意義が集約されている。中小企業憲章は、制定されていること自体が十分周知されているとはいえず、中小企業問題を考える上で重要な文書であることを指摘した。

3　中小企業支援金融の各論(1)——既存の制度の改革

　第3章、第4章は、基本法改正以前から存在していた施策の検討に当てられる。第3章は、「イノベーティブな企業の育成・支援」であるが、まずイノベーションの文献的検討を行う。金融イノベーションを視野に置き、経済理論的な背景をサーベイする。それを基に、ベンチャー・ファイナンスについての整理を行う。イノベーションの担い手の一つは、ベンチャー企業であるが、そのようなイノベーティブな企業を支援・育成するのがベンチャー・ファイナンスである。ベンチャー・ファイナンスは企業の創業・初期の成長段階、そしてIPOに至

るまでの段階を対象とするが、その意義と実際を論じた。

　ベンチャー・ファンドの組成は、1980年代から萌芽的に行われているが、本格化したのは2000年代以降である。中小企業事業団（現・中小企業基盤整備機構）が1999年3月から開始し、公的な関与により、ベンチャー・ファイナンスの育成に取り組むようになった。1999年12月の基本法改正の少し前である。第3章の後半は、ベンチャー・ファイナンスの先行研究を踏まえ、中小企業基盤機構のベンチャー・ファンドのパフォーマンスについて紹介している。これは、同機構の経営情報支援センターのナレッジ・リサーチ事業として実施した調査作業の内容を摘記したものである。詳細は、その報告書を照覧していただきたいが、ファンドのクローズが行われたものを含め、IPOに至った企業も多いことを示した。無論、IPOに至らない企業、経営破綻した企業もあるが、その事例は不明である。ベンチャー・ファンドを組成するのはベンチャー・キャピタル（GP）で、その出自は金融機関系、事業会社系、独立系など多様であるが、そのGP別のパフォーマンスの相違など、いくつか興味深い結果も紹介した。残念ながら、中小機構のファンドのデータは、十分に公開されていないので、政策効果の検証ができないが、その第1歩になると思われる。ベンチャー・ファイナンス研究は、データ制約が強く、日本での研究は極めて限定的である。イノベーションの活性化には、広くデータ公開が期待される。

　第4章は、「信用補完制度の改革」である。民間金融機関が中小企業に融資する際、その債権保全に当たり、保証を行うことで信用補完するのが、公的な信用補完制度である。信用補完制度は、企業の発展段階のあらゆるステージに対応可能で、その民間融資の誘導・促進の効果は大きく、諸外国でも整備されている。日本の公的信用補完制度の歴史は古く、1953年の法律により各都道府県を中心に信用保証協会が整備され、その再保険を行う機関として1958年に中小企業信用保険公庫が設立された（その後、中小企業総合事業団を経て、中小企業金融公庫〔現日本政策金融公庫〕に再保険である信用保険業務は移管された）。このように公的な信用補完制度の歴史は長いが、信用保証なし

保険制度に特有な逆選択問題とモラル・ハザード問題が発生する仕組みが温存されてきた。その結果、再保険部門である信用保険業務の収支は巨額の赤字を抱えるようになった。信用保険収支の赤字は税金で補填され、各協会にも基金等の国庫補助があり、国の補助金効果がある。とりわけ、金融システム不安時の1998年10月に導入された特別保証（中小企業金融安定化特別保証）は、規模も大きく、全部保証で民間金融機関の信用リスクはなく、保証料率も一律であった。それまでは民間中小企業融資の数％規模であった保証規模を一挙に10％程度まで引き上げることになった。

特別保証により、信用保険業務の赤字は拡大し、信用補完制度の頑健性に課題を残した。そこで、全部保証と一律の保証料率による逆選択とモラル・ハザードを防止する制度改革が行われ、2007年に責任共有制度と可変保証料率制度が導入された。その経緯を2005年当時の中小企業政策審議会とその下に置かれた検討会の内容を踏まえて整理したのが第4章である。信用補完制度は、中小企業の資金難問題に即効的に機能するため、政治的にもセンシティブな課題であり、リーマン・ショック後にも全部保証が活用されてきたが、今後の見直しにも有意義な示唆を与えるので、当時の議論を紹介した。

4　中小企業支援金融の各論(2)――新たなインフラ

第5章から第8章は、中小企業基本法改正以降に整備された支援スキームを整理する。中小企業金融を円滑にする金融インフラの整備ともいえるスキームである。

第5章は、中小企業向け金融のインフラの整備として、電子記録債権とABLを取り上げる。電子記録債権は、中小企業間の決済の合理化であり、決済に伴う取引費用を削減するものである。通常、企業間の決済は手形によって行われるが、印紙税等の費用が掛かることなど制約も多い。金融イノベーションの一環として電子記録債権が検討され、その導入が図られた。これにより、

電子マネーの企業版とでもいうべき決済システムが整備され、取引コストの削減、取引時間の短縮化、電子記録という記録性の確保等の利点が確保された。2013年2月に「でんさいネット」という全国銀行協会ベースのインフラも整備され、進んでいるが、電子債権を活用した新たな手法も期待される。

第5章の後半は、ABLに当てられる。中小企業向け融資の課題は、担保の徴求すなわち金融機関からすれば債権保全にある。信用補完制度はその対応策であるが、その全てではない。そこで、従来から、不動産担保が債権保全として活用されてきた。しかし、不動産保有がない場合や、担保として不足する場合には、中小企業は資金調達難に直面することになる。企業の保有する資産は不動産や現預金以外にも売掛債権、設備等の動産がある。これらを担保として活用するのがABLである。この点は、リレーションシップ・バンキングの議論の中でも「過度の担保・保証に依存しない融資」として着目されたところであるが、担保を多様化することで中小企業向け融資の円滑化を実現するものである。このほか、コミュニティ・クレジットなどの手法もあることを整理した。

第6章は、「市場型間接金融を活用する中小企業金融」として、証券化を取り上げる。金融システムは1990年代の金融制度改革を踏まえ、金融仲介機関経由の資金供給システムである産業金融モデル（単線型システム）からの脱却が指向されてきた。これは、日本の金融システムが間接金融優位で、経済取引に伴うリスクの多くが金融仲介機関に蓄積され、不良債権問題として金融システム不安を惹起することへの反省でもある。そこで、市場を活用して、資金供給に係るステークホルダーの間でリスクを共有する仕組みを構築する必要が認識され、市場型金融モデルの活用が、金融庁の研究会や金融審議会で検討された。その方向は、産業金融モデルと並ぶ市場型モデルによる複線型金融システムの構築である。この論点を中小企業金融に当てて嵌めるのが証券化であり、市場型間接金融である。第6章では、日本における証券化の導入と課題を示したほか、担保に依存しない融資手法としてのクレジット・スコアリングの課題、そして企業の格付けや信用保証にも活用可能であり、リレーションシップ・バンキングの補完機能を果たす信用リスク・データベース（CRD）の検討も行っ

た。

　第7章は、「金融インフラの新たな手法としての資本性借入（DDS）」について考察した。金融イノベーションはメザニン・ファイナンスというデット・ファイナンス（ローン、社債）とエクティ・ファイナンス（株式）の中間にあるファイナンス手法を生み出し、資金調達において自由度の高い手段を提供するようになった。メザニン・ファイナンスは企業の成長段階や成熟段階で有効な手法で、DDSはその典型であるが、日本で導入された経緯を検討し、その取り扱いをBIS規制や金融庁の施策などとの関連で整理し、その活用の必要性を論じた。DDSそのものではないが、これらの議論の中で経営者本人保証など個人保証の問題も取り上げられたので、その動向についても考察した。

　個人保証は債権保全上金融機関の実務においては重要なものであるが、過度に負担が掛かることもあり、事業おおを再興する際の困難になることも多い、そこで、2014年2月にガイドラインが整備され、個人保証の軽減化が図られたので、その経緯を整理した。この点は、2009年以来検討されてきた民法（債権関係）改正においても、重要な論点とされたのでその状況を整理した。債権法の改正は国会審議もあり、今後の課題でもあるが、軽減化の方向である。

　これら電子記録債権・ABL・証券化・DDS等は発足後間もなく、実証研究に至るデータ蓄積が不足しており、その有効性等については今後の研究を待たなくてはならない。

5　中小企業支援金融 の各論(3)——隘路の補強

　中小企業を支援する際、従来十分に整備されておらず、隘路になっていた部分を補強する手法が整備された。非財務情報の取り扱いと事業再生・事業承継の問題である。

　第8章は、「ソフト情報としての知的資産と統合報告」である。中小企業向け融資の課題は、中小企業の各種情報が十全でないことである。その財務情

報（定量情報・ハード情報）は従来不完全であるとされ、かつ税務対策に傾斜しており、融資判断に適さないとも批判された。そこで、中小企業会計という、企業会計原則を中小企業に適したものにする作業が行われ、その普及が急がれている。一方、中小企業の非財務情報・定性情報ないしソフト情報は限定的でしかなく、融資担当者しか把握していないものであった。定性情報といっても、企業財務に現れない個人資産の状況であったりして、中小企業の将来性、事業性を評価するものとはなっていない。車の両輪としての財務情報すなわち中小企業会計と非財務情報である知的資産経営報告が備わってはじめて中小企業の実体が把握可能になる。企業の発展ステージで言えば、いずれの段階にも有益であるが、創業・成長段階でより有効性が高いであろう。

　そこで、中小企業のソフト情報をその企業の経営者情報・従業員情報・ネットワーク情報・経営理念情報等を網羅的に記載する手法が検討され、知的資産経営報告書の作成がその有力な手段として認識されるようになった。この点を明らかにしたのが第8章である。この点は、すでに『リレーションシップバンキングと知的資産経営』（金融財政事情研究会、2012年12月）で明らかにしたが、再述した。併せて、財務情報と非財務情報を併せてコーポレート・レポーティングとする手法として統合報告書作成の動きが世界規模で行われてきたので、その動向を紹介する。最後に知的資産経営報告書の作成が、金融円滑化に寄与することが金融庁の監督指針や検査マニュアルにも記載されており、金融行政上も重要な観点であることを紹介した。この非財務情報の活用の有効性については、帝国データバンク（2013）等の調査研究もあるが、その実証研究は今後の課題である。

　第9章は、中小企業支援というとその創業、アーリー段階に焦点が当たるのに対して、事業が衰退し、場合によっては退出する段階を視野に置いた支援も重要な課題である。日本の中小企業の課題の一つは、その企業数の減少である。イノベーションの担い手の減少である。1980年代に530万社であった企業数は385万社まで減少し、毎年数万社規模で企業が減少している。無論、新たに誕生する企業も多いのだが、それを上回る規模で企業の廃業・倒産など

が生じている。企業減少に歯止めをかけるには、事業を継続させる手法、事業を再生させる手法、後継者難で退出する企業を円滑に承継することが重要な課題となる。すなわち、企業の発展段階を念頭に置くと、創業や若い段階ではベンチャー・ファイナンスなどのリスクマネー供給が課題になるのに対し、ミドル段階になると株式上場（IPO）やメザニン・ファイナンスが重要となる。企業が老齢になると、いかに受け継ぐのか、再生して新たな分野での活躍に導くかが重要になる。

　この事業再生・事業承継はその重要性は認識されていたものの、十分な整備がなされてこなかった。中小企業再生協議会は、中小企業版「産業再生機構」であるし、事業承継は税制との整合性が問われる問題である点を明らかにする。事業承継・事業再生はすぐれて実務的課題であり、それらが経済に与える有効性の十分な実証分析については課題として残されている。

6　まとめ——日本型モデル

　本書で展開したのは、中小企業基本法改正以降の中小企業支援・政策システムを金融面から見た俯瞰図である。その基本的視点は、イノベーションの実現に対して中小企業がいかに応えるかを、金融インフラの整備と具体的手法から整理するものであった。そこでの通奏低音は金融イノベーションという視点と企業の発展段階という視点であった。金融の分野でのイノベーションは、決済面での電子マネーや新たな金融商品、ハイブリッド型商品を生み出し、金融分野での取引費用の節約等に寄与してきた。中小企業分野においても金融イノベーションは電子記録債権という決済システムを構築する一方、資金調達を円滑化する信用リスク・データベースの整備、証券化、ABL、知的資産経営、統合報告、クラウドファンディング、ベンチャー・ファイナンスなどを生み出してきた。事業再生・事業承継も同様のコンテクストで整理可能である。

　以上に加えて、信用補完制度改革や個人保証の軽減化などが進み、中小企業

支援の金融面での体制は大きく整備された。このような日本の中小企業支援・政策システムは、諸外国に比しても先進性があり、多くの国において応用可能な制度となっている。特に、金融システムは、民間の金融システムの充実もあって、制度的には頑健なものとなっている。このほか、中小企業支援システムとして経営者等に対する研修制度、中小企業支援のセンター（商工会議所・商工会等）、中小企業診断士制度などは注目されているものである。これらの制度の周知を進め、その活用が一層図られることがイノベーターたる中小企業の真の支援になるものと思料される。

　本書では触れられなかったが、中小企業金融のプレーヤーとしては地域金融機関等の果たす機能が極めて大きい。この地域金融機関が果たす中小企業支援における存在とその整備には先進性があり、これらの政策支援と並び、極めて有効なシステムと評価できよう。発展を迎える多くの国々では、金融機関の存在はあっても、中小企業支援の機能は果たしていない場合が多い。特に、協同組織金融機関のような小規模企業に対応する金融機関は整備されていない。多くの国々で、日本のかつての郵便貯金制度の導入を行っているのも、このような背景があるからであろう。この点でも日本型モデルは有用である。

　　　注

1　ニッチトップは企業戦略の一部であり、企業規模や業種を限定しない概念であり、製造業大企業でもニッチ製品・部門を持つものも多い。GNT企業は、全国各地に分布し、その地域を代表する企業として、良質な雇用機会の提供等、地域経済に貢献しているほか、開発を自ら行うので付加価値率が高く、売上の割に協力企業を周辺に多く保有し、協力企業を含め地域に高付加価値をもたらしている。ユーザーニーズをキャッチし、開発から市場創出までのプロダクト・イノベーションを完遂するイノベーター企業でもある。細谷（2014）参照。

2　東大阪の「まいど1号」プロジェクト、東東京の「江戸っ子1号プロジェク

ト」などはその具体例である。
3　日本のこのような経験は、これから経済発展を志向する発展途上国や成長国にとっても重要なインプリケーションを持つ。例えば、自動車産業を積極的に誘致し、この直接投資とNAFTAの有利性を活用して、経済成長を遂げている国にメキシコがある。日本からもニッサン、ホンダ、マツダなどが進出し、トヨタも進出を計画している。この完成車メーカーに部品を供給するサプライヤーも一次部品メーカーを中心に進出している。ところが、二次部品、三次部品などになるとその調達に困難が多い。サポーティング・インダストリーとしての中小企業が十分な技術・技能を有しておらず、サプライヤーとして機能していない問題があり、経済成長の隘路になっている。
4　下請け問題への対応として、下請代金支払遅延等防止法（下請法、1956年制定）があり、親事業者の下請事業者に対する優越的地位の濫用行為を規制するもので、独占禁止法の一つを構成する。

第1章
日本型モデルとしての中小企業支援・政策システム
中小企業金融を中心した体系化

1 節　はじめに──中小企業支援とその政策

　産業構造的にみると、中小企業には大まかに二つのカテゴリーがある。一つは、経済を牽引するリーディング・インダストリーに対して部品供給・周辺製品などを供給する企業群（サプライヤー）や、リーディング・インダストリーの製造を支える基盤技術を持つ幅広い裾野産業（金型、鍍金、プレス、鋳造、鍛造、冶金等）、すなわちサポーティング・インダストリーというカテゴリーである。もう一つは、従来の産業ないし企業を超克する技術を持ったイノベーティブな存在としてのベンチャー企業というカテゴリーである。

　日本経済の現状に即して整理してみよう。第二次大戦後の日本経済における中小企業の役割としては、経済復興期・高度経済成長期に経済を主導したのは、

輸出貿易を担うリーディング・インダストリーを構成する大企業であり、産業政策はもっぱら大企業の振興・支援に軸足がおかれていた。そのような状況の下で、中小企業は高度成長を主導する大企業のサポーティング・インダストリーとして機能してきた[1]。いわゆる、下請け関係・系列関係などがその実態で、大企業からの注文を受けるなどそのサプライヤーとして機能し、大企業とともに中小企業も歩んできた経緯がある。その中で、中小企業は大企業の下請け関係から、その弊害を蒙り、種々の格差、不利な状況を強いられることになったのである。いわゆる「二重構造問題」ないし「二重構造論」として知られるものであるが、その是正が中小企業政策の課題となり高度成長期の真只中にあった1963年に「二重構造」の是正、経済取引上の不利の是正、下請け関係の弊害等を克服することを意図して、中小企業基本法が制定されたと整理できよう[2]。

　これに対して、中小企業は大企業の下請けに留まらず、独立して新たな分野を開拓していく存在として認識されたのが、ベンチャー企業である。新技術や高度な知識を軸に、大企業では実施しにくい創造的・革新的な経営を展開する中小企業を指す[3]。日本では、ほぼ10年おきにベンチャー・ブームが起った。それらは、

①　1970年代の第一次ベンチャーブーム
　　1963年の中小企業投資育成会社の設立、日本証券業協会が店頭登録制度（店頭市場──現在のJASDAQ）の創設等により、ベンチャーの創業が活発化し、株式公開を果たした企業もあった。1971年に日本ベンチャー・ビジネス協会が設立され、1975年に現在のベンチャー・エンタープライズ・センター（VEC）へ吸収され、新しい組織となった、

②　1980年代の第二次ベンチャーブーム
　　エレクトロニクス、メカトロニクスなどのハイテクブームを背景として、ベンチャーの創業が活発化し、ベンチャーキャピタルの設立が増加した、

③　1990年代末から2000年以降の第三次ベンチャーブーム
　　経済構造の変化、情報技術（IT）の進展、規制緩和などを背景として、創業が活発化。ベンチャー企業孵化施設としてのインキュベーターの整備

と普及。大学発ベンチャーの出現等があった、などである。

　中小企業の支援ないし政策として考えると、先にかかげた中小企業の二つのカテゴリー別にそれぞれ異なる課題があり、手法も異なる。本章では、日本の戦後を中心に、中小企業政策の推移からその課題・手法を整理し、中小企業支援・政策の日本型モデルを抽出する。日本の中小企業支援・政策は、金融支援等多面にわたっており、諸外国と比しても先進的なものと整理できるもので、国際比較研究において有用な基礎を持つと理解される[4]。ことに、1970年代以降、世界の多くの国々で中小企業への関心が高まり、中小企業政策が活発化してきた。EUでは、2000年6月にイタリアのボローニャで開催された第1回OECD中小企業大臣会合（閣僚会議）において「ボローニュ憲章（The Bologna Charter on SME Policies）」という国際的宣言を纏め、2000年3月にEU理事会採択の「リスボン戦略」を踏まえて同年6月にEU理事会は「欧州小企業憲章（European Charter for Small Enterprises）」を採択し、小企業重視の姿勢を示し、2008年12月には「欧州小企業議定書（"Think Small First": Small Business Act for Europe）」を採択して、小企業政策の中心としているが、まさに中小企業政策重視の典型的な事例である[5]。

2節　中小企業政策

1　中小企業基本法の全面改正

　日本の中小企業政策の基本は、中小企業基本法である。図1—1にみるように、戦後日本における中小企業支援は、中小企業政策の司令塔となる中小企

図1―1　中小企業政策の変遷

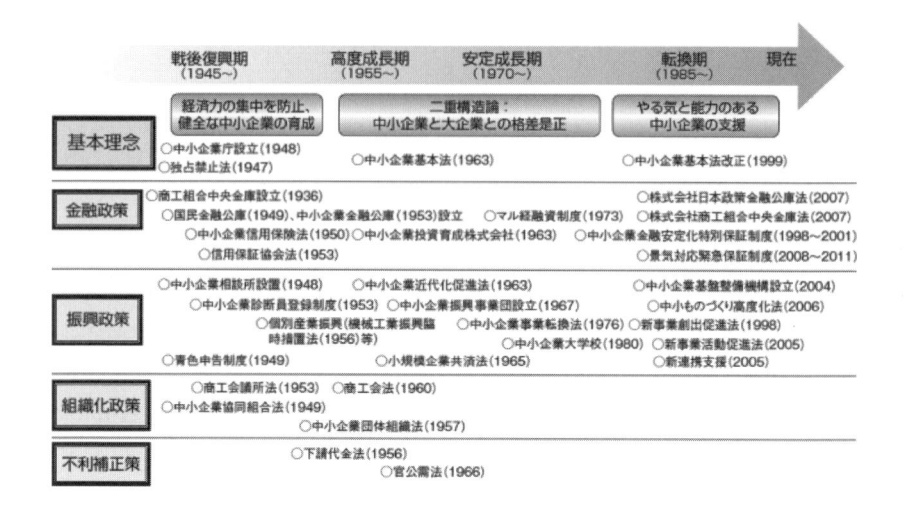

	戦後復興期 (1945〜)	高度成長期 (1955〜)	安定成長期 (1970〜)	転換期 (1985〜)	現在
基本理念	経済力の集中を防止、健全な中小企業の育成 ○中小企業庁設立(1948) ○独占禁止法(1947)	二重構造論： 中小企業と大企業との格差是正 ○中小企業基本法(1963)		やる気と能力のある 中小企業の支援 ○中小企業基本法改正(1999)	
金融政策	○商工組合中央金庫設立(1936) ○国民金融公庫(1949)、中小企業金融公庫(1953)設立 ○中小企業信用保険法(1950) ○信用保証協会法(1953)	○中小企業投資育成株式会社(1963)	○マル経融資制度(1973)	○株式会社日本政策金融公庫法(2007) ○株式会社商工組合中央金庫法(2007) ○中小企業金融安定化特別保証制度(1998〜2001) ○景気対応緊急保証制度(2008〜2011)	
振興政策	○中小企業相談所設置(1948) ○中小企業診断員登録制度(1953) ○個別産業振興(機械工業振興臨時措置法(1956)等) ○青色申告制度(1949)	○中小企業近代化促進法(1963) ○中小企業振興事業団設立(1967) ○小規模企業共済法(1965)	○中小企業事業転換法(1976) ○中小企業大学校(1980)	○中小企業基盤整備機構設立(2004) ○中小ものづくり高度化法(2006) ○新事業創出促進法(1998) ○新事業活動促進法(2005) ○新連携支援(2005)	
組織化政策	○商工会議所法(1953)　○商工会法(1960) ○中小企業協同組合法(1949) ○中小企業団体組織法(1957)				
不利補正策	○下請代金法(1956) ○官公需法(1966)				

出所：『中小企業白書2011年版』第2部第1章第1節2より。

庁の設置、政策金融機関・商工会議所をはじめとする多くの支援機関・組織が体制整備され、その活動によって中小企業支援を行うという法整備が行われた。その過程で、中小企業を経済の中に位置付け、その支援を明確化する基本法が1963年に制定された。これが中小企業基本法で、同年に制定された中小企業近代化促進法と並び、中小企業政策の骨格を担った。

中小企業基本法は、日本の法体系の中で、中小企業施策についての基本理念や基本方針等を明確に規定したものである。1963年7月に制定され、1999年12月に全面改正された（図1―1）。この全面改正は、それまでの中小企業政策と一線を画す重要な政策転換ともいわれている[6]。

この法律の目的は、「中小企業に関する施策について、その基本理念、基本方針その他の基本となる事項を定めるとともに、国及び地方公共団体の責務等を明らかにすることにより、中小企業に関する施策を総合的に推進し、もつて国民経済の健全な発展及び国民生活の向上を図ること」（第1条）である。こ

1章　日本型モデルとしての中小企業支援・政策システム

の目的は普遍的なものであり、一般的ですらあるので、改正基本法は第3条で「基本理念」を掲げて、「中小企業については、多様な事業の分野において特色ある事業活動を行い、多様な就業の機会を提供し、個人がその能力を発揮しつつ事業を行う機会を提供することによりわが国の経済の基盤を形成しているものであり、特に、多数の中小企業者が創意工夫を生かして経営の向上を図るための事業活動を行うことを通じて、新たな産業を創出し、就業の機会を増大させ、市場における競争を促進し、地域における経済の活性化を促進する等わが国経済の活力の維持及び強化に果たすべき重要な使命を有するものであることにかんがみ、独立した中小企業者の自主的な努力が助長されることを旨とし、その経営の革新及び創業が促進され[7]、その経営基盤が強化され、並びに経済的社会的環境の変化への適応が円滑化されることにより、その多様で活力ある成長発展が図られなければならない」ことを強調している。

　この理念は、1999年法改正で盛られたものだが、改正前の基本法は第1条の「政策の目標」において、「中小企業の経済的社会的制約による不利を是正するとともに、中小企業の自主的な努力を助長し、企業間における生産性等の諸格差が是正されるように」という格差の是正ないし経済的弱者としての中小企業の「成長発展を図り、あわせて中小企業の従事者の経済的社会的地位の向上に資する」ということに、その焦点を当てていた[8]。

　この点は、改正前基本法にあった前文の中で、「しかるに、近時、企業間に存在する生産性、企業所得、労働賃金等の著しい格差は、中小企業の経営の安定とその従事者の生活水準の向上にとって大きな制約となりつつある」という認識と平仄を合わせるもので、中小企業という経済的に劣後している存在への支援を謳ったのであり、いわゆる「二重構造」問題への対応を念頭に置いたものともいえるものであった[9]。1960年代の高度経済成長期に「二重構造論」で指摘された諸々の格差の存在、貿易為替の自由化による開放経済体制への移行等を踏まえて、中小企業の成長を図ることは「産業構造を高度化し、産業の国際競争力を強化して国民経済の均衡ある発展を達成」するための責務であるとの認識が、中小企業基本法の制定に至ったのである。基本法の成立によって、

それまでは施策の対象となる中小企業は施策ごとに定められていたものが、中小企業の定義が整備され、従来の施策が基本法体系の下での位置付けが与えられて、基本法の考え方にしたがって個別政策が実施されるようになったのである[10]。

2 改正基本法の理念

1999年基本法改正は、改正前基本法が経済的に劣後する中小企業という弱者救済的色彩の強い理念であったものであるのに対して、経済社会の新たな担い手、創意工夫を活かし、経営革新・創業に意欲的な、独立した存在としての中小企業、「やる気と能力のある」中小企業に軸足が移ったともいえるのである[11]。いわゆる弱者救済的な社会政策型施策から自助努力を支援する競争促進型施策へとその重点を移すものであった[12]。

改正前基本法が、中小企業の底上げ重視であったとすると、改正基本法は元気なそしてイノベーティブな中小企業を重視し、その主導で中小企業全体を引っ張り上げていこうというものである。大企業との格差是正から選択と集中による支援という方向に舵が切られたもので、「弱者保護としての中小企業政策アプローチの脱却」というフレーズがそれを象徴している[13]。

このような中小企業基本法の理念の変化が、中小企業全般に対する政策的配慮が不足しているとの観点から、特に小規模企業への対応不足から、より包括的な理念を示す必要があるという論調もあり、例えば「中小企業憲章」制定の必要が各方面から提起されたのである。特に、1999年改正基本法およびその後の諸施策が、中小企業の中でも比較的大きな企業（中規模企業）などに焦点が当てられがちで、小規模企業にしっかりとした焦点を当てる政策体系とはなっていない。改正基本法第8条に「小規模企業への配慮」があるが、小規模企業対策を個別施策として講ずるのではなく、中小企業施策全般にわたって配慮すべきという観点から総則に規定し、中小企業施策全般についてその実施

時において個々の施策の性質に応じて配慮すべき事項としたのである。いわゆる「配慮規定」に留まっている[14]。

したがって、小規模企業にしっかり焦点を当てた施策体系への再構築が重要な課題となっており、現行基本法の下における小規模企業の実情に応じたきめ細かな支援の必要性が課題になっている。改正前基本法では、二重構造の底辺の引き上げに重点があったが、改正基本法では小規模企業層が創業や成長の苗床として機能するよう支援するという観点からの支援が、具体的には盛られていないのである[15]。

3　中小企業憲章[16]

2010年6月18日に、「中小企業憲章」が閣議決定された。これは、中小企業政策の基本原則と政府の行動指針を提示したもので、中小企業基本法の改正（1999年）と並んで、中小企業政策のイノベーションといいうるものである。同憲章は、「中小企業は、経済を牽引する力であり、社会の主役である。常に時代の先駆けとして積極果敢に挑戦を続け、多くの難局に遭っても、これを乗り越えてきた。・・・（中略）・・・政府が中核となり、国の総力を挙げて、中小企業の持つ個性や可能性を存分に伸ばし、自立する中小企業を励まし、困っている中小企業を支え、そして、どんな問題も中小企業の立場で考えていく。これにより、中小企業が光り輝き、もって、安定的で活力ある経済と豊かな国民生活が実現されるよう、ここに中小企業憲章を定める」としている。さらに、「中小企業は、経済やくらしを支え、牽引する。・・・（中略）・・・中小企業は、社会の主役として地域社会と住民生活に貢献し、伝統技能や文化の継承に重要な機能を果たす。小規模企業の多くは家族経営形態を採り、地域社会の安定をもたらす」とした。

このように中小企業は、国家の財産ともいうべき存在であるが、他方中小企業の多くは、資金や人材などに制約があるため、外からの変化に弱く、不公平

表1—1　中小企業基本法改正後の主な中小企業関連施策

年	法律	内容
1999	中小企業基本法の改正	中小企業基本法の抜本的な見直し
2000	中小企業支援法	中小企業支援センターの創設
	中小企業信用保険法の改正	セーフティネット保証の対象拡大
2001	中小企業信用保険法の改正	売掛債権担保融資保証制度の創設
2002	新事業創出促進法の改正（2003年施行）	最低資本金規制の特例
2003	産業活力再生特別措置法の改正	中小企業再生支援協議会の創設
	下請代金法の改正	規制対象となる委託取引の拡大
2004	中小公庫法の改正	証券化を活用した融資制度の創設
2005	中小企業新事業活動促進法	新連携支援
	有限責任事業組合契約法	有限責任事業組合（LLP）制度の創設
	会社法（2006年施行）	合同会社（LLC）制度の創設
2006	中心市街地活性化法の改正	まちづくり3法の見直し
	中小企業ものづくり高度化法	ものづくり支援
2007	中小企業地域資源活用促進法	地域資源の活用支援
	株式会社日本政策金融公庫法（2008年施行）	政府系金融機関の見直し
	株式会社商工組合中央金庫法（2008年施行）	
2008	農商工等連携促進法	農商工連携支援
	中小企業経営承継円滑化法	事業承継の円滑化支援
	中小企業信用保険法の改正、中小公庫法の改正	売掛債権早期現金化保証制度の創設
2010	中小企業憲章制定	中小企業を第一に考える憲章
2014	小規模企業振興基本法	小規模企業に対策的対応をする

出所：亀澤ほか（2008）42頁に加筆。

な取引を強いられるなど数多くの困難に晒されてきた。しかし、中小企業が、企業家精神（entrepreneurship）に溢れる存在で、意欲を持ち、創意工夫が重要な時代ではその大いなる担い手であるとし、かつ小規模企業の意義を示したことは重要な点である。

3節　中小企業政策・支援施策

1　中小企業支援策

　中小企業を育成支援するには多くの手法があるが、大別すると、金融面、税制面、直接・間接支援がある。中小企業支援という観点からすると、日本における中小企業支援は、多岐にわたり、各国の支援策に比べて手厚くまた網羅的であり、先進的である[17]。

　金融面の支援とは、中小企業の資金調達を円滑化するための支援で、政策（政府系）金融機関（日本政策金融公庫、商工組合中央金庫）の直接融資（長期・低利・固定金利、目的・対象別融資）、地方自治体の制度融資、民間金融機関の融資の信用補完制度（信用保証協会と再保証）等のほか、民間金融機関の中小企業向け融資の促進施策（地域密着型金融行政）等である。また、ベンチャー・キャピタル支援、ファンド組成支援、ファンド事業等もある。

　税制は、税の軽減を行うもので、法人税の軽減、同族会社税制、欠損金の繰越・繰戻還付、中小企業投資促進税制・基盤強化税制、人材投資促進税制、試験研究税制、事業承継税制等があり、広範である。

　直接支援というのは、各種の補助金による中小企業に対する直接支援であり、技術開発の支援、基盤技術の育成支援、経営革新支援、雇用・人材開発の支援（中

小企業大学校のような研修)、創業・ベンチャー企業支援、企業再生支援、インキュベーション施設の整備と利用促進、複数企業の連携促進、農商工連携の促進、商店街活性化策、共済制度（連鎖倒産防止、小規模企業者退職金〔小規模共済〕、中小企業勤労者退職金〔勤労者退職金共済〕）等である。間接支援というのは、各種公的支援機関によるもので、都道府県の支援センター、商工会議所・商工会・中央会等の団体および経営相談員（8500人余）の活動[18]、政策金融以外の中小企業支援政策の実施を中心的に担う中小企業基盤整備機構[19]中小企業再生支援協議会・地域経済活性化支援機構等の支援施策などである[20]。このほかに、中小企業診断士制度の整備、中小企業向け会計制度の整備等もある一方、民間の中小企業向け融資を円滑化・活性化させる金融行政も広い意味での中小企業支援である[21]。

2　中小企業金融支援——政策誘導効果・補助金効果等

(1)　政策金融機関の直接融資

　政策（政府系）金融機関には、一般貸付（普通貸付）と特別貸付がある。一般貸付というのは、中小企業の事業資金に対応するものである[22]。特別貸付というのは、国の政策目的に対応して業種・金利・期限・担保等について個別に決められた融資制度であり、多くのものがある。民間貸出が対応できない分野（リスクの大きい分野など）に対応しているものもあり、政策効果の発揮と民間貸出の誘導効果ないし呼び水効果を持つ[23]。

　直接融資は低金利が設定され、民間貸出金利よりも低位なので、民間との金利差が補助金となる。また、長期固定金利が設定され、貸出期間内の金利負担が、同期間の民間貸出の金利負担よりも少なければ、その差額が補助金効果となる。さらに、民間融資では対応しにくい長期固定金利・低金利融資は融資額を確保するという意味で、アベイラビリティ効果を持つ。

　日本政策金融公庫の融資規模は、2014年3月末に21兆1077億円であるが、

そのうち中小企業分野への融資残高は12兆6692億円規模である。また、小規模企業融資（教育ローンを含む）は6兆3197億円である。商工中金の融資残高は13年3月末に9兆4500億円である。

(2) 信用補完制度――民間融資の誘導・促進効果
信用補完制度[24]

　信用補完制度というのは、民間金融機関の中小企業向け融資を促進するために、政策的に信用保証を行うものである。主に、全国に都道府県を単位とする52の信用保証協会（47都道府県と5市〔横浜市・川崎市・名古屋市・岐阜市・大阪市〕）が行うが、地方自治体の制度や政策的に行われる信用補完もある。信用保証協会は、信用保証協会は、信用保証協会法（1953年8月10日法律第196号）に基づき、中小企業・小規模事業者の金融円滑化のために設立された公的機関で、中小企業が金融機関から事業資金を調達する際、信用保証協会が「信用保証」を通じて、資金調達をサポートする機能を持つ。これにより、融資枠の拡大、長期の借入などが可能になる[25]。

　このように信用保証制度は、民間融資（貸出）のリスクを肩代わりすることにより、民間融資では対応できない分野への誘導効果を持つので、民間貸出を増加させる効果を持つ（自治体の制度融資等でも信用保証協会の保証を利用することがある）。反面、信用リスクの大半を信用保証協会という公的部門に転嫁することにより、民間金融機関のリスク管理が脆弱化ないし無責任化する懸念があり、モラル・ハザード問題を発生させる。また、リスクに関係なく保証料が一定だったこともあり、利用者の逆選択問題も発生する（料率は段階的に設定できるようになっているが、ごく狭い範囲内での設定なので、事実上リスク対応の保証料率体系になっていない）。信用補完制度にも、一般保証と国の政策に対応した種々の保証制度がある[26]。かつて政策金融といえば直接融資であったが、1990年代の金融自由化・金融ビッグバンを経て、信用保証が政策金融に占める地位は大きくなった。特に、1998年10月導入の中小企業金融安定化特別保証（安定化保証）は、2001年3月までの時限

措置であったが、保証枠30兆円に及び、当時の中小企業向け融資総額の約1割に達し、信用保証の地位を高めるものであった。

信用保証制度の特色は、日本政策金融公庫が再保険を行う点である。各信用保証協会は、日本政策金融公庫と再保険契約を行い、各協会の赤字は最大8割まで補填される。保険契約額は2013年3月末で32兆4700億円である。

信用補完制度では、永く多くの保証で一律の保証料率が採用されていたため、信用リスクの高い中小企業者が信用保証協会の利用希望者として集中してしまう可能性がある（逆選択）。また、金融機関の信用保証付き融資の判断が、信用保証協会の目標に沿って実施されているのか、信用保証協会の目標から逸脱して金融機関の自己利益を追求する行為なのか判断できないという問題が存在する。すなわち、金融機関は中小企業に関する私的情報を持つため、リスクが高いと判断すれば、プロパー融資ではなく保証付き融資とする（逆選択）。さらに、保証付き融資とすれば、保証協会によって100％代位弁済されるため（全部保証）、金融機関は融資先をモニターするインセンティブを失う可能性がある（モラル・ハザード）[27]。このように情報の非対称性問題を克服するためには、逆選択には保証料率の弾力化・可変料率化はごく自然の対応である。さらに、金融機関のモラル・ハザード防止には部分保証ないし事後的な負担金による責任分担が必要となる。このような制度設計では諸外国では当然で（表1—2）、信用補完制度の設計に関わる基本的課題でもあり、その点で重要であったが、少なくとも金融理論の文脈では正しい方向性であり、金融システムへの負荷を減ずるものと理解される。

信用保証制度のモラル・ハザードの解決策として、2007年10月に責任共有制度が導入されている。信用保証は、従来、全部保証という100％の債権保全を公的保証制度が担っていたが、モラル・ハザードを惹起することから、部分保証に移行したのが、2005年6月の「信用補完制度のあり方に関する検討小委員会とりまとめ」を受けた方向性であった。これが2007年10月に導入された責任共有制度である。併せて保険料を段階的にすることで逆選択問題も解消しようとしたものである[28]。保証料は一律1％という制度が永く採られ

表1—2 諸外国の保証割合

	アメリカ	イギリス	ドイツ	フランス	イタリア	カナダ	韓国
保証割合	75% (15万ドル超) 85% (同以下)	75%	50-80%	70% (創業企業) 50% (それ以外)	50%	85%まで	70-85%

出所：中政審資料による。

表1—3 保証料率の推移

年度	保証料率	保険料率
－2002	基本保証料率　1.0%	普通：0.57%　無担保：0.43%
2003－	有担保：1.25%　無担保：1.35%	普通：0.87%　無担保：0.87%

出所：表1—2に同じ。

表1—4 段階別保証料率の例（1,000万円超・無担保の場合）

料率区分	1	2	3	4	5	6	7	8	9
保証料率	2.20	2.00	1.80	1.60	1.35	1.10	0.90	0.70	0.50
責任共有保証料率	1.90	1.75	1.55	1.35	1.15	1.00	0.80	0.60	0.45

出所：全国信用保証協会連合会（2013）8頁。

ていたが（表1—3）、2007年4月から段階別保証料率（リスク対応保証料率）となっている（一般保証で500万円以下の融資であれば、0.33%—1.47%の幅で9段階。1000万円超で無担保の場合は0.50%—2.20%の幅で9段階。後述のCRDのリスク評価モデルによって適用される料率が決まる。

信用補完制度の補助金効果

1998年10月導入の中小企業金融安定化特別保証（安定化保証）は、当初2000年3月末までの時限措置で保証枠20兆円であったが、2001年3月まで延長され、保証枠は30兆円（当時の中小企業向け貸出額の約1割）になった。保証承諾は28兆9437億円で（96.48%の利用率）、代位弁済額2兆3468億円（事故率〔代弁率〕は8.11%で当初制度設計の見込みは10%の範囲内。ただし追加保証枠10兆円の半分は8%）、回収額2850億円、保険支払額1兆8203億円であった。審査基準は、破綻、税滞納などのネガティブリストを満たさない限り、というものであり、日本のみならず世界的にも例の少ない大規模な貸出市場への介入であった。当然、政府系金融機関の直接融資よりもはるかに大きな役割を果たすことが予想され、政策内でもこの劇薬ともいえる制度の実施に慎重な向きも少なくなかったとされる。特別保証には、政府部門が借り手企業の信用リスクを引き受けることにより、民間金融機関による貸し渋りが緩和され、収益性の高い事業を企業が行えるようにするプラスの効果が期待され、中小企業に対する貸し渋り・貸し剥がしに対して、特別保証には、厳しい銀行の貸出態度を緩和する役割が期待されていた。同時に、もともと信用保証に付随する収益性の低い企業しか特別保証を利用しないという逆選択、銀行からモニタリングされないのに乗じて特別保証利用企業が経営努力を怠るモラル・ハザードが懸念された。これらの問題は、担保を提供する場合が少なく、申請件数が膨大となった特別保証制度においては、特に懸念が大きく、実際にも、企業が「信用保証付き貸付を得て株に投資した」「特に使い道はなかったが、借りられるというので信用保証付き貸付を得た」「信用保証付き貸付を得て1カ月で倒産した」既存債務の借換え（旧債振替）などがあった[29]。

しかし、植杉（2006）によると、特別保証の利用により、①自己資本比率

1章 日本型モデルとしての中小企業支援・政策システム

表 1—5　公庫の信用保険等業務勘定の保険収支と政府出資金の推移（億円）

区分＼年度	1998	1999	2000	2001	2002	2003	2004	2005	2006
保険収支	△1,883	△2,093	△4,504	△5,795	△6,047	△4,324	△2,560	△1,676	△288,866
（うち特別保証分）	252	△816	△2,608	△3,462	△3,399	△2,322	△1,353	△777	△14,489
決算整理後の損益	0	△1,865	△4,725	△5,953	△6,078	△4,092	△2,557	△1,631	△26,904
政府出資金	3,298	3,365	5,987	1,698	4,037	972	3,647	902	23,908
							5,521		
（うち特別保証分）	1,803	3,150	4,500	510	1,636	-	-	-	11,599
損失処理後の保険準備資金の残高	7,247	8,746	10,008	5,753	3,712	592	1,683	954	

注：平成16年度の政府出資金3647億円には、旧中小企業総合事業団の「高度化、新事業開拓促進及び指導研修勘定」からの承継分2525億円が含まれている。
出所：会計監査院『平成17年度決算検査報告』。

区分を問わず、特に長期の借入制約が緩和され、企業の債務比率が増加すること、②自己資本比率が高い（信用力の高い）企業ほど、収益率が向上する傾向があること、③全体でも企業の収益率が向上すること、が示されている。政府が企業の信用リスクを負うことによって、銀行が貸出を増やし、企業が収益性の高い事業を行うという効果が、モラル・ハザードや逆選択によって企業が収益性の低い事業しか行わないという効果を上回っている。特別保証は、中小企業の効率性の改善に全体としてプラスの効果があったと、植杉は評価した[30]。

　原油高、サブプライム問題、リーマン・ショックなどで中小企業対策として、景気対応緊急保証制度が2008年10月に導入され、100％保証の措置となった。この制度は2011年3月に終了したが（累計で150万2000件、27兆1700億円の保証承諾額、85万社の利用。『中小企業白書2011年版』第2-1-1)、既存制度のセーフティネット保証として継続している。セーフティネット保証は、中小企業信用保険法第2条第4項に規定された「特定中小企業者」に対して

適用され、取引先等の再生手続等の申請や事業活動の制限、災害、取引金融機関の破綻等により経営の安定に支障を生じている中小企業者について、保証限度額の別枠化等を行う制度である。同法第2条に八つの適用対象が規定されており、その第5号に「業況の悪化している業種」があって、対象は全国で一時ほぼ全業種が適用対象になり、緊急保証制度の受け皿となっていた（100％保証は継続）。その実績は、2012年2月には15万1500件・2兆2700億である（『中小企業白書2012年版』第1-1-18図）。このような100％保証は、緊急措置とはいえ、モラル・ハザードを伴うもので、責任共有制度への復帰が必要である。信用保証協会全体での全保証債務残高は2014年3月末に29兆7785億円あり、民間の中小企業向け融資残高の約15％である。

　このような安定化保証・緊急保証は、再保険を行う日本政策金融公庫の収支を悪化させる。表1―5は日本公庫の信用保険部門の収支をみたものであるが、特別保証の赤字が2000年度以降大きくなり、2005年度までの累計で1兆4489億円の赤字を計上した。このため公庫に1998―2002年に1兆1599億円、信用保証協会に2900億円公費が投入された[31]。表1―5にあるように、保険収支は特別保証以外でも赤字で、1998―2005年度で2兆8886億円に及び、この間政府出資金は2兆3908億円になった。この部分が中小企業に対する補助金といえる。このように、信用保証制度には、公庫の信用保険部門において、民間の信用リスクを負担することになり、この負担が補助金効果を持ち、民間金融の補完を行っているといえよう。

(3)　地方自治体の制度融資

　地方自治体は、都道府県レベル、市レベルで個別の制度融資を行っている。その多くは目的別の低利固定金利融資で、国の制度ではカバーしきれない補完的なもので、地元の金融機関とタイアップしたものが多い。実態は補助金的性格のものである。いわゆる融資類似業務である。

　この制度融資が充実しているのが東京都であるが、小口資金融資・小規模企業融資・創業融資・経営支援融資・企業立地促進融資・再建資金状況改善

融資（企業再建・リバイバル・借換等）・災害普及資金融資・自立組合融資等多岐にわたる。

　国の制度である政策融資（日本政策金融公庫等）と重複する印象もあるが、国の制度でカバーできない分野を対象とするともいえよう。例えば、創業融資について、日本政策金融公庫の新創業融資制度と、東京都の制度融資とを比較すると、貸付限度額、金利、返済期間、自己資金の要件、勤務経験など、多くの点で東京都の制度融資の方が有利である。政策公庫の場合には、会社の代表者自らが保証人にならなくても創業融資を受けられるという利点があり、会社が倒産しても借金から免責される利点がある。東京都制度融資は、信用保証料を信用保証協会に支払う必要があり、金利はやや有利であるが、総合的には判断が難しく、いずれが優れた創業融資制度であるとは一概には断定できない。

　都道府県レベルだけでなく、市町村レベルにも制度融資がある。例えば、東京都の新宿の場合、民間金融機関への融資の紹介という形で制度融資を行い、利子補給・保証料補助を行って、中小企業の本人負担を減じている。特に、商店街空き店舗活用支援融資（店舗改装資金〔貸主特例〕）、債務一本化資金融資、商店会向け制度融資等の独自の制度もある。

　例えば、神奈川県藤沢市にも「藤沢市中小企業融資制度」という市内中小企業の振興と経営の安定を図るため、金融機関を通して事業資金の融資を行う制度がある。融資を利用する際に、利子補給と信用保証料補助を行うもので、商店街づくり推進等に特徴がある[32]。

3　民間金融の促進行政

　政策的な直接融資、民間融資の促進（信用補完制度）のほかに、金融行政は民間金融機関の中小企業向け貸出を促進する諸施策を行っている。戦後四半世紀にわたって行われていた金利規制は、預金金利の自主規制だけでなく、

臨時金利調整法により貸出金利も低位に抑制してきた（人為的低金利政策）。これは、市場で決定される金利水準よりも貸出金利を抑制することにより、事実上の補助金を借り手である企業に与えるもので、低い預金金利適用の預金者から企業への所得移転でもあった。これは企業全体に対するもので、中小企業に限定されたものではないが、借入依存度の大きい中小企業には相応のメリットがあった。専門金融機関制度により、中小企業向け金融機関として相互銀行、信用金庫・信用組合制度を整備したことも、中小企業向け貸出の円滑化を意図したものであった。

金融行政はオフサイト（監督）、オンサイト（検査）で行われるが、金融自由化・金利自由化・金融業務範囲規制緩和・金融制度改革の進展の中で、中小企業向け融資が停滞しないように、中小企業向け融資の目標等の設定をオフサイト・モニタリング等で求めることなどにより、民間金融機関の中小企業向け貸出を誘導してきた。

2000年代に入って、いわゆる不良債権問題の解決策として金融再生プログラムが発出され（2002年10月）、その一環として地域金融機関向けの不良債権処理策としてリレーションシップ・バンキングが導入されたが、これはまさに中小企業金融の円滑化・活性化を意図したものとも理解できる。具体的には、行政がアクション・プログラムを作成し、地域金融機関に行動計画の策定を求め、その成果をチェックする方式（チェック・シート方式）であった。2005年からは地域密着型金融行政とネーミングが替わり、2007年からは監督指針の中に取り入れられることになり、現在は地域金融機関に対する恒久な制度として金融行政に位置付けられている[33]。公的資金注入によるエコノミック・キャピタルの充実により地域金融の活性化を意図する金融機能強化法や近年の中小企業金融機能円滑化法もこの範疇であろう（補記参照）[34]。

この他、日本銀行が民間資産を購入するオペレーションも金融行政の一環と理解できよう（後述のCLOの買入れなど）。さらに、2000年代に従来の証券取引法等の資本市場関連法制が金融商品取引法として整備されたが、各

種のファンド等の活性化に寄与するものである。

4節　中小企業金融の新たな手法
——担保の拡大と知的資産

1　検討のプロセス

　1999年の中小企業基本法の改正により、2000年代に中小企業金融に新たな手法が導入された。その大要は表1—1に整理した通りであるが、売掛債権担保融資保証制度の創設やCRDの創設がその嚆矢となった。民間金融機関が不良債権問題に呻吟する中で、減少する中小企業向け融資を活性化させ、debt-finance から equity-finance へ舵を切る手法が検討されたのである[35]。
　その成果として売掛債権担保融資を拡大し、金融審議会リレーションシップ・バンキング・ワーキンググループで整理された「過度の担保・保証に依存しない融資」として動産担保融資等（ABL）の導入、個人保証問題（本人保証・第三者保証）、証券化、ベンチャー・ファイナンス、ファンド組成、CRDの活用、知的資産活用等が実現していった。さらに、経済産業省の産業資金課・知的財産政策室等が取り上げた電子記録債権の導入、知的資産経営報告書の整備等の金融インフラの整備も進み、併せて中小企業会計の整備、中小企業の再生手法の整備等も進んだ。

図1—2　中小企業の保有資産

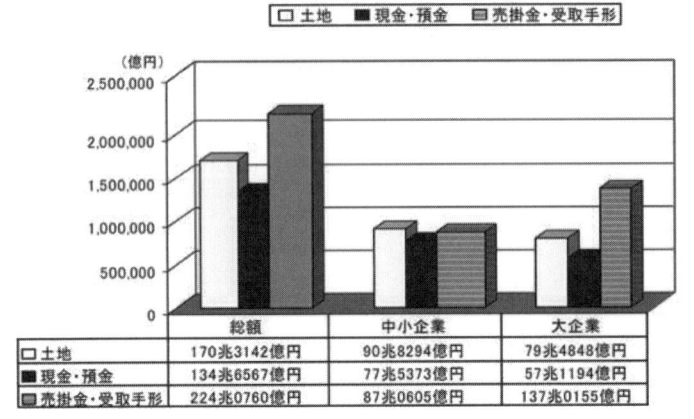

	総額	中小企業	大企業
土地	170兆3142億円	90兆8294億円	79兆4848億円
現金・預金	134兆6567億円	77兆5373億円	57兆1194億円
売掛金・受取手形	224兆0760億円	87兆0605億円	137兆0155億円

出所：大蔵省『法人企業統計年報』（1999年度年度）。
注：小企業とは、資本金1億円未満の法人企業、大企業とは、資本金1億円以上の法人企業を指す。

出所：表1—2に同じ。

2　動産担保の活用

(1)　売掛債権担保融資

　日本では、金融機関から融資に際して、担保として不動産が圧倒的に活用され、過度の不動産担保依存が課題であった。いわゆる動産担保の活用である。担保・保証に過度に依存しない方向としては、売掛債権担保融資保証制度（2001年12月発足）、動産担保（2004年11月に動産譲渡登記制度〔民法の特例法改正〕）発足、包括保証の限定化（2004年10月民法改正）、公的保証制度の第三者保証の廃止（2006年4月以降）、経営者本人保証の緩和（2014年2月）等がある。

　中小企業は1999年度に90兆8000億円の土地を有するが、ほぼ同額の

87兆1000億円の売掛債権（売掛金・受取手形）を有しているにもかかわらず、担保としては低調であった。その理由は、売掛先の倒産により売掛債権が無価値になるリスクがあること、売掛債権担保には管理コストが嵩むこと、風評被害の怖れがあること（資金繰りから悪いので売掛債権まで利用して資金調達したという風評）等である。しかし、海外では売掛債権も担保として活用されており、日本でもその活用が必要とされていた。2001年12月にその活用策として売掛債権担保融資保証制度（中小企業の売掛債権を担保として金融機関が融資する場合に信用保証協会が保証する）が導入され、01年補正予算で59億円が計上されて、不動産担保からの脱却と中小企業の資金調達の円滑化が図られた。

　この制度の普及には、中小企業の保有する売掛債権を担保として金融機関・信用保証協会に譲渡する必要があり、売掛先の債権譲渡禁止特約の解除を事前に承諾してもらう必要がある。債権譲渡禁止特約の解除は公的機関等では困難な場合もあり、部分的な解除で実行可能になっている。2002年末には4587件・1718億円の規模であったが、03年末に1万479件・4377億円、04年末に2万3841件・6851億円、05年末に4万169件・9525億円に拡大した。

　2007年8月には在庫（棚卸資産）を担保することも可能になり、流動資産担保融資保証制度と改称された（ABL保証ということもある）[36]。

(2)　ABL[37]

ABLの整備

2003年3月28日の「リレーションシップバンキングの機能強化に関するアクションプログラム」（金融庁）や04年5月28日の「新しい中小企業金融（担保・保証に過度に依存しない融資への取組み等）」（経済産業省産業構造審議会産業金融部会）、05年3月28日の「地域密着型金融の機能強化の推進に関するアクションプログラム」（金融庁）等を経て、中小企業金融における、動産や債権を担保とした融資への取り組みが注目されてきた。

　先の売掛債権担保だけでなく、広く動産担保を活用する融資が模索され、動

産債権担保融資としてABL（asset-based lending）として定義されるものが必要とされ、企業の事業収益資産に着目し、在庫や売掛債権等を活用した新たな資金調達の方法とする融資手法として普及が図られている。

　経済産業省のABLインフラ整備調査（『2008年度ABL借り手向けテキスト』）では、ABL（動産債権担保融資）は企業の事業価値を構成する在庫（原材料、商品）や機械設備、売掛金等の資産を担保とする融資であり、不動産担保や個人保証に過度に依存しない金融手法としている。このような金融行政や経済産業行政を背景に、政府は資金調達の多様化やそれに伴う担保法制の検討を目的とした「企業法制研究会（担保法制度研究会）」（2003年1月）において不動産担保から事業の収益性に着目した資金調達手法への転換、とりわけ企業が保有する在庫や債権等の事業収益資産を担保として資金調達で活用できるよう、対抗要件の具備に関する公示制度を提言するなどの取り組みを行ってきた。

　法的環境整備としては、1999年成立の「債権譲渡の対抗要件に関する民法の特例等に関する法律の一部を改正する法律案」があり、同法を「動産及び債権の譲渡の対抗要件に関する民法の特例等に関する法律」と改題し、2004年11月に成立、2005年10月に施行されて、同法により企業が保有する動産・債権を活用した資金調達の活用について途が開かれたのである。併せて、法人が行う動産の譲渡に係る登記制度（動産公示制度）も創設され、動産・債権譲渡に係る公示制度が整備された。これらにより、債務者を特定していない将来債権の譲渡についても登記により対抗要件を備えることができるようになり、また、集合動産の譲渡登記によって在庫など、将来の動産に関しても譲渡の対抗要件を備えることが可能となって、在庫や売掛金等流動資産を担保とするタイプのABLにおける貸し手の権利の安定性が改善された。

　経済産業省では、2005年度に開催された金融機関、実務経験者及び学識経験者を委員とするABL研究会において、ABL普及のための今後の課題を報告書として取りまとめたほか、ABLのテキスト（一般編、実務編）を経済産業省のHP上にて公表している。また、2007年度にはABLに携わる事業者等にとっての実務指針となる「ABLガイドライン」の策定、金融機関等の実務

の参考資料としての「ABLテキスト」の作成を行っている。

このような取り組みの成果として、各金融機関のABLへの取り組みが促進され、ABLの融資実績も着実に増加して、ABLは胎動・繋明期から普及・拡大期に入ってきている。2008年秋以降のリーマン・ショックによる厳しい環境の下、機動的な資金調達を可能とするために自社の債権・動産を活用しようとする動きが活発化している。

ABLの形態・課題

ABLとは、企業の事業そのものに着目し、事業に基づくさまざまな資産の価値を見極めて行う貸出で、事業のライフサイクルに着目して企業の将来価値を重視するもの、と表現される。典型的なパターンの一つを例に挙げれば、以下のような融資である。企業は、在庫と売掛債権に担保を設定して、金融機関等から融資を受ける。その際、金融機関は、在庫の市場性や売掛先の支払能力などに基づいて一定の担保評価を行い、貸出枠（コミットメント・ライン）を設定、企業はその枠内で融資（この場合は運転資金）を受けることができる。この貸出取引を継続していくには、企業は定期的に在庫や売掛金状況を金融機関に報告し、金融機関は評価替えを行うという約束が必要である。このほかにも、主要売上先の変更などを報告するなど、事業内容について継続的に情報を共有するためのルールを設定する。

ABLは、前述の表現とは別に、「企業が不動産以外の動産（在庫や機械設備等）・債権（売掛金等）などの流動性の高い資産を担保として借入れを行うものである」といういい方（流動資産担保融資）もされるが、この例をみれば、実は単純に担保だけの話ではないことがわかる。つまり、不動産担保などと異なり、ABLの担保は事業活動（あるいはその結果）そのものであるので、必然的に、「今、事業がどのように動いているか」について、継続的に、企業と金融機関が情報を共有する仕組みないし契約（コベナンツ）がセットされているのである。

このことは、企業からみれば、事業を拡大したいというときに、不動産担保では限界があったとしても、ABLの場合には、拡大した事業に伴って在庫や

図 1—3　ABL で担保取得対象となる貸借対照表の動産・売掛債権

資産の部負債・純資産の部	資産の部負債・純資産の部
流動資産 現金・預金 受取手形 **売掛金** 有価証券	流動負債 買掛金 短期借入金 未払金 未払法人税等
原材料 **商品** **仕掛品**	固定負債 長期借入金
固定資産 有形固定資産 建物 **設備** **機器（工具・備品）** 土地 無形固定資産 投資その他の資産	純資産 資本金 資本剰余金 利益剰余金 自己株式

出所：経済産業省（2007）。

売掛金も増大すれば、それに応じて運転資金の枠も拡大するというメリットがある。また、事業そのものが健全であれば、例えば仕入れ価格の一時的な上昇で赤字になったとしても、そのことをよく理解している金融機関から安定的に融資を受けられるようになる、といった場合もあるであろう。金融機関からみれば、融資先の事業の状況が常に把握でき、万が一、事業がうまくいかなくなった場合でも、コベナンツや担保設定契約に基づいて、早めに事業の立て直しなどについて企業と相談することができるという点で、企業とのリレーションがより緊密となり、結果的に他の貸出と比べて、リスクを抑制することができるというメリットがある。

ABLは、このように、企業、金融機関双方に少なからずメリットをもたらす手法であるものの、今まではその活用が進んでいなかったのが現実である。その理由として、例えば、在庫を活用しようとする場合、担保価値を適正に評価することが困難な場合が多いこと、処分・換金するマーケットが限られていること、第三者による善意取得に対抗できないこと（担保物件の確保が難しいこと）などが挙げられる。このような課題に対して、法的整備として、前述のように、動産譲渡登記制度等創設がなされたのである（登記による対抗要件の具備）。さらに、債権譲渡担保に関しては、第三債務者（売掛金の支払者など）が不特定の将来債権についても登記ができるようになったので、制度的な制約は取り除かれてきた。

　2007年度中に新規に実施されたABLの市場規模は、件数ベースで9158件、実行額ベースで2748億円であり、2008年3月末時点の残高は2346億円であった。なお、融資実行額上位20機関の融資実行額合計は、約2000億円であり、全体の7割以上を占めている。融資対象業種の割合をみると、小売業が最も高く24.2％、次いで製造業が23.1％であった。対抗要件の具備方法では動産譲渡登記のみのケースが半数以上を占め、占有改定のみのケースは33.4％であった。さらに、2008年度中に新規に実施されたABLの市場規模は、件数ベースで1万457件、実行額ベースで2820億円であり、2009年3月末時点の残高は4436億円であった。新規に実施されたABLの件数を、融資対象業種別の構成比でみると、製造業が最も多く19.2％を占め、次いで小売業が17.9％であった。対抗要件の具備方法では、動産譲渡登記のみのケースが54.6％と2007年度調査と同様に最も多かった。

3　CRD──リスク・データベースの構築

(1)　CRD
　中小企業の資金調達問題は、その財務状況が正確に把握できないというこ

とである。そこで、中小企業の経営状況を客観的に把握し、その評価を行うことで、信用度を評価することが金融機関の融資金利の適用や信用保証協会の保証料率の適用に当たって重要な情報になる。すなわち企業の信用リスクに対応した金利設定・保証料率設定を可能にすることやBIS規制のリスク対応資本の算出等に当たり信用リスクの把握が重要で、そのインフラが必要になる。このニーズに対応するために組成されたのがCRDである。

CRD（Credit Risk Database）は、1999年に中小企業庁が国家プロジェクトとして組成したデータベースで、全国52の信用保証協会と一部の政府系金融機関・民間金融機関の支援・協力を得て、「中小企業信用リスク情報データベース整備事業」としてスタートしたものである。中小企業の経営データ（財務・非財務データ及びデフォルト情報）を集積するもので、2000年度には5信用保証協会・3政府系金融機関・3民間金融機関から構成されるリーディング・ユーザ会議を開催し、CRDの基本的事項の整理・システム仕様等を検討した。2001年3月には運用機関として、全国52の信用保証協会を中心に任意団体CRD運営協議会が設立された。設立の趣旨は、データから中小企業の経営状況を判断することを通じて、中小企業金融に係る信用リスクの測定を行うことにより、中小企業金融の円滑化や業務の効率化を実現することを目指したものである。その後、会員・蓄積データも増え、中小企業の経営関連データを集積する金融インフラとしての地歩が固まり、2005年4月有限責任中間法人として法人格を取得し、2009年6月一般社団法人CRD協会となった。2005年3月には240機関が会員としてデータを提供しており、その評点は信用保証協会の料率区分、金融機関の金利設定等に活用されているほか、中小企業自身が自らの経営財務ポジションを認識し、適用保証料率・適用金利を事前に把握できるシステム（中小機構の「経営自己診断システム」）となっている。このように、金融機関にとってリスク把握に有効でリレーションシップ・バンキングを補完するだけでなく、中小企業にとっても有用なシステムである点に注目しておきたい。ただし、スコアリング・モデルに依存した融資手法はトランズアクション・バンキングであり、機械的な融資

手法になりがちで、ソフト情報を加味した融資手法となることが望ましい[38]。

鹿野（2008）によれば、CRDには2005年3月末に、1997年を始期として累計200万社個票データが蓄積されている。2003年中に決算期を迎えた中小企業は2005年3月末に56万社で、中小企業会社総数160万社の3割強であるという[39]。

CRD協会の会員は、金融機関等が対象で、正会員は入会金200万円、年会費400万円で、スコアリングサービス[40]、統計情報提供サービス、サンプルデータ提供サービス、中小企業経営支援サービス、リスク管理支援サービス、コンサルティングサービス等の利用が可能である一方、データ提供の義務がある。

(2) CRD以外のリスク・データベース

日本リスク・データ・バンク株式会社

四大金融グループおよび地方銀行を中心とした全国の50以上の銀行・金融機関が参加するもので、貸出先企業の信用状態や財務情報を共有するデータベースコンソーシアムであり、2000年4月の設立以来、約60万先の国内企業に関する財務情報を集積し、参加金融機関に情報還元している。統計的、定量的な手法に基づく信用リスク管理の高度化を目的とした匿名のデータベースであり、各種信用調査会社と異なり具体的な企業名・所在地等、企業を特定できる情報は有していないのが特徴である。

CRITS（全国地方銀行協会）

全国64の会員銀行対象の共同事業で、地銀界では、早くから、統計情報や金融工学等を駆使した科学的・合理的な信用リスク管理手法の開発を共同で進め[41]、2006年度末から導入されたBasel II等への対応の一環として、2004年12月、全会員銀行が参加する「信用リスク情報統合サービス"CRITS"」の運営を開始した。金融工学の発展や地方銀行のリスク管理の高度化を踏まえ、みずほ第一フィナンシャルテクノロジー㈱、㈱金融工学研究所（コンサルタント／アドバイザー）、㈱NTTデータ（ITベンダー）のサポートを受けつつ、CRITSを運営している。また、これらの専門業者と連携し、

43

2010年4月に目途とした次期CRITSのサービス開始を目指している。

SDB（信用金庫業界）

信用金庫業界の中小企業信用リスク・データベースがSDBである。信金中金、しんきん情報システムセンター（SSL）及び信金共同事務センター等の業界のシステム関係会社が一致協力して、信用金庫業界の中小企業信用リスク・データベース（SDB）を運営している。信金中金の研究所（地域・中小企業研究所）が担当し、各信用金庫は、SDBを活用することにより、融資審査や信用リスク計量化、貸出金のポートフォリオ管理、プライシングなど、信用リスク管理の高度化への取り組みを進めている。

4 定性情報の把握——知的資産・知的資産経営報告 [42]

(1) 知的資産・知的資産レポーティング

リレーションシップ・バンキングが地域金融機関に必要なことを示した2003年金融審議会報告では、企業の財務情報だけでなく、非財務情報（定性情報・ソフト情報）の重要性を指摘したものであった。これは、中小企業の持つ知的資産をいかに評価するかであり、通常、企業の競争力の源泉としての人材・技術・技能・知的財産（特許、ブランド等）、組織力、ネットワーク、戦略等は財務諸表に現れない知的資産とされ、EU諸国ではその評価などを行っている（Intellectual capital rating）。この知的資産を融資の審査において評価し物的担保・人的保証に替わるものとして位置付けることが重要である。何よりも、地域金融機関が中小企業の知的資産経営を評価し、それを担保価値として認識し、融資実行までに定着させれば、中小企業サイドでも普及促進の効果を持つ一方で、企業経営者自らに対して知的資産経営を気付かせ、積極的な意識付けとその活用に繋がるものとなるし、BCP（緊急時企業存続計画）の観点からも重要である。例えば、中小企業は知的資産経営報告書の作成を行い、その内容を金融機関が財務諸表と併行して審査に活用すればよい。財務諸表の

ない創業企業にはこの知的資産経営報告書のみでも審査対象となる可能性がある。

2005年8月産業構造審議会 新成長政策部会 経営・知的資産経営小委員会は中間報告を纏め、知的資産経営の重要性を示したが、これはこの分野で初めての文書である。その報告書では、前述のような背景を述べた上で、「このような状況下で、日本経済が中期的な活力を維持していくためには、企業がこれまでのように、「規模の経済」やプロセス技術の進歩によるコスト削減ではなく、これまでとは異なるやり方でグローバルな市場の中で持続的にレント(超過利潤・利益)の確保ができるような経営をすることが必要になってきているといわれ、そのような能力を有する企業が真に競争力のある企業といえる。……企業が持続的にレントを確保するためには、企業が自らの強みを維持・強化し、提供する商品やサービスの個性を伸ばして他社との差別化を行うこと、それを重要な経営資源・自社の競争軸と認識して、「差別化の状況を継続」することが必要である」と指摘し、この「差別化」こそ、「知的資産経営」と考えたのである。

(2) 統合報告書

この非財務情報(ソフト情報)の活用は会計分野でも進み、「統合報告書」の作成とその有効性が議論されている。企業はその価値表現・IR等として、有価証券報告書、事業報告、アニュアル・レポート、CSR (Corporate Social Responsibility) 報告書、環境報告書(環境・社会・ガバナンスというESG情報)、サステナビリティ報告書、決算短信、決算説明資料、コーポレートガバナンス報告書等の企業情報に関する開示すなわち「コーポレート・レポーティング」を行っている。これらは、法令が要求するものから、自主的なものまで、歴史とともに拡大してきた経緯がある。こうした環境の中で、ただ単にステークホルダーから求められるままに情報を開示するのではなく、適切に社内の情報を整理・把握した上で、体系的かつタイムリーにステークホルダーとのコミュニケーションを行い、企業の真の姿や社会的・貢献、企業価値を伝えるこ

とは、事業展開、資金調達の国際化がますます進展する中で、企業にとって重要性が増している。2010年7月、現在のコーポレート・レポーティングにおける期待ギャップへの対応や、コーポレート・レポーティングに関する負担を軽減することを世界レベルで協議する目的のもと、国際統合報告委員会（IIRC: International Integrated Reporting Council）が設立された[43]。

「統合報告書（Integrated Report）」とは、企業の売上や利益などの財務情報と、ESG（環境・社会・統治）問題への対応や中長期の経営戦略などの非財務情報を関連付けて報告しようとするものである。IIRCは、2011年9月にディスカッション・ペーパー（公開草案）を公表し、2013年4月にコンサルテーション・ドラフトという草案を公開した。

IIRCは統合報告書をコーポテート・レポーティングにおいて主流となることを最終的に目指しているとされる。当面は、ディスカッション・ペーパーに基づく実証実験的なパイロット・プログラムを2011年10月から開始した。

IIRCは、国際的な新たなレポーティングのディスクロージャー（統合報告書）のフレームワークを開発することを目的にし、先のディスカッション・ペーパーを踏まえて、コンサルテーション・ドラフトを公開し、2013年7月までコメントを募った。IIRCではそれらをまとめ、2013年12月にフレームワークを公表した。統合報告は、財務資本の提供者が利用可能な情報の質を改善し、より効果的かつ生産的な資本配分を可能とするもので、組織による長期にわたる価値創造、その支えとなる「資本」群に焦点を当てることによって、財務的に安定的なグローバル経済に貢献し、また、持続可能な社会への推進力となるとの理念に基づいている。このフレームワークは。先のように世界26カ国から140の企業や投資家が参加するパイロットプログラム、世界各地で企業や投資家が協議し、施行した後にリリースされたもので、その目的は統合報告の全般的な内容を統括する指導原則及び内容要素を規定し、それらの基礎となる概念を説明することであった。8国際統合報告フレームワークの日本語訳は、IIRCが2013年12月に公表したフレームワークを日本公認会計士協会が日本語に翻訳し、企業報告のステークホルダーによって構成される翻訳レビュー作

1章 日本型モデルとしての中小企業支援・政策システム

図1—4 無形資産活用と売上高成長率・デフォルト率

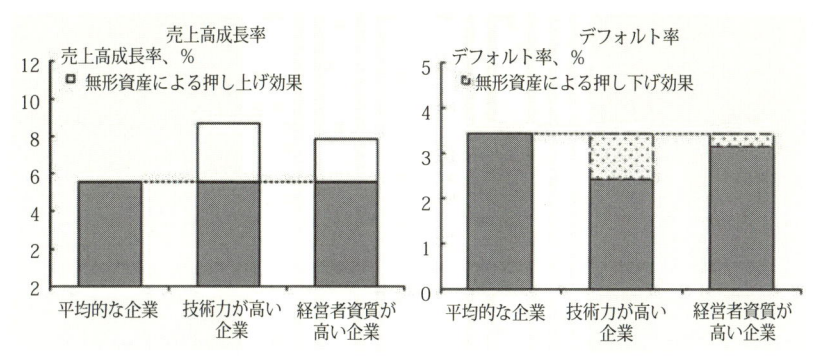

出所：日本銀行『金融システムレポート』2013年4月号、25頁。

帝国データバンク調査（特許庁委託）の分析

知的資産経営報告書を作成した企業と全体との業績比較
— 2007年に知的資産経営へ取り組んだ企業
— 法人企業統計調査結果（資本金1億円以下）

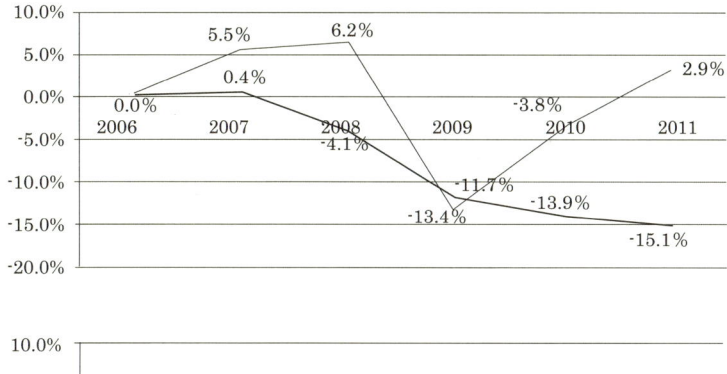

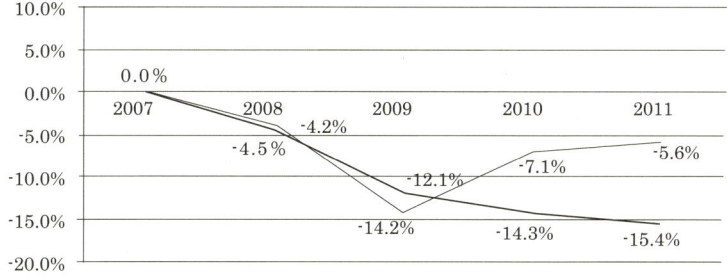

（上図データ点）
- 2006: 0.0%
- 2007: 0.4%, 5.5%
- 2008: -4.1%, 6.2%
- 2009: -13.4%, -11.7%
- 2010: -13.9%, -3.8%
- 2011: -15.1%, 2.9%

（下図データ点）
- 2007: 0.0%
- 2008: -4.5%, -4.2%
- 2009: -14.2%, -12.1%
- 2010: -14.3%, -7.1%
- 2011: -15.4%, -5.6%

出所：帝国データバンク（2013）42頁（経済産業調査会版、58頁）より作成。

業部会による確認と承諾を経て、2014年3月に発行された[44]。

　金融行政でも、預金等受入金融機関に関わる検査マニュアルには、「中小企業に適した資金供給手法の徹底に係る具体的な手法例」として「特許、ブランド、組織力、顧客・取引先とのネットワーク等の非財務の定性情報評価を制度化した、知的資産経営報告書の活用」が記載されており、中小・地域金融機関向け監督指針にも同趣旨の記載があるように、知的資産経営報告の活用の重要性が認識されている[45]。

　知的資産ないし無形資産を活用した企業のパフォーマンスの良さを検証した研究があり、いずれも利用した方が良好であることが示されている（図1—4）。

5節　中小企業金融の新たなインフラ

1　市場型間接金融[46]

(1)　複線的金融システムと市場型間接金融

　日本の金融システムを産業金融システム（預金・貸出による資金供給システム）だけでなく、市場型金融システム（価格メカニズムを活用したシステム）の必要性が認識され、これを複線型金融システムというが、両システムを繋ぐシステムとして市場型間接金融が注目されている[47]。

　市場型間接金融については、証券投資信託のように金融機関の資金調達行動に代替する局面での議論がある一方で（蠟山〔2001〕）、各種の投資家へのリスク移転に注目して、金融機関保有の貸出債権を流動化する面に集中する議論もある。後者の債権の流動化、すなわち、銀行によって組成された貸出債権を、市場取引の担い手である機関投資家などに引き渡す貸出債権市場や証券化など

1章　日本型モデルとしての中小企業支援・政策システム

が、ここでいう市場型間接金融である。この債権流動化という方式は、アメリカでのローンセール市場の発達にみられるほか、貸出関連の市場の担い手としては銀行以上に、ファイナンス・カンパニー、投資信託や年金基金などの機関投資家、証券化の媒体となっているSPCや信託などが存在する。アンバンドリングが活性化しているからである[48]。

　2002年9月の金融審議会『将来ビジョン報告』は、「複線的金融システムでは、市場型間接金融という、専門的なサービスを伴う個人と市場、市場と企業をつなぐ資金仲介が有効で、伝統的な銀行を通じる間接金融と区別されるシステムが重要とした。具体的には、貸出債権の売却や証券化等がその事例とされ、機関投資家をはじめとする多様な金融仲介機関に対する期待が高まり、その過程で投資対象に対するガバナンス機能の発揮も期待されるとされる。中小企業金融においては、産業金融モデルの今後の有効性を認めても、企業の成長段階等に応じて多様な資金調達手段が提供されるとともに、資金調達に伴う様々な金融サービスが提供されることが必要となる。成熟期の企業には再活性化のための組織再編成支援や資本市場からの資金調達スキーム、起業段階での外部資金調達などにも、市場の利用可能性は高まるとされている」と指摘した。

　このような専門的なサービスを伴う個人と市場、市場と企業をつなぐ資金仲介を、資産流動化、債権流動化、証券化などと呼ぶが、市場型間接金融を狭義に取れば、金融機関の保有債権が市場にリンクするという意味で貸出債権の流動化のみとすることも可能である（CLO）。また、証券化と流動化を区別する場合、証券化を、

① 資産保有主体のキャッシュフローに注目し、
② その資産をSPV（特定目的機関）に移転することにより資産をオフバランス化し、
③ 有価証券発行を通じて、
④ 資産保有主体の信用力とは独立に資産の信用力に依存した資金調達を行う、金融手法と定義したとき、①と⑤のみを行うのが流動化ということも可能である。

いずれにしても、市場型間接金融は、金融仲介機能のアンバンドリングや市場によるガバナンス機能の向上を図るものとして期待されるほか、リレーションシップ・バンキングを補完ないし補強する手法として理解できよう。

(2) 市場型間接金融の手法
証券化──民間融資の活性化効果
市場型間接金融としては、
① 資産担保証券──クレジット債権・リース債権などを担保とするもので、特定債権法（1993年6月施行）により一般化した手法、
② 貸出債権担保：CDO（collateralized debt obligation. CLO、CBO）、住宅ローン債権担保（regidential mortage-backed securities: RMBS）など。組成時にオリジネーターからSPVへの信用リスク移転を、原資産の譲渡ではなく、クレジット・デリバティブによって行うシンセティック型も活用される、

という証券化手法がある。技術的には、信託方式もビルトインされていることもある。裏付けとなる資産に注目して、企業の資産を裏付けとするもの（売掛債権担保証券〔asset-backed commercial paper: ABCP〕など）と企業の負債（金融機関の資産）を裏付けとするものとがある（CDOなど）。証券化は、厳密には、①優先劣後構造によって原資産の信用リスクを第三者に移転する、②商品のキャッシュフローのみに依存している、③スペシャライズド・レンディング（specialized lending）の要件（特定資産のみを返済源とする融資であること）を満たさない、とされることもある[49]。

これらの証券化手法は、既述のように、金融仲介機能の低下、信用の裏付けとなる資産の不足、個々の中小企業の信用力不足、担保・保証への過度の依存、中小企業自身の自己資本の脆弱性（融資の擬似エクイティ化、担い手・手法・リスク対応などについて多様化が不可欠）という中小企業金融の現状に対する一定の対応を示すものと理解される。すなわち、民間の中小企業向け融資の活性化効果を有する。

1章　日本型モデルとしての中小企業支援・政策システム

　資産流動化は、企業が保有する流動性のない営業資産（貸出債権、売掛債権、リース債権、クレジットカード債権など）を一般の資産から切り離してプールし、必要な信用補強を施した後に、これを担保として証券を発行し（小口化して発行することもある）、投資家に売却する一連のスキームをいうが、金融機関の貸出債権の流動化の側面と、企業の資産の証券化の側面の両面がある。

　具体的には、①低金利資金の導入、②資産負債総合管理（ALM）の手段、③資金調達手段の多様化、④リスク負担転嫁による経営効率化、⑤オフバランス化による財務の改善と自己資本規制などの法的規制の回避、という効果のほか、機関投資家の投資資金を導入する意義を持つ。中小企業にとっては、保有する売掛債権を流動化できれば、資金調達の多様化に繋がる。優良な資産をだけを集めて証券化できれば、高い格付けが獲得できるので、低利での資金調達が可能になる。中小企業の証券化の利用度は低く、2003年7月当時で、8件約4300億円の規模である（表1—6）[50]。このほか大阪市、商工中央金庫の実績もある。

　このような中小企業向けの証券化の実績は低く、克服すべき制約は多い。CLOについては、東京都の第3回スキームのB方式以外は信用保証協会の付保を前提としているが、信用保証協会以外の公的支援の可能性、公的支援なしの民間ベースのスキームの可能性、法制面・事務面の環境整備（二重譲渡の問題、将来債権譲渡など）、商慣行の制約（譲渡禁止特約条項など）の除去など多くの課題がある。中小企業向け債権の証券化には多くのメリットが認められるにもかかわらず実績が少ないのは、市場が十分育成されていないことに尽きるのであるが、それだけに公的支援ないし政策金融による支援が期待される分野でもある。

日本銀行の資産担保証券買入れ

　日本銀行は、2003年4月に中小企業向け債権と担保とする（資本金10億円未満企業の債権が5割以上）資産担保証券の買入れを発表した。これは、資産担保証券市場が1990年代後半以降わが国でも発展を遂げつつあり、企業金融の円滑化という観点からみると、この市場の発展には、

表1—6　証券化の実績（2000年代前半）

東京都 CLO

2001年3月（CLO）	952社	325億円	2.47%	3年・期限一括返済	5,000万円	全額保証	・三和銀行 ・東海銀行
2002年3月（CLO）	2,489社	881億円	平均2.92%	5年（2年半据置後分割返済）、等	8,000万円 5,000万円	うち50億円 保証なし	・三井住友銀行 ・東京ﾀｰ銀行 ・BNPパリバ
2003年3月（CLO）	2,300社	1,100億円	2.807%等	3年（据置後分割返済）、5年（2年半据置後分割返済）	1億円	うち550億円 保証なし	・三井住友銀行 ・みずほ銀行
2003年3月（CBO）	189社	150.6億円	2.57%	2年一括償還	1億円	保証なし	・みずほ銀行

福岡県新金融システム（CLO）

2002年7月	597件	139億円				全額保証	・三井住友銀行

UFJ銀行によるCBO

2002年3月	384件	512億円	短プラ (1.375%程度)			保証なし	・UFJ銀行

大阪府 CLO

2002年12月	542件	371億円	基準金利 +1.250～ 3.950%	約1年据置後、6ヶ月毎の5回返済	3,000万円 ～1億円	保証なし	・三井住友銀行
2003年2月	約400件	約250億円	同上	約1年据置後、3ヶ月毎の9回返済	同上	保証なし	・大和銀行 ・ﾘｰﾏﾝﾌﾞﾗｻﾞｰｽﾞ証券

出所：中小企業庁資料より作成。

① 個々の資産をプールすることによって信用リスクが分散され、プールされた資産全体としてみると、個々の原資産よりも安全な金融資産を組成することができる、
② 裏付資産全体のリスクを、リスクの低い部分と高い部分からなる階層構造（優先劣後構造）に再構成することにより、投資家のリスク許容度に応じた金融資産を提供することができる、
③ 以上の結果、企業金融の新たな手段が利用可能となる。特に、相対的に信用リスクの大きな中堅・中小企業にとっては、新たな資金調達チャネルが拓かれることの意味は大きい、

④　幅広い投資家の参加する資産担保証券の流通市場が形成されるようになれば、信用リスクの価格付けがより適切に行われるようになる、といった効果があるからである[51]。

具体的には、正常先でBB格以上の中小企業向け債権を裏付けとする資産担保債権やa-1格の資産担保CPを、2005年度末までの時限で、1兆円規模（残高ベース）の買入れを行う措置を実行した。同年7月から購入を始め、2400億円程度の実績がある（2003年末）。資産担保証券を構成する債権の適格条件はその後緩和されている[52]。この日銀の中小企業向け債権（資産）担保証券の買入れは、民間の融資を誘導・刺激する効果を持つものと理解されるが、企業が資金調達を行う際、その信用リスクを銀行だけが担うのでなく、市場（投資家）・公的部門との間で分担すれば、企業の資金調達が容易になり、銀行には新たな貸出余力が生まれ、かつ資産担保証券市場の規模の拡大により、この市場の流動性向上による資金調達コストの低下やアベイラビリティの増加という間接効果も期待できる。すなわち、中堅・中小企業に対する新規の資金供給の円滑化が促され、ひいては金融緩和の効果波及経路（トランスミッション・メカニズム）の強化に役立つことを期待したものであった。しかし、中小企業対象の資産担保市場が揺籃期にあることから、時限措置とされたのである[53]。

(3)　中小企業金融公庫（日本政策金融公庫）の証券化・同支援業務
　　——民間融資の促進効果、リスク低減効果

中小企業金融公庫は中小企業貸付債権の証券化を2004年7月に創設したが、これは民間金融機関の証券化支援を行うもので、買取方式（民間金融機関等の中小企業向け無担保債権等を譲り受けまたはCDS契約を活用して証券化する）、保証方式（民間金融機関等が自ら証券化する中小企業向け無担保債権等の部分保証や証券化商品の保証や一部買取を行う）、売掛債権証券化（民間金融機関等によるSPCへの貸付債権に対して保証の提供やSPCへの貸付を行い、中小企業の保有する売掛金債権の流動化を支援する）のスキームがある。民間の証券化を促進するとともに、それを通じて民間融資を活性化させる効果

表1—7　中小公庫の買取型証券化のリスク低減効果

	参加金融機関単独での債権プール	買取型の実施効果
債権プール全体に占める都道府県別構成比の最大値（件数比） －地域集中リスク－	平均85.1% （機関別：43.9—100.0%）	26.10%
債権プール全体に占める業種別構成比の最大値（件数比） －業種集中リスク－	平均15.8% （機関別：7.4%—25.0%）	7.20%
債権プール全体に占める1社の最大構成比 －債務者集中リスク－	3.0%	0.20%

出所：中小企業金融公庫『平成16年度　業務に係る政策評価報告書』72頁より作成。

を有する。

　その規模は、2004年度に2500億円、対象企業は5000社程度とされる。証券化の対象は期間1—5年程度の無担保債権で、経営者本人以外の第三者保証は不要とする。1社当たりの融資上限は5000万円程度で、地域金融機関には買取型、大手行向けに保証型を設定したともいわれる。保証型は部分保証で入口段階（証券化対象債権の保証）と出口段階（担保証券のシニア・メザニン部分の保証）で保証を行う。これにより、民間の証券化を促進する効果を持つ。

　買取型ではトランチングを行い、劣後部分は民間金融機関に一定割合の購入を義務付けるスキームとなっている。これにより、民間の証券化を促進し、民間の融資も活性化する効果を持つ。

　このほかに、中小企業金融公庫自身の証券化もありうる（例えば、中小企業の無担保社債を引き受け、これを担保に証券化を行うもの）[54]。

　証券化の効果は制度開始後間もないこともあり、充分な研究はないが、中小公庫の試算によれば、各種リスクの低減効果がある（表1—7）。証券化に参加した金融機関単独の債権プールと買取型全体の債権プールでの比較を行ったも

ので、買取型プールのほうが地域集中リスク、業種集中リスク、債務者集中リスクを低減する効果があることされた。例えば、参加金融機関単独では債権プールに占める同一の都道府県内の貸出の構成比が平均 85.1％ であるのに対し、証券化した債権プールでは同構成比が 26.1％ と小さくなり、リスクが同じ県に集中するのではなく、分散化していることが分かる。

2　電子記録債権[55]

(1)　電子記録債権

売上債権（売掛金）や支払い債務を電子データで決済する「電子記録債権（電子債権）」、すなわち企業の保有する手形や売掛債権を電子化し、インターネットで取引できるようにして、紙ベースの手形に代わる決済手段として、債権の流動化を促進し、事業者の資金調達の円滑化等を図る新たな金融インフラを構築し、減少し続ける手形取引に代わる電子手形と売掛債権の一層の活用を行い、中小企業金融の円滑化を図る手法が金融インフラとして整備された。電子債権は、手形債権や指名債権（売掛債権等）が抱える問題を克服し、事業者の資金調達の円滑化を図ることを目的として創設された新たな金銭債権で、電子債権記録機関が作成する記録原簿に電子的な記録を行うことにより、債権の権利内容が定められる。

電子記録債権制度は、2003 年に、経済産業省が、中小企業の資金調達円滑化を目的として検討を開始し、中小企業のみならず、様々なビジネスモデルを検討して、電子記録債権法案が、法務省及び金融庁により国会提出され、2007 年 6 月に成立・公布され、2008 年 12 月に施行された。手形は便利だが、印紙代や事務負担、紛失などのリスクがあり、受取手形の流通額は 1990 年度の約 72 兆円をピークに 2008 年度は 29 兆円にまで縮小した。一方で全産業合わせた売掛債権は 180 兆円（2008 年度末）に上るが、二重譲渡の危険性があるため、手形のようには流通しにくい。そこで電子記録債権法の施行で電子

図1—5　手形の利用の減少

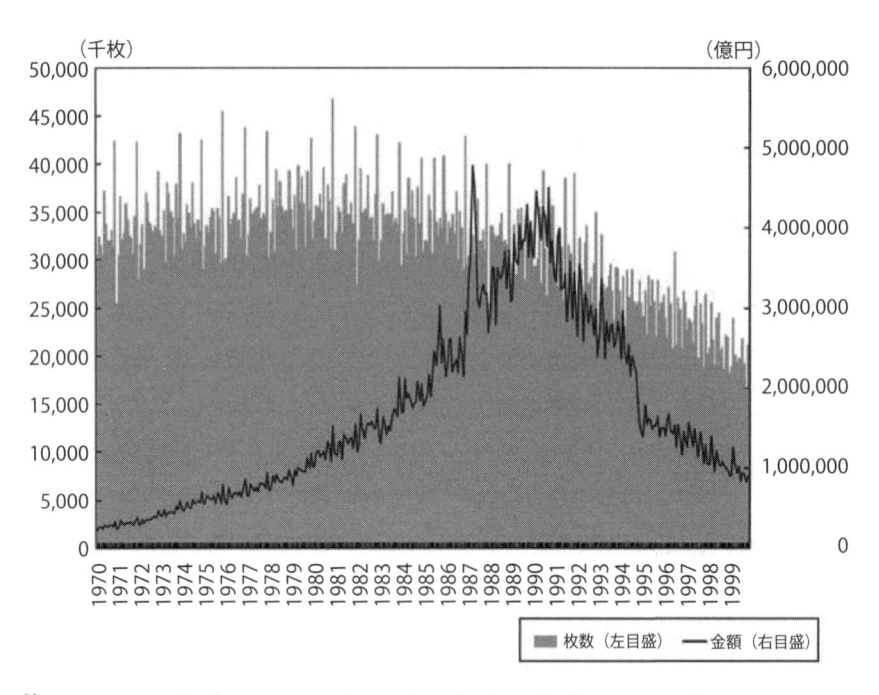

注：http://www.chusho.meti.go.jp/kinyu/download/uri_haikei_genjo.pdf

債権を記録、管理する機関を設立できるようになり二重譲渡を防げることから、電子債権への移行が期待されるのである。

　電子記録債権については、2004年12月―2005年3月に沖縄県で電子手形導入実証実験が行われた。地域の主要金融機関が業態の枠を超え、地元銀行協会が主体となって実施され、経済産業省、沖縄県、日本銀行どが協力した。信金中央金庫の提供する「電子手形サービス」を地元5金融機関が利用し、125の事業会社が参加して、約束手形の代わりに「電子手形」を利用し、振り出し511件、振出総額約6億5000万円、電子手形の分割46件、譲渡7件であった[56]。

電子記録債権とは、当事者の意思表示に加え、電子債権記録機関が作成する記録原簿に記録しなければ発生または譲渡の効力が生じない債権で、指名債権および手形債権双方の特徴を併せ持つ柔軟性がある。実務的には印紙税の軽減や集金時間の節約などが期待される。電子記録債権の活用類型としては、①電子手形、②電子指名債権（電子売掛債権）、③リース・クレジット債権の流動化、④LMSへの活用、⑤シンジゲートローンへの活用等が想定された。しかし、法案の制定過程において、記録機関の財務健全性や運営基盤の安定性が重視されたため、現行法制では、③及び④は、事実上難しいとみられている。経済産業省は、2007年度に中小企業金融円滑化に資するため、電子手形及び電子売掛債権の制度整備を検討し、大企業と中小企業、債権者と債務者が、合意することが可能な共通ルールの設定を図っている。

(2) 記録機関

電子記録債権制度の成否は、記録機関の創設であるとされたが、先の電子記録債権法により導入準備がスタートし、三菱UFJ、三井住友、みずほの3メガバンクグループが電子債権を記録・管理する機関を個別に設立してサービスを始めた。全金融機関ベースでは、全国銀行協会が「でんさいネット」（運営は（株）全銀電子債権ネットワーク）を構築し、全国の1300の全金融機関が参加し、全金融機関で利用できる利点を生かし、電子債権での決済や裏書きなどにも対応する体制が、当初目標の2012年スタートよりも遅れたが、13年2月から開始された。企業には依然として取引金融機関で手形を割り引きたいという要望が強く、紙ベースの手形交換所に代わる決済インフラの役割を担うことになる。同年末には利用者登録が32万2000社、利用契約件数は41万8000社、発生記録請求件数は累計で13万4000件超となり、発生記録請求金額は約1兆400億円に達した。支払不能でんさいは同年12月に1件生じた[57]。

三菱東京UFJ銀行は2009年8月、日本で初めて記録・管理機関（JEMLO）を開業し、電子債権に手形の機能をすべて持たせ、裏書譲渡を繰り返して流通ができるようにしている（電手決済サービス）。貸付金を市場で売買する「セ

カンダリー市場」に電子債権を活用し、2013年11月末の取扱債権残高は1兆2722億円である。

　三井住友銀行は電子債権の利用促進のため、電子債権を特別目的会社経由で一括して買い取り、回収を代行する「一括ファクタリング」という独自サービスを採用し、主に中小企業が保有する大企業向けの売掛債権を扱う。一括ファクタリングでは債権を買い取る際の割引率が大企業向け融資利率を基に設定されるため、紙ベースの手形割引よりも中小企業にとって有利になる。銀行側にも優良企業向けの融資が増える利点がある。三井住友銀行によると、債権の二重譲渡を防げる電子債権の登場で、こうした仕組みが可能になったという。みずほ銀行も一括ファクタリングに取り組んでいる。三井住友銀行によれば、利便性では、「でんさいネット」が勝るものの、一括ファクタリングは売掛金をその都度流動化させる機動性があるとし、大半の金融機関で利用できる「でんさいネット」と、銀行単位で行う一括ファクタリングとの棲み分けが重要とされる。

(3)　二つの電子記録債権

　電子記録債権には、電子手形と電子売掛債権があり、取引銀行を通じて「でんさいネット」等の記録原簿に「発生記録」を行うことで、電子債権が発生し、譲渡記録による譲渡や分割譲渡が可能になる。支払期日には、自動的に支払企業の口座から資金を引落し、納入企業の口座へ払込みが行われ、「でんさいネット」等が支払完了した旨を「支払等記録」として記録する。また、手形と異なり、納入企業は支払期日当日から資金を利用することが可能となる。

　紙ベースの手形は、作成・交付・保管のコストがかかり、紛失・盗難のリスクがあり、分割不可という問題点があり、その利用は減少してきたが（図1—5）、電子記録債権では電子データ送受信等による発生・譲渡、記録機関の記録原簿で管理、分割可能という新たな金銭債権となり、手形の問題点が克服された。電子手形に重要な要件は、①利用者の事前審査を行うこと、②記録事項を限定すること、③記録請求手続きについて一定の条件下で、発生記録請求につき包

括委任を容認すること、④譲渡人の担保責任について原則として「保証記録」が付されること、⑤譲渡禁止特約を設けないこと、⑥一定の条件下で、受取側が単独で債権を分割することが可能なこと、⑦不渡処分制度と同様の制度が整備されること、⑧下請法に適合する制度設計とすること、といった点である。

また、売掛債権には、譲渡対象債権の不存在・二重譲渡リスクがあり、譲渡を債務者に対抗するために債務者への通知等が必要となり、人的抗弁を対抗されるリスクがあるという問題点があったが、電子記録債権では電子記録により債権の存在・帰属を可視化し、債権の存在・帰属は明確で通知は不要となり、原則として人的抗弁は切断されるというメリットを持つ。電子指名債権（電子売掛債権）に重要な要件は、①利用者の事前審査は必要としないこと、②任意的記録事項の項目について法16条2項16号に基づき政令で定めるべき事項は当面はないこと、③記録請求手続については電子手形と同様、④譲渡人の担保責任について担保責任を負うものとはしないこと、⑤譲渡禁止特約は必要だが全面的に禁止することは困難なこと、⑥債権の分割は一定の条件下に認めること、といった点である。

今後の電子記録債権制度の発展については、電子記録債権が、第二の通貨となりうる潜在力を、メリット及びデメリットの観点から判断し、電子債権記録機関の監督規制が、どの程度緩和されるかにかかっているとされている。

3　個人保証の問題

(1)　中小企業金融における個人保証──個人保証の機能と問題点[58]

中小企業金融において、個人保証は信用補完や経営規律という機能を有しているとされている。中小企業では、経営者個人と企業の資産・資本が十分に分離されず、経営者と企業の一体性が強く、株主や債権者等の利害関係者が少なくかつ固定的である。その財務諸表について、会計監査を受けずに、ディスクロージャー目的ではなく課税所得算出の目的で作成していることが多い。家計

表1―8　でんさいネット請求等取扱高

	利用者登録数（社）	利用契約件数（件）	発生記録請求件数（件）	発生記録請求金額（百万円）	月末残高金額（百万円）	譲渡記録請求件数（件）
2013年 2月	45,583	59,960	36	1,832	1,819	2
2013年 3月	124,464	152,444	370	6,811	8,439	26
2013年 4月	157,884	195,542	1,744	19,274	25,336	136
2013年 5月	187,530	234,115	3,989	34,434	55,270	410
2013年 6月	212,996	268,228	6,739	54,117	100,940	800
2013年 7月	238,172	302,524	10,411	85,829	170,877	1,389
2013年 8月	257,266	328,573	13,478	105,611	252,386	1,931
2013年 9月	285,151	365,593	16,270	121,566	338,927	2,675
2013年10月	299,782	386,212	23,147	168,246	446,844	3,463
2013年11月	310,423	401,481	27,346	209,167	582,129	4,290
2013年12月	321,830	417,827	31,281	242,623	724,532	5,685
2014年 1月	330,953	430,668	34,404	259,994	857,346	5,675
2014年 2月	342,096	446,505	36,132	259,616	954,557	6,118
2014年 3月	361,334	472,949	40,577	316,892	1,065,638	7,655
2014年 4月	366,156	479,897	46,130	381,240	1,205,828	7,358
2014年 5月	368,987	484,128	46,461	362,375	1,303,675	7,705
2014年 6月	372,297	489,351	48,774	364,090	1,393,091	8,544
2014年 7月	376,027	495,291	53,623	401,754	1,462,845	9,696
2014年 8月	379,953	501,661	55,664	420,656	1,536,678	9,914
2014年 9月	388,335	514,073	57,928	414,232	1,587,855	11,215
2014年10月	392,216	520,086	64,883	511,059	1,718,805	11,216

出所：「でんさいネット」ホームページ。

*1*章 日本型モデルとしての中小企業支援・政策システム

（平成 26 年 11 月 14 日）

※利用者登録数、利用契約件数は月末時点での累計

譲渡記録請求金額（百万円）	分割記録請求件数（件）	分割記録請求金額（百万円）	支払不能でんさい件数（件）	支払不能でんさい金額（百万円）	取引停止処分件数（件）
4	0	0	0	0	0
349	10	189	0	0	0
1,424	23	690	0	0	0
4,105	91	1,830	0	0	0
8,653	133	2,567	0	0	0
11,299	252	3,231	0	0	0
17,404	338	4,088	0	0	0
27,992	436	5,891	0	0	0
28,923	623	7,848	0	0	0
36,749	810	10,135	0	0	0
62,163	1,025	14,790	1	1	0
54,937	1,072	14,697	2	1	1
59,765	1,118	15,299	1	1	0
78,163	1,364	18,419	1	1	0
67,578	1,511	18,075	1	1	0
75,898	1,442	17,262	0	0	0
87,556	1,623	19,509	2	1	0
86,367	1,724	17,014	0	0	0
94,524	1,745	18,599	0	0	0
118,849	1,925	19,742	3	10	1
105,795	2,018	21,061	3	14	0

61

と経営の未分離や、財務諸表の低い信頼性は、資金供給者の中小企業の経営・財務の実態把握を困難にし、経営者の個人保証には企業の信用補完かつ経営に対する規律付けという機能がある。経営者以外の第三者の保証には、副次的な信用補完や経営者のモラル確保のための機能があるが、経営との一体性を欠くために、その機能する範囲は経営者の個人保証とは異なる。

　個人保証の問題点として、企業が経営困難に陥った場合においても、経営者が保証債務の履行請求を恐れることが、事業再生の早期着手に踏み切れないという傾向を助長し、事業価値の毀損が進むことにより企業の再建が困難となること、その結果金融機関の債権の回収率の低下にもつながることがある。

　金融機関が一律または形式的な保証徴求する場合に、無税償却が認容され難くなり、スムーズなオフバランス処理を妨げる。これは、金融機関の債権償却に際し、保証人の責任を厳格に追求しなければ無税償却が認容され難いという税務上の問題があり、結果として保証の徴求が、スムーズなオフバランス化を妨げることにつながる。

　さらに、経営者や第三者の保証人は、結果として支払い能力を超えた保証債務の負担に追い込まれ、経営者として再起を図るチャンスの喪失や、社会生活を営む基盤すら失うような悲劇的な結末を迎えることもある。

(2)　債権保全における個人保証の限界

　債権保全の観点からの個人保証の有効性に関して、金融機関が取得した個人保証の効力、特に包括根保証人の責任について、判例は、契約締結時の金融機関による説明の有無やその内容、保証人として徴求することについての合理的必要性の有無等に着目して、これらが不十分な場合には、免責や責任の軽減等を認める傾向にある。

　第三者を包括根保証人とすることには、金融機関の債権保全の観点からみて有効性に限界がありで、弊害も大きい。こうした判例の傾向を踏まえ、すでに多くの金融機関において、経営に実質的に関与していない第三者を包括根保証人とするような取り扱いを行わない態勢作りとなっている。

経営者の個人保証であっても、金融機関が保証を徴求した目的について、信用補完よりももっぱら経営規律にあるとの説明が行われた場合については、事後的に保証責任が軽減される可能性がある。さらに、保証人に対する説明義務が、情報提供と保証意思の確立であれば、保証債務の負担という意思およびその保証債務の実行により自らが責任を負担する意思の両方が必要であり、いずれかの意思形成過程に瑕疵があると、事後的に保証責任が免責あるいは軽減されうることになる。

金融機関は、判例の流れ等を踏まえ、個人保証の必要性の如何を見直し、保証人の適正な意思形成には、どのような内容の説明を行うべきかについて十分な検討を行い、その検討の結果に従った説明を確実に実施する体制を整備していく必要がある[59]。

経営者の個人保証に関しては、企業再建を行う際に外部のターンアラウンドスペシャリスト（事業再生の専門家）が経営者に就任した場合や、関連会社の役員として親会社の社員が派遣される等、経営者と企業の一体性が認められない場合について、代表者の保証を徴求することは不合理であるとの批判が存在することに留意する必要があろう。

(3) 経営者本人保証の限定

2013年1月—4月に「中小企業における個人保証等の在り方研究会」が中小企業庁・金融庁で設置され、「経営者の規律付けによるガバナンス強化、企業の信用力の補完、情報不足等に伴う債権保全」という有効性は認めつつ、「法人個人の一体性の解消等が図られている、あるいは、解消等を図ろうとしている中小企業等に対しては、コベナンツないし停止条件付保証契約（または解除条件付保証契約）、ABL等の個人保証の機能を代替する融資手法のメニューの充実を通じて、借り手の資金ニーズを勘案しつつ、貸し手と借り手の双方において保証に依存しない融資の一層の促進が図られることにより、借り手における健全な事業運営や貸し手における健全な融資慣行の構築が期待される。また、行政当局としてもそのための環境整備を図る必要がある」と提言しており、

民法の改正等が検討されているほか、日本商工会議所と全国銀行協会を事務局とする「経営者保証に関するガイドライン研究会」が検討を重ね、2013年12月に「経営者保証に関するガイドラインについて」が発表され、2014年2月1日から実施された[60]。

　経営者保証には経営者への規律付けや信用補完として資金調達の円滑化に寄与する面がある一方、経営者による思い切った事業展開や、早期の事業再生等を阻害する要因となっているなど、保証契約時・履行時等において様々な課題が存在することから、これらの課題を解消し中小企業の活力を引き出すため、中小企業、経営者、金融機関共通の自主的なルールとして同ガイドラインが策定されたものである。その概要は、①法人と個人が明確に分離されている場合などに、経営者の個人保証を求めないこと、②多額の個人保証を行っていても、早期に事業再生や廃業を決断した際に一定の生活費等（従来の自由財産99万円に加え、年齢等に応じて100万円―360万円）を残すことや、「華美でない」自宅に住み続けられることなどを検討すること、③保証債務の履行時に返済しきれない債務残額は原則として免除すること、といった点である。これにより、経営者保証の弊害を解消し、経営者による思い切った事業展開や、早期事業再生等を応援するもので、第三者保証人についても、上の②、③については経営者本人と同様の取り扱いとなる[61]。

4　資本性負債（DDS、劣後ローン）[62]

(1)　擬似エクイティ

　中小企業では、資本的性格の資金もリスクマネーとしての性格を明確にせずに、法形式上、資本ではなく債務により調達されてきた。いわゆる擬似エクイティの問題である。従来の法制度においては、債権と株式は異なるものとして二分されていたが、中小企業においては資本的性格の資金の調達が債務の形態で行われており、実態面においては、その相違は相対的なものである。近年に

*1*章　日本型モデルとしての中小企業支援・政策システム

おいては、制度面においても、債券と株式の相違の相対化が進んでいる。

　商法における株式会社制度は、2001・2002 年における 4 度の商法改正により大きく変更され、債券と株式との中間的な機能を有する多様な株式の設計が可能とされた。改正後の商法においては、配当の優先性と議決権の制限との関係が解消され、配当以外の事項に関する種類株式が認められるようになり、配当の優先性とは無関係に議決権の制限を定めることが可能となった（2005 年 6 月に商法から会社法部分が独立し、有限会社法・商法特例法を統合して、会社法という独立した法律になった）。

(2)　資本性借入金（DDS）の活用

　2003 年 7 月の「新しい中小企業金融の法務に関する研究会報告書」を受けた形で、2004 年 2 月 26 日に「金融検査マニュアル別冊〔中小企業編〕」の改訂が行われ、中小企業の債務の擬似エクイティ部分を資本的劣後ローンに転換した場合（DDS）の取り扱いについて新設の規定を明示した。資本調達手段が限られている中小・零細企業においては、事業の基盤となっている資本的性格の資金が債務の形で調達されていることが多い（擬似エクイティ的融資）。このような状況を踏まえて、金融機関が、中小・零細企業向けの要注意先債権（要管理先への債権を含む）を、債務者の経営改善計画の一環として資本的劣後ローンに転換している場合には、債務者区分等の判断において、当該資本的劣後ローンを資本とみなすことができることとしたのである。

　2008 年 2 月には中小企業金融の円滑化、とりわけ中小企業の自己資本充実策拡大の一助とする観点から、資産査定における債務者区分の検討の際、債務者の実態的な財務内容の把握にあたり、十分な資本的性質が認められる借入金は資本とみなすことができる旨、検査マニュアルに記載することとなった。具体的には、2008 年度に創設される中小企業金融公庫の「挑戦支援資本強化特例制度（資本的劣後ローン）」のような十分な資本性が認められる借入金を資本とみなすことが可能になった。

　前述のように、「金融検査マニュアル別冊〔中小企業編〕」には、借入金であっ

ても、金融検査上は資本として取り扱うことができる「資本性借入金」について記載されていたが、2008年3月「十分な資本的性質が認められる借入金」は、資産査定において資本とみなされる、こととして「金融検査マニュアル」本体が改訂されたものである[63]。

このように、財務内容が悪化し、経営難の状態にある中小企業等の経営改善を図るに当り、「十分な資本的性質が認められる借入金」を資本とみなすことにより、財務内容を改善させた上で、業況の改善に取り組むことが効果的と考えられる上、これにより当該中小企業の経営改善可能性が高まる（債務者区分がランクアップする）ことは、金融機関等による追加的な資金供給を容易にすると考えられるのである。このような経緯で、中小企業金融公庫の「挑戦支援資本強化特例制度」については、劣後ローンであることに加えて、資本とみなしてよいとされた。同様な理由から、中小企業再生支援協議会版「資本的借入金」等も同様の扱いになった（2008年11月改訂）。「十分な資本的性質が認められる借入金」は資産査定において資本とみなすことができる旨「金融検査マニュアル」本体の改訂が実施されたが、規定上は新規融資、既存融資からの条件変更（DDS）のいずれであっても資本とみなすことが可能である。しかし、金融機関等の間で新規融資のみを対象としているとの受け止めがみられたことから、「金融検査マニュアル」において、既存融資からの条件変更であっても資本とみなせる旨、明確に記載した。また、「金融検査マニュアル」等の記載で、「早期経営改善特例型」・「准資本型の資本型劣後ローン」という表現で区別されるようになった。

(3) 金融検査マニュアルの改訂

2011年11月の「金融検査マニュアル」の改訂により、「准資本型資本的劣後ローン」の運用の明確化がなされ、その活用促進が図られた。これは東日本大震災や急激な円高の影響を受け、財務内容が悪化した中小企業が増加している状況下で、資本不足により銀行からの資金調達に支障が生じることから、資本の充実策が必要になってきたことを受け、貸出条件が明確でなく、銀行が積

極的に利用しているとはいえないことから、「資本性借入金」の積極的な活用を促進するための改正が行われたのである。

2012年8月10日に金融庁が公表した地域金融機関全体の「資本性借入金」の活用件数をみると、2010年度において61件であったが、2011年11月「金融検査マニュアル」の運用の明確化を図ったこと等により、2011年度には、85件に増加し、2012年度においては、今後の予定も含め、409件（2010年度に比べて6.7倍の増加）の活用が見込まれていた。

5　ベンチャー・ファイナンス[64]

(1) ベンチャー・ファイナンス

1節に示した中小企業カテゴリーのうち、ベンチャー企業に対するファイナンスには固有の課題がある。ベンチャー企業の成長ステージごとに固有のリスクがあり、それに対して、各ステージごとに種々の金融手法が必要となる。特に、シーズ段階の企業であれば、自己資金以外の資金調達は厳しく、自らの周辺の知人・親族などへの依存となる。スタートアップ企業であっても、トラック・レコード（業歴等）の無い段階での金融機関借入は困難である。したがって、エンジェルのようなインフォーマル・インベスターの存在が不可欠となる。研究・技術開発（R＆D）を事業化しようとする際に、資金調達の問題から事業化できないことを「死の谷」(death valley) 問題と呼ぶが（図1—6）、この「死の谷」を越えられない事業・企業は多い。事業リスクのうち、開発リスク・製造リスクが大きいためである。

アーリー・ステージに至って漸く制度化された金融の手段が活用可能になるが、それでも金融機関の審査対象とはなりにくく、たかだかIPO (Initial public offering. 株式の新規公開) へのアクセスが可能になるに留まる。IPOといっても、リスク・テイク能力のある投資化の存在が不可欠で、その市場

図1―6 「死の谷」問題

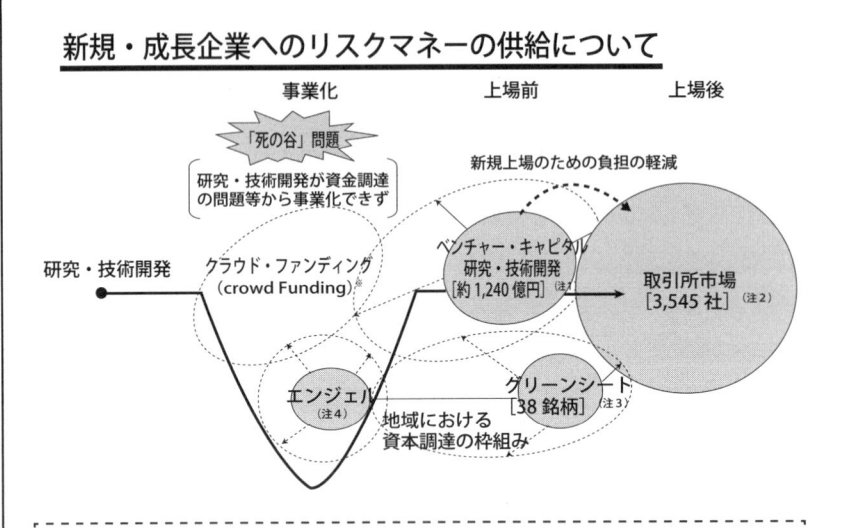

新規・成長企業へのリスクマネーの供給について

事業化　　　　　　上場前　　　　　　上場後

「死の谷」問題
研究・技術開発が資金調達の問題等から事業化できず

新規上場のための負担の軽減

研究・技術開発　　クラウド・ファンディング（crowd Funding）

ベンチャー・キャピタル
研究・技術開発
［約1,240億円］(注1)

取引所市場
［3,545社］(注2)

エンジェル(注4)　　グリーンシート［38銘柄］(注3)

地域における資本調達の枠組み

※クラウド・ファンディング(crowd Funding)とは、新規・成長企業と投資家をインターネットサイト上で結びつけ、多数の投資家から少額ずつ資金を集める仕組み。米国では、新規・成長企業のリスクマネー供給策の一環として、昨年4月に成立したJOBS法（未施行）において法制化された。

(注1) ベンチャー・キャピタル年間投融資額（2012年度）。米国は約23兆円（2011年）。
(注2) 全国上場会社数（2012年末）。米国はNYSE（US）2,339社、NASDAQ2,577社（2012年末）。
(注3) グリーンシート銘柄数（2012年末）。米国におけるピンクシート登録銘柄数は10,121銘柄（2011年10月末）。
(注4) エンジェル税制を利用した個人投資家の投資額は、約9.9億円（2011年度）。なお、米国におけるエンジェルの年間投資額は、1.5兆円程度といわれている。

出所：金融審議会「新規・成長企業へのリスクマネーの供給のあり方等に関するワーキング・グループ」（第1回、2013年6月26日）事務局説明資料1頁。

1章 日本型モデルとしての中小企業支援・政策システム

形成が必要なインフラとなり、この分野での先進的であるアメリカではNAS-DAQ（全米証券業者協会（NASD）相場情報システム。店頭市場）というオンラインの取引所が整備され、成功を収めてきた。日本でもベンチャー企業育成のファイナンスの仕組み、特にエマージング市場（IPO市場）の整備が行われてきた。1995年7月に導入された第二店頭株市場（特則銘柄市場）も、1996年12月に第1号の公開（登録）が行われたが、その後店頭市場（1963年創設。日本証券業協会が管理）がJASDAQに移行した。ほかに、1999年11月に東京証券取引所にマザーズ（東証マザーズ）、2000年6月大阪証券取引所にヘラクレス（旧NASDAQジャパン）に整備され、新規企業の株式公開（IPO）が容易になった。このほか、1999年10月に名古屋証券取引所にセントレックス、2000年4月に札幌証券取引所にアンビシャス、2000年5月に福岡証券取引所にQボードが新興企業の上場を行う市場として誕生している。

　このようなエマージング市場の創設・育成のほか、銀行型システムである日本の金融システムでは金融仲介機関の役割も大きく、民間金融機関はローリスク・ローリターンの融資だけでは対応できないので、投資組合を作って投資も視野に入れつつ対応を行い、ベンチャー・キャピタル（VC。投資ファンド）を整備するほか、融資による支援も多く行われている。その先鞭をつけるため、政府系金融機関も1994年2月の総合経済対策で創設された中小企業金融公庫の「新事業育成貸付制度」をはじめとする各種の融資制度が出揃い、通産省が主導した都道府県ごとのベンチャー財団もほとんどの都道府県で整備され、あわせてベンチャー企業と金融機関・投資家との出合い（マッチング）も「ベンチャー・プラザ」「中小企業総合展」なども実施されてきた。中小企業基盤整備機構が出資するベンチャー・ファンドも、1999年以降約85件のファンドを組成し、約1500億円の投資規模と約2500社への出資を行い、エクジットであるIPOには50社ほどが到達している。

　いずれにしても、ベンチャー企業向け融資制度は整備が進み、政府金融機関だけでなく、公的機関の保証の仕組み、自治体の制度融資、民間金融機関の融資など金融機関経由の方式で主となっていることは、銀行型システムないし間

表 1—9　新興市場の状況

	創設	上場企業数
JASDAQ	1963 年	880 社 (スタンダード 826＋グロース 48＋プロ 6)
東証マザーズ	1999 年 11 月	192 社
大証ヘラクレス	2000 年 6 月	—
名証セントレックス	1999 年 10 月	14 社
札証アンビシャス	2000 年 4 月	5 社
福証 Q ボード	2000 年 5 月	7 社

注：上場企業数は、JASDAQ を除くと、2014 年 1 月現在。各所ＨＰによる。東証と大証の統合により、大証ヘラクレスと NEO は JASDAQ に 2010 年 12 月 12 日統合された。ヘラクレスの上場会社数は 2005 年 7 月に 122 社であった。

接金融優位といわれる日本的システムの中でのものであることは注目しておいてよい。前述のようにベンチャー・キャピタル、投資事業組合の設立、エマージング市場の設立などの状況をみると制度的にはほぼ整っているが、問題はこれらの制度がいかに機能するかという点である。JASDAQ の上場会社数が 944 社（2004 年末）を除くと、東証マザーズの上場企業数は 2005 年 7 月に 131 社程度であり、他のエマージング市場の上場数も特段多いものではない（表 1—9）。

このようにベンチャー企業にとってのボトルネックとまでいわれた資金面での困難は制度的にはほぼ克服され、ベンチャー企業がその意欲とは裏腹に資金手当ができないという状況はほぼなくなっている。問題は、むしろいかに事業として軌道に乗せていくかという、経営の問題こそ重要となっている。

(2) 中小企業基盤整備機構のベンチャー・ファンド

中小企業政策の遂行機関である中小企業基盤整備機構（中小機構）は、

1章 日本型モデルとしての中小企業支援・政策システム

図1―7 中小機構のスキーム

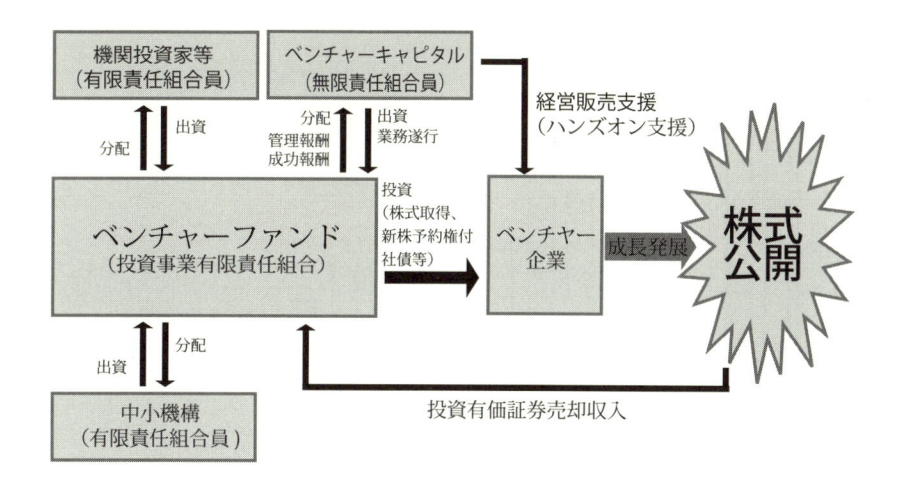

出所：中小機構資料。

表1―10 中小機構のベンチャー・ファンドの実績

年月	2004年3月	2005年3月	2010年3月
投資規模（金額）	524億円	791億円	1,440億円
組成ベンチャー・ファンド数	34	49	85
出資（投資先）企業数	630	970	2,105
IPO企業数	26	41	98

出所：中小機構資料。

図1—8　日本のベンチャー・キャピタルの規模

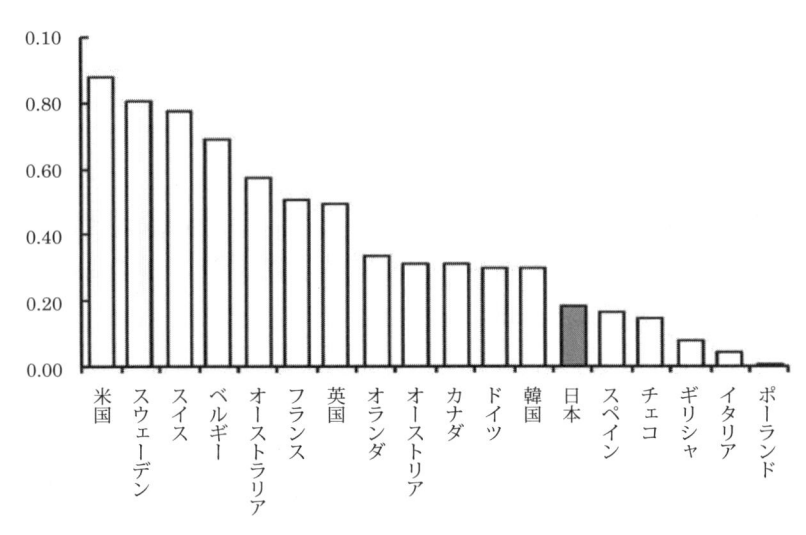

米国	0.88
スウェーデン	0.81
スイス	0.78
ベルギー	0.69
オーストラリア	0.58
フランス	0.50
英国	0.50
オランダ	0.34
オーストリア	0.32
カナダ	0.32
ドイツ	0.31
韓国	0.31
日本	0.19
スペイン	0.17
チェコ	0.16
ギリシャ	0.09
イタリア	0.06
ポーランド	0.01

注：2009年時点。集計対象はOECD加盟国のGDP上位国。
資料：OECD, "Entrepreneurship at a Glance 2010". ベンチャーエンタープライズセンター「2010年ベンチャービジネスの回顧と展望」、内閣府「国民経済計算」。

出所：日本銀行『金融システムレポート』2013年4月号、20頁。

2004年7月に中小企業総合事業団・地域振興整備公団・産業基盤整備基金が統合された独立行政法人で政策金融以外の中小企業支援を実施しているが、その一つにベンチャー・ファンドがある。これは、1999年以降中小企業総合事業団が実施してきたもので、投資会社等が組成する設立7年未満のアーリー・ステージにあるベンチャー企業への投資・ハンズオン支援を目的としたファンドに対し出資を行うことにより、ベンチャー企業の間接的な支援を実施するものである。

　その仕組みは、①ファンド組成（ベンチャー・キャピタル等の民間投資会社とともに投資ファンド（投資事業有限責任組合）を組成。中小機構は有限責任

組合員としてファンド総額の2分の1以内〔上限10億円〕を出資)、②投資対象（設立7年未満のアーリー・ステージにあるベンチャー企業またはそれらが実施する有望な事業〔原則として株式公開を目指す企業が対象〕）、③支援方法（株式や新株予約権付社債の取得等による資金提供、無限責任組合員による経営面のハンズオン支援及び中小機構各支部支援センターの各種支援等により、企業の成長発展を支援）が、そのスキームである（図1—5）。ベンチャー企業向けのファンドと同様のスキームで、既存の中小企業の新分野進出、新事業展開、新商品の開発など、新事業に挑戦するケース（第二創業）に対応するのが「がんばれ！中小企業ファンド」である[65]。

(3) クラウドファンディング[66]
クラウドファンディング
　クラウドファンディングは、インターネットをプラットホームにして、不特定多数の投資家から株式への投資を募集することによる企業の資金調達の手法といえる。資金を必要とする個人・企業・団体等がインターネットのポータルサイト（funding portal）を通じて、出資対象のプロジェクトや活動・事業の理念や目的、事業計画、目標金額、出資の見返り等を提示し、不特定多数の賛同者（crowd）からの出資あるいは寄付を募るという資金調達方法である。

　イノベーションのコンテクストでいえば、新規企業ないし成長企業と出資者をインターネット上でマッチングし、不特定多数の出資者から少額ずつの資金を集めるスキームと整理できる。資金の提供者と資金を必要とする個人・法人の間をマッチングする運営業者 funding portal は、いわば投資・寄付の仲介を行うので、資金を必要とする個人・法人のプロジェクトの審査を、信用情報をはじめ、ソーシャル・ネットワーク・サービス（SNS）などのインターネット上のレピュテーションなども活用している。運営業者は、低コストでの資金調達手段を提供する場を提供する一方、集めた資金の多寡に応じて手数料を徴収して運営を行っている。

　これまでも通常の金融手法では資金を調達できない場合、市民バンクや

NPO バンク、市民投資ファンドなどの工夫も行われてきたが、広く賛同者を募るという点では、インターネットには及ばなかった。資金を集める側が自らのプロジェクトの内容をきめ細かく発信し、かつそれに託す想い・こだわり等を動画などの映像を通じて提示可能になったこと、新たなマーケティングの手段にもなるというのが重要な要素である。資金を提供する側も、そのプロジェクトに対する想いに共感し、早い段階から夢に対して直接に参加するというイノベーティブな意識を喚起されるので、単に寄付というものに留まらず、金銭的なリターンがなくとも投資・出資に賛同するというスキームが成り立っている。

特に、シーズ段階では、アイデアに留まっているもの、プロトタイプしかない段階の製品をインターネットで提示することで、完成品はなくとも、生産者・供給者の想いを伝えることができ、その想いに対して資金を提供する賛同者を募ることが可能になる。すなわち、図1―6の「死の谷」を越えることが可能になる。従来、困難であったシーズ段階であっても、資金を調達ないし獲得することが可能になるのである。クラウドファンディングの最大の意義は、このシーズ段階、そしてスタートアップ段階の企業に資金調達を可能にすることである。エンジェル投資家依存の状況を打破することが可能になるのである[67]。

金融的には、株式法人であれば、未公開株式に対する投資・出資を求めるので、従来の法制等では認められなかった要素も多い。この手法は、アメリカで発展し、近年 JOBS Act（Jumpstart Our Business Startups Act, 2012 April）の中で規定され、法制度的にも整備されつつある。JOBS Act は、新興企業の資金調達を拡大することを目的とし、より少ない制限のもと小規模な投資家から広く出資を募ることを可能にする法案といわれ、2012年4月に成立した。施行は遅れていたが、2013年10月に同法を施行するための細則を定める規則案が SEC により公表された[68]。

クラウドファンディングの類型

クラウドファンディングについて、定まった類型化が行われているわけではないが、アメリカの調査会社 Massolution が整理したものが定着しつつ

ある[69]。それによると、クラウドファンディングのプラットフォーム（LFPs）は四つに類型化される[70]。

① Equity-based crowdfunding（投資型、株式投資型）――事業の収益を金銭で配当する。
② Lending-based crowdfunding（貸付型）――金利支払を伴なう。
③ Reward-based crowdfunding（報酬型）――金銭以外の商品・サービスでのリターン。
④ Donation-based crowdfunding（寄付型）――リターンを伴なわない。

寄付型というのは、NPOの資金調達で一般的なもので、寄付のインターネット版である。日本では、東日本大震災（2011年）以降、復興に関わって活用され、JustGivingJapanなどがある。報酬型は、金銭以外の財物（商品・サービス）で、何らかのリターンを提供するもので、創業企業や新事業に進出する場合に活用されており、日本では、READYFOR?（同社ホームページ）、CAMPFIRE（株式会社ハイパーインターネッツホームページ"CAMPFIRE"）などがある。貸付型はインターネット版ノンバンクで、リターンは金利であり、通常の金融に近いもので、日本ではAQUSH、MANEOなどがある。

投資型は事業収益の配当を前提として事業へ出資する形態で、インターネットをプラットホームとするファンドの仕組みであり、日本ではこの分野のフロントランナーであるミュジックセキュリティーズ（同社ホームページ参照）などがある。

日本の法制では、投資型のクラウドファンディングは、商法上の匿名組合契約を用いた出資形態が採られており、株式形態での資本調達は行われていない。匿名組合というのは、当事者の一方（匿名組合員）が相手方（営業者）の営業のために出資を行い、その営業から生じる利益の分配を受けることを約束する契約形態のことである。組合というが、団体を意味するわけでもなく、組織体でもなく、契約の一形態である点に注意を要する。営業者が匿名組合員から集めた財産を運用して利益をあげ、これを分配するのが匿名組合契約であり、日本においては商法第535条に規定されている[71]。この匿名組合（契約）により、

市民出資ファンドなどが組成され、NPO法人「北海道グリーンファンド」(市民風車〔はまかぜちゃん〕)などの事例がある[72]。

6 中小企業会計・会計参与

(1) 中小企業会計

　非上場企業である中小企業にとって、上場企業向け会計ルール(企業会計基準)は必要ないものの、中小企業でも簡単に利用できる会計ルールはなかった。そこで、2005年8月に日本公認会計士協会、日本税理士会連合会、日本商工会議所及び企業会計基準委員会の4団体が「中小企業の会計に関する指針(中小指針)」を策定し、中小企業の会計処理等に関する整備を行った。特に会計専門家が役員に入っている会計参与設置会社が拠ることが適当とされているように、一定の水準を保った会計処理が示され、「税効果会計」や「組織再編の会計」等も示された。

　さらに、2012年4月に「中小企業の会計に関する基本要領(中小会計要領)」が整備された。これは、中小企業の実態を考えてつくられた新しい会計ルールである。すなわち、中小企業では、①経理人員が少なく、高度な会計処理に対応できる十分な能力や経理体制を持っていない、②所有と経営が一致しており、通常は株式の譲渡制限が付されており株式が第三者に自由に流通することは想定されておらず、利害関係者は限られており、計算書類等の開示先は、会計情報の開示を求められる範囲が、取引先、金融機関、同族株主、税務当局等に限定されている、③主に法人税法で定める処理を意識した会計処理が行われている場合が多い(税務申告対策としての会計処理)、④資金調達の方法としては、新株発行や起債といった資本市場で資金調達を行うことはほとんどなく、地域金融機関やメガバンクなどの金融機関からの借入れが中心で、計算書類等の開示先は限定的、という特色があるので、会計ルールも上場企業とは異なって良いと考えられる。

表1—11 各種会計基準の比較

	中小会計要領	中小指針	企業会計基準
想定対象	中小指針と同じ。(中小企業) 中小指針と比べて簡便な会計処理をすることが適当と考えられる中小企業	右記以外(中小企業)とりわけ会計参与設置会社	金商法の適用対象会社 会社法上の大会社
国際会計基準との関係	安定的な継続利用を目指し、国際会計基準の影響を受けないものとしている	これまで国際会計基準とのコンバージェンス等による企業会計基準の改訂を勘案している これまで国際会計基準とのコンバージェンスを実施している	これまで国際会計基準とのコンバージェンスを実施している
各論の項目数等	項目数:基本的な14項目(税効果会計、組織再編の会計等は盛り込んでいない) 内容:本要領の利用を想定する中小企業に必要な事項を簡潔かつ可能な限り平易に記載	項目数:18項目(税効果会計、組織再編の会計等も規定 内容:中小会計要領よりも詳細に記載 企業取引の会計処理全般を網羅的に規定	企業取引の会計処理全般を網羅的に規定
税務上の処理の取扱い	実務における会計慣行を踏まえて規定	以下の場合に適用できる ・会計基準がなく税務上の処理が実態を適正に表している場合 ・あるべき会計処理と重要な差異がない場合	副次的に考慮するものとされている
<例1> 有価証券の期末評価	原則として、取得原価	条件付きで取得原価を容認 (市場価格のある株式を保有していても多額でない場合)	市場価格のある株式は時価評価
<例2> 棚卸資産の評価方法	最終仕入原価法を容認	条件付きで最終仕入原価法を容認 (期間損益の計算上著しい弊害がない場合)	重要性のないものを除き、最終仕入原価法は不可

出所:http://www.chusho.meti.go.jp/zaimu/youryou/about/download/0528Kaikei Youryou-2.pdf

中小企業会計要領は、中小企業の経営者が活用しようと思えるよう、理解しやすく、自社の経営状況の把握に役立つ会計、中小企業の利害関係者（金融機関、取引先、株主等）への情報提供に資する会計、中小企業の実務における会計慣行を十分考慮し、会計と税制の調和を図った上で、会社計算規則に準拠した会計、計算書類等の作成負担は最小限に留め、中小企業に過重な負担を課さない会計、を意図したもので、基本は取得原価主義である。貸倒引当金について、法人税法上の認められる法定繰入率算定方法の例示、有価証券の評価を売買目的有価証券以外は取得原価での計上とする、棚卸資産は最終仕入原価法も利用可能とする、退職給付引当金は自己都合要支給額を基に計上する、などを基本的な 14 項目について基準を示している。

(2)　会計参与
　会社法を制定するに当たり、中小企業の計算書類の適正を担保する制度の整備も課題とされ、先のような指針・要領が整備されたが、この要請に応えるため、法制審議会が取り纏めた「会社法制の現代語化に関する要綱試案」では、大会社にのみ強制されていた会計監査人による監査の制度を中小企業にも任意的に認めることとした。しかし、中小企業が会計監査人を設置することは、費用面からみて現実的でなく、中小企業の実態を無視しているとの批判があり、反対意見や日本税理士会連合会の提言等に基づき、会計専門家（公認会計士や税理士）を計算書類の作成に関与させる会計参与の制度が会社法に規定された。
　特例有限会社を除く全ての株式会社で任意的に設置が認められるが、唯一の例外として、取締役会を設置しながら監査役を設置しない株式会社（委員会設置会社以外の非公開中小会社）については、会計参与の設置が義務付けられている。

1章　日本型モデルとしての中小企業支援・政策システム

図1—9　日本の中小企業支援体系

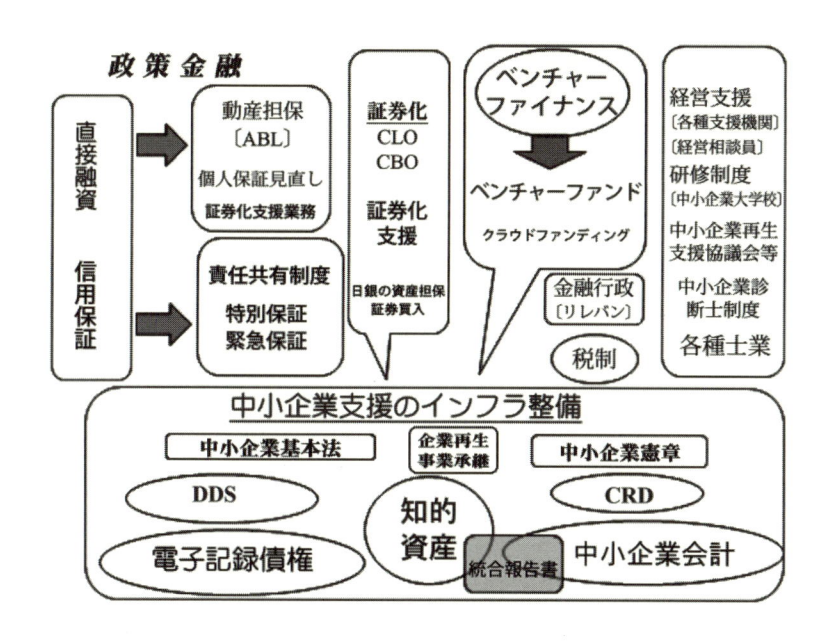

出所：筆者作成。

6節　結び

　日本の中小企業支援施策は多岐にわたり、政策担当者が中小企業支援は「一に金融、二に金融、三、四が無くて、五に金融」と説明するように、中小企業金融支援に特色があり、諸外国に比しても先進的なものである。特に、証券化は先進諸国でも類例が少なく、アメリカのSBA保証ローンの証券化プ

ログラムやドイツの政策金融機関である復興金融金庫（KfW）も証券化プログラム（Promise）を行っているが、規模は小さい[73]。

　ABLなどは、諸外国に比して立ち上げは弱い感もあるが、法的制約の面もあるからであろう。知的資産の活用は、EU等の取り組みを取り込んでいる最中でもあるが、統合報告レポーティングの普及が後押しするであろう。政策金融に関しては、いわゆる直接融資から信用補完に移行しており、日本の制度も同様である。ただし、中小企業のequity-financeへの対応は途半ばであり、日本型金融システムが産業金融システム中心であることを映している。そのため、シーズ期、スタートアップ期、アーリー期のベンチャー・ファイナンスが不十分な印象が強い。多くの産業革新機構、地域活性化再生支援機構等官製ファンドが設立されているが、限定されたパイの奪い合いのような状況が生まれている。

　いずれにしても、1999年の中小企業基本法の改正の前後から、中小企業金融に対する支援システムは、政策金融等の充実は無論のこと、金融行政面でも地域密着型金融や貸出条件緩和措置、金融機能強化法、監督指針、事務指針等を通じて中小企業金融の円滑化が重視されている。

　このように中小企業向けの支援体系・政策体系は、図1—9に俯瞰的に整理したように、木目細かく整理され、網羅的ですらあり、諸外国に比しても先進的で、成長国・発展途上国等に対するテンプレート的意義は大きく、中小企業支援策を対外的に広く知らしむることも、日本の課題であろう。

補記　中小企業金融円滑化法

(1)　金融危機と金融円滑化法

　2007年夏ごろからのサブプライム問題の波紋からアメリカの投資銀行の破綻が始まり（2008年3月のベア・スターン破綻）、2008年9月にはリーマン・ブラザーズ倒産によるリーマン・ショック等が引き起され、世界規模で金融危

*1*章　日本型モデルとしての中小企業支援・政策システム

機が発生した。2008年9月14日にグリーンスパン前米連邦準備制度理事会（FRB）議長は、ABLテレビの番組に出演し、サブプライム住宅ローン市場の崩壊で昨年表面化した金融危機は「100年に一度しか起らない大事件」だと考えられると述べたことや、2008年10月23日に米下院の監視・政府の公聴会で証言し、米国は「100年に一度の信用の津波」に見舞われているとし、「100年に一度」の金融危機と喧伝された。日本経済もこの影響を受け、大企業をはじめ中小企業も経営困難に陥った。この状況に対応するために、2009年9月29日に、金融庁は、現下の経済金融情勢において、特に厳しい状況にある中小・零細企業の事業主や、住宅ローンの借り手の方々を支援するため、貸し渋り・貸し剥がし対策の検討を開始する旨を公表し、関係省庁の協力も得つつ、「中小企業等に対する金融円滑化のための総合的なパッケージについて」を取り纏めた。このパッケージは、金融機関が、中小企業や住宅ローンの借り手の申し込みに対し、できる限り、貸付条件の変更等を行うよう努めること等を内容とする金融円滑化法を中心として、その実効性を確保するための検査・監督上の措置等を併せて行うものであった。

　中小企業金融円滑化法は、中小企業や住宅ローンの借り手が金融機関に返済負担の軽減を申し入れた際に、できる限り貸付条件の変更等を行うよう努めること等を内容とする法律で、リーマン・ショック後の景気低迷による中小企業の資金繰り悪化等への対応策として、2009年12月に約2年間の時限立法として施行されたが、当初の期限を迎えても中小企業の業況・資金繰りは依然として厳しいことから、2度の延長を経て、2013年3月末までを最終の期限とした。

　当初、当時の亀井金融担当大臣がモラトリアムとして喧伝したように報道されが、これは政治家一流の話題先行型の議論誘導の感があった。日本では、1923年関東大震災時の震災手形の支払猶予（1カ月の時限措置、日銀再割引分は2年）と1927年の昭和金融恐慌時の預金支払猶予（3週間の時限措置）のモラトリアムがあったが、あくまで短期の緊急事態対応で、亀井金融相の中小企業の債務・個人の住宅ローンの3年間の返済猶予という主張とは異なって

いる。とはいえ、返済猶予自体はすでに金融行政に組み込まれており、モラトリアム宣言と報道したマスコミ等の認識不足の面が大きいための誤解もあった。

(2) 金融行政上の返済猶予措置

　金融行政の中で、融資の返済猶予は、「貸出条件緩和債権」として規定されている。銀行法施行規則第19条の2（業務及び財産の状況に関する説明書類の縦覧等）は開示項目を規定し、第1項第五号の「ロ　貸出金のうち次に掲げるものの額及びその合計額」の中の、(4)において「債務者の経営再建又は支援を図ることを目的として、金利の減免、利息の支払猶予、元本の返済猶予、債権放棄その他の債務者に有利となる取決めを行った貸出金」を貸出条件緩和債権と規定している。貸出条件の変更等とは元本の返済猶予、返済期間の延長、旧債の借り換え、DES（デット・エクイティ・スワップ、債務の株式化）等債務の弁済負担の軽減を行う全ての措置のことである。

　金融円滑化法に先立つ2008年11月に、リーマン・ショック後の対策として中小企業向け融資の貸出条件緩和が円滑に行われるために貸出条件緩和債権の検査・監督上の取り扱いが緩和され、融資条件（貸出条件）の緩和を行っても、「実現可能性の高い抜本的な経営再建計画」（実抜計画）があれば、貸出条件緩和債権には該当しないようにした。金融円滑化法では、中小企業から申し込みがあった場合には貸出条件の変更を努力義務（強制ではない）とし、金融機関サイドも体制整備と実施状況等の開示とそれらの行政当局への報告（罰則付き）と、行政による公表を求めるものとした。さらなる支援措置として信用保証制度の充実等も加えられたほか、検査・監督上の措置にも改定がなされ、条件変更等を行っても、不良債権に該当しない要件を従来に比べて拡充したのである。

　実抜計画に沿った金融支援の実施により経営再建が開始されている場合には、当該経営再建計画に基づく貸出金は貸出条件緩和債権には該当しないものという点は同じで、「抜本的な」とは概ね3年後の当該債務者の債務者区分が正常先となることをいうが、債務者企業の規模又は事業の特質を考慮した合理的な期間の延長を排除せず、金融検査マニュアル別冊「中小企業融資編」では「そ

の進捗状況が概ね1年以上順調に進捗している場合には、その計画は実現可能性の高い計画であると判断して差し支えない」として期限の扱いが緩和された。

実抜計画を策定していない場合であっても、貸出条件の変更を行った日から最長1年以内に当該経営再建計画を策定する見込みがあるときには、その日から最長1年間は貸出条件緩和債権には該当しないことにした。この「当該経営再建計画を策定する見込みがあるとき」とは、銀行と債務者との間で合意には至っていないが、債務者の経営再建のための資源等（例えば、売却可能な資産、削減可能な経費、新商品の開発計画、販路拡大の見込み）が存在することを確認でき、かつ、債務者に経営再建計画を策定する意思がある場合とされたのである。

中小・零細企業等の場合、大企業と比較して経営改善に時間がかかることが多いことから、経営改善計画等に準ずる計画（合理的かつ実現可能性の高い経営改善計画といい、金融機関が作成した資料でも可。「合実計画」という）を実抜計画とみなしてよいとされた。ただし、経営改善計画の進捗状況が計画を大幅に下回っている場合には、合理的かつ実現可能性の高い経営改善計画とは取り扱わない。

さらに、今後の資産売却予定や諸経費の削減予定等がなくても、債務者の技術力、販売力や成長性等を総合的に勘案し、債務者の実態に即して金融機関が作成した経営改善に関する資料がある場合には、貸出条件緩和債権に該当しないことにした。いずれにしても、これらの措置は中小企業の資金繰りを緩和し、併せて金融機関にとっては不良債権の債務者区分ではなく正常先になるので、引当の必要が小さくなり、経営上メリットがあったのである。

(3) 実績

2008年11月の貸出条件緩和債権の検査・監督上の取り扱いの緩和の効果は大きく、貸出条件緩和債権は措置前の2008年7—9月期に主要行等・地域銀行・信金信組の合計で2万7987件・1兆1958億円規模で、件数・金額ともに増加した。2009年7—9月期には措置前の2008年7—9月期対比で、件数4万

6402 件（61.7％増）・金額 2 兆 1575 億円（77.6％増）となった。このうち経営改善の見込みがあり不良債権にならなかったものは対貸出条件緩和債権比で、措置前には件数 3.7％・金額 3.2％でしたが、措置後の 2009 年 7—9 月期には件数 39.4％・金額 50.8％となって、その緩和効果は顕著だった。

　金融円滑化法は、金融機関に貸出条件変更等の実施状況を当局へ報告する義務を課し、虚偽報告には罰則を付与するもので、当局はそれらの報告を取り纏めて公表する。法施行（09 年 12 月）以降 2013 年 3 月末までの累計で申し込みは件数 477 万 3000 件・金額 119 兆 6000 億円で、そのうち実行されたのは件数 446 万 7000 件・金額 112 兆 3000 億円でしたあった。累計の申し込みに対する実行率は「実行」と「謝絶」を分母にすると 97.4％（件数ベース）に及び、申込に対しての実行率は 93.3％（件数ベース。金額ベースでは 93.9％）に及び、金融機関に報告義務のある四半期ごとの申込件数は約 30 万強で推移している。

(4)　金融円滑化法の有効性

　金融円滑化法施行以後の、中小企業向け貸出残高の推移では、政府系金融機関を含む中小企業向け貸出残高と民間金融機関の中小企業向け貸出残額は減少傾向にあり、2008 年 11 月の緩和措置によって貸出残額は一時増加したものの、その後は減少の一途である。付図にはトレンド線を記入しているが、09 年 12 月の法施行の後も貸出残高の減少傾向は変わらず、トレンド線を下回る状況が続いている。金額ベースでは、06 年末に 240 兆 3000 億円だった貸出残高が、12 年 12 月末には 221 兆 1000 億円まで 19 兆 2000 億円も減少した（7.9％の減少）。このことで貸し渋り・貸し剥がしに歯止めが掛かったとはいえないが、貸出残高の推移は資金需要の裏返しでもあり、この時期のサブプライム問題、リーマン・ショックとそれ以後の世界金融危機の影響から経済環境が悪化し、企業の資金需要が減少してきたことが貸出残高減少の主たる要因であろう。詳細にみると、2008 年 9 月末の残高 232 兆 3000 億円が同 12 月末に 237 兆 8000 億円と 4 兆 5000 億円ほど増加しましたが、年末という m 季節要因もあるほか、2008 年 11 月の緩和措置によって増加した部分も多いと思

1章 日本型モデルとしての中小企業支援・政策システム

付図　小企業向け貸出残高の推移

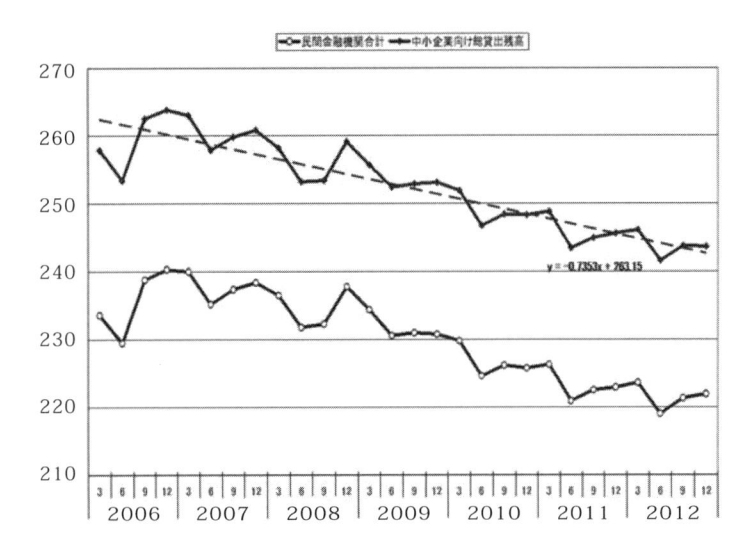

出所：『中小企業白書2014年版』付属統計資料より作成。

付表　企業の倒産件数と負債金額

区分		年	2002	2003	2004	2005	2006	2007
件数	全体		19,087	16,255	13,679	12,998	13,245	14,091
	資本金1億円未満		18,687	15,877	13,392	12,755	13,011	13,826
負債金額	全体		137,824	115,818	78,177	67,035	55,006	57,279
	資本金1億円未満		77,540	57,651	53,656	47,209	37,598	37,264
			2008	2009	2010	2011	2012	2013
			15,646	15,480	13,321	12,734	12,124	10,855
			15,257	15,130	13,074	12,543	11,958	10,781
			122,920	69,301	71,608	35,929	38,346	27,823
			42,732	38,223	26,778	27,915	22,076	18,544

出所：『中小企業白書2014年版』付属統計資料成。

われる。2009年12月の円滑化法施行以後は、同月末の230兆8000億円から減少傾向が続いており、2012年12月末に221兆1000億円まで9兆7000億円の減少である（4.2％減）。このように金額ベースでみると、円滑化法による貸出残高減少傾向に歯止めが掛かった否かは明らかではなく、その有効性は限定的であるといえよう。

中小企業向け貸出というマクロ指標では金融円滑化法の有効性が明確ではないので、「借入難易度」をみると（「容易」と回答した企業の割合から「困難」と回答した企業の割合を差し引いた値）、2009年第Ⅰ四半期までは「困難」化したものの、それ以後は2011年第Ⅱ四半期（東日本大震災の影響）を除けば改善傾向（借入が容易になった）にある。長期借入難易度DIもほぼ同様な傾向であり、円滑化法の有効性が確認できる。このようにミクロ・ベースでは、2008年11月貸出条件緩和措置実施、2009年12年金融円滑化法実施の有効性を確認できる。

中小企業の数は一貫して減少傾向にあるが、それは開業が廃業を下回っているからで、具体的には企業倒産が増加したともいえる。企業倒産の状況をチェックすると、付表のように年ごとにバラツキはあるものの、2008年以降は減少傾向にある。年によっては1万9000件を超えた時期もあったが、その後年ベースで1万3000件ほどに減少し、サブプライム問題が顕在化した時期にもそれほど増加はしていない。ところが、リーマン・ショック以降の世界的規模の金融危機の時期（2008—2009年）には年ベース1万5000件に増加しましたが、円滑化法の延長措置があった2010—12年には年ベース1万3000件を割り込む水準になり、これは年間15％ほど倒産を抑制するとともに、年間約5000件の倒産を防止したとの見方もある[74]。いずれにしても、企業倒産に歯止めを掛けたことは、貸出条件緩和措置と金融円滑化法の施行の有効性を示すものと評価できる。

(5) 金融円滑化法の期限終了

金融円滑化法は、貸出条件緩和債権の取り扱いを弾力化することによって推

進されてきた。前述のように、マクロ的にみた中小企業向けの貸出は伸びているわけではない点が評価を下げているが、企業倒産件数の抑制、資金繰りの改善、借入難易度の容易化などといったプラスの評価材料もある。いずれにしても、中小企業の経営悪化、倒産の防止等に寄与した。しかし、容易に貸出条件を緩和したため、中小企業の抜本的な経営改革に繋がらず、条件変更後に再度変更することになったり、経営改善計画策定がない中小企業も多く、金融規律の確保（健全性の確保・モラル・ハザードの防止）に問題もある。

金融円滑化法は、2013年3月末をもってその適用期限が終了した。その終了に伴う種々の課題が議論され、いわゆる出口戦略の動向如何では、倒産が続出する懸念があった。当局が出口戦略と呼称したこともあり、法終了により対象先企業へのサポートの停止や、債務者区分のランクダウンや引当増、対象先の転廃業の促進等の劇薬が伴うかの印象があった。マスコミの論調も倒産増加の懸念拡大や悪影響を喧伝し、専門機関の調査でも、金融円滑化法の返済猶予によって資金繰りを確保していただけで抜本的な経営改善が進まず息切れ状態で政策効果の剥落があることや、利用企業側についても法終了後に悪影響が出るとのアンケート結果が多くあった。

金融円滑化法を利用した企業の実数は公表されておらず、推計の域を出ないが、1社で複数の債権の条件変更を行ったり、再変更を申し出たりするケース（重複実行先）が多いため、利用企業数は約30—40万社といわれ、現在も約30万社が金融機関から返済猶予を受けているといわれる[75]利用企業のうち経営改善した企業は僅かで、抜本的な事業再生・転廃業等の支援の必要な企業数は5—6万社程度と推計され、これらの相当数は倒産予備軍といわれる。金融円滑化法の終了で、全体の1割相当の約3万社が倒産する公算が大きいとの見方もある[76]。

金融円滑化法が施行された当初、金融機関は経営改善計画書が無くてもほぼ無条件に条件変更を受け入れてきたが、2011年1月金融庁から「貸付条件の変更等に際しては、金融規律も考慮し、実効性ある経営再建計画を策定・実行することが重要」との方針が出されて、再度の条件変更契約を行う場合、経

営改善計画の策定が必要になった。さらに、経営改善計画書策定企業は30%、簡易計画書のみが50%、未策定が20%（銀行担当者聞き取りによる）といわれ、計画書策定企業においては計画達成が求められ、残りの70%の企業は実抜計画の策定が急務となっている。銀行担当者によると対象企業全体の30%程度しか改善ができていないとの意見もある。

金融円滑化法終了に伴なう激変に備えて、当局は、2012年11月1日の金融担当大臣談話を発表し、金融円滑化法終了後においても、金融機関の貸付条件の変更等は変わらないこと、すなわち貸し渋り・貸剥しや倒産の回避は当然のこととし、金融検査・監督の目線やスタンスは、従前と何ら変わらないことを明確化した。いわゆる「出口戦略」は激変措置ではないことを明確化し、「金融検査マニュアル」等にある貸付条件の変更等を不良債権としない要件は恒久措置で、法終了後も不良債権の定義は変わらないことが確認された。

しかし、帝国データバンクの調査によると、金融円滑化法の利用企業の倒産件数が2012年後半急増して、法施行後の累計は1000件を超えた。同法利用企業の2012年前半の月平均倒産件数は24件だったが、後半には42件になり、2013年1―8月には47件になった。金融円滑化法終了前後で同法対象先の倒産は増加した。このことをみると倒産増加懸念ともいえるが、ただその件数は多くて月61件、年間400件程度で利用企業数十万社からみれば0.1%程度で僅かともいえよう。

東京商工リサーチによると、12年上半期、従業員5人未満の企業の倒産は、倒産件数全体の70%を占め、過去20年で最悪を記録した。しかし、中小企業を含む全体では、2012年前半には5760件（月平均960件）、後半に5369件（月平均895件）、2013年前半に5310件（月平均885件）とむしろ倒産件数は減少します。法施行前後でみると、2009年に1万3306件の倒産が、12年に1万1129件と減少している。したがって、いたずらに倒産の懸念を煽るというレベルではないといえよう。

ところが専門機関の調査では、利用企業のうち金融機関から受けた対応・支援は「特にない」との回答が50%のことであり、逆に経営再建計画策定の支

1 章　日本型モデルとしての中小企業支援・政策システム

援を受けた割合は 19％程度である。この調査からすれば、金融機関は利用企業全体に須く木目細かい目配りをしていない。経営改善計画を策定し着実に健全化している先も多く、対象先全てに目配せする必要はないとはいえ条件変更をしたままで経営改善計画の策定の支援もしない先があり、利用企業に寄り添って、親身に手助けしていないのではないかとの懸念もある。金融機関側に対応できる人材が少ないとの論もあるが、地域金融機関の役職員約 40 万人だけでなく、外部の各種士業の約 15 万人の連携を求め、さらに金融機関 OB の豊富な知見を活用してリレーションシップ・バンキングの実を挙げる必要がある。特に、財務情報だけでなく、前述の知的資産（非財務情報）を丁寧に把握して経営改善に努めることが重要となる。

　　注

1　サポーティング・インダストリーは、おおまかにいえば、裾野産業のことで、高度な工業製品、例えば、航空機・自動車・電子機器の製造を下から支え、膨大な部品・周辺製品を造る製造業を指し、経済を牽引する産業を支えている金型、鍛造、鋳造、めっきなどの基盤技術を有するものづくり中小企業群を指す用語である。政策的には、ものづくり基盤技術支援などに使用され、例えば「中小ものづくり高度化法」（2006 年 4 月公布）では製造業の競争力を支える、めっき・鋳造など 20 分野の中小企業が持つ基盤技術によることから、これらの基盤技術を強化するための支援を実施している。

2　中小企業基本法の制定とその改正については、通商産業政策史編纂委員会編・中田編著（2013）の第 11 部に詳細な記述がある（1205-1255 頁）。1999 年 9 月の中小企業政策審議会答申「21 世紀に向けた新たな中小企業政策の在り方」では、見直しの背景にはキャッチアップ経済からフロントランナー経済に移行したこと、すなわち①マクロ経済環境の変化、②価値観、ライフスタイルの変化、③グローバリゼーションの進展と産業構造の変化、④企業間関係の変化、⑤産業集積の変容及び流通構造の変化、の存在を挙げている。特

に基本法制定後30年の中で、①「中小企業構造の高度化」概念の意義の相対化、②「近代化」概念の陳腐化、③「指導」概念の陳腐化、④競争制限的施策の位置付けの見直し、⑤輸出入に関する施策の見直し、という政策体系の再構築がすでに当局では認識されていたことがある。通商政策史編纂委員会（2013）の中で、当該部分を執筆した中田哲雄（元中小企業庁長官）は「①グローバリゼーションやIT革命の進展、サービス経済化などにより、中小企業の事業環境が変化し、これに伴い中小企業の経営のあり方も変化してきたこと、②旧基本法が目指した格差の是正や規模の利益の追求よる生産性の向上、事業活動の調整による取引条件の向上などの手法が今日の中小企業問題の解決のための有効性を失ってきたこと、③韓国、中国、ASEAN諸国などの台頭や需要構造の変化により多くの中小企業性業種が衰退を余儀なくされた一方で、旧基本法制定時に想定されなかった新しい事業分野が登場し、多様な中小企業が誕生したこと、④政策思想が変化して市場主義が重視されるとともに行財政改革が不可避となり、政府の関与のあり方が変化したこと、などの事情により、中小企業基本法を頂点とする中小企業政策の抜本的見直しが必要となったのである」（1219頁）と整理している。

3 「ベンチャービジネス」という言葉は、清成忠男などによって概念が創りだされた和製英語で、VBと表記されることもある。英語ではstartup companyまたはstartupあるいは単にventureと呼ばれる。

4 黒瀬（2006）は、「日本の中小企業政策が各種公共政策の中で占める比重は決して高くはない。しかし、戦前から深刻な中小企業問題があったため、世界の中でも中小企業への政策的な関心が高い国だった・・・いわば、日本は中小企業政策先進国と言える」（6頁）と指摘している。

5 詳細は中小企業憲章について論じた第2章参照。本章は、中小企業金融に関しての筆者の一連の章によるもので、いわばサーベイである。個々のテーマについては注記したので、個別の論稿を参照されたい。

6 1998年7月に中小企業政策研究会（清成忠男が座長）が設置され、注2に指摘した背景の下で、①二重構造の格差是正という政策理念が経済実態と乖

離していないか、②過去には効果的であった政策が陳腐化していないか、③既存政策に上積みする政策対応が硬直化していないか、などの問題意識がこの研究会の認識であった。そこで、21世紀の中小企業像として、中小企業を「弱者」として画一的なマイナス・イメージで捉えるのは最早不適切で、「機動性、柔軟性、創造性を発揮し、我が国経済の「ダイナミズム」の源泉として」かつ「自己実現を可能とする魅力ある雇用機会創出の担い手として・・・積極的な役割が期待される存在と位置づけられているべき」とした。その役割とは、①市場競争の苗床、②イノベーションの担い手、③魅力ある就業機会創出の担い手、④地域経済社会発展の担い手、であることと結論付けた。その上で政策の目標として、①競争条件の整備、②創業や経営革新に向けての中小企業者の自助努力支援、③セイフティネットの整備、をその報告の中で挙げた経緯がある（通商産業政策史編纂委員会（2013）1221-1223頁）。

7　官庁的には、この「経営革新」が「イノベーション」の日本語訳である。

8　第1条の一部分が改正後の基本法の政策目標から削除された。

9　改正前の基本法では、「前文」が付いており、中小企業の存在意義、その経済的地位、それに対する政策目標を謳った格調高い文章であった。その中には「特に小規模企業従事者の生活水準が向上するよう適切な配慮を加えつつ、中小企業の経済的社会的制約による不利を是正するとともに、中小企業者の創意工夫を尊重し、その自主的な努力を助長して、中小企業の成長発展を図ることは、中小企業の使命にこたえるゆえんのものであるとともに、産業構造を高度化し、産業の国際競争力を強化して国民経済の均衡ある成長発展を達成しようとするわれら国民に課された責務である」というフレーズがあり、改正後の理念にも合い通じるものがある。

　法の「前文」というのは、法令の各本条の前に置かれ、その法令の制定の趣旨、目的、基本原則を述べた文章で、憲法に置かれているほか、いわゆる基本法関係に置かれる例が多いとされるものである。「前文」では、重要性の認識（位置付け）・近年の社会状況の変化・対処の必要性・制定の目的、で構成されることが一般的である。改正後の中小企業基本法で「前文」がなく

なったのは、これらの構成要素を個別の条に反映させており、基本理念については第4条、基本方針については第5条に反映されている。立法技術的には、昭和期の各種の基本法が理念部分を（前文＋目的）で構成していたのに対して、平成期には理念部分を（目的＋理念）で構成するスタイルに変化したともいえる。ただし、平成期でも、高齢社会基本法、男女参画基本法、ものづくり基盤技術振興基本法などでは前文が設けられている。

10　中小企業総合研究機構（2011）8-9頁。

11　1999年の中小企業政策審議会での審議では、①不確実性の増大、②多様性と創造性の重要性の増大、③少子高齢化の進展と環境エネルギー制約の増大、④情報化の進展、を経済環境の変化として挙げている。

12　亀沢宏得ほか（2008）40頁。通商産業政策史編纂委員会（2013）は、「新たな理念の背景には、「市場主義」「規制緩和」の思想が強く流れていた」と書き、その脚注27で中小企業政策審議会答申第2部第2節「基本的考え方」の「不利の補正の考え方については、『市場原理の尊重』『経済的規制は原則自由・社会的規制は必要最小限』という視点の下に・・・」というフレーズを引用している（1226頁）。

13　1999年の基本法の改正については、中小企業の切捨てに繋がるとの観点から、中小企業研究者からの批判が多い。例えば、黒瀬（2006）は、改正基本法について「中小企業の発展性にのみ注目し、中小企業問題を組み込んだ複眼的中小企業像を築かなかった。経済民主主義（経済力分散・対など取引・参入自由）理念の欠落した、効率追求第一の競争政策型中小企業政策である」（279-280頁）と批判している。また、三井（2011）は「1999年中小企業政策の『大転換』」として、「『市場主義』の呪詛に覆われた1999年の事態は、大企業体制の破綻と蓄積の危機を、中小企業多数への犠牲の転嫁＝『過剰化・淘汰・排出』を通じて「解決」していこうとする国家政策を、『競争』と『産業再編』の名のもとですすめるものとなった」（123頁）と書いて、批判している。同書の、特に第4章では、「2 戦後の中小企業政策とその転換」を中心に、基本改正論議を批判的に整理している（97-125頁）。さらに、三井（2005〔b〕）

1章　日本型モデルとしての中小企業支援・政策システム

では、「基本法の改正という『転換』自体がいかに誤りであったか如実に語っているといえる。現実が求めたものは、『経済的弱者観』を一掃し、優勝劣敗を促し、一部の華々しいニュービジネスや『ベンチャー支援』に傾斜せよなどというものではなかった」(37頁)と書いている。吉田(2005)は、基本法の改正に対して、アメリカ型のグローバリゼーションによって非効率な企業や社会的弱者を競争原理に基づいて市場から除去し、効率一辺倒で、格差を拡大再生産し、地域社会を不安定化する思想が影響を与え、基本法改正が市場主義に沿ったものであることを論じている。

14　注6に示した中小企業政策研究会(清成研究会)の示した3つの政策の目標のほかに、審議会答申では、その審議の前提となった清成研究会報告になかった小規模企業政策についての項が追加された経緯があり、小規模企業への配慮が追加されたのである(通商産業政策史編纂室(2013)1226-1227頁)。

15　この点につき、"ちいさな企業"未来会議」が議論を行い、中小企業政策審議会"未来ちいさな企業"未来部会が設置され、2013年3月に取り纏めを出した経緯がある。その課題として、小企業基本法を制定し、中小企業の8割を超える小規模企業の支援を政策の中心にする作業が行われた。

16　中小企業憲章については、第2章参照。

17　ただし、国の予算に占める中小企業対策費は経済産業省・財務省・厚生労働省分を合算しても1千数百億円程度であり、大きいものではないが、補正予算で1000―3000億円余追加されることが多く、おおよそ数千億円規模になっている。この点は、予算編成技術による側面もあり、本予算で難しい案件は補正予算で実現するという手法が予算編成にはあるという(元経済産業省の官僚である古賀茂明は自らの予算折衝の経験から「本予算の査定の途中段階で、財務省と各省会計課は、本予算でダメなものは、補正に回そうという相談をする」と指摘している。〔古賀茂明ホームページ、2014年2月15日アクセス〕)。このように、当初予算と補正予算を合算して見るべきであろう。

18　支援機関としての中小企業団体としては、商工会・商工会議所のほかに、1955年9月の中小企業など協同組合法の改正により「中小企業など協同組合

中央会」として誕生した各種組合からなる中小企業中央会（58年4月中小企業団体の組織に関する法律の施行に伴い「中小企業団体中央会」と名称変更）が、都道府県毎にあり、いわゆる中小企業3団体といわれている。それぞれの中央機関である全国商工会連合会、日本商工会議所、全国中小団体中央会と全国商店街振興組合連合会（商店街振興組合法に準拠）が、法に準拠した全国組織としての4団体である。商工会・商工会議所は事業者自身が個別にメンバーになるのに対して、都道府県中央会の構成員は都道府県に存在する事業協同組合、事業協同組合、企業組合、信用協同組合、商工組合、協業組合、商店街振興組合及びこれらの連合会、その他の中小企業関係団体となっている。全国組織である全国中央会の構成員は、47都道府県中央会のほか、全国を地区とする中小企業関係組合、団体などが加入しており、都道府県中央会と全国中央会の会員団体数の合計は、約3万5000団体である。中央会は各種中小企業関係組合などを網羅的に組織した総合指導機関であり、中小企業組合をはじめとする連携組織の利益を代表し、その発展を図ることを使命としている（全国中小企業団体中央会ホームページ）。全国商店街振興組合連合会は、47の都道府県商店街振興組合が会員で、その傘下に1750組合、10万の店舗が加入している。このほかに、各組合についての都道府県単位組織・全国組織などがあり、中小企業の各種団体は多様である。後述のように、中小企業家同友会などがある。

19　中小企業基盤整備機構は、政策金融・税制以外の中小企業支援を行う政策実施機関で、外部専門家の活用などにより各種支援を行う他、研修事業（中小企業大学校）、産業用地分譲・インキュベーション施設の整備なども行い、金融面ではファンド事業による支援ツールを有し、また小規模共済（退職年金）・連鎖倒産防止共済事業を行い、約10兆円の資金運用を行う機関投資家で、金融商品取引法の適格機関投資家でもある。

20　詳細は、中小企業庁のホームページ参照（2014年2月8日アクセス）。

21　金融行政は、金融庁の行う行政だけでなく、日本銀行が行うオペも含まれよう。

22　商工中金の一般貸付は、使途が設備資金・運転資金で、期間が設備資金15年以内・運転資金10年以内（それぞれ据置期間2年以内）、返済方法が分割返済または期限一時返済、というものである（商工中金ホームページ、2014年2月8日アクセス）。

23　日本政策金融公庫には、国民生活事業として普通貸付があるほか、の中小企業事業の融資制度（特別貸付）として、新企業育成貸付（新事業育成資金、女性・若者・シニア起業家支援資金、再挑戦支援資金、新事業活動促進資金、中小企業経営力強化資金）、企業活力強化貸付（企業活力強化資金、IT活用資金、海外展開資金、地域活性化・雇用促進資金、中小企業会計活用強化資金）、環境・エネルギー対策貸付（環境・エネルギー対策資金、社会環境対応施設整備資金）、セーフティネット貸付（経営環境変化対応資金金融環境変化対応資金、取引企業倒産対応資金）、企業再生貸付（事業再生支援資金、企業再建・事業承継支援資金）、その他（災害復旧貸付、東日本大震災復興特別貸付、保証人特例制度、挑戦支援資本強化特例制度（資本性ローン）、公庫融資借換特例制度、設備資金貸付利率特例制度、5年経過毎金利見直し制度）、そして中小企業の海外現法の現地通貨建て資金調達支援のスタンドバイ・クレジット制度がある。同様な制度は、主に小規模企業向けの国民生活事業にもある（日本政策金融公庫ホームページ、2014年2月8日アクセス）。

24　信用補完制度については、村本（1994）第15章、村本（2005b）で論じた。

25　貸出（融資）という業務は、預金・貸出という表現に典型的なように、単一の業務と考えるが、よく考えるといくつかのサブ的業務の集合と考えることができる。①事前的段階（貸出方針・審査基準・回収方針の決定、マーケティング、貸出の開拓など）、②審査・決定段階（貸出先の審査・貸出条件の決定・貸出の決定。スクリーニング）、③貸出実行段階（資金供与、保証・担保設定など、リスクの引受・管理〔金利リスク・信用リスク〕）、④期中監視段階（貸出先のモニタリング〔期中審査〕）、⑤事後的段階（貸出の返済金受領・回収・担保処分）、などに分解（アンバンドリング）されるものとして理解することが可能である。これらのサブ的業務を一体化して行うことは、いわゆる範囲

95

の経済性が発揮されることになるので、効率的に貸出が行われることを意味する。このうち③の段階の担保（信用保証）を専門に行うのが信用保証制度で、民間金融機関はこの部分をアウトソースすることで、資金供給が容易になる。

26　小口零細企業保証、長期経営資金保証、経営力強化保証、流動資産担保融資保証（ABL保証）、借り換え保証、特定社債保証、創業支援保証、経営安定関連保証（セーフティネット保証）、海外進出支援保証、東日本大震災復興緊急保証などである。

27　日本銀行（2002）31-32頁。

28　「信用補完制度のあり方に関する検討小委員会」（委員長は清成忠男）は、中小企業政策審議会基本政策部会の決定（2004年12月）に基づき設置されたものである。全部保証の弊害が指摘されて久しく、従来金融機関の反対もあって、永年の懸案であった。日本銀行（2002）は、「わが国の現行の信用保証制度（一般保証融資）は、一律一定の保証料率が採用されているため、信用リスクの高い中小企業者が信用保証協会の利用希望者として集中しているという指摘が聞かれる（逆選択）。また、金融機関の信用保証付き融資の判断が、信用保証協会の目標に沿って実施されているのか、信用保証協会の目標から逸脱して金融機関の自己利益を追求する行為なのか判断できないという議論が存在する（忽那憲治「中小企業金融と信用保証制度―改革の方向性」、信用保証協会トップセミナー資料、2001年2月）。すなわち、金融機関は中小企業に関する私的情報を持つため、リスクが高いと判断すれば、プロパー融資ではなく保証付き融資とする（逆選択）。また、保証付き融資とすれば、協会によって100％代位弁済されるため、金融機関は融資先をモニターするインセンティブを失う可能性がある（モラル・ハザード）」と指摘していた（32頁）。筆者は同検討小委員会の委員長代理として取り纏めに当った経緯があり、印象深いものがある。

29　2009年度会計検査院の評価に詳しい。会計検査院は「特定検査対象」などとして2000年度・2002年度・2009年度にも特別保証を取り上げている。『中小企業白書2000年版』は第2部第1章第3節で特別保証の政策効果の定量

分析を行い、特別保証により1998年度で1867件、99年度では7782件の倒産（潜在倒産件数）が回避されたと推計し、特別保証が実施されなかった場合、1999年度において、実績の1.7倍の倒産が発生していたと考えられるとした。99年度における倒産回避件数の7782社を99年（1月—12月）の資本金規模別倒産実績で単純に按分すると、小規模企業（資本金1000万円未満）で約3900社、小規模企業を含む中小企業（資本金1億円未満）で約7700社、大企業（資本金1億円以上）で約100社の倒産を回避できたという内訳になる。また、この倒産回避に伴い、民間企業損失額の減少（利益効果）及び失業者数の抑制（雇用効果）がもたらされた可能性があり、前述の潜在倒産件数及び倒産企業一社当たりの負債金額・従業者数を基にして倒産回避の効果を推計すると、同様の仮定を前提とすれば、負債総額で約1兆6000億円で、雇用者数では約7万7000人が維持されたという計算になる、とした。2002年9月の経済財政諮問会議提出資料（中小企業庁）では1万社の倒産・10万人の失業・2兆円の民間企業の損失を回避できたとされる。

30　植杉（2006）。

31　特別保証制度の当初設計では、保証枠（20兆）×事故率（10％）×非回収率（50％）=1兆円（損失額）で、追加枠分は4500億円の損失とされた。合計1兆4500億円の損失に対し、信用保険の填補率は80％なので1兆1599円が政府出資で補填し、残り20％分として各保証協会に対して補助金2900億円が出捐された。1998—2005年度で特別保証分の累積赤字額は1兆4489円となり、政府出資額を2890億円超過した。信用保険事業は公的部門で担当が変更されてきた経緯がある。1999年6月までは、専担の中小企業信用保険公庫があったが、行政改革で99年7月から2004年6月までは中小企業総合事業団の下で保険事業が行われ、04年7月以降中小企業金融公庫に移管された。その際、旧総合事業団の高度化勘定から2525億円が移管された（表1—5の注にあるように旧総合事業団の高度化融資の回収額が自己資本に積み立てられ（約1兆円超）、この自己資本から拠出された）。この2525億円が特別保証の赤字分の87.4％を補填したともいえる。公的部門内での内部補助

が行われた事例である。

32 制度融資の数は、1977年度に、都道府県が499、市町村が961の計1460であったが、1999年度にはそれぞれ939、3088の計4027へと拡大し、2003年度ではそれぞれ931、3382、計4313となり、四半世紀で都道府県の制度融資は2倍弱、市町村の制度融資では3.5倍に激増しており、制度数が多く分かりにくくなっている。なお、保証債務残高に占める制度融資の割合は、協会全体では約4割に上っており、5割を超える協会も10協会に及んでいる。制度融資の内容としては、小規模企業支援、新規創業支援、再生支援などを目的として、全国的規模で実施されている保証制度の条件を一部緩和したものが多いが、地方自治体が地域の特性に応じ、観光振興貸付、水産加工業振興資金など独自の制度を創設しているものも見られる。制度融資の代弁率は、2003年度で2.26％（期末の残高ベース）であり、協会全体の代弁率（同3.28％）に比して、低い水準となっており、比較的リスクの低い層に対する保証が多く行われていると考えられる。ただし、個々の制度融資について見ると、相当程度代弁率が高く、債務残高も大きな制度が存在する。例えば、代弁率が10％を超え、かつ、債務残高が10億円を超える制度は、2003年度において11制度存在する。なお、制度融資の多くは、金利の上限が設定されており、保証協会のある都道府県及び5市の全融資制度1018制度のうち、963制度で金利の上限が設定されており、金融機関が独自に決めることができる制度は55制度に留まっている。また、上限金利は1.4％から2.2％の間に設定されているものが多い。

33 この点については、村本（2005b）（2010）で詳細に論じたので、割愛する。

34 筆者は金融機能強化法の下に設置された金融機能強化審査会の会長として実際の公的資金注入に立ち会った。2008年度の会計検査院の特別検査対象で公的資金注入状況についての検査報告がある。

35 中小企業庁金融課に設置された一連の研究会で検討が行われた。2002年の「中小企業金融の新たな手法に関する研究会」（証券化が中心テーマ）、2003年の「中小企業金融の多様化と円滑化に向けた具体策に関する研究会」（証券

1章　日本型モデルとしての中小企業支援・政策システム

化・ファンド・政策金融の検討などが中心テーマ。海外調査も）、2006年の「新しい中小企業金融研究会」（自己資本の充実、ABLなどが中心テーマ）などがある。筆者はいずれの研究会にも座長として参加した。

36　在庫としては、中小企業の商品仕入れによる在庫商品の外、製造業における製品在庫などが該当する。また、仕掛品、半製品、原材料、貯蔵品なども該当する。決算書などに固定資産として計上される機械設備や車輌運搬具などは該当しない。

37　ABLについては、村本（2012b）で詳細に論じた。

38　2000年代半ばにメガバンクなどがスコアリング・モデルを活用して中小企業貸出を増加させたが、成功したとはいえない。東京都が設立した新銀行東京もスコアリング・モデルによる融資を行ったが失敗したといえよう。

39　CRDデータの利用は、中小企業の実態分析に有用なもので、その利用には制約が多いが、鹿野（2008）のほかに安孫子（2006）（2007）、前原（2013）など研究がある。

40　スコアリング・モデルにより、膨大な中小企業の財務情報を分析した結果から、当該企業の決算データをモデルに投入することで、倒産リスクを100点満点の点数ないしデフォルト確率で定量的に把握できる。

41　地方銀行業界は早くからこの分野に取り組み、1998年に「地銀共同自己査定システム」、1999年に「信用リスク定量化共同システム」を整備して、現在はCRITSとなった。

42　知的資産・知的資産経営に関しては、村本（2010）で詳細に論じた。

43　統合報告については、村本（2014）参照。IIRCは、国際的に合意された統合報告フレームワークを構築することを目的として、2010年7月に設立された民間の任意団体である。IIRCは、世界の大企業、機関投資家、会計士団体、NPOなどにより設立され、日本からのメンバーは東京証券取引所CEOや日本公認会計士協会常務理事などである。2006年にイギリスのチャールズ皇太子が主宰するプロジェクトが統合の概念を提案したことを受けたもので、議長は英国チャールズ皇太子の秘書である。IIRCは、Integrated Reportingを

<IR>として表記している。

44　世界から当初 70 社が参加し、日本からは武田薬品工業、昭和電機、新日本監査法人、その後フロイント産業が参加している。参加費は年 1 万ポンドである。統合報告に関しては、欧州を中心に検討が進み、欧州委員会は 2010 年 11 月より非財務報告に関するコンサルテーションを実施し、2011 年 5 月の結果報告においては、統合報告に関する一定の合意が得られたとの報告をしている。また、2011 年 7 月から、2012 年に提出される予定の法規則案へのインプットを得るため、投資家、企業、会計士などから構成される専門家グループを構成し、非財務報告のあり方についての検討を進めている。南アフリカでは、ヨハネスブルグ証券取引所に上場する企業は、これまでの年次報告書に代えて、2010 年 3 月 1 日以降に開始する期から統合報告書の作成が義務付けられており、すでに多くの南アフリカ企業による「統合報告書」が作成されている。GRI（Green reporting Initiative）の 2013 年 3 月の発表によれば、2011 年版報告書を作成した 2015 中 350 社が統合報告書を作成したといい、1000 社近くが導入したともいう。日本でも数十社の作成例がある（先の 4 社の他、野村ホールディングス、川崎重工、ローソン、日本郵船、リコー、凸版印刷、ニコン、キリンホールディングスなど）。

45　監督指針には「地域金融機関は、資金供給者としての役割にとどまらず、長期的な取引関係を通じて蓄積された情報や地域の外部専門家・外部機関などとのネットワークを活用してコンサルティング機能を発揮することにより、顧客企業の事業拡大や経営改善などに向けた自助努力を最大限支援していくことが求められている。特に、貸付残高が多いなど、顧客企業から主たる相談相手としての役割を期待されている主たる取引金融機関については、コンサルティング機能をより一層積極的に発揮し、顧客企業が経営課題を認識した上で経営改善、事業再生などに向けて自助努力できるよう、最大限支援していくことが期待される」と記載されている。

46　村本（2005a）参照。

47　金融審議会『中期的に展望した我が国金融システムの将来ビジョン報告』

(2002年9月30日）が指摘したように、日本は従来の産業金融モデルという単線的システムから、市場金融モデルを活用した複線的システムへ移行することが必要とされている。単線的金融モデルにおける産業金融モデルに依存することは、金融仲介機関に過度のリスク負担を要求することであり、不良債権問題で顕在化したような脆弱性を温存することになる。。ただし、中小企業金融を理解する場合、この産業金融モデルの典型である点を正しく理解し、市場金融モデルをも活用した複線的金融システムにおいても、「少なくとも中小企業や個人などに対する金融においては、今後とも産業金融モデルの有効性は失われないものと考えられる」（『将来ビジョン報告』）ので、いわゆるリレーションシップ・バンキングの有効性は縮小するものではないことに留意する必要がある。

『将来ビジョン報告』の基となった『金融システムと行政の将来ビジョン』（日本型金融システムと行政将来ビジョン懇話会報告、2002年7月12日）でも指摘されているように、「いくら調達の場としての市場の使い勝手が向上したとしても、すべての中小企業や個人に利用できるはずもなく、地域金融機関が情報の非対称性を縮減しリスクシェアリングする機能は、今後とも基本的に有効であり続けるだろう。・・・（中略）・・・アメリカで小規模の銀行が、営業上は地域限定、財務上は保守的な方針を堅持しつつ、良好な財務構造を維持し、地域経済の中で役割を果たしていることからも、地域金融機関へのニーズが急激に低下するとは考えにくい」ので、地域金融機関の役割すなわち中小企業金融における産業金融の役割は大きいのである。とはいえ、リレーションシップ・バンキングがこれまでの手法に留まっている限り、単線的金融システムにおける産業金融モデルが抱えた困難を克服することはできず、リレーションシップ・バンキングを担う地域金融機関にリスクが集中し、増大するリスクを支えきれなくなり、また地域集中リスクのような困難には対応できなくなる。

48 前述の注25参照。
49 日本銀行（2002）。

50　2000年代に入ってから証券化が始まり、東京都によるCLOスキームが4件（2000年3月、2001年3月、2002年3月、2003年3月）実施され（約3000億円の調達）、大阪府のCLOが2件（2002年12月、2003年2月、620億円）、福岡県新金融スキームが1件（2002年7月139億円の調達）、UFJ銀行のCBO（collatelized bond obligation）が1件（512億円の調達。自己資本5億円以上の企業が対象なので中堅企業クラスの案件）である。

51　日本銀行「資産担保証券市場を通じる企業金融活性化のための新たなスキームの提案」（2003年4月8日）参照。また、同「（4月8日付け提案）に対するご意見と日本銀行としての考え方」（2003年6月11日）を参照。2003年6月25日に「資産担保証券買入基本要領」が公表されているが、2006年3月31日に廃止された。

52　当初は正常先に限定されていたものが緩和され、複数の格付け条件も緩和された。

53　内田（2013）133-134頁。日本銀行金融市場局「2005年度の金融市場調節」（2006年5月）によれば、資産担保証券買入残高は1000億円、ABCP分は2003年8月—2006年3月で累計3兆2877億円である（19-20頁）。

54　2006年度に貸付元本型は買取型で387億円・保証型112億円、信託受益権など保有残高（買取型）36億円・保証債務残高（保証型）341億円である（合計876億円）。2010年度に貸付債権元本は買取型で33億円、保証型ゼロ、信託受益権など保有残高（買取型）14億円・保証債務残高（保証型）2億円である（合計49億円）。2011・2012年度は実績ゼロである。証券化支援業務は低調である。日本政策金融公庫のディスクロージャー誌による。

55　電子記録債権については村本（2012a）（2012b）で論じた。

56　詳細は南西地域産業活性化センター（2005）。

57　詳細はでんさいネットのホームページを参照。ここには、「電子記録債権は、手形・指名債権（売掛債権など）の問題点を克服した新たな金銭債権です（手形・指名債権を電子化したものではありません）。電子記録債権の発生・譲渡は、電子債権記録機関の記録原簿に電子記録することが、その効力発生の要

件です」とある。

58　個人保証については、小野・植杉による一連の共同研究があり、その有効性が検討されている。小野・植杉は、少なくとも担保・保証の提供余力のある中小企業に対する貸出おいて、担保・保証が積極的な役割を果たしている、との結論を得ている。ただし、分析に使用したデータは、マイクロデータがほとんど利用可能で着ない中で、中小企業庁「企業資金調達環境実態調査」（2001年）、「金融環境実態調査」（2002年）、「企業金融環境実態調査」（2003年）など1万5000社を対象とした（回答数7000—9000社）もので、『中小企業白書』作成上の目的で行われた調査という制約がある点に注意すべきであろう。また保証に含まれるものは経営者の本人保証と第三者保証の合計になっている（本人保証の割合が95％で高く、それ以外は代表者以外34％、代表者親族18％、会社と無関係の第三者2.4％）。個人保証については村本（2004c）（2012c）参照。

59　制度的には、個人保証のうち第三者保証については、信用保証協会の第三者保証が2006年4月から原　則禁止となっている。金融庁も2011年7月の「監督指針（主要行向け、中小・地域金融機関向け）」において、保証協会の取扱いに準拠した形で、企業経営に関与しない第三者の個人保証を原則禁止の扱いとした。経営者の本人保証についてはモラル・ハザードの防止効果・経営への規律付け効果・不正の抑止効果などがあるが、一度破綻すると再起が困難になることなどから、停止条件付の個人保証契約の検討が必要となっている（倒産を見越した資産隠し・粉飾決算などの不正が発覚した場合にだけ保証責任を発生させるもの）。

60　同研究会は、銀行・政府系金融機関・中小機構・中小企業団体、弁護士・税理士・大学教授などから構成され、最高裁、金融庁、財務省、農林水産省、法務省、経済産業省からもオブザーバーとしての参加があった。

61　同ガイドラインは、日本商工会議所と全国銀行協会ホームページを参照。フランスでは、過剰債務の制限、過大な保証義務の制限、保証人の保護が実施されてきた経緯がある（消費者法典など）。特に、代表者の個人保証について、

個人事業者本人についても生活に必要な資産（居住用住宅など）は残すべきという考え方から、個人と事業の財産を分離する法制が整備されている（1994年マデラン法、2003年経済主導のための法律、2010年 EIRL 法（有限責任個人事業者に関する法律）など）。これらは再起を容易にすることが立法趣旨といわれる。能登（2008）、大沢（2009）参照。

62　村本（2012c）で論じた。

63　「金融検査マニュアル〔中小企業編〕」に規定された資本的劣後ローンを「早期経営改善特例型」といい、「金融検査マニュアル　別表1自己査定」の注記による「十分な資本的性質が認められる借入金」を「准資本型」資本的劣後ローンと区別している。これは 2008 年 10 月の「金融検査マニュアル　資産査定管理態勢の確認検査用チェックリスト　別表2償却・引当」や「金融検査マニュアル別冊〔中小企業編〕」で明記された。「早期経営改善特例型」は金融機関の企業・事業再生への取組を積極的に評価する観点から経営改善計画の一環として要注意先債権が「マニュアル別冊」の要件充足が前提となる一方、「准資本型」は借入金の実態的な性質によるもので、「別冊」の要件充足とは無関係である。両者の目的・哲学が異なるものと理解すべきであり、適用対象の借入金の範囲も異なる。

64　ベンチャー・ファイナンスについては、村本（1997）（2005d）（2012b）で論じた。

65　中小機構のファンドのパフォーマンスについては、中小機構（2010）があり、ベンチャー・ファンドの機能・成果などと諸外国の事例を網羅した貴重な研究である。

66　クラウドファンディングについては、村本（2015）参照。

67　実際にクラウドファンディングで資金調達した事例を見ると、金融機関の審査には馴染まないないし理解を得られないとの判断から、funding portal に持ち込んだとの状況がある。獲得した資金の 20％を funding portal に手数料として支払うという制約があるにしてもである。『週刊金融財政事情』2013年 7 月 15 日号、14 頁。

68 金融理論的には、情報の非対称性問題を解決する手段としてのマイクロ・ファイナンスとの関連も重要かもしれない。情報の非対称性の下では、モラル・ハザードや逆選択により、金融仲介機関が融資不可能な層が存在するが、マイクロ・ファイナンスは、共同体的な信頼関係ないし社会的結合関係を活用して、相互保証などにより、融資を可能にするスキームである。クラウドファンディングでは、このような側面は希薄な場合もある。例えば、ソーシャル・レンディングを標榜するmaneoでは、貸し手と借り手は、相互にIDにより、匿名化されていることや、貸し手による借り手への接触禁止などがあり、貸し手が入手できる情報はmaneoが提供する借り手の属性情報とオークションの過程で貸し手が借り手に対して行う質問しかなく、マイクロ・ファイナンスのような共同体的な結合関係のような繋がりは希薄であるので、相互扶助的な側面がないことを強調する論もある（森田〔2013〕55-56頁）。

69 Massolution（2012）.

70 *Ibid.*, p.12.

71 匿名組合は、法的には営業者と匿名組合員の間の双務契約のことであり、組合といっても団体でもなく、法人格も有しない。匿名組合契約というのが本質である。匿名組合員の出資は営業者の財産になり（商法536条1項）、匿名組合員は営業者の行為について第三者に対して権利義務を有しない（同条2項）。匿名組合員がその氏もしくは氏名を営業者の商号中に用い、又はその商号を営業者の商号として用いることを許諾したときは、その使用以後に生じた債務について、営業者と連帯して履行する責任を負う（537条）。匿名組合契約に基づく損益は、匿名組合員に全て分配することが出来る（ただし、損失分配時は、税務上、出資額を限度とする）。

72 現行の制度の下で、「株式形態」のクラウドファンディングの取り扱い事例はない。運営業者の行為は、有価証券の募集・私募の取扱いとなり、金商法の第1種金商業登録が必要になる（金商法第2条第8項、9項、第28条第1項）。また非上場株式については、グリーンシート銘柄を除き、一般投資家に対する投資勧誘は禁止されている（日本証券業協会の店舗有価証券に関する規則

第 3 条)。日本の法制では、投資型クラウドファンディングに関して、金融証券取引法の改正（適格機関投資家等特例業務の緩和など）、参入事業者の審査要件の設定、株式市場への上場基準の緩和といったことが課題だった。2014年 5 月に金商法の一部改正が行われ、投資型クラウドファンディングが容易になった。発行総額 1 億円未満で、1 人当たり投資額 50 万円以下の少額のファンドのみを扱う業者について、兼業規制等を課さないことと、登録に必要な最低資本金基準を引き下げる（第一種金融商品取引業者は 5000 万円から 1000 万円に、第二種金融商品取引業者は 1000 万円から 500 万円に）。また、非上場株式の勧誘を、先の少額のクラウドファンディングに限って解禁し、詐欺的な行為に悪用されることがないよう、クラウドファンディング業者に対して、「ネットを通じた適切な情報提供」や「ベンチャー企業の事業内容のチェック」を義務付けることとなった。

73　SBA 証券化プログラムでは、原資産である SBA 保証自体の信用保証（融資額 15 万ドル以上は 85％以内・同超は 75％以内の部分保証）、タイムリー・ペイメントという流動性補完（中小企業からの支払遅延があるときに SBA が期日通りに支払う）やデフォルト時に SBA が買い戻すという信用補完措置がある。アメリカの中小企業向け債権の流動化といっても、基になる SBA 保証は全中小企業向け貸出の 5％程度の規模であり、SBA の証券化プログラムで証券化されているのはその半分程度であり、大きな規模ではないし、SBA 保証のないローンの証券化もあるが僅かであほか、利用も銀行ではなくノンバンクの利用が多いことにも注目しておく必要がある。ドイツの KfW の証券化プログラムにも、クレジット・デフォルト・スワップの当事者になるなど信用補完がある。

74　『日本経済新聞』2012 年 8 月 6 日号。

75　『週刊金融財政事情』2012 年 5 月 14 日号、6 頁。『日本経済新聞』2012 年 8 月 6 日号。

76　『日本経済新聞』2012 年 8 月 6 日号。

第 2 章
中小企業憲章の制定とその意義
中小企業政策のイノベーション

1 節　はじめに

　「中小企業憲章」なる文書が、2010 年 6 月 18 日に閣議決定された。これは、中小企業政策の基本原則と政府の行動指針を提示したもので、1999 年の改正中小企業基本法と並んで、中小企業政策のイノベーションといいうるものである。中小企業を対象とした憲章というのは、EU にその例があるが、他にはない。憲章とはいかなる位置付けなのか、法令との関係性、その法的拘束力、中小企業政策への援用等、検討すべき課題も多い。
　日本で「中小企業憲章」の必要性が提起されたのは、2009 年 9 月に民主党が政権与党になり、そのマニフェストに「中小企業憲章」の制定が盛り込まれていたことにあるといえ、これを実現したものと整理できる。民間の中小企

団体の中にも、これと同様な主張をするものもあったので、民主党の政策だけがその制定に関わったわけでもない。

2009年の総選挙に民主党が掲げた「マニフェスト2009」では、五つの政策項目（ムダづかい、子育て・教育、年金・保険、地域主権、雇用・経済）を挙げており、その政策各論で55項目の公約を掲げている。その5項目目の「雇用・経済」の項は経済政策であるが、その冒頭には、中小企業対策が掲げられている。すなわち、

「35. 中小企業向けの減税を実施する」と題され、中小企業対策が経済問題の第一義的課題としている。その詳細部分は、

「【政策目的】

○中小企業やその経営者を支援することで、経済の基盤を強化する。

　【具体策】

○中小企業向けの法人税率を現在の18%から11%に引き下げる。
○いわゆる「1人オーナー会社（特殊支配同族会社）」の役員給与に対する損金不算入措置は廃止する」

としていた。続いて、中小企業政策の推進には、

「36. 中小企業憲章の制定など、中小企業を総合的に支援する」ことが掲げられており、

「【政策目的】

○わが国経済の基盤である中小企業の活性化を図るため、政府全体で中小企業対策に全力で取り組む。

　【具体策】

○「次世代の人材育成」「公正な市場環境整備」「中小企業金融の円滑化」などを内容とする「中小企業憲章」を制定する」

とされていた。

民主党の経済政策、なかんずく、ある中小企業対策には、まず「中小企業憲章の制定ありき」の感があり、まさに経済対策のいわば「1丁目1番地」であった[1]。

2章　中小企業憲章の制定とその意義

「マニフェスト2009」の基礎である民主党の政策集「INDEX2009」では、
　「中小企業が活力を持って光り輝き、安定的で健全な国民生活が実現できる環境を整えることを目的とした中小企業憲章を制定します。その具体的行動指針として、①人材育成・職業訓練の充実、②公正な市場環境の整備と情報公開、③中小企業金融の円滑化、④技術力の発揮と向上、⑤中小企業の声に耳を傾ける仕組みづくり——などを定めます。なお、この中小企業憲章は現行の中小企業基本法と異なり、経済産業省・中小企業庁のみならず、文部科学省、総務省、厚生労働省をはじめ政府全体を挙げて、経済政策の中心として中小企業対策に協力に取り組むための基本方針とします」
と記載し、中小企業憲章制定を中小企業政策の根幹におくものとしていた[2]。

　このように中小企業憲章は、2009年総選挙の選挙公約として提示され、政治主導で制定に至ったという経緯がある。2010年1月に中小企業庁に学識経験者による研究会が組織され、中小企業経営者、中小企業の従業員、中小企業支援機関関係者等ステークホルダーからのヒアリングなどを踏まえ、その上で議論が行われて、制定に至り、中小企業政策審議会の議を経て、同年6月18日に閣議決定すなわち政府の宣言として決定されたのである。

　本章では、筆者もこの研究会に座長として参加したので、その経緯や意義等について整理しておきたい[3]。この憲章は、中小企業の歴史的な位置付けや、今日の中小企業の経済的・社会的役割などについての考え方を基本理念として示すとともに、中小企業政策に取り組むに当たっての基本原則や、それを踏まえて政府として進める中小企業政策の行動指針を示したものであり、少子高齢化、経済社会の停滞などにより、将来への不安が増している中、不安解消の鍵となる医療、福祉などの分野で、変革の担い手である中小企業が力を発揮することでわが国の新しい将来像が描けるという、中小企業に対する新しい見方を提示したものといえるものである。

　本章では、憲章という文書の性格ないし位置付け、その具体的な事例を整理し、日本の「中小企業憲章」に焦点を当てた場合に整理すべきである中小企業基本法との関係などを行い、制定された「中小企業憲章」の含意を整理し、そ

の課題を提示する。

2節　憲章の位置付け

1　憲章の意味

　憲章とは、一般的に、重要で根本的なことを定めた取り決めを指す用語で、特に基本的な方針や施策などを謳った宣言書や協約という意味に用いられる。法律が規範規定と規則を定め、遵守実践を義務付けるものであるのに対して、国民全体や社会全般としての理解に基づき、然るべき場で合意され、比較的抽象度の高い理念・原則を示して、それに基づく判断や行動の実践を求めるものである。必ずしも、法的な拘束力を持つものではなく、その意味で法律とは一線を画するものである。

　イギリスを中心とする西欧社会においては、市民社会を前提とした諸々の約束事が「憲章」という形式で示されてきた。その起源はイギリスの「大憲章」（マグナ・カルタ、Magna Carta, 1215）で、これは国王と人民としての貴族との権利的契約内容を明確化するために定められた文書である。すなわち、当時の国王ジョン王が対仏戦争で敗れたことに対して、貴族が国王の退位を求め、国民が同調したとき、国王が王の権限を制限する文書の制定に承諾することで事態の収拾を計ったが、その制定された文書が「大憲章」である。国王といえどもコモン・ローの下にあり、古来からの慣習を尊重する義務があり、権限を制限されることが文書で確認されたのである。国王の実体的権力を契約、法で縛り、権力の行使には適正な手続を要するといった点は現代に続く「法の支配」、保守主義・自由主義の原型となったとされる。

この後、「憲章」という名称の付された著名な歴史的文書としては、チャーチスト運動の際提出された請願であるイギリス「人民憲章」(People's Charter, 1837)、イギリス連邦の成立を法制化した「ウェストミンスター憲章」(Westminster Charter, 1931) がある。このほか、チャーチルとルーズベルトの共同宣言である「大西洋憲章」(Atlantic Charter, 1941)、国際連合設立の規準を定めた「国際連合憲章」(Charter of The United Nations, 1945) などがあるほか、「児童教育憲章」（幼児教育章程）（中国、1904)、ヴェルサイユ条約に基づく「国際労働（ILO）憲章」(1919)、「世界子ども憲章」（イギリス、1929)、「国際労働機関憲章」(1946)、「国際連合人権憲章」(1966)、「人権と自由の憲章」（カナダ、1975)、「世界自然憲章」（国連総会、1982)、「納税者憲章」（イギリス、1986)、「納税者憲章」（フランス、1987)、「市民憲章」（イギリス、1991)、「納税者権利憲章」（韓国、1997) などがあり、特定の立場や内容をアピールするものとしては、「アテネ憲章」(1933)、「オリンピック憲章」(1925)、「(障害者の) 80 年代憲章」(1980) といったものがあるほか、EU では国家連合であるという性格から「社会（権）憲章 (1989/1990)」「欧州基本権憲章」(2000) など一連の憲章が採択されてきた。

憲章は、そもそも個別の法を超える普遍的原則を示す法典でもあった。国王と議会が対立するようになった 17 世紀になり再度注目されるようになったマグナ・カルタの理念は、エドワード・コーク卿ほか英国の裁判官たちによって憲法原理「法の支配」としてまとめられた[4]。近代的国家では、憲法を頂点に法体系が整備されて、権力関係が明文化されている。いわゆる、法治主義が確立されてきたので、憲章の位置付けも異なってきた。

2　日本における憲章の事例

日本で制定されている「憲章」としては、「児童憲章」「自然保護憲章」「仕事と生活の調和（ワーク・ライフ・バランス）憲章」の例がある。このほか、

市民憲章が多くの地方公共団体で制定されている。「市民憲章」・「区民憲章」・「町民憲章」・「村民憲章」・「県民憲章」という呼称で制定されてきたもので、2002年1月15日現在、47都道府県にある695の都市（672の市と23の東京特別区）のうち、615の都市（609の市と6の東京特別区）に「市民憲章」・「区民憲章」が制定されている。これらの市民憲章は、都市の行政目標を示す公的な文書として、広く定着してきた。

(1) 児童憲章

1951年5月5日に制定されたもので、児童憲章制定会議（厚生省中央児童福祉審議会の提案に基づき、国民各層・各界の代表で構成）で決定されたものである。1947年に制定された児童福祉法が、国と地方自治体に対して子供を健やかに育成する責任を定めたものに対して、児童憲章はそれを児童の立場から権利として認識したものである。その内容は、以下のようなものである。

「われらは、日本国憲法の精神にしたがい、児童に対する正しい観念を確立し、すべての児童の幸福をはかるために、この憲章を定める。

児童は、人として尊ばれる。

児童は、社会の一員として重んぜられる。

児童は、よい環境の中で育てられる。

一 すべての児童は、心身ともに、健やかにうまれ、育てられ、その生活を保障される。

・・・(中略)・・・

十二 すべての児童は、愛とまことによって結ばれ、よい国民として人類の平和と文化に貢献するように、みちびかれる」

というもので、12項目の具体的項目が定められ、就学・職業指導・虐待等の排除などが盛られている。

ただし、現在のところ廃止はされていないものの、名目的な存在となっている、というのが一般的な理解である。

(2) 自然保護憲章

　1974年6月5日に制定されたもので、自然保護憲章制定国民会議（厚生省自然公園審議会や内閣官房観光政策審議会の提案に基づき、国民各層・各界の代表によって構成）によって決定されたものである。その内容は以下のようなものである。

　「自然は、人間をはじめとして生けとし生けるものの母胎であり、厳粛で微妙な法則を有しつつ調和をたもつものである。
　・・・（中略）・・・
　しかるに、われわれは、いつの日からか、文明の向上を負うあまり、自然のとうとさを忘れ、自然のしくみの微妙さを軽んじ、自然は無尽蔵であるという錯覚から資源を浪費し、自然の調和をそこなってきた。
　・・・（中略）・・・
　よってわれわれは、ここに自然保護憲章を定める。
　　自然をとうとび、自然を愛し、自然に親しもう。
　　自然に学び、自然の調和をそこなわないようにしよう。
　　美しい自然、大切な自然を永く子孫に伝えよう」
とした上で、9項目の具体的な方針を提示している。それらは、自然環境の保全、自然保護教育、環境の浄化・みどりの造成、自然破壊の防止などである。

　ただし、「児童憲章」と同様、現在のところ廃止はされていないものの、名目的な存在となっている、というのが一般的な理解である。

(3) 仕事と生活の調和（ワーク・ライフ・バランス）憲章

　2007年12月18日に制定されたもので、仕事と生活の調和推進官民トップ会議（関係閣僚、経団連会長、連合会長、学識経験者等で構成）によって決定されたものである。それに至る過程で、経済財政諮問会議「労働市場改革専門調査会」、男女共同参画会議「仕事と生活の調和（ワーク・ライフ・バランス）に関する専門調査会」、少子化社会対策会議「『子供と家庭を応援する日本』重点戦略検討会議」の提言等を踏まえ、「骨太の方針2007」に、「働き方の改革

の第一弾として、仕事と家庭・地域生活の両立が可能なワーク・ライフ・バランスの実現に向け、『ワーク・ライフ・バランス憲章』(仮称。以下、『行動指針』という。)を策定する」ことが盛り込まれた経緯がある。憲章という形式になったのは、閣議決定という手段も有り得たが、政労使で合意した方が実効性もあること、法制化についてはすでに次世代育成支援対策推進法等が制定されていること、などの事由によるという。

　憲章制定後は、官民トップ会議の下に「仕事と生活の調和連携推進・評価部会」を設置し、「憲章」や「行動指針」を踏まえた進捗状況を点検・評価している。2009年7月に「仕事と生活の調和(ワーク・ライフ・バランス)レポート2009」をとりまとめ、「憲章」および「行動指針」策定以降の取り組みを今後の展開を含めて紹介するとともに、仕事と生活の調和の実現状況の把握をした上で、今後に向けた課題を洗い出し、重点的に取り組むべき事項を提示している。

　ワーク・ライフ・バランス憲章は、①仕事と生活の調和の必要性、②仕事と生活の調和が実現した社会の姿、③関係者が果たすべき役割、という構成になっている。

　①の必要性では、
　　・仕事と生活が両立しにくい現実、
　　・働き方の二極化等、
　　・共働き世帯の増加と変わらない働き方・役割分担意識、
　　・仕事と生活の相克と家庭と地域・社会の変貌、
　　・多様な働き方の模索、
　　・多様な選択肢を可能とする仕事と生活の調和の必要性、
　　・明日への投資、
という共通認識のもと、仕事と生活の調和の実現に官民一体となって取り組んでいくため「憲章」を定めることを示している。

　②の実現した社会では、「国民一人ひとりがやりがいや充実感を感じながら働き、仕事上の責任を果たすとともに、家庭や地域生活などにおいても、子育

て期、中高年期といった人生の各段階に応じて多様な生き方が選択・実現できる社会」を目指すべきとした。具体的には、
- 就労による経済的自立が可能な社会
- 健康で豊かな生活のための時間が確保できる社会
- 多様な働き方・生き方が選択できる社会

としている。

③の役割では、「労使を始め国民が積極的に取り組むことはもとより、国や地方公共団体が支援することが重要である。すでに仕事と生活の調和の促進に積極的に取り組む企業もあり、今後はそうした企業における取組をさらに進め、社会全体の運動として広げていく必要がある」として、関係者の役割を、
- 企業と働く者、国民、国、地方公共団体

について提示している。

3　国際的な憲章の例

国際間の取極を国際約束というが、国際約束には、憲章、議定書、条約など種々の名称があり、法的拘束力があるものを、一般に、条約という。以下の憲章は、名称は「憲章」であるが、条約であるものもある。

(1)　国際連合憲章（Charter of The United Nations）

国際連合の設立根拠となる条約である。1944年8—10月に、アメリカ、イギリス、中国、ソ連の代表がワシントンD.C.郊外のダンバートン＝オークスで会議を開き、憲章の原案となる「一般的国際機構設立に関する提案」を作成した。45年6月26日サンフランシスコ会議において、51カ国により署名され、同年10月24日ソ連の批准により、安保理常任理事国5カ国とその他の署名国の過半数の批准書が揃い、第110条により効力が発生した。73年9月アラビア語を第6の国連公用語として扱う旨明記する3回目の改正を経ているが、

以降は改正されていない。

　構成は、前文、第 1 章――目的及び原則、第 2 章――加盟国の地位、第 3 章――機関、第 4 章――総会、第 5 章――安全保障理事会、第 6 章――紛争の平和的解決、第 7 章――平和に対する脅威・平和の破壊及び侵略行為に関する行動、第 8 章――地域的取極、第 9 章――経済的及び社会的国際協力、第 10 章――経済社会理事会、第 11 章――非自治地域に関する宣言、第 12 章――国際信託統治制度、第 13 章――信託統治理事会、第 14 章――国際司法裁判所、第 15 章――事務局、第 16 章――雑則、第 17 章――安全保障の過渡的規定、第 18 章――改正、第 19 章――批准及び署名、である。

(2) アセアン憲章（ASEAN Charter）
　ASEAN（東南アジア諸国連合）の基礎となる諸原則を再確認し、ASEAN 共同体の創設に向け、ASEAN の機構の強化、意思決定過程の明確化を目的とする、ASEAN の最高規範であり根拠条約とするべく、2007 年 11 月 20 日に第 13 回 ASEAN 首脳会議（シンガポール）で加盟 10 カ国の首脳によって署名された条約である。加盟国の国家主権や内政不干渉などの原則は維持しながら、人権や自由化を監視する人権機構や紛争解決を最終的に首脳に委ねる仕組みを設けた。08 年 12 月 15 日にこの憲章が発効し、ASEAN は地域機構として欧州連合（EU）のような国際法上の法人格を取得した。この憲章により、ASEAN 共同体の創設に向け、ASEAN の機構の強化、意思決定過程の明確化が図られた。

　その概要は、① ASEAN の基礎となる諸原則の再確認。国内問題への不干渉原則は維持、② ASEAN 人権機構の設立を明記、③ ASEAN 内部の意思決定方式に関しては、基本的にコンセンサス原則を維持する。また、重要な事項についてコンセンサスに至らない場合には、首脳会議に委ねられる。憲章への重大な違反があった場合、当該ケースは首脳会議に付託される、④ ASEAN 各国代表部をジャカルタに設置。ASEAN 内部の意思決定は代表部間の協議メカニズムも活用されることが想定される。また、ASEAN の域外対話国は、

ASEAN担当大使を任命することができる、⑤ASEAN事務局次長が2人から4人に増加されるなど、ASEAN事務局機能を強化、である。

(3) EU基本権憲章（Charter of Fundamental Rights of The European Union）
EUにおいて、2000年に制定された人権に関する規定。EU議会議長、EU理事会議長、EU委員会委員長の署名により公布されたものであるが、制定当初は政治的宣言にすぎなかった。しかし、リスボン条約が「基本権憲章」は条約と同様の位置付けを有することを規定しており、2009年のリスボン条約の発効に伴って、条約同様となった。

(4) エネルギー憲章（Energy Charter）
1991年に作成された、旧ソ連や東欧諸国におけるエネルギー分野の市場原理に基づく改革を促進すること等を盛り込んだ政治的宣言。憲章の内容を実施するための法的枠組として、1994年にエネルギー憲章に関する条約（Energy Charter Treaty）を締結した。

(5) ボローニュ憲章（The Bologna Charter on SME Policies）
2000年6月15日にイタリアのボローニャで開催された第1回OECD中小企業大臣会合（閣僚会議）において取り纏められた国際的宣言である。"Charter"としたのは、議長国のイタリアが閣僚宣言（Minis Terial Declaration）以上のニュアンスを出したかったことによるものとされる。閣僚宣言と同様、法的拘束力はない。
　この憲章（宣言）の内容は、中小企業は経済成長における中心的な活力であること、中小企業が繁栄し、それにより雇用、社会的一体性及び地域の発展に貢献することを可能にする、効率的な政策環境の必要性、を示したものである。

(6) オリンピック憲章（Olympic Charter）
非政府・非営利の国際団体である国際オリンピック委員会（IOC）が定めた

規約である。オリンピック運動の組織、活動、運用の基準であり、かつオリンピック競技大会の開催の条件を定めている。1914年に起草され、25年に制定された。現行の最新版は2011年7月に改正されたものである。私的団体であるIOCが定めた規約であり、国家間で合意して定める条約ではない。

内容は、第1章――オリンピック・ムーブメント、第2章――国際オリンピック委員会、第3章――国際競技連盟、第4章――国内オリンピック委員会、第5章――オリンピック競技大会、である。

3節 ヨーロッパの中小企業憲章

中小企業憲章の先行事例としては、EUにおける取組があり、先の2000年のボローニュ憲章がその嚆矢である。その後、EUでは議論が進み、「欧州小企業憲章」が制定された経緯がある。日本への導入に関する議論でも、これを下敷きにしている論が多い。

1 欧州小企業憲章（European Charter for Small Enterprises）[5]

2000年3月にEU理事会で採択された「リスボン戦略」は、2010年までに持続的な経済成長を達成しうるダイナミックかつ競争力のある知識経済を実現することを目的とした戦略であるが、これを踏まえて同年6月にEU理事会が採択したのが「欧州小企業憲章」である（リスボン憲章ともいわれる）。この憲章は、EU加盟国に一定の行動をとるように奨励する政治的宣言であり、法的義務を課するものではない。

憲章は、「小企業はヨーロッパ経済を支えている。(Small enterprises are

the backbone of the European economy.)」と始める。続いて、「小企業は、雇用の源泉であり（key source of jobs）、ビジネス・アイデアの苗床である（breeding ground for business ideas）。小企業が最優先の政策課題と位置付けられて初めて、ヨーロッパがニューエコノミーの先駆けとなろうとする取組は成功する」とする。

そこで、「小企業は経営環境の変化を最も受けやすいものである。小企業は、行政による過度な負担の影響を真っ先に受けるが、その負担が軽減され、成功が報われるような取組がなされれば、真っ先に活性化されるものである。・・・小企業は、ヨーロッパの社会的・地域的な統合だけでなく、イノベーションや雇用を生み出す原動力として位置付けられなければならない（Small enterprises must be considered as a main driver for innovation, employment as well as social and local integration in Europe.）。そのためには、小企業や企業家にとって最良の環境を整備する必要がある」ということから、六つの原則（小企業の活力と認識等）と10のアクションプラン（行動指針）が提示されている[6]。その際、「われわれ（We）は」、以下のことを「……する」という宣言になっており、主語は政府・国ではなく、社会全体である点に特徴がある[7]。

六つの原則とは、
① 小企業は、新しい市場のニーズに対応し、雇用を生み出す高い能力があることを認識する、
② 社会及び地域の発展を促し、先導して範を示すものとして、小企業の重要性を強調する、
③ 起業家精神は、価値があり、生産的なライフスキルであることを全面的に認識する、
④ 十分な報酬を受けるに値する成功した企業を賞賛する、
⑤ 責任を持って先導し、リスクを取って実行しても失敗することはあり、失敗は、そこから学ぶことができるチャンスであると捉える（Consider That some failure is concomitant with responsible Initiative and risk-taking and must be mainly envisaged as a learning opportunity.）、

⑥　ニューエコノミーにおける知識、貢献、柔軟性の重要性を認識する、
である。そして、起業家精神を涵養するために、
- ヨーロッパの企業が直面する課題に立ち向かっていくことができるよう、イノベーションと起業家精神を強化する、
- 起業家が活動しやすい、規制・財政・行政の体制を整備するとともに、起業家の地位を向上させる、
- 公共政策の目的を達成しつつ、市場へのアクセスに係る負荷を最小限にする、
- 最良の研究成果や技術へのアクセスを容易にする、
- 企業のライフサイクル全般にわたり、金融アクセスを改善する、
- 小企業に対して世界で最も優れた環境を提供するため、EUの活動を継続的に改善していく、
- 小企業の声に耳を傾ける、
- 優れた小企業への支援を推進する、

という政策上の対応を示している。

その上で、行動指針（Lines for action）として、以下の10の項目を掲げている。
①　起業家精神の育成と訓練、
②　費用や時間のかからない開業、
③　より良い法制と規制（Better legislation and regulation）、
④　技能の活用（Availability of skills）、
⑤　オンラインアクセスの改善（Improving online access）、
⑥　欧州単一市場からより多くの成果の実現（More out of the Single Market）、
⑦　税制及び金融問題、
⑧　小企業の技術力強化、
⑨　成功するe・ビジネスと優良小企業への支援、
⑩　EU及び国家レベルにおける小企業の利益の代表機能の強化、

憲章では、その最後に、首脳会議（欧州理事会）で、関連項目に係る委員

会レポートに基づき、毎年、各国の取組を監視・評価することとしている。2005年までは、欧州委員会が各国の報告書を基に年次報告書を作成していたが、2005年以降は憲章フォローアップ会議の開催と優良取組事例集（Good practice selection）の作成によって代替されるようになっている[8]。

　この憲章の制定は、EU各国へ多くのインパクトを与えてきた。積極的な評価としては、
- ・スペインでは、「新企業プロジェクト」の結果、オンラインでの会社設立手続が、以前の30—60日掛かったものが、48時間に大幅に短縮化された、
- ・ドイツ政府は、憲章制定の効果として、「起業教育の推進」「創業支援（失業者の創業）」「中小企業の声を代弁する中小企業コミッショナーの任命」を挙げている、
- ・イギリス政府は、憲章制定の効果として、「起業教育の推進」「中小企業に対する規制の検証と簡素化を含む「企業戦略」のとりまとめ」を挙げている、

といったものがある一方、消極的な評価として、
- ・イタリア政府は、現時点で明確に示せるものはない、としている、

というものもある。

2　欧州小企業議定書（"Think Small First": Small Business Act for Europe）[9]

　2008年6月25日に発出された文書（COM（2008）394final）で、「小規模憲章」に取って替わるものとされる文書である。バローゾ欧州委員会委員長（元ポルトガル首相）は、「中小企業の政府調達受注の容易化」との問題意識から、「小企業憲章」を発展させ、アメリカの中小企業法（Small Business Act）に倣った"Act"の制定に尽力した。また、中小企業団体である「欧州クラフト・中小企業同盟」から、「小企業憲章」が法的拘束力を持たないことに対する批判が挙がっていた。このような状況下で、当初は、法的拘束力を有する"Directive"（「指令」。各国でそれを担保する国内法の制定が必要になる）形式を検討したが、

"Directive"では、①立法措置が必要な事項に対象が限定されること、②内容を詳細に規定する必要があることなどから、「小企業憲章」と同様に法的拘束力のない「議定書」という形を選択したとされている[10]。

2008年12月に採択され、欧州委員会や加盟国が実施することが望ましい措置を具体的に盛り込んでおり、現在では、議定書が「小企業憲章」を完全に代替し、小企業政策の中心となっている。議定書には、10の原則[11]とそれに基づき欧州委員会や加盟国が実施することが望ましい（be invited to）措置が列挙されており、「小企業憲章」と比較すると具体性が高まっている。議定書制定により、これまで遅々として進まなかった付加価値税に関する指令が採択されるなどの効果が出ているという。

4節　中小企業憲章の策定の動向

1　中小企業憲章制定運動

日本における中小企業憲章制定に関わる動きは、おもに中小企業家同友会[12]によるものである。2003年5月に中小企業家同友会全国協議会（中同協）が「2004年度国の政策に対する中小企業家の要望・提言」の中で、「中小企業政策を産業政策における補完的役割から脱皮して中小企業重視へと抜本的に転換することを『宣言』し、日本独自の『中小企業憲章』を制定すること」と提唱したことが、最初である[13]。

その後、中小企業家同友会は、2004年7月に中小企業憲章制定の運動推進の提唱を中同協総会宣言で行った（同時に地域中小企業振興条例制定も行う）。これはそれまで中小企業憲章学習運動を制定運動へと進展させるものであっ

2章 中小企業憲章の制定とその意義

た[14]。この学習運動・制定運動の中で、テキスト的に活用・学習されたのが前述の「欧州小企業憲章」であり、その全訳が中同協のホームページに掲載されている。

同友会では、従来から、大企業政策に代わる中小企業政策の主体性の確保(中小企業政策における産業政策の補完的役割からの脱却)という主張と、地域における中小企業振興条例の制定の推進という主張、を展開してきた経緯があるが、これを中小企業憲章の制定に結び付けたものであるという[15]。

同友会は、中小企業基本法(以下基本法)の改正でなく、中小企業憲章の制定の必要性を以下の理由によるものとしている(中同協ホームページによる)[16]。

① 中小企業にかかわる重要な要素が基本法に欠落していること。

中小企業の現状分析・認識や税制、教育(人材育成)、環境問題、女性の社会進出、障害者雇用、国際交流など重要な項目が基本法には含まれていない。これらのことは、法律的には別の法律で対応しているが、中小企業が社会とトータルに関わる現状からすれば、一つの公式文書に体系的に具体的に示すことの方が基本法を生かす上でも効果がある。

② 憲章は基本法の枠を超えるもの。

憲章制定と併行して、中小企業庁設置法や国家行政組織法等を改正し、中小企業庁を経済産業省の外局から内閣府の外局に移して中小企業担当大臣をおくことが必要で、これは、基本法の枠を大きく超える内容である。

③ 中小企業従業者へのメッセージ

日本の経済社会で果たす中小企業の存在意義と社会的役割を中小企業の従業員が自ら自覚し、誇りをもって社会に発信して行動する立法運動をめざすことがある。これは、基本法で示された政策方向を受容する中小企業というよりも、自らの活路を国民とともに切り拓く主体的意志を鮮明にした運動として、憲章の制定をめざすということである。

④ 国家の基本戦略として

憲章は、基本法のように中小企業分野だけに収斂させるのではなく、国家の

基本戦略に中小企業を位置付け、国民的な理解・認識を得ようという狙いがある。国民や国家・地域のために中小企業が何をできるかを意思表明し、国民各層との協働を呼びかける意義がある。

⑤　憲章は基本法に基づく中小企業政策の内容の評価基準を設定するもの憲章は中小企業政策の内容を評価する上での基準を設定するものと位置付けられ、あるいは基本法の導き手となるものと位置付けることができる。

このように、憲章は現行の基本法を包含し、基本法の機能を十二分に発揮させる役割を果たすものと位置付けられるとしている[17]。同友会の運動は、以下で論じるように、現行基本法が伸びる企業・やる気のある企業の支援に主眼があることを、「一理はある」としつつも、中小・自営業の役割を積極的に引き出し、日本経済のダイナミズムをいかに取り戻すかという視点がないことを批判しており、中小企業政策が全政策分野にわたる（厚生労働、金融、文教、環境、農水等）総合的な性格であるところから、中小企業庁を経済産業省の外局から外して内閣府に移し、担当大臣をおくなどの政府機構の改革も提起するものである。さらに、国の一般会計予算に占める中小企業対策費の長期的な減少傾向を批判し、その水準の低さに対しても増額の要望を続けている。この点で、やや現状否定的ないし現状超克的な主張ともいえよう。

2　中小企業憲章制定を支持する議論

中小企業家同友会の憲章制定運動は、「欧州小企業憲章」を下敷きにしたものであるが、この憲章の研究は同友会の制定運動を支えたもので、何人かの論者によって展開されている。

(1)　吉田（2005）論文

吉田（2005）は、1990年代以降のアメリカ型のグローバリゼーションが市場原理主義に基づくもので、「アメリカは市場原理主義に基づくグローバル化・

2章　中小企業憲章の制定とその意義

自由化を世界各国に要求して」おり、「非効率な企業や社会的弱者を競争原理に基づいて市場から除去し、勝者の活動範囲を拡げ、国民経済の成長力と効率性を不断に高めようと」し、「格差を絶えず拡大再生産し、地域社会の安定化を醸成する」ものとした。また、「株主利益を最重要視する企業経営は株価の上昇が主目的となるため、短期的な利益の向上を絶えず考慮せざるを得ず、長期的な戦略に基づく持続可能な会社づくりは困難にな」り、「公正」と「倫理」を軽視していること、さらにアメリカ型グローバル化が「それぞれの資本主義の発展段階の相違や構造的な特徴・個性を無視した形での市場原理の全面的導入にある[18]。経済的な諸問題や諸困難はさまざまなローカルなルールや規制に起因する市場原理の不徹底に原因が求められ、アメリカ以外の国に対しては、徹底した自由化・規制撤廃が経済成長の特効薬として推奨される」ことを指摘している。その結果、「グローバリゼーション（優勝劣敗、一人勝ちの経済）は、その母国であるアメリカにとっては非常に好都合なシステムであるが、市場経済の型や仕組みの国ごとの違いや特殊性を認めないことから、平等・互恵、共同・協力の関係が形成される見込みは乏し」いとしている[19]。

これに対して、①共生型の市場経済を指向するEU型のグローバリゼーションでは、市場原理を無制限に適用すると格差拡大と社会不安増大があるので「利口に活用する」ことが必要であること、②市場経済を有効に活用するためにも、非市場経済を有効に守り、育成する必要性があること（個性豊かな労働力を生み出し育てる家庭やコミュニティ、文化・芸能・民族行事などを市場自ら生み出すことはできない）、③企業利潤の最大化を唯一の企業行動原理とはしていないこと（EUの企業は利潤極大化一辺倒ではないものの高度な競争力、高い所得水準、安定した地域経済構築の土台になっており、人間の顔をした資本主義になっている）、④EUでは多様性・個性が尊重され、社会福祉の向上が政策的に大きな位置を占めており、国家・政府の役割が重要とされること（社会的公正・福祉の向上の実現）、を指摘している。これは2000年3月のリスボン宣言で「発達した社会的保護の諸制度を持っているヨーロッパの社会モデルが、知識経済へ向かう道筋を支えていかなければならない」「人々こそがヨー

ロッパの主要な資産であり、欧州連合の諸政策の焦点でなければならない」に求められるとし、「非アメリカ型市場経済に立脚したEU型市場経済の基本は、経済のグローバル化を前提としつつも、国民経済の多様性の尊重、豊かな人間性の開花を保証する社会福祉政策の充実、地球環境・自然の保護と連関した地産地消型の地域内経済循環を重視した雇用と所得を提供する中小企業・自営業の支援におかれている。換言すれば、個性豊かなローカリゼーションを構築することにより、規格化された価格競争重視のグローバリゼーションに対抗できる持続可能な社会づくりが目指されているといえよう。いわゆるグローカリズムという発想である」と整理して[20]、そのコンテクストで「欧州小企業憲章」を位置付けている。

そして、「欧州小企業憲章」の意義については、「中小企業・自営業振興の枠内に留まるものではない。歴史と伝統を大切にする欧州の国々が、規格化・画一化を招来する新自由主義的グローバリゼーションを克服し、人間尊重の資本主義を目指すあたらしい国づくりの必須の構成要素のひとつとして小規模企業憲章が制定・運用されている点が注目される」と吉田（2005）は論じているのである[21]。

吉田（2005）は、日本の憲章制定の意義を論じる中で、中小企業政策を担う中小企業庁が経済産業省の外局にあることは、グローバリゼーションの中で対立する大企業と中小企業の利害が調整されず、中小企業の要求が排除されるので、中小企業庁は独立した行政官庁とすべきで（30頁）[22]、中小企業対策費が近代化支援に成功したためピーク時よりも半減している点を批判し、「憲章と基本法は次元が異なるものであり、基本法によって憲章を代位することはできない。逆に憲章があることによって、基本法の中身がよりいっそう中小企業の現実に即した内容となりうる」などの主張は[23]、中小企業家同友会の主張と平仄を合わせるものと理解できる。

(2) 三井（2005）論文

三井は、ヨーロッパの中小企業研究に詳しいが、三井（2005）で日本の

2章 中小企業憲章の制定とその意義

　1999年の中小企業法改正がその意図通りに展開しなかったことを指摘した上で、EUにおける「ボローニャ中小企業政策憲章」「欧州小企業憲章」の制定の動きとの同期性を指摘している。その経緯をEUの中小企業政策のこの20年余にわたる展開と到達点、「欧州小企業憲章」を軸としたその意義と役割、今後の方向などを整理している。

　三井（2005（a）（b））によれば、EC・EU中小企業政策は、1983年以降、四つの段階があるとされる[24]。

① 第1期——（1983—89年）——雇用問題を解決し、中小企業の存在と中小企業政策の必要性に対する覚醒

② 第2期（1989—93年）——EC市場統合の効果を重視し、「柔軟性活用」と「企業の連携共同」を意図したEC・EU中小企業政策の本格的な展開（市場統合の完了、BC-Net（企業間連携協力ネットワーク）、BRE（企業間パートナーシップ）の推進、中小企業サイドからの政策要求の高まり）

③ 第3期（1994—2000年）——欧州経済の不振下に政策の統合化を図る一方、金融や取引関係などが中小企業の直面する困難と不利の問題に対処する施策を展開（中小企業とクラフト部門のための統合計画、中小企業の活力源泉報告（1995年）による市場メカニズムだけでは中小企業の特性発揮が困難との認識、産業競争力強化・意欲的企業の新技術や情報化・国際化への対応の重視と金融問題・市場整備・取引関係問題・税制・小規模層クラフト産業対策などへの踏み込み。第3次多年度計画（3th MAP）。欧州小企業憲章策定。

④ 第4期（2001—05年）——雇用、経済改革、社会的結束を掲げるリスボン戦略（2000年）に基づき、知識基盤経済での競争力、ダイナミックな経済、持続可能な経済成長、多くの雇用、より高い社会的結束を実現すべく第四次多年度計画（4th MAP）による政策展開（顧客優先・サービス文化に基づく企業家精神の奨励、そのたの規制・事業上の環境推進、中小企業の金融環境改善、知識主導経済における中小企業の競争強化、企業支援ネットワークなど）

127

この第3期の政策展開の中心が「欧州小企業憲章」と位置付け、その内容を紹介した上で、その後、リスボン戦略の見直しが進み、中小企業の定義の見直し、企業家精神とイノベーションを目指すEU中小企業政策の今後を論じており、「企業家精神とイノベーション」が基調になると指摘している[25]。

　三井（2005（b））のEU中小企業政策に対する理解の特徴は、政策に含まれる「社会性」の強調である。三井（2005（b））は、「EU中小企業政策には本来的に社会性の視点がとり込まれており、これがますます顕著になってきている」とし[26]、その「社会性」を、①雇用機会確保という最大の社会的使命、②営利企業のみならず協同組合・非営利組織まで含む企業政策の幅広い視野・対象、③地域間や諸階層の間の格差・不均衡の是正との関わり、④社会的に不利な立場の人々の社会参加と経済的地位向上支援、起業文化自体の社会的性格という意味での創業および企業家精神自体の持つ社会性・文化性、⑤地域商業や福祉サービス、伝統的技能の継承など、事業の果たす社会的使命と貢献の意義、⑥企業の社会的責任と環境問題への対応、ガバナンスの発揮の必要、⑦EU拡大下での国際経済協力・招来の加盟国企業との連携、として整理している。これは、EUにおける統合の目的自体に「社会的側面」が色濃く反映され、「社会的公正の実現、基本的人権と平等な権利の保障、労働条件と社会保障の向上といった課題が明確になされ、ドイツから広まった「社会的市場経済」の理念が共通の理解になってい」て、「中小企業のための政策も例外ではな」いことを力説し、「欧州小企業憲章」の小企業をして「社会的・地域的統合の原動力」としたフレーズにそのことが集約されていることを論じている。そして、このようなEUの中小企業政策の展開が日本の中小企業政策・中小企業運動へ示唆を与えるものとし、「あらためてみておきたいのは中小企業者たちによる独立した運動の重要性である」と書いて、中小企業家同友会の憲章制定運動にシンパシーを示している[27]。

3　2010年「中小企業憲章」制定以後の対応
　　――全商連の「日本版・小企業憲章」の提案

　全商連（全国商工団体連合会）は、以下の5節にみる「中小企業憲章」の制定後に「日本版・小企業憲章」の提案を、2011年7月に行っている。これは、「中小企業憲章」が「経済を牽引する力」「社会の主役」と指摘した割りに、「憲章」を拠り所とした政策展開がなく、むしろその趣旨に逆行する政策が展開されているとの認識から、小企業・家族経営の営業の自由が実質的に保障される経済社会の建設を目指すべきとして、政府が捉えようとしない小企業・家族経営の存在意義や役割を明らかにし、戦後の中小企業政策への反省を求めきめ細やかで小企業に実益が及ぶ支援策の実現を迫るものとしている。

　その内容は、①小企業政策の根本的転換（戦後の中小企業政策が小企業を整理・淘汰してきたとの認識）、②小企業・家族経営の役割の正当な評価、③小企業・家族経営の経営環境を改善する政策方向（中小企業基本法の改正と省庁横断的地域振興策の推進）、である。詳細は、全商連のホームページにあるが、内容的には以下の5節、および6節で整理する内容と大きく異なるものではない。

5節　中小企業基本法との関係

1　中小企業基本法

(1)　中小企業基本法とその改正
　第二次大戦後の日本経済における中小企業の役割を大まかに整理しよう。経

済復興期・高度経済成長期に経済を主導する役割は、輸出貿易を担うリーディング・インダストリーを構成する大企業にその大宗が任され、産業政策はもっぱら大企業の振興・支援に軸足がおかれていた。そのような状況の下で、中小企業は高度成長を主導する大企業のサポーティング・インダストリーとして機能してきた側面がある[28]。第1章で見たように、下請け関係・系列関係などがその実態で、大企業とともに中小企業も歩んできた経緯がある。その中で、中小企業は大企業の下請け関係から、その弊害を蒙り、種々の格差、不利な状況を強いられることになったのである。これは「二重構造問題」として知られるもので1963年にこの「二重構造」の是正、経済取引上の不利の是正、下請け関係の弊害等を克服することを意図して、中小企業基本法が制定された[29]。

　中小企業基本法は、日本の法体系の中で、中小企業施策についての基本理念や基本方針等を明確に規定したものである。1963年7月に制定され、1999年12月に全面改正された（図1―1、本章20頁参照）。この全面改正は、それまでの中小企業政策と一線を画す重要な政策転換ともいわれている。

　この法律の目的は、「中小企業に関する施策について、その基本理念、基本方針その他の基本となる事項を定めるとともに、国及び地方公共団体の責務等を明らかにすることにより、中小企業に関する施策を総合的に推進し、もつて国民経済の健全な発展及び国民生活の向上を図ること」（第1条）である。この目的は普遍的なものであり、一般的ですらあるので、改正基本法は第3条で「基本理念」を掲げて、「中小企業については、多様な事業の分野において特色ある事業活動を行い、多様な就業の機会を提供し、個人がその能力を発揮しつつ事業を行う機会を提供することによりわが国の経済の基盤を形成しているものであり、特に、多数の中小企業者が創意工夫を生かして経営の向上を図るための事業活動を行うことを通じて、新たな産業を創出し、就業の機会を増大させ、市場における競争を促進し、地域における経済の活性化を促進する等わが国経済の活力の維持及び強化に果たすべき重要な使命を有するものであることにかんがみ、独立した中小企業者の自主的な努力が助長されることを旨とし、その経営の革新及び創業が促進され、その経営基盤が強化され、並びに経

済的社会的環境の変化への適応が円滑化されることにより、その多様で活力ある成長発展が図られなければならない」ことを強調している。

　この理念は、1999年法改正で盛られたものだが、改正前の基本法は第1条の「政策の目標」において、「中小企業の経済的社会的制約による不利を是正するとともに、中小企業の自主的な努力を助長し、企業間における生産性等の諸格差が是正されるように」という格差の是正ないし経済的弱者としての中小企業の「成長発展を図り、あわせて中小企業の従事者の経済的社会的地位の向上に資する」ということに、その焦点を当てていた。

　この点は、改正前基本法にあった前文の中で、「しかるに、近時、企業間に存在する生産性、企業所得、労働賃金等の著しい格差は、中小企業の経営の安定とその従事者の生活水準の向上にとって大きな制約となりつつある」という認識と平仄を合わせるもので、中小企業という経済的に劣後している存在への支援を謳ったのであり、いわゆる「二重構造」問題への対応を念頭に置いたものともいえるものであった。

　1960年代の高度経済成長期に「二重構造論」で指摘された諸々の格差の存在、貿易為替の自由化による開放経済体制への移行等を踏まえて、中小企業の成長を図ることは「産業構造を高度化し産業の国際競争力を強化して国民経済の均衡ある発展を達成」するための責務であるとの認識が、中小企業基本法の制定に至ったのである。基本法の成立によって、それまでは施策の対象となる中小企業は施策ごとに定められていたものが、中小企業の定義が整備され、従来の施策が基本法体系の下での位置付けが与えられて、基本法の考え方にしたがって個別政策が実施されるようになったのである。

(2)　改正基本法の理念

　第1章でも触れたように1999年基本法改正は、改正前基本法が経済的に劣後する中小企業という弱者救済的色彩の強い理念であったものであるのに対して、経済社会の新たな担い手、創意工夫を活かし、経営革新・創業に意欲的な、独立した存在としての中小企業、「やる気と能力のある」中小企業に軸足が移っ

たともいえるのである。いわゆる弱者救済的な社会政策型施策から自助努力を支援する競争促進型施策へとその重点を移すものであった。

改正前基本法が、中小企業の底上げ重視であったとすると、改正基本法は元気なそしてイノベーティブな中小企業を重視し、その主導で中小企業全体を引っ張り上げていこうというものである。大企業との格差是正から選択と集中による支援という方向に舵が切られたもので、「弱者保護としての中小企業政策アプローチの脱却」というフレーズがそれを象徴している[30]。

このような中小企業基本法の理念の変化が、中小企業全般に対する政策的配慮が不足しているとの観点から、特に小規模企業への対応不足から、より包括的な理念を示す必要があるという論調もあり、「憲章」制定の必要が各方面から提起されたのである。特に、1999年改正基本法が、中小企業の中でも比較的大きな企業（中規模企業）などに焦点があてられがちで、小規模企業にしっかりとした焦点を当てる政策体系とはなっていない。

したがって、小規模企業にしっかり焦点を当てた施策体系への再構築が重要な課題となっており、現行基本法の下における小規模企業の実情に応じたきめ細かな支援の必要性が課題になっている。改正前基本法では、二重構造の底辺の引き上げに重点があったが、改正基本法では小規模企業層が創業や成長の苗床として機能するよう支援するという観点からの支援が、具体的には盛られていないのである。

改正中小企業基本法は、元気な中小企業・イノベーティブな中小企業の支援・育成に力点が置かれており、小規模企業については「配慮規定」に留まり、小規模企業については明示的な施策展開はない。後述のように、「中小企業憲章」においても、小規模企業への特化はない。

(3) 小規模企業振興基本法との関係

中小企業基本法で「配慮規定」に留まった小規模企業政策に関しては、その経緯等については、次節に記述するが、後の「中小企業憲章」では「小規模企業の多くは家族経営形態を採り、地域社会の安定をもたらす」こと、

「家族経営の持つ意義への意識を強め、また、事業承継を円滑化する」としてその課題を明示した。ただ、政策展開まで踏み込んではいない。そこで、小規模企業に政策的な焦点を当てるために、2014年6月に小規模企業振興基本法が制定された。これは、小規模事業者が、地域の経済や雇用を支える極めて重要な存在であり、経済の好循環を全国津々浦々まで届けていくためには、その活力を最大限に発揮させることが必要不可欠にもかかわらず、小規模事業者は、人口減少、高齢化、海外との競争の激化、地域経済の低迷といった構造変化に直面しており、売上げや事業者数の減少、経営層の高齢化等の課題を抱えていることに対応するものである。

　2013年に「小規模企業活性化法」が成立したが、中小企業基本法の基本理念にのっとりつつ、小規模企業に焦点を当て、「小規模企業活性化法」をさらに一歩進める観点から、小規模振興基本法・小規模支援法が制定された。小規模企業振興基本法（小規模基本法）は、小規模企業の振興に関する施策について、総合的かつ計画的に、そして国、地方公共団体、支援機関等が一丸となって戦略的に実施するため、政府が基本計画を閣議決定し、国会に報告する等の新たな施策体系を構築するものである。また、「小規模支援法案」は、半世紀以上に亘り小規模事業者の経営相談に応じてきた商工会及び商工会議所が、市町村や地域の金融機関等と連携して、小規模事業者の意欲ある取組を強力に支援するための体制を整備するものである。

2　小規模企業政策

　後述の「中小企業憲章」制定の背景は、中小企業の社会的地位の確認であるが、中小企業のカテゴリーには、中規模企業という英語でいうmiddleないしupper middleの層と、英語でいうsmallに相当する小規模企業の層があり、さらに従業員で数人規模ないしパパママ・ショップのような英語でいうmicroに相当する零細企業の層がある。ここでは、零細企業を含む小規模企業を一括

表 2—1　中小企業基本

	旧中小企業基本法
基本理念	① 中小企業の経済的社会的制約による不利の是正 ②中小企業者の自主的な努力の助長 ③企業間における生産性等の諸格差の是正 ④中小企業の生産性及び取引条件の向上 　→ 中小企業の成長発展、中小企業の従事者の経済的社会的地位の向上
基本的施策	①中小企業構造の高度化等・設備の近代化 　・技術の向上 　・経営管理の合理化 　・企業規模の適正化 　・事業の共同化のための組織の整備等 　・商業及びサービス業 　・事業の転換 　・労働に関する施策 ②事業活動の不利の補正 　・過度の競争の防止 　・下請取引の適正化 　・事業活動の機会の適正な確保 　・国等からの受注機会の確保 　・輸出の振興 　・輸入品との関係の調整 ③金融、税制等 　・資金の融通の適正円滑化 　・企業資本の充実
小規模企業 への配慮	小規模企業の経営の改善発達に努め、金融、税制その他に必要な考慮を払う。

中小企業 の範囲	製造業 その他	資本金1億円以下又は従業員300人以下 （うち小規模企業は従業員20人以下）
	卸売業	資本金3,000万円以下又は従業員100人以下 （うち小規模企業は従業員5人以下）
	小売業・サービス業	資本金1,000万円以下又は従業員50人以下 （うち小規模企業は従業員5人以下）

出所：亀澤ほか（2008）42頁。

法の新旧比較

改正中小企業基本法
中小企業が、創意工夫を生かして経営の向上を図るための事業活動を行うことを通じて ①新たな産業の創出 ②就業の機会の増大 ③市場における競争の促進 ④地域における経済の活性化の役割を担う 　→ 独立した中小企業の多様で活力ある成長発展
①中小企業の経営の革新及び創業の促進 　・経営の革新の促進 　・創業の促進 　・創造的な事業活動の促進 ②中小企業の経営基盤の強化 　・設備の導入、技術の向上等経営資源の確保 　・交流・連携及び共同化の推進 　・産業・商業の集積の活性化 　・労働に関する施策 　・取引の適正化 　・国等からの受注機会の増大 ③経済的社会的環境の変化への適応の円滑化 　・経済的社会的環境の変化に対する経営の安定及び事業の転換 　・中小企業者以外の者による不当な利益の侵害の防止 　・連鎖倒産の防止 　・再建・廃業のための制度整備 ④資金の供給の円滑化及び自己資本の充実 　・融資・信用補完事業の充実、適正な融資の指導等 　・投資の円滑化、租税負担の適正化等
施策実施に当たって、小規模企業に必要な考慮を払う。

製造業 その他	資本金3億円以下又は従業員300人以下 （うち小規模企業は従業員20人以下）
卸売業	資本金1億円以下又は従業員100人以下 （うち小規模企業は従業員5人以下）
小売業	資本金5,000万円以下又は従業員50人以下 （うち小規模企業は従業員5人以下）
サービス業	資本金5,000万円以下又は従業員100人以下（うち小規模企業は従業員5人以下）

りにすると、この小規模企業のへの政策的対応が十分ではないという認識が潜在的ないし暗黙的にあると思われる。小規模企業政策は、これまで必ずしも明確に展開されてきたとはいえない。後述のように「中小企業憲章」の制定はこれに真正面から応えるものではない。そこで、小規模企業に対する政策的な視点を、中小企業基本法を中心に整理して、「中小企業憲章」の理解のための一助としたい。

(1) 改正前・改正基本法における小規模企業

改正前基本法は、小規模企業を「第4章 小規模企業」(第23条)と題して明確に位置付けていた。小規模企業は、資本の再生産能力を持たない生業的実体の企業であるため、他の中小企業者と同様に各般の施策を一律に講ずることは現実に不可能に近く、また妥当でもないこと、そして、小規模企業の従事者が他の企業の従事者と均衡ある生活の維持確保に関して配慮することが、特に必要であると考えられていた[31]。改正前基本法では、小規模企業に対する政策がかなり意識されていたと考えられる。

この小規模企業に関する規定は、中小企業の中でさらに企業者を特定し、これに対して特に手厚い施策を講ずるのは、それらの企業については、改正前基本法の第2章(中小企業構造の高度化等　第9条—第16条)と第3章(事業活動の不利の補正　第17条—第22条)の施策のみだけで、第1条の目標を達成するに不十分であると考えられたからである。したがって、「小規模企業」の実質は、そのような企業(生業的企業)であるべきで、生産性の向上なり、取引条件の向上なりが、第2章・第3章の施策では困難な企業に限定されるべきものとしていた。その認識は、統計上、従業員10人未満程度の企業では、適正な償却の実施、適正な賃金支払いといった点を除いても、その企業所得は実質的に賃金所得と同じ程度に過ぎないという、まさに生業的企業であるというものであった。これらの企業は資本の再生産が困難なことから、第2章・第3章の施策によって直ちにその生産性の向上を期待することが困難な企業者である、と考えられていた。

これに対して、改正基本法は、小規模企業のための「章」は設けられていない。これは、小規模企業対策を個別施策として講ずるのではなく、中小企業施策全般にわたって配慮すべきという観点から「第1章　総則」の中に小規模企業の課題を規定しているのである。中小企業施策全般についてその実施時において個々の施策の性質に応じて配慮すべきものとしたのである[32]。小規模企業は、企業数において中小企業の大部分を構成するとともに、地域経済や雇用を支える上で重要な役割を果たしている。また、小規模企業は個人の創造性発揮に適した企業形態であるとともに、創業期の企業の多くは小規模企業であり、その積極的な事業活動を通じ、経済全体の活性化に大きな役割が期待される存在と考えられている。すなわち、前述のように、中小企業政策の理念が「経済の二重構造の格差是正」から「多様な活力ある独立した中小企業の育成・発展」へと転換する中、小規模企業が創業や成長の苗床として機能するように支援することになったのである[33]。小規模企業対策は、小規模である創業期企業にフォーカスされ、創業支援がその中心になったといえよう。

　小規模企業に対する政策理念については、これまでの二重構造の底辺を引き上げることから、小規模企業が幅広い創業活動や積極的な各種の事業展開を進めることが可能となるよう、その自助努力の促進、各種の競争条件の整備及びセイフティネットの充実等を図ることにより、小規模企業層が、前述のように、いわば創業や成長の苗床として機能するよう支援することへ転換すべきというものである。その政策の重点は、企業者の意識改革（現状維持から経営革新へ）、創業支援施策の充実、市場から退出する企業の生活安定や事業再建に関する環境整備（市場から退出する事業者に対して、その後の生活の安定や事業の再編を容易にするセイフティネットの整備）、におかれている（図2—1参照）。

(2)　小規模企業政策研究会
小規模企業政策の必要性
「中小企業業憲章」の制定の必要性の一因として、改正中小企業基本法では小規模企業政策が「配慮規定に」に留まり、個別施策が示されていないことに

図2―1　規模別売上高経常利益率の分布
　　　　（中政審未来部会法制検討 WG 資料、2012 年 11 月 8 日）

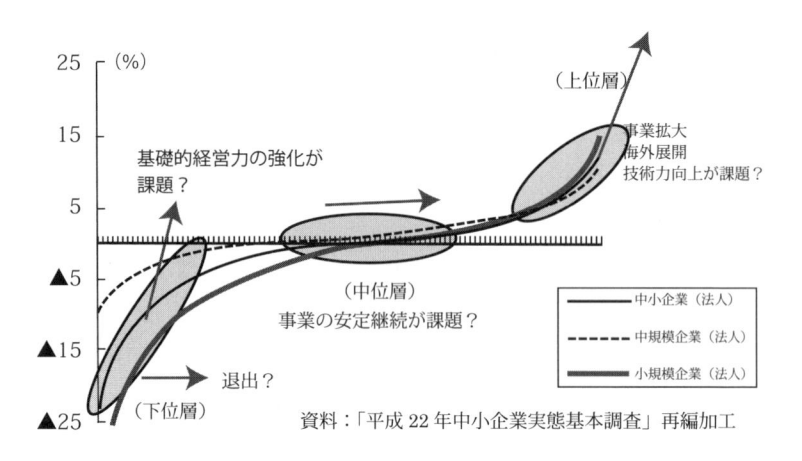

<figure>
グラフ内テキスト：
（上位層）
事業拡大
海外展開
技術力向上が課題？
基礎的経営力の強化が課題？
（中位層）
事業の安定継続が課題？
退出？
（下位層）
中小企業（法人）
中規模企業（法人）
小規模企業（法人）
資料：「平成 22 年中小企業実態基本調査」再編加工
</figure>

出所：中小企業庁ホームページ。

あるのかもしれないが、中小企業行政でこの点が欠落していていたわけでもない。2007 年 3 月―7 月にかけて、「小規模企業政策研究会」が中小企業庁経営支援部長の私的研究会として実施された経緯がある[34]。

　2007 年 4 月に経済財政諮問会議で「成長力加速プログラム」が決定され、その柱の一つに「中小企業底上げ戦略」が打ち出された、これは、小規模企業はその数で中小企業全体の約 87％を占めるにも拘らず（表 2―3、図 2―2）、その施策が十分でなく、小規模企業の生産性向上が図られていないという認識があったからである[35]。

　小規模企業政策研究会は、2007 年 7 月に「中間取りまとめ」を策定したが、その中で「日本経済全体が長い景気拡張期間にあるにも関わらず小規模企業の経営は依然として厳しい状況にある。また、大中企業と小規模企業の格差が存在する一方、小規模企業間でも収益に大きな差がみられている」（7 頁）と認

識している（図2—1参照）。このような状況の背景には、経済のグローバル化の進展、少子高齢化、環境問題等の深刻化といった経済構造の変化があり、小規模企業がこのような変化に対応しきれていないと捉えている。「これらの構造変化は、1999年の中小企業基本法改正時においてもすでに始まっていたものであるが、近年その影響は比較にならないほど大きくなっており、今後の更に深まっていくと予想される」（7頁）と整理している。

「中間取りまとめ」では、改正基本法が、「小規模企業を『市場における点』として捉え、そのような点（企業）が数多く生み出され、多様な形で存在していることそのものを創業と成長の苗床として重視するものである」（9頁）とし、政策的には創業支援による参入促進と、退出企業の社会的コストの低減のための環境整備（セイフティネット）が整備されたが、これは中小企業全般に比して小規模企業が大きなハンディを有しているため、政策的配慮が必要という観点があるからである。しかし、経済の構造変化の急激な変化に対応するには、小規模企業を単に多数かつ多様な「点」として捉えるだけでは不十分で、「それらの多様性をもたらす小規模企業の本質的な特徴を的確に捉えた上で、その弱みを克服し、強みを伸ばしていくために重点をおくべき政策課題がどこに存在するのかを検討することが必要である」（10頁）とした。

小規模企業の考え方

そこで、「小規模企業の新たな考え方」を提示し、「今後の小規模企業を検討するに当たっては、大企業や中小企業一般を基準として、本来必要な機能が欠けている（又は足りない）存在として小規模企業を捉えるのではなく、強みにも弱みにもなり得る小規模企業そのものが有する本質的な特徴を捉えることが必要である」とし、この観点から、小規模企業は、「人間サイズの事業活動」として捉えることができる」（10頁）と整理した点に、この「中間取りまとめ」のエッセンスがある。

すなわち、経営者等の人間としての特性が事業活動に直接反映されやすい単位での事業活動として捉えられることから、「大企業等を基準とした『小』規

表 2—2　企業規模別の企業数の推移

	1999 年	2009 年	減少数（89→09）
小規模企業 (a)	4,228,781	3,665,361	▲563,420
		-86.70%	（▲13.3%）
(a)/(b)	87.40%	87.20%	
中規模企業	607,982	535,903	▲72,080
		-88.10%	（▲11.9%）
中小企業 (b)	4,836,763	4,201,264	▲635,500
		-86.90%	（▲13.1%）

出所：『中小企業白書』各年版。

図 2—2　中小企業の現状

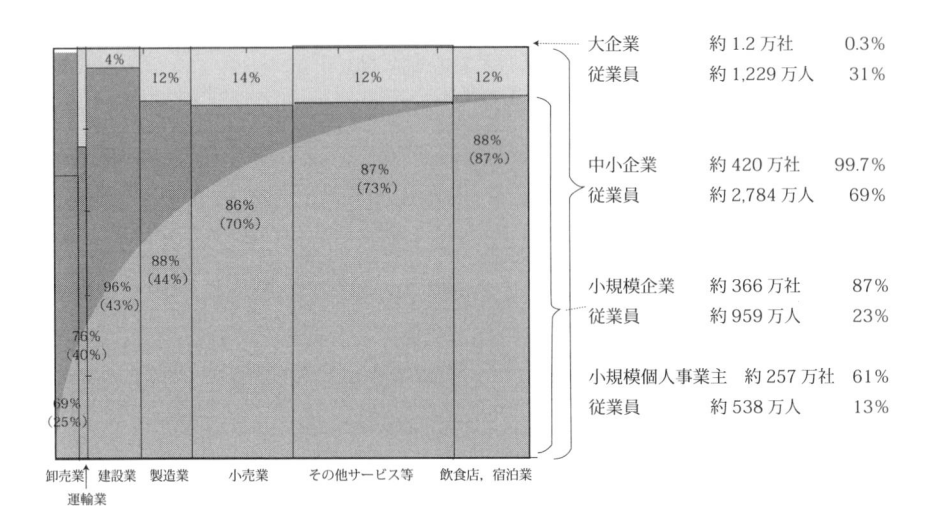

大企業	約 1.2 万社	0.3%
従業員	約 1,229 万人	31%
中小企業	約 420 万社	99.7%
従業員	約 2,784 万人	69%
小規模企業	約 366 万社	87%
従業員	約 959 万人	23%
小規模個人事業主	約 257 万社	61%
従業員	約 538 万人	13%

出所：「中小企業憲章」に関する研究会第 1 会合資料（参考 1）、2010 年 2 月 3 日）

140

模企業ではなく、人間を基準として最もそれに近い事業のあり方」と認識したのである。これらの特徴は、「人間に近い事業形態ということに由来するもの」で、「個人の感性、創造力、技術等が発揮しやすいという強み、経営者等の生活（私的領域）、が事業リスクの影響を直接的にうけやすいという弱み、住民としての地域社会と密接な関わりが事業のあり方に影響してくるという特徴等は、小規模企業のこのような性質からくるもの」（10頁）と整理している。

他方、「事業体としての小規模事業は、『少数の経営資源に特化した事業形態』で、大企業等と比較して『事業活動を行う上で本来必要な経営資源が未だ不足しており、その確保ができない存在』としてみるのではなく、本来的に少数の経営資源により経営を営む事業形態として捉え直すことである」と考えられるので、「小規模企業という事業形態が、自らが優位性を持つ経営資源や事業分野に集中しやすいこと、外部の資源を有効に活用していく必要があること、自らが特化する分野と補完関係にある企業等と機動的に連携できる可能性が高いことといった特徴が理解できる」（11頁）。こうしたことから、少数の経営資源に特化して事業活動を行う事業活動を、「スモールビジネス」と呼ぶとすると、「小規模事業の目的は、今後の日本経済の構造変化に適応して『人間サイズのスモールビジネス』が発展していくための基盤づくりをすることであると言える」と整理した。その上で、「小規模企業が多様なのは、人間が多様であり、それぞれの企業が特化する経営資源が多様だからである」（11頁）として、課題解決を論じている。

(3) 小規模企業政策の方向

小規模企業の認識を、人間サイズの事業活動として捉えると、その事業活動そのものが「人間としての働き方、生き方のあり方の一つとして捉えられる」（17頁）ことになる。日本の就業者の約4割（自営業主約10％、家族従業者約5％、雇用者約21％）は自らの働き方・生き方として小規模企業を選択しているわけで、この点は日本経済が持続的に発展するための基礎条件なのである。

その上で、このような小規模企業政策の基本姿勢を「未来に向けて努力する

企業に必要な支援を行う」とし、現存する全ての企業を維持するというのではなく、「経営者が自らの事業の道筋を明確に認識する中で、むしろ次の挑戦をするために現在の事業から円滑に撤退することが課題となる場合もある」（17頁）としている。改正基本法の理念と平仄を合わせるものであると評価できる。

政策的方向性としては、①小規模企業が市場と接する点における環境整備、②市場における小規模企業の競争力強化、を指摘している。①には、日常生活を営む個人が、事業活動という市場経済の荒波に入る創業段階で必要となる知識・ノウハウ・資金等を身に付けるための環境整備（創業支援）、事業リスクを可能な限り個人の生活領域から遮断して独立した事業として継続するための基礎的な経営力向上や資金調達の仕組み（独立した事業体としての基礎的経営力の強化）、個人が市場から退出する段階の事業承継支援・再出発のための環境整備（事業承継・事業再生・再挑戦支援）、がある。②には、情報面での「スモールビジネス支援情報システム」の構築（小規模企業が活用可能な情報ソースとして、自らが財務経理を自計化し、オンラインで経営支援を受けることができる支援ツールとして、商工会等の実施している「ネットde記帳」の機能強化や範囲拡充を含む「スモールビジネス支援情報システム」を構築すること）、人材面での「高度専門人材ネットワーク」を構築し、IT化、国際化、環境対応、安全・基準対応、事業再編（事業承継・M＆A等）の専門人材をネットワーク化する（中小企業診断士・OB人材等の活用）、資金面での「スモールビジネス・金融プラットフォーム」の構築（小規模等経営改善融資制度〔マル経融資〕の機能強化、小規模企業設備資金制度の見直し、その他金融関連制度の機能強化〔信用保証制度・高度化融資制度のニーズに即した見直し、資金調達を容易化する財務会計等の基礎的経営力の強化、人的な要素に基づく定性面での事業評価、ファンドの活用による自己資本増強等〕）、が含まれる。

このほかに、小規模企業支援ビジネス・企業間連携等の促進、下請取引の適正化、小規模企業の事業展開と地域経済活性化施策の適正化（地方自治体の施策、支援機関特に商工会等の機能強化）を挙げている（16-26頁）[36]。

このように、小規模企業研究会は、スモールビジネスとしての小規模企業の

2章 中小企業憲章の制定とその意義

表2—3 商工会・商工会議所の比較

区分	商工会	商工会議所
根拠法	商工会法（1960年）	商工会議所法（1953年）
地区	原則として、町村の区域	原則として、市の区域
設立団体数	1,905	516
組織率（注）	61%	34%
会員に占める小規模事業者の割合	約9割	約8割
設立要件	地区内の商工業者の2分の1以上が会員となること	特定商工業者の過半数の同意（従業員20人以上〔商業・サービス業は5人以上〕または資本金300万円以上の商工業者）
事業	中小企業施策、特に小規模事業施策に重点を置き、事業の中心は経営改善普及事業	中小企業支援のみならず、国際的な活動を含めた総合的な事業を実施（小規模事業施策は全事業費の2割程度）

注：商工会は2008年4月現在。商工会議所は2007年3月時点。
出所：『2008年度中小企業施策総覧』全国商工会議所連合会ホームページ等より作成。

活性化を提言し、その具体的対応も示したのである。

143

6 節　「中小企業憲章」

1　「中小企業憲章」に関する研究会

　「中小企業憲章」(以下、「憲章」と略記) の制定の経緯は、本章の冒頭に記した通りである。2010年1月—6月に中小企業庁に設置された学識経験者による研究会が、中小企業経営者、中小企業の従業員、中小企業支援機関関係者等のステークホルダーからのヒアリングなどを踏まえ[37]、「憲章（案）」を作成し、中小企業政策審議会の議を経て、閣議決定に至った経緯がある。

　正式な研究会の前に、事前の準備会合（2010年1月20日）が行われ、各委員から以下のような意見が提起された。

① 　中小企業憲章の目的・位置付け
・中小企業に対する社会的機運を変えていくことや、国民運動につなげていくことが目的ではないか。
・中小企業庁だけでなく、政府が一体となって中小企業の観点を取り入れた政策に取り組むことを明確に示すのではないか。

② 　中小企業憲章の形式
・中小企業の経済・社会上の位置付けを再認識し、主語として「私たちは」を明示し、中小企業の重要性を国民全体として宣言するものではないか。
・となると、国会決議によることもありうるのではないか。

③ 　中小企業基本法との関係
・中小企業基本法に盛り込まれているが国民に浸透していない考え方、法律には規定できない企業家精神など法律や政策の基底にある考え方、を示す

ことになるのではないか（国民の権利・義務にかかわる事項を規定するのが法律）。

④　中小企業憲章の内容
・日本経済を活性化できるエンジンとしての中小企業の重要性について盛り込むべきではないか。
・わが国の産業の強みは、サポーティング・インダストリーの存在。サポーティング・インダストリーとしての中小企業の重要性を明確化することで、中小企業に対するイメージを変えられるのではないか。
・統計上、中小企業を取り巻く環境は厳しいものがあるが、そのような中でも成功を収めているベンチャー企業もある。厳しい現実を踏まえつつも、統計データに過度に依存せず、実態をしっかりと把握すべき。
・今後の政府の取組の方向性や、どのような経済社会を構築していくかについての展望を示してはどうか。
・企業家精神の重要性（アントレプレナーシップ）は盛り込むことが必要だが、「リスクをとって事業を営むこと」と広くとらえるべきではないか。
・中小企業政策とベンチャー政策を一体的に行うことを盛り込んではどうか。
・環境・医療といった分野における省庁の枠を超えた支援策を盛り込んではどうか。

⑤　欧州小企業憲章（European Charter for Small Enterprises）について
「小企業憲章」は、最高意思決定機関である欧州理事会によって採択されているが、法的拘束力はない。ただし、単なる宣言ではなく、行動指針も盛り込まれている。また、「小企業憲章」を踏まえ作成された「小企業議定書（Small Business Act for Europe）」では、具体的なアクションプランが記載されている。
・「小企業憲章」は、企業家精神やイノベーションの重要性を盛り込んでいる。同時に、「小企業議定書」では家族経営（ファミリービジネス）の意義についても言及しており、欧州も、零細個人事業が多いわが国と実態はさほど変わらないのではないか。

・「欧州小企業憲章」では、小企業の社会性についても言及。わが国の「中小企業憲章」にも、中小企業が社会的課題に取り組むことを盛り込んではどうか。

これらの意見を踏まえて、事務局が行った論点整理は以下の通りである。

① 「中小企業憲章」に盛り込むべき内容

・中小企業に対する理念・考え方や、経済・社会双方の面での中小企業の有する意義の高さを盛り込んだものとすべきではないか。

・法律とは異なり、中小企業や企業家精神の重要性を宣言し、国民の中小企業に対する意識を高めるものとすべきではないか。

② 「中小企業憲章」の性格

・「どのようなメッセージ」を、「誰に対して」「どのような形式」で、発信するのか。

③ 誰の意見を伺うべきか

・中小企業の経営者や従業員
・中小企業支援機関の現場の担当者
・地方自治体
・金融機関
・教育機関

（参考１）マニフェスト記載事項

「次世代の人材育成」「公正な市場環境整備」「中小企業金融の円滑化」などを内容とする「中小企業憲章」を制定する。

研究会は準備会合を１月20日に開催した後、正式会合は2010年２月３日に始まり、５月28日まで計６回の会合が開催された。毎回、経済産業大臣等の政務関係者、各省庁の関係する担当者等が陪席した。

「憲章」は、前文・基本理念・基本原則・行動指針・結び、で構成されている。「憲章」自体は、長い文書ではないので、以下その構成を全文掲げる[38]。予め整理しておくと、この「憲章」は、今回の憲章は政府が主語であるため閣議決定とすることなった経緯がある。これは、「中小企業憲章」は、民主党マニフェ

ストに記載されており、与党の意思決定の下で実施されるものとされたのである。その中で、「われわれ」という政府が、関係省庁一体となって最も強く責任を持てる形が、まさに閣議決定という措置になるためである。一方、国民にとっての最大の意思決定は国権の最高機関たる国会での決議になるのだが、これは政府としてできることの範疇を超えているため、主語が「われわれ」にはなっていないのである[39]。

2 前文

「憲章」の前文は、中小企業の現在までの役割と現在の課題を列挙して、その存在意義を明確にしている[40]。

「中小企業は、経済を牽引する力であり、社会の主役である。常に時代の先駆けとして積極果敢に挑戦を続け、多くの難局に遭っても、これを乗り越えてきた[41]。戦後復興期には、生活必需品への旺盛な内需を捉えるとともに、輸出で新市場を開拓した。オイルショック時には、省エネを進め、国全体の石油依存度低下にも寄与した。急激な円高に翻弄されても、産地で連携して新分野に挑み、バブル崩壊後もインターネットの活用などで活路を見出した。

わが国は、現在、世界的な不況、環境・エネルギー制約、少子高齢化などによる停滞に直面している。中小企業がその力と才能を発揮することが、疲弊する地方経済を活気づけ、同時にアジアなどの新興国の成長をも取り込み日本の新しい未来を切り拓く上で不可欠である。

政府が中核となり、国の総力を挙げて、中小企業の持つ個性や可能性を存分に伸ばし、自立する中小企業を励まし、困っている中小企業を支え、そして、どんな問題も中小企業の立場で考えていく。これにより、中小企業が光り輝き、もって、安定的で活力ある経済と豊かな国民生活が実現されるよう、ここに中小企業憲章を定める」[42]。

冒頭の書き出しは、「欧州中小企業憲章」が、「小企業はヨーロッパ経済を支えている。(Small enterprises are the backbone of the European economy.)」と始めたことを相通じる処がある。「どんな問題も中小企業の立場で考えてい

く」としたことは、"SMEs First"がその心といえよう。それを受け、「国の総力を挙げて」としたのは、省庁を超えて、横串を刺すように横断的な対応を示したといえるのである。そして、「自立する中小企業を励まし、困っている中小企業を支え」としたことは、支援は元気のある中小企業に留まるものでないことも示しているのである。

3 基本理念

「中小企業は、経済やくらしを支え、牽引する。創意工夫を凝らし、技術を磨き、雇用の大部分を支え、くらしに潤いを与える。意思決定の素早さや行動力、個性豊かな得意分野や多種多様な可能性を持つ。経営者は、企業家精神に溢れ、自らの才覚で事業を営みながら、家族のみならず従業員を守る責任を果たす。中小企業は、経営者と従業員が一体感を発揮し、一人ひとりの努力が目に見える形で成果に結びつき易い場である。

　中小企業は、社会の主役として地域社会と住民生活に貢献し、伝統技能や文化の継承に重要な機能を果たす。小規模企業の多くは家族経営形態を採り、地域社会の安定をもたらす。

　このように中小企業は、国家の財産ともいうべき存在である。一方で、中小企業の多くは、資金や人材などに制約があるため、外からの変化に弱く、不公平な取引を強いられるなど数多くの困難に晒されてきた。この中で、大企業に重きを置く風潮や価値観が形成されてきた。しかし、金融分野に端を発する国際的な市場経済の混乱は、却って大企業の弱さを露わにし、世界的にもこれまで以上に中小企業への期待が高まっている。国内では、少子高齢化、経済社会の停滞などにより、将来への不安が増している。不安解消の鍵となる医療、福祉、情報通信技術、地球温暖化問題を始めとする環境・エネルギーなどは、市場の成長が期待できる分野でもある。中小企業の力がこれらの分野で発揮され、豊かな経済、安心できる社会、そして人々の活力をもたらし、日本が世界に先駆けて未来を切り拓くモデルを示す。

　難局の克服への展開が求められるこのような時代にこそ、これまで以上に

意欲を持って努力と創意工夫を重ねることに高い価値を置かなければならない。中小企業は、その大いなる担い手である」

中小企業が、企業家精神（entrepreneurship）に溢れる存在で、意欲を持ち、創意工夫が重要な時代ではその大いなる担い手であるとしたのは、まさに理念に相応しいといえよう。特に、「小規模企業の多くは家族経営形態を採り、地域社会の安定をもたらす」として、小規模企業の意義を示したことは重要である。

4　基本原則
「中小企業政策に取り組むに当たっては、基本理念を踏まえ、以下の原則に依る。
一、　経済活力の源泉である中小企業が、その力を思う存分に発揮できるよう支援する資金、人材、海外展開力などの経営資源の確保を支援し、中小企業の持てる力の発揮を促す。その際、経営資源の確保が特に困難であることの多い小規模企業に配意する。中小企業組合、業種間連携などの取組を支援し、力の発揮を増幅する。
二、　起業を増やす　起業は、人々が潜在力と意欲を、組織の枠にとらわれず発揮することを可能にし、雇用を増やす。起業促進策を抜本的に充実し、日本経済を一段と活性化する。
三、　創意工夫で、新しい市場を切り拓く中小企業の挑戦を促す　中小企業の持つ多様な力を発揮し、創意工夫で経営革新を行うなど多くの分野で自由に挑戦できるよう、制約の少ない市場を整える。また、中小企業の海外への事業展開を促し、支える政策を充実する。
四、公正な市場環境を整える
　　力の大きい企業との間で実質的に対等な取引や競争ができず、中小企業の自立性が損なわれることのないよう、市場を公正に保つ努力を不断に払う。
五、セーフティネットを整備し、中小企業の安心を確保する
　　中小企業は、経済や社会の変化の影響を受け易いので、金融や共済制度な

どの面で、セーフティネットを整える。また、再生の途をより利用し易いものとし、再挑戦を容易にする。
これらの原則に依り、政策を実施するに当たっては、
　　＊中小企業が誇りを持って自立することや、地域への貢献を始め社会的課題に取り組むことを高く評価する。
　　＊家族経営の持つ意義への意識を強め、また、事業承継を円滑化する。
　　＊中小企業の声を聴き、どんな問題も中小企業の立場で考え、政策評価につなげる。
　　＊地域経済団体、取引先企業、民間金融機関、教育・研究機関や産業支援人材などの更なる理解と協力を促す。
　　＊地方自治体との連携を一層強める。
　　＊政府一体となって取り組む。
こととする」

　ここに掲げられた五つの基本原則は普遍的ともいえるもので、特段のコメントは必要ないが、公正な市場環境整備、セイフティネット整備は重要である。原則に準拠して、政策を実施する際に、「家族経営の持つ意義への意識を強め、また、事業承継を円滑化する」とした点は小規模企業への配慮である。起業については、開業率が廃業率を下回る状況が継続し、企業数が減少している背景には、図2—3のように、日本の起業意欲が国際的にみて低位という状況があり、その対応を迫るものである。また、「政府一体となって取り組む」というのは、省庁間の政策に横串を通すという観点であり、「行動指針」の考え方の基本になる記述である。

5　行動指針
「政府は、以下の柱に沿って具体的な取組を進める。
　一、中小企業の立場から経営支援を充実・徹底する　中小企業の技術力向上のため、ものづくり分野を始めとする技術開発、教育・研究機関、他企

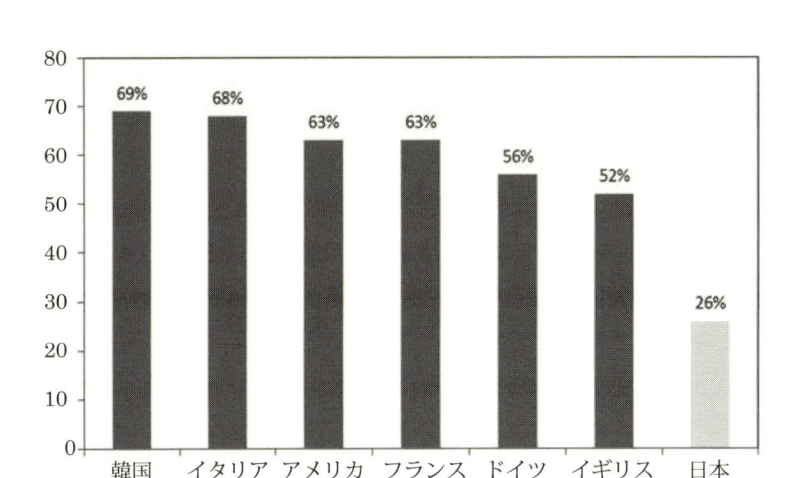

図2―3　起業意欲の国際比較

国	%
韓国	69%
イタリア	68%
アメリカ	63%
フランス	63%
ドイツ	56%
イギリス	52%
日本	26%

出所：「中小企業憲章」に関する研究会第1会合資料（参考6）。

　　業などとの共同研究を支援するとともに、競争力の鍵となる企業集積の維持・発展を図る。また、業種間での連携・共同化や知的財産の活用を進め、中小企業の事業能力を強める。経営支援の効果を高めるため、支援人材を育成・増強し、地域経済団体との連携による支援体制を充実する。
二、人材の育成・確保を支援する中小企業の要諦は人材にある。働く人々が積極的に自己研鑽に取り組めるよう能力開発の機会を確保する。魅力ある中小企業への就業や起業を促し、人材が大企業信仰にとらわれないよう、各学校段階を通じて健全な勤労観や職業観を形成する教育を充実する。また、女性、高齢者や障害者を含め働く人々にとって質の高い職場環境を目指す[43]。
三、起業・新事業展開のしやすい環境を整える資金調達を始めとする起業・

新分野進出時の障壁を取り除く。また、医療、介護、一次産業関連分野や情報通信技術関連分野など今後の日本を支える成長分野において、中小企業が積極的な事業を展開できるよう制度改革に取り組む。国際的に開かれた先進的な起業環境を目指す。

四、海外展開を支援する　中小企業が海外市場の開拓に取り組めるよう、官民が連携した取組を強める。また、支援人材を活用しつつ、海外の市場動向、見本市関連などの情報の提供、販路拡大活動の支援、知的財産権トラブルの解決などの支援を行う。中小企業の国際人材の育成や外国人材の活用のための支援をも進め、中小企業の真の国際化につなげる。

五、公正な市場環境を整える中小企業の正当な利益を守る法令を厳格に執行し、大企業による代金の支払遅延・減額を防止するとともに、中小企業に不合理な負担を招く過剰な品質の要求などの行為を駆逐する。また、国及び地方自治体が中小企業からの調達に配慮し、受注機会の確保や増大に努める。

六、中小企業向けの金融を円滑化する不況、災害などから中小企業を守り、また、経営革新や技術開発などを促すための政策金融や、起業、転業、新事業展開などのための資金供給を充実する。金融供与に当たっては、中小企業の知的資産を始め事業力や経営者の資質を重視し、不動産担保や保証人への依存を減らす。そのためにも、中小企業の実態に則した会計制度を整え、経営状況の明確化、経営者自身による事業の説明能力の向上、資金調達力の強化を促す。

七、地域及び社会に貢献できるよう体制を整備する中小企業が、商店街や地域経済団体と連携して行うものも含め、高齢化・過疎化、環境問題など地域や社会が抱える課題を解決しようとする活動を広く支援する。祭りや、まちおこしなど地域のつながりを強める活動への中小企業の参加を支援する。また、熟練技能や伝統技能の継承を後押しする。

八、中小企業への影響を考慮し政策を総合的に進め、政策評価に中小企業の声を生かす関係省庁の連携は、起業・転業・新事業展開への支援策の

有効性を高める。中小企業庁を始め、関係省庁が、これまで以上に一体性を強めて、産業、雇用、社会保障、教育、金融、財政、税制など総合的に中小企業政策を進める。その際、地域経済団体の協力を得つつ、全国の中小企業の声を広く聴き、政策効果の検証に反映する」

これらの八つの「行動指針」も先の五つの原則に準拠したもので、特段の説明は要しない。ただし、関係省庁の連携を強調し、「中小企業庁を始め、関係省庁が、これまで以上に一体性を強めて、・・・総合的に中小企業政策を進める」とした点は、「前文」および「基本原則」の記述を受けているものである。

6　結び

「世界経済は、成長の中心を欧米からアジアなどの新興国に移し、また、情報や金融が短時間のうちに動くという構造的な変化を激しくしている。一方で、わが国では少子高齢化が進む中、これからは、一人ひとりが、力を伸ばし発揮することが、かつてなく重要性を高め、国の死命を制することになる。したがって、起業、挑戦意欲、創意工夫の積み重ねが一層活発となるような社会への変革なくしては、この国の将来は危うい。変革の担い手としての中小企業への大いなる期待、そして、中小企業が果敢に挑戦できるような経済社会の実現に向けての決意を政府として宣言する」

「結び」は、世界経済・日本経済の構造的変化の中で社会を変革する担い手として中小企業を位置付ける点を強調したものである。特に、「政府として宣言」した点が、この「憲章」の特徴である。これは、前述の「児童憲章」「自然保護憲章」は、「われらは」「われわれは」として、国民全体の意思を示したのに対して、政府の責務を明示した点が際立っている。

このように「憲章」は、中小企業を「社会の主役」そして「変革の担い手」として位置付け、政策の側も「中小企業の立場で考えていく」ことを明記し、

政策決定にも言及したユニークな文書である。ただ、主語は「われわれ」ではなく、政府が取り組む意思を示したという意味で、主語は政府であり、英語版ではタイトルの下に、"The Government has formulated the Small and Medium Enterprise Charter as per the attached Exhibit." と書き、前文を "For all these purposes, the Government hereby formulates the Small and Medium Enterprise charter." と結んでいる。そして「憲章」の本文の「結び」（Conclusion）の部分で、"The Government hereby declares" という表現を使用している（Appendix 参照）。このように「憲章」は、政府の役割を明示した文書として位置付けられる[44]。

一見、政府発出の文書と受け取られる感がある中でも、中小企業のみならず小規模企業の役割をも明示した文書であり、中小企業政策に広くそして深く活用されることが期待される。ただし、あくまで、中小企業を対象とした文書で

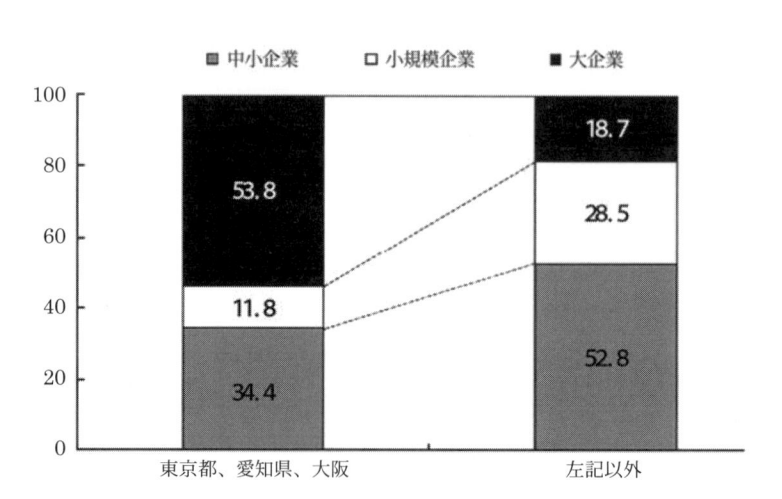

図2―4　3大都市圏以外での小規模企業の雇用への貢献割合

	中小企業	小規模企業	大企業
東京都、愛知県、大阪	34.4	11.8	53.8
左記以外	52.8	28.5	18.7

出所：中政審未来部会法制検討WG資料、2012年11月8日。

154

2章 中小企業憲章の制定とその意義

表 2—4　中小企業基本法・民主党「中小企業憲章（案）」・欧州小企業憲章の比較

	中小企業基本法	民主党「日本国中小企業憲章（案）」	欧州小企業憲章
	基本理念	基本理念	Principles
①中小企業の意義	・我が国の経済の基盤を形成	・日本経済の原動力	・ヨーロッパ経済の屋台骨
②中小企業の役割	・就業機会の増大 ・地域経済活性化 ・新産業創出 ・市場における競争促進	・雇用機会の提供 ・地域に対する社会的責任	・雇用を生み出す高い能力 ・社会・地域の発展への貢献
③中小企業政策の目標	・中小企業の多様で活力ある成長発展	・中小企業が自立した形でその潜在力を発揮	
④その他	—	—	・企業家精神の重要性 ・成功した企業への賞賛 ・リスクテイクの重要性 ・「ニューエコノミー」における知識等の重要性
	基本方針	基本原則	
①経営環境	・経営革新・創業促進 ・創造的事業活動の促進 ・経営基盤強化 ・経済的社会的環境の変化への適応の円滑化 ・資金供給の円滑化 ・自己資本の充実	・進取の精神を持って対応する中小企業への積極的な支援 ・中小企業と社会一体で人材育成	・企業家の地位向上 ・市場へのアクセスに係る負担軽減 ・研究成果や技術へのアクセス改善 ・金融アクセス改善 ・優れた小企業への支援の推進

表 2—4 続き

②社会環境	—	・企業家精神や創造的挑戦が奨励される社会環境の整備	・イノベーションと企業家精神の強化
③支援体制	・必要な法制 ・財政・金融の措置 ・国・地方公共団体の責務（施策の策定・実施） ・国と地方公共団体の協力・組織整備・運営効率化	・「ヒト」「モノ」「カネ」「技術」の好循環が生まれるための支援体制の総合的構築 ・取組の随時検証、中小企業の声の反映	・企業家が活動しやすい体制整備 ・小企業の声の反映 ・EUの活動の継続的な発展
④その他	・小規模企業の配慮	—	・家族企業（ファミリービジネス）の重要性（「欧州小企業憲章」を受けて作成された「欧州小企業議定書」）
	・中小企業の経営向上に向けた努力		

	基本的施策	行動指針	Lines for action
①創業の促進	・創業に必要な資金の円滑な供給 ・情報提供・研修の充実 ・創業の意義及び必要性に対する国民の関心及び理解の増進	・創業・新事業進出時等におけるリスクマネーの円滑な供給	・企業家への資金の円滑な供給 ・創業と事業継続を後押しする税制 ・開業費用の低減と手続きの簡素化 ・企業家精神の涵養
②経営資源の確保	・技術の向上 ・設備の導入 ・事業活動に有用な知識の向上	・科学技術研究費（IT、バイオ、ナノテク、環境、エネルギー等の先端分野に重点）の大幅増額 ・知的財産の創造 ・保護、活用促進	・研究開発の推進 ・特許へのアクセス改善 ・成功事例の共有など情報提供

2章 中小企業憲章の制定とその意義

表2—4 続き

③連携等の促進	・交流・連携・共同化の推進	・中小企業の技術力と大企業や外国企業のニーズとのマッチング	・企業間の技術協力 ・教育研究機関との連携
④人材施策	・職業能力の開発 ・職業紹介の充実 ・労働関係の適正化 ・従業員の福祉の向上	・職業能力開発機会の大幅な拡充 ・多様な人材の確保 ・高度熟練技能者の養成 ・社会人への生涯にわたる教育訓練 ・勤労の尊さ、企業家精神を教育	・学校におけるビジネス・企業家精神についての教育の実施 ・企業家・経営者への教育訓練 ・技能訓練 ・生涯にわたる教育訓練
⑤取引の適正化	・下請代金の支払遅延の防止 ・取引条件の明確化の促進	・公平な市場参入の機会を保障（独占禁止法等の見直しや厳格な運用等） ・「下請けいじめ」への厳正な対処 ・市場の監視体制の整備	・公平な市場参入の機会を保障
⑥金融	・資金の供給の円滑化（政府関係金融機関の機能強化、信用補完事業の充実、民間金融機関からの中小企業に対する適正な融資の指導） ・自己資本の充実	・多様な資金チャネルの形成 ・政策金融の適切な適用 ・不動産担保、人的保証に過度に依存しない資金調達	・金融サービスへのアクセス改善
⑦政策の調査審議機関	・学識経験者で中小企業政策審議会を組織	・中小企業経営者と行政、金融関係者等による協議の場を常設	・オープンな形での政策調整
⑧検証	・年次報告（中小企業白書）を国会に提出	・透明な政策評価プロセスの構築	・年次評価の実施（指標を用いた進捗評価の実施）

157

表2—4 続き

⑨その他	・経営革新・創造的な事業活動の促進	—	—
	・集積の活性化	—	—
	・国等からの受注機会の拡大	—	—
	・経済的社会的環境変化への適応円滑化	—	—
	—	—	・制度・規制による負担軽減 ・公共機関へのオンラインアクセスの改善

出所：図2—3に同じ。

ある点は強調されて良く、この点で小企業にフォーカスした「欧州小企業憲章」とは、そのスタンスが異なることは注意すべきである。この文書の意義の高さに比して、その後の施策に関していえば、2011年3月の東日本大震災の影響もあってか、必ずしも政策のフロントに立っているとはいえない感があり、一層の活用が必要である。

*2*章　中小企業憲章の制定とその意義

*7*節　"ちいさな企業"未来部会とりまとめ

1　未来部会の基本認識

　「中小企業憲章」制定以後、小規模企業政策を真正面から議論したのは、中小企業政策審議会"ちいさな企業"未来部会である。2012年3月―6月に開催された、「日本の未来"応援会議―小さな企業が日本を変える―"」（略称――"ちいさな企業"未来会議）の取りまとめ・提言（同年6月）を受けて、中小企業政策審議会に「小さな企業に焦点を当てた総合的な中小企業政策のあり方について意見を求める」旨の諮問がなされ、5度の審議を経て、2013年3月29日に同部会の「取りまとめ」が公表された[45]。その問題意識は、「中小企業・小規模企業政策の再構築に当たっては、これまでの政策のあり方を真摯に見直し」、特に「小規模事業者にしっかりと焦点を当てた施策体系へと再構築することが重要」というものである。こうした観点から、前述のように、中小企業基本法における小規模企業の位置付けの精緻化・強化を検討・実施すべき、というのが基本とされている。小規模企業は、中小企業全体の約9割（中小企業数420万社のうち、小規模企業数は367万社で、87％のシェアである。先の表2―2参照）を占めるにも拘らず、その経営資源は脆弱で、特に、近年、企業数・従業者数が中規模企業に比べて減少の度合いが大きいのである（図2―5）。

　ところが、中小企業は量的にも質的にも日本経済を支える重要な存在であることは、すでにみた処でもあり、「とりわけ小規模企業は、地域の経済、社会、雇用をしっかりと支える存在としての役割に加え、今後、グローバル企業に成

159

図2—5　中小企業数・小規模企業数の推移

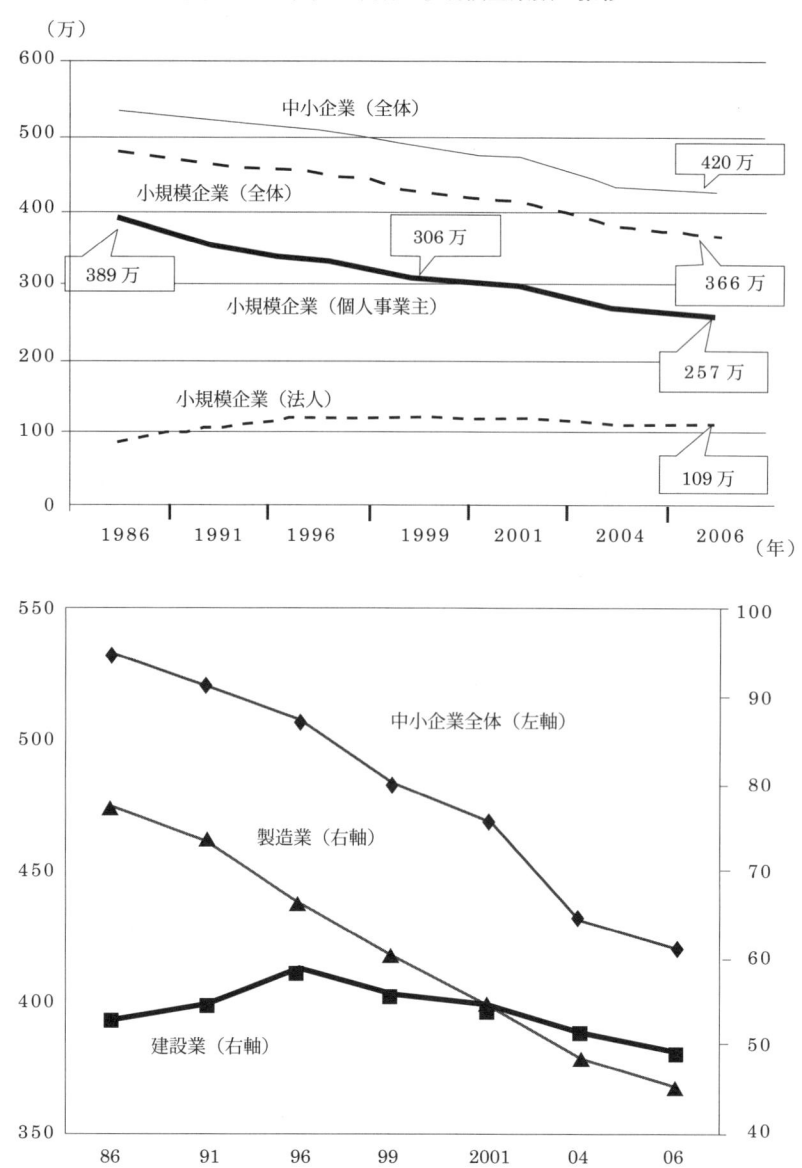

（万）

- 中小企業（全体）　420万
- 小規模企業（全体）
- 小規模企業（個人事業主）　389万　306万　366万　257万
- 小規模企業（法人）　109万

- 中小企業全体（左軸）
- 製造業（右軸）
- 建設業（右軸）

出所：図2—3に同じ。

2章 中小企業憲章の制定とその意義

図2—6 開業率・廃業率の国際比較

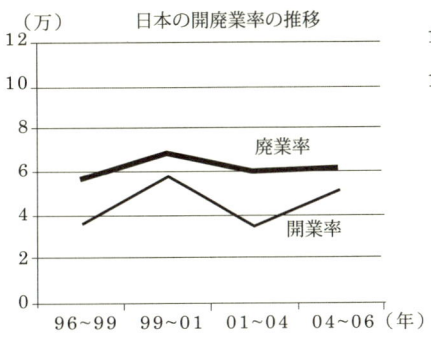

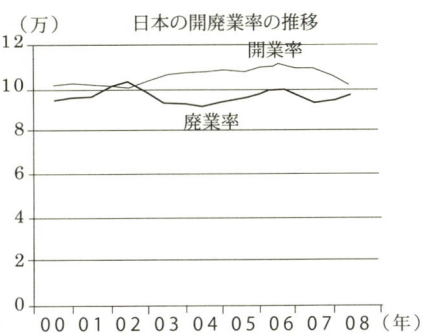

(万) 日本の開廃業率の推移

出典：総務省『事業所・企業統計』
注：調査期間中の開廃業企業数から、1年当りの開廃業企業数を試算し期首の企業数で除して算出。

出典："The SMALL BUSINESS ECONOMY A REPORT OF THE PRESIDENT" 2008-2009.

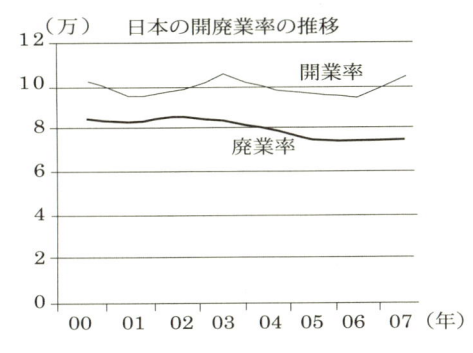

出典：BIS Enterprise Directorate Analytical Unit

出所：図2—3に同じ。（参考5）。

長するなど、日本経済を牽引しうる企業の『苗床』としての役割を有している」と位置付けられた。しかし、前述の4. で論じたように、中小企業基本法では、―改正基本法では特に―、「配慮すべき対象として」一律に捉えられてきた。そこで、小規模企業の新たな位置付けの必要性があり、①予算配分における小規模企業への適切な配分、②小規模企業が中規模企業に成長発展するための政策の連続性、③小規模企業と中小企業全体の課題の重複性のある部分の一元的な政策遂行、を掲げたのである。

「取りまとめ」は、「小規模企業の中には、地域に根ざして経済や雇用の下支えを指向するものや、グローバル市場の獲得を目指して事業拡大を指向するものなど、大企業に依存せず収益・雇用面において潜在力を発揮する企業が存在する。様々な段階、形態、指向を有し、極めて多様である小規模企業者は、新たな需要への迅速な対応が可能であり、新たなビジネスの創出の担い手となりうる可能性を有している。小規模事業者こそが、創意工夫や機動力といった強みを活かし、日本経済の未来を先導する担い手たりうるのである」と、小規模企業の可能性を高く評価している。

2　小規模企業の理念・施策の方針・定義の弾力化、中核となる政策課題

(1)　理念・施策の明確化と定義の精緻化・強化

未来部会の「取りまとめ」では、小規模企業政策の遂行のためには、小規模企業に関する基本理念の明確化が必要で、「『地域経済の安定』及び『わが国経済社会の発展』に寄与するとの重要な意義を、中小企業基本法の基本理念に位置づけるべきである」とし、基本法上で明確化することが必要としている。併せて、小規模企業に意義を踏まえて、その事業活動の活性化等を、「施策の方針」に規定すべきとしている。

施策を実施するには、小規模企業の定義が明確でなければならず、その「定義の精緻化・強化する観点から、小規模企業者を支援対象とする個別法におい

て政令委任規定を設け、小規模企業の業種ごとのきめ細かなニーズに柔軟に対応して従業員区分を拡大できる、弾力的な仕組みとすることが適切」としている。

(2) 中核となる政策課題

未来部会「取りまとめ」の特徴は、「今後の中小企業・小規模事業者施策の中核となるべき政策課題の基本法への位置づけ」を明確にしている点であろう。それらは、①女性や青年による創業の促進、②経済のグローバル化に対応した海外展開等の促進、③情報通信技術の活用の推進、④事業承継の円滑化、である。これらはいずれも妥当なものである。

これを受けて、経営支援体制（「知識サポート」の抜本的強化）、人材、販路開拓・取引関係、技術、資金調達・事業再生、女性による起業・創業、若者による起業・創業の抜本的推進、女性に働きやすい環境整備、地域（商店街等）、を詳細に整理している。特に、担い手としての、女性・青年そして商店街に着目して、女性や若者のチャレンジを促す苗床として商店街が持続的に発展するための取り組みなどを重視している。これらは、近年減少している女性起業家の減少といわゆる女性就業のM字構造の改善（図2―7参照）、企業家・経営者の平均年齢の上昇（表2―5）、商店街の衰退・商店街のリーダー年齢の高齢化などに応えるものであるが、省庁横断的な課題が多く、その横串的対応についての深堀りは充分とはいえない印象である。

このように、小規模企業に対する政策的重視は、従来不足していた視点であり、今後政策上の対応が期待される。これは、ある意味で、「中小企業憲章」において、その基本理念の中に、「小規模企業の多くは家族経営形態を採り、地域社会の安定をもたらす」とした視点を明確にしたものである。また、「基本原則」の中で「経営資源の確保が特に困難であることの多い小規模企業に配意する」こと、「家族経営の持つ意義への意識を強め、また、事業承継を円滑化する」としたことをより進化したものと評価しうるものである。あるいは、「小規模事業者政策の一層の強化のための法的措置」と、そして来るべき「小規模企業憲章」への方向性を示し、その露払いを模索したものと評価しえよう。

表 2—5　起業家の平均年齢

西暦（年）	1997	98	99	2000	01	02	03	04	05	06	07
年齢	39.6	40.2	40.9	41.6	41.8	40.9	41.4	42.6	43.0	42.9	41.4

2008	09	10	11
41.5	42.1	42.6	42.0

出所：『2011 年度新規開業実態調査』日本政策金融公庫より作成。

図 2—7　女性の年齢別労働力率の国際比較

（中小企業政策審議会〝ちいさな企業〟未来部会資料、2013 年 3 月 29 日）

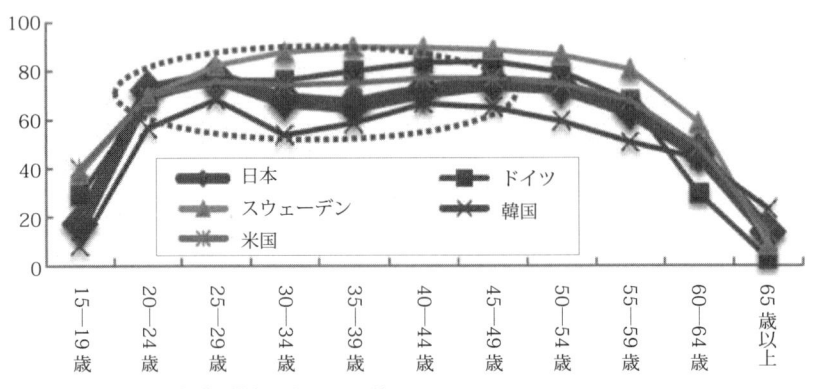

資料：日本は総務省『労働力調査』、その他は ILO, *LABORSTA*.

出所：中小企業庁ホームページ。

164

2章　中小企業憲章の制定とその意義

表2―6　中小企業対策予算の推移　　　（単位：億円）

		経済産業省計上	財務省計上	厚生労働省計上	合　計
1998年度	当初	1,313	498	47	1,858
	1次補正	1,856	766	0	2,622
	2次補正	2,683	2,987	0	5,670
1999年度	当初	1,316	560	47	1,923
	1次補正	40	0	0	40
	2次補正	2,923	3,671	△1	6,593
2000年度	当初	1,331	566	46	1,943
	補正	1,195	6,216	△1	7,410
2001年度	当初	1,335	566	46	1,948
	補正	742	1,698	△1	2,439
2002年度	当初	1,307	510	44	1,861
	補正	850	3,798	△1	4,513
2003年度	当初	1,296	390	43	1,729
	補正	129	592	0	721
2004年度	当初	1,305	392	41	1,738
	補正	302	912	0	1,214
2005年度	当初	1,300	391	39	1,730
	補正	264	535	0	800
2006年度	当初	1,204	374	38	1,616
	補正	395	550	0	945
2007年度	当初	1,260	343	37	1,640
	補正	447	2,310	0	2,757
2008年度	当初	1,304	422	35	1,761

注1：2008年度予算において、財務省が中小企業金融公庫への出資、国民生活金融公庫への補給金等助成を厚生労働省が（独）勤労者退職金共済機構への運営費交付金を計上している。
　2：補正予算は、節約等による減額を含む。
出所：各年度予算書等より作成。

3　小規模企業振興基本法

(1)　小規模企業振興基本法の制定

　以上のような種々の検討を踏まえて、小規模企業振興基本法が2014年6月に制定された。中小企業基本法では総則の第8条で「小規模企業への配慮」規定に留まり、小規模企業対策が個別政策として講じられない面があり、十分な対応が図られていないと認識されていた。

　同法の制定は、以上の各種の検討で、全国385万の中小企業、中でもその9割を占める小規模事業者が、地域の経済や雇用を支える極めて重要な存在であり、経済の好循環を全国津々浦々まで届けていくためには、その活力を最大限に発揮させることが必要不可欠であることが確認されたことを受けたものである。具体的には、小規模事業者は、人口減少、高齢化、海外との競争の激化、地域経済の低迷といった構造変化に直面しており、売上げや事業者数の減少、経営層の高齢化等の課題を抱えている。

　このような認識に立って、2013年の通常国会において、8本の関連法案を一括で改正する「小規模企業活性化法」が成立した。しかし、中小企業基本法の基本理念に則りつつ、小規模企業により焦点を当て、「小規模企業活性化法」をさらに一歩進める観点から、第186回通常国会において「小規模企業振興基本法」（小規模基本法）及び「商工会及び商工会議所による小規模事業者の支援に関する法律の一部を改正する法律」（小規模支援法）が成立し、茲に小規模企業の育成支援の法制が整備されたのである。

(2)　小規模基本法の内容

　小規模基本法は、その第1条（目的）において、
「この法律は、中小企業基本法の基本理念にのっとり、小規模企業の振興について、その基本原則、基本方針その他の基本となる事項を定めるとともに、

2章 中小企業憲章の制定とその意義

国及び地方公共団体の責務等を明らかにすることにより、小規模企業の振興に関する施策を総合的かつ計画的に推進し、もって国民経済の健全な発展及び国民生活の向上を図ることを目的とする」
と規定している。

この同基本法は、小規模企業の振興に関する施策について、総合的かつ計画的に、そして国、地方公共団体、支援機関等が一丸となって戦略的に実施するため、政府が基本計画を閣議決定し、国会に報告する等の新たな施策体系を構築するものである。国・地方公共団体・支援機関等関係者相互の連携及び協力の責務、小規模企業施策の体系を示す5年間の基本計画の策定・報告、および基本的施策を明示したものである。

すなわち、①小規模企業の活力発揮の必要性が増大していることから、小企業者を含む小規模企業について、事業の持続的な発展を図ることを位置付け、②小企業者の円滑かつ着実な事業の運営を適切に支援することを定めるもので、国・地方公共団体・支援機関等関係者相互の連携及び協力の責務等を規定している。特に、小規模企業施策の体系を示す5年間の基本計画を策定し、国会に報告するとし、基本的施策として①多様な需要に応じた商品・サービスの販路拡大、新事業展開の促進、②経営資源の有効な活用及び個人の能力の発揮の促進、③地域経済の活性化に資する事業の推進、④適切な支援体制の整備、が規定されている。

また、小規模支援法は、商工会及び商工会議所の体制強化にポイントがある。商工会・商工会議所が、市町村や地域の金融機関等と連携して、小規模事業者の意欲ある取組を強力に支援するための体制を整備するもので、①伴走型の事業計画策定・実施支援のための体制整備需要開拓や経営承継等の小規模事業者の課題に対し、事業計画の策定や着実な実施等を事業者に寄り添って支援する体制や能力を整えた商工会・商工会議所の支援計画（「経営発達支援計画」）を国が認定・公表すること、②商工会・商工会議所を中核とした連携の促進 計画認定を受けた商工会・商工会議所は、市区町村や地域の金融機関、他の公的機関等と連携し、地域の小規模事業者を支援、③連携主体が一般社団法人・一

般財団法人（地域振興公社など）またはNPOの場合は、中小企業者とみなして中小企業信用保険法を適用すること、④中小企業基盤整備機構の業務追加計画認定を受けた商工会・商工会議所に対して、中小機構が、先進事例や高度な経営支援のノウハウの情報提供等を実施する、としている。中小機構と商工会・商工会議所の連携強化も図られた。

　このように、小規模企業に対して、その事業の持続的な発展を図ることを位置付け、小企業者の円滑かつ着実な事業の運営を適切に支援するきめ細かい支援体制が整えられることになった。

8節　結び

　「中小企業憲章」の制定は、中小企業政策の上では、画期的なものともいえるものである。中小企業を「経済の牽引する力であり、社会の主役」と位置付け、「企業家精神に溢れた」存在として認識し、難局克服に対して「その大いなる担い手である」とその重要性を明記したことは、"SMEs First"というメッセージである。「国の総力を挙げて」いわば省庁横断的な総合的な政策展開の必要性を盛り込んだことも斬新であるし、「どんな問題も中小企業の立場で考えていく」としたことも、政策のスタンスを明確にしたものである。つまり、政府を主語とし、政府の有り様を明示した文書であると整理できる。

　さらに、小規模企業について、「小規模企業の多くは家族経営形態を採り、地域社会の安定をもたらす」存在として、その役割を鮮明にした点も中小企業基本法の「配慮規定」をより踏み込んだ書き振りになっている。これらは、3.で紹介した民間の中小企業憲章制定運動の主張ともかなり整合的であると評価しうるものである。

　「中小企業憲章」の制定に当たって、「欧州小企業憲章」が下敷きにされるこ

*2*章　中小企業憲章の制定とその意義

とが多く、その詳細は3.において触れた通りである。しかし、「欧州小企業憲章」は、あくまで従業員10—49人という小企業（Small Enterprise）を対象とした文書であり、EUの定義でいう中規模企業（Medium-sized Enterprise）は対象外である点に注意を要する。日本の「中小企業憲章」は、中小企業基本法の定義を念頭に置いており、あくまで英語での中小企業の表現である"Small and Medium Enterprises（SMEs）"を対象にしているのである。そのため、「小規模企業」についての文言が挿入されているのである。とはいえ、「欧州小企業憲章」のいう"backbone"とか"main driver"という表現は、日本の「憲章」に採り入れられた「社会の主役」「企業家精神に溢れた」存在、難局克服への「大いなる担い手」という文言と、その意義について、軌を一にするものと評価できる[46]。

　ただし、日本とEUのそれぞれの「憲章」の対象が異なっているという観点からすると、三井（2005）のように、中小企業政策に「社会性」を盛り込むには、「欧州小企業憲章」との対比でみると、相当の留保も必要であろう。むしろ、[4—3]で示した全商連の「日本版・小企業憲章」の提案は、この点で説得的でもある。

　したがって、2007年の小規模企業政策研究会、2012年の中小企業政策審議会の"ちいさな企業"未来部会が焦点を当てた小規模企業問題ないし小規模企業政策について、より深堀りした議論を行うことが期待される。現在の「中小企業憲章」が、中規模企業と小規模企業をともに視野に入れているため、小規模企業向けに特化した「憲章」もありうるからである。この点を含め、直近の中小企業政策において、2010年6月制定の「中小企業憲章」が必ずしも充分に活用されていないことは、不十分ながらその議論に加わった者としては忸怩たるものがある[47]。いずれにしても、少なくとも戦後の中小企業政策の歴史の中で、中小企業基本法と並んで極めて重要な文書と評価できる。まさに、中小企業政策のイノベーションと位置付けられよう。

注

1　霞ヶ関、特に経済産業省は通商産業省時代から、予算で前面に押し出す目玉政策を指して「1丁目1番地」と表すことがあり、最優先課題あるいは原点という意味で使用されることが多い。文献的にも『通商産業政策史』などでも使用されている（例えば『通商産業政策史編纂委員会（2013）1244頁）。
2　民主党は、2007年に「日本国中小企業憲章（案）」をネクストキャビネットで決定している。
3　筆者は研究会開始後、体調不良に陥り、途中から審議に参加できず、充分な貢献ができなかった点は、慙愧に耐えない。参加された委員各位、政務の方々、事務局など関係された方々に陳謝と謝意を表したい。他の委員は、榊原清則慶應義塾大学教授、松島茂東京理科大学教授、三井逸友横浜国立大学教授（現嘉悦大学教授）、安田武彦東洋大学教授、山口義行立教大学教授である。委員の三井教授は、「この研究会は、座長がその後出席できないというかなり変則的な事態もはらみつつ会合が重ねられ、正式会合としては6回を数えた」（三井（2011）299頁）と書いておられる。
4　清教徒革命の際には、革命の理由としてマグナ・カルタが使われた。また、アメリカ合衆国建国の理由にもマグナ・カルタが使われている。
5　http://ec.europa.eu/enterprise/policies/sme/files/charter/docs/charter_en.pdf
6　EUでは、企業規模の定義を、従業員規模で整理し、従業員250人以上を大企業 Large Enterprise、同50—249人を中規模企業 Medium-sized Enterprise、同10—49人を小企業 Small Enterprise、同10人未満をマイクロ企業 Micro Enterprise と分類している。「欧州小企業憲章」はいわゆる中小企業（SMEs）を対象とするものではなく、あくまで小企業を対象とする点に注意を要する。
7　原文の表現は、"In urging for this, we", "To this end, we pledge ourselves

2章 中小企業憲章の制定とその意義

to", "By endorsing this Charter, we commit ourselves", "We will encourage and promote", "We shall endeavour", "We will strengthen", "We will foster", "We will co-ordinate" などと記されている。

8　http://ec.europa.eu/enterprise/policies/sme/best-practices/charter/

9　http://eur-lex.europa.eu/LexUriServ/LexUriServ.do?uri=COM:2008:0394:FIN:EN:PDF

10　EUの法体系は、条約（Treaty）、規則（Regulation）、指令（Directive）、決定（Decision）、勧告・意見（Recommendation、Opinion）となっている。「小企業憲章」「小企業議定書」ともに、いずれにも該当せず、法的拘束力のない「政治的宣言」と位置付けられている。

11　［議定書］の10の原則は以下の通り。

① Create an environment in which entrepreneurs and family businesses can thrive and entrepreneurship is rewarded

② Ensure that honest entrepreneurs who have faced bankruptcy quickly get a second chance

③ Design rules according to the "Think Small First" principle

④ Make public administrations responsive to SMEs' needs

⑤ Adapt public policy tools to SME needs: facilitate SMEs' participation in public procurement and better use State Aid possibilities for SMEs

⑥ Facilitate SMEs' access to finance and develop a legal and business environment supportive to imely payments in commercial transactions

⑦ Help SMEs to benefit more from the opportunities offered by the Single Market

⑧ Promote the upgrading of skills in SMEs and all forms of innovation

⑨ Enable SMEs to turn environmental challenges into opportunities

⑩ Encourage and support SMEs to benefit from the growth of markets

12　自由・民主・連帯の精神に基づく経営者団体で、全国47都道府県に単位組織があり、全国組織として中小企業家同友会全国協議会（中同協）がある。

171

13 同友会の「要望・提言」は中小企業の経営環境是正のため、1973年以降毎年政府各機関とすべての政党および国会議員に提出されている文書である。
14 この経緯については、大林（2005）に詳しい。
15 前掲論文、4頁。
16 https://www.doyu.jp/
17 中小企業同友会は、金融アセスメント法制定運動も展開しており、その運動の継承・発展として位置付けている。大林（2005）9頁。
18 吉田（2005）13頁。
19 前掲論文、14頁。
20 前掲論文、16頁。
21 前掲論文、16頁。
22 前掲論文、30頁。
23 前掲論文、31頁。
24 三井（2005(a)）37-46頁。（2005(b)）38-44頁。
25 三井（2005(b)）44-46頁。
26 三井（2005(b)）47頁。
27 三井（2005(b)）47頁。
28 サポーティング・インダストリーについては、第1章の注1参照。
29 中小企業基本法の制定とその改正については、通商産業政策史編纂委員会編・中田編著（2013）の第11部を参照。

　筆者は、製造業に典型的なように、リーディング・インダストリーとそれを支えるサポーティング・インダストリーの関係を「2-Tier System」（2層構造）と整理している。この「2-Tier System」はサプライヤー・システムとも整理でき、サポーティング・インダストリーの複層構造（Tier-1、Tier-2、Tier-3、Tier-4、…）が産業構造の頑健性（robustness）を担保する重要なシステムと理解している。自動車産業を例にとれば、リーディング・インダストリーに完成車メーカー（組立企業）を頂点に、部品メーカー（1次部品）、その部品メーカーに部品・資材等を納入する部品メーカー（2次部品）、その部品を

2章 中小企業憲章の制定とその意義

製造する多くの企業がある（鋳金・鍛造・鍍金・プレス・金属加工・冶金・金型・精密加工・溶接・プラスチック成形・真空・溶射・蒸着・切削加工など）。これらを「ものづくり基盤企業」ともいう。

　この点は、中小企業の位置付けを国際比較研究で行う上で重要な視点である。無論、サポーティング・インダストリーは大企業の系列・下請け関係を意味するものではない。技術的・技能的にその分野の only-one である中小企業も多く存在しているからである。

30　1999年の基本法の改正についての批判は、第1章の注13参照。

31　改正前基本法第23条は、「国は、小規模企業（おおむね常時使用する従業員の数が20人（商業又はサービス業に属する事業を主たる事業として営むものについては5人）以下の事業者をいう）に対して第3条の施策を講ずるにあたっては、これらの施策が円滑に実施されるように小規模企業の経営の改善発達に努めるとともに、その従事者が他の企業の従事者と均衡する生活を営むことを期することができるように金融、税制その他の事項につき必要な考慮を払うものとする」と規定していた。それを受けて、中小企業振興資金など助成法、中小企業近代化資金助成法、小規模企業共済法などが整備された。

32　改正後基本法の「第1章 総則　第8条」は、「国は、小規模企業に対して中小企業に関する施策を講ずるに当たっては、経営資源の確保が特に困難であることが多い小規模企業者の事情を踏まえ、小規模企業の経営の発達及び改善に努めるとともに、金融、税制その他の事項について、小規模企業の経営の状況に応じ、必要な配慮を払うとする」である。中小企業近代化資金など助成法はその一部改正で、小規模企業者など設備資金助成法に呼称も変わった。

33　改正中小企業基本法の小規模企業の定義は、製造業その他で従業員20人以下、商業・サービス業で従業員5人以下である。

34　筆者も委員として参加した。

35　2006年度に実施された三位一体改革によって、小規模企業関連予算のうち、商工会などの事業費に係る都道府県向けの補助金が廃止されるなどが、問題

173

視された。商工会・商工会議所は、表2―3にあるように、地域経済の拠点として、中小企業の経営相談・支援など、各種調査の受託などを行うとともに、施策の受け皿として機能してきた。地域力連携拠点、中小企業応援センター、中小企業再生協議会などの担い手として、地域経済での中心となっている。

36 支援機関としてのとしての中小企業団体については、第1章の注18参照。

37 ヒアリング参加者は、日本商工会議所、全国商工会連合会、全国中小企業団体中央会、全国商店街振興組合連合会、中小企業家同友会全国協議会、日本労働組合総連合、産業支援センター（支援機関関係者）、日本政策金融公庫、工業高校（教育関係者）、中小企業基盤整備機構、大田区長（地方自治体）、信金理事長、投資育成会社利用企業経営者、農業法人経営者など第一線の経営者、外国人経営者などである。会議には政務関係者、各省庁関係者（公正取引委員会、金融庁、総務省、文部科学省、農林水産省、厚生労働省、国土交通省、環境省）も参加し、活発な意見が交わされた。

38 「憲章」の全文、英訳、閣議決定、研究会の記録は、経済産業省のホームページにアップロードされている。

39 研究会第6回会合議事要旨による。毎回の議事要旨がネット上で公開されているので、議論の内容が俯瞰できる。筆者は第2回会合以降を欠席したため、専らこの議事要旨に拠っている。

40 EUの中小企業政策に造詣が深く、「欧州小企業」を紹介してその意義を永く強調し、「日本版中小企業憲章」の必要性を論じていた三井教授は、「今回の日本の「中小企業憲章」は「中小企業法基本法」などとは位置付けが異なる。ある意味では、既存の中小企業関係法や政策枠組みを超える、大きな理念性と普遍原則性を掲げている。また、単に各行政機関がなすべき政策上の課題や原則を示すだけでなく、国民的理解と共有、実践を求めるような深い意義を持っている」（三井〔2011〕305頁）と評価している。この部分に関連して、「旧中小企業基本法の格調高い「前文」が99年法ではほとんどなくなってしまった、これを再び生かす、「われら」という主語を回復させるという考え方にもつながるのではないか（村本座長の発言）という理解もある」（同書、414頁）

として、筆者の発言をリファーしている。

41　英語版は、"Small and medium enterprises (SMEs) are the driving force of the Japanese economy and central players in society. As forerunners of each elapsed age, SMEs have, at all times, positively and resolutely challenged as pioneers and overcome whatever hardships they have encountered."で、下線部の表現は「欧州小企業憲章」の "a main driver" とほぼ同じである。

42　三井（2011）は、「『憲章』のもう一つの重要な意義は、中小企業の声を聴き、どんな問題も中小企業の立場で考え政策評価につなげる『基本原則』のスタンス、中小企業への影響を考慮し政策を総合的に進め、政策評価に中小企業の声を活かす『行動指針』の明記にある。それはEU『小企業憲章』や『小企業議定書』の示す、『Think small first（小企業を第一に考える）』『Listening to small business（小企業の声を聴く）』の政策立案実行上の理念と共通するものがある」（306頁）と評価している。

43　中小企業数が企業全体の99%、雇用就業機会の70%を占めていることから、学校教育における中小企業の理解や就職サポートが重要なことを明記したことを、中小企業の地域および社会への貢献が明記されたことと並んで、三井（2011）は「十分とはいえずとも画期的である」と評価している（309頁）。

44　冒頭に記したように民主党のマニフェストを受け、政府与党の意思決定の下で制定されたため、主語を政府にしたが、その形が閣議決定であり、関係省庁一体となるという横串を意味するのが閣議決定なのである。

45　この「取りまとめ」はいわゆる報告書という文書ではなく、検討結果について種々の項目毎に箇条書き形式で論点整理を行っている。その最後は、「本取りまとめは、中小企業政策の再構築の第一弾であり、さらに今後、中小企業政策の再構築の第二弾として、小規模事業者政策の一層の強化のための法的措置を含めた検討を深めることが重要である」と結んでいる。

46　日本の小規模企業の定義は従業員20人以下が基本であり、EUの10—49人とは一致していない。したがって、日本の従業員20人超—49人の企業に

ついては「欧州小企業憲章」での対象になる訳で、「欧州小企業憲章」と日本の「憲章」は部分的にオーバーラップするともいえるのである。

47　縦割り行政の中で、「憲章」が鬼子とならないことを祈念する。

第3章
イノベーティブな企業の育成・支援
ベンチャー・ファイナンス

1節　はじめに

　イノベーションを金融の問題として捉える場合に、二つの見方がある。一つは、金融イノベーションないし金融業のイノベーションという視点で、イノベーションを情報技術 (IT) 革新と認識し、金融グローバリゼーションなどと相まって金融取引が革新され、新たな金融商品が組成されるなど、金融システムが劇的に変革される点に注目するものである。もう一つは、イノベーションを実現する上でそれをサポートする金融的な仕掛けないし金融システムの構造に焦点を当てるものである。

　「金融イノベーション」に関する初期の研究としてバン・ホーン (Van Horne, J. 〔1985〕、ミラー〔Miller, M. 〔1986〕) や BIS (1986) があるが[1]、

BIS（1986）はユーロ市場における金融イノベーションを検討したものとして知られる（危険を移転する金融イノベーション、流動性をカバーする金融イノベーション、信用創造する金融イノベーション、自己資金を創造する金融イノベーションなどが類型化された）。

「金融イノベーション」という語を使用した文書としてほとんど最初の邦語文献であると思われる『世界経済白書1988年版』は、その「第2章　変貌する世界の資金循環　第5節　拡大する国際金融・資本市場とその問題点　1. 国際金融・資本市場のイノベーションと効率化」において、「国際金融・資本市場は80年代に入ってその規模が拡大しただけではなく、その内容においても大きな発展を示した。国際金融・資本市場で取引される金融商品の構成をみても、銀行預金・貸付という組み合わせから証券の取引へという基本的な潮流の変化がみられるほか、変動金利商品の拡大や先物、スワップ、オプション等様々な従来の金融機関の貸借対照表には載らないような新しい金融商品の拡大がみられる。こうした金融イノベーションの背景には、金融商品に対する規制が商品によって異なるということもあるが、より基本的には、国際金融・資本市場をめぐる不確実性の高まりの中での国際金融・資本市場参加者による、利益追求・リスク回避の行動と、通信・計算技術の著しい進歩による取引コストの低減（複雑な取引の実現）がある」と記述し、セキュリターゼーションの動向を示している。

「金融イノベーション」を論題に掲げた論文である日本銀行（2005）は、その冒頭において「近年の情報技術革新やその下での金融イノベーションの動きは、情報生産やリスク・マネジメントといった金融市場や金融機関の機能を高めることを通じて、より効率的な資源配分の実現に貢献しうるものである。しかしながら、このようなメリットは、技術進歩や金融実務の変化に適切に対応した法制面での基盤整備と相まって、はじめて十分に実現されうるものといえる。また、こうした取り組みは、わが国金融市場を国際的に競争力のある市場としていく上でも、重要な課題となっている」と記述し[2]、金融イノベーションが金融システムの重要な視点であることを示している。

*3*章 イノベーティブな企業の育成・支援

　二つ目の見方であるイノベーションの金融的サポートについては、シュンペーター (Schumpeter, J.) がすでに『経済発展の理論』(1912〔初版〕、1926〔第2版〕) において論じたように、金融機関の資金供給・信用創造が重要な機能を果たすことが知られている[3]。いかなる事業であってもその実現には資金的な裏付けを必要とするのであり、金融機関の資金仲介能力に期待されるところは大きい。しかし、創業ないしベンチャー企業の抱える種々のリスクは、金融仲介機関のリスク・テイク能力を超える可能性が大きいので、通常は資本市場の活用、あるいはインフォーマルな投資家（エンジェル）の役割が重要となる。

*2*節　金融イノベーション

1　情報の非対称性と金融システム

　金融システムは、情報の非対称性、契約の不完備性の下で、資金の仲介機能を実現する仕組みと理解される。ごく一般的にいえば、不確実性の中で将来に向けた投資を行う企業などの資金需要と、将来の種々の支出パターンを想定しつつ金融資産を保有する家計などの運用ニーズとを結び付けることによって、経済活動に必要な資金の仲介を実現していくのである。

　金融システムがその機能を果たす上で金融仲介機関は、情報生産やリスク・マネジメントといった重要な機能を果たしながら、効率的な資源配分の実現や経済の発展に寄与するのである。金融システムでは、「資金調達を行う企業が計画する投資プロジェクトには、多種多様なリスクやリターンの組み合わせを持つ案件があり、投資の回収予定期間もさまざまである。他方、投資家など資金の運用側についても、それぞれのリスク負担能力などに応じて、『ハイリスク・

ハイリターン』の運用を指向する先や、逆に『ローリスク・ローリターン』の運用を望む先など、多種多様な主体が存在している。さらに、多くの場合、投資家など資金の運用主体は、投資を行っていく企業の経営者などと比べ、個々の投資プロジェクトの収益性やリスクについて詳細な情報を持っているわけではない」[4]という「情報の非対称性」の問題が存在する。

　金融機関は、情報の非対称性問題に対して、「それぞれのプロジェクトについて、他のプロジェクトとも比較しながら、リスクやリターンの評価を行っていく。さらに、複数のプロジェクトをまとめ、『大数の法則』を通じて損失の予見可能性を高めたり、各種の契約や担保権、信託、法人格などの法技術を活用してリスクやリターンの新しい組み合わせを作り出し、これに流動性を賦与するなどして、投資家に提供」[5]するというような情報生産を行い、このような情報生産やリスク・マネジメントのノウハウは、金融機関の付加価値や収益の源泉となる。他方、金融機関は、資金仲介の過程では、取引を遂行する上での直接的な事務コストに加え、情報の非対称性に伴う「エージェンシー・コスト」など、さまざまに発生するコストの低減に努力する。すなわち、もともと資金の運用主体（金融機関）は、投資プロジェクトの収益性やリスクの情報に関し、資金調達主体に比べて劣位におかれることが多く、またモニタリングによって資金調達主体が資金運用主体の利害に沿って行動するかをチェックし続けることも容易ではなく、先行き債務の支払能力に影響を及ぼす可能性もあり、資金調達のコストにも反映されることになる。結局、このようなコストが大きくなるほど、資金の配分は最適な状態から遠ざかり、経済に損失が発生するので、金融機関の情報生産機能は情報非対称性問題に対して有効なのである。

　金融システムにおける金融取引ないし金融機関の行動は、インターテンポラル・スムージング（通時的リスク平準化取引〔intertemporal smoothing〕）とリスク・シェアリング（リスク共有化〔risk-sharing〕）の要素に大別される。インターテンポラル・スムージングは、異時点間での資金の交換取引で、リスクを異時点間で平準化し、リスクを金融機関が負担する取引ないし行動である一方、リスク・シェアリングはある時点での資金の交換であり、リスクを他の

経済主体と共有することである。この二つの取引は不可分な形で金融取引に内包されているが、以下に指摘する金融イノベーションの進展によって、金融取引のリスク部分だけの取引が可能になり、二つの要素は別々のものになっている。

2 逆選択とモラル・ハザード

　情報の非対称性は、エージェンシー・コスト問題だけでなく、逆選択とモラル・ハザード問題を生じる。逆選択とは交渉の一方の当事者が、相手の純利益を左右するような事柄に関する私的情報を持ち、かつそのような契約に合意するものが、契約内容が相手にとって非常に不利になるような私的情報を持つもののみである場合に生じる契約前の機会主義的行動のことである。一方、モラル・ハザードとは、契約上求められているないしは望ましい行動について他人が観察困難な場合に生じる契約後の機会主義的行動のことである。
　この点を、情報の非対称性の顕著な分野である中小企業金融における公的信用補完制度に当てはめると、多くの保証で一律一定の保証料率が採用されているため、信用リスクの高い中小企業者が信用保証協会の利用希望者として集中してしまう可能性があるが、これが逆選択である。他方で、金融機関の信用保証付き融資の判断が、信用保証協会の目標に沿って実施されているのか、信用保証協会の目標から逸脱して金融機関の自己利益を追求する行為なのか判断できないという問題も存在する。すなわち、金融機関は中小企業に関する私的情報を持つため、リスクが高いと判断すれば、プロパー融資ではなく保証付き融資とするのであるが、これも逆選択である。さらに、金融機関にすれば保証付き融資とすれば、保証協会によって100％代位弁済されるため、金融機関は融資先をモニターするインセンティブを失う可能性があり、これがモラル・ハザードである[6]。
　情報の非対称性について、より厳密に整理すると、事前的な情報の非対称性

181

（借り手の質が不明という場合）と、期中の情報の非対称性（借り手が複数のプロジェクトを選択可能だが、貸し手には選択がわからない場合）、事後的な情報の非対称性（最終的な収益が借り手にしかわからない場合）がある。事前的な情報の非対称性がある場合には、逆選択が発生し（一律の利子率が提示されるため、リスクの小さい借り手は割高な利子率となって借入を断念し、リスクの高い借り手のみになる）、期中の情報の非対称性の場合にはモラル・ハザードが発生する（借り手は、貸し手がわからないことを利用して、自分に有利なプロジェクトを選び、貸し手に不利が発生する）。事後的な情報の非対称性がある場合には、借り手は収益が出ていても、虚偽の申告をして返済を遅延させることがある[7]。

このように、情報の非対称性が存在する場合には、逆選択とモラル・ハザードという困難な課題が存在するのであるが、金融イノベーションは先のMerton（1992）の指摘にもあるように、有効な解決策でもある点が重要である。

3　金融イノベーション

金融面での情報技術（IT）革新の進展は、金融取引のスピードを飛躍的に高めるとともに、事務コストなどの削減を可能としている（『フィナンシャル・レビュー』第51号〔1999〕、内田ほか〔2000〕、村本〔2000〕〔2005b〕）。さらに、複雑な計算や情報処理を瞬時に行い、デリバティブズなど新しい金融商品の発達を促すことにより、従来に比べはるかに高度なリスクの配分やそのマネジメントを可能としてきた。加えて、金融のグローバリゼーションの進展の下、各種の証券化商品などに代表される市場型間接金融と呼ばれる新しい取引形態や、国境を越えるグローバルな取引が大きく拡大・発展してきている。より具体的には、①金融商品の電子化・高度化、②金融デリバリー・チャネルの変化、③金融機関の活動の変化（CRMなど）、④リスク管理の高度化、⑤組織形態の変化（統合、異業種参入など）があるが、このように、情報技術革新

3章 イノベーティブな企業の育成・支援

図3―1　金融イノベーション

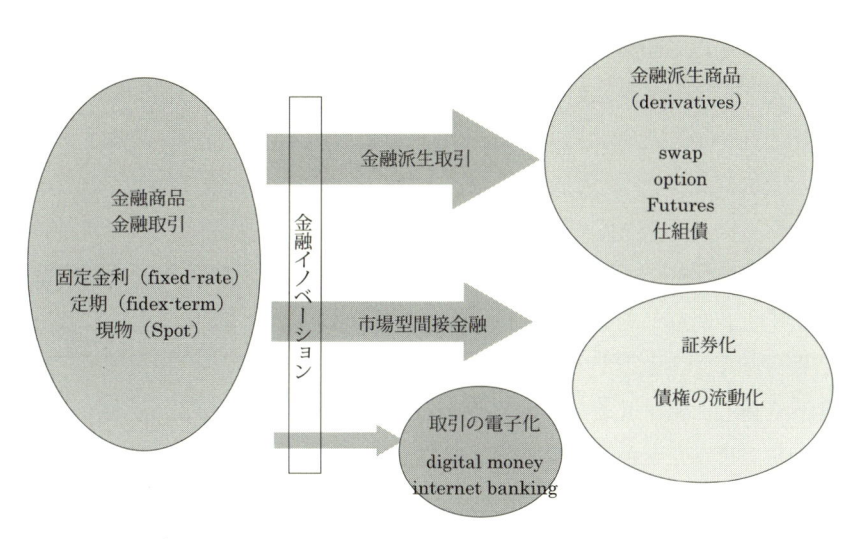

```
金融商品
金融取引

固定金利（fixed-rate）
定期（fidex-term）
現物（Spot）
```

金融イノベーション

→ 金融派生取引 → 金融派生商品（derivatives）
　swap
　option
　Futures
　仕組債

→ 市場型間接金融 → 証券化
　債権の流動化

→ 取引の電子化
　digital money
　internet banking

出所：著者作成。

やこの中での金融イノベーションの動きは、金融市場や金融機関の機能を一段と高めるものといえる（図3―1）[8]。

　日本銀行（2005）は、このような金融イノベーションの進展がもたらす影響を金融法制の視点から整理し、①情報技術革新などを取り込んだ新しい金融取引をサポートしていく、という視点から、従来の物理的な紙のやり取りを前提とする法制を、電子的な情報の交換をベースとする現在の金融取引にどのように対応させていくかという課題、あるいは金融市場や金融機関は、資金調達・運用双方のニーズを汲み取るとともに、新しい技術も用いながらリスクやリターンを分割し、再構成するといった作業を通じて、「資産担保証券」や「企業再生ファンド」等、新しい金融商品を次々と生み出してきているので、投資家保護の要請との調和を図りつつ、法制面からどのように支えていくかという課題があること、②金融のグローバル化や派生商品の拡大の中で、市場参加者

183

や金融機関が直面しうるリスクは一段と多様化・複雑化しており、この中で金融機関は、それぞれのノウハウを駆使してこれらのリスクを削減したり、リスクに対する手当てを講じながら、収益を生み出していくことが求められているが、こうした下で金融法制として、上述のような市場参加者や金融機関のリスク管理の取り組みを、どのようにサポートしていくかという課題があること、③新たな金融商品が次々と生み出され、また、これらが投資家に提供されるチャネルも広がっている中、金融商品についての適切な情報開示（ディスクロージャー）の確保や、不適切な説明や情報開示などにより損害を被った投資家への事後的な救済などを通じて、投資家に十分な保護を与えていくという投資家保護が課題で、金融市場の中長期的な発展にとって鍵となる、投資家の市場への信頼を維持していくという課題がある[9]、と指摘しているが、金融イノベーションに対応した金融法制の整備は喫緊の課題で早急な改善が必要である。

　金融イノベーションの具体的展開については、デリバティブズや証券化を始めとする市場型間接金融の議論が多様に行われているのでここではその細部は割愛するが、金融工学の進展がその内容を複雑化・高度化させていくことが予想されるのである。図3―1に示したように、①金融商品・取引が電子化・高度化されると同時に（デジタル・マネーなど）、その取引チャネルも変化する（インターネット・バンキングなど）、②現資産からの派生取引（デリバティブ）、③間接金融の市場化（市場型間接金融、証券化など）、のルートに大別可能である、ことのみ指摘しておきたい。

　①の金融商品開発というのは、デビットカード（アメリカなどで重要視されている）・電子マネーなどの新たな決済方法、投信・保険などを組み込んだパッケージ商品の開発、デリバティブズ取引の拡大と活用商品（オプション付き貸出，スワップ活用預金、コーラブル預金など）の開発、貸出債権の流動化（証券化）の推進や、中小企業向け取引のクレジット・スコアリングの手法の確立などのことで、銀行の商品ラインナップおよび業務内容は大きく変化してきた。証券化は、銀行の満期まで貸出債権を保有するという一連の業務を分解し（アンバンドリング）、貸出の組成・資金提供・リスクの管理・期中モニタリング・

3章　イノベーティブな企業の育成・支援

債権回収という業務のうち一つのみを行う機関を誕生させ、専門化させている一方（典型的には、保証会社、サービサー〔債権回収会社〕）、市場型間接金融を発展させている。

②のデリバリー・チャネルについては、ITの積極的利用が図られる分野で、PCバンキング、インターネット・バンキング、モバイル・バンキング等のほかにインストア化等の低コストのチャネルを発展させている。これは通常の店舗におけるテラー業務にかかるコストの100分の1程度のコストで、金融技術革新により同じ業務をインターネット・バンキングで実現できるという取引費用の劇的な下落がみられるからである。

③の金融機関の営業活動については、従来のマス・マーケティングからデータベース・マーケティングやCRMといわれるような、顧客情報を詳細に記録し、ホームページへのログインする状況などもデータベース化して、それをきめ細かく営業活動に活用する手法（データマイニング，ナレッジマネジメント）が不可欠となり、膨大なデータベースの構築とIT技術の活用を迫っている。特に、CRMに代表されるマーケティング手法の改善は、富裕層などへの対応を大きく変化させている。

④のリスク管理に関して、金融IT革新は金融機関のリスク管理手法も大きく変化させ、従来のリスク内部負担によるリスク管理から、デリバティブズなどの市場を活用したリスク・シェアリング（リスクの外部化）へと変化している。これは金融機関の機能を参加費用（participation cost）から評価するAllen and Santomero（1997）の議論にみられるものでもあり、また前述のように金融機能をintertemporal smoothingとrisk sharingから議論するコンテクストでは、金融イノベーションは両者を分割し、リスク管理手法を変革することとしても理解される[10]。

最後に、このような技術革新の進展は，⑤の銀行の組織形態にも影響を与え、バックオフィス業務の集中化、業務のアウトソーシング化、分社化・持株会社化などの単体としての変化のほかに、銀行以外の金融機関や情報産業等の他産業にも恩恵をもたらしており、資金仲介における非銀行機関のシェアの拡

大や、決済サービスの提供等これまで銀行が独占してきた分野への新規参入といった形で、ノンバンク・流通業・製造業等のプレゼンスが高まっている（イトーヨーカ堂・ソニーなどの銀行業進出）、非銀行機関（ノンバンク仲介機関）は、CMA（cash management account）を通じて銀行と同じような金融サービス（給与振込、各種自動振替など）を提供できるようになった。さらに、IT活用の成果は膨大なデータの蓄積によってクレジット・スコアリングの利用を可能にし、それにより中小企業向け貸出に進出することが可能にするので、中小企業に特化した銀行との競争の激化となっている。しかし、ソニーバンクに典型的なように、口座数の増加にみられるように利用は浸透しているものの、1口座当たりの利用額が大きくなっていないことに明らかなように、必ずしも従来の金融機関に取って替わるものではない。

*3*節　イノベーションの金融的支援

1　高橋泰蔵の所説

　金融論を貨幣経済学として、経済学史のコンテクストで研究した碩学は高橋泰蔵である。自らを「経済学学者」[11]と認じた高橋は、ツガン＝バラノウスキー、アダム＝スミス、リカード、マルサス、ベンディクセン、エルスタア、リスト、マルクス、ケインズ、メンガー、シュンペーターなどの学説を検討した。筆者は高橋が一橋大学で教鞭を取った最後の時期に師事したが、晩年に取り組んだテーマは、技術革新の意義を解明することであった。高橋（1977）では、「経済循環の構造とパラメーター組織との複合の形は、経済の実体的内容とフレーム・ワークとの関係といいうるものであるが、・・・・歴史的なるものとして

186

の経済、生き生きとした人間の活動の『場』としての経済世界像への関心をもち・・・・実体的な経済が具体的に存在するというとき、その経済社会は、一定の条件、制約の下に、歴史的に存在するもの」[12]であるとの認識から、ここでシュンペーターの『経済発展の理論』に着目したのである。いわば、静態的な経済理論から、動態的な経済理論へと視点を拡大したのである。

　高橋は、シュンペーターの所説を、それまで不変な予見とされていた技術を見直し、「技術革新を経済の内部に導入する機能の担い手としての『企業者』の存在と、この導入を可能ならしめる『信用創造機構』を現段階における経済学的『場』を構成するものとして想定していた」[13]と整理したのである。特に、シュンペーターの『経済発展の理論』のエッセンスは、企業者による創造的破壊による「新結合」の実現（イノベーション）という理解が一般的であるのに対し、高橋は終始、「『新結合』を実現する上に、いま一つの重要なものとして『信用創造機構』が挙げられているが、この『信用創造機能』もまた、同じく『新結合』を実現するための『信用創造』を可能ならしめる機構としての歴史的場である」[14]という認識を示し、金融機能によるイノベーションの支援という側面を強調した点は重要な指摘である。

2　シュンペーターの『経済発展の理論』（初版〔1912〕、第2版〔1926〕）

　シュンペーターの『経済発展の理論』に関しては、多くの文献があるので詳説は避けることとし、金融的側面に限りその概要を示すに留めたい。『経済発展の理論』は、静態的経済の記述から始めるが、それは発展の理解には、発展のない経済から発展への契機を解明することが不可欠との論理からであり、動態的経済では新しい可能性に気づき、実行の担い手となる企業者の存在とそれによる「新結合」の遂行による創造的破壊が重要であることの提示を意図して執筆された景気循環の観点に立つ書である。シュンペーターは、企業者（Untrepreneur、Unternehmer）というのは「新結合の遂行をみずからの機

能とし、その遂行に当って能動的要素となるような経済主体」[15]であり、企業（Unternehmung）というのは「新結合の遂行およびそれを経営体などに具体化したもののこと」[16]であると整理している。シュンペーターによれば、静態的経済における企業経営の担い手は単なる経営管理者に過ぎず、上記の企業者たる存在ではなく、動態的経済でこそ企業者の存在が重要なのである[17]。

　動態的経済というのは、「経済体系の内部から生じるものであり、それはその体系の均衡点を動かすものであって、しかも新しい均衡点は古い均衡点からの微分的な歩みによっては到達しえないようなもの」[18]であるとされ、経済体系の中に存在するこの新しい均衡をもたらすエネルギーの源泉こそ、企業者による新結合（new combinations. のちにイノベーションに置き換えられた）[19]の遂行のである。シュンペーターは、生産を利用可能な種々の物や力の結合として捉え[20]、この結合の変更こそイノベーションとし、生産物・生産方法・生産要素などの非連続的な新結合として認識した[21]。この新結合として、

① 新しい財貨、すなわち消費者の間でまだ知られていない財貨、あるいは新しい品質の財貨の生産、
② 新しい生産方法、すなわち当該産業部門において実際上未知な生産方法の導入。これはけっして科学的に新しい発見に基づく必要はなく、また商品の商業的取り扱いに関する新しい方法も含んでいる、
③ 新しい販路の開拓、すなわち当該国の当該産業部門が従来参加していなかった市場の開拓。ただしこの市場が既存のものであるかそうかは問わない、
④ 原料あるいは半製品の新しい供給源の獲得。この場合においても、この供給源が既存のものであるか──単に見逃されていたのか、その獲得が不可能とみなされていたのかを問わず──あるいは始めてつくり出されねばならないかは問わない、
⑤ 新しい組織の実現、すなわち独占的地位（例えばトラスト化による）の形成あるいは独占の打破、

を挙げている[22]。

3　シュンペーターの『経済発展の理論』における金融機能

　シュンペーターの『経済発展の理論』では、第 2 章の「発展はいかにして金融されるか」という節で、新結合に必要な生産手段の購入に用いられる資金は、自己資金がない場合に、国民経済の貯蓄によって賄われることが示されているが[23]、発展のためには別の資金調達手段が必要とされ、これが「銀行による貨幣創造」であるとしている点が重要である[24]。すなわち、「すでに従来からだれかの手もとに存在していた購買力を移転することではなくて、無から新しいものを創造し、・・・・これこそが新結合の遂行のための典型的な金融の源泉であり、しかも過去の発展の結果が事実上いかなる場合にも存在しないときには、ほとんど唯一の金融源泉となる」[25] としたのである。
　同じく第 2 章の「銀行家の機能」という節では、銀行家は購買力という商品（信用）の「仲介商人であるのではなく、・・・なによりもこの商品の生産者であ」り、経済の貯蓄資金は「ことごとく銀行家のもとに流れ込み、既存の購買力であれ新規に創造される購買力であれ、・・・・集中している」ので、銀行家が「唯一の資本家となるのである。・・・・新結合を遂行するものと生産手段の所有者との間に立って、・・・・新結合の遂行を可能にし、いわば国民経済の名において新結合を遂行する全機能を与える」存在であるとして、銀行の役割を高く評価したのである[26]。シュンペーターの『経済発展の理論』第 3 章は「信用と資本」と題され、経済発展にかかわる信用の機能について詳細な検討が行われているが、「新結合を遂行するさいには、たしかに架橋すべきそのような必然的な乖離が存在する。これを架橋するのが信用供与者の機能であって、彼は特別に創造された購買力を企業者の自由に委ねることによってこれを果たすのである」[27] にシュンペーターの論理が集約されている。
　シュンペーターの時代には現在のような資本市場、証券市場が整備されていたわけではないので、間接金融とりわけ銀行の信用創造機能に多くの期待が

あったことは想像に難くない。現代的なイノベーション実現のための金融システムには多くの新たな手法等が必要になるのである。

『経済発展の理論』は、単に新結合の存在を示したのではなく、それが動態的な経済発展・景気循環に繋がることを示した点が重要である。静態的経済では貯蓄や資本蓄積が存在しないので、新結合遂行による好況化は銀行の信用創造に依存することになる。最初は、一握りの企業者のみが新結合に成功するが、やがて模倣などにより新結合が群生し、その結果好況になるものの、大量の財供給の市場への展開が価格の下落となり、銀行への債務返済とも相俟って不況になる、という景気循環過程が論じられ、後の『景気循環論』(1939) に繋がるものである。

4　シュンペーター『資本主義・社会主義・民主主義』(1942)

シュンペーターは後年、『資本主義・社会主義・民主主義』(1942) を著し、没年の1950年にその第3版が刊行されている。その第2部「資本主義は生き延びうるか」は、「資本主義は生き延びることができるか。否、できるとは思わない」という記述で始まる[28]。その分析は、資本主義が経済理論の前提とする完全競争モデルではなく、独占的競争や寡占的競争の説明する状況になっていることを論じている。その第7章「創造的破壊の過程」で「およそ資本主義は、本来経済活動の形態ないし方法であって、けっして静態的ではないのみならず、けっして静態的たりえないものである」とし、「資本主義のエンジンを起動せしめ、その運動を継続せしめる基本的衝動は、資本主義的企業の創造にかかる新消費財、新生産方法ないし新輸送方法、新市場、新産業組織形態からもたらされるものである」としている[29]。そして、「この『創造的破壊』(Creative Destruction) の過程こそ資本主義についての本質的事実である。それはまさに資本主義を形づくるものであり、すべての資本主義的企業がこの中に生きねばならぬものである」と書いた[30]。

3章 イノベーティブな企業の育成・支援

さらに、経済学の状況を「経済学者は、いまやっと価格競争だけしか研究していなかった段階から抜け出しつつある。品質競争や販売努力が理論の聖なる領域内にはいることを許容されるや否や、価格変数は従来の支配的地位から追放される。しかしなお彼らが実際に注意を集中しているものは、生産方法、特に産業組織形態の不変な条件下での固定的な類型内における競争にすぎない。…重要なのは、かくのごとき競争ではなく、新商品、新技術、新供給源泉、新組織型（例えば支配単位の巨大規模化）からくる競争である」とし、イノベーションの重要性を説いた[31]。

第8章「独占企業の行動」では、資本主義は独占企業・寡占企業によって担われていることを論じ、創造的破壊の過程の担い手であることが説明される。その上で、「近代的産業条件でのもとでは、完全競争は不可能であるから、…大規模組織または大規模支配単位は、経済進歩…と不可分の必要悪として認められねばならぬ、…相当程度までこれによって大規模組織が経済進歩、とりわけ総生産量の長期的増大のもっとも強力なエンジンとなってきた」と書いて、大企業が経済発展に占める必要性を論じたのである[32]。

5　小括

金融イノベーションは、それが金融取引・金融機関・金融市場・金融法制などへ及ぼす変革・影響を多角的に検討するという要請をもたらす。金融工学がこの金融イノベーションを分析する一方、市場型間接金融という方向が、日本の金融システムの変革に対するインプリケーションを示している。

日本の金融システムは、金融システムの比較分析的には、銀行型システムであり、間接金融の優位性ないし産業金融モデルによって支配されてきている[33]。しかし、市場型間接金融の典型的なように、間接金融における貸出債権を流動化することや、それをバンドリングして証券化する手法は、市場金融モデルへのリンケージになるので、産業金融モデルと市場金融モデルの結節になり、新

191

たな金融システムの構築に寄与する。この点で、金融イノベーションの意義は大きい。

さらに、イノベーションを実現し、発展させる上での金融システムの変革は、従来の金融システムに新たな付加を行うものであり、創業金融という課題の解明を求めることになる。これは金融システムに不可欠なリスク管理問題の新たな展開であり、リスク・シェアリングの理論化を必要とする。この意味で、金融理論の新展開を求めるともいえよう。

4節 イノベーションの金融手法

1 イノベーションと中小企業

(1) イノベーションの担い手

イノベーションには、シュンペーターが指摘したように、資金的な裏付けないし金融支援が不可欠な要素である。イノベーションを実現する主体として企業者が重要であるが、この企業者は中小企業それも個人企業から小企業といったイメージが強く、いわゆるベンチャー・ビジネスがその具体像である[34]。

すなわち、イノベーションを技術革新・開発として認識すると、巨額の開発資金を要するようなイノベーションはもっぱら大企業によって担われるので、資金的困難はそれほどではない。金融システムが、グローバリゼーションや金融イノベーションの進展によって格段に進化し、資本市場での資金調達は、高格付けの得られる大企業とっては、低コストでの資金調達手段が多様化し、かつその利用も容易化し、エクティ・ファイナンスとして知られる状況となっている。さらに、株式分割など株式会社がそのガバナンス機構の拡充の過程で導

*3*章　イノベーティブな企業の育成・支援

図3—2　企業特性と資金調達

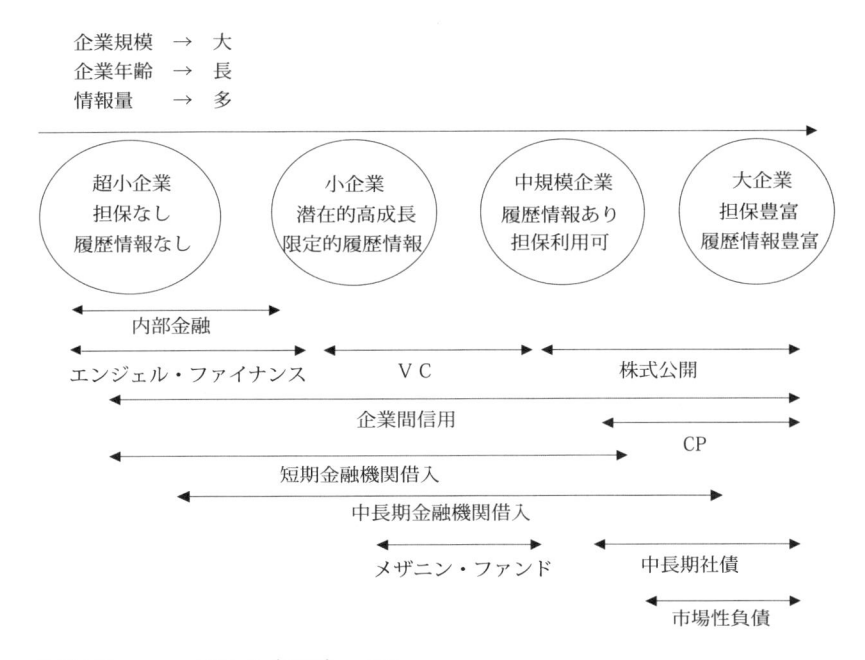

企業規模　→　大
企業年齢　→　長
情報量　　→　多

```
┌──────────┐  ┌──────────┐  ┌──────────┐  ┌──────────┐
│ 超小企業 │  │ 小企業   │  │ 中規模企業│  │ 大企業   │
│ 担保なし │  │ 潜在的高成長│ │ 履歴情報あり│ │ 担保豊富 │
│履歴情報なし│ │限定的履歴情報│ │ 担保利用可 │ │履歴情報豊富│
└──────────┘  └──────────┘  └──────────┘  └──────────┘
```

　　←内部金融→
←─────エンジェル・ファイナンス─────→　　VC　　　　株式公開
　　　　　　　　　　　　　　　　　　　　　　　　　　　CP
　　　　　　　　　　　企業間信用
　　　　　　　　　短期金融機関借入
　　　　　　　　　中長期金融機関借入
　　　　　　　　　　メザニン・ファンド　　中長期社債
　　　　　　　　　　　　　　　　　　　　　　市場性負債

出所：Berger and Udell（1998）p.623.

入された手法が、大企業・中堅企業の資金調達を容易化している。

　イノベーションの担い手としての中小企業に注目すると、中小企業自身が技術革新・開発の担い手として活動する場合（新規創業）と、経営革新（シュンペーターの新結合の①、②、③）に取り組む場合が考えられる（既存の中小企業の第二創業や新分野進出など）。金融的には、新規創業の場合が、いわゆるベンチャー企業の立ち上げに該当し、資金調達が困難なケースである。経営革新として既存企業が取り組むケースは、すでに業歴・財務諸表等があり、資金調達は金融のルールに準拠する可能性が高い。この点は、すでに Berger and Udell（1998）の指摘を俟つまでもなく（図3—2）、広く企業の発展段階と資

金調達問題として認識されている。経営革新の場合には、金融機関の情報生産機能が重要であり、いわゆるリレーションシップ・バンキングの教える処が支配的となる。

(2) ベンチャー企業の抱えるリスク

イノベーションを中小企業が担い、それをベンチャー企業と位置付けると、ベンチャー企業にも創業ないし起業といっても、その活動局面や発展段階にはいくつかの局面がある。おおまかには、シーズ段階、スタートアップ段階、アーリーステージ、レイターステージに大別され、各段階で種々のリスクを抱えており、それらは、①開発リスク、②製造リスク、③販売リスク、④経営リスク、⑤成長リスク、に整理される（図3—3、「摩の川」「死の谷」「ダーウィンの海」問題という）[35]。

開発リスク——アイデア段階（シーズ段階）

ベンチャー企業の出発点である開発段階でのリスクで、事業立ち上げの前段階であり、その開発がどの程度の事業可能性を持つかの判断は困難とされる。開発した商品・サービスのアイデアが基本的には開発者の頭の中にしか存在せず、外部からは的確な判断を下せないからである。預金金融機関（以下、金融機関）がこの段階で可能なのは、開発者のアイデアをプロト・タイプにまで具体化することを要請することで、アイデアを形にすることにより、開発者の単なる思い付きなのか、製品化可能なのかを判断することになる。金融機関の判断の一部として、専門家の意見聴取も含まれる

製造リスク——シーズ段階からスタートアップ段階

製造リスクは、アイデアを基に事業を立ち上げる段階に存在する。事業立ち上げは、製造業であれば、量産化のための設備投資を行い、原材料確保、人材確保等を行う。サービス業では、事業所設置、人材雇用などを行う。この事業立ち上げ段階では、経営の複雑化、資金需要拡大などが発生する。

製造業では、プロト・タイプをうまく作れても、それが量産化には直結せず、量産化のコスト計算、すなわち採算の確認が必要となる。アイデア段階、プ

3章 イノベーティブな企業の育成・支援

図3—3 企業の発展段階と諸リスク

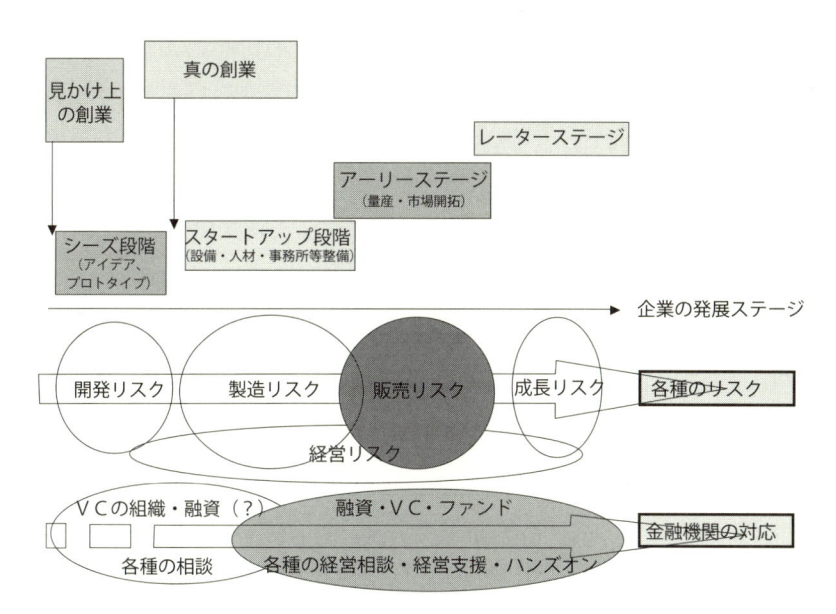

[図：見かけ上の創業→シーズ段階（アイデア、プロトタイプ）、真の創業→スタートアップ段階（設備・人材・事務所等整備）、アーリーステージ（量産・市場開拓）、レーターステージ。各種リスク：開発リスク、製造リスク、販売リスク、成長リスク、経営リスク。金融機関の対応：VCの組織・融資(?)、融資・VC・ファンド、各種の相談、各種の経営相談・経営支援・ハンズオン]

出所：著者作成。

ロト・タイプ段階で。原価（コスト）計算はなされないことが多いからである。さらに、製造工程は立ち上げ時にはうまく動かないことも多く、設備の円滑稼動、労働者の生産習熟度の向上までには時間がかかり、これらの製造リスクは大きい。サービス業であっても、事業立ち上げ時には製造業と同様、サービスに習熟していないための失敗（リスク）が存在する。

金融機関の融資等の判断としては、この段階でのベンチャー経営者の経営能力の見極めはある程度可能といわれ、開発段階よりもリスク評価は容易とされ、通常の企業金融のノウハウ活用が可能であるものの、未成熟な企業という点では、判断は困難であることに変わりはない（「死の谷」問題という）。

販売リスク──スタートアップ段階からアーリーステージ

販売リスクとは、市場に受容されるかどうかである。事業を立ち上げ、製品

の量産が可能となると、次に製品の販売段階になるが、優れた技術やアイデアでも、市場に受け入れられるかは別問題である。いわゆる、開発された新製品・新サービスの市場性である。もともと市場性ありとの判断で開発されるわけだが、これは主観的判断であり、実際には市場の客観性すなわち競合する製品・サービスの動向が重要で、市場の反応は製品を市場に投入して初めて分かることになり、予算の範囲内で生産しても、販売段階でのリスクは大きい。金融機関が販売リスク減少のためにバックアップすることが必要で、金融機関の経営支援活動が重要になる。

経営リスク

経営リスクとは、ベンチャー経営者自身のリスクであり、組成される経営体のリスクであるが、事業経営に経験のない創業者が一般的なのでリスクは高い。技術畑出身者、大学発ベンチャー等は経営に関与してこないのでこのリスクは高いし、企業内ベンチャーでもサラリーマン的思考であれば同様である。売れる商品であっても、資金繰りが伴わず、経営に行き詰まるケースは多い。優れた技術・アイデアを持っていても、事業化して軌道に乗せるのは経営者の経営能力に依存する。経営に要求されるのは、生産・販売・労務・財務等の広範な能力であり、個々の担当者を置いている場合にはそれらの担当者を束ねる能力も必要とされる。ソニーの盛田氏、ホンダの藤島氏等の事例を俟つまでもない。

経営の問題として挙げられるのは、企業規模・成長段階との関連である。従業員10人規模、100人規模、500人規模では、経営の課題が異なり、それに対応して経営の質の転換が必要になる。この成長段階に対応した経営能力の欠如も大きな経営リスクである。

金融機関にとって最重要なのが、この経営リスクの判断である。リレーションシップ・バンキングに不可欠な目利き能力が最も問われるともいえよう。さらに、融資後に行うモニタリング、経営支援、経営のバックアップなどが重要とされる（「ダーウィンの海」問題という）。

成長リスク──レーター段階（ベンチャー・キャピタル、ベンチャー・ファンド　固有のリスク）

ベンチャー企業がレーター段階に到達したときに発生するのが、成長リスク

である。ベンチャー企業に融資する場合には発生しないが、ベンチャー・キャピタル、ベンチャー・ファンドが投資した場合、エクジットとしてはIPO（株式公開）となる。この段階では、投資の果実（キャピタル・ゲイン）を獲得して、投資が完結することになる。しかし、ベンチャー企業が成功していても、IPOに至らない場合には、キャピタルゲインは獲得できず、いわゆるリビング・デッド（living dead）となる。これが成長リスクである。金融機関の融資にはこのような成長リスクは発生しないが、ベンチャー・キャピタル、ベンチャー・ファンドは、このような成長リスクを蒙る可能性を持っており、金融機関がベンチャー・キャピタルやベンチャー・ファンドを組成する場合には連結ベースで成長リスクを蒙る可能性がある。

2　ベンチャー・ファイナンス

　以上のベンチャー企業の成長ステージごとのリスクに対して、その段階ごとに種々の金融手法が必要となる。特に、シーズ段階の企業であれば、自己資金以外の資金調達は厳しく、自らの周辺の知人・親族などへの依存となる。スタートアップ企業であっても、トラック・レコード（業歴等）のない段階での金融機関借入は困難である。したがって、エンジェルのようなインフォーマル・インベスターの存在が不可欠となる。

　アーリーステージに至って漸く制度化された金融の手段が活用可能になるが、それでも金融機関の審査対象とはなりにくく、たかだかIPO（Initial public offering．株式の新規公開）へのアクセスが可能になるに留まる。IPOといっても、リスク・テイク能力のある投資化の存在が不可欠で、その市場形成が必要なインフラとなり、この分野での先進的であるアメリカではNASDAQ（全米証券業者協会（NASD）相場情報システム。店頭市場）というオンラインの取引所が整備され、成功を収めてきた。日本でもベンチャー企業育成のファイナンスの仕組み、特にエマージング市場（IPO市場）の整備が行われてきた。

1995年7月に導入された第二店頭株市場（特則銘柄市場）も、1996年12月に第1号の公開（登録）が行われたが、その後店頭市場（1963年創設。日本証券業協会が管理）がJASDAQに移行した。ほかに、1999年11月に東京証券取引所にマザーズ（東証マザーズ）、2000年6月大阪証券取引所にヘラクレス（旧NASDAQジャパン）に整備され、新規企業の株式公開（IPO）が容易になった[36]。このほか、1999年10月に名古屋証券取引所にセントレックス、2000年4月に札幌証券取引所にアンビシャス、2000年5月に福岡証券取引所にQボードが新興企業の上場を行う市場として誕生している。

　このようなエマージング市場の創設・育成のほか、銀行型システムである日本の金融システムでは金融仲介機関の役割も大きく、民間金融機関はローリスク・ローリターンの融資だけでは対応できないので、投資組合を作って投資も視野に入れつつ対応を行い、ベンチャー・キャピタル（VC；投資ファンド）を整備するほか、融資による支援も多く行われている。その先鞭をつけるため、政府系金融機関も1994年2月の総合経済対策で創設された中小企業金融公庫の「新事業育成貸付制度」をはじめとする各種の融資制度が出揃い、通産省が主導した都道府県ごとのベンチャー財団もほとんどの都道府県で整備され、あわせてベンチャー企業と金融機関・投資家との出合い（マッチング）も「ベンチャー・プラザ」なども実施されてきた[37]。中小企業基盤整備機構が出資するベンチャー・ファンドも、1999年以降2010年3月まで85件のファンドを組成し、約1440億円の投資規模と2105社への出資を行い、エクジットであるIPOには98社が到達している。

　いずれにしても、ベンチャー企業向け融資制度は整備が進み、政府金融機関だけでなく、公的機関の保証の仕組み、自治体の制度融資、民間金融機関の融資など金融機関経由の方式で主となっていることは、銀行型システムないし間接金融優位といわれる日本的システムの中でのものであることは注目しておいてよい。前述のようにベンチャー・キャピタル、投資事業組合の設立、エマージング市場の設立などの状況をみると制度的にはほぼ整っているが、問題はこれらの制度がいかに機能するかという点である。JASDAQの上場会社数

が 880 社（2013 年末）を除くと、東証マザーズの上場企業数は 2013 年末に 192 社程度であり、他のエマージング市場の上場数も特段多いものではない（表 1―9）。

　このようにベンチャー企業にとってのボトルネックとまでいわれた資金面での困難は制度的にはほぼ克服され、ベンチャー企業がその意欲とは裏腹に資金手当ができないという状況はほぼなくなっている。問題は、むしろいかに事業として軌道に乗せていくかという、経営の問題こそ重要となっている。

3　中小企業基盤整備機構のベンチャー・ファンド

　中小企業政策の遂行・実施機関である中小企業基盤整備機構（中小機構）は、2004 年 7 月に中小企業総合事業団・地域振興整備公団・産業基盤整備基金が統合された独立行政法人で政策金融以外の中小企業支援を実施しているが、その一つにベンチャー・ファンド事業がある。これは、1999 年以降中小企業総合事業団が実施してきたもので、投資会社等が組成する設立 7 年未満のアーリーステージにあるベンチャー企業への投資・ハンズオン支援を目的としたファンドに対し LP として出資を行うことにより、ベンチャー企業の間接的な支援を実施するものである。

　ベンチャー・ファンドのスキームは、無限責任の GP（general partner）が、多くの出資者（LP〔limited partner〕）を募り、投資ファンドを組成し、ベンチャー企業に投資するものである。中小機構は、GP にはならず、民間のベンチャー・キャピタルと連携して、ファンドを組成する。その設立当初の仕組みは、①ファンド組成（ベンチャー・キャピタル等の民間投資会社とともに投資ファンド（投資事業有限責任組合）を組成。中小機構は有限責任組合員（LP）としてファンド総額の 1/2 以内〔上限 10 億円〕を出資）[38]、②投資対象（設立 7 年未満のアーリーステージにあるベンチャー企業またはそれらが実施する有望な事業〔原則として株式公開を目指す企業が対象〕）、③支援方法（株式や新株予約権付社債の取得等による資金提供、無限責任組合員による経営面のハンズ

オン支援及び中小機構各支部支援センターの各種支援等により、企業の成長発展を支援)、④投資期間は10年が原則、がそのスキームである（図3—4）。ベンチャー企業向けのファンドと同様のスキームで、既存の中小企業の新分野進出、新事業展開、新商品の開発など、新事業に挑戦するケース（第二創業）に対応するのが「がんばれ！中小企業ファンド」である（表3—1、図3—4）。

4　ベンチャー・ファナンスの改革に向けて

(1) ベンチャー・ファナンスの特性

　ベンチャー・ファイナンスはハイリスク・ハイリターン的性格が強く、基本的にはアメリカのNASDAQ的システムにより、投資家の自己責任原則により解決されることが望ましい。したがって、資本市場のプレーヤーとして年金基金が導入されること、日本型エンジェルとしての個人投資家の育成、特にベンチャー卒業生の進出も重要であろう。アメリカのインフォーマル・インベスター（Informal Investors）の投資額は、ベンチャー・キャピタルの投資額を凌ぐ規模といわれる。そこでアメリカ流のエンジェル税制が不可欠となるのである。

　これらの課題を踏まえ、日本的ベンチャー・ファイナンスを整備するうえでの考え方を整理しておきたい。金融の仕組みとして、ローリスク・ローリターン（LL）という間接金融と、ハイリスク・ハイリターン（HH）という直接金融とを区別できるが、ベンチャー・ファナンスはHHのタイプであり、性格的には直接金融の分野で対応すべきものであろう。しかし、直接金融である資本市場に相当の厚みがなければ、ベンチャー企業向けまで資金が供給されないであろう。日本の現状では、資本市場にそこまでの厚みがあるとはいえない。あくまで、金融機関経由の資金が基本となっている。したがって、間接金融の仕組みをいかにベンチャー・ファナンスに対応させるかがポイントである。別言すれば、LLにHHをいかに組み込むか、というコンセプトを実現する方策として、債権流動化や、区分経理などの方策が模索されるべきである。

3章　イノベーティブな企業の育成・支援

表3−1　中小機構のベンチャー・ファンドの実績

（新規上場企業数）

新規上場企業数	1998	2000	2001	2002	2003	2004	2005	2006	2007
マザース	2	27	7	8	31	56	36	41	23
ヘラクレス	0	33	43	24	7	16	22	37	25
アンビシャス	0	0	1	0	0	1	1	4	5
セントレックス	0	0	1	0	0	5	13	13	2
Qボード	0	0	0	0	1	1	2	4	2
シャダックス	73	97	97	68	62	71	65	56	46
既存市場	32	46	20	24	20	25	19	33	15
合計	107	203	169	124	121	175	158	188	118

出所：中小機構資料。

(2)　融資の問題

　通常の融資は、預金コストと貸出収入の差である利鞘を利潤動機として行われる。その利鞘分が銀行の収益で、貸出のデフォルトに対するバッファーとなる。融資に伴う信用リスクが、このバッファーの中に収まることが間接金融のリスク管理であり、それを保証するのが貸出における「大数の法則」である。貸出が「大数の法則」に基づいて行われている限り、デフォルト確率は一定の割合に収斂するからである。したがって、LL融資はこの限りでは安全である。

　ところが、HH融資は「大数の法則」が働くにしても、デフォルト確率が高いので、預貸の利鞘以上になってしまう可能性が大きい。したがって、HH融資には成功報酬的要素がないと、うまく供給されない。

　そこで、金融システムという枠組みの中で、リスク・シェアリングのスキームを工夫する必要がある。間接金融は、LLの世界であるから、間接金融の分

図3—4 中小機構のスキーム

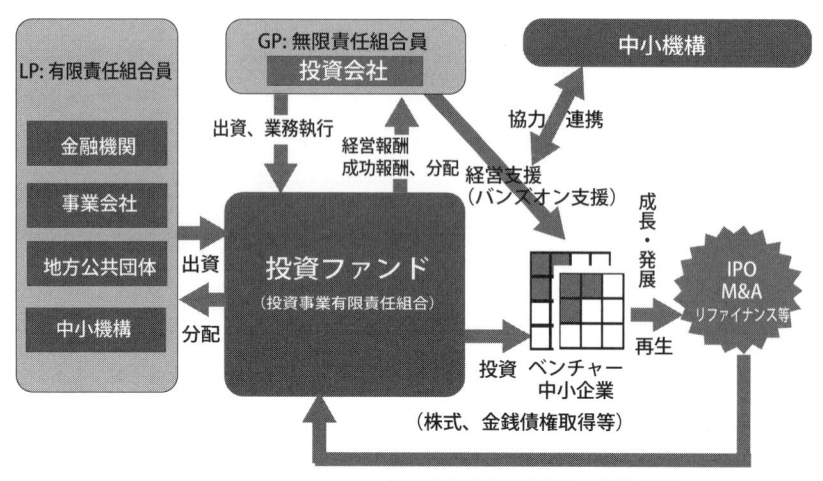

出所:著者作成。

野に成功報酬的側面を加味するには、資本市場の持つ成功報酬的要素をリンクすればよい。そのための制度的工夫の一つが、ベンチャー企業貸出債権の流動化、格付けの問題(ベンチャー専門の格付機関の設置)、ベンチャー企業貸出債権を証券化する際の公的保証と公的機関の買取、ベンチャー債市場の育成、ローン・ポートフォリオ管理(信用リスク管理)、市民バンクの発想、技術評価システムの見直しなどが必要となる。

(3) ベンチャー向け資金の調達

ベンチャー企業金融の円滑化には、HHを実現するには、金融機関の資金調達コストをできるだけ低くして利鞘を大きくすることも重要である。そのためには、預金金利を低位に設定することや、ゼロにしてハイリターンのもたらされたときに、配当の形で預金者に還元する方法もありえよう。例えば、ベンチャー預金[39]や、オプション預金[40]ないしベンチャー企業宝くじ的発想もあ

202

りえよう。

　ベンチャー・ファイナンスを日本的金融システムの中で整理するとすれば、金融機関の資金仲介機能（情報生産機能とリスク管理機能）に依存することが今後とも不可欠である。シュンペーターの指摘する金融機関の信用創造機能である。したがって、ベンチャー企業債権管理は、個々の債権管理もさることながら、ベンチャー企業債権をトータルに評価して信用リスク管理とする発想が重要である。これは、ローン・ポートフォリオ管理による信用リスク管理がその具体的方法であり、資金の原資としてベンチャー預金的なものを導入することも方法である。

(4) 保証制度

　融資の成功のためには保証制度の整備として、HH に対する保証を整備することを、従来型の債務保証方式、信用保証だけでなく、民間の保険メカニズムで対応させる工夫として、損保会社の保証保険を改善することがありえよう。日本型ロイズ（ロンドンのロイズの日本版）を構築し、リスクに対する関心を高め、日本型ネームを募集することも考えられる[41]。いずれにせよ、従来の融資のコンセプトとは異なる対応の必要性（間接金融と資本市場のリンク。証券化とデリバティブズの活用など）。さらに、ベンチャー企業向け債権が不良化債権化したときに、償却の容易化（無税償却など）を行うことも重要である。通常指摘されるストック・オプション、エンジェル税制の整備などもいうまでもない。

5節　イノベーションとリレーションシップ・バンキング

1　イノベーションとリレバン報告

　金融審議会報告『リレーションシップバンキングの機能強化に向けて』報告（2003年3月27日）は、「創業企業に対する起業支援の強化」として、「創業企業が有する中小・地域金融機関に対するニーズは、資金供給者としての役割と、事業計画の作成のためのアドバイス等事業展開に資する情報の提供者としての役割であると考えられる。このため、中小・地域金融機関においては、①事業の将来性等に関する『目利き』を養成し、将来性ある事業に対してリスクに応じて融資を行うこと（融資審査能力の向上）、②新規事業に対して取引上のニーズを有する他の事業者を紹介する等の支援サービスを適正な対価を獲得しつつ行うこと（起業相談能力の向上）、③様々なベンチャー・ファンド等の仕組みを活用すること等の取り組みが求められていると考えられる」としたが、この指摘は、創業支援として、まず新規事業の新規性・事業性を確認することが必要なこと、すなわち「目利き」能力いわゆる審査能力の必要性を明示した上で、マッチングなどのハンズオン支援の必要性と多様な資金供給手段の活用を提示したものである。
　同報告は、「創業企業に関するリスクの測定・管理は困難であり、預金により資金調達を行う金融機関が融資を行うことが必ずしも整合的でない面もあると考えられる。このため、中小・地域金融機関の資金供給者としての役割は、直接融資ではなく、財団または投資事業有限責任組合等の形態によるベンチャー・ファンド等への一参加者として果たされる局面も多くなると考えられ

る」と指摘して、預金金融機関の融資機能だけでは、十分な資金提供をしえないことも論じていることは正しい指摘である。

　さらに、同報告は、第二創業に関連して、「中小企業が有する技術に新しい用途を見出したり、新たな取引先を開拓する等、何らかのアレンジメントを加えることにより新しいビジネス機会が生まれることは十分ありうることであり、こうしたアレンジャーとしての役割を、情報の蓄積を有する中小・地域金融機関に対して求める」ことも必要なこと、「新規の創業に留まらず、このようないわゆる『第二創業』の観点や、コミュニティビジネスの育成やNPOとの関係づくりを重視した中小・地域金融機関の取組み」も必要になることも指摘している。

　前述のように、企業の発展段階において生じる各種のリスクに対して、リレーションシップ・バンキングは対応可能なものと、そうでないものとがある。リレーションシップ・バンキングの本質は、長期継続的な取引関係を構築することによって、外部から入手困難なソフト情報を蓄積し、情報生産することであるので、創業間もない企業についての情報は少ない。したがって、シーズ段階の企業の開発リスクには、リレーションシップ・バンキングによっては対応しにくいのである。しかし、目利き能力を発揮して、各種の相談に対応し、リレーションシップを構築することは不可欠でもあるので、金融機関自身がベンチャー・キャピタル、投資ファンド等を組成することや、他のVC等への紹介等といった資金供給支援を行うことは有効である。しかし、開発リスクを負担することは、大数の法則には合致しにくく、基本的には金融機関の分野にはなりにくい。

　スタートアップ段階、アーリーステージにおける製造リスク・販売リスクは、基本的には金融機関のリスク管理の範囲内であり、安定期・成長期の企業における諸リスクと同じカテゴリーであるが、リスクの程度という点ではより大きいともいえよう。したがって、創業期から長くリレーションシップを構築しておけば、そのソフト情報の蓄積によって、製造リスク・販売リスク・経営リスクには対応可能である。特に、販売リスクに対して、積極的に経営支援するこ

とで、販路拡大などの支援を行えば、リレーションシップ・バンキングの発揮となる。さらに、経営リスクの負担は、長期継続的取引によるソフト情報の獲得そのものであり、リレーションシップ・バンキングを遂行することによって、経営リスクを減じることが可能になるのである。リレーションシップ・バンキングに不可欠な目利き能力は経営リスクへの対応ともいいうるものである。また、融資後に行うモニタリング、経営支援、経営のバックアップ、ハンズオン等は、販売リスクの縮小・解消に寄与するものである。

2　リレーションシップ・バンキングの補強──信用補完制度の改革[42]

　リレーションシップ・バンキングは、リスクに関していえば、金融機関自らのリスク負担機能の発揮に依存することになり、担保・保証に依存するという意味でのトランズアクション・バンキングとは一線を画する。しかし、融資というのは、いくつかの業務の集合体であり、①事前的段階（貸出方針・審査基準・回収方針の決定、マーケティング、貸出の開拓など）、②審査・決定段階（貸出先の審査・貸出条件の決定・貸出の決定）、③貸出実行段階（資金供与、保証・担保設定など、リスクの引受・管理〔金利リスク・信用リスク〕）、④期中監視段階（貸出先のモニタリング、期中審査）、⑤事後的段階（貸出の返済金受領・回収・担保処分）、などに分解（アンバンドリング）されるものとして理解することが可能である。これらのサブ的業務を一体化して行うことは、いわゆる範囲の経済性が発揮されることになるので、効率的に貸出が行われることを意味する。

　この融資のうち、③の貸出段階でのリスクの引受・管理を外部化することを担うのが、中小企業金融における公的な信用補完制度である。信用リスクが生じたときに一定の契約に基き、貸出債権の代位弁済を行うことによって、リレーションシップ・バンキングの遂行を円滑化すると考えられる。

　この中小企業向け融資の公的信用保証制度（単に信用保証ないしマル保）の

3章 イノベーティブな企業の育成・支援

あり方が検討され、中小企業政策審議会基本政策部会報告『信用補完制度のあり方に関するとりまとめ』が2005年6月20日に中政審で承認された。信用補完制度が審議会で議論されたのは1966年であるから40年振りの見直しともいえる作業といわれるものである。無論、この間制度の検討が行われなかったわけではない。保証率の全国統一化や保険収支悪化への諸対策、保証協会の審査体制の強化、回収の促進なども実施されてきた。

しかし、1998年の金融システム危機の際に導入された特別保証制度（中小企業金融安定化特別保証制度）が、30兆円枠で設定され、それまでの保証承諾額が倍増となり、一挙に中小企業金融の中で占める地位が向上し、公的制度としての制度設計としての課題も顕在化し、その再構築が必要となったのである。

保証分野では、情報の非対称性問題が不可避で、逆選択やモラル・ハザードという金融システムを非効率にする課題が内在する。中小企業金融では情報の非対称性が大きいので、特にその傾向が強いものとなる。そこで、金融庁が「金融改革プログラム」で指摘するように、金融システムが有事から平時に移行し、官の主導ではなく民の力によって活力ある金融システムの確立に対応するよう信用補完制度にもその再構築が求められるのである。さらに、金融システムにおける公的部門のあり方、政策金融機関の役割を考える上でも、民間金融を支援する方策として証券化支援と並び、信用補完制度の機能の再確認と新しい役割を整理する必要がある、というのが2005年の見直しの前提であり、主旨でもある。

6節 ベンチャー・ファンドのパフォーマンス
—— 中小機構のファンドの例

1 ベンチャー・ファイナンス研究

(1) ベンチャー・キャピタル

 ベンチャー・キャピタルは（VC）は、ハイリターンを狙ったアグレッシブな投資を行う投資会社（投資ファンド）で、主に高い成長率を有する未上場企業に対して投資を行う。VCはファンド組成に当たって、自己資金もあるが、他の機関投資家・事業会社・個人投資家等から資金を調達する。投資に当っては、案件を投資審査（Screening）・価値評価（Valuation）を経て発掘・選択し、その上で投資契約（Contracting）を行い、投資資金を供給する（Investment）。資金供給（投資）後は、モニタリング（Monitoring）と助言（Mentoring）・経営支援（Support）・コンサルティングを行い、投資先企業の価値向上を図ることもその機能である。担当者が取締役会等にも参加し、経営陣に対して多岐にわたる指導を行う等である。特に、ベンチャー・キャピタルは、未上場企業に投資し、投資した企業を株式公開（IPO）に導くことで売却益を得ることや、他のファンド等に転売して利益を得る一方、ファンドの運用報酬も収益源となる。普通株式の引受けが基本的な投資手法であるが、転換社債（CB）の引受けや種々の種類株等の引受けも投資手段となっている[43]。

 VCは、自己資金を未上場企業に投資するケースと、投資事業組合（ファンド）を設立し、投資家から資金を集めて、VCがそのファンドマネージャーとして未上場企業に投資するケースとがある。このようなベンチャー・キャピタル・

3章 イノベーティブな企業の育成・支援

ファンドは、金融商品としては、直接金融の中のオルタナティブ投資の一つであるプライベート・エクイティの一形態として位置付けられる。VCは、未上場企業に対して「出資」という形態で資金を投じるため、企業育成という役割が非常に大きい。ベンチャー・キャピタルが出資先ベンチャー企業の経営に深く関与する場合もある。このような投資スタイルは「ハンズオン」と呼ばれている[44]。

VCに期待される役割は、有望な事業に取り組む将来性の高い企業を発掘・選別して、その企業に投資し、投資先企業に対して経営監視と経営支援を行い、IPOを達成させることされる（Kaplan and Strömberg〔2001〕、Baum and Silverman〔2004〕、Gompers and Lerner〔2004〕）。VCは、ベンチャー企業への投資を行い、その資金を回収して収益を挙げることのみではなく、投資先企業への種々の支援が重要な機能である。投資先の企業からすると、VCの支援は資金制約の緩和だけでなく、種々の経営支援を提供する存在である（Brav and Gompers〔1997〕、Hellmann and Puri〔2002〕）。

ベンチャー・キャピタルに関する初期（1990年代）のサーベイとしては、Sahlman（1990）や、Barry（1994）、Berlin（1998）、Fenn et. al.（1995）, Gompers（1998）、Gompers and Lerner（1999、2001）等がある。最近のVCに関する研究の詳細なサーベイとして、Da Rin, Hellmann and Puri（2011）がある。

鶴（2001）は、VCの金融機関としての特性について、「ベンチャー・キャピタルは、金融仲介機関であり、関係依存型金融（relationship-based financing）の一種である（Gompers〔1998〕）。しかし、その機能は、よく発達した非干渉・市場型（市場型）金融システムの土台に大きく依存することである（e.g. Black and Gilson〔1998〕）。つまり、ベンチャー・キャピタルは、関係依存型と非干渉・市場型の金融システムが巧妙に組み合わさり、補完し合った、いわば、ハイブリッド型システムと呼ぶことができよう」と書いている[45]。

(2) 日本のベンチャー・キャピタル

　日本では、1998年から2005年までの5年間に1194社がIPOを行ったが、このうち7割の837社は株式を公開する前にベンチャー・キャピタルからの出資を受けているVCにはベンチャー企業の成長とIPOを支援する機能が期待されているが、1998年以前の日本のVCの投資先は、会社設立10年から20年経った企業すなわちアーリー段階というよりもミドル段階・レーター段階への投資が中心であった。そのため、真の創業に必要とされる本来VCに期待されるスタートアップ段階における立上げのための資金提供や、創業し売上が上がるようになったものの赤字で、損益分岐点を超えるために必要な資金を求めようとするアーリー段階への投資はほとんど行われていなかった。

　1990年代は経済環境が厳しく、金融機関は不良債権問題に呻吟し、金融システム不安の下で、金融機関はリスクの高いベンチャー・ビジネスに対する創業資金の貸付や事業立上げ初期の赤字会社に対する与信は困難であった。一方、この時期はIT産業の成長が顕著となり、ベンチャー企業の資金需要は高まり、前述のように1990年代央から政策金融機関の新事業貸付制度・創業支援保証制度が整備され、ベンチャー企業向け融資が整備された。政府もVCの支援によるVBの振興を掲げて、第三次ベンチャー・ブームといわれるベンチャー企業への投資が高まり、1999年から2000年にはIPO件数が約2倍へと飛躍的に増加した。VCの設立も相次ぎ、2002年にVC協会が設立された。

　日本におけるベンチャー・キャピタルは、その多くが銀行、証券会社などの関連会社である。そのほかに、事業会社系、商社系、通信系、政府系、独立系などのベンチャー・キャピタルが存在する。1963年に政府の特殊法である中小企業投資育成会社法によって設立された、東京中小企業投資育成、大阪中小企業投資育成、名古屋中小企業投資育成の3社がベンチャー・キャピタルの草分け的存在である。民間のベンチャー・キャピタルで最古のものは1972年の京都エンタープライズデブロップメント（KED、1979年解散）で、現存する中では1973年設立のジャフコ（当時は日本合同ファイナンス）が最初である。

　日本のベンチャー・キャピタル市場は、前述のVCの他に、1975年7月設

3章　イノベーティブな企業の育成・支援

立の VEC が研究開発型（ベンチャー・ビジネス型）債務保証事業を開始した時期がその嚆矢である[46]。1998 年に中小企業等投資事業有限責任組合法が成立し、投資事業有限責任組合としてのファンド組成が増加したからである。それ以前は、投資事業組合は民法上の組合という形態をとっており、出資する組合員は無限責任を負うことになっていたが、投資事業有限責任組合では組合員は有限責任とされ、これにより機関投資家からベンチャーキャピタルファンドへの出資が促進された。

ベンチャー・キャピタルの社会的役割の成長に比べ、業界の組織化は遅れていたが、2002 年 11 月に 70 社の会員により発足したのが日本ベンチャー・キャピタル協会で、ベンチャー・キャピタル業界における相互連携とベンチャー・ビジネス育成の役割を一層強固にするという目的を持ち、海外における先進事例の研究、ベンチャー・キャピタリストの育成研修や検定制度の実施、金融商品取引法や会社法、税制改正といったベンチャー・キャピタル事業に係わる法制度について各省庁等への提言・要望等の活動を行っている。その後、会員数は増加し、120 社余になっているおり、ベンチャー・キャピタルの投資動向等のデータを公表している[47]。

2003 年の VEC「ベンチャーキャピタル等投資動向調査」によれば、日本の VC ファンドへの出資者として、銀行・信用庫・信用組合は 35％ともっとも高い比率を示している。このように、日本の VC は金融部門を VC ファンドへの主な出資者としており、機関投資家からの出資による独立型 VC を中心とするアメリカやイギリスとは大きく異なる。銀行系 VC は、本体の銀行にのみ出資を仰ぐ「二人組」ファンド運営ないし銀行借入れを用いて本体投資を行うファンド運営であり、本体銀行と VC との関係は非常に強い。資金面での親銀行からの出資はもとより、人材面でも取締役や従業員の派遣等を受けており、両者の関係は密接である[48]。

(3) ベンチャー・キャピタルに関する先行研究

VCの機能

VCの機能については、欧米諸国で多くの実証研究が行われてきた。その多くは、IPO企業をVCからの投資を受けた企業と、そうでない企業に分けて、IPO時点ないしその前後の経営成果や株価パフォーマンスを比較するものである（Megginson and Weiss〔1991〕、Jain and Kini〔1995〕、Brav and Gompers〔1997〕、Kutsuna et al.〔2002〕、Da Silva Rosa et al.〔2003〕、Wang et al.〔2003〕、Tykvova and Walz〔2003〕、Lee and Wahal〔2004〕、Florin〔2005〕、Arthurs and Busenitz〔2005〕）。

これらの実証研究は主に株価収益率への影響をみているが、分析結果は必ずしもVCの投資のプラスの効果を明確化するものではなく、むしろVCから出資を受けた企業とそうでない企業の成果に有意な差異はないとするものが多い。VCからの出資の有無だけでなく、VCの属性に注目した初期の研究であるBarry et al.（1990）は、VCの数と合計持株比率の他に、リードVC（出資比率最大のVC）の営業年数とIPOまでの役員派遣期間が長いほど、またリードVCが経験したIPOの件数が多いほどIPO時点での初期株式収益率が低いことを検証し、投資先企業のモニタリングにおけるリードVCの経験と能力が一般投資家への良好なシグナルとなっていることを示した。

VCの属性・タイプ別研究

VCからの出資の有無だけでなく、VCの属性・タイプに注目した研究の代表的なものは、Hamao et al.（2000）、Wang et al.（2002）、Tykvova and Walz（2003）等である。彼らは、銀行系・証券会社系・外資系・独立系にVCのタイプを分類し、パフォーマンスの違いに注目している。Tykvova and Walz（2003）は、VCの出資を受けた企業とそうでない企業の株価収益率には有意な差はないが、独立系VCの投資先企業は有意に高い成果を示すことを明らかにした。Wang et al.（2002）は、独立系VCとそれ以外のVCを比較し、独立系VCの投資先企業の方が株価収益率の高いことを検証している。

(4) ベンチャー・キャピタルの審査能力に関する先行研究
銀行系 VC と独立系 VC
　日本では、近年、IPO を果たした多くの企業が VC からの資金供給を受けているが、その多くは銀行系 VC である。銀行系 VC が未公開企業へ投資を行うのは、将来、投資先企業が安定的に成長した際に、その関係を強化するためである。これは、エージェンシーコストの削減に役立っているという主張する Petersen and Rajan（1994）と同様である。日本の VC 市場は、銀行系ないし金融機関系 VC の比重が高く、この点はアメリカ・イギリス等とは異なる点である。これは日本の金融システムが銀行型システムであるからであろう。アメリカ・イギリスで独立系 VC が多いのは、市場型金融システムに立脚するからともいえよう。

　銀行系 VC は、従来の日本のメインバンク・システムにおける企業との関係と同様の機能を果たしているのである。通常、銀行系 VC では、融資のみならず従業員や取締役の派遣を行い、投資先企業と密接な関係を築くことで、投資先企業についての情報生産を行っているとされる。また VC の社員も親銀行からの出向が大半を占める。しかし、銀行の融資とは異なり、VC は未上場のベンチャー企業への投資を中心とし、株式の持株比率や自己資本比率といった銀行に掛かる制約はない。つまり、銀行のベンチャー企業への支援が、融資による利子収入によって収益を得るに対し、VC は株式への投資が中心となり、IPO 時に株式を売却することで資金を回収する。ベンチャー企業への投資は、IPO が成功した場合に VC は大幅な収益を得ることで他の投資先の失敗を相殺できる。しかし、銀行の融資は、1 社でも倒産し、不良債権化すると、その分を他の企業の利子で回収するのは困難であるため、倒産リスクを重視する。

　そのため銀行は、通常、未上場企業の融資には、担保を重視することとなる。未上場の企業への融資において銀行は経営者の不動産など有形資産を担保にすることがしばしば指摘されている。しかし、成長の過程にある若いベンチャー企業では、必要な資金にみあう担保を保有していない企業が多い。こうした点から、ベンチャー企業への投資について、VC 企業の保有する有形固定資本と

無形資産の割合によって、投資行動が異なることが予想される。無形資産への支出の割合が大きいということは、ベンチャー企業への投資のリスクを高める要因となる。このような企業に対し、銀行は成長企業であっても融資が難しいという判断が下されるであろう。これに対してVCによる投資は、自己資本比率の制約や成長性、ひいてはIPOの成功を重要視するため、無形資産への投資について銀行とはことなる対応が可能となる。そのため銀行系VCの投資先企業の無形資産投資との関係をみることで、銀行からの独立性を検証することができる。銀行は、ハイリスクな未上場の企業への多額の出資には、銀行VCを用いて、グループ企業の出資でVCやファンドを設立し、投資することで、不良債権のリスクの分散を行っている可能性が考えられる。

銀行系VCと投資先企業

Puri（1999）は、銀行系VCと投資先企業の間の利益相反の問題を指摘している。VCが関連銀行からの紹介された企業すべてに投資する場合、銀行系VCが投資不適切と判断しても親銀行の圧力に屈する場合、関連金融機関の投資資金の回収のために、VC出資者の資金をリスクが高い企業につぎ込まれてしまう恐れがある。しかし、日本の銀行系VCの実態は、出資者が銀行およびそのグループの割合が非常に高いため、銀行とVCファンド出資者の間の利益相反問題は深刻な問題とならないことが予想される。そうであっても、ベンチャー企業にとって、資金調達の制約から解放され、企業の成長に結びつくはずの資金獲得の機会となるはずの新規上場が、銀行へ債務の返済に終始してしまうならば、本来の機能とは異なり、金融システムに弊害をもたらす可能性があろう。

銀行は、企業の草創期から取引を行い、企業の長所・短所を早くから把握しているので、良質な案件発掘が比較的容易であり、取引を通じて決済口座を観察可能で、いわゆる情報生産能力を有している。銀行系VCもこの銀行の情報生産能力を継承可能である。しかし、人材等の制約から技術知識が乏しく、専門性が低いという制約があるので、融資で実績のある業種に偏る傾向がある。

独立系VCは、銀行に比べて、専門性が高く、技術知識に関する人材の制約

も少ない。また、企業の成長の見込みが出てから、企業と付き合うことになるので、ゼロからの情報生産を行うわけではない。

次に VC の投資先企業であるベンチャー企業についてみると、VC とは資金や経営のノウハウに問題を抱える未上場の企業に対して、IPO によって外部からの資金調達が行えるようになる橋渡しをしてくれる存在である。Chemmanur and Fulghieri（1995）によると、企業年数が短い小規模な企業は、情報の非対称性の問題がより大きく、公開価格は過小評価されるため新規上場が行われにくいとする。しかし成長過程にある企業においては、さらなる事業の拡大には設備投資が必要となるため、資金制約の問題に直面する。未上場企業は、IPO を達成することによって、銀行に替わる資金調達手段を確保することができるので、成長企業にとって大規模な投資資金の調達が可能となり、大きな利益をもたらすとされる。こうした視点から、近年、IPO 後の設備投資についての研究が進められている。

しかし、Pagano et al.（1998）は、株式の IPO 後に企業のパフォーマンスは顕著に低下し、上場・公開によって調達された資金は、設備投資などの生産的投資に利用されず、負債の返済や金融資産への投資に充てられているということが明らかにした。この結果は、株式市場の経済的効果と株式市場が上場企業に対して負う役割について、理論研究上の成果と実証研究上の結果とが整合的でないことを示唆している。また日本に関しては、長瀬（2003）が、IPO を果たした企業は、上場後も設備投資を内部資金に頼り、不足分を社債によって調達していることを示している。

(5) 銀行系 VC と独立系 VC のパフォーマンス——アメリカの実証研究

銀行いし銀行系 VC と独立系 VC の審査能力に差異があるかについては、いくつかの実証研究がある。すなわち、equity と debt についての審査の相違がいかなるものであるかの分析である。

Gonzalez and James（2007）は、アメリカの Jay Ritter's IPO Database に CRPS, Compustat を接続して 1996—2000 年のデータを構築し、上場目論

見書からIPO前の銀行取引情報を収集した。その分析結果は、IPO前の銀行融資残高ないしクレジットライン設定額対総資産が大きい企業には、①IPO前の企業規模（資産・売上高）が大きく、業歴が長く、業績が良い（EBITDA/Sales）、②IPO後の業績がIPO前の業績では説明できないほど良好である、③IPOの際のアンダープライシング（株価の過小評価）の問題が少ない、④IPO後の融資水準はIPO後の業績と余り関係ない、というものである。このことから、銀行系VCの方が優れているという可能性を示唆している。すなわち、銀行の目利き能力の有効性を示したといえよう。

Hellman, Lindsey and Puri（2008）は、アメリカのVenture Economics（Thomson financial）の投資案件別データを使用し、LPC（1987年1月―2001年6月）とMoody'sのデータを接続してデータ整備を行った。その分析結果は、銀行系VCには、①ミドル・ステージ以降の企業への投資が多い、②上場後の成長期に融資依存度の高い業界（将来の融資を見込める業界）への投資が多い、③投資先企業はその親銀行から融資を受ける確率が高い、④他の銀行から融資を受けるよりも低い金利（18―27bp）で融資を受けている、といったものである。これは、日本の銀行系VCの行動と類似しており、興味深い。

(6) 日本の実証研究
IPO前後の実証研究

日本でも近年IPOが活発になっており、VCの活動が盛んになっているが、IPO前後の経営成果に対するVCの影響についての実証研究は少ない。初期の研究であるHamao et al.（2000）は、1989―1995年の新規店頭公開企業を対象に、VCを系列タイプ別に分けて投資先企業の長期の株価収益率との関係を分析した。その結果、外資系と独立系のVC以外、つまり、銀行系VCから出資を受けた企業とそうでない企業の長期的株価収益率には有意な差はないとしている。また証券系VCでは、系列証券会社が主幹事証券会社となる場合、IPO後3日間の株価は、他の企業より高く、その後3年間も株価の下落も差はみられず、主幹事証券会社となる場合では、IPOの価格が高めに設定され

るという結果を示している。

　Kutsuna et al.（2000）の研究は、1996年にJASDAQでIPOを行った110の企業を対象として、VCの出資比率の高い企業の方が、IPO前後の売上高成長率とIPO後の株価上昇率が高いことを明らかにしている。彼らはVC投資がJASDAQ公開企業の短期パフォーマンスにどのような影響を与えているかを分析している。IPO前後の売上高成長率とVCからの投資の関連性を分析し、VCから投資を受けた企業（VCFI）と受けていない企業（VCFNI）のIPO前後の売上高成長率の間に統計的に有意な差がみられること（VCFI ＞ VCFNI）、VCから投資を受けた企業のうち上位10社のVCの株式保有比率の合計が5％以上の企業（VCFIR）と5％未満の企業（VCFNIR）のIPO前後の売上高成長率の間に統計的に有意な差がみられること（VCFIR ＞ VCFNIR）を明らかにした。さらに、Kutsuna et al.（2002）では、1995年と1996年のJASDAQ公開企業のIPO前後の株主構成の変化と経営成果を分析したが、IPO以前のVC投資がIPO前後の経営成果（売上高成長率、売上高経常利益率等）に有意に影響することは検証されなかった、という結論を示している。

銀行系VC

　リードVCの特徴に着目した場合、日本のVCの特徴である銀行系VCは、親銀行を通じて、投資先企業についてより多くの情報を得ているならば、優良な企業を選択していることが予想されるが、このような視点からの日本の銀行系VCの機能に着目した研究として、先のHamao et al.（2000）の他、小西（2004）、鈴木（2004）等の研究がある。小西（2004）は、1996年―2000年にJASDAQで新規株式公開をした企業を対象とし、銀行系VCによる投資が企業の資本構成と銀行・企業間関係に与える影響について分析を行い、銀行系VCによる持株比率が高い企業では、借入金比率が高くなること、また銀行系VCの中で最も持株比率の高いVCの親銀行がメインバンクに選定される確率が高いことを明らかにしている。

　ただし、Hamao et al.（2000）は、金融危機の以前のVCが対象であること、また小西（2004）、鈴木（2004）等の研究は金融危機の最中の過渡期にあたる

1990年代後半について、しかもITバブルの影響を受ける2000年を対象としていることに注意を要する。したがって、メインバンク・システムの変容と近年のVCの役割についての変化を検証するには問題があるかもしれない。

銀行系VCの特徴

比佐（2008）は、新規上場の件数の増加する要因について、ベンチャー企業のIPO後のパフォーマンスに着目する。特に1998年以降の日本の金融システムの変容の下で、銀行系VCと他のVCの違いに着目することでその役割について検証した。分析対象は、1998年から2005年に日本でIPOを行った、金融・リース業・不動産業を除く、870社のデータで、IPO前後の企業の業績や、投資行動の変化と、これに対するVCの役割を分析したものである。1999年以降、銀行は持株比率を減らす一方で、VCの持株比率が増加する傾向にあり、ベンチャー・ビジネスに対する融資が、銀行からVCへと移行している傾向にある。

しかし、日本の場合、VCの多くが、銀行・証券会社・保険会社等の金融機関の子会社として設立されているので、親会社の融資に対する方針やリスクに対する態度などが反映されることが予想される。また銀行系VCの場合、銀行とVCの間に利益相反の問題があることから、VCそのものの役割が歪む可能性があることもあり、VCのタイプの相違によって、融資先のベンチャー・ビジネスに対する融資の違いが起ると思われるとし、企業の業績を表すROEやROAが、VCのタイプを問わず、IPO実施2期前に最も高くなり、その後、減少傾向を示すが、銀行系VCが融資する企業では上場前後の変化が少なくなる。

また、IPOを行う企業は、上場前後を通じて、売上・付加価値・資産規模等が増加し、企業規模が拡大しているが、本来ならば、銀行系VCから投資がなされた場合には、他のVCに依拠する場合に比べ、資金制約の問題が解消される可能性が強くなるはずであるものの、実際には、負債規模や資産規模に大きな違いがないことから、比佐は銀行系VCと他のVCの場合と大きな差はない。このことは、銀行や銀行系VCが、情報の非対称性を解消し、資金制約の問題を解消する役割を果たすというよりは、むしろリスクを回避している可

能性が高いことを示していると、比佐は論じた。銀行系 VC が、融資を受けられない高リスク事業を行うベンチャー企業に対し、資金制約の緩和を積極的に行っているとはいえないこと、IPO を行う企業に対して、銀行が有するといわれている情報の非対称性の緩和と企業へのモニタリングの機能を果たしていない可能性が高いこと、を比佐は論じた。

独立系 VC のダークサイド

内田・孫（2013）は、2001—2006 年に JASDAQ、マザーズ、ヘラクレスに IPO をした企業のうち、銀行系 VC から投資を受けた企業をサンプルとして、銀行系 VC によるベンチャー企業に対する投資が、親銀行の貸出を増加させ、利益を増加させるという戦略的目的で行われているという先行研究の結果を検証し、その考え方が支持されることを示した。すなわち、IPO3 年後においてが銀行系 VC の株式保有と親銀行の貸出の間に正の関係があること、銀行系 VC の株式保有と親銀行による役員派遣確率の間に一貫して正の関係があることを検証した。銀行系 VC が親銀行のために行動するという戦略的投資家である仮説を、先行研究よりも包括的かつ頑健なエビデンスで示したのである。

また、先行研究ではモニタリング・保証効果に優れているとされ、ポジティブな評価が多い独立系 VC について、日本では未熟な企業を IPO させる傾向にあり、名声の低いアンダーライターを用いて上場基準の緩い市場で企業を IPO させているという懸念を示した。すなわち、①独立系 VC から支援を受けている企業は、未熟な段階で IPO を実施することが多く、そのため上場基準の緩い市場を選択しがちであること、②業歴が若い企業や小規模な企業の場合、IPO に際してアンダープライシングの度合いが大きく、長期パフォーマンスが低い傾向があることから、独立系 VC は低いパフォーマンスに繋がる特性を持つ企業に投資するというダークサイドを有していることを示している。これは、必ずしも先行研究の独立系 VC に対するポジティブな評価が正しくないことを、内田・孫（2013）は示したものである。

課題

このように、日本の VC に関する研究も一定の蓄積を有している。その多く

は、IPOを実現した企業のパフォーマンスから、銀行系 VC・独立系 VC 等の特性を分析するというもので、VC の研究に関してはデータの制約が極めて大きい。特に、IPO 企業は VC の投資先企業の成功事例であり、ベンチャー企業のリスクの高さからするとその成功確率は高いものではない。したがって、VC の投資先企業全体を視野に入れて、失敗・破綻企業のデータを含むデータセットでないと、VC の各タイプ別のパフォーマンスの研究にはならない。

VC の投資先企業全体を網羅する企業のデータセットはほとんど存在していない。そこで、中小企業基盤整備機構が関与したファンドに関する投資先企業のデータを活用して、ファンドごとのパフォーマンスを分析することによって、VC の特性を明らかにすることを試みた。

2 中小企業基盤整備機構のベンチャー・ファンドの実証研究[49]

(1) 中小機構のベンチャー・ファンド研究の意図

日本のベンチャー・キャピタル市場は、1990 年代以降順調に成長し、新たな民間の参入も続いており、その市場は 1 兆円規模であるものの、アメリカの市場規模の 1/30 程度である。また開業率も依然低迷しており、中小企業の資金調達におけるファンドの割合も低い。こうした状況を鑑み、中小機構が公的金融として直接金融に関与することの意義をより明確化する必要があるとの問題意識から、中小機構のファンド事業を点検する作業が 2008 年度以降行われた[50]。

付帯的には、中小機構の関与するベンチャー・ファンドが、如何に中小企業の創業や成長の助長、財務の健全性向上等に寄与しているかを調査するとともに、それらを助長する要因を明らかにし、公的金融がファンド市場においてどのような役割を果たすべきかを導き出すことを目的とする。そのために中小機構の関与するファンドの現状を把握するとともに、日本のベンチャー・ファンドの現状を調査し、その傾向を把握する作業を行ったものである。

*3*章 イノベーティブな企業の育成・支援

　中小機構のベンチャー・ファイナンスは、1999年3月の第1号ファンド「投資育成1号投資事業有限責任組合」の組成から開始され、2007年12月までに、出資先ファンド数80、ファンド総額1283億6700万円、1868社の企業への投資を行っている。その出資規模は、日本のベンチャー・ファイナンス市場の約1割のシェアを占めている。機構のファンドの投資は、主たる投資対象を設立7年未満のアーリー企業とすること、ベンチャー・キャピタルによるハンズオン支援（人的経営資源の補完）を通じ、企業の成長をサポートすることを基本としている。さらに公的金融として、企業の創業促進や先端技術分野の成長支援といった直接金融における政策的な側面も併せ持っている。すなわち、様々な資金ニーズに対応する汎用型のファンドのほか、地方企業振興のための地域密着型ファンド、先端技術開発やバイオテクノロジーといった特定業種向けファンド、大学発のシーズを育成・市場化する大学連携型ファンド等の多彩なファンドを組成、出資しており、公的ファイナンスとして、民間がリスクとして敬遠しがちな分野への投資を行うという政策金融の側面も持っている。

　ファンドの運営に関しては、前述のように、中小機構はベンチャー・ファンドの直接の運営は行わず、民間のベンチャー・キャピタル（VC）がファンドの無限責任組合員（GP: General Partner）として運営し、機構はファンドの組成とファンドに対して投資資金の最大で50％の出資を行うことによりLPとしてファンドに参加し、パートナーGPのファンド運営に関して投資委員会に参加する等により、ガバナンスを効かせることになる。GPは3大投資育成会社といった政府系VC、都市銀行・信用金庫や地方銀行といった金融系VC、大手系列に属さない独立系VCや事業会社系VC、商社系VC等種々である。そのため機構のファンドは、ファンド組成の基本的な部分（アーリー対象、ハンズオン支援）といった部分の特徴は共通でありながらも、各々のファンドは運営するGPの性格を反映し様々な側面を持っているといえる。また、ベンチャー・キャピタリストの育成という政策的観点から、独立系VCの育成支援も重視している。

表3—2　中小機構のベンチャー・ファンドの収益性

ファンド	IRR	投資倍率 (Investment Multple)	出資金額分配率
1999～2001	28.7% (12)	1.20倍 (13)	44.44% (13)
2002～2006	-3.43% (43)	—	3.26% (41)
参考：VEC調査			
1998～2001	0.44% (91)	—	42% (91)
2002～2006	-2.78% (157)	—	6% (157)

出所：中小企業基盤整備機構　ファンド事業評価・検討委員会（2007b）49頁。

(2)　研究結果の概括

　この段階で中小機構のファンドを概括すると、①アーリー企業の成長に大きく関与していること、②多彩な種類のファンドを組成し、投資先企業も多岐にわたり、政策的意義の高い分野へも、マッチングを通じて投資を誘導していること、③様々なベンチャー・キャピタルとファンドを組成すること、特に大企業系列ではない独立系ベンチャー・キャピタルとのファンド組成を通じて、ベンチャー・キャピタルの育成という使命も有している、といった特徴があるといえよう。2008年当時、中小機構のファンドは全て運用中であり、利益の確定したファンドはない[51]。

　2006年12月に設置された外部有識者・実務家等からなる「ファンド事業評価・検討委員会」の中間とりまとめによる調査によると[52]、中小機構組成のファンドの収益性に関して、一般のファンドと変わらぬパフォーマンスを持っているという一定の評価をしている（表3—2）。しかし、機構のファンドの大

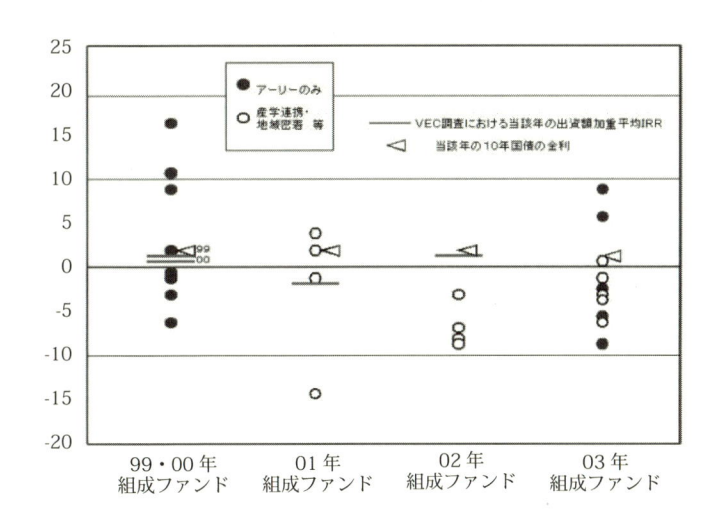

3章 イノベーティブな企業の育成・支援

図3—5 中小機構ベンチャー・ファンドの組成年別 IIR

[グラフ：縦軸 -20〜25、横軸 99・00年組成ファンド、01年組成ファンド、02年組成ファンド、03年組成ファンド。凡例：●アーリーのみ、○産学連携・地域密着 等、― VEC調査における当該年の出資額加重平均IRR、◁当該年の10年国債の金利]

出所：表3—3に同じ（50頁）。

きな特徴である、特定の目的をもったファンドは、一般には民間のファンドとは異なる、リスク・テイク型のファンドとして考えられる。すなわち、その目的は収益と二律背反のものと捉えられ、ハイリスク・ハイリターンでパフォーマンスも一般には低いものと考えられてきた（図3—5）[53]。

中小機構のナッレジリサーチ事業で取り上げたこの研究では、過去に行ってきた出資先ファンドを運営するベンチャー・キャピタルや投資先企業に関する報告資料・アンケート調査等のデータを用いて、中小機構の関与するベンチャー・ファンドが、投資先中小企業の雇用・売上高・ROA・経常利益についてどのような影響を与えているかについて、ファンドの類型・資本系列（GP別）・設立年度・地域（大都市圏と地方の相違等）に着目して分析を行った。またアンケート項目にある政策の有効度（ハンズオンの有無、機構のファンドへの出資がなかった場合の組成予定）とファンドデータの相関をみることによって、一般にリスクと取られる分野への投資の検証を行った[54]。

223

研究の視点としてフォーカスしたのは、中小機構のベンチャー・ファイナンスに対する総括的な把握および機構のファイナンスの特徴、すなわちアーリーステージ企業の成長効果、民間ではリスクと取られがちな分野に対する成長効果、地域密着型ファンドつまり地方のベンチャー企業に対する成長効果、先端技術分野やバイオテクノロジーといった特定分野型ファンドに対する成長効果、ハンズオン支援の効果等の抽出・明確化である。

　分析の手法は、投資先DBのうち、従業員数、売上高、経常利益、ROAの各項目に注目して、決算データが1期以上採れるものを対象とし、投資先企業ごとの直近のデータの投資前決算データに対する増減率を計算した。その上で、ファンド類型（汎用・地域密着型・大学連携型・特定目的型）、VECのアンケート調査に準じた業種分類・投資開始時の企業年数・累積投資額といった個別企業の属性情報に従って分類し、それぞれの傾向を分析した。さらに、アンケートによるGP、VBの回答から、政策の有効度（ハンズオンの有無）に対する情報の付加を行い、それぞれの類型ごとにH（高位）、M（中位）、L（低位）の3段階の区分を行った。また、データベース上のデータ欠落や情報公開の程度を確認する目的で、各企業のホームページにおける会社概要の確認を行い、データの補正を行っている。これらの分析から、中小企業金融としてのベンチャー・ファンドの有効性・ディメリット・時間軸効果（投資後何年目から成果が上がるか）といった視点から有意性の有無を検討している[55]。

　分析の結果、中小機構の投資前と投資後の直近のデータを比較すると、①従業員数増減では大幅な増加がみられ、特に規模の大きな企業や地域密着型ファンドほどその傾向が強いこと、②売上高経常利益率でも一定の成長がみられるが企業規模等によって増減の差が大きいこと、等が示された。

3 分析の結果

(1) 基礎分析の概要

投資先 DB から得られる主要項目ごとの主な傾向は以下の通りである。

売上高増減率

売上高は決算報告における必須回答項目である。投資先 DB 上で、投資後少なくとも1期以上のデータが採れる企業に対して、直近の決算における売上高のデータと投資前データの比較を行った。分析による主な特徴は以下の通りである。

① 投資規模が大きくなるほど、売上高増減率の伸びが大きい。
② 従業員規模、売上高の規模では明確な差は生じていない。
③ 業種別ではインターネット、コンピュータ、バイオ、ビジネス・サービス等で高い伸びを示した。
③ 地域別では東京、大都市圏で高い伸びを示し、それ以外の地域とは明確な差がある。
④ 大学連携型（産学・大学）で高い伸びを観測、それ以外でも高い伸びが認められた。
⑤ ファンド設立の年度によって明確な差がある。「3年未満」と「6年以上」で相反する結果が得られたが、全体としては設立から経過年数が長くなるほど、増減率が大きくなる傾向がある。

経常利益増加率

経常利益についても決算報告における必須回答項目である。経常利益に関しても、投資後少なくとも1期以上のデータがとれる企業に対して、直近のデータと投資前の比較を行った。分析による主な特徴は以下の通りである。

① 投資規模では有意な差異は得られなかった。
② ファンドの設立年度の区分では、設立年度によって明確な差がある。「3

225

年未満」と「6年以上」で相反する結果が得られた。
③　従業員規模、売上高では規模が大きい区分ほど、増加率が低い。
④　経常利益別では中位グループ（－5000万―0円）で伸びが鈍化するが、経常利益が黒字化した企業ではまた伸び率が高くなる。
⑤　業種別ではインターネット関連が突出して高い。
⑥　地域別では大都市所在で増加しそれ以外と明確な差がある。中国、中部と他の地域域で二極化した[56]。

従業員増加率

投資先DBにおける従業員データについては、DBの基となるデータにおいて必須の回答項目ではないので、現在のところ、欠落が多く、他のデータに比べて通期の計測がしにくい。また、従業員数の概念が一定ではない（連結の扱い、パート・非正規従業員の扱いなど）、増減率を記載していると思われるデータが含まれる等（実際複数従業員がいるにもかかわらずDB上は0と記載されている）、信頼性の面でも問題がある。その上でデータ補正を行い、投資後少なくとも1期以上のデータがとれる企業に対して、直近のデータの対投資前増加率を計算した。分析による主な特徴は以下の通りである。

①　投資企業に対する全般的な傾向として、従業員数の高い伸びが確認され、高い投資効果が確認された。
②　従業員規模の大きな企業区分ほど、増加率が高くなる傾向がある。
③　売上高についても同様に売上高が高い区分ほど、増加率が高くなる傾向がある。
④　東京、大都市圏のファンドとそれ以外の地域において従業員増減率における極端な差異はない。
⑤　地域では九州、四国、関西で平均より高い増加率を観測した。

ROA

ROAについては投資先DB上における異常値が多く、現段階では元データの信頼性が低いが、同様に投資後少なくとも1期以上のデータがとれる企業に対して、直近のデータと投資前の比較を行った。分析による主な特徴は以下

3章 イノベーティブな企業の育成・支援

の通りである。
① 設立年度が長い、投資規模が大きい先で売上高、経常利益と異なり、ROA が低下している。
② 売上高、利益率との関係、ファンド設立からの経過年数、設立年度においてデータのばらつきがみられた。
③ 地域については、都市圏の伸びが高く、それ以外の地域と完全に2極化している。

(2) 政策の有効性

ハンズオンの効果

ハンズオンに対する効果は、GP における回答と投資先企業に対する回答、投資先 DB による各企業のデータを相関のチェック等と、得点化によるチェックを行ったが、低位の得点で各指標に高い伸びを示すなど、明確な結果は得られなかった。

GP の類型（資本系列）に関して

ベンチャー・ファイナンスの多くの研究事例において、資本系列（GP）別のパフォーマンスの相違が重視される。特に銀行系 VC と独立系 VC ではそのパフォーマンスに相違があることが指摘され、概して銀行系 VC では投資先企業のパフォーマンスが良好な場合にある一方、それは投資の慎重性から来ることも指摘され、日本の銀行系ファンドは投資に対するその慎重な姿勢から、概してそのパフォーマンスの低さが指摘されている[57]。

今回の分析においては、単に銀行系としてではなく、大手銀行のみならず、地銀・信金系としての類型分析を行った点が先行研究にはみられないものである。その結果、地銀・信金系では、全体の傾向とそれほど遜色のない結果が得られており、ファンド類型における地域密着型の結果としては雇用の増加、売上高の増減率に、それなりの有用性が示されている。大手銀行系においては、他の地銀・信金系ファンドとは異なる傾向を見せているが、投資期間が短く、現時点での評価は難しい。ただし、表3—3に示すように、独立系 VC に対して、

銀行系 VC の数が少なく、金融系として証券系・生損保系も加えても独立系に及ばないので、解釈は慎重であるべきであろう。

4　ファンド投資によるベンチャー企業の成長促進効果 [58]

(1) ファンドの特性

ファンドの類型 [59]

中小機構のベンチャー・ファンドを組成パートナーである運用会社（GP）の類型別に分類したものが表3—4である。ファンド数ベースでは、全 74 ファンドのうち 31 社、4 割強を独立系の GP が占め、次いで 3 大投資育成会社である政府系、証券系、事業会社系、地銀・信金系と続く。一方、各類型に対す

表3—3　ファンドの資本類型（GP）別分類（出資金額の単位：億円）

	ファンド数	（構成比）	機構出資金額	（構成比）
独立系	31	(41.9%%)	167.35	(35.2%)
政府系	9	(12.2%)	615	(12.9%)
証券系	9	(12.2%)	73.17	(15.4%)
地銀／信金系	7	(9.5%)	19	(4%)
事業会社系	8	(10.8%)	76.1	(16%)
生損保系	4	(5.4%)	40	(8.4%)
金融系	1	(1.4%)	10	(2.1%)
商社系	1	(1.4%)	10	(2.1%)
その他	4	(5.4%)	18.7	(3.9%)
合計	74	(100%)	475.82	(100%)

出所：表3—2に同じ（50頁）。

3章 イノベーティブな企業の育成・支援

表 3—4　ファンドの組成目的別類型（出資金額の単位：億円）

	ファンド数	（構成比）	機構出資金額	（構成比）
汎用型	22	(29.7%)	158.5	(33.3%)
地域密着型	22	(29.7%)	62.85	(13.2%)
特定目的型	19	(25.7%)	160.47	(33.7%)
大学連携型	11	(14.9%)	94	(19.8%)
合計	74	(100%)	457.82	(100%)

出所：中小企業整備機構（2010）による。

図 3—6　ベンチャー・ファンドの類型別の設立の推移

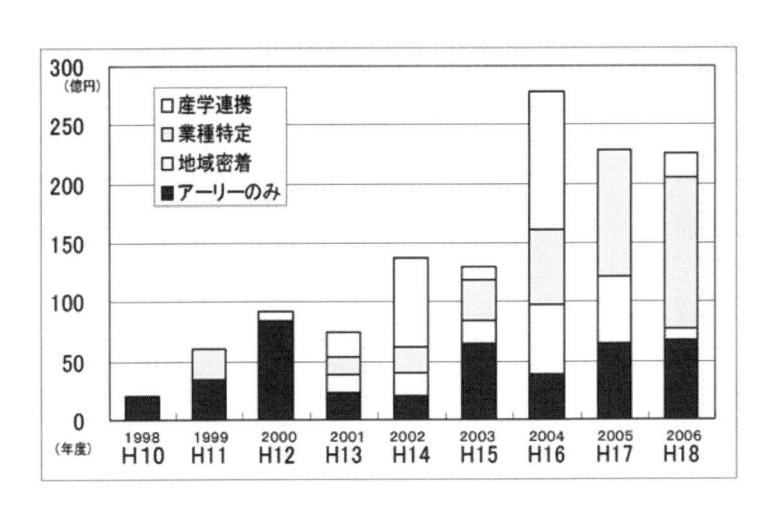

出所：表 3—2 に同じ（27 頁）。

229

表3—5　ファンドの類型と組成目的の関係（ファンド数ベース）

	汎用型	地域密着型	大学連携型	特定目的型	合計
独立系	7	12	4	8	31
政府系	7	1	1	0	9
証券系	4	0	4	1	9
地銀／信金系	0	7	0	0	7
事業会社系	0	0	0	8	8
生損保系	2	0	1	1	4
金融系	1	0	0	0	1
商社系	0	0	0	1	1
その他	1	2	1	0	4
合計	22	22	11	19	74

出所：表3—4に同じ（27頁）。

表3—6　ファンドの類型と組成目的の関係（出資総額ベース）

（単位：億円、カッコ内は中小機構出資額）

	汎用型		地域密着型		大学連携型		特定目的型		合計		ファンド当り出資金額	
独立系	903	(38.50)	114.6	(37.65)	60.4	(29.00)	147.7	(62.20)	413	(167.35)	13.32	(5.40)
政府系	1385	(54.00)	10	(2.50)	10	(5.00)	-	-	158.5	(61.50)	17.61	(6.83)
証券系	721	(31.00)	-	-	80	(40.00)	482	(21.17)	156.92	(73.17)	17.44	(8.13)
地銀／信金系	-	-	45	(19.00)	-	-	-	-	45	(19.00)	6.43	(2.71)
事業会社系	-	-	-	-	-	-	174.9	(76.10)	174.9	(76.10)	21.86	(9.51)
生損保系	75.1	(20.00)	-	-	24	(10.00)	21.6	(10.00)	120.7	(40.00)	31.00	(10.00)
金融系	31	(10.00)	-	-	-	-	-	-	31	(10.00)	30.18	(10.00)
商社系	-	-	-	-	-	-	24.25	(10.05)	24.25	(10.00)	31.00	(10.00)
その他	10	(5.00)	11.1	(3.70)	83.4	(10.00)	-	-	104.5	(18.70)	24.25	(4.68)
全体	417	(158.50)	180.7	(62.85)	257.8	(94.00)	373.27	(160.47)	1228.77	(475.82)	26.13	(6.43)
ファンド当り出資金額		(7.20)	821	(2.86)	23.44	(8.55)	19.65	(8.45)	16.61	(6.43)	16.61	

出所：表3—4に同じ（27頁）。

3章 イノベーティブな企業の育成・支援

表3—7　VECアンケート分類による業種区分

（平均投資累計額の単位：円）

	企業数	（構成比）	平均投資累計額
ビジネス・サービス	356	(28.8%)	42,530,241
コンピュータ関連	181	(14.6%)	51,874,598
バイオテクノロジー	148	(12.0%)	122,494,442
消費者関連	121	(9.8%)	45,043,019
インターネット関連	81	(6.5%)	60,212,540
製造	75	(6.1%)	59,821,536
半導体／その他電子製品	71	(5.7%)	71,401,972
産業／エネルギー関連	56	(4.5%)	74,312,500
医療／ヘルスケア	48	(3.9%)	67,442,231
金融／保険／不動産	30	(2.4%)	39,185,333
通信	29	(2.3%)	45,134,759
建設	9	(0.7%)	34,933,333
輸送	2	(0.2%)	20,450,000
農業／林業／漁業	1	(0.1%)	35,740,000
未分類	5	(0.4%)	21,850,000
その他	24	(1.9%)	56,156,667
全体	1237	(100%)	60,038,171

出所：表3—4に同じ。

る中小機構の出資金額でみると、ファンド数に比して独立系や地銀・信金系の出資金額が少なく、1ファンド当りの出資金額が小さいことがわかる。

ファンドの組成目的別類型

ファンドの組成目的別類型でみると、投資目的や地域を限定しない汎用型と地域密着型ファンドが最も多い。しかし、年数が経過するにしたがってファンドの組成傾向は、目的のはっきりした、政策的要素を含んだファンドが組成され

表3—8　投資開始時の企業の業歴（創業から投資実行日までの企業年数）

	社数	構成比	
1年未満	222	17.9%	
1-3年	377	30.5%	
3-5年	219	17.7%	77.8%
5-7年	145	11.7%	
7-15年	165	13.3%	
15年以上	105	8.5%	
投資前	4	0.3%	
計	1237	100%	

出所：表3—4に同じ。

図3—7　各企業への投資累計額による分布

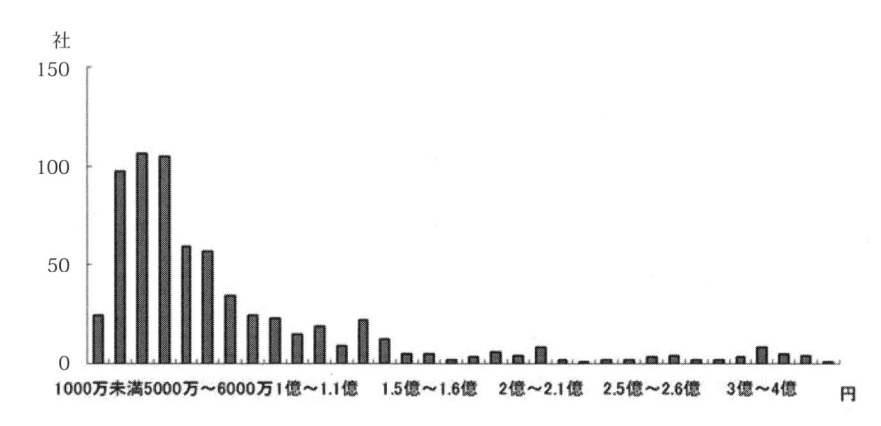

出所：表3—4に同じ。

3章 イノベーティブな企業の育成・支援

表3—9　投資累積額3億円以上の企業

	投資企業数	平均投資累計額
バイオテクノロジー	13	439,195,954
半導体／その他電子製品	2	498,350,000
産業／エネルギー関連	2	325,470,000
インターネット関連	2	335,750,000
コンピュータ関連	2	416,695,000
ビジネス・サービス	1	500,000,000
医療／ヘルスケア	1	558,700,000
製造	1	426,100,000
合計	24	431,119,892

出所：表3—4に同じ。

るようになってきている（図3—6）。出資金額ベースでは地域密着型がファンド数に比して、出資金額が少ない。これは地域密着型の1ファンド当りの組成規模が総じて小粒なためである（表3—4）。

GP類型と組成目的の関係

GP類型とファンドの組成目的の関係を表したものが、表3—5（ファンド数ベース）と表3—6（出資総額ベース）である。ファンド数ベースでは、いずれの類型も、大手企業系列に属さない、独立系VCが大きなシェアを占めており、汎用型は政府系VC、地域密着型は地銀信金系VC、大学連携は証券系VC、特定目的型は事業会社系VCのシェアが高く、目的ごとに違うタイプのVCが役割分担するような形になっている。一方、出資金額ベースでは1ファンド当りの出資金額は16億6100万円（内、機構出資平均6億4300万円）で、GP別では地銀／信金系と独立系のファンドの規模が小さい。類型別では独立系と地銀／信金系が関わる地域密着型ファンドが1ファンドあたり8億2100

233

万円と極端に規模が小さい。

投資先企業による分類：業種別分類、初回投資時の企業年数、投資累計、IPO 数
投資先企業の業種別分類については、VEC のアンケート調査分類に従った業種別分類では[60]、ビジネス・サービス、次いでコンピュータ関連、バイオテクノロジーの順である。一方、1 社当りの平均投資累計額はバイオテクノロジー企業が約 1 億 2000 万円と平均（約 6 億円）の 2 倍強と突出している（表3―7）。

創業から投資実行日までの企業年数は、創業から 7 年未満のアーリーステージの企業が 977 件、全体の 77.8％を占める（表3―8）。

各企業への投資累計額は 1 億円未満の投資が 1037 件（内、3000 万未満 458 件、3000 万―1 億 579 件）で全体の 80％以上を占め、投資額は総じて小粒であるといえる（図3―8）。投資金額が大きい 3 億円以上の企業 23 社の内、13 社がバイオテクノロジー企業である。

2007 年 3 月現在、IPO をした投資先企業は 82 社である。IPO 企業の投資

表3―10 中小機構ファンドの特徴とCRDデータの比較（従業員数のカッコ内は平均）

中小機構ファンドの特徴と CRD データの比較（従業員数のカッコ内は平均）					
	VF 投資企業		IPO 企業		CRD（鹿野 2006）※※
	投資前	直近※	投資前	直近	
資本金	64,687,500	173,100,000	61,000,000	499,000,000	10,000,000
従業員数	8 (24)	9 (31)	14 (54)	34 (73.6)	6 (19)
売上高	128,215,500	201,960,000	562,000,000	1,838,472,000	125,000,000
経常利益	▲ 1,423,000	▲ 21,721,000	51,000,000	181,985,000	-
投資累計額	34,800,000		30,299,980		-

注：投資前から直近までの平均経過年数は 5.43 年。
出所：鹿野嘉昭（2006）8 頁、鹿野（2008）21 頁。

3章 イノベーティブな企業の育成・支援

開始時の創業年数は平均4.3年である。

(2) 中小機構ファンドの特徴――時系列的分析

中央値分析

投資先DBに登録された中小機構ファンドの投資先企業の平均像は、中央値を基準として投資累計額は3480万円、投資前データでは、資本金6468万円、従業員数8人、売上高は1億2821万円である。これは鹿野（2006）によるCRDデータベースによる中小企業の信用保証データによる中小企業像に極めて近い企業像である。また鹿野に従い、従業員数の平均を求めてみると、投資前24人と、中央値のほぼ3倍という同様の結果が得られるとともに、正規分布とはかけ離れていることが分かる（表3―10）。

こうした、投資前は中小企業の平均像に極めて近いベンチャー企業が、中小機構のファンドによる投資によって、資本金1億7310万円、従業員9人（平均31人）、売上高は2億円超へと成長する。これは近年停滞する中小企業の成長においてはきわめて高い数字であるとともに、特に資本金の拡充は、日本の中小企業の財務上の最大の問題点である、「極めて低い過小資本」の解消に大いに貢献しているといえるデータであり、ベンチャー・ファイナンスによる株式資本比率の拡充効果と相俟って、日本の中小企業の財務の健全性に寄与していることがわかる。

時系列データによる中小機構ファンド投資先企業像

時系列データからみた中小機構のファンドの平均像、ファンドの組成目的による類型別比較、整理破綻企業の特徴をみる。比較の際のパフォーマンスの基準指標とするのは、投資先DBで、①IPOを達成した企業、②投資前を含め決算データが2期以上を計測できる投資先企業、③投資データが4期以上採れる2003年以前に組成されたファンドの投資先企業、各々の企業の経常利益、売上高、従業員数の対前期比の中間値の時系列変化である[61]。

これら①、②、③を計算し、比較のために散布図にしたのが、図3―7である（散布図には参考のため、近似曲線を加えてある）。機構のファンドは組成からま

図 3—8

① IPO 達成企業
② 2 期以上データのある企業（除：IPO 達成企業）
③ 2003 年以前組成ファンドによる投資企業（除：IPO 達成企業）
④ 整理・破綻企業の財務データの比較

出所：内田・石井・福島（2008）。

①IPO 達成企業

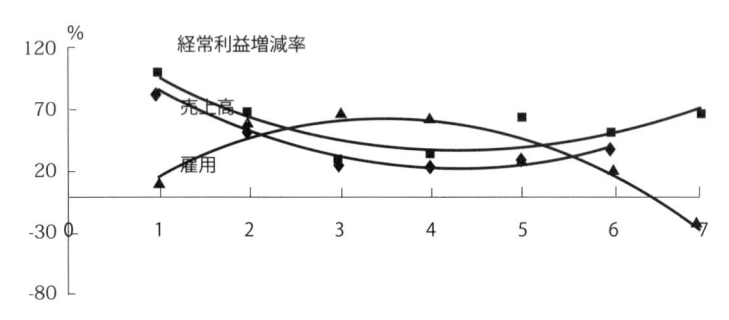

②2 期以上データのとれる企業（IPO 企業）

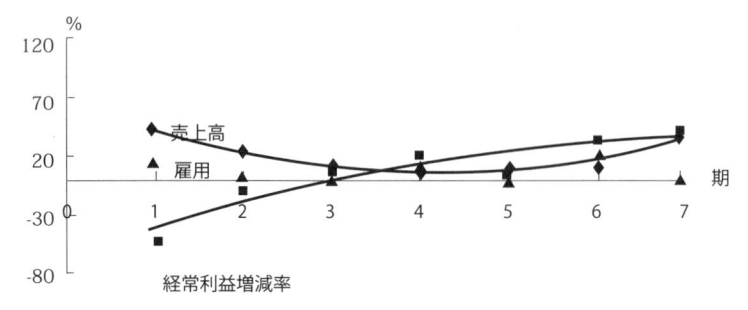

3章 イノベーティブな企業の育成・支援

③2003年以前組成ファンドによる投資企業（除：IPO企業）

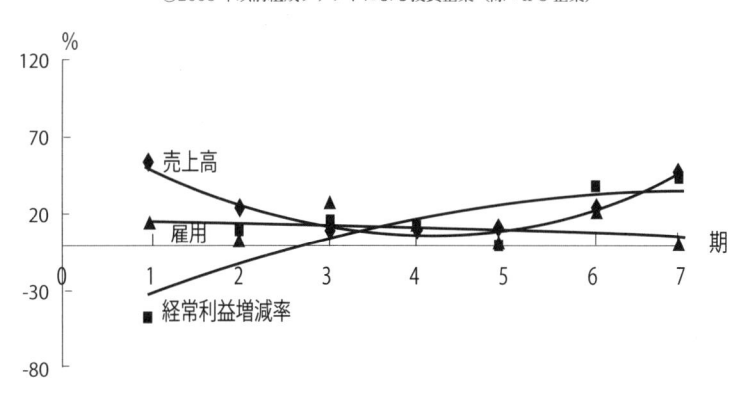

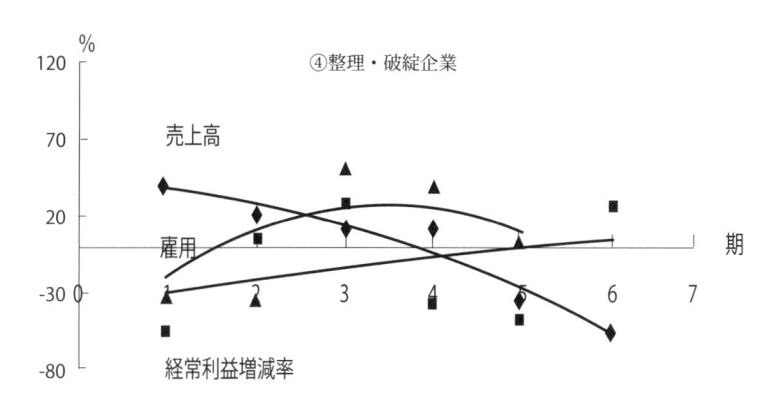

売上高
雇用
経常利益増減率

④整理・破綻企業

売上高
雇用
経常利益増減率

237

図3―8の続き

		1	2	3	4	5	6	7	n※
①IPO達成企業	売上高	84	54	27	25	32	39		76
	経常利益増減率	100	67	29	32	62	50	65	76
	雇用	6	57	72	63	29		-20	41
②2期以上データのとれる企業（除：IPO達成企業）	売上高	40	23	16	10	6	16	38	793
	経常利益増減率	-55	-4	12	11	4	36	41	618
	雇用	13	2	3	11	3	21	0	535
③2003年以前組成ファンドによる投資企業（除：IPO達成企業）	売上高	51	22	16	11	9	22	43	468
	経常利益増減率	-46	8	17	14	2	36	41	395
	雇用	21	0	23	11	3	21	0	259
③整理企業	売上高	43	22	13	11	-33	-55		39
	経常利益増減率	-55	8	23	-31	-45	36		39
	雇用	0	-33	52	39	0			23

図3―8の続き

整理破綻企業の業種

- 半導体／その他電子製品 2.6%
- 金融／保険／不動産 2.6%
- 医療／ヘルスケア 2.6%
- バイオテクノロジー 2.6%
- 建設 2.6%
- 通信 2.6%
- 製造 5.1%
- 産業／エネルギー関連 7.7%
- インターネット関連 7.7%
- 消費者関連 12.8%
- コンピュータ関連 28.2%
- ビジネス・サービス 23.1%

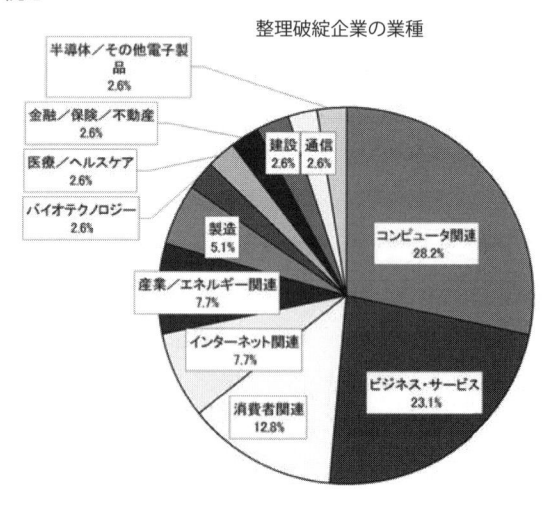

3章 イノベーティブな企業の育成・支援

図3—8の続き

	社数	構成比
コンピュータ関連	11	28.2%
ビジネス・サービス	9	23.1%
消費者関連	5	12.8%
インターネット関連	3	7.7%
産業／エネルギー関連	3	7.7%
製造	2	5.1%
バイオテクノロジー	1	2.6%
医療／ヘルスケア	1	2.6%
金融／保険／不動産	1	2.6%
建設	1	2.6%
通信	1	2.6%
半導体／その他電子製品	1	2.6%
計	39	100%

だ日を経ない若いファンドが多い。そのため、特にファンドGPの類型別比較、ファンドの組成目的による類型別比較では、期を経るに従い、母数が減ってしまい、個別企業のデータに引きずられやすくなる。そのため5期目以降のデータの傾向はあくまで参考であり、全体の傾向を示すとは限らない。

中小機構のファンド像をみるために、投資先DB上の投資先企業をIPOの達成を一つの基準として次の四つに区分して各々の傾向を検討した。

① IPOを達成した投資先企業、
② まだIPOに至らない、投資前を含め2期以上の決算データの採れる企業、
③ まだIPOに至らない、2003年以前に組成されたファンドによる投資先企業、
④ 整理・破綻した企業、

①の IPO 達成企業を「成功した企業」、②と③を「成功を目指す企業」、④を「失敗した企業」と区分することによってその特徴を明らかにする。なお、③に関しては 2007 年時点で、投資データが 4 期以上採れ、一定数のサンプル数を確保出来ること一方、②では投資前を含め、1 期目、2 期目のみのレコードしかなく、投資後まだ月日をおかない企業が多数含まれており、そうした企業データが中間値に影響を与え、3 期以降のレコードとの整合性を希薄にしている可能性があることから、機構のファンドの平均像の一つとして計測したものである[62]（図3—8）。

ファンドの組成目的等による類型別比較

ファンドの組成目的による類型別比較をみると、売上高については、1 期目に 30％を超える高い伸びを示した後、伸び率は鈍化するがまた数期後伸び率が高くなるといった共通の傾向がある。1—3 期目では大学連携型、特定目的型

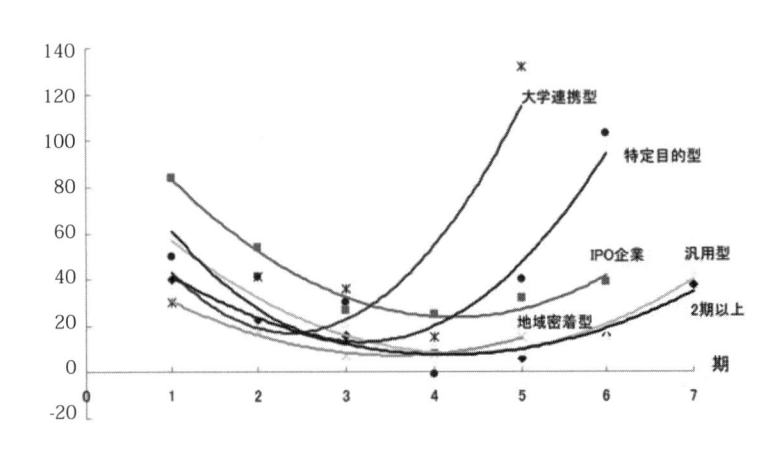

図3—9　組成目的別分類：売上高増減率（％）

出所：図3—8に同じ。

240

3章 イノベーティブな企業の育成・支援

表3—11 類型別経常利益（中間値）

類型別経常利益 （中間値）	投資前	1	2	3	4	5	6	7
汎用	1,000,000	▲23,115,000	▲15,389,500	399,000	3,05,00	1,293,000	▲2,974,000	36,525,000
地域密着型	0	▲16,830,500	▲9,832,000	▲4,621,500	▲68,000	▲8,995,000		
大学連携型	▲14,166,000	▲45,327,500	▲85,214,500	▲112,205,176	▲82,107,500	▲331,105,000		
特定目的型	▲6,758,500	▲46,821,000	▲62,995,500	▲55,592,670	▲69,000,000	▲227,093,000	34,570,000	
全体	0	▲28,339,000	▲30,997,000	▲16,798,000	▲437,000	774,500	▲1,231,500	36,525,000

注：単位は円。
出所：図3—8に同じ。

においてその伸び率が高く、地域密着型はその伸びは緩やかである（図3—9）。

　経常利益については、表3—11の類型別経常利益の中央値にみられるように、いずれの類型も1期目から経常損益となっており、それを徐々に減らしていくという構図である。増減率ではIPO達成企業を除けば、1期目よりその増減率はマイナス基調であるが2期目以降、徐々にプラス基調に転じる。売上高とは逆に汎用ファンド、地域型で順調な伸びを示し、大学連携型、特定目的型で経常利益の伸び率がプラスに転ずるのに時間がかかる（図3—10）。

　従業員増減率では、地域型の5期を除いて、0ないしプラスの基調である。汎用型に加え、経常利益、売上高で厳しいトレンドであった大学連携、地域でも高い雇用促進効果が確認される。また従業員増減の傾向として、地域連携型、特定目的型、大学連携型の特定目的型ファンドは、投資直後の1期目に雇用が増加するという共通の傾向がある（図3—11）。

図3—10　組成目的別経常利益増減率（%）

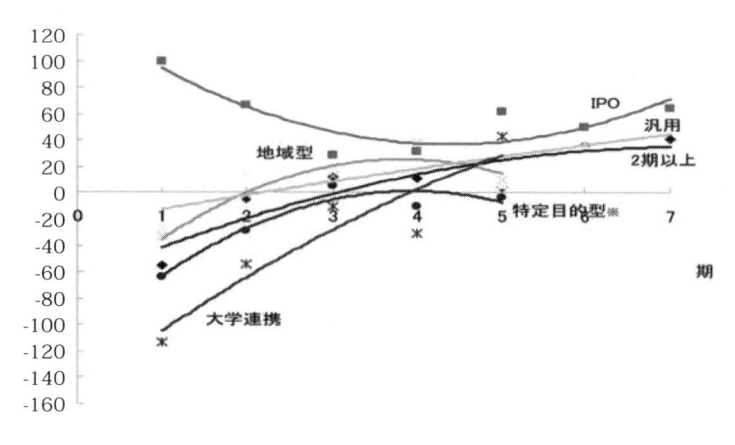

※特定目的型は6期目データを除く。
出所：図3—8に同じ。

図3—11　組成目的別従業員増減率（%）

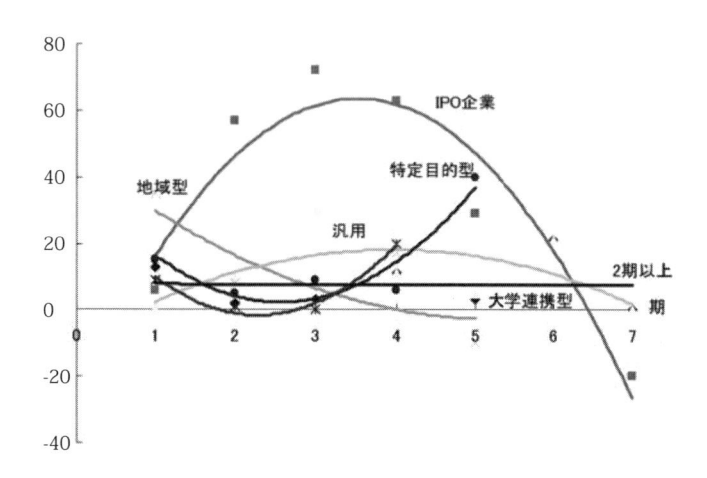

出所：図3—8に同じ。

3章 イノベーティブな企業の育成・支援

　ファンドの組成目的による類型別比較については、以下のことが指摘できる。①売上高増減率は常にプラスの基調で、全体的には右肩上がりの傾向を示している。②経常利益はどの類型も1期目から赤字ベース(経常損益を計上)であり、経常利　益増減率もマイナス基調から次第に回復する。特定目的型、大学連携型では増減　率がプラスに転じるまで時間がかかる。ただし、その後の伸び率は急速な可能性　もある。③従業員増減率は地域型、特定目的型、大学連携型で1期目に急増し、投資直後の　雇用促進効果が期待される。

投資開始時の企業年数

　ファンドが投資を開始した時点における、投資企業の創業からの企業年数別の投資効果の比較が図3―11である。これによると、投資開始時の企業年齢

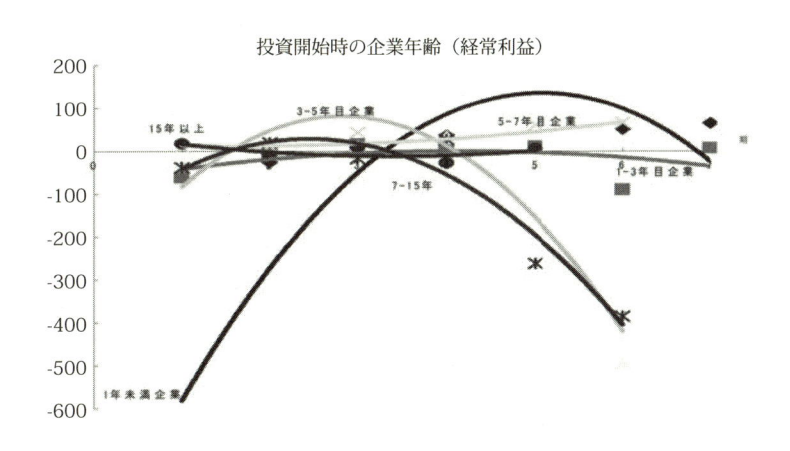

図3―12　投資開始時の企業年数の経常利益増減率（%）

出所：図3―8に同じ。

図3―13　投資開始時の企業年数――売上高増減率（%）

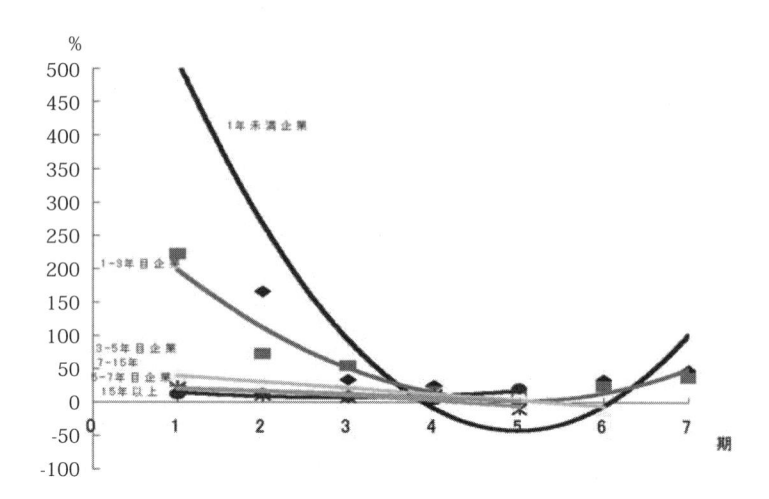

出所：図3―8に同じ。

図3―14　投資開始時の企業年数の従業員増減率（%）

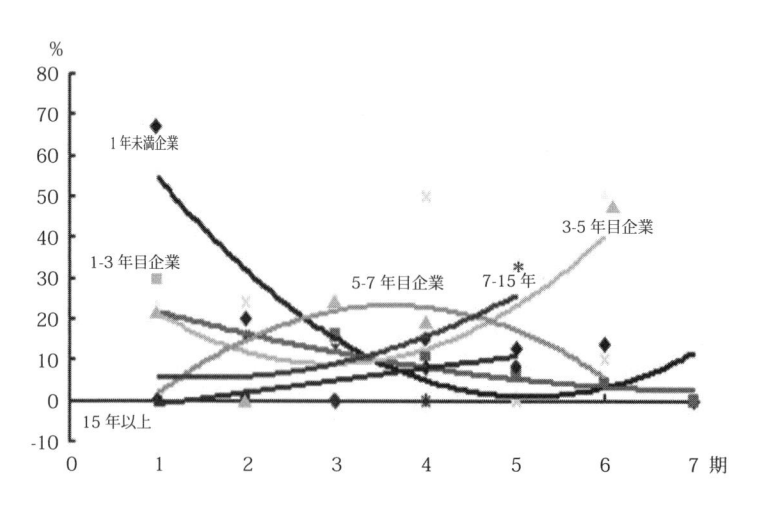

出所：図3―8に同じ。

3章 イノベーティブな企業の育成・支援

表3—12　創業から1年未満の企業の特徴

	VF投資企業		1年未満企業	
	投資前	直近※	投資前	直近
資本金	64,687,500	173,100,000	31,975,000	124,170,000
従業員数	8 (24)	9 (31)	4 (13.8)	6 (20)
売上高	128,215,500	201,960,000	1,083,000	54,804,500
経常利益	▲1,423,000	▲21,721,000	▲4,932,500	▲31,101,000
投資累計額		34,800,000		39,040,000

出所：図3—8に同じ。

が7年未満と7年以上では明らかな投資効果の違いがみて取れる。特に売上高増減率、従業員増減率においては企業年数が若いほど、1期目の増減率が高い。一方、7年以上の企業では従業員増減率を除き、明確な投資効果は見出せなかった。

　この中で特に注目したいのは、投資開始時に創業から1年未満の、全くのスタートアップ企業である。シードやアーリー期に当るこれら企業は、決算データをはじめとする企業としてのトラックレコードが全くなく、通常、金融機関の融資の対象にはなり難い。表3—11と同様に中央値を用いて1年未満企業の投資前と直近のデータを表したのが、表3—12である。VFの全体像と比べると、投資前のデータでは資本金で下回るほか、従業員数は4人（全体8人）、売上高は108万円である。直近のデータでは資本金の拡充を初めとして、売上高、従業員数に顕著な投資効果をみることができる。

(3)　小括

　投資先DBを用いた中小機構のベンチャー・ファイナンスの時系列分析を通

じて、機構のファンドの企業成長に対する特徴を纏めると、以下のようになる①中小機構のベンチャー・ファイナンスは、日本の中小企業の平均像に近いベンチャー企業に投資を行い、その成長を助長している。②企業レコードのない金融機関の融資対象になり難い企業への投資を行い、その成長を助長している。③成長効果は特定目的型を含む全ての種類のファンドに及んでおり、売上高・雇用に良い影響を与えている。④政策的色彩の強い特定目的型ファンドでは、売上高増減率の伸びは汎用ファンドや機構の平均像に比べると緩やかだが、雇用の創出に関しては、投資後の早い時期からその効果が現れる。⑤整理・破綻企業では、投資後、成長が期待される3期以降の成長が緩慢である。特に売上高の低下がより顕在化し、経常損益の解消に繋がらない。

このように、中小機構のファンド投資は現時点ではベンチャー企業の成長促

表3—13　投資開始時と直近時の投資先企業のパフォーマンス

	度数	最小値	最小値	最大値	平均値	標準偏差	-3	+3
従業員増減率	1250	2440.00	0.00	137.12	164.77	-357.20	-357.20	631.44
売上高経常利益率進展率（対第1期）	1250	268117.95	-44231.27	352.39	8748.40	-25892.81	-25892.81	26597.59
ROA進展率（対第1期）	1250	361651E+14	3113498E+12	3.11349E+11	1.03328E+13	-3.0687E13	-3.0687E+13	3.13097E+13
売上高増減率（対第1期）	1250	896844.06	-1.33	2949.04	39796.33	-116439.95	-116439.95	122338.02
経常利益増減率（対第1期）	1250	82575.80	-23095.82	235.58	3599.45	-10562.76	-10562.76	11033.91

出所：表3—4に同じ。

5 中小機構ベンチャー・ファンドの雇用創出効果──比較静学的分析[63]

(1) 全体的傾向

　ベンチャー企業における急速な成長に伴う事業拡大は、必然的に新規の従業員採用を発生させ、雇用機会創造につながることが推測される。そこで、中小機構関与ベンチャー・ファンドの雇用創出効果をみる。投資開始時点（第1期）での従業員数と直近決算（2008年度）での従業員数について様々な角度から比較し、どの程度の雇用創造がなされている状況について分析する[64]。

　まず、投資直後と直近の従業員・利益率・ROA・売上高等の全体像をみたものが、表3—14である。

　投資先DBから得られる、投資開始時点及び直近の決算時点での従業員数に対する明確な数値が記載されている投資先企業は、対象標本1250社であった。この標本での雇用創造効果について「高」「中」「低」に三分類した。「高」とする企業は投資前時点より従業員数が増加した企業であり、全体の37.5％、「中」は、投資直後の従業員数を変わらず維持している企業であり、14.8％であった。「低」では投資直後の従業員数より減少した企業であり、35.1％となっている。全体では、投資開始時の従業員数を100とした指標化した場合、投資期間の長短はあるが、直近決算時点では122.1となる。すなわち、投資前の状態と比較して約2割の従業員数の増加、つまり雇用機会の創造がなされている（表3—13）。

(2) 規模別効果──従業員・売上高・投資規模

　投資先企業の現在の従業員規模での効果の違いをみると、「30人以上企業」では指標値は170.8と高く、「30人未満企業」の118.8と比較して大きく増えている。一定の規模に達している企業ほど雇用創造効果が高いということを示

図3—15 従業員増加率

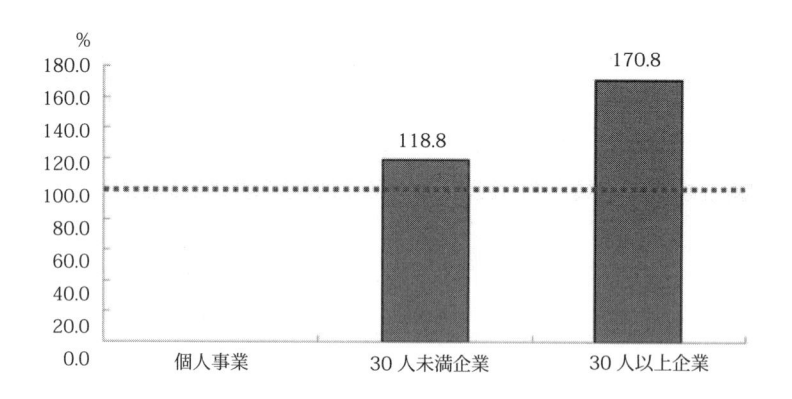

出所：表3—4に同じ。

している（図3—15）。

　直近での売上高規模との関連性をみると、ここにも明らかに正の相関があることがわかる。「1億円未満」では指標値が104.1と最も低いが、「（1億円以上）10億円未満」では123.4、「10億円以上」では142.4と次第に高くなっている。売上額でみる事業規模が大きいほど、投資期間での雇用創造効果が大きいことがわかる（図3—16）。

　投資規模から雇用創造効果の程度をみると、必ずしも投資額の規模が大きいことが雇用創造効果を高めるものではないことが示されている。最も効果が高くなっているのは「10億円未満」の最も投資規模の小さい企業層で128.2となる。続いて「10億円以上20億円未満」の中間層で127.6と高い値となっている。投資規模が最も大きい「20億円以上」で指標値は112.8と全体平均を下回るものとなっている（図3—16）。この結果をみるかぎりでは雇用創造効果に多くを期待するならば、比較的小規模な投資を多数行うことがより有効で

3章 イノベーティブな企業の育成・支援

図3—16　規模別効果——売上高別

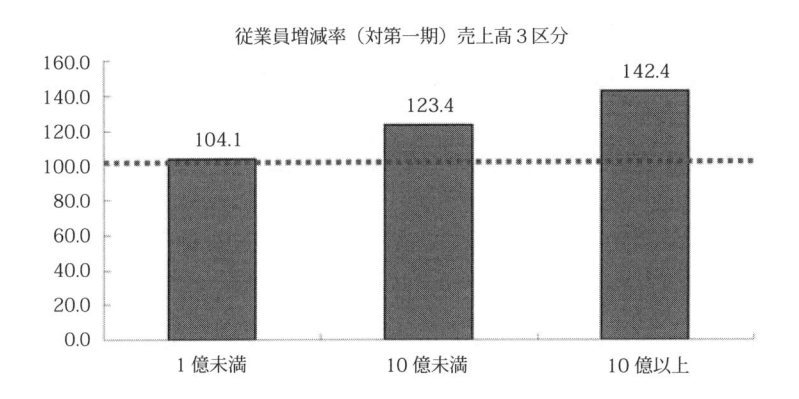

従業員増減率（対第一期）売上高3区分

- 1億未満: 104.1
- 10億未満: 123.4
- 10億以上: 142.4

出所：表3—4に同じ。

あると考えられる（図3—17）。

(3) ファンド設立後の経過年数別効果

　ファンド設立時点からの経過年数についても雇用創造効果との明確な正の相関が存在することが示されている。設立からの経過年数が「3年未満」の企業層では指標値は103.1と投資前の雇用規模を維持しているに過ぎないが、「3—5年」の段階になると、指標値は127.5と急速に雇用創造効果が現れる。さらに、「6年以上」の長期間となると、指標値は138.5とさらに高くなる（図3—18）。

　こうした時間経過と雇用創造効果との関連性をさらに詳しくみたものが図3—19で、ファンドの設立年度別にみた指標値を示している。設立時点が1999年度から2006年度までの企業層での指標値を比較している。傾向的には跛行しているが、2000年度、2004年度、2005年度設立ファンドでの、指標値が高くなっている（図3—19）。

249

図3—17　規模別効果——投資規模別

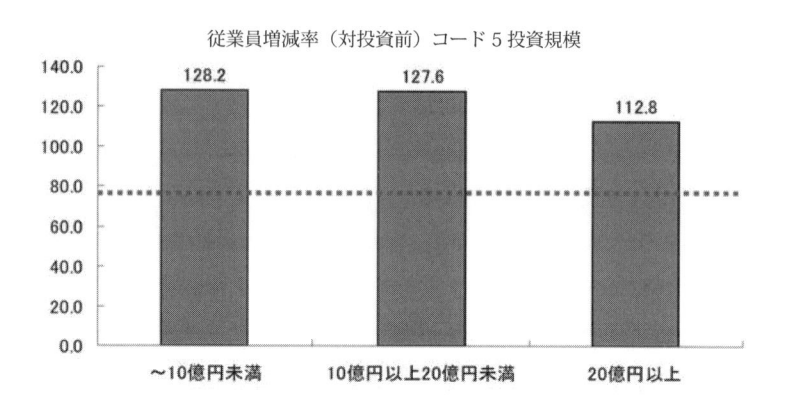

従業員増減率（対投資前）コード5 投資規模

- ～10億円未満: 128.2
- 10億円以上20億円未満: 127.6
- 20億円以上: 112.8

出所：表3—4に同じ。

図3—18　ファンド設立後経過の効果

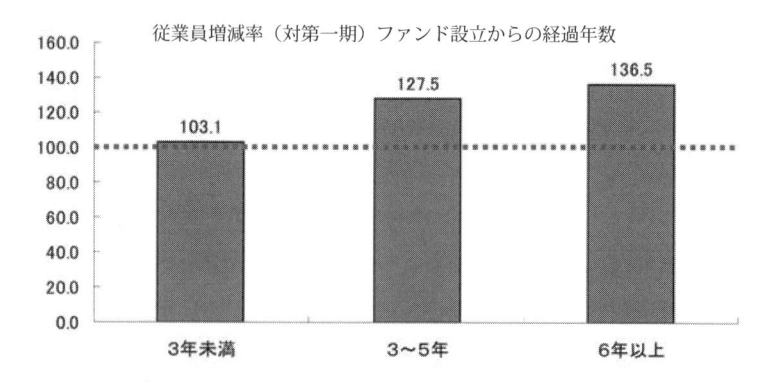

従業員増減率（対第一期）ファンド設立からの経過年数

- 3年未満: 103.1
- 3～5年: 127.5
- 6年以上: 136.5

出所：表3—4に同じ。

3章 イノベーティブな企業の育成・支援

図3―19 ファンド設立年度別効果

従業員増減率（対第一期）コード6設立年度

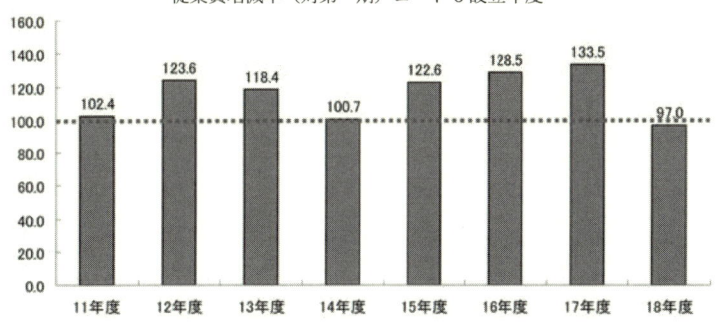

11年度	102.4
12年度	123.6
13年度	118.4
14年度	100.7
15年度	122.6
16年度	128.5
17年度	133.5
18年度	97.0

出所：表3―4に同じ。

図3―20 投資先企業の業種別効果

従業員増減率（対第一期）業種（VEC調査分類）

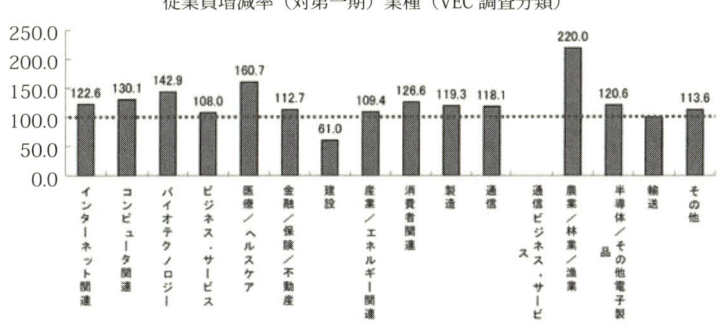

業種	値
インターネット関連	122.6
コンピュータ関連	130.1
バイオテクノロジー	142.9
ビジネス・サービス	108.0
医療／ヘルスケア	160.7
金融／保険／不動産	112.7
建設	61.0
産業／エネルギー関連	109.4
消費者関連	126.6
製造	119.3
通信	118.1
通信ビジネス・サービス	220.0
農業／林業／漁業	120.6
半導体／その他電子製品	120.6
輸送	113.6
その他	113.6

出所：表3―4に同じ。

251

図3—21 ファンド組成目的別効果

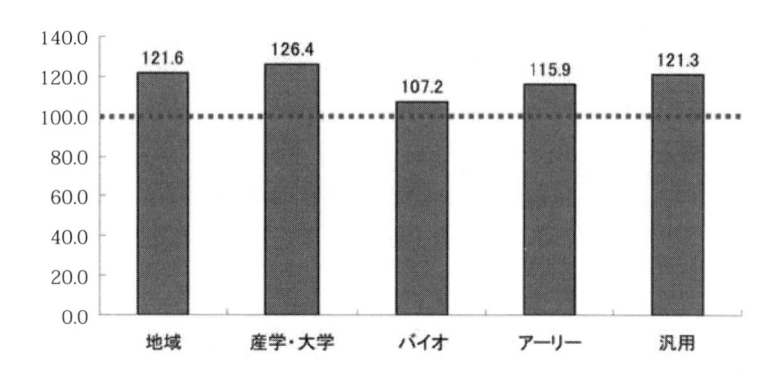

バーグラフ:
- 地域: 121.6
- 産学・大学: 126.4
- バイオ: 107.2
- アーリー: 115.9
- 汎用: 121.3

出所:表3—4に同じ。

表3—14 ファンド特性分類と雇用創出効果

	β	std-β	t-value	許容度	VIF
(定数)	88.777		7.230 ****		
経過年数	14.838	0.231	4.757 ****	1.000	1.000
直近・従業員数	0.172	0.109	2.240 **	0.995	1.005
産学・大学	39.345	0.102	2.089 **	0.994	1.006
F (3,394)	10.580				
Std-R2	0.068				
DW	1.991				

*:p<0.1 **:p<0.05 ***:p<0.01 ****:p<0.001

出所:表3—4に同じ。

(4) 投資先企業の業種分類別効果

業種分類（VEC分類）で、雇用創造効果の指標値を比較すると、高い雇用創造効果がみられる業種としては「農業／林業／漁業（220.0）」「医療・ヘルスケア（160.7）」「バイオテクノロジー（142.9）」などとなっている（図3—20）。農業／林業／漁業などの一次産業型のベンチャー企業は地方の企業も多く、格差の広がる地域経済での新たな雇用基盤としての可能性を示した結果といえよう。

(5) ファンドの累計別効果

ファンド組成目的別

ファンドの組成目的別の分類で雇用創造効果を比較すると、ここで最も高い雇用創造の指標値を示したのは「産学・大学型」で、126.4となる。次いで「地域型（121.6）」「汎用型（121.3）」と続いている。先の業種分類（VEC分類）での分析でも「地域」や、「農業／林業／漁業」などの急成長型の企業での雇用創造効果が高いことがわかる（図3—21）。

投資ファンド設立からの経過年数と直近での従業員数を制御した上で、ここでのファンド特性分類と雇用創造効果（第一期と直近期との比較での従業員増減率）との因果関係をみたものが表3—14だが、ここでも「産学・大学」に明確に統計的有意性を確認することができる。大学発あるいは大学との連携型のベンチャー企業への積極的な投資によって雇用創造効果が期待できることを示している。

(6) 地域別効果・GP別効果

全国の9ブロック別に分類した地域別に雇用創造効果の違いを指標値で比較してみると、「関西」が148.1と最も高い。次いで「北海道（141.9）」「中部（140.1）」「四国（139.1）」などが高くなっている。相対的に低い地域としては「北陸（96.3）」「中国（100.9）」「東北（101.0）」でほとんど効果がみられていない。地域別にもかなりの較差があることが分かる（図3—22）。

図 3—22　地域別効果

従業員増減率（対第一期）コード 3 地域大分類

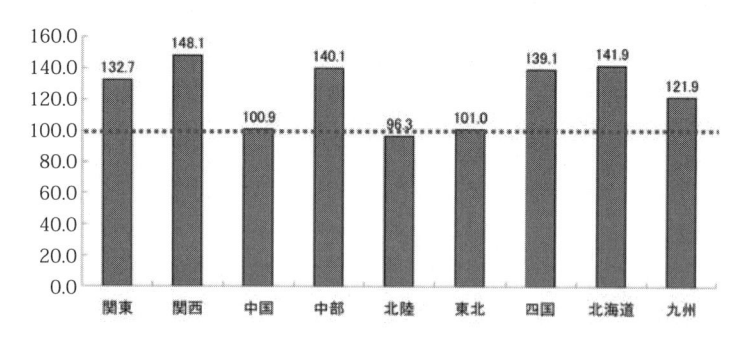

地域	値
関東	132.7
関西	148.1
中国	100.9
中部	140.1
北陸	96.3
東北	101.0
四国	139.1
北海道	141.9
九州	121.9

出所：表 3—4 に同じ。

図 3—23　GP 別効果

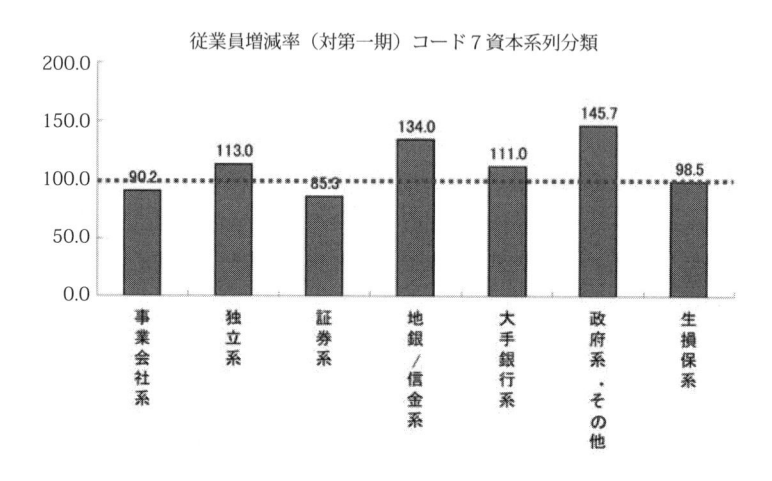

従業員増減率（対第一期）コード 7 資本系列分類

事業会社系	90.2
独立系	113.0
証券系	85.3
地銀／信金系	134.0
大手銀行系	111.0
政府系・その他	145.7
生損保系	98.5

出所：表 3—4 に同じ。

3章 イノベーティブな企業の育成・支援

ファンドの資本系列（GP）別でみると、最も効果が高くなったのは「政府系・その他」ファンドで指標値145.7となっている。次いで高いのは「地銀・信金系（134.0）」などとなる。効果が低くなっているのは「証券系（85.3）」「事業会社系（90.2）」などで第1期の従業員数を下回っている（図3—23）。

(7) ハンズオンの効果

ハンズオン（投資先VBへの経営支援）の有効性と雇用創造効果との関連性について、どの程度ハンズオンが行われたかを示す支援得点との関連で整理すると、一定の傾向は読みとれない。支援得点が「中」で最も指標値が高く124.2となるが、支援得点「低」および「高」ではそれぞれ120.3、115.9となる。支援得点については具体的な支援内容との関連性までは特定できないが、支援項目が多いほど雇用創造効果が高いとはいえないだろう（図3—23、図3—24）[65]。

VB側が行った評価であるハンズオン効果得点についても同様に雇用創造効果との関連性をみてみた（図3—25）。やはりここでも、特定の関係性は見出せず、効果得点の「高位」「中位」「低位」のいずれについても雇用創造効果の指標値に大きな較差はみられない。効果得点の「低位」とする企業層で最も高い指標値126.2となっていることからすると、余分な雇用を抱えることを抑制するような指導がなされているとも考えられる。いずれにしても、明確な関係があるといえない。

投資ファンド設立からの経過年数と直近での従業員数を制御した上で、ハンズオン支援得点、及び効果得点と雇用創出効果との関連性について回帰分析を行うと、効果得点について、やや低い有意性ではあるが、雇用創出効果との負の関連性が検出されている。すなわち、効果得点が高いほど雇用創で効果は低くなるということになる（表3—15）。

(8) 機構関与効果

雇用創造効果について、ファンド組成における当機構の参加の意義という点

255

図3―24　ハンズオン効果

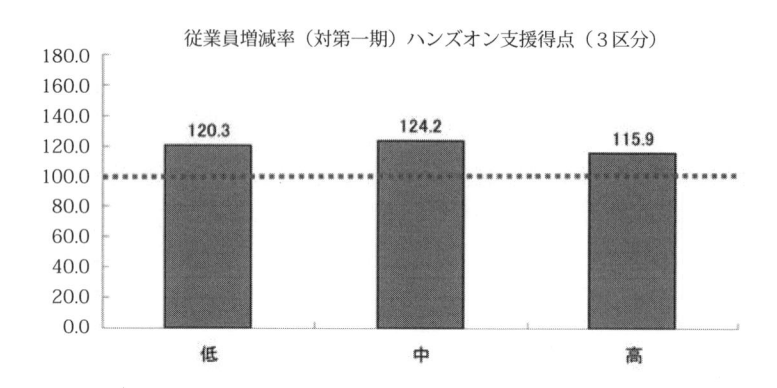

従業員増減率（対第一期）ハンズオン支援得点（3区分）

区分	値
低	120.3
中	124.2
高	115.9

出所：表3―4に同じ。

図3―25　ハンズオン効果（2）――ベンチャー・ビジネス側評価

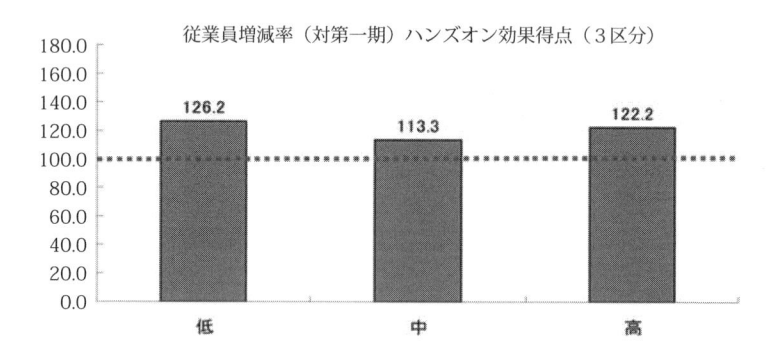

従業員増減率（対第一期）ハンズオン効果得点（3区分）

区分	値
低	126.2
中	113.3
高	122.2

出所：表3―4に同じ。

3章 イノベーティブな企業の育成・支援

表3—15 ハンズオンと雇用創出効果

従業員増減率との関連性（ハンズオン）

	β	std-β	t-value	許容度	VIF
（定数）	109.759		2.239**		
直近－従業員数	0.087	0.061	1.168	0.983	1.017
経過年数	9.245	0.144	2.743***	0.962	1.040
ハンズオン支援得点	0.911	0.112	1.551	0.508	1.970
ハンズオン効果得点	-1.135	-0.089	-1.226*	0.509	1.964
$F_{(4,364)}$	2.672				
Std-R^2	0.018				
DW	1.921				

*:p<0.1 **:p<0.05 ***:p<0.01 ****:p<0.001 t-value

出所：表3—4に同じ。

からも確認しておきたい。これは、当機構からの「出資がなかった場合」でのファンド組成の可能性があったかという設問に対する回答別に雇用創造効果の指標値を比較してみた。

まず「組成できなかった」とするケースでの指標値は127.1となり、この部分が当機構の参画による雇用創造効果とみることができる。また、「ファンド総額を縮小して組成」とするケースでは108.6とやや下がる。もっとも指標値が高くなったのは「ファンド総額を変更せず組成」とした層で132.7となっている（図3—26）。

このように、雇用創造という観点からベンチャー企業への投資による効果を様々な観点からみてきた。全体として投資対象となったベンチャー企業は、既存の大企業層、中小企業層に比較して潜在的に高い雇用創造力を持つものと考えられる。特に、新しい地方経済を担う存在としての今後の発展が期待されるといえよう。

図 3—26　機構関与効果

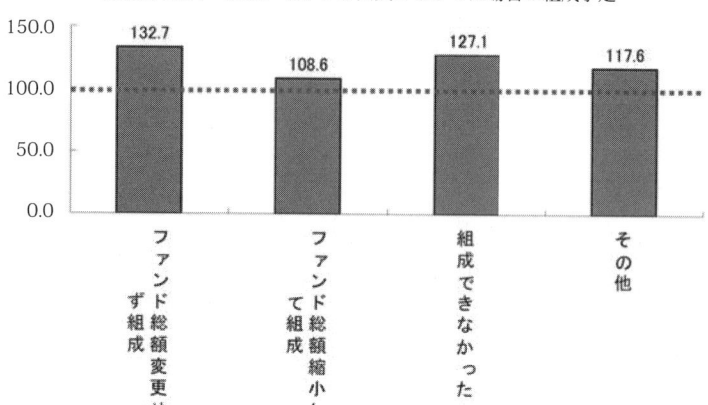

従業員増減率（対第一期）1-3 出資がなかった場合の組成予定

- ファンド総額変更せず組成: 132.7
- ファンド総額縮小して組成: 108.6
- 組成できなかった: 127.1
- その他: 117.6

出所：表 3—4 に同じ。

7節　まとめ

　本章では、イノベーティブな企業の育成・支援をベンチャー・ファイナンスの面から考察した。ベンチャー・ファンドは組成されて、10年余が経過しないとそのパフォーマンスが明らかにならず、実証的な研究は緒に着いたばかりである。特に、IPO した企業を除くと、ベンチャー・キャピタルの投資先企業の公表データは存在しない。また、ベンチャー・ファンドのエクジットについて IPO 以外の M＆A（合併・買収・事業譲渡など）についてもデータは存在しないことや、投資先企業の破綻のデータはないため、ベンチャー・ファン

ドのパフォーマンスの研究には困難が多い。今後、官民ファンドを含め、関係するファンドの情報公開が期待される。

注

1　BIS（1986）は、ユーロ市場のセキュリタイゼーション（FRN, NIF, RUF, スワップなど）を検討したもの。Van Horne（1985）、Miller（1986）も金融イノベーションをサーベイした初期の文献であり、その後の研究のサーベイは Frame and White（2002）、Tufano（2003）などに見られるが、金融イノベーションという用語の割りに理論研究・実証研究は少ないといわれる。リテール金融におけるイノベーションについては、Frei et al.（1998）などを、1990年代の情報技術革新を検討した邦語文献としては『フィナンシャル・レビュー』第51号（1999）、内田ほか（2000）を参照。Tufano（2003）は、金融イノベーションを新しい金融商品・技術・金融機関・金融市場の創造と普及と定義し、product 面ではデリバティブズ、新証券商品、集合投資商品など、process 面では証券の分配、取引のプロセシングとプライシングの進化としている（mimeo. p.4）。

2　日本銀行（2005）93頁。Merton（1992）は、金融イノベーションの持つ有効性について、①資金の時間的・空間的移転の円滑化、②資金のプール化、③リスク管理、④意思決定のための情報抽出、⑤モラル・ハザード、情報非対称性問題への取り組み、⑥ペイメントシステムの活性化、を挙げている。

3　シュンペーターの『経済発展の理論』は初版出版が1912年で（序文が1911年7月であることから外国語文献では1911年と表記されることもある）、第2版は全面改訂の上、1926年に出版され、この第2版準拠で英語訳がなされたが、多くの邦語文献が依拠する塩野谷・中山・東畑訳（1977）は、第2版の邦訳である。第2版は、第2、6章について初版の補充がなされ、第7章が削除された。中山・東畑訳の初版は1937年であるが、その後塩野谷祐一を訳者に加え、改訂訳が1977年に岩波文庫版として、1980年に机上版が出

版された。
4 日本銀行（2005）93頁。
5 前掲論文93頁。
6 日本銀行（2003）31-32頁。
7 村本（2005b）第1章参照。
8 金融サービスとペイメントのイノベーションに関しては、FRB of Philadelphia（2002）のコンファレンスを参照。
9 日本銀行（2005）94-95頁。
10 村本（2005b）第1章及び第5章参照。Allen and Gale（1998, 2000）は、金融仲介機関の機能について、金融市場の高度化（金融イノベーション）が、その機能を変革していることに注目する。従来の金融取引は、金融仲介機関が資金の仲介・仲立をすること（情報生産機能）に焦点を当てていたが、金融イノベーションの下では、パラダイム変化が生じ、金融仲介機関の機能はAllen and Santomero（1997）の指摘する参加費用（participation costs）の節減であることに注目する。これは市場が個人・企業に参入可能であるよりも金融仲介機関の方がその保有する情報などから参入容易・可能であるからである。金融機関と顧客の間に複雑な契約がなされる場合、契約遂行のための事前的なコストが高いので、金融仲介機関収益は乏しいが、顧客が長期的リレーションシップに基づく暗黙の保険に信頼を置く場合には、金融機関が緊急時にはリスクを負担するので、将来的にリレーションシップを維持することにインセンティブが生じることとなる。
11 高橋（1977）3頁。
12 前掲書12頁。
13 前掲書12-13頁。
14 高橋（1981）217頁。塩野谷（1995）も、シュンペーターの経済発展の3要素としてイノベーション（革新）、企業者、信用創造があるという指摘をしている（197-198頁）。同様な指摘は伊達（1979）にも見られる（91-94頁）。
15 Schumpeter（1926）p.110-112. 邦訳上巻198-199頁（机上版、164頁）。

英語版 74 頁。

16　*Ibid.,* p.111. 前掲書 198 頁（机上版、164 頁）。英語版 74 頁。

17　現代的にいえばイノベーターないしイノベーティブな企業、ベンチャービジネスということになろう。シュンペーターは小規模企業を想定したとされるが、後に大企業（独占的企業）が担うと書いている（〔3.4〕を参照）。シュンペーターは、"Unternehmer"（1928）と題する論文（Handwörterbuch der Staatswissenscaften, 1928. の第 1 章）で、「新結合」の認識と実現は企業家機能（企業家精神）の本質の一部であるとし、具体的には工場主（Fabrikherr）・商人、近代的な工業のキャプテン（Industriekkapitän）、雇用契約により就任した役員、創業者（Gründer, promoter）をその類型に挙げている（清成編訳〔1998〕31-38 頁）。清成は、シュンペーターの企業家の役割についての見解が時代とともに変化したと指摘し、『景気循環論』（1939）では巨大企業に注目したとする（巨大企業とは現実の巨大企業とは異なり、その中で絶えず入れ替わる人が革新から革新へと移る外殻（shell）にすぎないとする）。さらに、『資本主義・社会主義・民主主義』（1942）では大企業を大きく評価したと指摘している（清成編訳〔1998〕160-162 頁）。

18　*Ibid.,* p.99. 前掲書 180 頁（机上版、150 頁）。英語版 64 頁。

19　根井（2001）33 頁。「新結合」はすでに「経済恐慌の本質について」（1910）論文で提示されており、『経済発展の理論』で明確化され、後の『景気循環論』では「イノベーション」とされた。すなわち、「革新（innovation）のもたらす経済過程内の変化をそのあらゆる結果や経済体系のそれへの反応とあわせて経済発展（Economic Evolution）と」呼び（Schumpeter〔1939〕Vol.1, p.86. 邦訳第 1 巻 124 頁）、「革新は新結合を遂行することにある」（*Ibid.,* p.88. 邦訳同書 126 頁）とされた。投資理論の領域では「新機軸」理論として整理される。もっとも『経済発展の理論』でもイノベーションという語は使用されており「・・・としても経済における革新（innovations 英語訳：筆者））は、新しい欲望・・・」（Schumpeter〔1926〕p.100. 邦訳上巻、181 頁（机上版 151 頁）。英語訳 65 頁）という表現などが見られる。

261

20 *Ibid.,* pp.16-17 & p.100. 前掲書50182頁（机上版、5頁5、152頁）。英語版14頁、英語版74頁．

21 「生産をするということは、われわれの利用しうるいろいろな物や力を結合することである。生産物および生産方法の変更とは、これらの物や力の結合を変更することである。・・・新結合が非連続的にのみ現れることができ、また事実そのように現れる限り、発展に特有な現象が成立するのである。・・・かくして、われわれの意味する発展の形態と内容は新結合の遂行という定義によって与えられる」。*Ibid.,* pp.100-101. 前掲書182頁（机上版、151-152頁）。英語版66頁。

22 *Ibid.,* pp.100-101. 前掲書182-183頁（机上版、152頁)、英語版66頁。『景気循環論』(1939)では、「すでに使われている商品の生産についての技術上の変化、新市場や新供給源泉の開拓、作業のテーラー組織化、材料処理の改良、百貨店のような新事業組織の設立」（Schumpeter〔1939〕Vol.1, p.84. 邦訳第1巻121頁）を革新（イノベーション）と呼んでいる。

23 *Ibid.,* p.106. 前掲書193頁（机上版160頁）。英語版71-72頁。

24 *Ibid.,* pp.108-109. 前掲書195頁（机上版161頁）。英語版72-73頁。

25 *Ibid.,* pp.108-109. 前掲書195-196頁（机上版161-162頁）。英語版73頁。

26 *Ibid.,* pp.110-111. 前掲書197-198頁（机上版163頁）。英語版74頁。重要なことは、シュンペーターが、企業家は資本家ではないこと、銀行こそ資本家であると認識していることである。

27 *Ibid.,* pp.153-154.前掲書273-274頁(机上版218-220頁)。英語版107-108頁。

28 シュンペーター（1950）61頁邦訳（1995）97頁。

29 同書82-83頁、邦訳129頁。

30 同書83頁、邦訳130頁。

31 同書84頁、邦訳132頁。

32 同書106頁、邦訳164頁。

33 村本（2005b）第9章参照。

34 シュンペーターのいうイノベーション（新結合）とは、本文の通り①―⑤

であるが、『景気循環論』（1939）では、「すでに使われている商品の生産についての技術上の変化、新市場や新供給源泉の開拓、作業のテーラー組織化、材料処理の改良、百貨店のような新事業組織の設立」（Schumpeter〔1939〕Vol.1, p.84. 邦訳第1巻121頁）を革新（イノベーション）と呼んでいる。

後に、シュンペーターはイノベーションの担い手として後に大企業の研究開発能力・資金調達能力こそ重要との見解を持つに至った（「大規模組織が経済進歩、とりわけ総生産量の長期的増大のもっとも強力なエンジンになってきた」。Schumpeter〔1942〕p.106、邦訳〔1962〕192-193頁〔新装版192-193頁〕）。

35　日経産業消費研究所（1996）84-87頁。本報告は中小企業金融公庫の委託研究調査で、筆者が座長であった。

36　2010年10月12日の取引から、(旧) JASDAQと、大証の新興企業向け市場であったヘラクレス、NEOの合計3市場を市場統合し「新JASDAQ市場」となった。新JASDAQでは損益や規模など企業の実績を踏まえて上場する「スタンダード市場」と、企業が赤字でも将来性を見越せば上場できる「グロース市場」の2部構成となった。これは旧ヘラクレス市場の形式をそのまま系譜・踏襲したものである。統合後の銘柄数は「スタンダード市場」が950銘柄、「グロース市場」が54銘柄である。さらに2013年7月16日に、大証の現物市場が、東証に統合されたため、ジャスダックも東証の管理下に置かれることになった。これにより東証は以前から運営していたマザーズと2つの新興企業向け市場を運営する形となる。

37　中小企業金融公庫は、1994年から「新事業育成貸付制度」を行っており、商工組合中央金庫も「新事業振興貸付（イノベーション21）」を実施した。当時、民間金融機関では同様な制度はほとんどなく、大和銀行の「ハイテクローン」などがあった。詳細は、村本（1997）参照。

38　出資はその後増額されており、2014年には60億が限度となっている。投資期間も12年となっている。投資対象企業も設立5年以下になっている。

39　ベンチャー企業融資をすることを前提に、預金利息の一部をベンチャー融

資に充当する手法や、ゼロ利息預金とする手法。預金利息をベンチャー企業融資に充当するのではなく、預金そのものをベンチャー企業向け融資の原資にする手法もありえて、これにはゼロ預金利息で、収益あがれば配当を付けるという手法もある（ゼロ利息預金に実績配当を付ける）。

40　一定金利までは預金利息を保証、あとは実績で利息を支払う預金。

41　ロンドンのロイズは保険組合であるが、イギリスのシティにある保険取引所、またはそこで業務を行っているブローカー（保険契約仲介業者）およびアンダーライター（保険引受業者）を含めた保険市場そのものを指すこともある。ロイズの組合員は、ブローカーとアンダーライターで、アンダーラーターは保険金の支払いに上限を定めない無限責任を負う個人ネームと、1992年から始まった有限責任の法人ネームがある。アンダーライターは保険証書の下に署名するところから名付けられ、名前を書くことからネームと呼ばれる。

42　第4章参照。

43　アメリカのベンチャーキャピタル協会は、「VCはイノベーティブなアイデアや先端科学を製品・サービス化することにより、雇用を創出し、経済成長を促進する」としており、「VCは資金供給だけでなく高成長企業育成のガイダンスを行う」としている（http://www.nvca.org/）。このガイダンスは通常ハンズオンといわれる。

44　ハンズオンとは、VCが投資後に積極的に投資先企業の経営に関与することで、具体的には投資先企業への役員派遣、オブザベーション・ライト（取締役会などの経営会議の傍聴権・参加権）の取得・行使によりベンチャー企業の経営に参加したり、経営陣をモニターすることである。さらに、コンサルティングの実施、販売・提携先の紹介、生産・販売のアウトソーシング先の紹介、ビジネスに必要な情報提供、公開準備の補佐なども行うことも含まれ、戦略策定支援・ファイナンス支援・株式公開支援・人材支援・営業支援・精神的支援に整理できる。ハンズオフとは、投資先企業に対して資金提供のみを行い、企業の経営に対する関与は行わない投資スタイルのことである。

45　鶴（2001）3頁。VCがリレーションシップ・バンキングと同じタイプの

3章 イノベーティブな企業の育成・支援

金融手法という指摘は、先の 2. での指摘と整合的である。

46 VEC は 30 年以上にわたる債務保証によるベンチャー支援の経験、ネットワークを活かして、内外の動向を的確に把握し、必要な情報提供や政策提言などを行い、ベンチャー・ビジネスに適切な事業環境を提供し、ベンチャー・キャピタル市場についてのデータを蓄積し、調査報告を発表している。

47 業界最大手のジャフコが加入していない。

48 鈴木・勝野・渡辺（2005）は、VC へのインタビュー調査により、銀行系 VC の特徴として、①関連銀行と連携を図り、投資先企業を検索し、投資先企業と関連銀行、関連証券会社との間を取り持つ、②銀行出身者が多いため、キャピタリストとの視点に加え、銀行員の視点に立った経営関与を行う、③関連銀行にとって、戦略的に早期に有望企業を囲い込む尖兵としての役割を果たしている、とした。

49 筆者は 2004 年 7 月から 6 年余、中小機構の副理事長の任にあったが、経営支援情報センター長も兼任していた。同機構のファンド事業の点検もそのテーマとして取り上げた経緯があり、対外的な公表は 2010 年 3 月に「平成 21 年度ナレッジリサーチ事業　ベンチャー・ファイナンスに関する調査研究（2010 年 3 月）」として行われている。以下は、その成果によっており、詳細な引用は省略した（http://www.smrj.go.jp/keiei/dbps_data/_material_/common/chushou/b_keiei/keieichosa/pdf/houkokusho.pdf）。研究対象に用いたのは、中小機構のベンチャー・ファイナンスに関する内部データである「投資先データベース」と出資先ファンドのベンチャーキャピタル（GP）と投資先企業（VB）に対するアンケート調査の調査報告書とその個票データである。中小機構関与のファンドの投資先企業数は 1800 超であり、そのうち 1237 社の決算データが蓄積され、「投資先データベース（以下 DB）」として整備されつつある。これらのデータから、投資先 DB の持つ売上高・経常利益・ROA・従業員数といった個々の投資先企業の決算データと企業分野や成長段階、ファンドの種類や GP の類型などの情報を付加することによって分析を行った。同 DB は 2008 年当時では、未だ完成途上であり、多くの記載漏れ

やデータの不足がある。特に決算上、必ずしも必須でない項目のデータ（従業員など）の欠損が目立ち、定義が曖昧なもの、様々な段階で発生した入力ミスがある。また、そのデータの持つ性格も相俟って、外部に公開できる段階にはない。しかし、民間がリスクとして敬遠しがちな政策的分野への投資も行っていることなどから、時系列データとして意義のあるものであると考え、分析対象とした。作成は主に福島章雄リサーチャー（当時）による。

　出資先ファンドのGPとVBに対してのアンケート調査は、「平成18年度ベンチャーファンド出資事業・がんばれ！中小企業ファンド出資事業に係るフォローアップ調査報告書」で実施したGP・VBに対するアンケート調査で作成された報告書ならびに個票データである。内容は、ファンドの出資状況や満足度、ハンズオンの有効性、ファンド組成の難易度といった中小機構がファンド組成に関わるフォローアップを目的にしたものである。なお、中小機構のファンド事業に関しては、「ベンチャー投資ナビ」を試験運用している。これは、日本にはＶＣ投資に関する統計情報は存在するものの、データベースという形で公開されているものはなく、投資を受けたベンチャー企業の情報も整理されていないので、VC投資に関する情報収集・提供の仕組みを充実させることを目的に、必要な情報収集・データベースの開発・試験的運用を行い、その仕組みの構築を図るものである。また、本データベースには、すでにVCから投資を受けているベンチャー企業だけでなく、成長途上にありＶＣからの出資を希望するベンチャー企業情報を掲載することにより、ＶＣ投資の活性化に繋がることも意図したものである。

50　日本のベンチャー・キャピタル市場は、1975年7月設立のVECが、研究開発型（ベンチャー・ビジネス型）債務保証事業を開始した時期が嚆矢である。VECには、しかし、投資先企業に関するデータはない。2002年11月に70社の会員により発足したのが日本ベンチャー・キャピタル協会で、ベンチャー・キャピタル業界における相互連携とベンチャー・ビジネス育成の役割を一層強固にするという目的を持ち、海外における先進事例の研究、ベンチャー・キャピタリストの育成研修や検定制度の実施、金融商品取引法や会社法、税制改

3章 イノベーティブな企業の育成・支援

正といったベンチャー・キャピタル事業に係わる法制度について各省庁などへの提言・要望などの活動を行っている。その後、会員数は増加し、120社余になっており、ベンチャー・キャピタルの投資動向などのデータを公表している。ただし、投資先企業の詳細データがない。中小機構の投資先データベースを活用した研究に石井（2011a）（2011b）がある。

51 当初「ベンチャーファンド」を立ち上げ、その後「中小企業再生ファンド」「がんばれ！中小企業ファンド」「事業継続ファンド」「地域中小企業応援ファンド」の各事業を順次立ち上げてきた。2010年7月に、事業運営の更なる効率化を図るため、今後組成を行うファンドについて、上記5種類のファンド事業のうち、「地域中小企業応援ファンド」事業を廃止し、「がんばれ！中小企業ファンド」と「事業継続ファンド」の2事業を統合した上で、「起業支援ファンド」「中小企業成長支援ファンド」「中小企業再生ファンド」の3事業に再編された。ベンチャー・ファンドは創業7年までであったが、起業支援ファンドでは創業5年までとなった。

52 これまで中小機構のベンチャー・ファイナンスに対する評価は、『平成16年度　ベンチャーファンド出資事業に係るフォローアップ調査』『平成18年度　ベンチャーファンド出資事業・がんばれ！中小企業ファンド出資事業に係るフォローアップ調査報告書』などのフォローアップ調査とそれに係るアンケート調査、中小企業基盤整備機構　ファンド事業評価・検討委員会『中小企業基盤整備機構ベンチャーファンド事業に係る評価・検討　中間とりまとめ』（2007年12月）がある。

53 中小企業基盤整備機構（2007b）49-50頁。

54 中小企業基盤整備機構（2010）。多くの実証研究は、IPOを基準として、その前後のパフォーマンス比較が多い。ここでは、ファンドの投資開始時とその後一定期間を経過した時点でのパフォーマンスを比較しており、ファンドの関与の影響・効果を分析し、ハンズオン効果の有効性などをチェックしている。

56 両地域は投資先のサンプル数が少ないので、これが地域の特徴を示してい

るかについては疑念がある。他地域は高いか低いかに二極化しており、他のデータとの関連性の分析を今後深めていく必要がある。

57　岡室・比佐（2005）、比佐（2007）（2008）など。
58　以下は、福島・内田・石井の日本金融学会 2008 年春季大会報告による。
59　一般にファンドのパフォーマンス指標として捉えるには IRR などの指標を用いられるが、中小機構のファンドは 2008 年現在、1999 年 3 月のファンドの創設以来、最長のものでも 7 期分のデータが取れるに過ぎず、すべてのファンドが運用中であり、投資後、日を経過していないものも多く複数の年次データを得られるファンドが限られている。また中小機構のファンドの性格も問題となる。投資企業はアーリーステージ企業が約 78％を占めること、地域密着型、特定目的型、大学連携型などの政策目的を持つファンドが数多く存在するなど、一般のベンチャー・ファイナンスに比べると、投資企業選定の際、必ずしもファンドの投資収益に直結する形で行われていないことである。こうしたことから、現時点での IRR を収益率の指標とするのは適当ではないと判断した。中小機構の投資先 DB を利用した投資前と直近の増減率比較分析によって、地域や特定目的型ファンドの指標は経常利益には現れにくく、むしろ従業員数や売上高の増加率にあらわれていることが確認されている。こうした雇用の増加や売上高の増加をファンドのパフォーマンス指標としてどのように判断するかという問題、またそれぞれの指標の時間的推移がファンドの類型や業種によって大きく異なっていると予想されることから、さらに詳細な時系列分析が必要であると考えた。そこで、投資 DB 上の従業員数、売上高、経常利益の 3 つの指標を分類したグループの各期の対前期増減率を、それぞれの分類の代表値となるような形にし、その時系列変化を計測することで、特徴を把握することとした。

　分析に当たって問題となるのは、各々の企業の決算実績に大きな差異があることである。資本金や従業員数といった企業規模において似た指標を示す、同業種の企業群の比較においても、決算データ上の分散の傾向は大きい。またベンチャー企業には極端な急成長を示す例が数多くある。売上高や経常利

益などの決算データの前期比をとっても、数百％の伸びを示す例も珍しくなく、全体像を捉えるのは非常に難しい。以上のような特性から、本分析では中央値（MEDIAN）を採用した。中央値は統計上、異常値と判断される極端な財務データの排除に極めて有効な指標であり、また正規分布から大きく逸脱したデータの処理にきわめて有効な指標であると考えたからである。具体的には、まず投資DBの1237社全体の、投資前と直近における従業員数、売上高、経常利益のそれぞれの中央値を求め、中小機構のファンド像を示すことを試みた。次に投資DBの1237社の内、従業員数、売上高、経常利益のそれぞれのデータが投資前を含めて2期以上とれる企業を抽出し、各々の企業の従業員数、売上高、経常利益に対して前期比を求め、その上でファンドの類型や企業分類といった項目で分類し、それぞれの企業群毎に各期の中央値を求めるとともに、最大7期分の値を散布図にし、その傾向の比較を行った。

60　VECは毎年、日本のベンチャーキャピタルの投資実態を調査、報告書を公表している。2007年度より業種分類が変更になっているが、投資DBでは2006年度までの分類に従っている。

61　ここでは、IPO達成企業だけではなく、IPOに至る企業、整理・破綻企業も視野に入れている。これは、先行研究にはない投資先企業を対象としており、先行研究にはない特徴・独創性がある。

62　①IPOを達成した投資企業：IPOを達成した投資企業に関しては、経常利益増減率、売上高ともに通期で高い伸び率を示している。特に1期目に大きな伸びを示しており、4期目にかけて伸びが鈍化するものの、5期目以降再び伸びが大きくなる。また、雇用についても高い割合で安定した伸びを示している。機構のファンドの平均像である、②投資前を含め決算データが2期以上、③2003年以前に組成されたファンドのデータにおいては、増減率に差はあるものの、両者とも似通った傾向の伸びを示している。売上高は1期目に大きく伸長し、その後伸びは鈍化するが、安定した伸びを示している。経常利益増減率は1期目に大きく減少した後、2期目以降回復基調に転ずる。雇用に関しては、1期目に増加し、その後は一貫して安定した伸びを示してい

る。④整理・破綻企業：投資 DB 上における整理・破綻企業はそれに対する明確な情報としてデータが付加されているわけではない。主な確認手段は投資 DB 上で決算データが途切れていることを手がかりとして、それら企業に対する帝国データバンクなどの企業情報の参照や Web 上の企業情報を参照、レコードが更新されている企業においても、Web 上からの個々の企業情報に留意して確認作業を行った。作業の結果、確認できた整理・破綻企業は 39 社で、その内約 7 割にあたる 28 社の所在地が東京である。業種別ではコンピュータ関連（28%）、ビジネス・サービス（23%）で全体の半数を占める。サンプル企業が少ないので、あくまで参考程度のデータであるが、あえて整理・破綻企業の特徴をあげると、3 期目までのデータは他のデータ分類と極端な差異はない。しかし 3 期以降の成長が他の分類に比して緩慢であり、特に 5 期目以降の売上高の低下が顕著である。また、経常利益増減率についてもマイナス基調に加えその伸び率も極めて緩かため、経常損益の解消になかなか繋がっていない。

63 以下は、中小機構（2010）の西久保論文「ベンチャー企業の成長と雇用創造」による。

64 VC の有効性をチェックするには、投資先企業の IPO 前後のパフォーマンスの相違から行うのが先行研究での手法であるが（前述〔3.1〕〔1〕参照）、ここでは投資開始時点とその一定後時点を採り、ファンドの関与の影響・効果を見ている。先行研究とのアナロジーでいえば、IPO 前として投資開始時点を採り、IPO 後の時点として直近データを採用したともいえよう。

65 ここでの支援得点、効果得点の対象となるハンズオンの内容は次表に通りである。当然のことだが、雇用機会の創出を直接的に支援するような項目はない。あくまで事業の順調な立ち上がりと拡大を支援するものである。換言すれば、従業員の雇用は直接的には、財務上の固定費の増加を招くこととなり、収益性の圧迫要因ともなりかねない。当初より直接雇用による事業展開を考えるより、アウトソーシングなどを利用した形での軽快な経営を目指すことも必要となってくる。しかし一方で、そうした順調な企業成長によって、中

3章 イノベーティブな企業の育成・支援

長期的には事業の成長・拡大を通じて雇用機会の開発に着実に高まるものとなり、結果的には雇用機会の創造に結びつくことにはなろう。藤倉（2015）は、ジャパン・ベンチャー・リサーチ等のデータを用い、VC が関与した後のハンズオン効果などを先行研究が IPO 前後を対象とするのに対し、IPO までの期間で検討している。

ハンズオン効果

1	ビジネスプランに関する助言	16	新たな増資ラウンドのアレンジ
2	業界・経済動向に関する助言	17	マーケティングプランに関する助言
3	取締役の派遣	18	販売先の紹介
4	経営幹部候補の紹介・斡旋	19	仕入先の紹介
5	技術・生産管理人材の紹介・斡旋	20	事業提携先の紹介
6	マーケティング人材の紹介・斡旋	21	製品・サービスの向上のための助言
7	財務管理人材の紹介・斡旋	22	生産コストを下げるための助言
8	専門家の紹介・斡旋	23	特許等知的財産権への助言
9	人事・労務管理に関する助言	24	技術提携先の紹介
10	率直な意見交換の相手となる	25	業務目標達成度のモニタリング
11	励まし、動機付けの提供	26	財務状況のモニタリング
12	友人としての付き合い	27	法令遵守・内部統制への助言
13	資本政策・財務管理の助言	28	IPO（株式公開）に関する助言
14	銀行の紹介	29	M&A（合併・買収）に関する助言
15	他の VC の紹介	30	既存株主との関係の調査

第4章
信用補完制度の改革

1 節　信用補完制度──民間融資の誘導・促進効果

1　信用補完[1]

　信用補完制度は、民間金融機関の中小企業向け融資を促進するために、政策的に信用保証を行うものである。日本の公的制度としては、全国に都道府県を単位とする52の信用保証協会（47都道府県と5市〔横浜市・川崎市・名古屋市・岐阜市・大阪市〕）が行うものが主で、地方自治体の制度や政策的に行われる信用補完・債務保証もある。信用保証協会は、信用保証協会法（1953年8月10日法律第196号）に基づき、中小企業・小規模事業者の金融円滑化のため

に設立された公的機関で、中小企業が金融機関から事業資金を調達する際、信用保証協会が「信用保証」を通じて、資金調達をサポートする機能を持ち、これにより、融資枠の拡大、長期の借入などが可能になる[2]。

貸出（融資）という業務は、預金・貸出という表現に典型的なように、単一の業務と考えるが、よく考えるといくつかのサブ的業務の集合と考えることができる。すなわち、前述のように（第1章注25および第3章5—2）①事前的段階（貸出方針・審査基準・回収方針の決定、マーケティング、貸出の開拓など）、②審査・決定段階（貸出先の審査・貸出条件の決定・貸出の決定。スクリーニング）、③貸出実行段階（資金供与、保証・担保設定など、リスクの引受・管理〔金利リスク・信用リスク〕）、④期中監視段階（貸出先のモニタリング〔期中審査〕）、⑤事後的段階（貸出の返済金受領・回収・担保処分）、などに分解（アンバンドリング）されるものとして理解することが可能である。これらのサブ的業務を一体化して行うことは、いわゆる範囲の経済性が発揮されることになるので、効率的に貸出が行われることを意味する。このうち③の段階の担保（信用保証）を専門に行うのが信用保証制度で、民間金融機関はこの部分をアウトソースすることで、資金供給が容易になる（民間融資誘導効果・促進効果）[3]。

前述ように信用保証制度は、民間融資（貸出）のリスクを肩代わりすることにより、民間融資では対応できない分野への誘導効果を持つので、民間貸出を増加させる効果を持つ（自治体の制度融資等でも信用保証協会の保証を利用することがある）[4]。反面、信用リスクの大半を信用保証協会という公的部門に転嫁することにより、民間金融機関のリスク管理が脆弱化ないし無責任化する懸念があり、モラル・ハザード問題を発生させる。また、リスクに関係なく保証料が一定だったこともあり、利用者の逆選択問題も発生する（料率は段階的に設定できるようになっているが、ごく狭い範囲内での設定なので、事実上リスク対応の保証料率体系になっていない）[5]。

4章 信用補完制度の改革

図4—1 信用補完制度

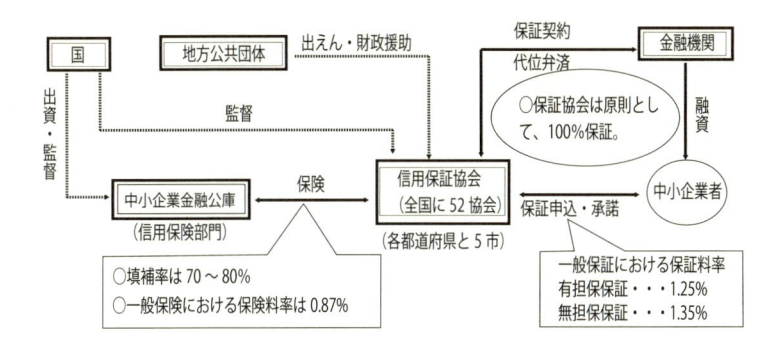

```
                        保証契約
         出えん・財政援助   代位弁済
  国    地方公共団体  ─────→  金融機関
  │出資  │監督                    │融資
  │    ↓                        ↓
中小企業金融公庫 ──保険── 信用保証協会 ── 中小企業者
 (信用保険部門)          (全国に52協会)   保証申込・承諾
                       (各都道府県と5市)

○保証協会は原則として、100％保証。
○填補率は70〜80％
○一般保険における保険料率は0.87％
一般保証における保証料率
 有担保証・・・1.25％
 無担保証・・・1.35％
```

出所：http://www.densai.net/about（2014年4月28日アクセス）

---

1. 保証制度の商品
大別して、以下の四つに分類することができる。いずれも、信用保険の付与が前提となっている。

(1) 全国的制度
・国主導で全国共通の制度として創設され、保険法上も個別に保険種が定められている保証制度（特別保証、セーフティネット保証、売掛債権担保融資保証等）。

(2) 地公体制度
・地公体が、独自の要件を付して行う保証制度。全国で4,313の制度（平成15年度）が存在。また、第三者保証人が必要となる制度も少なくない。
・協会に対する損失補償や、中小企業者に対する保証料補給等、財政支援を伴うことが多い。
・地公体制度は、優良中小企業の活用が多いと推測されるが、制度の中には、非常に高い代位弁済率の制度も存在。

(3) 金融機関との提携保証制度
・金融機関と協会との提携商品。
・代位弁済率に応じて、金融機関から損失補償や負担金を受ける制度等がある。

(4) 協会独自制度
・協会が、独自の要件を付して行う保証制度。全国で2,075の制度（平成15年度）が存在。
・特定の融資を対象とした保証料が割安な制度等がある。

出所：中小企業庁ホームページ。

図4—2　貸出残高と保証債務

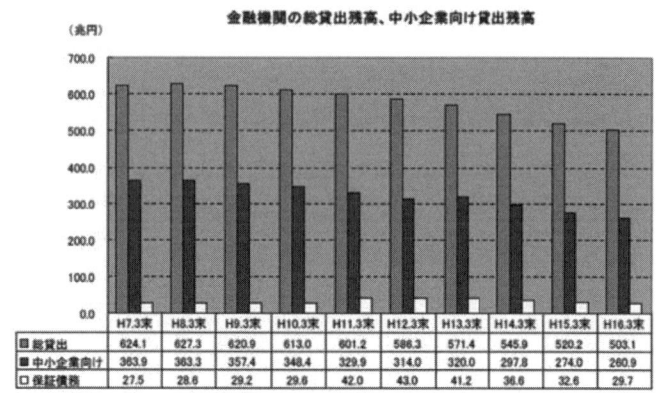

金融機関の総貸出残高、中小企業向け貸出残高

(兆円)	H7.3末	H8.3末	H9.3末	H10.3末	H11.3末	H12.3末	H13.3末	H14.3末	H15.3末	H16.3末
総貸出	624.1	627.3	620.9	613.0	601.2	586.3	571.4	545.9	520.2	503.1
中小企業向け	363.9	363.3	357.4	348.4	329.9	314.0	320.0	297.8	274.0	260.9
保証債務	27.5	28.6	29.2	29.6	42.0	43.0	41.2	36.6	32.6	29.7

(注)保証債務については、特定社債保証分及び中堅企業特別保証分を含まない。
出所：中小企業金融公庫資料より中小企業庁が作成

出所：中小企業政策審議会基本政策部会報告2005年6月20日「信用補完制度のあり方に関するとりまとめ」参考資料。

図4—3　保証債務残高の推移

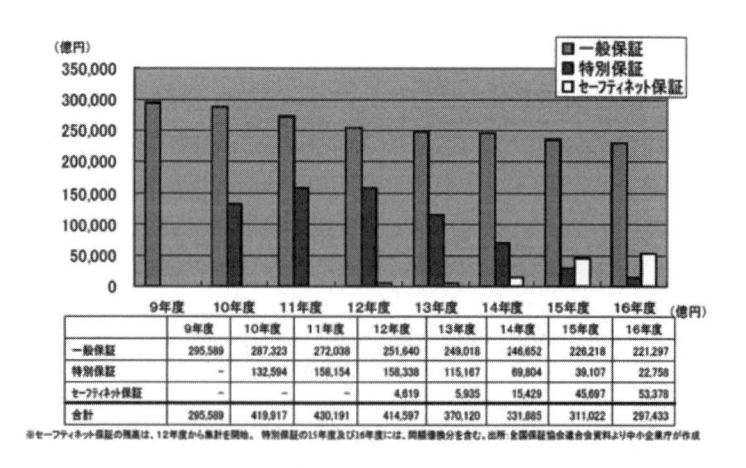

(億円)	9年度	10年度	11年度	12年度	13年度	14年度	15年度	16年度
一般保証	295,589	287,323	272,038	251,640	249,018	246,652	226,218	221,297
特別保証	-	132,594	158,154	158,338	115,167	69,804	39,107	22,758
セーフティネット保証	-	-	-	4,619	5,935	15,429	45,697	53,378
合計	295,589	419,917	430,191	414,597	370,120	331,885	311,022	297,433

※セーフティネット保証の残高は、12年度から集計を開始。特別保証の15年度及び16年度には、間接債権分を含む。出所：全国保証協会連合会資料より中小企業庁が作成

出所：図4—2に同じ。

276

4章 信用補完制度の改革

図4—4 代位弁済額と代位弁済率

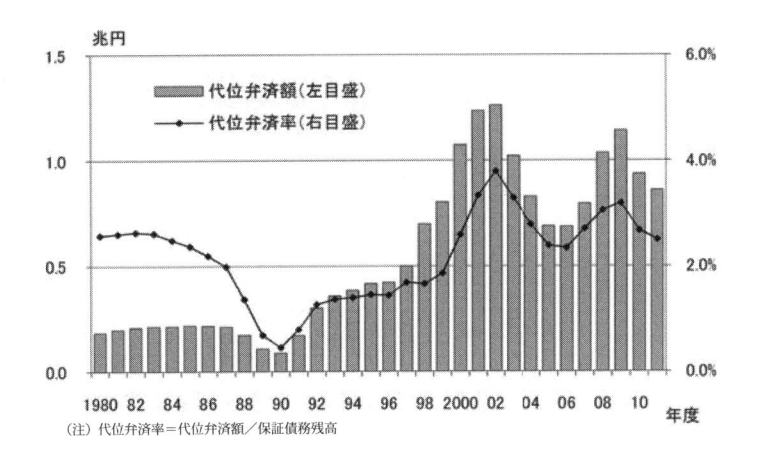

(注)代位弁済率＝代位弁済額／保証債務残高

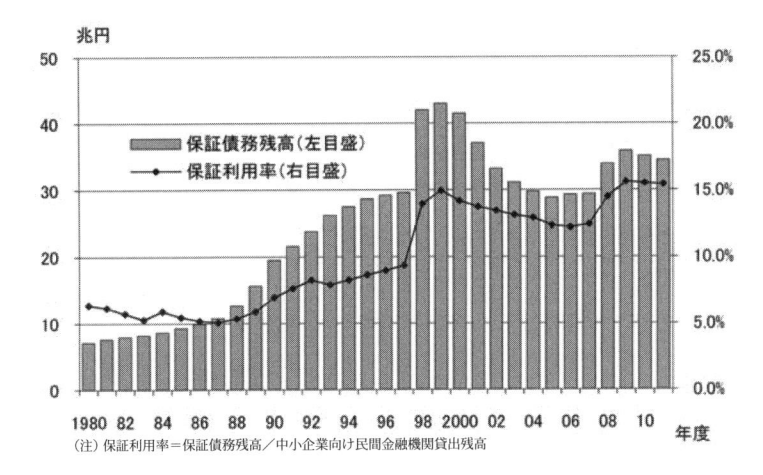

(注)保証利用率＝保証債務残高／中小企業向け民間金融機関貸出残高

出所：図4—2に同じ。

277

図 4—5 代位弁済率と回収率

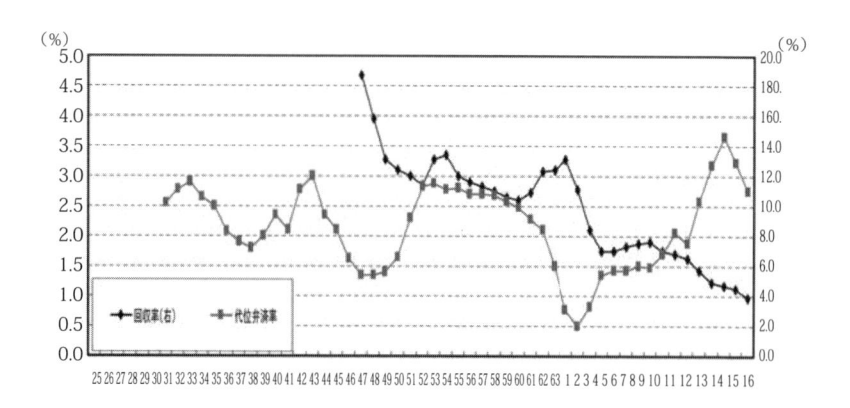

(注) 代位弁済率＝代位弁済額÷保証債務平均残高
　　 回収率＝実際回収÷(期首の求償権残高＋期中の代位弁済額)
出所：全国信用保証協会連合会資料により中小企業庁が作成

出所：図 4—2 に同じ。

2　信用補完制度の問題点

　信用補完制度の問題点は、多くの保証制度について、永きにわたり、全部保証と一律の保証料率により、保険制度に伴う情報の非対称性問題を克服できていなかったことである。全部保証は利用金融機関にモラルハザード問題を惹起する一方、一律保証料率は利用企業に逆選択問題をもたらすからである。このようなモラルハザードと逆選択問題は、保険システムには固有の問題であり、信用保証（機関保証）も保険システムであるので、同様の課題を有するのである[6]。さらに、信用保証制度の再保険である信用保険による補助は、フリーライド問題を発生させる。公的信用保証制度を繰り返して使用する借入者には継続して補助金が投入されていることになる一方、公的信用保証制度を利用す

4章　信用補完制度の改革

る金融機関についても全部保証であればモラルハザードを継続することになり、制度のフリーライディングを続けることになる。したがって、信用補完制度の頑健性を維持するには、このようなフリーライド問題の発生を防ぐ整備（公平性の確保）が必要となる。このように情報の非対称性問題を克服するためには、逆選択には保証料率の弾力化・可変料率化はごく自然の対応である。さらに、金融機関のモラル・ハザード防止には部分保証ないし事後的な負担金による責任分担が必要となる。このような制度設計では諸外国では当然で（第1章の表1—2）、信用補完制度の設計に関わる基本的課題でもあり、その点で重要であったが、少なくとも金融理論の文脈では正しい方向性であり、金融システムへの負荷を減ずるものと理解される。

　信用保証制度のモラル・ハザードの解決策として、2007年10月に責任共有制度が導入されている。信用保証は、従来、全部保証という100％の債権保全を公的保証制度が担っていたが、モラル・ハザードを惹起することから、部分保証に移行したのが、2005年6月の「信用補完制度のあり方に関する検討小委員会とりまとめ」を受けた方向性であった。これを受けて信用補完性度の改革が実施され、2007年4月の保険料率の弾力化（段階的保証料率）と、同年10月に導入された責任共有制度が導入された[7]。これにより、モラル・ハザードと逆選択に対する解決が図られたのである。

　既述のように信用保証制度では、保証料は一律1％という制度が永く採られていたが（第1章の表1—3）、信用補完制度の改革に伴ない、段階別保証料率（リスク対応保証料率）となっている（一般保証で500万円以下の融資であれば、0.33％—1.47％の幅で9段階。1000万円超で無担保の場合は0.50％—2.20％の幅で9段階。CRDのリスク評価モデルによって適用される料率が決まる。第1章の表1—4）。

表4—1　倒産回避推計とその経済効果

	平成10年度	平成11年度
倒産回避件数（件）A＝B－C	1,867	7,782
推定倒産件数（件）B	8,862	19,274
実績倒産件数（件）C	16,995	11,492
B／C（＊）	1.11倍	1.68倍
倒産回避による民間企業損失回避額（兆円）	0.37	1.60
倒産回避による御産失業者減少数（万人）	1.81	7.70
雇用者所得減少回避額（億円）	50.9	216.6

(注)
1. 平成11年度の推定倒産件数は同年2月までの実績値をベースにして推計。同年度の実績倒産件数は同年1–2月時点の倒産件数が横這いで推移すると想定。
2. 倒産企業の負債総額，従業員数は東京商工リサーチ『倒産月報』の実績値を利用
    倒産企業の1件当たり負債額は平成10年度：724百万円，平成11年度（2月まで）：760百万円。同従業員数は平成10年度：9.7人，平成11年度（2月まで）：9.9人
3. 民間企業損失回避額＝1件あたり負債金額×潜在倒産件数×支払手形・買掛金／銀行借入金
4. 図表中の（＊）は，政策が実施されなかった場合の推定倒産件数が実績倒産件数の何倍に当たるかを表している。

出所：『中小企業白書2000年版』。

3　信用補完制度の補助金効果——特別保証の例

(1)　特別保証

　1998年10月導入の中小企業金融安定化特別保証（安定化保証）は、当時の未曾有の金融システム危機に対応する措置であった。当初2000年3月末までの2年間の時限措置とされ、保証枠20兆円であったが、その後2001年3月まで1年間延長されて、保証枠は30兆円（当時の中小企業向け貸出額の約1割）まで拡大されたものである。保証承諾額は28兆9437億円で（96.48％の利用率）、代位弁済額2兆3468億円（事故率（代弁率）は8.11％で当初制度設計の見込みは10％の範囲内。ただし追加保証枠10兆円の2分の1は8％）、回収額2850億円、保険支払額1兆8203億円であった。審査基準は、破綻、税滞納などのネガティブリストを満たさない限り、というものであり、日本の

4章 信用補完制度の改革

みならず世界的にも例の少ない大規模な貸出市場への介入であった[8]。

当然、政府系金融機関の直接融資よりも遥かに大きな役割を果たすことが予想され、金融界をはじめ政策内でもこの劇薬ともいえる制度の実施に慎重な向きも少なくなかったとされる。特別保証には、政府部門が借り手企業の信用リスクを引き受けることにより、民間金融機関による貸し渋りが緩和され、収益性の高い事業を企業が行えるようにするプラスの効果が期待された。中小企業に対する貸し渋り・貸し剥がしに対して、特別保証には、厳しい銀行の貸出態度を緩和する役割が期待されていたのである。

同時に、もともと信用保証に付随する収益性の低い企業しか特別保証を利用しないという逆選択、銀行からモニタリングされないのに乗じて特別保証利用企業が経営努力を怠るモラル・ハザードが懸念された。これら信用補完制度に付随する問題は、担保を提供する場合が少なく、申請件数が膨大となった特別保証制度においては、特に懸念が大きかった。実際、企業が「信用保証付き貸付を得て株に投資した」「特に使い道はなかったが、借りられるというので信用保証付き貸付を得た」「信用保証付き貸付を得て1カ月で倒産した」等の事態もあり、また既存債務の借換え（旧債振替）等金融機関の濫用もみられた[9]。

『中小企業白書2000年版』は第2部第1章第3節で特別保証の政策効果の定量分析を行い、特別保証により1998年度で1867件、99年度では7782件の倒産（潜在倒産件数）が回避されたと推計し、特別保証が実施されなかった場合、1999年度において、実績の1.7倍の倒産が発生していたと考えられるとした（表4—1）。99年度における倒産回避件数の7782社を99年（1月—12月）の資本金規模別倒産実績で単純に按分すると、小規模企業（資本金1000万円未満）で約3900社、小規模企業を含む中小企業（資本金1億円未満）で約7700社、大企業（資本金1億円以上）で約100社の倒産を回避できたという内訳になる。

また、この倒産回避に伴い、民間企業損失額の減少（利益効果）及び失業者数の抑制（雇用効果）がもたらされた可能性があり、前述の潜在倒産件数及び倒産企業一社当りの負債金額・従業者数を基にして倒産回避の効果を推計する

と、同様の仮定を前提とすれば、負債総額で約1兆6000億円、雇用者数で約7万7000人が維持されたという計算になる、とした（表4—1）。2002年9月の経済財政諮問会議提出資料（中小企業庁）では1万社の倒産・10万人の失業・2兆円の民間企業の損失を回避できたとされる[10]。

(2) 特別保証の損失額と政府出資——補助金効果

特別保証については、一般保証に比べ要件が緩和されているため財政負担が別途用意され、これは中小企業に対する補助金であった。特別保証の当初の制度設計では、損失額の予想は、保証枠（20兆）×事故率（10%）×非回収率（50%）＝1兆円（損失額）であった。追加の10兆円の枠分についての損失額の予想は、半分ずつの枠につき事故率の設定が異なり、それぞれ10%と8%であった。すなわち、保証枠5兆円×事故率（10%）×非回収率（50%）＝2500億円、残りの半分は、保証枠5兆円×事故率（8%）×非回収率（50%）＝2000億円、で合計4500億の損失額予想であった。これら30兆円の保証枠について合計1兆4500億円の損失が予想されたが、再保険である信用保険の填補率は80%なので、損失補填として1兆1599億円が政府出資される措置が採られた。さらに、残りの20%分として各保証協会に対して補助金2900億円が出捐された[11]。

1998—2005年度で特別保証分の累積赤字額は1兆4489億円となり、政府出資額を2890億円超過した。信用保険事業は公的部門で担当が変更されてきた経緯がある。1999年6月までは、専担の中小企業信用保険公庫があったが、行財政改革で99年7月から2004年6月までは中小企業総合事業団の下で保険事業が行われ、さらに04年7月以降中小企業金融公庫に移管された。

その際、旧総合事業団の高度化勘定から2525億円が、中小公庫に拠出・移管された（表4—5の注にあるように旧総合事業団の高度化融資（政府出資）の回収額が自己資本に約1兆円超積み立てられおり、この自己資本から拠出された）。この2525億円が特別保証の赤字分の87.4%を補填したともいえる。公的部門内での内部補助が行われた事例である。いずれにせよ、この保険収支

勘定に対する政府出資および各保証協会への補助金という出捐は、まさに制度利用の中小企業に対する補助金であり、信用補完制度を通じる補助金効果を持った典型例である[12]。

(3) 会計検査院の指摘

会計検査院は、特別保証制度の問題点を、早くから指摘していた。制度発足2年後の2000年度の検査報告では、特別保証制度がない時期の1992年度からすでに一般保証に係る保険金支払額の増大と回収納付金額の低い伸びにより保険収支が悪化し、財務内容は悪化していると指摘した上で、特別保証により保険収支悪化がより一層拡大するとした。すなわち、今後、経済状況の改善等がみられない場合は、保険収支改善のために回収力の格段の向上、保険料率の引上げ、協会・金融機関との損失分担調整などの抜本策が採られない限り基金の取崩しが続くと思われるとした。そして、特段の措置が講じられない場合には、保険収支差が2000年度と同程度で続いた場合、損失処理のための基金が不足する事態が生じる懸念もあるとしていた[13]。

さらに、2002年度の検査報告でも「特定検査対象」に取り上げ、保険収支について、1990・91年度には、総合収支が大幅な黒字を計上していたことから、決算整理において責任準備金が限度額一杯まで繰り入れられ、なおかつ利益を生じたため利益の一部について国庫納付が行われたものの、92年度以降、総合収支が大幅に悪化したことから決算整理後利益は生じず、94年度以降生じた総合収支の赤字については責任準備金繰入額を大幅に減額する等して損益はゼロであった。しかし、1999年度以降、上記の決算整理を行ってもなお損失が生じたため、保険準備基金の減額によって対応せざるをえない状況となり、その累計額は2002年度末までで1兆8598億円となっているとした。そして、この基金の減額により基金収入は更に落ち込むこととなった、と指摘していた[14]。

2005年度の検査報告（「特定検査対象」）では、特別保証の総括を行っているが、保険収支の推移をみると、一般保証に係る保険収支においても赤字が生

283

じており、1998年度から2005年度までの特別保証を含む保険収支の赤字額の累計は2兆8886億円で、決算整理後の損益の累計額は2兆6904億円となっている。この損失について、政府は公庫に対して、一般会計等から98年度から05年度までの間に特別保証の予想損失額に見合う1兆1599億円を含む累計2兆3908億円の出資を行った。しかし、05年度の損失処理後の保険準備基金の残高は954億円となっている。この954億円と2006年度予算の政府出資金365億円の合計1319億円の保険準備基金だけでは06年度の予算上の損失金1793億円の処理に不足する状況となっているとした。

検査院は、特別保証制度については、金融機関による未曾有の貸し渋りに対する緊急対策の中で、企業倒産の抑制等の一定の効果があったとの評価がなされているとしつつ、その運営実績を当初の制度設計と対比してみると、政府が想定した保証枠の96.5％に相当する額の保証承諾が実行され、特別保証の取り扱いが終了した13年3月から5年経過した2005年度末において、事故率は8.1％となっていて想定した率に近い率に収まっていることは評価している。ただし、特別保証の大部分が無担保でしかも第三者の保証人を徴しないことなどから、回収率については12.1％に留まっており、50％という想定率を著しく下回っているので、公庫の特別保証に係る保険収支は1999年度以降毎年度大幅な赤字を計上し続け、前述のように98年度から05年度までの累計は1兆4489億円の赤字となっていて、特別保証に係る政府出資の1兆1599億円をすでに2889億円上回る状況となっているとした。

一方、52協会においては、出捐された特別基金をすでに全額取り崩している協会が10協会あるものの、残りの42協会では計560億円の特別基金残高を保有しており、保証債務残高とこれまでの事故率、回収率等から判断すると、その相当部分が将来長期にわたって取り崩されることなく保有されるものと見込まれる。しかも、一部の協会では、事故率及び回収率が良好であるなどの理由から、特別基金残高を増加させる状況となっている、とした。

このような状況を踏まえ、国・公庫・各協会においては、特別保証制度に対する今後の処理について、国（中小企業庁）は、毎年度各協会から提出されて

いる事業報告書等により特別保証会計の収支動向、特別基金の残高等を適切に把握し、必要に応じて財政当局、都道府県等及び各協会と協議するなどして、特別基金の最終的な処理方針を検討すること、また、今後、各協会に対する補助事業を実施する場合は、各協会の保証承諾額などに応じた適切な補助金額の配分に努めるとともに、あらかじめ補助金の返還などについて規定しておくこと、ことなどを会計検査院は意見陳述している[15]。

このように、会計検査院は、特別保証に関わる政府出資の状況を克明に分析しているが、特別保証に限れば当初予想損失額（政府出資）と実際の赤字額の差である2889億円の手当てをいかに処置するかが問題である。先に指摘したように、中小企業総合事業団からの中小公庫へ業務移管時の拠出額2525億円がその補填と考えると、最終的には364億円が不足したといえる。この部分は各保証協会に出捐された特別基金2000億円のうち560億円が残っており、最終的な不足分に充当したとしても196億円がプラスになっている。

4　特別保証に対する評価——信用保証制度の経済効果

(1) 特別保証の効果

信用保証制度の政策効果と副作用について、その検証は従来十分ではなかったが、特別保証導入後、多くの実証研究がある。信用補完の政策効果には、保証制度が中小企業の資金制約の緩和（資金制約緩和効果）や倒産の回避（倒産回避効果）があるが、これらには積極的評価とネガティブな評価があり、結論が出ているとはいえない。信用保証は、自己資本比率規制の分母であるリスク資産のウエイトを低下させるので、その利用は金融機関の自己資本比率を向上させる効果もある[16]。

信用補完は、景気後退期の「一時的な」倒産回避効果についてその効果を認める研究が多いが、倒産時期を先送りしたに過ぎず、時間の経過で不振企業は倒産に至るという分析結果を示す研究も少なくない。政策効果の検証において

は、資金アベイラビリティ（調達可能性）の改善についての実証研究が中心で、モラル・ハザードの発生に関しても実証研究がある。

特別保証導入後、その有効性に関して、多くの実証研究が行われてきた。特別保証は、信用保証の持つ経済効果を促進するもので、深刻な貸し渋り・貸し剥がしに直面していた中小企業の資金繰りを改善し、企業の運転資金・設備資金需要を充足し、その中長期的な発展・存続を可能にするというプラスの効果を持ち、企業倒産の回避、雇用の維持が図られた（資金制約緩和効果）。反面、ネガティブリスト方式での運用であったため、金融機関の審査にインセンティブが少なく、また100％保証なので金融機関の事前の審査・事後のモニタリングのインセンティブも生じない、というマイナスの効果もある（モラル・ハザード効果）[17]。

特別保証についても、その有効性について、肯定的なものとネガティブなものがある。政府（中小企業庁）は前述のように『中小企業白書2000年版』で政策効果の存在を明示した。特別保証は短期的効果に留まるもので、中小企業金融を本質的に改善しないという部分的肯定論や、短期的にも中小企業の倒産を減少させず、資金調達状況も改善しなかった、という全面否定論もある。特別保証が代位弁済率を上昇させるが、中小企業向け貸出は減少したとする松浦・竹澤（2001）は後者であるし、特別保証開始後2年目以降の倒産率は、制度がない時期に比べてむしろ高まったとする小西・長谷部（2002）は前者である。

短期的効果を認める論の中にも、本来退出すべき中小企業が温存され、特別保証による貸出があっても、これら中小企業のパフォーマンスが構造的に改善するわけではなく、退出の先延ばしになるだけとの主張もある（松浦・堀〔2003〕）。

また、特別保証がネガティブリスト方式で行われたため、本来想定される用途に使用されず、旧債振替になり貸し渋りの緩和にならないケースや、余資運用的な株式等に充てられたりしたケース等があったり、代位弁済で100％保証されるので、金融機関に事後モニタリング等のインセンティブを減退させ、情報の非対称性問題を却って悪化させた可能性も指摘される（モラル・ハザー

ド)[18]。

(2) 肯定的な評価
植杉の分析
　特別保証が保険収支を悪化させ、財務悪化要因であるという評価に対して、植杉（2006）は積極的な評価をしている。植杉（2006）は、特別保証の利用により、
　① 自己資本比率区分を問わず、特に長期の借入制約が緩和され、企業の債務比率が増加すること、
　② 自己資本比率が高い（信用力の高い）企業ほど、収益率が向上する傾向があること、
　③ 全体でも企業の収益率が向上すること、
を示している。政府が企業の信用リスクを負うことによって、銀行が貸出を増やし、企業が収益性の高い事業を行うという効果が、モラル・ハザードや逆選択によって企業が収益性の低い事業しか行わないという効果を上回っている。特別保証は、中小企業の効率性の改善に全体としてプラスの効果があったと、植杉は評価した[19]。
　植杉は、中小企業庁調査室が『中小企業白書』作成のために行っている「金融環境実態調査」（2001年）の1万5000社の個票データを用い、その中から特別保証利用企業（1344社）と非利用企業（2144社）のパフォーマンスを比較するものである。その結果、特別保証によって、借り手の信用リスクや企業の規模を問わず、負債比率や長期借入金総資産比率が有意に上昇し、資金制約緩和効果があったこと、特に通常でも円滑な資金調達が困難な従業員20人以下の小規模企業でその効果が顕著であるとし、特別保証の有効性を示した。金融機関のモニタリング低下による特別保証利用企業のモラル・ハザードによる利益率低下については、リスクの比較的低い企業では却って利益率の改善幅が大きく、資金制約緩和効果がモラル・ハザード効果を上回ることを示した。ただ、リスクの高い企業については、借入制約が緩和されても、利益率の向上に

繋がらないケースもあるとした。しかし、全般的にはモラル・ハザード問題は相対的に小さいとした[20]。

安田の分析

安田（2010）は、特別保証ではないが、緊急保証制度を意識しつつ、公的な信用保証制度が信金の融資行動にどのような影響を与えるのかについて実証的に分析を行い、具体的には、2007―09年の信用金庫のパネルデータから貸出供給関数を推計した結果、信用保証による信金への金融の円滑化を念頭においた貸出に対する下支えの効果は大きいとした[21]。

また、安田（2011）では、都銀と地銀を対象に同様な分析を行い、1996―2002年のパネルデータから信用保証がリスク水準決定に与える効果を計測した。その結果、①信用保証の利用比率が高まるほど銀行のリスクテイクを促すこと、②自己資本比率が高いほど逆に銀行のリスクテイク抑制効果を持つこと、③免許価値が高いほど銀行のリスク水準は低いこと、を確認した[22]。

基本的に信用保証の利用によって銀行はリスク水準を高めるため一見望ましくないように思われるかもしれないが、銀行が倒産時のコスト（免許価値の存在も含む）は信用保証の利用が銀行リスクの水準を高めるとしても、それが望ましいか否かは経済的な状況によるものであることとし、将来性ない企業への延命策との批判が多い信用保証制度ではあるが、銀行が過度に保身的な行動をすることで「貸し渋り」・「貸し剥がし」が生じている状況では、信用保証は有効な政策手段足りうることとし、信用保証の効果を示した。先行研究が、信用保証の利用要因の分析や信用保証が貸出のレベルを増加させる効果に注目していたのに対し、銀行のリスクテイクと貸出量の決定を合わせて考察する点が異なっている[23]。

(3) 特別保証に関するネガティブな評価

松浦・竹澤の分析

特別保証に関する初期の研究である松浦・竹澤（2001）は、1990年代末の未曾有の金融危機を踏まえ、金融機関は安全資産への移行や不良債権の償却で

自行の経営健全化を図り、金融システム全体を安定化させることが求められていると認識した上で、中小企業の「過剰債務」問題と担保となる土地価格の下落の中で、貸し渋り対策として事故率10%を想定した特別信用保証制度の創設が、果たして銀行の中小企業向け貸出が担保・不良債権などの信用リスクを考慮したものかを検討した。1998・99年度の都道府県別データを用い、貸出金利、地価、信用保証協会の債務保証、不良債権(信用保証協会の代位弁済比率)を考慮して銀行の貸出供給曲線をパネルで推計して、その結果、貸出増加について、貸出金利と地価は有意に正、不良債権比率は有意に負であるが、信用協会の債務保証は統計的に有意な影響は与えていない、ことを示した。このことは銀行が合理的な貸出行動を行っていることを示すものである一方、特別保証等で代位弁済比率が1%ポイント増加すれば、中小企業向け貸出は約11兆円減少することが推計され、これは経済合理性を欠く特別信用保証等では、政策目的を達成できないことを示すものであるとし、特別保証にネガティブな考え方を示した[24]。

小西・長谷部の分析

小西・長谷部(2002)は、中小企業に対する「貸し渋り」解消を目的に実施された特別保証制度の政策効果について分析し、先の『中小企業白書2000年版』で行われた推計が、1998年第1四半期までという特別保証制度導入後わずか5カ月間のデータで行われたことから、短期的に倒産回避効果がみられるのはある意味当然のことで、その結果だけから「有効であった」と判断するのは適切ではないことした。そこで、『中小企業白書』で用いられた分析手法を2001年第3四半期まで拡張し、倒産回避効果のより正確な評価を試みた。手法は推計式から得られた推計値と実績値を比較するもので、その結果、①推計値は1998年第3四半期までは実績値とよく合っているが、特別保証制度が創設された1998年第4四半期以降は極端な乖離が生じており、この乖離が特別保証制度の効果と考えられること、②1999年度における乖離幅は3297件であり、政策が実施されなかった場合、実績値の1.21倍の倒産が発生していたと考えられること、③この倒産回避に伴い民間企業損失額の減少(利益効果)

及び失業者数の抑制（雇用効果）がもたらされた、とした。1社当りの負債総額・従業員数を基にして倒産回避の効果を測定すると、1999年度は負債総額で約1兆3810億円、雇用者数で約2.83万人が維持されたことになる。2000年度・01年度の利益効果・雇用効果はマイナス値であるものの、1999年度の効果を越えるものではないとした。トータルで評価すると、「一定の効果があった」ということができるとし、『白書』の結論と一致するとした。しかし2000・01年度の倒産実績値は増加しており、特別保証制度導入は一時的な効果しかなかったとした。また、都道府県別のパネルデータを利用し、特別保証の中小企業向け貸出に対する影響を分析し、1999—2001年の3年間と2000—01年の2年間の推定を行い、特別保証が中小企業向け貸出の増加に貢献していることが確認されたとした[25]。

この推定から、①特別保証制度の実施により短期的には倒産回避効果が認められたが、中長期的には認められなかったこと、②特別保証制度は中小企業向け貸出の増加に貢献したこと、を示した。これらの結果は、短期的には倒産を防止し、しかも貸し渋りの解消に貢献したことを示唆しているようにもみえるが、小西・長谷部（2002）は否定的に捉え、特別保証制度は企業が優良であるか劣悪であるかに関わらずほぼ無条件で保証承諾を出したために、貸出は増加することになり、新規融資を実行せずまた既存融資を回収するという意味での貸し渋り解消には貢献したかもしれないものの、本来貸し渋りとは「優良企業（純現在価値が正のプロジェクトを持つ企業）」に対して銀行が新規融資および既存融資の継続に難色を示すことであるので、特別保証制度は劣悪な企業にも融資を実行する誘因を銀行に与え、結果として資金配分の効率性を損なう制度であり、中長期的に倒産件数が増加することに繋がったと評価した[26]。

松浦・堀の分析

松浦・堀（2003）は、特別信用保証には倒産を減らす一定の効果を有したが、一方で、本来退出を促すべき実質破綻企業の延命に公的資金が費やす等相当の社会的費用を伴ったとし、特別信用保導入前後の時期における中小企業1000社のデータを活用し、当該貸出増進策が中小企業経営にどういう意味を持った

4章　信用補完制度の改革

かを検討した。

　松浦・堀（2003）は、北海道拓殖銀行破綻（1997年11月）後に逸早い保証拡充を図り98年以降の全国規模での特別保証の先駆けとなった北海道に注目し、道内から抽出した4グループ（特別保証利用倒産、特別保証非利用倒産、特別保証利用存続、特別保証非利用存続）の中小企業ミクロ・データ（各グループ約250社、計1000社）を比較検討し、①どういう企業が特別信用保証制度を利用したか、②倒産倍率の決定要因は何であり、特別信用保証の利用はそれにどう影響したか、③存続企業の総資産利益率の決定要因は何で、特別保証利用はそれにどう影響したか等をミクロ・データ分析で行った[27]。

　その結果、①特別保証利用企業と非利用企業の最大の違いは負債比率にあり、利用企業は過剰債務傾向が明瞭である。そのため、特別保証利用企業の（信用調査会社による）評点は非利用企業よりも有意に低いこと、②倒産倍率（＝倒産負債額÷資本金額）は、倒産前の負債関連指標の変化に感応的であり、過剰債務企業の借り増しは再建不能な高い倒産倍率につながること、③特別保証利用企業と非利用企業の総資産利益率の格差は負債比率に決定的に依存しており、負債比率の高い利用企業において利益率が低くなっていることを示した。

　このことから、特別信用保証制度を利用した企業はその過剰債務傾向（とそれに由来する評点の低さ）の故に信用保証の付保を要求された可能性が高いが、過剰債務企業の借入増加は万が一の場合の倒産倍率を押し上げ、企業及び経営者の再起を著しく困難にする可能性が高い。むしろ、財務的困難に陥った中小企業に対する支援策としては、貸出を維持・増加する政策ではなく、一旦は早期の企業整理を支援する政策が求められ、特別保証は過剰債務企業の債務増加をもたらしただけで、財務困難企業の根本的支援にはならないと、松浦・堀は結論付けた[28]。ただし、北海道内の企業データであるという制約は考慮すべきであろう。

竹澤・松浦・堀の分析

　竹澤・松浦・堀（2004）は、1980年代以降の中小企業財務を概観し、中小企業経営が悪化傾向にあり、90年代には財務の再構築が求められていたこと

291

を示した上で、90年代後半に実際に採用された政策は（特別）信用保証制度を中核とする中小企業向貸出の増加策であり、この政策が金融危機下での中小企業金融の逼迫、いわゆる「貸し渋り」への対応であり、一時的ショックを緩和する目的を有するに過ぎず、こうした政策は倒産の先送りに過ぎず、社会的費用の増大につながるという批判があったことも無視したとした。そこで、中小企業向貸出残高、信用保証債務残高、及び代位弁済率（倒産件数比率）の連立方程式モデルを1993―2001年度の都道府県のパネルデータで推計することで（パネルの Error Components 3 SLS）、その相互関係を検証し、90年代特に特別信用保証制度創設後の中小企業金融では、厳格な審査により中小企業経営を改善し代位弁済比率・倒産件数比率を減少させるという本来期待される機能が十全には発揮されていなかった可能性を示し、信用保証は確かに倒産を一時的に減少させる効果を有したが、それは次期以降の倒産拡大につながったことを示した[29]。

　中小企業と大企業・中堅企業での負債比率の格差等も踏まえると、中小企業経営の改善・成長のためには財務の健全化が求められ、負債比率の差が中小企業の利潤率に決定的な影響を及ぼす（松浦・堀（2003））ことを鑑みると、自己資本の強化（借入の抑制）こそ中小企業が目指す経営再構築への合理的対応であるとし、厳しい財務状況で増資を求めることは、一見かなり無理があるように思えるかもしれないが、経営者個人さらには第三者の連帯保証を求めるという日本の中小企業の金融慣行の下では、経営破綻は経営者個人の自己破産（個人財産の喪失）にまで直結する。そうした下では、債務削減こそ中小企業再生の第一歩として位置付けるべきであろう、とした。このように、竹澤・松浦・堀は（2004）は、特別保証が問題の先送りになることを示した[30]。

深澤の分析

　深澤（2006）は、信用保証が事実上の所得移転をもたらす効果に注目し、金融機関による中小企業への貸出に公的な保証が付いていないとき、貸出金利には貸出先企業の信用リスク（貸倒れのリスク）に対応した上乗せ部分（信用リスク・プレミアム）が含まれている。これに対して、公的信用保証が付いた

4章　信用補完制度の改革

中小企業向け貸出は、金融機関にとって信用リスクがゼロ（全部保証の場合）なので、その金利には、信用リスク・プレミアムが上乗せされない。このため、一般に金融機関の保証付き貸出金利は保証なしの貸出金利（プロパー貸出金利）よりも低くなる傾向があることに注目し、この金利差が企業に対する補助金になることを示した。保証付貸出金利とプロパー貸出金利の差は1998―2002年度には、民間金融機関の5業態（都市銀行、地方銀行、第二地方銀行、信用金庫、信用組合）を平均して、保証付貸出金利がプロパー貸出金利を0.4―0.5％ポイント程度下回る傾向があったとした[31]。

企業が公的信用保証制度を利用することにより、企業は本来支払うはずであった利払い費が節約された分だけ利益が押し上げられることになるので、公的信用保証制度を通じた金融機関の貸出金利低下は、借り手の中小企業に向けた事実上の所得移転に等しいとする。

保証を受ける中小企業は、保証料を支払っているので、企業の利払い負担軽減額から保証料の支払い額を差し引いたものがネットのベースでみた所得移転額で、このネットの受益が補助効果になる。この額は、1997年度以降拡大を続け、2002年度に約6600億円とピークを記録し、2003年度からは減少傾向に転じているとした[32]。

公的保証制度の負の側面をグレンジャーの因果性テストで検証した結果、公的保証の事実上の利子補給が保証を利用している企業の効率化や競争力強化に向けた取り組みに対して、悪影響をもたらしてきた可能性があるとした[33]。

公的信用保証制度は、二つの異なる機能（地域間リスクシェアリング機能と恒常的な所得移転の機能）を同時に担わされてきたため、1998年度以降、制度の維持コストの増大から保証料への依存を基本とした運営が困難となり、財政面からの各種支援（信用保険に対する国の出資、自治体に対する国の補助金支給等）の拡大を余儀なくされたが、これは同制度が担ってきた機能のうち経済効率性という観点から問題が特に深刻なのは、恒常的な所得移転の機能である。すなわち、特定地域の中小企業に向けた事実上の所得移転が、長期間継続されるだけに、生産性に対する負のインパクトも毎年累積してしまう。そのこ

293

とは、経営を効率化して経済の構造変化を自力で乗り越えようとする中小企業側のインセンティブが、長きにわたり減殺され、ひいては当該地域の中小企業を巡る構造調整の進展が妨げられる恐れがあることを意味している。本来であれば、市場から退出すべき非効率的な中小企業が延命される結果、その地域の経済が構造調整圧力から容易に抜け出せなくなるという悪循環に陥る可能性が小さくないのである。政策コストの最終的な負担者である納税者の視点に立てば、そのような施策は保証という金融的手法ではなく、民意を相対的に反映しやすい財政的手法を通じて行われる方が望ましいとし、構造調整圧力が高まった地域を対象に金融機関から資金を借り入れた中小企業に対し、国が利子補給金を交付するという枠組みを設ければ、現在の公的信用保証制度に基づく恒常的所得移転と本質的に同一の機能を保つことができる。仮にこのような政策手法の転換を行った場合、公的信用保証制度の将来像としては、その機能を地域間のリスクシェアリングに限定し、保証料の範囲内における運営を基本とした姿勢に徹する、という選択肢がありうるのではないかとし、深沢（2006）の公的保証に対する評価は限定的である[34]。

その際に、同制度の持続性をどのように維持するかに関しては、2006年4月から信用保証協会の保証料率が借り手側の信用力をある程度反映した形で設定されるようになり、貸し手である金融機関に信用リスクの一部を負担させる部分保証制度等も導入されたので、公的信用保証制度が地域間リスクシェアリング機能に特化した場合の財政コスト圧縮という観点からも評価できるとした。ただし、中小企業向け信用保証を通じた地域間のリスクシェアリングが、信用保証協会や中小企業金融公庫といった公的な機関が担うべきかについては、アメリカでは連邦政府の機関であるSBAの公的な保証の他、民間の金融保証保険会社もまた、民間部門に対する金融保証保険の提供を通じて、信用保証の一翼を担っていることから、この点を日本でも議論されるべきとした[35]。

伊藤や澤柳の分析

近年、政策系大学院の修了論文で、公的信用補完制度をテーマにするものが散見されるようになった[36]。伊藤（2011）は、信用保証協会の運営が、地方

4章　信用補完制度の改革

　自治体や金融機関からの出捐金（基本財産に占める出捐金・負担金総額の割合は、協会の平均で約 60.2％）に注目し、保証により金融機関にモラル・モザードが発生する一方、協会の代位弁済の増加・破綻・解散ということになれば、金融機関に出捐金が戻らない可能性があることから、金融機関の出捐割合が高ければ、協会の経営危機に際し金融機関自身の負うリスクも高まるので、先のモラル・ハザードが起る可能性は低く、個別の信用保証付き融資案件に関しても金融機関のモニタリングが十分機能し、信用保証付き融資の貸出先企業がデフォルトに陥る確率は低く抑えられる可能性がある。この点を各協会の 1991―2004 年度のパネルデータを用い、代位弁済率を金融機関出捐率・地域 GDP、就業者率、人口、倒産率で Hausman Test、固定効果モデルで推定した結果、金融機関の出捐比率が高くて、十分にモニタリング機能が働いているとはいえない状況にあるとした[37]。

　金融機関の出捐金は、モラル・ハザードを抑止する効果があるとはいえず、また信用保証付き融資は生産性を高める企業のみに実行されているとはいえないことが明らかになったとした。すなわち、信用保証協会も保証付き融資を実行すべき企業かどうかを適切に審査あるいはモニタリングできていないとした。伊藤は、金融機関及び信用保証協会におけるモラル・ハザード発生の可能性について、信用保険制度による信用保証協会への手厚い公的支援が原因であるとし、信用保証制度のモラル・ハザードを指摘した[38]。

　澤柳（2009）は、保険収支の赤字が特別保証終了後も増大し、2006 年度以降の赤字増大、特に 2007 年度以降一般保証でも赤字が増大したことに注目した。1991―2007 年度について、（保険収支＝保険料＋回収金－保険金支払）から、保険収支赤字の要因を保険の事故率（PD）と非回収率（LGD）に分解し、分析期間中特別保証によって PD、LGD ともに悪化したが、累積値から判断して、保険収支の悪化は PD によるものとした。また LGD の悪化は信用保証の無担保、大口化、長期化によるものであることを検証した[39]。

5 特別保証の以後の措置——緊急保証等

　特別保証は、2000年3月末で終了したが、2000年代央以降、原油高、サブプライム問題、リーマン・ショックなどで中小企業対策として、景気対応緊急保証制度が2008年10月に導入され、100％保証の措置となった[40]。この制度は、2011年3月に終了したが（累計で150万2000件、27兆1700億円の保証承諾額、85万社の利用。『中小企業白書2011年版』第2—1—1図）、既存制度のセーフティネット保証として継続している[41]。

　セーフティネット保証は、中小企業信用保険法第2条第5項に規定された「特定中小企業者」に対して適用され、取引先等の再生手続等の申請や事業活動の制限、災害、取引金融機関の破綻等により経営の安定に支障を生じている中小企業者について、保証限度額の別枠化等を行う制度である。同法第2条第5項に八つの適用対象が規定されており、その第5号に「業況の悪化している業種」があって、対象は全国で一時ほぼ全業種が適用対象になり、緊急保証制度の受け皿となっていた（100％保証は継続）[42]。その実績は、2012年2月には15万1500件・2億2700億円である（図4—5）。このような100％保証は、緊急措置とはいえ、前述のように、モラル・ハザードを伴うもので、責任共有制度への復帰が必要である。信用保証協会全体での全保証承諾残高は2012年6月末には33兆6000億円であり、民間の中小企業向け融資残高の約15％である[43]。

　このような安定化保証・緊急保証は、再保険を行う日本政策金融公庫の収支を悪化させる。表4—5は日本公庫の信用保険部門の収支をみたものであるが、特別保証の赤字が2000年度以降大きくなり、2005年度までの累計で1兆4489億円の赤字を計上した。このため公庫に2008—2002年に1兆1599億円、信用保証協会に2900億円公費が投入された。第1章の表1—5にあるように、

4章　信用補完制度の改革

図4—6　セーフティネット保証（5号）の実績（累計）の推移

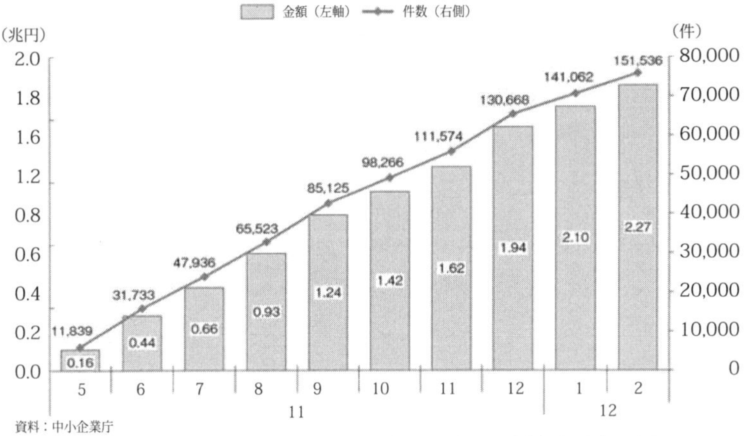

年月	金額（兆円）	件数（件）
11年5月	0.16	11,839
11年6月	0.44	31,733
11年7月	0.66	47,936
11年8月	0.93	65,523
11年9月	1.24	85,125
11年10月	1.42	98,266
11年11月	1.62	111,574
11年12月	1.94	130,668
12年1月	2.10	141,062
12年2月	2.27	151,536

資料：中小企業庁
（注）2011年5月23日以降の各週（月曜～金曜。ただし、2012年は土曜～金曜。）の実績値を毎月合計して作成。

出所：『中小企業白書2012年版』より。

保険収支は特別保証以外でも赤字で、1998—2005年度で2兆8886億円に及び、この間政府出資金は2兆3908億円になった。この部分が中小企業に対する補助金といえる。このように、信用保証制度には、公庫の信用保険部門において、民間の信用リスクを負担することになり、この負担が補助金効果を持ち、民間金融の補完を行っているといえよう。

2節　信用補完制度の改革

1　信用保証の固有の課題——再論

　中小企業金融という情報の非対称性の大きい分野では、情報理論の教えるように逆選択やモラル・ハザードの問題が発生する。特に、信用補完制度では、中小企業、金融機関、公的補完機関（保証協会、日本政策金融公庫）の間に存在する情報の非対称性が相対的に大きい。中小企業・金融機関は、公的補完機関と比べて信用リスクに結び付く情報を有している一方、公的補完機関は、中小企業・金融機関の行動を随時観察することは困難である。こうした情報の非対称性の存在を考慮せずに、信用補完制度を設計すると、中小企業・金融機関は情報の非対称性を織り込んで行動するため、逆選択やモラル・ハザード等の問題が生じ、金融システム全体でみれば必ずしも効率的ではない状況が生じる。
　この点について、前述のように、日本銀行金融市場局（2002）が適切な指摘をしているが、それによると、信用補完制度のあり方を検討する場合には、逆選択とモラル・ハザードの未然防止を制度に組み込む必要がある。一般に、逆選択やモラル・ハザードは、情報の非対称性の存在に起因するものであり、それらが発生していることを立証することは極めて困難である。したがって、制度設計の段階で、中小企業や金融機関が私的情報を金融市場に正しく伝達し、金融システム全体にとって望ましくない観察不可能な行動をとらないインセンティブを与える制度となるよう十分工夫し、問題が発生する可能性を予め低く抑えることが望ましい。
　このように情報の非対称性問題を克服するためには、逆選択には保証料率の

弾力化・可変料率化が対応策となる。また、金融機関のモラル・ハザード防止には部分保証ないし事後的な負担金による責任分担が必要となる。このことから、諸外国では可変保証料率が採用されている。少なくとも金融理論の文脈では正しい方向性であり、金融システムへの負荷を減ずるものと理解される。

このように、信用補完制度の持つ固有の問題を整合性のある形で制度設計することが制度設計の根幹である。このような観点から、2004・2005年に信用補完制度のあり方が中小企業政策審議会基本政策部会で議論されたのである。

2　中政審『信用補完制度のあり方に関するとりまとめ』報告の概要

(1)　検討の概要

既述のように、信用補完制度には、逆選択とモラル・ハザードという本質的な課題が内在する。中小企業政策審議会報告（2005年6月）は、逆選択とモラル・ハザードに対して明確に解決策を提示した。報告は、逆選択に対して、保証料率の弾力化を提案した（法改正不要で、現状でも弾力化は可）。これは、従来の一律の保証料体系が中小企業者にとって不公平なものになっており、金融機関や保証協会の木目細かい評価が生かされないデメリットを指摘した上で、経営状況の良好な中小企業者に対しやすい保証料での融資を可能にすること、より幅広い中小企業者に保証を利用可能にするといったメリットと、中小企業者が金融機関・保証協会に対して必要な情報提供を行うインセンティブを与え、中小企業が「中小企業会計」に準拠した財務諸表を作成したり、積極的に財務管理・経営管理に取組む場合には割引制度を拡充し、適用することとなる。中小企業者がCRD活用により（中小企業基盤整備機構の経営自己診断システム）、自らのリスクを把握すれば、リスク対応型の料率に近付くことになる。無論、中小企業金融公庫が保険を行う際の保険料率の弾力化もセットになる。

信用補完制度の持つモラル・ハザードの防止として、報告は部分保証の導入を挙げている（これも法改正不要で、一部の保証で導入済み）。部分保証は、

金融機関にすれば、リスクの一部を負担するので、貸出に慎重になる可能性があり、貸し渋りの再燃の懸念から反対も多いものであった。しかし、金融機関と保証協会が適切な責任分担・リスク分担を図らない限り、モラル・ハザードに起因する金融システムの非効率は不可避となる。そこで、事後的に金融機関に負担を求める「負担金方式」（事後的に一定以上の代位弁済率となったり、保証利用額が一定額以上になったりすると、事後的に負担金を求めるもの）の採用が妥当とされた。一定期間後に部分保証か負担金方式の統一を検討するが、適切な負担を金融機関と保証協会間で図ることが確認された。ただし、中小企業融資への影響からこの責任分担（責任共有）制度導入の時期や対象について柔軟に検討することとされ、この点は激変緩和措置として評価される。

　2005年の信用補完制度の見直しについては、部分保証と料率弾力化だけでなく、他に多くの提言がある。利用者の利便性向上のために、①経営支援・再生支援の強化（協会と金融機関の連携による支援・情報共有、各種支援機関との連携、金融機関との審査一元化、再生支援チームの組成など）、②制度の多様化・柔軟化（保証の担い手の多様化、不動産担保・保証人に過度に依存しない保証、包括根保証の見直しなど）、③事務簡素化・効率化（様式・解釈の統一、業務の電算化、免責条項の解釈の統一など）、④保険部門を担当する中小企業金融公庫の業務改善・保険収支の健全化（保険料率のリスク反映化など保険設計の再構築も）も盛り込まれた。

　特に、再生支援関係で保証付き債権の譲渡、求償権の放棄・譲渡、求償権先への新規保証といった従来困難とされた事案についても実施の方向で提言されており、制度の方向として望ましい。そもそも再生計画は、多数の債権者間で担保関係等複雑な調整を要するもので、利害関係者の同意を得るには多くの時間とコストが掛かるので、債権の集約化による再生の迅速化が必要とされるが、保証協会の保証付き債権は従来不当な債権管理当の防止の観点から、譲渡先が限定され、再生ファンド等への譲渡は不可であった。そのため金融機関には保証付き債権が残り、多数の債権者が残存してしまい、再生計画の立案等に複雑な調整を要する事態が残っていた。そこで、①目利き能力を活用し、事業の将

4章　信用補完制度の改革

来性を見極めることと、②譲渡先を中小企業基盤整備機構の出資する再生ファンドに限定して、③中小企業再生支援協議会の再生計画により妥当とされる場合に、保証付き債権を譲渡可能としたのである。

同様に、求償権の放棄・譲渡についても、原資が税金であり、中小企業のモラル・ハザード防止から限定的とされていたが、金融機関が保証付き債権以外を債権譲渡しても十分な財務リストラが困難なので、保証協会の目利き能力の発揮による将来の事業性の見極め、中小企業再生支援協議会の再生計画に準拠するなどの条件下で、債権放棄を可能とした。さらに、求償権先への新規保証についても再生計画の基づく事業継続のために必要なニューマネー確保の観点から、信用リスクが高いもののその必要性が高いので、保証協会の目利き能力の発揮と信用リスクに応じた適切な保証料率の徴求を前提に、新規保証が認められることとされた。

また、担い手の多様化として預金金融機関以外に信託会社やノンバンクの信用補完制度利用も可能になる方向を提言している点は評価される。

信用補完制度の円滑な運営には、回収の円滑化が不可欠である。この点で、保証協会の人的資源も多く注力されているが、サービサーの一層の活用、管理事務停止基準の見直し、求償権整理措置の運用見直しなども提言されている。

信用補完制度が設立され、前回の見直し（1966年）が行われて以降、金融システムはリスク管理をいかに行うかが重要になってきた。信用補完制度もそれに十分対応可能な制度として整備する必要があるが、そのための制度設計としては今回の見直しは相応のものであると評価できる。特に、地方自治体の制度融資の改善、保証協会のガバナンスの強化、連合会の機能の確認、中小企業金融公庫保険部門のガバナンスの強化、経済産業省の指導・監督の適切性など、多面的に信用補完制度のあり方を提言している点で、必要にして十分な検討が行われたものと理解される。

信用補完制度のステークホールダーは多く、相互の利害も多様であるが、中小企業者の支援ツールであるとの基本理解を深め、制度の堅牢性、持続可能性を十分に理解されることが、未来志向の制度設計になると考えていた。

(2) 中小企業政策審議会の検討——検討の経緯[44]

　信用補完制度の問題を検討するために、中小企業政策審議会基本政策部会は、2004年12月10日の会合で、同部会の下に「信用補完制度の在り方に関する検討小委員会」を設置し、集中的検討を行うとの決定をした。同小委員会は2004年12月17日から2005年6月20日まで7回の会合を行い、「信用補完制度のあり方に関するとりまとめ」報告書を纏め、同日基本政策部会で承認された。この報告は、信用補完制度の実態と課題について多面的に検討し、これに基づく金融機関との新たなビジネスモデルに基づく中小企業に対する多面的なサービスを提供する方策を提言するもので、信用補完制度に関する本格的な検討が行われたもので、今後の議論にも役立つものと思われる。

　同報告書の基本認識は、「信用補完制度は、これまで半世紀にわたり、中小企業者に対する民間金融の円滑化のために重要な役割を果たしてきた。しかしながら、近年の、不良債権処理の進展、自己資本の強化等の金融機関を取り巻く環境の変化、金融工学の発展による金融手法の多様化、新たな金融主体の登場など金融を巡る環境が大きく変化してきた中で、政府として、中小企業を中心とする産業金融機能強化のための包括的な検討が必要であるとの認識から、平成15年末に、関係閣僚会議における報告が取りまとめられた。これに基づき、政府系及び民間金融機関において制度運用の包括的な見直しやリレーションシップバンキングの推進など広範な取組が実施されてきているところであるが、相対的に小規模の事業者の利用が多い信用補完制度については、平成16年度末まではセーフティネット対策に万全を期すとの政府の方針から、制度運用の包括的見直しは、経済・金融動向をみつつ行うこととなった。その後、漸くわが国経済が全体として改善の動きを示す中で、中小企業の資金繰り感も改善を示し、民間金融機関の中小企業向け融資姿勢にも大きな変化がみられる一方で、信用補完制度については、その制度設計や運用面について利用者から様々な改善要望が寄せられるとともに、保険制度の急速かつ構造的な赤字の発生など制度の持続性に懸念が生じる事態に至ったことから、信用補完制度のあり方について包括的に検討を行うこととされた」というものである。

具体的には、以下の点を柱として検討を進めたが、それは、
① 保証手続きの合理化、金融機関等との連携による中小企業者の経営支援・再生支援の強化、担い手の多様化等の中小企業者の立場に立った新たな制度・運営のあり方、
② 信用保証協会と金融機関との責任分担に基づく効果的な中小企業支援体制の確立、
③ 制度利用の変化、回収率の低減等の構造変化に対応した持続的な運営基盤の確立、国と地方自治体との適切な支援のあり方、
④ 保証協会等のガバナンス強化と評価、適切な協議体制の構築、
である。

これまで、信用補完制度の検討は、1966年の中小企業政策審議会の議論があり、その答申では、前記無担保保険の恒久化と併せて、保証協会の基盤強化を図るため、公庫から協会への貸付額の増額、地方自治体及び金融機関からの出捐金等の増加の必要性も指摘された。信用補完制度開始以来、基本保証料率は保証協会ごとに異なっていたが、制度の公平性を欠くといった中小企業者の要望を踏まえ、1974年度から全国的な基本保証料率の統一化を図り、1984年度に全ての保証協会において、1％に統一された。1981年には、保険収支の悪化に対処するため、大蔵省及び中小企業庁から、以下のような総合的な対策が関係者に指示・要請された。それは、
① 保証協会による保証審査体制の強化、回収の促進、中長期的な業務計画の策定、金融機関等との情報交換体制の強化、代位弁済率が高い金融機関への改善要請等を行うこと、
② 信用保険は、保険契約額を当初計画の範囲内で運用するとともに、保証協会ごとに保険金の支払い枠を設定すること、
③ 地方自治体は、協会の監督強化、制度融資の創設における適正な運営、協会に対する安易な損失補償を行わないよう厳に注意するとともに、金融機関への預託額には代弁率も加味すること、
である。その後、制度利用が漸増しつつ、大局的には概ね安定的に推移してき

たが、前述のように、1999年に未曾有の金融危機が発生し、臨時異例の措置として中小企業金融安定化特別保証制度が実施された。2000年には、1965年から実施されていた倒産関連保証を拡充し、「セーフティネット保証」が創設され、2002年に貸し渋り金融機関の取引先等にも対象が拡大された[45]。

信用補完制度は、保険料や回収金以外に、毎年、国からの多額の出資金を受けて運営されており、補助金効果を持つが、その分、税金の効率的かつ効果的使用や国民に対する説明責任にも十分留意しつつ、制度の設計・運営を実施することが必要な制度である。特に、制度の維持に重要な代弁率は、1994年度に1.44%であったものが、2004年度に2.74%に上昇している一方で、回収率は94年度の6.6%から04年度の3.9%に低下している。代弁率は、景気変動等により変動するが、長期的には、概ね1.5—3%程度で推移している。他方、回収率は、不動産担保や保証人に依存しない保証の増加及び求償権の急激な増大に、回収がついていかないことから、趨勢的に低下している。

信用補完制度全体の収支赤字は、代弁率の上昇と回収率の低下や特別保証制度等の影響により、2002年度まで拡大し続け、その後、縮小傾向にあるものの、引き続き、大幅な赤字構造となっている。個々の保証協会の収支については、保証協会間で格差が大きいが、2003年度の収支でみると、18協会が赤字で、地方自治体からの財政支援を除いた実質的な収支でみると、32協会が赤字となっている。前述の表4—5のように、保険収支は1998年度から多額の赤字が出ており、相当額の国費の投入を行ったものの、2004年度末の保険準備基金は1680億円となっているなど、保険の運営基盤は極めて厳しい状況にあった。保険収支では、特別保証制度以外の収支でも依然多額の赤字が出ており、引き続き大幅な赤字基調が継続すると見込まれる状況にあり、制度の見直しが課題であった[46]。

4章　信用補完制度の改革

3節　中政審報告の内容[47]

1　包括的な運用改善による利用者の利便性向上

(1)　保証協会の機能——経営支援・再生支援に係る金融関連サービスの強化

保証協会は、重要な役割を担っているにもかかわらず、

① 　保証申込の多くが金融機関からの申し込みであること、

② 　保証を行った先について、期中管理や面談などの接触が少ないこと、

③ 　代位弁済を行った後、長期にわたり保証協会がもっぱら回収を行うこと、

から、「中小企業者に顔が見えない」「中小企業の実態を知らない」「経営支援をしてくれない」「企業再生に熱心でない」等の批判があった。加えて、金融機関の融資手法の多様化に対応した制度運用の見直しや、無担保無保証人保証の拡大、迅速かつ簡便な手続を求める声も強く、信用補完制度の運用改善の取り組みが必要とされた。

信用保証協会の役割として、中小企業に対する経営支援・再生支援のための体制整備が必要であり、金融機関との情報共有、審査の統一等による審査の合理化が期待される。保証付き融資については、金融機関が審査し、保証協会に保証申込を行う案件がほとんどで、その後保証協会の審査があることから、審査の効率化や迅速化が課題である。そこで、保証協会と金融機関とが、借り手に関する情報を共有し、審査面での協力体制を強化することが必要となる。特に、保証協会と金融機関との責任分担を前提とすれば、一般的な案件は、金融機関の審査に一元化するなどにより、一層の審査の効率化や迅速化を図ることが可能となる。また、このような協会による審査の合理化により、保証協会の

人的資源を、経営支援や再生支援等の分野に投入することも可能となる。

　一方で、新規創業等リスク評価が困難な中小企業者や経営の思わしくない中小企業者については、定性要因（経営者の資質、技術力、販売力等）を十分加味した審査が必要となる。このような場合に、金融機関のみならず、保証協会も目利き能力を発揮し金融機関に有益な情報を提供することが望ましい。このため、保証協会にいる中小企業診断士等の目利き人材を、積極的に経営支援等に活用することが必要である。

(2)　企業再生との関連

　中小企業者の再生は、重要な政策課題となっているが、保証協会においては、返済条件の変更や、借換保証制度等により、中小企業の再生に積極的に協力しているが、中小企業再生の社会的意義の増大や再生環境の整備に伴い、中小企業の再生支援に係る取組をより強化することが必要である。代位弁済を行う時点においてすでに企業の再生可能性がない場合が多いことから、保証協会が早期に主体的な債権者となることにより、積極的に再生支援を行うことを可能とする制度についても検討が求められる。各保証協会は、積極的に中小企業の再生支援に取り組むため、相談窓口の設置や再生支援専門のチームの創設などの体制整備が必要である。

　再生計画の策定においては、多数の債権者間で担保関係等の複雑な調整が必要であり、利害関係者の同意を得るには多くの時間とコストがかかるため、大口債権者等が他の債権者から債権譲渡を受け、債権を集約し、利害関係者を少なくすることが、再生の迅速化に資する。このような債権の買取後の企業再生について、近年、再生ファンドやサービサーが大きな役割を果たすようになってきているが、保証協会においては、不当な債権管理等を防止する観点から、金融機関等政令で認められている者を譲渡先とする場合に限り、保証付き債権の譲渡を可能としているが、現状では、再生ファンド等への譲渡は認められていないため、企業再生の局面において、保証付き債権を金融機関に残し、それ以外の債権を再生ファンド等に譲渡することとなり、結果として、債権者が多

4章　信用補完制度の改革

数残存し、再生計画の立案等に複雑な調整を要することとなっている。

　このような状況を踏まえ、①保証協会による当該譲渡承認に当っては、中小企業者に対する目利き能力を活用し、事業の将来性等を十分に見極めること、②譲渡先は、中小企業基盤整備機構が出資した再生ファンド等の適正な債権管理を行うことができる者に限ること、③譲渡が認められる場合は、中小企業再生支援協議会の再生計画により妥当と判断される場合等に限ること等の適切な基準を前提として、再生ファンドやサービサーを保証付き債権の譲渡先として加えるべきである。さらに、財務リストラが必要な中小企業者に対しては、債権放棄・譲渡が最も効果の大きい手段であり、中小企業再生支援協議会においても、経営者の規律を前提に、徐々に債権放棄を伴う案件が増加してきている。安易な債権放棄は、事業再生につながらない可能性があるのみならず、懸命に経営に取り組む他の中小企業者にとって不公平になることから、経営責任を含め、厳格な規律付けが必要となるが、その上で、地域に与える効果など事業再生のメリットが明確であれば、債権放棄も重要な選択肢となる。保証協会は、求償権の原資のほとんどは国民の税金であり、また、借り手中小企業者のモラル・ハザードを防止する観点から、その取り扱いについては慎重を期しているため、現状では、時効の成立など法的権利が失われた場合や民事再生法等の法的手続きによる場合等を除き、求償権の放棄を行っていない。

　このため、保証協会の保証付き債権の割合が高い中小企業者の場合、金融機関が保証付き債権を除いて債権放棄を行っても、十分な財務リストラが実行できず、実効性のある再生計画の策定が困難である可能性がある。したがって、保証協会における運用を見直し、求償権の放棄等をより弾力的に行うことが望まれる。ただし、債権放棄は、中小企業者のモラル・ハザードを招きやすく、説明責任も大きいため、①保証協会が、中小企業者に対する目利き能力を活用し、事業の将来性等を十分に見極めること、②当該債権放棄は、中小企業再生支援協議会等が策定した再生計画に基づいたものであること等の適切な基準を前提として実施すべきである、ことが確認された[48]。

2 保証制度の多様化・柔軟化のための見直し

(1) 担い手の多様化

　信用補完制度は、現在、銀行その他の金融機関の貸付を対象にしているが、中小企業者への資金供給の円滑化のためには、その担い手を多様化し、選択肢を拡大することも有効な方策であり、特に、2004年、信託業法が改正されたことにより、広く事業会社が信託会社を設立することが認められたこと、同じく、中小企業金融公庫法の改正により、信託会社や一定の要件を満たす貸金業者が証券化支援等の対象とされたことなどの環境変化を踏まえ、信用補完制度においても、対象の拡大を図ることが望まれる。

　事業会社の中には、中小企業者向けの融資に実績があり、経営支援の経験も豊富な事業会社（ファイナンス会社、リース会社等）が存在する。これらの事業会社による融資の規模は、2002年3月末で約18兆円となっており、金融機関の中小企業向け融資残高（2004年3月末で約260兆円）と比しても、一定の役割を果たしている。特に、これらの事業会社は、一定の分野において目利き能力を有しており、運転資金を中心に、無担保融資も行っている。また、中小企業者の約半数が事業会社による融資に関心を有している。このような現状に鑑み、信託業法にて適切な監督を受ける信託会社を信用補完制度の対象に追加することにより、中小企業者の資金調達の一層の円滑化を図るべきである。

(2) 不動産担保や保証人に過度に依存しない保証

　信用補完制度は、金融機関からの担保や保証人による債権保全手段の徴求に応じられない中小企業者の信用力を補完し、中小企業者の資金調達の円滑化を図るための制度である。このような制度本来の目的からすると、求償権を保全するための担保や、個人的関係に基づく保証については、本来、これを徴求すべきではない。しかしながら、①金融機関が根抵当で担保を設定している場合、

4章　信用補完制度の改革

②当該企業の信用リスクが高いが、担保や保証人の提供があれば保証が可能となる場合、③融資額の増額が可能となる場合、④金融機関が担保と引き替えに保証を求める場合等、中小企業者の資金調達の円滑化の観点から、一概に担保や保証人を徴求することが不適当といえない場合もある。保証協会が担保や保証人を徴求する割合は、利用者のニーズに対応し、制度的にも担保や保証人に依存しない保証の枠を拡大してきたことなどから、相当程度低くなっている（金額ベースで、担保は29％、第三者保証人は11％）。ただし、協会間で格差が大きい（金額ベースで、担保は9％―55％、第三者保証人は0.02％―36％）。この点は、個人保証の見直しとして議論されてきた経緯があり、経営者本人からの保証とその他の経営には関係のない第三者からの保証の問題、本人保証については、中小企業者においては、企業資産と経営者の個人資産が一体化していることが多く、経営者のモラル・ハザード防止等の観点から、容認せざるをえない部分もある等の問題、企業の財務・経営状況等を勘案し、財務制限条項の付与等により、本人保証を軽減・免除する手法については検討などがなされた。当該企業の経営とは関係のない友人や知人、親戚縁者や従業員等については、その保証債務の重大性に鑑みれば、一義的には保証人として徴求すべきではない。しかしながら、例えば、重要取引先等の当該企業と事業上関係の深い企業や、当該企業の実質的なオーナー等が、経営上必要性を認め保証人となる場合など、容認せざるをえない場合も考えられるものの、第三者保証は徴求されていない。

　不動産担保に依存しない資金調達手法を推進するため、売掛債権担保融資保証制度が創設され、一定の実績を上げてきた。この制度の一層の利用促進を図るため、風評被害の払拭や債権譲渡禁止特約の解除について、関係者の理解が一層進むよう、市町村への働きかけや協会幹部の積極的取組が必要である。その他の手法としては、2004年の民法特例法改正による登記制度の変更を受け、在庫等の動産を担保とする融資や、知的財産権等に着目した融資が関心を集めている。これらについては、その本格的活用のためには、価値の評価や二次市場の発展など環境整備が待たれるところであるが、信用補完制度においても、

金融機関と積極的に協力しつつ、その活用につき検討すべきと考えられる。

保証協会においては、包括根保証に係る2004年の民法改正を踏まえ、保証協会が締結する根保証契約においても、金額の上限及び保証の期限を定めるとともに、引き続き、利用者に適切な説明を行うことが必要である。

3 保証料率の弾力化

保証料率については、信用保証協会法上の規定はなく、制度上、各協会が独自の判断にて設定することとなっており、その上限も、協会が個別に定めている。この点、政策的には、同じ業種で同程度の信用リスクである中小企業者が、その地域にある保証協会によって保証料が大きく異なることは、却って中小企業者の公平性を損なうとの観点から、歴史的には、基本保証料率の全国共通化を進めてきた。直近の2003年の保証料率の改定に際しても、通達により基本的な保証料率を定め、全国的に一定の保証料率の目処を示している（有担保1.25％、無担保1.35％）。しかしながら、このような現在の保証料体系は、中小企業者に一律であることから、制度上、経営状況の良好な中小企業者は、割高の保証料を負担する仕組みとなっている。また、保証料の柔軟性がないことが却って新たな事業や事業再生にチャレンジする中小企業者あるいは相当信用リスクの高まった中小企業者に対する保証を難しくしている面もある。

特に、リスク評価システムの発展に伴う客観的な経営評価技術の向上や目利き審査による中小企業者のきめ細かい評価が進んでいる現状において、従来通りの一律の保証料体系は、中小企業者にとって不公平なものとなっている面もあり、金融機関や保証協会にとっても、折角の木目細かい評価が活かされない仕組みとなっている。

このため、保証協会は、中小企業者の信用度を定量的・定性的に評価した上で、これを適切に考慮した保証料体系を構築することにより、公平かつ柔軟な制度とし、より幅広い中小企業者に適切な条件で対応できるように見直すべき

である。このような保証料体系の見直しは、金融機関にとっても、保証協会にとっても、①経営状況の良好な中小企業者に対して安い保証料で融資を提供できるようになる、②より幅広い中小企業者に保証を利用できるといったメリットにつながり、また、金融機関が保証協会に対して必要な情報提供を行うインセンティブも働くことが期待される。

　保証料体系をより柔軟なものとするためには、保証制度との整合性の観点から、保険設計においても、現在、中小企業者に一律である保険料率について、信用リスクを一定程度考慮した保険料体系の構築が必要となる。また、このような経営評価に基づく料率体系の導入に際しては、「中小企業会計」に沿った計算書類の作成等、積極的な財務管理や経営管理に取り組む中小企業者に対する料率の割引制度の拡充についても検討が必要である。

4　事務効率化等

(1)　保証協会の事務の簡素化・効率化

保証を申し込む際に、様式や事務手続きが全国的に統一されておらず、また、多数の書類を必要とすることなどから、煩雑であり簡素化を望む声が強い。申込様式については、主要項目等は全国的に統一されているが、書式や細部の項目までは完全には統一されておらず、各種報告書の様式なども統一されていない。事務手続きについては、各保証協会において、必要とされる書類、報告を要する基準、代位弁済の対象となる利息期間等が異なる。各保証協会での様式・手続きの相違は、広域的な活動を行う金融機関や中小企業者にとっては不便であり、全国信用保証協会連合会を中心として、早急に様式や事務手続きの統一化、必要書類の簡略化を図ることが必要である。また、保証協会が要求する必要書類の中には、中小公庫保険部門から求められているものもあり、保険事務についても簡素化を図るべきである。

　業務の電子化は、すでに、金融面を含め、産業活動のあらゆる面に及んでい

るといってよく、保証協会においても、効率性の向上、利用者の利便性向上の観点から、業務の全般にわたり、取組を加速すべきである。また、中小公庫保険部門においても、同様にIT化を推進する必要がある。

さらに、電子認証等、法的な部分も含めたインフラ面の整備を睨みつつ、①電子化の対象を保証申込のみならず、期中の報告等にも拡大する、②金融機関のみならず中小企業者からの申込や中小公庫保険部門の付保手続きにも拡大する等の取組を推進することが必要と考えられる。

(2) 免責条項の解釈の統一

保証契約や保険契約の解釈、運用の全国的統一と明確化は、利用者間の公平性と制度の安定性を確保する観点から、極めて重要であるが、特に、保証免責条項の運用解釈は、債務不履行の場合に代位弁済が受けられるか否かに関わる重要な事項である。免責条項については、金融機関と保証協会との間で締結されている基本約定書において包括的に規定するとともに、過去、数度にわたり免責条項を中心とした約定書の解釈統一に係る検討が行われ、2006年12月に「約定書例の解説と解釈指針」がとりまとめられている。

しかしながら、①実務と解釈指針に齟齬が生じている、②解釈指針上で触れられていない事例が数多く発生している、③補完制度の関係者間で周知徹底が不足し共通認識ができていない、④保証協会が行う中小公庫保険部門との保険約款上の免責条項と、金融機関との保証基本約定書上の免責条項の乖離が大きい等、依然、解釈・運用が統一されているとはいえない状況にある。したがって、改めて、金融機関関係団体、連合会、中小公庫保険部門、外部の有識者等を交え、免責条項の解釈・運用についての見直しを行い、見直された指針については、関係者に周知徹底することが必要である。

また、金融機関と保証協会との基本約定書や保証協会・中小公庫保険部門間の保険約款についても、当該指針に沿った形で必要な見直しを行うべきである。

(3) 回収の合理化

　信用補完制度が中小企業者の資金調達の円滑化に果たす役割が大きくなり、また、特別保証制度の実施、デフレ不況の影響による代弁率の上昇、金融機関の貸出姿勢の変化等の様々な影響を受け、保証協会が有する求償権は、ここ数年で急増している。

　これに対して、保証協会は、保証協会自身の回収体制を強化するとともに、全国52の保証協会の共同出資により設立した債権回収会社（協会サービサー）に求償権回収に係る業務の一部を委託するなどにより、適切な回収の促進に注力してきている。その結果、回収額自体は、2001年度以降増加し、現在約3000億円程度で推移してきている。特に、協会サービサーは、金融機関OB等の回収ノウハウや面談交渉能力等を持った有能な人材を、保証協会の職員に比して安い賃金で雇用し、また、労働形態も柔軟にしており、夜間・休日といった債務者たる中小企業者の都合に合わせた時間帯に訪問・面談することにより、企業活動への影響を最小限に留めるなど、中小企業者の実情に応じた適切かつ効率的な回収により、着実に実績を挙げている。

　しかしながら、今のところ、サービサーに対する委託は全体の28.8％に留まっており（2003年度時点の件数ベース）、かつ、急増した求償権の数や金額に対して、協会自体もすでに、30％超の職員を回収部門に充てていることから、これ以上の人員配置は、他の機能に影響を与える懸念がある。したがって、今後は、求償権の数や金額に応じた、協会サービサーの体制強化と委託の拡大等により、債務者の状況に応じた適切かつ効率的な回収をより一層進めることが必要である。回収の見込みがない求償権についても、長期にわたって回収事務を行っているため、求償権が急増している状況においては、極めて非効率な取り扱いとなっている面がある。

　このため、実質的に権利喪失している求償権について債権管理及び回収金納付の対象から除外する措置（求償権整理措置）が、2000年7月から実施されているが、①地方自治体の損失補填を受けている求償権について地方自治体が整理を認めない、②保険事務上、非常に古い求償権についても管理記録等の書

類を必要とされるなど、求償権整理措置が十分に機能していない面があり、事務の合理化の観点から運用を見直す必要がある。また、求償権整理措置の前段階の手続きである管理事務停止の基準の見直しや、管理事務停止となった求償権を、一定期間経過後、自動的に求償権整理措置に移行する制度など、回収事務の合理化を図る必要がある。

(4) リスク評価システムの活用

金融技術の進歩により、現在、金融機関においては、財務諸表等の定量的なデータから借入人の信用リスクを評価するリスク評価システムの活用が活発化し、信用リスク評価の精緻化、審査の迅速化等が進んでいる。保証協会においても、全国共通のリスク評価システムとしてCRDを利用して保証料の割引を実施しているが、リスク審査モデルとしての活用状況は、協会ごとに様々でありまだ十分活用されているとはいい難い。この結果、保証協会ごとに審査基準が異なる要因の一つとなっている。

保証協会の審査においては、定性的側面も重要であるが、定量的データから導かれるリスク評価については、審査の基本であることは疑いがない。また、定性的情報についてもこれを定量化できるものもある。したがって、今後、保証協会全体としてリスク審査モデルの活用を更に進め、審査の迅速化や業務効率化を推進するとともに金融機関との審査モデルの共有化についても取り組むべきである。

また、リスク評価システムは、保証審査のみならず、保証料率の弾力化、保証債務のリスク管理、経営計画の策定においても重要なツールとなる。なお、リスク評価システムは、個別保証協会での対応ではなく、全国の保証協会が共通したものを利用することで、対応に係るコストを最小化することができる。また、このようなリスク評価システムの共通化に係る取組は、基礎的な審査基準やリスク管理等の全国統一化の観点からも重要である。

4章 信用補完制度の改革

4節 中政審報告
——金融機関との適切な責任分担と協調のあり方

1 保証協会と金融機関との責任分担の必要性

　中小企業金融の円滑化のためには、金融機関が、借り手である中小企業者の経営状況や財務状況を的確に把握し、定量要因と定性要因の両面から適切に評価した上で、安定的かつ長期的視点に立って金融を行っていくことが望まれる。また、信用補完制度においては、保証協会と金融機関とが、審査情報や期中管理面での協調関係を強化し、効率的かつ効果的な与信判断を行う体制を抜本的に強化するとともに、的確な期中管理に基づく経営支援体制を構築することが求められる。

　このため、保証協会と金融機関とが適切な責任分担を図り、金融機関が貸し手としての責任ある融資を行い、両者が連携して、中小企業者の事業意欲等を継続的に把握し、融資実行、融資後における経営支援や再生支援といった中小企業者に対する適切な支援を行うことが必要である。このような保証協会と金融機関との適切な責任分担の必要性は、売掛債権担保融資保証制度、特定社債保証制度、DIP保証制度といった新たな制度を設ける場合は、部分保証とする方針が示されており、また、会計検査院等においても、適切な責任分担の導入の必要性が指摘されてきた。

　既存の保証協会と金融機関とが提携して実施している制度、地方自治体の制度融資等の信用補完制度を活用している制度についても、上述の保証協会と金融機関との適切な責任分担を図る制度を前提とした見直しが求められる。特に、

315

保証協会の基金造成のみを目的として、金融機関から負担金を徴求する制度については、責任分担を図る制度の拡大に合わせて、原則として廃止することが望ましい。

2　具体的方策

　保証協会と金融機関とが適切に責任分担を図るための具体的な方策としては、各国でも広く導入されており、金融機関も適切な債権管理を要する部分保証制度（金融機関が行う融資額の一定割合を保証する制度）が適当である。
　しかしながら、単純な部分保証の拡大は、金融機関の債権管理に係るコストを増大させることなどの問題もある。したがって、「部分保証制度」、あるいは金融機関が部分保証制度と同等の責任分担を行い、中小企業に対する目利き能力の活用や適切な期中管理に基づく経営支援や再生支援に対する責任ある取組が行われる「負担金方式」のいずれかを選択して用いることができるようにすることが適当と考えられる。
　ただし、このような責任分担（共有）方式の拡大に際しては、金融機関側でもそれぞれの方式に応じた管理面、経費面での負担が生じる可能性があること、また、種々の方式が併存することは、利用者や金融機関に分かりにくさや不公平感が生じる可能性も無いとはいえないことから、一定期間後に制度の実施状況や利用者の声を踏まえて、方式の統一の適否について検討することが適当である。
　中小企業者にとっても、経営状況の把握と金融機関等に対する適切な情報開示はもとより、適時に金融機関や保証協会と経営状況に関する協議・面談を行い、金融機関等からの有益な経営アドバイスに対しては、真摯にこれを受け止めることが重要である。
　負担金方式については、大別して、代位弁済額の一定割合（部分保証制度における保証割れ部分に相当する割合）を金融機関が負担する方式と、保証利用

額（当該金融機関の債務平均残高）の一定割合を負担する方式がある。責任分担の趣旨が、中小企業向け融資に伴うリスクの分担にあることから、後者の負担金方式については、その一定割合は、当該金融機関の過去の代弁率の実績に部分保証制度における非保証部分に相当する割合を乗じたものなど、相応の負担割合とすべきである。

部分保証制度における回収については、金融機関は、代位弁済後において非保証部分の債権（保証割れ債権）を保有することになるが、保証割れ債権については、保証なし融資の取り扱いと同様、金融機関が独自に管理・回収や譲渡等の処理を行う制度設計とするのが適当である。ただし、保証割れ債権と求償権は、もともと一つの融資から発生した二つの債権であり、一つの主体が回収を行うことが合理的であること、譲渡先を見つけるのが困難であること等が考えられることから、コストを抑え、また、中小企業者の実情を勘案した回収を行うという観点から、金融機関が、保証割れ債権について協会サービサーに回収委託や譲渡をすることも可能とすべきである。

制度の分かり易さや利用者間の公平性の観点からは、保証協会と金融機関との適切な責任分担を図る制度は、原則として、全ての保証制度に一律に導入されることが望ましいが、中小企業金融における信用補完制度の重要性に鑑み、その導入の対象となる保証制度や時期等については、柔軟に検討することが望まれる。

3　信用補完制度の運営規律の強化と適切な評価

(1)　保証協会の運営規律の強化

保証協会は、残高ベースで、約180万社に対し、約30兆円の保証を行っている。また、件数ベースで8割を超える無担保保証の推進、様々な新商品の開発・推進、一部の保証協会における相談窓口や再生専門チームの設置・運用等により、中小企業の資金調達の円滑化のため、大いに役立ってきている。

しかしながら、中小企業者との接点が多くないことや、経営実態や経営方針等について、情報開示が不十分であり、「顔が見えにくい」ので、保証協会が「顔が見える保証協会」として、より社会的に認知度の高い組織となるためには、経営支援の強化等の運用改善を実施していくのみならず、保証協会自身の経営実態、経営方針等を明確にし、中小企業者、金融機関、さらには国民への説明責任を果たすことが必要である。

　この点、現行では、事業年度終了後に主務省に対し、「事業報告書」が提出されるとともに、3年間の業務計画を策定する「中期業務計画」が毎年度策定されている。しかしながら、「中期業務計画」については、必ずしも公表されているわけではなく、そのフォローアップが行われておらず、説明責任等が十分に果たされているとはいえない。

　このため、各保証協会は、毎年度の事業評価、重点政策課題に対する具体的かつ詳細な目標等を盛り込んだ「年度経営計画」を策定・公表することにより、その経営実態や経営方針を明確化することが必要である。また、保証協会の運営規律を強化する観点から、「年度経営計画」については、保証協会自らがその実施状況に係る自己評価を行うとともに、第三者による評価も行い、その結果について公表することも必要である。

　なお、各保証協会を会員とする連合会は、保証制度に係る情報の収集・分析や保証協会と中小企業庁等とのパイプ役として、これまでも重要な役割を担ってきたところであるが、今回の制度見直しを円滑に推進していく観点から、保証協会横断的な事項についての調整機能を強化し、一層の積極的な役割を果たすべきである[49]。

(2)　中小公庫（現日本政策金融公庫）保険部門の運営規律の強化

　中小公庫保険部門は、保険料や回収金以外に、毎年、多額の国からの出資金を受けて運営されていることから、税金の効率的かつ効果的使用や国民に対する説明責任にも十分留意しつつ、事務の効率化等による事務の軽減に係る不断の努力が求められる。

4章 信用補完制度の改革

　会計検査院からの指摘もあるように、保証協会や金融機関との連携を強化することが必要である。このため、中小公庫として有益な情報を保証協会等に積極的に提供するとともに、要請に応じて、適切な助言等も行えるよう、体制を確保すべきである。併せて、中小公庫保険部門として、積極的に保証協会や金融機関と意見交換を行い、保証の運営課題についても的確に理解しておくことが望まれる。

(3) 金融機関の制度利用に係る規律の強化

　近年、金融機関において地域の特性や利用者ニーズ等を踏まえたリレーションシップ・バンキング（地域密着型金融）が推進されている。このような中、信用補完制度を利用する金融機関においては、貸し手として、公的制度である本制度の利用者として、中小企業者への円滑な資金供給に努めるとともに、本制度を利用した融資について中小企業者に対し適切な説明を行うなどの必要な情報開示や、融資先企業への経営支援等を行うに当って、保証協会との間でも十分に意見交換を行うなど密接な連携を含め、本制度の適切な利用に努めることが求められる。

(4) 中小企業者による自律的発展

　中小企業政策については、1999年の中小企業基本法の改正により、改正前基本法上の「二重構造の格差是正」という政策理念から、「多様で活力のある中小企業育成発展」という政策理念へと政策転換が行われており、かかる理念からすれば、中小企業金融においても、中小企業者の自主的な努力が助長されることが必要と考えられ、これは信用補完制度を利用していない中小企業者についても、本制度を利用する中小企業者についても同様である。

　資金調達円滑化のための自主的な努力として、経営者自身が、経営状況の把握、具体的な経営計画の策定、定期的な見直し等を行うことや、これを金融機関に説明することが必要となるが、同時にこれは、経営力の強化にも繋がるものである。もとより、中小企業者自身が一から取り組むことには限界があるた

め、金融機関、保証協会及び外部専門家による協力が必要不可欠であるが、以上に記されている方向性の多くは、中小企業者の自主的な努力を促し、また、関係者が協力を行う体制を整備するものとなっている。

　金融機関と保証協会の責任分担の導入は、中小企業者にとってみれば、債権者である金融機関からの支援を受けやすくなると同時に、経営の規律を求められることとなるが、これが経営努力へのインセンティブとなる。特に、株主と経営者が実質一体であることの多い中小企業者にとっては、債権者からの規律は、極めて重要であり、また、保証協会による経営支援の強化は、中小企業者の自主的な努力を手助けするものといえる。

(5)　経済産業省による適切な指導・監督
　信用補完制度の見直しは、その内容が広範多岐にわたり、関係者に対する影響も大きいと考えられることから、経済産業省を中心として、以上で提言された取組の実施状況をフォローアップするとともに、各施策の効果や関係者に対する影響について、利用者、連合会、中小公庫保険部門等との意見交換を通じ、適切に評価し、必要に応じ、更なる対応や見直しを行うことが必要である。

　また、経済産業省は、信用補完制度の重要性に鑑み、保証協会に対しては、国が重点的に推進している制度の推進に係る指導や、業務の遂行状況に係る報告徴収・検査等を、必要に応じ実施することにより、中小公庫保険部門に対しては、業務計画を策定させ、それに基づき円滑な業務の実施が行われているか確認・指導することにより、適切な監督を行うことが求められる。特に、保証協会に対し、適切な監督を行うためには、保証協会からの情報収集等を効率的に行うことが必要であり、この観点から、より密に連絡等を取ることが可能な経済産業省の地方支分部局の機能強化及び活用を図るべきである。

4章 信用補完制度の改革

5節 まとめ

　信用補完制度は、政策金融体系の中で、直接融資と並んで、車の両輪というべき役割を果たしている。特別保証制度が導入されるまでは、信用補完制度の占める地位は直接融資に比して相対的に劣後していたが、金融システムの規制緩和・自由化の進展の中で、大企業向け融資が減退する状況下では、民間金融機関の中小企業向け融資を促進・活性化・円滑化させるという点で、信用補完機能はより重要性を増している。1990年代には、主要銀行を中心に信用保証協会の保証付き融資（マル保融資）を促進して、中小企業向け融資を拡大したこともあったが、これは主要銀行のリスク・テイク能力の減退でもあった。主要行はその後、スコアリング融資により中小企業向け融資を行ったが、信用リスクの把握に限界があり、大きな成果を挙げておらず、中小企業向け融資は減少傾向にある。

　2003年以降のリレーションシップ・バンキング（地域密着型金融行政）は、一義的には地域金融機関の不良債権処理に対応するものであったが、必然的に中小企業金融の活性化・円滑化を促進する必要性を示した。その進展の中で、過度の担保・保証に依存しない融資手法の必要性が目指され、金融機関の目利き能力の活性化・企業再生・コンサルティング機能の強化等が必要とされたが、信用補完制度もその見直しと役割の明確化が期待されてきた。2005年の中政審報告はその明確化を行ったものと理解されるが、2000年代央以降の世界規模での金融システム不安・危機は、緊急保証制度の導入等で、部分保証（責任共有制度）の後退がみられ、リスクを公的部門が全面的に負担する仕組みに先祖返りの様相を呈している。2011年の東日本大震災に対応する震災復興緊急保証も100％保証であり、保証枠も他の災害保証等と併せ、5億6000万円で

321

表4-2 諸外国の信用補完制度

	日本	アメリカ	イギリス	ドイツ
実施機関	信用保証協会	中小企業庁(SBA)	ビジネス・イノベーション・技能省(BIS)	保証銀行
保証限度額	2億円(普通保証)	500万ドル	100万ポンド	100万ユーロ
保証割合	80〜100%	75〜85%	75%	50〜80%
保証料率	0.45〜1.9%(信用リスクに応じて9段階)	2〜3.75%(融資額によって異なる)	2.0%	0.8〜1.5%(州によって異なる)
保証承諾実績(フロー)	[2011年度] 約11.6兆円 86万9972件	[2011年] 約197億ドル (約1.58兆円) 53,688件	[2011年] 約3.6億ポンド (約461億円) 3,602件	[2011年] 約16.7億ユーロ (約1854億円) 7,282件

注:1ドル=80円、1ポンド=128円、1ユーロ=111円で計算。
出典:OECD, "SME and Entrepreneurship Financing: The Role of Credit Guarantee Schemes and Mutual Guarantee Societies in supporting finance for small and medium-sized enterprises: Final Report," 2013, pp.32-33. <http://search.oecd.org/officialdocuments/publicdisplaydocumentpdf/?cote=CFE/SME%282012%291/FINAL&docLanguage=En>;野村総合研究所『中小企業信用補完制度の収支改善に係る諸外国実態調査 報告書』2009, pp.15-18, 34-41. <http://www.meti.go.jp/meti_lib/report/2009fy01/E000706.pdf>;各国の保証実施機関ホームページの情報を基に著者作成。

ある[50]。

　これらは、金融システム危機という危機対応策であることに注目すれば、相応とも理解されるが、信用補完制度の持つ固有の問題であるモラル・ハザードの防止には逆行するものであり、正常な制度への回帰が俟たれる[51]。このほか、長年赤字が続いている信用保険制度の収支改善を図るには、保証協会が政策公庫に支払う保険料の変更も検討の余地があり、2011年度から保険料率の引き上げ措置（原則0.1％引き上げ）が採られているものの、代位弁済率や回収率の推移に応じて、保険料率を変動させるような方法等も検討課題であろう[52]。

　いうまでもないが、保証料や保険料の引き上げ、審査の厳格化等を行うと、破綻リスクの高い企業のみが保証を申請するという逆選択の問題は生じる他、比較的優良な企業のみの保証となり、リスクはあるが成長性もある新興企業等が制度から締め出される状況も生じる可能性があり、適正な制度設計とその運用が期待される[53]。

　　　注

1　信用補完制度については、村本（1994）第15章、村本（2005b）で論じた。歴史的には、1937（昭和12）年、東京府、市、商工団体、金融機関などの出資により、我が国初の信用保証協会が設立された。戦後も、地方自治体は保証協会に対して経済的・人的に支援を行い、1948年の中小企業庁設立を契機として、その設立が活発化した。1950年に、中小企業金融の円滑化を図るため、国（中小企業庁）が金融機関の中小企業に対する貸付についての保険（融資保険）が開始され、51年には、保証協会が行う債務保証についての保険が開始された。1956年に、保証協会による逆選択を防止する観点から、現在のような保証協会に対する包括保証保険制度が開始され、61年には、保証協会に対する包括保証保険に一本化された。なお、1958年に中小企業信用保険公庫が設立された。

2　信用保証協会には資本金である基本財産という信用保証協会の信用の基礎と

なる基金と基金準備金がある（2013年3月末に基金は4888億円、基金準備金は1兆1350億円である）。基金は、地方公共団体、金融機関、業者団体からの信用保証協会に対する拠出金である「出捐金」と金融機関などから拠出される「金融機関など負担金」（税法上の損金算入が認められている）から成る（地公体6089億円、金融機関出捐・負担金2000億円、業者団体8億円）。基金準備金は、毎年の収支差額のうち、基金準備金に繰り入れた金額の累計である。全信保連（2013）12頁。

3　売掛債権担保融資保証制度や特定社債保証制度については、不動産担保に依存しない保証制度として、2000年代に設けられたもので、民間金融機関による新たな金融手法の導入を促進するという効果を挙げている。

4　第1章の注26のように小口零細企業保証、長期経営資金保証、経営力強化保証、流動資産担保融資保証（ABL保証）、借り換え保証、特定社債保証、創業支援保証、経営安定関連保証（セーフティネット保証）、海外進出支援保証、東日本大震災復興緊急保証などである。

5　2004年における金融機関による中小企業向け貸付の残高は約260兆円であるが、保証債務残高は約30兆円に上る。フローで見ても、年間約15兆円の保証承諾を行っており、浸透率は、企業数ベースで40％、金額ベースで12％を占めている。

6　日本銀行（2002）31-32頁。一般的に、情報の非対称性のある場合、モラル・ハザードと逆選択が問題となることが知られている。

7　「信用補完制度のあり方に関する検討小委員会」（委員長は清成忠男）は、中小企業政策審議会基本政策部会の決定（2004年12月）に基づき設置されたものである。全部保証の弊害が指摘されて久しく、従来金融機関の反対もあって、永年の懸案であった。筆者は同検討小委員会の委員長代理として取り纏めに当った。

8　ネガティブリスト10項目は、①破産・和議・会社更生・会社整理など法的整理手続き中、私的整理手続き中であり、事業継続見込みが立たない場合、②手形・小切手に関して不渡りがある場合および取引停止処分を受けている

場合、③信用保証協会に求償権債務が残っている者および代位弁済が見込まれる場合、④粉飾決算や融通手形操作を行っている場合、⑤多額な高利借り入れを利用していて、早期解消が見込めない場合、⑥税金を滞納し、完納の見込みが立たないような企業の場合、⑦法人の称号・本社・業種・代表者を頻繁に変更している場合、⑧前回保証資金が合理的理由なく使途目的に反して流用された場合、⑨暴力的不法行為者などが申し込む場合、または申し込みに際しいわゆる金融斡旋屋などの第三者が介在する場合、⑩業績が極端に悪化し大幅債務超過の状態に陥っており、事業好転が望めず事業継続が危ぶまれる場合、である。

9　2009年度会計検査院の評価に詳しい。会計検査院は「特定検査対象」などとして1998年度、2000年度・2002年度・2009年度にも特別保証を取り上げている。後述の2005年中政審会報告では「一部に金融機関などの不適当な制度利用があった」と指摘した。

10　後述の2005年中政審答申でも同様な指摘がされている。

11　信用補完制度に係る国からの財政支援は、信用保証協会など基金補助金、経営安定関連保証など対策費補助金（全信保連が各協会へ出捐する基金への補助金）、保険収支への政府補助金がある。

12　特別保証の利用件数は171万件であるので、政府出資と中小企業総合事業団からの移管分の合計1兆4124億円を補助金とみると、1件当たり約82万円の補助金となる。保証協会への出捐分2900億円を加えれば、約99万円となる。『通商産業政策史12（1980—2000）　中小企業政策』は、特別保証の使途に注目し、特別保証で調達した資金が既往借入金減少分（貸し剥がし。担保不足に陥った不良債権分）の再借入金に充てるとの回答が多かったこと（22％）から、「本制度は中小企業の資金対策として設けられたものであるが、他方では国の財政資金による債務保証を行うことにより、大量の不良債権を抱えた中小金融機関の救済のための形を変えた公的資金注入が行われたと捉えることもできるのではなかろうか」（1052頁）と書いて、補助金とは明示していないが、公的資金注入とした点は興味深い。

附表1　信用保険事業の収支（1998―2011年度、億円）

年度	1998	1999	2000	2001	2002	2003	2004
保険収支	▲1883	▲2093	▲4504	▲5796	▲6048	▲4324	▲2560
政府出資金	3298	3365	5988	1698	4038	972	3648
純資産額	7223	8747	10009	5754	3713	592	1683
年度	2005	2006	2007	2008	2009	2010	2011
保険収支	▲1676	▲1722	▲2494	▲4596	▲5679	▲4360	▲3979
政府出資金	902	915	2531	7748	20516	6013	10409
純資産額	954	115	0	1720	12245	10138	17533

注：保険収支＝保険料＋回収金－保険金。
出所：岩谷賢伸「日本政策金融公庫の中小企業金融について」『ファイナンス』536号、2010年7月、28頁；全国信用保証協会連合会『信用保証制度の現状 平成24年度版』2012年、38頁；日本政策金融公庫ホームページをもとに筆者作成。

　　2007年度以降、政府出資金の投入額が増加し、2011年度までで4兆7000億円になる。特に、2008年の緊急保証制度の導入後、急増している（付表1「信用保険の収支」を参照）。

13　会計検査院の2000年度検査報告の「特定検査対象」の中には、「協会の審査について上記のような点が見受けられたものの、現在までの事故率は当初想定されたペースを下回っている。しかし、中小企業を取り巻く経済の状況は、一層厳しさを増しており、加えて、（平成）13年4月に政府が策定した「緊急経済対策」（平成13年4月6日経済対策閣僚会議）を踏まえて実施される主要金融機関による不良債権処理の促進が本制度における代位弁済の動向に影響を及ぼす懸念もある。また、12年度以降の保証承諾では特別保証付融資の借り換えが34％含まれており、これらの融資の償還動向が注目される。さらに、中小企業庁では、12年12月、特別保証の取扱い終了に向けての対策として、返済額の軽減や返済期限の延長などの条件変更により事業継続が可能な保証先に対しては条件変更を弾力的に行うよう協会に通知しているが、13年1月以降毎月450億円から950億円の融資について条件変更が行われ

4章　信用補完制度の改革

ており、この面での動向も注視される。一方、回収については、無担保で第三者保証人のないものが多いことなどから、想定の回収率50％に達する見込みは現時点の経済状況では厳しいといわざるをえない。また、協会では、今後、事故報告処理などの期中管理業務や代位弁済後の回収業務の業務量が増大することが見込まれるので、サービサーの体制強化も含め事務処理の効率化などによる態勢強化が望まれる」とした。

14　会計検査院は、このように、信用保険事業は、上記の信用保証事業の状況を反映し、保険金支払額が急増する一方回収金納付額が低調な伸びに留まっているが、これに対し保険料率が過去、据え置かれ又は引き下げられてきたため、保険収支は毎事業年度大幅な赤字を計上し続けていることや、保険準備基金の運用益が金利の低下を背景に近年激減しているため、これにより保険収支の赤字分を補填することも困難な状況となっているので、その結果、中小企業総合事業団（当時の保険事業の主体）財政は著しく悪化しており、信用補完事業の継続には当面の間多額の財政資金の確保が必要とされる。このような状況の中、信用補完制度を円滑かつ持続的に運営していくためには、財政資金の投入に留まらず、国、事業団、信用保証協会において、①保険料率の定期的見直し、②協会と金融機関との負担割合については、現行の信用保証制度では、一部の保証を除き金融機関は損失を負わないこととなっているが、金融機関にとって融資審査やリスク管理におけるモラル・ハザードという問題も含んでおり、金融機関との負担割合についての検討を更に行うこと、③求償権の回収については、回収向上に向けた効果的な方策を検討するなど、事業団及び協会における回収態勢の強化を図ること、を指摘した。

15　http://report.jbaudit.go.jp/org/h17/2005-h17-0859-0.htm（2014年2月17日アクセス）。

16　1990年代に都市銀行を中心に信用保証協会の利用が進み、保証付き融資（マル保融資）が増大したが、これは自己資本比率規制対応もあり、信用保証協会保証付き融資のリスク・ウエイトが10％とされたからである。この点は、村本（1994）で指摘した（276-287頁）。金融庁は、「バーゼルⅡに関す

327

付表 2　業態別信用保証協会利用率（金額ベース：％）

	1981	1991	2013	81→91	91→2013
主要行	21.8 (38)	44.8 (66)	15.0 (28)	+23.0	▲29.8
地方銀行	28.2 (59)	26.0 (82)	37.7 (109)	▲ 2.2	+1.7
第Ⅱ地銀	13.4 (29)	11.3 (42)	13.4 (44)	▲ 2.1	+2.1
信用金庫	24.5 (61)	14.1 (65)	30.0 (122)	▲ 10.4	+15.9
信用組合	4.6 (12)	1.7 (10)	3.2 (17)	▲ 2.9	+1.5
その他	7.8	2.1	0.7	▲ 5.7	▲ 1.4

出所：全国信用保証連合会資料。

るQ&A」で、「経営安定関連保証（セーフティネット保証）は、信用保証協会の責任負担100％を前提とした保証であり、その保証については、ほぼ全額政府の財政措置によるバックアップが講じられていることから、特例的にリスク・ウエイトを0％としたものです。具体的には、日本政策金融公庫再保険分にかかる政府出資金による財政措置に加え、公庫の再保険が付されていない部分についても、全国信用保証協会連合会保証分にかかる政府補助金による財政措置があり、ほぼ全額政府予算によるバックアップが講じられているものです。…なお、上記の保証に関しては、現在における政府の財政措置のあり方などが変更される場合には、リスク・ウエイトの取扱いを見直す場合があることに留意が必要です」としている。

　付表2のように、2000年代には主要行の利用は減り、地域金融機関の利用が高まり、特に信用金庫の利用が顕著である（参考表「業態別信用保証協会利用率」を参照）。

17　植杉（2008）180頁。根本（2013）は、過去の経験では全額保証であっても必ずしも深刻なモラルハザードが発生するわけではないと指摘した（52頁）。
18　特別保証そのものについてではないが、信用保証制度の経済効果については根本（2008）があるほか、滝川（2014）は、信用保証に関する先行研究のサーベイを行っている（223-226頁）。

19　植杉（2006）（2008）。Uesugi et al.（2006）（2008）.
20　植杉（2008）194-200頁。
21　安田（2010）27-30頁。
22　安田（2011）6-10頁。
23　安田（2011）10-11頁。
24　松浦・竹澤（2001）17-20。
25　小西・長谷部（2002）524-531頁。
26　小西・長谷部（2002）531-532頁。
27　松浦・堀（2003）9-15頁。
28　松浦・堀（2003）26-27頁。
29　竹澤・松浦・堀（2003）10-19頁。
30　竹澤・松浦・堀（2003）19-20頁。
31　深澤（2007）73-75頁。
32　深澤（2007）75～77頁。
33　深澤（2007）86～90頁。
34　深澤（2007）90-92頁。
35　深澤（2007）92-93頁。
36　これは、修士論文・博士論文をホームページに掲載することが義務付けられたので、その内容が公開されているからであろう。
37　伊藤（2011）7-10頁。この論文は政策研究大学院大学の修士論文である。
38　伊藤（2011）17-19頁。
39　澤柳（2009）15-28頁。この論文は一橋大学国際・公共大学院のコンサルティング・レポートである。
40　中小企業庁「原材料価格高騰など対応緊急保証制度について」（2008年10月29日）。
41　中小企業庁資料。
42　経済産業省資料。
43　会計検査院は、2008年度検査報告で、特別保証のための特別基金につい

ては、391 億円は取り崩されることなく協会に保有され続けることが見込まれる状況となっており、緊急保証制度が創設されて以降、特別保証から緊急保証などへの借り換えが行われることで、更に特別基金が取り崩されなくなる事態も見受けられたことから、特別基金の有効活用を図るための方策を講ずる必要があるとした。そこで、2005 年度決算検査報告で記述した特別基金の最終的な処理の方策として、特別基金の使途が特別保証による欠損の補填に限定されている現行の制度を改めて、緊急保証による欠損の補てんにも充当できるようにするなど、特別基金の有効活用を図るよう改善の処置を要求する、とした。さらに、2009 年度検査報告において、経済産業省の項で「(4) 中小企業金融安定化特別基金の活用について」について触れ、1998 年度から 2000 年度まで実施された「特別保証」から生ずる損失補填を行うために全国 52 の信用保証協会に設置された中小企業金融安定化特別基金につき、2007 年度末の特別保証債務残高などから試算すると、31 協会に 391 億円が取り崩されることなく保有され続けることが見込まれる状況となっていた。また、2008 年 10 月に原材料価格高騰対応など緊急保証制度（09 年 4 月に「緊急保証制度」とされた）が創設されて以降、特別保証付き借入れから緊急保証付き借入れへの借り換えにより、特別基金が更に使用されなくなるという事態も見受けられた。しかし、現行の制度では、特別基金は特別保証の収支計算に係る欠損の補填にのみ充てることができるとされていて、緊急保証に係る損失処理などには使用できないこととなっているので、経済産業省において、特別基金の使途が特別保証による欠損の補填に限定されている現行の制度を改めて、緊急保証による欠損の補填にも充当できるようにするなどして特別基金の有効活用を図るよう、経済産業大臣に対して 09 年 7 月に、会計検査院法第 36 条の規定により改善の処置を要求した。経済産業省は、本院指摘の趣旨に沿い、経済産業省は、内閣府と協議して、信用保証協会法施行規則の一部を改正する命令（2009 年内閣府・経済産業省令第 2 号）を定め、09 年度末をもって特別基金を廃止した。そして、中小企業庁は、特別基金の有効活用を図るため、社団法人全国信用保証協会連合会に対して通知を発し、同年

4章　信用補完制度の改革

度末の特別基金残高を各協会の09年度決算において損失補償金勘定へ振替え、これを、2010年度以降、協会における特別保証に係る損失を処理する資金としてのほか、緊急保証などに係る損失を処理する資金としても活用することができることとした。これを受けて、09年度末に特別基金残高のあった32協会は、同年度の決算において特別基金残高計410億円を損失補償金勘定へ振り替えた。また、中小企業庁は、緊急保証などに係る損失を処理するために国の補助金（2010年度当初予算額39億円）により連合会に造成中の経営安定関連保証など特別基金から受ける損失補償（09年度の損失補償額は236億円）については、損失補償金勘定の残高がなくなるまで請求できないなどとするよう制度を改めた、と記載している。

44　2005年中政審基本政策部会報告「信用補完制度のあり方に関するとりまとめ」は、信用補完制度に関する本格的な検討を行ったもので、今後参照されるべき文献と思料され、筆者もその作成に関わったので、資料的観点からも詳細を記載しておく。このような検討は、2003年以降展開されているリレーションシップ・バンキングという金融行政の展開があり、金融機関と借り手である中小企業との情報共有、過度の担保・保証に依存しない融資手法の確立などの進展といった金融システム改革が背景にある。

45　2000年に特定社債保証制度、01年に売掛債権担保融資保証制度が創設されて、中小企業者の資金調達の多様化に係る取組が開始された。2002年に無担保保険料率を改定し、普通保険（有担保）との料率格差が是正され、03年に、セーフティネットなどを除き保険料率が見直されるとともに、一般保証につき基本保証料率が改定された。

46　金融機関を取り巻く環境は、市場などからの規律が厳格化するなど大きく変化しており、金融機関は財務の健全性や、その基盤となる収益力の強化を求められており、収益改善のためには、比較的収益率の高い中小企業向け融資を事業の重要な柱に据えるところが多いものの、優良な中小企業者については、融資競争の様相を呈している一方で、リスクの高い中小企業者については、財務の健全性を保つ観点から、慎重な姿勢が取られているのが実態で

ある。そこで、金融機関においては、従来、借り手に対して、保証協会による保証が付与されている融資（「保証付き融資」）と、保証協会による保証が付与されていない融資（「保証なし融資」）を併用する形での利用が多かったが、1998年のいわゆる金融危機を境に、リスクの低い優良な企業などには保証なし融資を増やす一方で、リスクの高い又は融資金額が小さくコストに見合わないと判断された企業については、保証付き融資を優先する姿勢が見られるようになり、この結果、信用保証を利用している中小企業者のうち、約2／3が保証付き融資のみでの借入をせざるをえない状況となっている。保証付き融資のみで借入をする中小企業者は、金融機関にとっては、債権保全上の問題がないことから、保証なし融資の借り手に比して期中管理やリレーションが希薄になっていることが強く懸念される状況にある。なお、リスク審査モデルの精緻化など、金融技術の発達に伴い、無担保・無第三者保証人を前提として、財務データなどの定量的データを基礎に借り手の信用リスクを審査モデルにより客観的に評価した上で、金利などの条件を決定し、迅速簡便に融資を行う手法（スコアリング融資、ポートフォリオ型融資、トランズアクション型融資）が急増しているが、これも、保証利用の変化を加速している要因である。

47　以下の記述は報告の構成・内容に即しており、文体も報告書の末尾通りにしており、評価に関わる表現には敢えてしていない。

48　再生企業にとっては、再生計画に基づいて事業を継続するため、ニューマネーの確保が財務リストラなどと並んで大きな課題となる。保証協会は、現在、求償権先への新規保証については、一般的に信用リスクが高いことから行っていない。また、求償権先は、金融機関にとっても一般にリスクが高く、新規の融資は行いにくい。したがって、保証協会の求償権債務を有する中小企業者については、再生計画に基づき事業を進める際の運転資金などの確保が困難となる可能性がある。このため、求償権先への新規保証を認めることにより、中小企業者の再生支援を柔軟に行うことが望まれる。再生企業への融資に対する保証は、それ自身が再生企業の資金需要に応えるだけでなく、求

償権が消滅することによって、民間のニューマネーを呼び込むことも期待できる。ただし、求償権先への新規保証は、①保証協会が、中小企業者に対する目利き能力を活用し、事業の将来性などを十分に見極めること、②求償権先の信用リスクに応じた適切な保証料率を設定することなどの適切な基準を前提として実施すべきである。

49 岡田（2013）は、「各地の保証協会の単年度収支や財務の実態、保証実績、代位弁済率などを比べると、協会間での格差が大きい。政策公庫からの保険金や地方自治体などからの様々な財政支援に支えられているような保証協会も一部に存在し、また、保証先1社当たりの保証承諾額や代位弁済額、支払い余力や保証債務倍率といった財務指標を比べても、最大と最小の保証協会で数倍の開きが存在する。こうした保証協会間の大きな格差の背景には、中小企業金融をめぐる地域ごとの事情の違いもあるが、一部には、制度運営の健全度合いや執行能力の優劣が潜んでいる可能性もあろう。保証協会の運営や業務管理に関しては、審査能力の向上や回収業務の生産性向上など、依然として改革余地が残っているという指摘や、保証協会と関係の深い都道府県や市町村からの天下り受入れの問題、制度融資との関わりとそれに伴う地方自治体の財政コストの問題が指摘されている。そして、経営体質の強化や業務効率化、二重行政解消の観点からは、一つの府県に複数の保証協会があるような地域では、保証協会の経営統合も検討する余地があろう。経営の健全性や執行能力の比較を行う上で必要なのが、詳細なデータに基づく保証協会ごとの横断的な比較である。しかし、こうした比較は活発に行われてはいないのが実情であり、比較に必要な保証協会ごとの詳細なデータ開示も十分とはいえない。保証協会の経営状況・業務効率性などを全国規模で比較・分析し、必要な経営改革を促していくような仕組み作りが必要である」（11-12頁）と指摘している。

50 2011年度でみると、保証承諾実績で見た部分保証の割合は52.4%、保証債務残高では、80%保証の割合は34.7%である（中小企業庁金融課「中小企業金融〔資金繰り〕支援」〔平成24年行政事業レビュー「公開プロセス」資料、

付図　信用保証制度に係る国からの財政支援

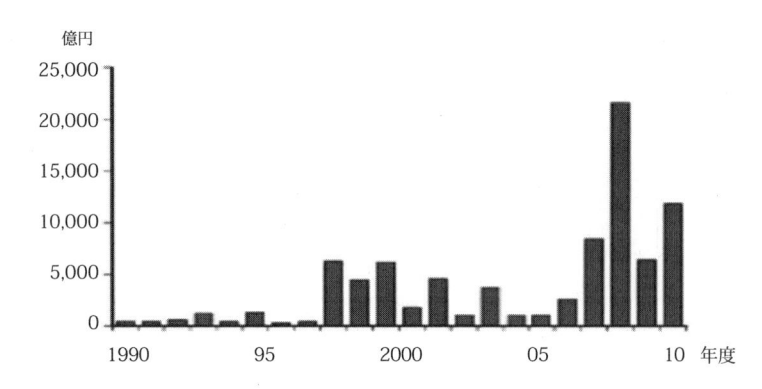

注：基金補助金、経営安定関連保証等対策費補助金、信用保険向け政府出資金、融資基金の合計額
出所：全国信用保証連合会資料。出所：岡田（2013）9頁。

2012年6月〕15頁）。

51　100％保証（全部保証）は、セーフティネット保証の第5号（業況の悪化している業種）として、特例措置として認められており、その条件は「売上高がリーマン・ショック前の水準を5％以下に下回った場合」で、対象業種は日本標準産業分類で642業種であった。2014年3月3日からに条件が「直近3ヶ月の売上高が5％以上下回った場合」とリーマン・ショック前の条件に戻って、特例措置が縮小になり、対象業種は196業種に減少し、2003—08年の70—185業種とほぼ同じ水準になった（中小企業ホームページ）。

52　土居（2009）67-68頁。

53　岡田（2013）は、「我が国の制度の特徴である全額保証や大規模な保証実績に見られるような、信用保証制度への過度な依存が継続すれば、モラルハザードの発生や財政コストの増加、貸出市場の歪みなどの負の影響が大きくなる懸念がある。加えて、信用保証制度には、制度の維持に要する財政コストが事後的に発生するなど、制度に係る細かな収支構造が把握しにくいとい

う特有の問題点がある」(12頁) と指摘している (付図「信用保証制度に係る国からの財政支援」を参照〔岡田〈2013〉9頁〕)。

第5章 中小企業向け融資の金融インフラの整備

電子記録債権・ABL

1節 はじめに

　金融イノベーションの具体的な展開については、すでにみた通りであるが、その具体的な一つは金融商品・取引が電子化・高度化されると同時にその取引チャネルも変化するといった事象である。この金融商品開発というのには、デビットカード・電子マネーなどの新たな決済方法、投信・保険などを組み込んだパッケージ商品の開発、デリバティブズ取引の拡大と活用商品（オプション付き貸出、スワップ活用預金、コーラブル預金など）の開発、貸出債権の流動化（証券化）の推進や、中小企業向け取引のクレジット・スコアリングの手法の確立などがある。これにより、銀行の商品ラインナップおよび業務内容は大きく変化してきた。証券化は、銀行の満期まで貸出債権を保有するという一連

の業務を分解し（アンバンドリング）、貸出の組成・資金提供・リスクの管理・期中モニタリング・債権回収という業務のうち一つのみを行う機関を誕生させ、専門化させている一方（典型的には、保証会社、サービサー〔債権回収会社〕）、市場型間接金融を発展させている。

　電子マネーと類似した決済方法の電子化として、電子記録債権が検討され、近年本格的に導入された。これは、手形などの紙ベースの決済から電子的にインターネット経由で決済される仕組みが整備され、印紙税の節約などの取引コストの引き下げや、紛失や盗難などのリスクが回避されるようになった。

2節　電子記録債権──新たな金融インフラ(1)

1　電子記録債権

　電子記録債権のついては、第1章第5節の2項で論じたが、売上債権（売掛金）や支払い債務を電子データで決済する（電子記録債権〔電子債権〕）に注目が集まっている。これは企業の保有する手形や売掛債権を電子化し、インターネットで取引できるようにして、紙ベースの手形に代わる決済手段として、債権の流動化を促進し、事業者の資金調達の円滑化等を図る新たな金融インフラを構築し、減少し続ける手形取引に代わる電子手形と売掛債権の一層の活用を行い、中小企業金融の円滑化を図るものである（図5—1）。電子記録債権は、電子記録債権法に基づき、電子債権記録機関に電子記録がされることをその発生や譲渡の要件とする金銭債権である。（図5—2）全国銀行協会の運営する「でんさいネット」のホームページには、「電子記録債権は、手形・指名債権（売掛債

5章 中小企業向け融資の金融インフラの整備

図 5—1　電子記録債権

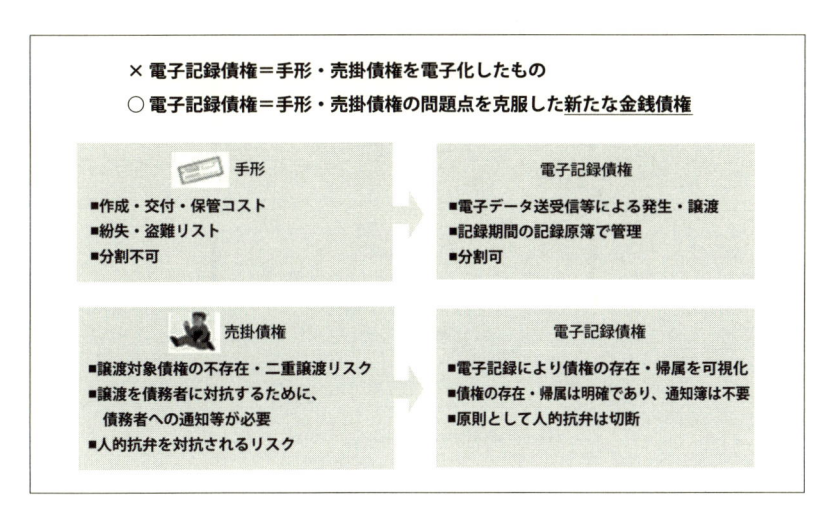

- × 電子記録債権＝手形・売掛債権を電子化したもの
- ○ 電子記録債権＝手形・売掛債権の問題点を克服した新たな金銭債権

手形
- 作成・交付・保管コスト
- 紛失・盗難リスト
- 分割不可

→ **電子記録債権**
- 電子データ送受信等による発生・譲渡
- 記録期間の記録原簿で管理
- 分割可

売掛債権
- 譲渡対象債権の不存在・二重譲渡リスク
- 譲渡を債務者に対抗するために、債務者への通知等が必要
- 人的抗弁を対抗されるリスク

→ **電子記録債権**
- 電子記録により債権の存在・帰属を可視化
- 債権の存在・帰属は明確であり、通知簿は不要
- 原則として人的抗弁は切断

出所：「でんさいネット」ホームページ。

図 5—2　取引の安全性確保

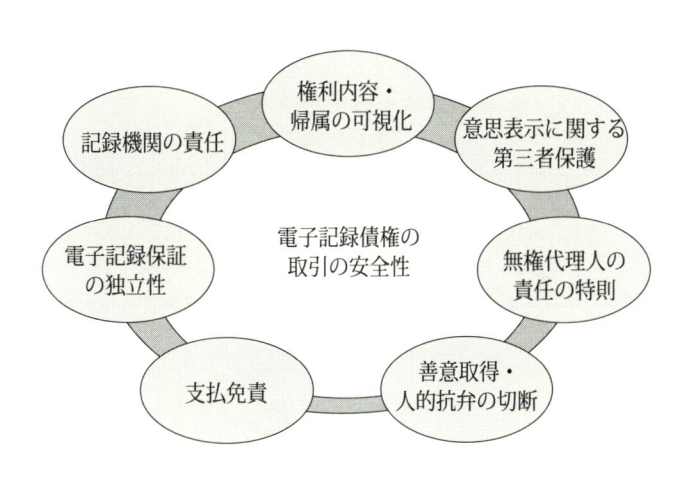

電子記録債権の取引の安全性：
- 権利内容・帰属の可視化
- 意思表示に関する第三者保護
- 無権代理人の責任の特則
- 善意取得・人的抗弁の切断
- 支払免責
- 電子記録保証の独立性
- 記録機関の責任

出所：図 5—1 に同じ。

図 5—3　電子債権登録機関

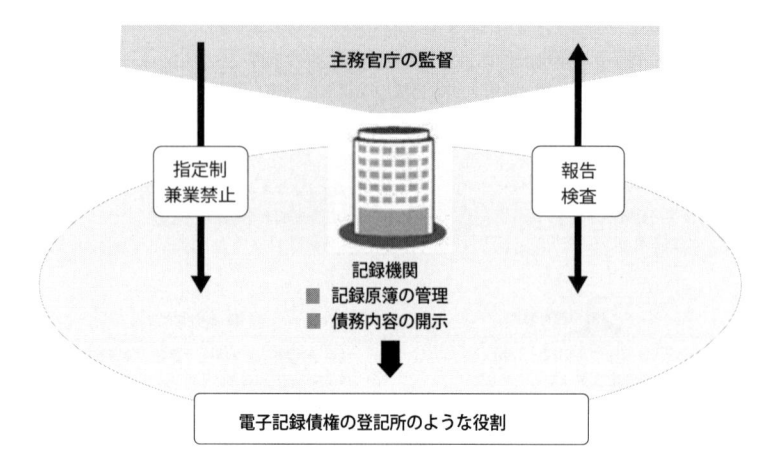

主務官庁の監督

指定制
兼業禁止

報告
検査

記録機関
■ 記録原簿の管理
■ 債務内容の開示

電子記録債権の登記所のような役割

出所：図 5—1 に同じ。

図 5—4　「でんさいネット」の仕組み

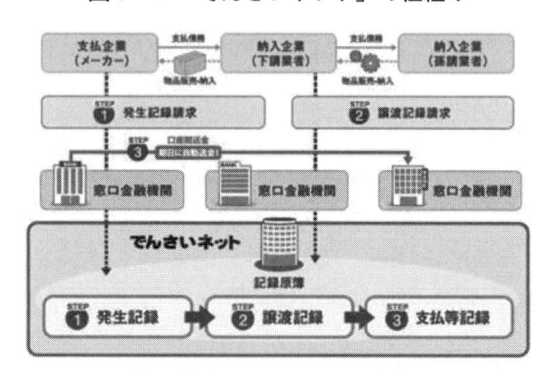

注：①手形的利用―中小企業の資金調達の円滑化に資する最も汎用的な利用方法として、現行の手形と同様の利用方法を採用。手形の取引停止処分制度と類似の制度を整備。②全銀行参加型―銀行の信頼・安心のネットワークのもとで、社会インフラとして構築される必要性を強く認識し、全銀行参加型を採用。既存の銀行間の決済システムを利用し、確実に資金回収できる仕組みの提供が可能。③間接アクセス方式―金融機関を経由してでんさいネットにアクセスする方式により、現在利用している窓口金融機関をそのまま利用できるため、安心してサービスを受けることが可能。金融機関の創意工夫によって、それぞれの利用者ニーズにあったサービスを提供できる仕組み。

出所：図 5—1 に同じ。

5章　中小企業向け融資の金融インフラの整備

図5—5　「でんさいネット」の利用状況

利用者登録数

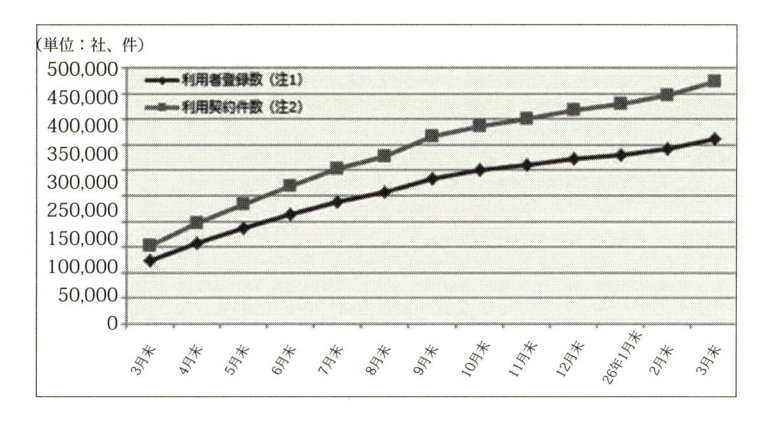

(グラフ：利用者登録数（注1）、利用契約件数（注2）、3月末～26年3月末、単位：社、件)

出所：図5—1に同じ。

発生記録請求件数

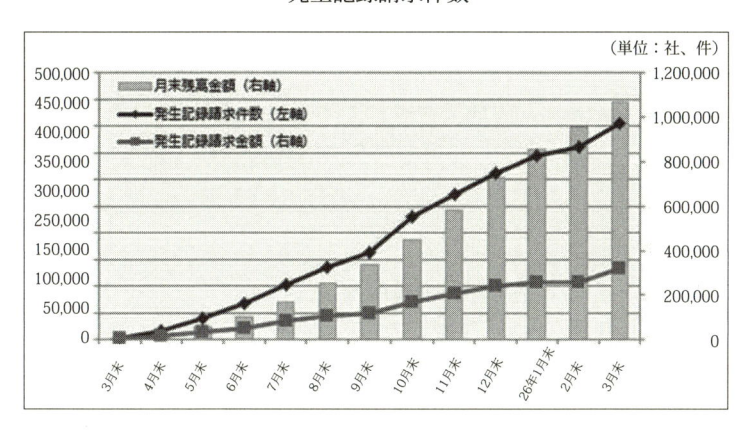

(グラフ：月末残高金額（右軸）、発生記録請求件数（左軸）、発生記録請求金額（右軸）、3月末～26年3月末、単位：社、件)

出所：図5—1に同じ。

341

権等）の問題点を克服した新たな金銭債権です（手形・指名債権を電子化したものではありません）。電子記録債権の発生・譲渡は、電子債権記録機関の記録原簿に電子記録することが、その効力発生の要件です」と記載されている[1]。

2　実務的措置[2]

　「でんさいネット」について、実務的な処理について整理すると、でんさいネットは、一定の要件を満たす法人または個人事業主である方が利用することができるが、個人事業主ではない消費者としての個人はでんさいネットを利用することはできない。でんさいネットは、中小企業金融をはじめとした金融の円滑化・効率化を図ることを設立目的にしているので、でんさいネットの利用要件は、①日本国居住者であること、②窓口金融機関に決済用の預金（貯金）口座を持っていること、③反社会的勢力等ではないこと、④行為能力に制限がないこと、⑤債務者として利用される場合には債務の支払能力を持っていること、の法人または個人事業主である。なお、債権者としてのみでんさいネットを利用し、債務者としてでんさいネットを利用しない場合には、⑤の要件は問わない。

　でんさいは、分割譲渡が可能である。でんさいの分割は、債権者のみが単独で行うことができるが、分割した債権（子債権）は、必ず譲渡する必要がある。でんさいを分割しようとする場合は、分割記録請求を行うこととなる。この請求は債権者が単独で行うことがでる。また、分割先の債権は必ず譲渡するルールとなっているので、分割記録は譲渡記録と併せて請求されることとなる。なお、発生記録請求時に1万円未満の金額を指定できないのと同様、分割記録請求時にも1万円未満の金額を指定できないが、分割の結果、親債権が1万円未満となる分割は可能である。

　でんさいの支払方法は、口座間送金決済による支払が原則である。支払期日になると、債務者口座から債権者口座へ自動的に送金され、振込や手形の取立

のような手続は必要ない。支払期日の2銀行営業日前になると、でんさいネットは、債務者の窓口金融機関へ決済情報（債権者の口座情報等）を提供し、債務者の窓口金融機関では、口座間送金の準備を開始する。支払期日になると、債務者の窓口金融機関は、債権者の窓口金融機関に対してでんさいの金額を送金し、その際、債務者と債権者は、特段の手続を行う必要はない。口座間送金決済通知を受けたでんさいネットは、支払期日の三銀行営業日後に、支払等記録を行い、これで支払いが完了する。

でんさいには、手形の不渡りと同様の措置がある。でんさいが債務者の資金不足等により支払期日に決済されないことを、「支払不能」という。支払不能事由は第0号から第2号までであり、その区別は手形の不渡事由の第0号から第2号の各号に概ね対応する。また、手形交換所の不渡処分制度に対応する、「支払不能処分制度」があり、でんさいが支払不能になると、でんさいネットに参加している全ての金融機関に支払不能通知がなされるほか、同一債務者がでんさいの支払不能を6か月の間に2回生じさせると、当該債務者に対して取引停止処分が科される。なお、手形交換所の不渡処分制度とは別個の制度であり、手形の不渡りとでんさいの支払不能は別々にカウントされ、取引停止処分も各々で科される。支払期日にでんさいの支払が行われなかった場合（支払不能）、このでんさいの債務者について支払不能が生じた旨およびその事由が全参加金融機関に通知される（ただし、債務者の信用に関しない支払不能（第0号支払不能事由）を除く）。同一の債務者について、支払不能が6か月以内に2回以上生じた場合（ただし、第0号支払不能事由の場合を除く）、その旨が全参加金融機関に通知されるとともに、債務者に取引停止処分というペナルティーが科される。債務者は、一定の条件を満たした場合、異議申立により取引停止処分の猶予を受けることができる。

さらに、手形の「取引停止処分」に対応する「取引停止処分」制度がある。これは、6か月の間に2回支払不能のでんさいを生じさせた債務者へは、取引停止処分が科されるものである。当該債務者は、債務者としてのでんさいネットの利用ができなくなる他、でんさいネットに参加している金融機関との間の

貸出取引が2年間禁止される。すなわち、手形の取引停止処分に類似の制度であり、この取引停止処分を科す旨の通知は、全ての参加金融機関に対して通知される。このように、従来の手形と同様な制度がでんさいにも適用される。

3　電子記録債権の導入の意味

(1) 電子記録債権の導入の意味

電子記録債権の導入は、いわゆる「二重構造」で表される高度成長期の重厚長大・製造業中心の産業構造の下での手形決済の伝統を念頭に置く必要がある。当時の売掛金の債権債務関係は、信用力の高い親企業が債務者、下請中心の子企業が債権者という構造で、その間には手形による支払が一般的であった。すなわち、手形決済を普及させることによって、子企業である中小企業・零細事業者が、手形を裏書して支払に当てたり（回り手形）、あるいは、銀行に満期までの利息を割り引いて購入してもらうこと（手形割引）を通じて、手形債務者である親企業の信用力を活用して資金調達することができるのである。さらに、こうした決済ネットワークが構築されて、全体の資金過不足を日本銀行が銀行等から商業手形を買い取る手形市場を通じる調整を行うことで、安定的な企業間信用の枠組みが構築された、金融調節も行われたのである。

ところが、1980年代の安定成長期には、金融市場は恒常的な資金余剰状態を呈した。さらに、情報技術の進展により金銭債権に流動性を付与するための工夫が金融イノベーションとして進展し、デジタル化の進展の中で「紙」の形態が制約となり、「ペーパーレス」が指向されるようになった。一方、実際には手形が回り手形として流通することは少なく、ほとんどが割引手形や単名手形の形で金融機関に保有されている状況があった。また、手形だけに券面が必要なことなども、業務の合理化を妨げているといった批判もあり、バブル期を境に手形の利用は急速に減少した（図1—5）。

売掛債権の活用による資金調達は、流通性に劣るものの、その有効性が認識

され、民法上の指名債権である売掛債権等を大量に譲渡する場合における対抗要件取得を簡便化する債権譲渡登記制度が導入された。この流れの中で、金銭債権の発生・移転を電子的に実施して流通性を向上させる電子記録債権法が成立した経緯があるといえよう。

(2) 決済システムとしてのでんさいネット等

電子債権記録機関としては、三菱東京UFJ銀行系の「日本電子債権機構」（JEMCO、2009年7月開業）、三井住友銀行系の「SMBC電子債権記録」（2010年7月開業）、みずほ銀行系の「みずほ電子債権記録」（2010年10月開業）が先行し、メガバンクの取引先である大企業を対象とする一括ファクタリングの電子記録債権化や、約束手形の代替機能などを果たした。これに続き、全国491の金融機関の参加を得て、全国銀行協会の「でんさいネット」が2013年2月に開業したが、これらの電子債権記録機関は、紙に替わる「電子手形」を可能にしたのである[3]。電子手形は電子記録債権が持つ多様な機能の一部を活用して紙の手形と同様の機能を持つ仕組みを構築したものである[4]。特に、保証記録の要求や支払不能処分制度（手形の不渡処分制度に相当）の導入などにより手形並みの安全性が付与され、譲渡禁止特約もない。

このようにデジタル技術を導入した電子手形は、導入も間もないが、紙をデジタル化した点で取引費用（紙媒体であることによる運送・保管コスト）を節減し、紛失・盗難等のリスクを削減するほか、印紙代の節約などの効果を持っている。ただし、電子記録債権法は電子手形のみを想定したものではなく、より幅広い利用の可能性を、今後、検討することが期待される。ただし、電子記録債権は、金額が確定していること、支払の保証があること、移転がトレース可能であることなどで優れており、担保としての適性が高いといえよう。

決済システムとしては、電子記録債権決済は手形交換制度を不要にし、全国銀行内国為替制度（全銀システム）による清算となる。日銀ネットによる日銀当座預金口座間での振替による最終決済には変わりない。

⑶　中小企業金融に与える影響

　電子記録債権を、中小企業金融に関連させて整理すると、「中小企業金融の目詰まり」への対応にあるといえよう。企業間信用の構造は、「二重構造」が支配的であった 1960―70 年代に比べると、系列取引の制約が緩和され、かつ生産の海外シフトや産業のサービス化が進んだこと等から、親企業と下請（子）企業という縦構造から、決済関係が横関係にシフトしてネットワーク型になる（『中小企業白書 2007 年版』は「取引構造のメッシュ化」と呼んだ）。このような取引構造の下では、「手形」をペーパーレス化するだけでは、目詰まり解消ないし円滑な金融機能の発揮に繋がらないかもしれない。電子記録債権は大企業にとっては、手形振出しの煩瑣の軽減、印紙税負担除去、債権の存在・帰属の可視化などのメリットがある一方、中小企業にとっては従来の手形割引に相当する資金調達も可能で、手形ではできなかった電子記録債権金額の一部を分割譲渡できるというメリットがある。

　金融機関の商業ファイナンス機能の強化に結び付ける工夫や、IT 化が進むサプライチェーンの中にあって、従来決済だけが外部化されていたが、電子記録債権を有効に活用すれば、一体化することが可能となるかもしれない。大垣（2015）は、「手形の電子化」にあたっては、単に今あるものをペーパーレスにするのではなく、現代の商業ファイナンスにとって最適な金融手法は何なのかを演繹的に考えて将来のニーズや従来の手形が対象としていなかった取引も含めて制度設計する必要がある。全銀協の「電債ネット」はとりあえず手形法上の手形に近いものを電子記録債権法の枠組みで構築したものだが、以上の視点からすれば、それは最終解というよりは暫定解にすぎない可能性も高いのである、と指摘している（日本金融学会報告 2015 年 5 月 15 日）。

　でんさいネットの利用は、2015 年 3 月末に 2 兆 2000 億円の残高になっている。利用者の登録は 41 万 3000 社、利用契約件数は 55 万 2000 件であるが、1 利用者当たりの利用件数は 1.3 件程度に留まっており、活用には課題が残るかもしれない。電子記録債権を、単なる紙の使用廃止で終わらせることでは、不十分である。

表 5—1　ABL の普及・活用に向けた各省庁の取り組み

省庁	年度	制度改正・政策
経済産業省中小企業庁	2003	企業法制研究会での動産担保法制度に係る公示制度にかかわる提言
	2005	ABL 研究会での課題取りまとめ、テキスト策定、モデル事業の実施
	2007	「経済成長戦略大綱」の重点政策テーマとして位置付け
		「ABL 協会」の設立支援
		流動資産担保融資保証制度の創設
	2008	「ABL ガイドライン」の公表
法務省	2005	動産譲渡登記制度の整備
金融庁	2005	地域密着型金融の機能強化に関するアクションプログラムで、「不動産担保・保証に過度に依存しない融資を促進するための手法の拡充』として ABL 等を位置付け
	2007	金融検査マニュアルの改訂により「適切な管理と評価の客観性、合理性等を条件に、動産も一般担保となる」取扱いを明確化
農林水産省	2006	畜産部門における新たな資金調達手法（ABL）に関する検討
	2007	委員会等を開催
	2007	地域活性化を目的とした「農商工連携」の具体として ABL を推進

出所：経済産業省（2008）。

図 5—6　ABL の構造

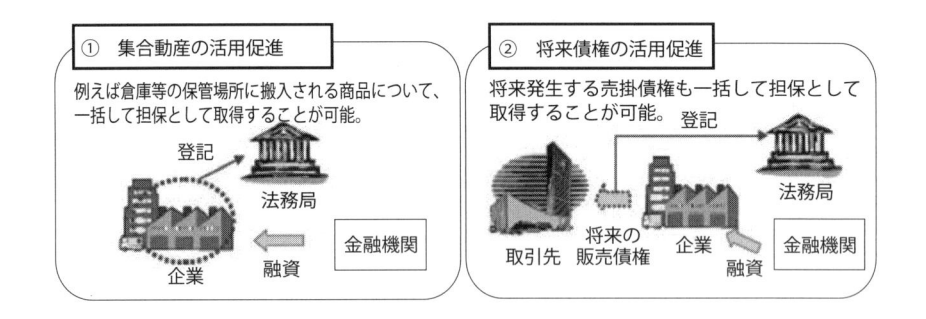

①　集合動産の活用促進
例えば倉庫等の保管場所に搬入される商品について、一括して担保として取得することが可能。
登記　法務局　融資　金融機関　企業

②　将来債権の活用促進
将来発生する売掛債権も一括して担保として取得することが可能。
登記　法務局　取引先　将来の販売債権　企業　融資　金融機関

出所：表 5—1 に同じ。

3節　ABL——新たな金融インフラ(2)

1　中小企業向け融資の手法

　Berger and Udell（1998）（2002）（2006）は、融資（貸出）が中小企業金融では重要として整理している。中小企業にとって資本市場に自由にアクセス可能になり、中小企業の事業評価が広く市場で示されるような環境が整って、

5章 中小企業向け融資の金融インフラの整備

表5—2 ABLの利用状況（経済産業省、2008・2009）

	新規に実施されたABL（2007年度） 件数	新規に実施されたABL（2007年度） 実行額（億円）	全てのABL融資 2008年3月末残高（億円）	新規に実施されたABL（2008年度） 件数	新規に実施されたABL（2008年度） 実行額（億円）	全てのABL融資 2009年3月末残高（億円）
A．動産・債権担保融資	9,158	2,747.78	27,346.10	10,457	2,800.14	4,436.06
B．Aのうち動産のみ	876	731.11	761.40	3,827	1,171.99	2,317.09
C．Bのうち棚卸資産のみ	325	541.84	658.05	1,061	1,067.11	1,660.93
D．Bのうち機械・設備のみ	146	93.10	91.49	2,432	76.71	171.36
E．Aのうち動産・売掛債権両方とも	396	400.12	926.70	203	330.06	563.91
F．Eのうち棚卸資産と債権	224	465.86	847.97	165	303.68	529.80
G．Eのうち機械・設備と債権	3	16.77	71.75	29	25.79	28.96
H．Aのうち売掛債権のみ	7,886	1,516.55	658.00	6,247	1,318.10	1,555.06
※機械設備担保（リース会社が保証）	993	143.79	95.77	510	161.58	155.13

対象業種別新規融資件数構成比

対象業種	2007年度	2008年度
①建設業	12.3%	11.7%
②製造業	23.1%	19.2%
③情報通信業	0.1%	7.2%
④運輸業	13.8%	9.6%
⑤卸売業	9.4%	14.3%
⑥小売業	24.2%	17.9%
⑦サービス業	3.3%	6.2%
⑧農業・林業	4.1%	2.0%
⑨漁業	0.2%	0.3%
⑩その他	9.6%	11.5%

動産の種類		構成比（%）
設備	①工作機械、建設機械	11.8
	②業務用車両	28.2
	③その他の設備	2.2
機器	④厨房機器	0.0
	⑤医療機器	0.1
	⑥オフィス機器	0.0
	⑦介護機器	0.0
	⑧その他の機器	0.4
原材料	⑨鉄、非鉄、アルミ、貴金属	1.0
	⑩天然素材	0.4
	⑪家畜（肉用牛・豚等）	6.1
	⑫家畜（生産用）	0.1
	⑬冷凍水産物	3.5
	⑭その他の原材料	4.5
製品	⑮衣料品	1.1
	⑯ブランド品	0.9
	⑰酒類	2.5
	⑱食品	2.4
	⑲家電	0.4
	⑳DIY用品	0.3
	㉑自動車	25.5
	㉒楽器	0.3
	㉓その他の製品	8.4

出所：表5―1に同じ。

5章 中小企業向け融資の金融インフラの整備

融資と資本市場調達が代替的で、情報非対称性問題が同程度に解決可能であれば、融資以外の手法も有効になる。

Berger and Udell（2002）は、中小企業金融における融資手法（貸出技術）として四つの手法——財務諸表準拠貸出（financial statement lending）、資産担保貸出（asset-based lending; ABL）、クレジット・スコアリング（credit scoring）、リレーションシップ貸出（relationship lending）——を取り上げている。さらに、Berger and Udell（2006）では、① Financial statement lending、② Small business credit scoring、③ Asset-based lending、④ Factoring、⑤ Fixed-asset lending、⑥ Leasing、⑦ Relationship lending、⑧ Trade credit、に整理している。資産担保貸出を売掛債権・在庫を担保にするもの（主として運転資金向け）と固定資産（設備・自動車・不動産）を担保するものに区分して精緻化している[5]。

Berger and Udell（2002）の四つの融資手法を念頭に整理すると[6]、中小企業金融における融資手法として四つの手法のうち、財務諸表準拠貸出、資産担保貸出、クレジット・スコアリングがトランズアクションバンキングのカテゴリーで、それに対してリレーションシップ貸出が対極にある。

① 財務諸表準拠貸出（financial statement lending）

融資の可否・条件は、BS（貸借対照表）・PL（損益計算書）の質によって決定され、基本的には適正な監査等によりその財務諸表の真正性が担保される企業にのみ適用されるので、事実上、相対的に規模が大きく、業歴が長く、高収益性の透明度の高い企業に限定される。

② 資産担保貸出（asset-based lending）

融資決定は、基本的に、担保の質によって決定され、企業の特性は融資決定の可否・条件に影響はなく、保有資産の担保価値が重要となり、担保価値のモニタリングが必要で、高コストになる。担保としては、売上債権、在庫なども含まれる。

③ クレジット・スコアリング（credit scoring）

消費者金融で活用されている手法で、それを企業融資に活用し、過去の

データとの比較による倒産確率の算定によって、融資の可否・条件等が決定されるこの手法では、倒産確率算定のために、十分な財務諸表（企業数）の蓄積・経営者の信用状態に関する履歴情報が必要である。アメリカでは、中小企業金融分野では新しい手法とされ、25万ドル以下のマイクロ・ローンに用いられている。

④　リレーションシップ・バンキング貸出

　融資決定に際して、当該中小企業の財務諸表等の定性情報に加えて、企業とその経営者等に関する定性情報（ソフト情報）を用いる。この定性情報は、金融機関のリレーションシップマネージャーと中小企業との間の取引関係を基礎に独占的に入手されるもので、企業との長期間にわたる取引関係の構築・維持が必要となる。情報収集には、企業自体の情報だけでなく、地域や取引先における当該企業の評判等の情報も重要となる。コスト的には相対的に高くなるが、①―③の手法では入手できない情報を入手可能となる。

この四つの貸出手法のうち、Berger and Udell（2006）では②の資産担保貸出（asset-based lending）を、固定資産担保貸出とそれ以外の資産（売掛債権・在庫等）を担保する貸出とに区別したのである。日本では、後者の貸出に設備等担保貸出をABLと呼称するのが一般的になっている。地域密着型金融の推進の中では、③のクレジット・スコアリングが多用され、メガバンクの中小企業向け融資にも活用されたが、新銀行東京の事例からのデメリットも指摘されている[7]。

2　日本でのABLの議論

2003年3月28日の「リレーションシップバンキングの機能強化に関するアクションプログラム」（金融庁）や2004年5月28日の「新しい中小企業金融（担保・保証に過度に依存しない融資への取組み等」（経済産業省産業構造

5章　中小企業向け融資の金融インフラの整備

審議会産業金融部会)、2005年3月28日の「地域密着型金融の機能強化の推進に関するアクションプログラム」(金融庁) 等を経て、中小企業金融における、動産や債権を担保とした融資への取組みが注目されてきた。この文脈では、ABLは、不動産担保・保証への過度の依存という弊害を克服するために、動産債権担保融資と定義され、企業の事業収益資産に着目し、在庫や売掛債権を活用した新たな資金調達の方法とする融資手法と考えられている。

経済産業省のABLインフラ整備調査(『2008年度ABL借り手向けテキスト』)では、ABL(動産債権担保融資)は企業の事業価値を構成する在庫(原材料、商品)や機械設備、売掛金等の資産を担保とする融資であり、不動産担保や個人保証に過度に依存しない金融手法としている。

第1章第4節2項で論じたように政府は、ABLを活用して、中小企業に対するリレーションシップ・バンキングの利便性向上や円滑化を図ることを政策課題の一つとして取り組んでいる。

経済産業省では、2005年度に開催された金融機関、実務経験者及び学識経験者を委員とするABL研究会において、ABL普及のための今後の課題を報告書として取りまとめたほか、2007年度にはABLに携わる事業者等にとっての実務指針となる「ABLガイドライン」の策定、金融機関等の実務の参考資料としての「ABLテキスト」の作成を行っている。

2008年度にはABLの発展のために必要な政策課題を抽出することを目的に、貸し手・外部事業者・借り手(企業)に対するアンケート調査を基にした実態調査、公表資料等に基づく個別の事例調査、実務面の業務フローに沿った法制面・商習慣等の課題検討といった三つ側面から現状の実態把握を行い、課題等の解決の方向性を示した。同時に借り手向けテキストの作成、ABLに関するシンポジウムの開催により、ABL利用者及び関連事業者への普及啓蒙を行った(各省庁によるABLの普及・活用に向けた取り組みについては、表5-2を参照)[8]。

3　ABLの法的側面

　ABLは、売掛債権等の金銭債権や在庫動産等の流動資産、設備・機械等の動産を担保にするもので、アメリカではM&A、LBO、リファイナンス、設備投資、運転資金等の様々な資金調達に活用され、日本でも2000年代央に導入された。1998年成立の債権譲渡特例法によって、動産譲渡登記や債務者不特定の将来債権譲渡に係る債権譲渡登記が可能になり、ABLは動産・債権担保融資、動産・売掛金担保融資、流動資産一体担保型融資等として普及したのである。高橋（2014）は、ABLは「一連の企業保有資産ないし事業キャッシュフローである「商流」ないし営業循環を全体として補足する「全資産担保」の性格を有する。そうして企業内または企業間の商流に基づき、企業活動に必要な資金を供給・調達する方法という意味で、売掛債権のファクタリングや流動化、売掛債権担保融資などと並び、ABLは「商流ファイナンス」の重要な手法といえる」（49-50頁）と指摘している。

　ABLは、法律的に考えると、民法上、動産について、設定者が目的物の占有を継続して使用収益することができるという抵当権型の担保を認めていないので、慣習法上の担保権である譲渡担保権が用いられている。売掛債権や在庫は、日々発生し、その回収や売却によって消滅を繰り返す流動資産なので、個々の債権や商品等に担保権を設定するのではなく、特定性を有する債権や商品の集合（集合債権・集合動産）について、設定時だけでなく、将来の一定期間について発生するもの（将来債権・将来動産）を一纏めに譲渡担保の目的とし、一括して対抗要件を取得することが行われている。ただし、譲渡担保が判例に基づく慣習法上の法技術なので、新しい金融手法の導入に伴う発生する細かな実務的論点の取扱いが必ずしも明確でないとされる。この点で、民法（債権関係）改正において検討がなされたのである。この点の検討は課題である。

　また、ABLは動産を担保にする融資という意味の他に、動産を通じてその

5章 中小企業向け融資の金融インフラの整備

企業の情報を示すと考えても良い。在庫の多寡であったり、設備・機械、知的所有権等はその企業の定性的な情報を表すこともある。後述のような、非財務情報の把握、ビジュアル化には幾つかの工夫もあるが、財務諸表（B/S、P/L、キャッシュフロー計算書）では把握できない情報をABLによって把握可能になる。この点で、ABLは企業価値を把握する上での重要な手段であることにも着目すべきである。

4節 むすび

　中小企業金融分野では、政府系金融機関の直接融資と証券化支援、信用補完制度という三本柱が民間金融を誘導・補完する一方、リレーションシップ・バンキングが地域金融機関に浸透し、新連携・農商工連携などの中小企業政策とも連動して地域活性化に寄与しつつある。しかし、公的金融が明確な政策目的や民間金融機関では採算上等から対応困難な分野（零細・小口向け等）に特化し、民間金融が参入可能なように環境・インフラ整備を実施する状況では民間の一層の展開が不可欠である。この点で電子債権が重要な役割を果たすことが期待される。

　過度に不動産担保・保証に依存しない手法としては一部で取り組まれているコミュニティ・クレジットがあるが、これは日本版グラミン銀行であり、もっと展開されてよい（「神戸コミュニティ・クレジット」「諏訪一の柱ファンド」の例がある）。これらは地域社会の信用を担保に不動産に依存しない融資を行うもので、信頼性の高い地域に適した手法である。現在、メガバンク・地域銀行が取り組む担保・保証に依存しない融資としてのクレジット・スコアリングのみでは地域活性化に繋がらないからである。このグラミン銀行的手法は2007年金融審議会報告で協同組織に期待されるとした予防策を中心とした多

355

重債務問題への対応としても活用可能である。

　いずれにせよ、ソフト情報はリレバンに固有な課題であるコントラクティング問題（contracting problem）を生じさせることが知られている。ソフト情報は数量化されないため、担当者例えば融資担当者（ローンオフィサー）に集積・蓄積される傾向にある。財務情報などの定量情報は数量化して組織の中にデータベース化することが可能で、円滑に伝達されるのに対し、ソフト情報は伝達されないのである種のエージェンシー問題が融資担当者と経営陣との間に発生して混乱を招くこともあるという問題である。そこで、ソフト情報をいかに共有し、データベース化するのかがリレバンを活かすポイントになるという発想に至ったのである。MERITUM（2000）は、知的資産を、人的資産（従業員が退職時に一緒に持ち出す知識で、ノウハウ、モチベーション、経験など）、構造資産（従業員の退職時に企業内に残留する知識で、データベース、文化、システムなど）、関係資産（企業の対外的関係に付随した全ての資産で、イメージ、顧客満足度など）として整理したが、この三つの資産をうまく客観的に表現できればよい。リレバンを活かすも殺すも、この知的資産をいかに把握し、文書化し、ビジュアル化するかなのである。加えて、弁理士等の士業が知的資産経営報告書の信憑性を担保すれば、その普及は高まるであろう。

　電子記録債権も新たな金融インフラの構築として重要である。ともすれば、金融システムの決済機能は他の金融技術革新に比して看過されるが、金融技術革新・金融イノベーションの中で当然の流れである。金融機関にすれば顧客の取り込みないしリレーションシップの構築に有効ともいえるが、新たな金融インフラとしてABLの普及にも資することとなろう。

　中小企業金融とりわけベンチャー企業をサポートする金融インフラの課題としてはDDS（Debt-debt swap、劣後ローン）、資本性借入、ファンドなどの問題がある。これらについては稿を改めたい。この点で、金融審議会『わが国金融業の中長期的な在り方について（現状と展望）』（2012年5月15日）では、「中小企業への資金供給は、そのハイリスク・ローリターンな体質を踏まえると、リスクをほとんど負担しない、従来型の不動産担保融資だけでは不十分である。

5章　中小企業向け融資の金融インフラの整備

供給されるべき資金は、エクイティ、エクイティ性貸出、さらには不動産以外の資産を担保にする融資（ABL: Asset Based Lending 等）となろう。エクイティ供給については、地域金融機関が実施するものに加え、各種ファンドさらには政府系金融機関と連携したものも考えられる。元来、エクイティ性貸出については、金融機関が「長期運転資金」として短期融資の元本のロールオーバーを繰り返す（いわゆる「根雪」融資）という形で、従来から存在している。近年は、企業の再生局面において、デット・デット・スワップ（DDS）という形での実施も増えてきており、昨年 11 月、「資本性借入金」の積極的な活用を促進するため、金融検査マニュアルの運用を明確化する措置も講じられている。また、不動産以外を担保とする融資についても、在庫や売掛債権を担保にする ABL の活用が、民間金融機関のみならず、政府系金融機関や中央銀行も参加する形で模索されてきている。

　さらに、売掛債権を電子データに基づき管理・決済する電子債権も有用である。電子記録債権法の成立により電子手形や電子指名債権（売掛債権）などを決済・資金調達のために活用する制度的インフラが整備され、金融機関や業界団体において電子債権記録機関を設立する動きが相次いでいる。今後、稼働開始が予定される「でんさいネット」には数多くの地域金融機関の参加が見込まれており、地域の中小企業の企業間信用が本格的に電子債権ネットワークに取り込まれていく途が開かれよう」[9] と指摘していることは、本章の問題意識と平仄を合わせるものであることを示している。

　　注

1　「でんさいネット」ホームページ（2014 年 4 月 28 日アクセス）。「でんさいネット」が取り扱う電子記録債権のことを「でんさい」という。他の電子債権記録機関の電子記録債権は、でんさいネットで取扱うことができない。でんさいも、他の電子債権記録機関で取扱いすることはできない。
2　以下は「でんさいネット」のホームページによる（2014 年 4 月 27 日

アクセス）。
3 でんさいネットのホームページには、「電子債権記録機関は、記録原簿を備え、利用者の請求にもとづき電子記録や債権内容の開示を行うことなどを主業務とする、電子記録債権の「登記所」のような存在です。主務大臣の指定を受けた専業の株式会社です」とある（2014年4月28日アクセス）。
4 2015年5月現在で577機関が参加。
5 Berger and Udell（2006），pp.2948-2952.
6 Berger and Udell（2002），pp.F36-F43.
7 南里・平田（2009）、蓮見・平田（2011）。
8 筆者も、2007・2008年の調査研究にABL実態調査委員会の委員長として参加した。2007年6月29日設立のABL協会の顧問として活動している。
9 金融審議会（2012）、13-14頁。

第6章
市場型間接金融を活用する中小企業金融
証券化

1 節　はじめに

　中小企業金融を考える場合、1国の金融システムとの関係あるいはその中での位置付けを明確にすることが肝要である。金融システムは、1国の経済システムを規定する大きな要因であり、比較制度分析的には経路依存性が強いという性格を持つ。金融審議会『中期的に展望したわが国金融システムの将来ビジョン報告』(2002年9月30日)が指摘したように、日本は従来の産業金融モデルという単線的システムから、市場金融モデルを活用した複線的システムへ移行することが必要とされている。

　単線的金融モデルにおける産業金融モデルに依存することは、金融仲介機関に過度のリスク負担を要求することであり、不良債権問題で顕在化したような

脆弱性を温存することになる。この点について、先の『将来ビジョン報告』は、「産業金融モデルが主流であるわが国の金融システムにおいては、預金取扱金融機関にリスクが集中し、増大するリスクを支えきれなくなってきている」と評価したが、正鵠を射た指摘である。

しかし、先の報告も正しく指摘しているように産業金融モデルが全くなくなることを意味しているわけではない。中小企業金融を理解する場合、この産業金融モデルの典型である点を正しく理解し、市場金融モデルをも活用した複線的金融システムにおいても、「少なくとも中小企業や個人等に対する金融においては、今後とも産業金融モデルの有効性は失われないものと考えられる」(『将来ビジョン報告』)ので、いわゆるリレーションシップ・バンキングの有効性は縮小するものではないことに留意する必要がある。

『将来ビジョン報告』の基となった『金融システムと行政の将来ビジョン』(日本型金融システムと行政将来ビジョン懇話会報告、2002年7月12日)でも指摘されているように、「いくら調達の場としての市場の使い勝手が向上したとしても、すべての中小企業や個人に利用できるはずもなく、地域金融機関が情報の非対称性を縮減しリスクシェアリングする機能は、今後とも基本的に有効であり続けるだろう。・・・(中略)・・・アメリカで小規模の銀行が、営業上は地域限定、財務上は保守的な方針を堅持しつつ、良好な財務構造を維持し、地域経済の中で役割を果たしていることからも、地域金融機関へのニーズが急激に低下するとは考えにくい」ので、地域金融機関の役割すなわち中小企業金融における産業金融の役割は大きいのである。

とはいえ、リレーションシップ・バンキングがこれまでの手法に留まっている限り、単線的金融システムにおける産業金融モデルが抱えた困難を克服することはできず、リレーションシップ・バンキングを担う地域金融機関にリスクが集中し、増大するリスクを支えきれなくなり、また地域集中リスクのような困難には対応できなくなる。

そこで、リレーションシップ・バンキング、中小企業金融においても市場型間接金融の活用が必要であるというのが、本章の結論である。その際、政策金

融も複線型システムに適合した機能を持つように整備され、より政策目的を発揮可能にすることが必要となる。

2節　単線的金融システムから複線的金融システムへ

1　産業金融モデルの有効性

　産業金融モデルが有効であった時期は、日本経済がキャッチアップ経済にあり、絶対的な資金不足ないし資本不足の状況にあったため、いかにして産業政策上重要と考えられる分野に資金を円滑に供給するかが金融システムの課題でもあった。そのような状況では、資金仲介の主たる担い手は銀行によって担われ、規制金利の下、低利で集めた預金を、短期の運転資金だけでなく、長期の設備投資資金としても融資の形で供給してきた。いわゆるメインバンク制が採られたのである。
　産業金融が主であった状況では、銀行は個々のプロジェクトの採算性だけではなく、企業全体の収益性や安定性を審査するとともに、不動産に代表される物的担保を設定することで債権保全を図ってきた。しかし、一度融資を開始すると、当該の案件が完済されても長期に取引関係を保つことが行われ、従来はメインバンク制としても議論された。メインバンク制の下では、リレーションシップ・バンキング的な長期継続的な取引とモニタリングを通じて企業救済に至るまで面倒をみるという金融行動を行うとともに、貸出先企業の株式を保有したり、行員を派遣することによって、コーポレート・ガバナンスを発揮し、一定の役割を果たしたのである。
　すなわち、メインバンクである銀行は、融資先の企業業績が悪化しても、設

備投資の抑制や人員削減などを条件に、金利減免や返済猶予により資金繰りを支援して、救済も行った。銀行は、融資案件を多数にすることにより、大数の法則に従って、リスクを管理し、リスク・ベアリングとインターテンポラル・スムージング（通時的リスク平準化）を行い、地域金融機関だけでなく、大手金融機関もリレーションシップ・バンキングを担ってきたのである。

2　単線的金融システムの課題

　フロントランナーの状況に至った経済システム、すなわち「経済がキャッチアップの段階を終了し、どのようなプロジェクトや企業が資金供給に値するのかあらかじめ判然とせず、人々によって判断が異なるという状況になれば、この面での判断がより重要になることから、市場金融モデルがより一層活用される必要がある」（『将来ビジョン報告』）のである。キャッチアップ経済では、リスクといっても信用リスクが中心で、経済成長があれば企業の成長・発展も追随し、不動産などの担保保全も地価上昇の下では十分に確保され、リスクは顕在化しなかった。

　フロントランナーの経済では、信用リスク以外に、グローバル化する経済の状況で、価格変動リスク・金利リスク・為替リスクといった市場リスクなどの各種リスクが増大する状況となったが、このようなリスクの増大の下では、「預金取扱金融機関にリスクが集中し、増大するリスクを支えきれなくなってきており、多数の市場参加者の選択によって幅広くリスクが配分される市場金融モデルの役割がより重要になる」（『将来ビジョン報告』）という指摘は正しいものである。

6章　市場型間接金融を活用する中小企業金融

3節　金融機能のアンバンドリング

1　市場型間接金融とアンバンドリング（融資の機能分化）

　市場型間接金融については、証券投資信託のように金融機関の資金調達行動に代替する局面での議論がある一方で、各種の投資家へのリスク移転に注目して、金融機関保有の貸出債権を流動化する面に集中する議論もある。前者の議論として蝋山（2001）があり、「伝統的な間接金融方式の縮小と同時に新しい資金の流れのチャンネル、新しい枠組みを作らなければいけない。その新しい枠組みは何か。それは一言で表すと、金融機関からリスクを遠ざけられている家計が自ら自発的にリスクを負担するような仕組み・・・（中略）・・・すなわち、投資信託のような存在が別に考えられるのだ。この場合、個人が直接に市場のリスクを負担するわけではない。市場と個人の間で専門的なサービスが提供されリスクが管理され、究極的に個人貯蓄者がリスクを負担する。ここで介在する専門的なリスク管理サービスが重要なのである。当然、リスク負担の代償として、個人はそれなりの報酬を得る。こうした投資信託のような存在が、大きく成長し、新しい日本金融での中核に育つ必要があるのではないだろうか。・・・（中略）・・これからの日本ではこうした広義の証券市場を中心としたシステムが大きくなる必要がある。こうした資金の流れを可能にする金融は市場型間接金融と命名できよう」と述べている。

　これに対して、後者の債権の流動化、すなわち、銀行によって組成された貸出債権を、市場取引の担い手である機関投資家などに引き渡す貸出債権市場や証券化などが、もう一つの市場型間接金融である。この債権流動化という方式

図6―1 市場型間接金融の整理

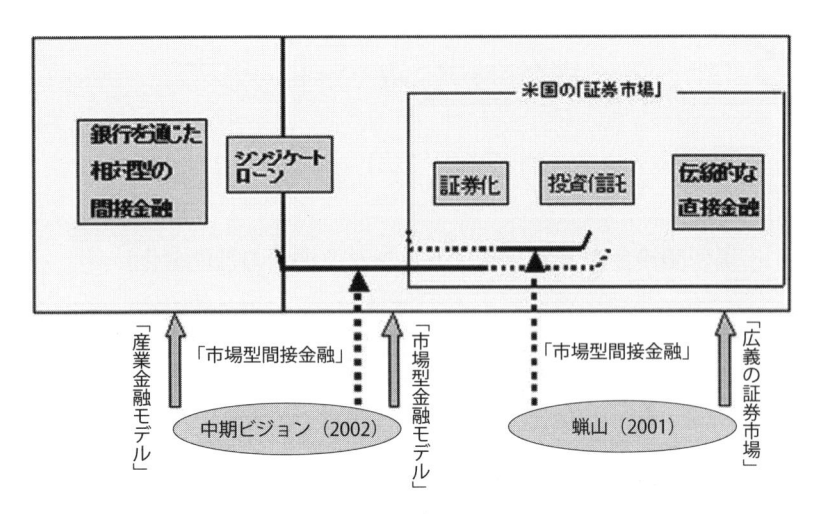

出所：淵田康之（2004）（日本金融学会報告、2004年5月16日）。

は、アメリカでのローンセール市場の発達にみられるほか、貸出関連の市場の担い手としては銀行以上に、ファイナンス・カンパニー、投資信託や年金基金などの機関投資家、証券化の媒体となっているSPLや信託などが存在する。アンバンドリングが活性化しているからである。

　リレーションシップ・バンキングと市場型間接金融をリンクする際に重要なのが、このアンバンドリングの理解である。既述のように、通常、融資（貸出）というのは、金融論では預金・貸出という表現に典型的なように、単一の業務と考えるが、よく考えるといくつかのサブ的業務の集合と考えることができる。例えば、①事前的段階、②審査・決定段階、③貸出実行段階、④期中監視段階、⑤事後的段階、などに分解（アンバンドリング）されるものとして理解することが可能である。これらのサブ的業務を一体化して行うことは、いわゆる範囲の経済性が発揮されることになるので、効率的に貸出が行われることを意味する。

2　中小企業貸出のアンバンドリング

　アンバンドリングには、金融技術革新という加速要因もあり、金融工学やデリバティブズの活用を容易にすることを通じて、これらの貸出業務という集合体は分解され、それぞれの段階を担う主体が成立するようになってきた。典型的には、③の段階における保証機能に特化した主体（保証会社、保証保険会社）、⑤の段階におけるサービサーなどである。
　このようなアンバンドリングを行うことで、中小企業金融市場における機能分化を公民で行うことも可能になる。公の役割としては、①と②の段階にまたがる審査、③の段階における保証、リスク引受・管理、⑤の段階のサービサー機能、などである。さらに、④の段階において、貸出債権を流動化（証券化）することが可能になれば、自ら民間の中小企業債権を買い取って証券化したり、民間の債権担保証券の保証などによっても関与することもありえよう。

4節　市場型間接金融

1　リレーションシップ・バンキングと市場型間接金融

　リレーションシップ・バンキングを遂行すると、金融機関はインターテンポラル・スムージングを発揮することになり、金融機関に信用リスクが蓄積することになる。この仕組が継続するかぎり、金融機関のリスク負担能力を超えた場合や、外生的要因によって担保価値が減少した場合などには金融機関経営に

深刻な影響を及ぼすことになる。そこで、リレーションシップ・バンキングの機能がより円滑かつ金融機関の健全性と整合的に発揮されるには、中小企業貸出向け貸出債権の流動化などにより、市場とのリスク・シェアリングを行うことが有効な手法となる。

市場型間接金融は、基本的には、間接金融分野で、市場機能を活用して、多様な資金を導入し、同時にリスク分散を目指す金融手法である（シンジケート・ローン、資産流動化〔ローン・セール、証券化〕など）。さらに、金融情報技術革新により、市場取引が高度化する中で、市場と最終的貸し手である個人との間に専門的なリスク管理サービスが入り、リスクが専門家の手によって適切に管理された形で個人に配分され、同時に個人が相応のリターンを享受する仕組みという考え方もあり、ローン・セール、証券化以外に証券投資信託なども視野に入れるものである。

また、リレーションシップ・バンキングを補完する手法として、トランズアクション・バンキングであるクレジット・スコアリングもあるほか、リレーションシップ・バンキングの円滑化には信用リスク・データベースの整備も不可欠となる。

リレーションシップ・バンキングを補完する市場型間接金融の典型としては、オリジネーターが原債権をオリジネートし、流動化・証券化などによって、投資家に移転する金融形態・手法があげられる。金融機関がオリジネートした貸出債権を売却すれば、信用リスクも移転され、返済キャッシュフローも移転するので、リレーションシップ・バンキングとは反対のものとの理解もありうるが、ローン・パーティシペーション（貸出債権に係る債権者と債務者間の権利義務関係を移転・変更せずに、原貸出債権に係る経済的利益（金利など）とリスクを原債権者から参加者（ローンの購入者）に移転させる）、シンセティック型（リスク部分をクレジット・デフォールト・スワップを利用して証券化するもの）の債券を組成すれば、クレジット・デリバティブによって信用リスク移転が可能で、原債権そのものの移転ではないため、リレーションシップ・バンキング固有のモニタリングを始めとする経営支援・経営指導なども可能にな

2　リレーションシップ・バンキングの補完

　単線型システムから複線型システムへの移行が課題とした『将来ビジョン報告』は、第1部3⑵「複線的金融システムにおける市場型間接金融の役割」において、「複線的金融システムでは、市場型間接金融という、専門的なサービスを伴う個人と市場、市場と企業をつなぐ資金仲介が有効で、伝統的な銀行を通じる間接金融と区別されるシステムが重要とした。具体的には、貸出債権の売却や証券化等がその事例とされ、機関投資家をはじめとする多様な金融仲介機関に対する期待が高まり、その過程で投資対象に対するガバナンス機能の発揮も期待されるとされる。中小企業金融においては、産業金融モデルの今後の有効性を認めても、企業の成長段階等に応じて多様な資金調達手段が提供されるとともに、資金調達に伴う様々な金融サービスが提供されることが必要となる。成熟期の企業には再活性化のための組織再編成支援や資本市場からの資金調達スキーム、起業段階での外部資金調達などにも、市場の利用可能性は高まるとされている」と指摘した。

　このような専門的なサービスを伴う個人と市場、市場と企業をつなぐ資金仲介を、資産流動化、債権流動化、証券化などと呼ぶが、市場型間接金融を狭義に取れば、金融機関の保有債権が市場にリンクするという意味で貸出債権の流動化のみとすることも可能である（CLO）。また、証券化と流動化を区別する場合、証券化を、

① 資産保有主体のキャッシュフローに注目し、
② その資産をSPV（特定目的機関）に移転することにより資産をオフバランス化し、
③ 有価証券発行を通じて、
④ 資産保有主体の信用力とは独立に資産の信用力に依存した資金調達を行

う、
金融手法と定義したとき、①と④のみを行うのが流動化ということも可能である。

いずれにしても、市場型間接金融は、金融仲介機能のアンバンドリングや市場によるガバナンス機能の向上を図るものとして期待されるほか、リレーションシップ・バンキングを補完ないし補強する手法として理解できよう。

3　市場型間接金融の手法

市場型間接金融としては、
① 資産担保証券——クレジット債権・リース債権などを担保とするもので、特定債権法（1993年6月施行）により一般化した手法、
② 貸出債権担保：CDO (collateralized debt obligation, CLO, CBO)、住宅ローン債権担保 (regidential mortage-backed securities〔RMBS〕) など。組成時にオリジネーターからSPVへの信用リスク移転を、原資産の譲渡ではなく、クレジット・デリバティブによって行うシンセティック型も活用される、

がある。技術的には、信託方式もビルトインされていることもある。裏付けとなる資産に注目して、企業の資産を裏付けとするもの（売掛債権担保証券 (asset——backed commercial paper〔ABLP〕) など）と企業の負債（金融機関の資産）を裏付けとするものとがある（CDOなど）。証券化は、厳密には、①優先劣後構造によって原資産の信用リスクを第三者に移転する、②商品のキャッシュフローのみに依存している、③スペシャライズド・レンディング specialized lendingの要件（特定資産のみを返済源とする融資であること）を満たさない、とされることもある（日本銀行〔2002〕）。

これらの証券化手法は、既述のように、金融仲介機能の低下、信用の裏付けとなる資産の不足、個々の中小企業の信用力不足、担保・保証への過度の依存、

6章　市場型間接金融を活用する中小企業金融

中小企業自身の自己資本の脆弱性（融資の擬似エクイティ化、担い手・手法・リスク対応などについて多様化が不可欠）という中小企業金融の現状に対する一定の対応を示すものと理解される。

　一般に、証券化の効果として、
① 倒産隔離性（セラーの信用力を遮断することにより、セラーの信用度よりも優良なABS組成可能）、
② プール効果（複数債権のプールで全体のリスク低減）、
③ 信用補完、トランチング（優先劣後構造）、流動性補完などの効果、
④ 資金の安定供給効果：低金利資金の導入、資産負債総合管理（ALM）の手段、資金調達手段の多様化、リスク負担転嫁による経営効率化、オフバランス化による財務の改善と自己資本規制対策、
⑤ 機関投資家の投資資金を導入、

が期待される。

　証券化が円滑に行われるには、①コスト問題（組成コスト、信用補完コストなど）、②制度的課題（債権譲渡禁止特約、二重譲渡、風評リスク、手続きの煩瑣など）、③公的補完の問題（信用補完、買取など。逆選択・モラルハザードの防止）、④信用情報の蓄積、などが必要とされるが、一層の対応を検討し、金融機関の信用仲介能力の低下を補完することが期待される。ただし、後述のように、アメリカのSBA・セカンダリープログラムや、ドイツのKfWの証券化プログラム（Promise）も全体の中小企業金融からすれば、小さい規模であることにも留意しておくことが重要である。

　しかし、市場型間接金融が今後複的型金融システムの柱の一つになるとすれば、投資家へのインセンティブを与える制度整備も必要であり、情報提供・格付機能の強化、公的補完の整備も課題となろう。

4 証券化の展開

　資産流動化は、企業が保有する流動性のない営業資産（貸出債権、売掛債権、リース債権、クレジットカード債権など）を一般の資産から切り離してプールし、必要な信用補強を施した後に、これを担保として証券を発行し（小口化して発行することもある）、投資家に売却する一連のスキームをいうが、金融機関の貸出債権の流動化の側面と、企業の資産の証券化の側面の両面がある。

　具体的には、①低金利資金の導入、②資産負債総合管理（ALM）の手段、③資金調達手段の多様化、④リスク負担転嫁による経営効率化、⑤オフバランス化による財務の改善と自己資本規制などの法的規制の回避、という効果のほか、機関投資家の投資資金を導入する意義を持つ。中小企業にとっては、保有する売掛債権を流動化できれば、資金調達の多様化に繋がる。優良な資産をだけを集めて証券化できれば、高い格付けが獲得できるので、低利での資金調達が可能になる。

　中小企業分野の証券化（資金調達に有価証券を利用する）は、民間金融機関の信用仲介能力の低下を補う手法であり、具体的には資本市場チャネル、特に市場型間接金融チャネルの開拓である。民間金融機関の保有する中小企業向け貸出債権が流動化できれば、新たな信用供与が可能になるというメリットがある。

　中小企業の証券化の利用度は低く、2003年7月当時で、東京都によるCLO（collatelized loan obligation）スキームが4件（2000年3月、2001年3月、2002年3月、2003年3月）実施され（約3000億円の調達）、大阪府のCLOが2件（2002年12月、2003年2月、620億円）、福岡県新金融スキームが1件（2002年7月139億円の調達）、UFJ銀行のLBO（collatelized bod obligation）が1件（512億円の調達。自己資本5億円以上の企業が対象なので中堅企業クラスの案件）の、8件約4300億円の規模である。このほか大阪市、

6章　市場型間接金融を活用する中小企業金融

商工中央金庫の実績もある。

　このような中小企業向けの証券化の実績は低く、克服すべき制約は多い。CLOについては、東京都の第3回スキームのB方式以外は信用保証協会の付保を前提としているが、信用保証協会以外の公的支援の可能性、公的支援なしの民間ベースのスキームの可能性、法制面・事務面の環境整備（二重譲渡の問題、将来債権譲渡など）、商慣行の制約（譲渡禁止特約条項など）の除去など多くの課題がある。中小企業向け債権の証券化には多くのメリットが認められるにもかかわらず実績が少ないのは、市場が十分育成されていないことに尽きるのであるが、それだけに公的支援ないし政策金融による支援が期待される分野でもある。

　第1章第5節1項で述べたように、日本銀行は、2003年4月に中小企業向け債権と担保とする（資本金10億円未満企業の債権が5割以上）資産担保証券の買入れを発表し、正常先でBBB格以上の中小企業向け債権を2005年度末まで、1兆円規模の買入れを行う措置を実行しており、同年7月から購入を始め、2400億円程度の実績がある（2003年末）。資産担保証券を構成する債権の適格条件はその後緩和されている。

　第1章第5節1項(3)で述べたように、中小企業金融公庫も中小企業貸付債権の証券化を2004年7月に創設したが、これは民間金融機関の証券化支援を行うもので、買取方式、保証方式のスキームがある。その規模は、2004年度に2500億円、対象企業は5000社程度とされる。証券化の対象は期間1─5年程度の無担保債権で、経営者本人以外の第三者保証は不要とする。1社当りの融資上限は5000万円程度で、地域金融機関には買取型、大手行向けに保証型を設定したともいわれる。保証型は部分保証で入口段階（証券化対象債権の保証）と出口段階（担保証券のシニア・メザニン部分の保証）で保証を行う。買取型ではトランチングを行い、劣後部分は民間金融機関に一定割合の購入を義務づけるスキームとなっている。このほかに、中小企業金融公庫自身の証券化もありうる（例えば、中小企業の無担保社債を引き受け、これを担保に証券化を行うもの）。

371

この分野で先行しているアメリカのSBA保証ローンの証券化プログラムでは、原資産であるSBA保証自体の信用保証（融資額15万ドル以上は85％以内・同超は75％以内の部分保証）、タイムリー・ペイメントという流動性補完（中小企業からの支払遅延があるときにSBAが期日通りに支払う）やデフォルト時にSBAが買い戻すという信用補完措置がある。ドイツの政策金融機関である復興金融金庫（KfW）も証券化を始めているが、クレジット・デフォルト・スワップの当事者になるなど信用補完を行っている。

　しかし、アメリカの中小企業向け債権の流動化が進んでいるといっても、SBA保証は全中小企業向け貸出の5％程度の規模であり、SBAの証券化プログラムで証券化されているのはその半分程度であり、大きな規模ではないし、SBA保証のないローンの証券化もあるが僅かであほか、利用も銀行ではなくノンバンクの利用が多いことにも注目しておく必要がある（表6—1）。

表6—1　SBA 7（a）プログラムの保証・証券化

（単位：億ドル,％）

	SBAローン	保証部分	保証割合	証券化	証券化率	非保証部分	非SBAローン
1994	81.77	59.93	73.20％	23	38.40％	21.84	0.45
95	82.57	59.95	72.6	19	31.7	22.62	0.99
96	76.95	57.36	74.5	24.09	42	19.59	3.84
97	94.62	60.07	63.5	27.03	45	34.55	4.28
98	90.16	61.81	68.6	27.92	45.2	28.35	9.38
99	101.46	67.33	66.4	32.29	48	34.13	18.68
2000	105.23	68.9	65.1	32.39	47	36.33	1.49
2001	98.94	68.39	69.1	32.44	47.4	30.55	0.82

注：*SBA保証付きではない、通常の中小企業向けローンの証券化の額。
出所：FRB（2002）p.60.

5節　中小企業金融における市場型間接金融

1　リレーションシップ・バンキングの強化・補完

　リレーションシップ・バンキングの強化というと、リレーションシップ・バンキングそのものの機能強化という側面と、リレーションシップ・バンキングを補完する側面がある。前者は、2003年3月の金融審議会報告『リレーションシップバンキングの機能強化に向けて』が詳しく論じたところである。後者に関わる側面が市場型間接金融やクレジット・スコアリングなどの手法である。
　市場型間接金融を、中小企業貸出債権の流動化・証券化として捉えると、リレーションシップ・バンキングとは矛盾するのではないかという指摘もありうる。リレーションシップ・バンキングは、貸出を組成し、モニタリングを通じて企業の経営支援・経営相談に当りかつ企業の育成に寄与するとともに、企業が事業継続困難になったときには迅速に対応してその再生に当るものである（問題解決能力の発揮と金利は安くはないがその金融機関と付き合うことが多くのメリットをもたらす）が、このようなリレーションシップ・バンキングは貸出債権を継続して保有することによって可能になるからである。貸出をアンバンドリングして、その貸出債権を流動化することは、貸出に付随するモニタリング機能の放棄になるからともいえよう。
　確かに、貸出債権そのものを手放して、SPVが組成する資産担保証券に対して、貸出債権に伴う権利が移転すれば、リレーションシップ・バンキングの機能は減殺されるであろう。しかし、貸出債権に伴う権利をすべて移転せずに、信用リスクのみを移転する手法もありうる（先のローン・パーティシペーショ

ン)。流動化を求償権付き（with recource）で行えば、求償権が貸出の組成者に請求されるので、リレーションシップ・バンキングの機能を発揮できる。またクレジット・デリバティブや、シンセティック型の証券化を行えば、原貸出債権は移転しないことも可能である。このような手法であれば、リレーションシップ・バンキングの機能は失われず、金融機関にリスクが蓄積しないので、リレーションシップ・バンキングのメリットをより活かすことが可能になる。

2　クレジット・デリバティブ、シンセティック型証券

　クレジット・デリバティブは、ある金融機関や企業などの経済主体が、特定の企業などが破綻する場合、その企業が負っている債務を、その企業に代わって負担することを契約するもので、債務負担をする契約者は、その対価として一定の手数料を受け取ることになり、保証と類似している。保証は、ある経済

図6—2　クレジット・デフォルト・スワップの仕組み

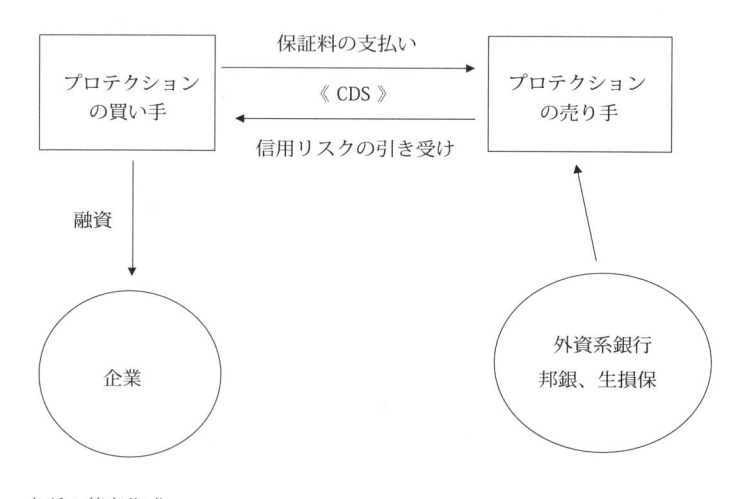

出所：著者作成。

主体が別の主体の債務支払いを確約するものであり、保証を受けている被保証者が破綻した場合には、保証を供与している主体が債務を負担するので、その経済的な効果は、クレジット・デリバティブと保証はほとんど同じといえる。特に、取引先との関係を維持しつつ、信用リスクの移転が可能になる。ただし、保証とクレジット・デリバティブの大きな違いは、両者の流動性といわれ、保証ではその売買はないが、クレジット・デリバティブの場合には、市場で自由に売買される。

　クレジット・デリバティブは、特定の融資先・業種・地域への集中を回避する効果を持ち、リスクの分散、特に地域的分散を図ることが可能になる。クレジット・デリバティブは、特定の企業や債券の純粋な信用リスクを売買するオフバランス取引でもあり、クレジット・デフォルト・スワップ（CDS）などの手法もある。クレジット・デリバティブは、ローン・社債などのバランスシート上の原資産の構成を変えることなく、信用リスクの移転を行うものである。ドイツの KfW の証券化では CDS が活用されている。

　証券化を行う際に、オリジネーターから SPV への信用リスク移転を、原資産の譲渡ではなく、先のクレジット・デリバティブにより行う場合があり、このような方式によって発行される証券をシンセティック型証券という。ドイツの KfW の証券化もこの型の債券である。このシンセティック型債券を日本銀行は資産担保証券の買取スキームの対象にしている。

　このような信用リスクのみを移転する手法が活用されれば、リレーションシップ・バンキングの本来の機能を損なうことなく、かえってその機能を強化・補完することが可能になる。特に、地域集中リスクの回避を可能にする効果があり、地域金融機関には有効な手法である。

3　クレジット・スコアリングによるリレーションシップ・バンキングの補完

　クレジット・スコアリングというのは、貸出にあたって企業の属性等（財務

諸表、企業の支払履歴、経営者の属性・支払履歴）を入力すると、その得点が自動的に計算されるシステムで、その得点に応じて実行の可否や貸出限度額、貸出利率を設定するものである。審査コストの削減、審査期間の短縮が図れるという利点がある。リレーションシップ・バンキングとは対極のトランズアクション・バンキングとして位置付けられるものであるが、リレーションシップ・バンキングの機能を補完する機能を持つともいえよう。

　このクレジット・スコアリングは、アメリカで1990年代から商工ローンに活用されるようになった（約70％の銀行）。貸出額5万ドル未満が80％強を占めるといわれる（10万—25万ドルでも60％弱が利用）。クレジット・スコアリング・モデルの独自開発は20％弱程度で、多くは外部から購入するといわれる。

　クレジット・スコアリングによって、中小企業にとっては、担保不足のために融資を受けられなかった場合でも、融資を受けることが可能になる。しかし、経理・財務の資料を整備する必要があり、いわゆるトラック・レコード（track record）の整備が不可欠になり、コスト増になるともいわれる。

　わが国でも、東京都民銀行が1998年12月から開始し、支払履歴はない企業でも、対面調査（実査）を併用し（いわば、定性的な側面を補強して）、50万—500万円を融資している（金利は年9％で、実行時前取り。つなぎ資金等短期運転資金として融資。個人〔代表者と50％出資者〕保証が必要。翌日回答）他、主要行などでも導入されるようになった。

　クレジット・スコアリングは、トランズアクション・バンキングの一部と整理されるが、ハード情報のみでクレジット・スコアリングが行われるのであれば、確かにリレーションシップ・バンキングの対極にある手法であろう。クレジット・スコアリングやトランズアクション・バンキングは、システム投資依存型であり、経費削減型経営に馴染むもので、人件費依存型のリレーションシップ・バンキングとは反対のものといえよう。

　しかし、クレジット・スコアリングを活用し、それに加えてソフト情報による情報生産を行うことは矛盾するわけではない。リレーションシップ・バンキ

*6*章　市場型間接金融を活用する中小企業金融

図6—3　日本政策金融公庫の証券化スキーム

保証型のスキーム

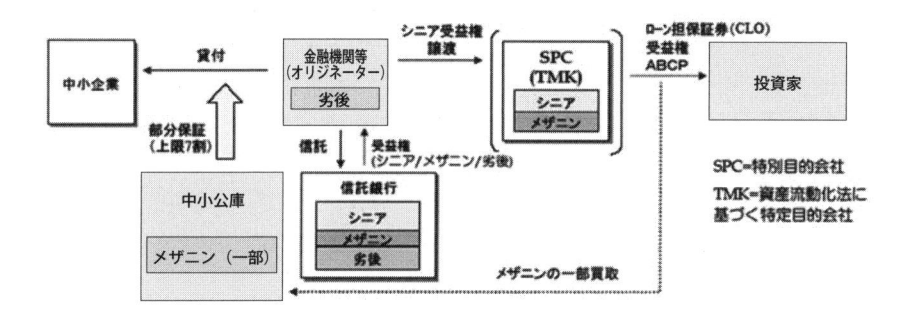

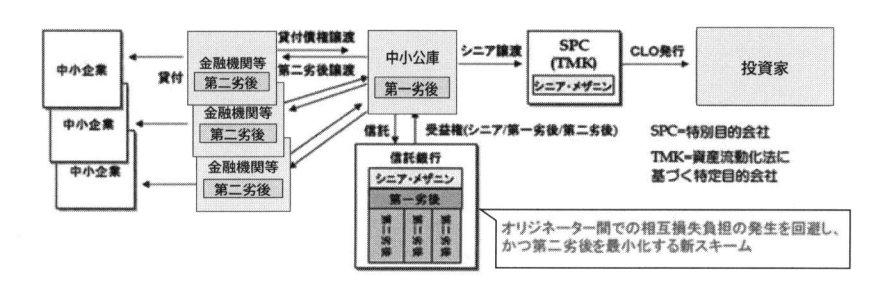

買取型のスキーム

出所：同ホームページによる。

ングをクレジット・スコアリングによって補完することはきわめて重要な意味を持つ。リレーションシップ・バンキングはソフト情報を重視するといっても、ソフト情報のみで融資を行うわけではないからである。

したがって、リレーションシップ・バンキングを行う際に、CRD（信用リスク・データベース）のような信用リスクのデータベースを活用して、中小企業の財務情報を押さえておくことは不可欠であることはいうまでもない。

4　信用リスク・データの整備によるリレーションシップ・バンキングの補完

リレーションシップ・バンキングは、基本的には、ソフト情報を重視する金融手法であるが、ハード情報を無視するわけではない。そこで、信用情報の生産をできるだけスムーズに行う手法として、またクレジット・スコアリングや信用格付けの整備の必要から、第1章第4節3項で述べたようにCRDが実現している。これは、信用保証協会、政府系金融機関、民間金融機関等が有する中小企業の財務・非財務情報、デフォルト情報などをもとに、中小企業の信用力の定量化に資する目的で事業が開始され、その後CRD運営協議会が設置されて、2001年4月2日から運営が開始された。内容は、統計情報サービス、サンプルデータサービス、スコアリングサービスで、中小企業の信用リスクの定量化に資する情報を、個別企業を識別できない形でユーザに提供する。2003年度には、法人130万件、個人事業者40万件の企業の財務情報が蓄積されている。

CRD協会の会員は、金融機関等が対象で、正会員は入会金200万円、年会費400万円で、スコアリングサービス、統計情報提供サービス、サンプルデータ提供サービス、中小企業経営支援サービス、リスク管理支援サービス、コンサルティングサービス等の利用が可能である一方、データ提供の義務がある。

同様なシステムとしては、地銀64行の共同システム（1999年5月発足、2004年12月からCRITS）、日本リスク・データ・バンク（RDB。都市銀行・

地方銀行22社)、信金業界のSDB（信金中金、しんきん情報システムセンター（SSC）及び信金共同事務センター等の業界のシステム関係会社が協力。各信用金庫は、SDBを活用することにより、融資審査や信用リスク計量化、貸出金のポートフォリオ管理、プライシングなど、信用リスク管理の高度化への取り組む）がある。

　CRDなどは豊富な中小企業データを整備しているので、中小企業の格付けを可能にし、信用リスクに応じた金利設定、保証協会の保証料率の設定などを可能にする。そのデータを活用すれば中小企業のデフォルト確率を推計可能で、中小企業自体も自らの格付けを予想できるので、自らの財務・非財務状況の改善に務めるというインセンティブ効果を与えることになる。したがって、中小企業金融のインフラとしてCRDが統合され、安価な利用可能となることが期待される。このような信用情報データ・ベースの整備は、リレーションシップ・バンキングの機能発揮を容易にする効果もあろう。

5　政策金融の役割

　単線的金融システムから複線的金融システムへと進展する中で、政策金融はいかなる機能を果たすべきかという本質的課題が残る。市場金融モデルをより活用しようとすれば、直接融資よりも民間融資を促進・誘導する手法が有効となる。それは、民間融資の信用補完を行い、先のアンバンドリングのリスク負担の部分を担う方式がありうる。さらに、民間融資（貸出）債権を政策金融機関が買い取る方式によって民間融資の補完を行うこともありえる。

　アメリカやドイツの政策金融は、直接融資を減少する一方で、民間金融の信用補完と証券化支援による民間融資の促進を行っている。先に、日本でも中小企業金融公庫が2004年7月から証券化業務を行うようになったことを指摘したが、今後一層の規模拡大・業務充実を行うことによって、市場型間接金融のプレーヤーとして機能し、市場金融システムとのリンクとなることが期待される。

表6―2　中小企業金融公庫の証券化の実績
保証型のスキーム

保証型	2004年12月	中小企業金融公庫 CLO	優先受益権	426.7億円	Aaa
買取型	2004年9月	広域CLO（東京都・神奈川県・横浜市・川崎市合同）	優先受益権 メザニン受益権 ジュニアメザニン受益権	10.85億円 1.82億円 1.4億円	Aaa A2 Baa2
自己型	2004年9月	株式会社「わかば」第1回無担保社債	債券：A号	225億円	AAA

出所：図6―3に同じ。

6節　まとめ

　金融庁は、2004年12月24日に今後2年間の「重点強化期間」に実行すべき改革の道筋（ロードマップ）を示す目的で「金融改革プログラム」を発表したが、その中で「競争原理の下で市場の持つ可能性を最大限活用する金融システムを構築し、自己責任による資産形成の要請など幅広い利用者のニーズに応えていく観点から、情報開示の充実等を通じて直接金融・市場型間接金融に対する利用者の信頼を高め、市場機能を活用した資金仲介・資源配分の発展を促す」として、市場型間接金融の活用を示唆している。

6章 市場型間接金融を活用する中小企業金融

　この点をリレーションシップ・バンキングとの関連で評価すれば、リレーションシップ・バンキングは、産業金融モデルなので、伝統的預貸業務の域を出ないとの評価もありうるが、それは一面でしかない。市場型間接金融は、信用リスクの移転を可能にするので、リレーションシップ・バンキングの機能を強化する上で有効であろう。特に、創業企業の場合、ハイ・リスクであるので、そのリスク負担は預金金融機関には課題になりやすいので、リスク移転が可能になれば、より対応が容易になるし、場合によってはその創業企業の株式公開（Initial public offering〔IPO〕）にも寄与する可能性がある。

　市場型間接金融の意義は、地域金融機関が抱える「地域集中リスク」といわれる固有のリスクを移転する可能性も高く、地域金融機関にとっては有効な手法であろう。「地域集中リスク」というのは、特定の地域、業種に密着した営業を行っている地域金融機関は、その業況が地域経済全体や地場産業の状況に大きく左右されるというもので、地域との運命共同体的な側面を持つというものである。その際に、このリスクを証券化などによって市場に移転可能であれば、大きなメリットがあるはずである。特に、地域とのコミットメント・コストも同様な扱いが可能になれば、地域金融機関のリレーションシップ・バンキングにとっては寄与するところが大きい。とはいえ、市場型間接金融の手法をただ導入すれば事済めりということではない。中小企業の会計すなわち財務諸表に対する信頼性の向上など、非財務情報の評価制度普及のインフラ整備は喫緊の課題である。

　＊本章は、2004年日本金融学会春季大会における共通論題報告を基にし、村本（2005）に依拠している。

第 7 章
金融インフラの新たな手法としての資本性借入（DDS）

金融イノベーションの視点から

1 節　はじめに

　中小企業金融の分野において、2000 年代以降、新たな金融インフラの整備に関して調査研究が進み、環境・制度・法制等の整備が進んでいる。中小企業金融のイノベーションともいえるもので、具体的には、売掛債権の担保としての活用、個人保証（経営者の本人保証、第三者保証）の見直し、電子マネー・電子記録債権の導入、ABL（動産担保融資）の活用、DES（debt equity swap）や融資におけるクレジット・スコアリング・モデルの実施、知的資産レポーティングの普及等である[1]。昨今注目されているのが、「資本性借入金（DDS）」である（メザニン・ファイナンスの一部）。債務を株式化すること（DES）が困難な場合に、資本と看做される劣後性を有する債務の利用が中小企業には

適当と考えられているからである。本章は、「資本性借入金（DDS）」に関する議論をサーベイすることを目的とする。視点としては、金融機関が企業に対して保有する資本性借入金の扱いと、金融機関自身の資本性借入金の扱いの相違である。

　第3章1項、2項で記したようにアカデミック分野での「金融イノベーション」に関する初期の研究としては Van Horne（1985）、Miller（1986）や BIS（1986）がある[2]。BIS（1986）はユーロ市場における金融イノベーションを検討したものとして知られる。「金融イノベーション」という語を使用した文書としてほとんど最初の邦語文献であると思われる『世界経済白書1988年版』は、セキュリターゼーションの動向を示している。「金融イノベーション」を論題に掲げた論文である日本銀行（2005）は、金融イノベーションが金融システムの重要な視点であることを示している[3]。

　DDSも金融イノベーションの産物ともいえるが、メザニン・ファイナンスとしても位置付けられる。メザニン・ファイナンスとは、企業の資金調達手段の一つで、ローンや普通社債等によるデット・ファイナンスと、株式等によるエクイティ・ファイナンスの中間に位置するファイナンス手法をいい、資本性負債（劣後ローン）やハイブリッド証券（劣後債、永久債、優先出資証券、優先株等）などがあり、金融機関が取り組んできたシニア・ファイナンス（他の債権より優先的に弁済される、相対的にリスクの低いファイナンスのこと。その中で借入（ローン）については、シニア・ローンという。シニア・ファイナンスは、相対的にリスクが低い資金であり、日本において発行されている社債や金融機関等から供給されている融資の多くが該当する）よりも、返済順位が低く、リスクが高い資金とされる。企業にとっては、デットとエクイティの双方の特色を活かした多様な資金調達が可能となる一方で、投資家にとっては、比較的信用力が高い企業への投資においても、通常の社債投資よりも高いリターンが見込まれるといったメリットがある。また、リスク度合いから見た場合、社債投資がローリスク・ローリターン、株式投資がハイリスク・ハイリターンなのに対して、メザニン投資はミドルリスク・ミドルリターンというこ

とができる。メザニン・ファイナンスの主なメリットとしては、既存株主の議決権希薄化の回避、シニア・ローン等では対応困難なリスクマネーの供給、償還スケジュールを相当程度弾力的かつ柔軟に設定可能、が挙げられる。

いずれにせよ、2000年以降の中小企業金融分野において金融イノベーションともいうべき整備が進んでいる点を確認し、DDSに関しての整理を行う。

2節　「新しい中小企業金融の法務に関する研究会報告」（2003年7月16日）

1　検討の背景

金融審議会金融分科会第二部会「リレーションシップバンキングのあり方に関するワーキンググループ」報告は、2003年3月27日に発表されたが、いわゆる中小企業の借入の根雪化についてDES（債務の株式化）に関して検討を先送りした。すなわち、「資本と融資の分離」の項で、

「地域に根ざして長く事業を展開する中小企業に対する中小・地域金融機関の貸出金の中には、「長期運転資金」という表現に示されるとおり、一定水準の金額が長期固定的に融資され続けているという意味で事実上自己資本に類似する性格を有する擬似エクイティ的融資が多くみられる。こうした融資は、金融機関及び借り手の当事者間においては、利払いが正常に行われている限り基本的に問題はないと認識されているが、理論的には、むしろ短期融資のロールオーバーを繰り返す方がリスク管理上は合理的な場合もあろう。しかしながら、このような貸出については、その実態に着目し、借り手企業

の長期的な経営の安定に資するよう、長期貸出として明確に位置付けるか、あるいはエクイティとして位置付け直す、すなわちデット・エクイティ・スワップの手法を有効に活用していくことが適当なケースもあるものと考えられる。

　特に、地域の中小企業が、優れた技術を有し、あるいは競争力のある製品・サービスを生産している場合には、中小・地域金融機関としてもリレーションシップバンキングの相手先として長期的に資金調達をサポートするため、このような擬似エクイティ融資を行うケースが多いものと思われる。このような場合には、金融機関においては、経営への関与を直接の目的とせず、長期安定的な資金の提供及びそれによる当該企業の財務内容の改善を目的としていることから、このような当該融資の本質に着目し、例えば貸出債権を優先株式に転換することが一つの有効な方策となりうる可能性がある。こうした一種のデット・エクイティ・スワップが有効に機能するためには、①借り手中小企業の経営努力により利益による確実な配当を期待できるような経営がなされ、②中小企業自身が経営上の制約を受けてもデット・エクイティ・スワップを通じた自己資本比率の向上というメリットを期待しているケースである必要があるほか、③会計上の取り扱いの明確化、④預金を原資とした中小・地域金融機関が株式という形で長期的な資金供給を行うことには限界もあることから、転換後の株式の地域活性化ファンド（投資信託）や投資事業有限責任組合への組入れ等、投資家へのリスク移転が適切になされる仕組みの整備等が必要になると考えられ、関係者の今後の検討、努力が期待される」

と記載した。

　これを受けた2003年3月28日公表の「リレーションシップバンキングの機能強化に関するアクションプログラム」では、「金融庁に専門家からなる研究会を設け、担保・保証に過度に依存しない新たな中小企業金融に向けて、財務制限条項の活用及び技術力、競争力のある地域に密着した中小企業に関する

7章　金融インフラの新たな手法としての資本性借入（DDS）

「擬似エクイティ部分の優先株式への転換」等に関し、法制上、会計上の視点等から具体的に検討する。モデル取引事例に関する基本的考え方を平成15年8月を目途に作成・公表し、その上で各業界団体に対し、その具体化に向けた実務レベルの検討を要請する。」として、監督局長の諮問する「新しい中小企業金融の法務に関する研究会」が同年4月18日に設置された。

この本研究会では、担保・保証に過度に依存しない新たな中小企業金融に向けて、財務制限条項の活用および技術力、競争力のある地域に密着した中小企業に関する「擬似エクイティ部分の優先株式への転換」等に関し、法制上、会計上の視点等から具体的な検討が行われた。金融行政上、資本性借入（DDS。債務の劣後ローン化）について、恐らく公式に論じた最初の文書であるので、まずその内容を確認する。

図7―1　市場型間接金融の整理

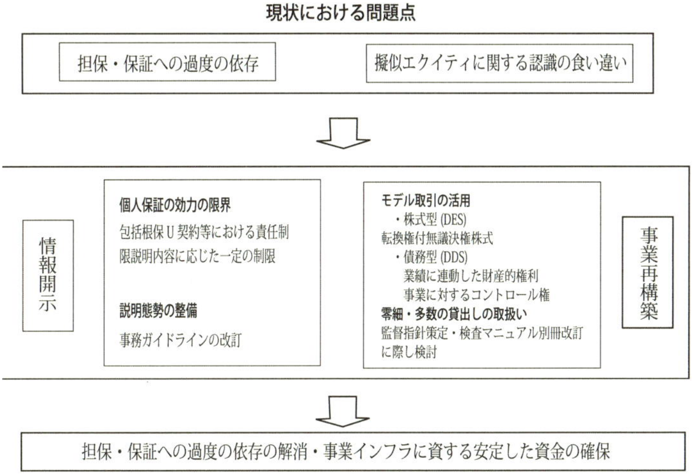

現状における問題点

| 担保・保証への過度の依存 | 擬似エクイティに関する認識の食い違い |

| 情報開示 | 個人保証の効力の限界
包括根保証U契約等における責任制限説明内容に応じた一定の制限
説明態勢の整備
事務ガイドラインの改訂 | モデル取引の活用
・株式型（DES）
転換権付無議決権株式
・債務型（DDS）
業績に連動した財産的権利
事業に対するコントロール権
零細・多数の貸出しの取扱い
監督指針策定・検査マニュアル別冊改訂に際し検討 | 事業再構築 |

担保・保証への過度の依存の解消・事業インフラに資する安定した資金の確保

出所：「新しい中小企業金融の法務に関する研究会報告」。

2 「新しい中小企業金融の法務に関する研究会」の概要 [4]

中小企業金融の現状と問題点

報告書の基本認識は、中小企業について、「擬似エクイティ」ないし「債務の根雪化」に焦点を当て、次のように整理している。

- 財務状況：低い自己資本比率と高い借入依存度（企業規模が小さいほどその傾向は強い）、運転資金として短期借入金のロールオーバーの繰返しによる長期固定的な資金化、設備投資目的の長期借入金などの資金調達（債務の長期化）、債務対キャッシュフロー比率の上昇。
- 財務状況の背景：地域に根ざして長く事業を展開する中小企業に対する金融機関の貸出金の中に、一定水準の金額が長期固定的に融資継続され、自己資本比率の低さを補完する役割を果していることと、金融機関のリスク管理上、短期のロールオーバーの繰返し融資が合理的な場合もある。
- デフレによる資産価値の減少により、長期固定的な資金の債務型調達が、過剰債務となる。
- 最近の中小企業融資には、企業の事業性等の評価より、担保・保証に過度に依存している。また、担保・保証の求め方等に問題がある。

そこでこの研究会では、中小企業金融における担保・保証、特に個人保証の現状を検討するとともに[5]、担保・保証に過度に依存しない新たな中小企業金融のあり方について検討した[6]。

3 資本性債務（DDS：劣後ローン）

(1) 中小企業金融当事者のニーズ

中小企業金融に関する当事者のニーズとして、借入サイドでは継続的・安定

7章　金融インフラの新たな手法としての資本性借入（DDS）

的な資金の確保、時機に応じた適切な融資の受給、担保・保証が不要なこと、経営の自主性の確保で、「通常の融資」の形態のほか、増資もある。資金供給サイドでは元本回収・リスクに見合った収益性の確保、企業の業績・財務内容の改善を通じた債権保全への関与（コベナンツやDES等の活用）である。投資家サイドでは、事業再構築の断行のための経営支配権の確保、事業再構築によるエクイティバリューの向上が見込まれ投資の出口の想定、一定の投資規模と有能なオペレーターの下での事業の再編・提携、採算金利と貸出金利との間の乖離の解消、証券化を念頭に置き大数の法則が成り立つこと、キャッシュフローの予測が立つこと、契約書の標準化等の必要性がある。

　それにも増して、関係者のニーズの適切な調整と円滑な中小企業金融の基盤として、中小企業の財務諸表についての信頼性確保と、金融機関・投資家のニーズに対応した適切な情報開示が必要となる。金融機関は当該企業に対する融資に際し、迅速な審査、適切なリスク管理が可能となり、さらには担保・保証に依存しない融資の前提条件が整う。企業側では、円滑な資金供給・金利の低減に繋がり、信頼できる企業情報の企業・金融機関での双方共有は、不可欠かつ有用である。財務諸表の信頼性確保及び情報開示については、円滑な中小企業金融のインフラとなる。

(2)　リスクマネー供給

　企業は、経営環境の変化に対応し、その事業インフラを整備することが不可欠で、これに対応した前向きな事業展開を行うためのリスクマネー確保の必要性は高い。リスクマネー調達には、債務の場合、資金供給者からの規律付けがダウンサイドリスクの回避に偏るため、リスクテイクを行いにくい。これに対し資本の場合、アップサイドも見込んだ能動的な規律付けがなされるため、リスクテイクを行い易く、経営に関与する投資家であれば、ノウハウの提供等を受けて事業再構築の可能性が広がることになる。

　リスクマネーの資金供給者はリスク対応のリターン獲得が財務健全性の確保上必要であるが、金融機関は貸付形態で資金提供を行うため、信用リスク管理

には、個別企業ごとの信用リスク管理だけではなく、一定の共通した属性を有する債権を集団的にリスク管理し、そのリスク対応のリターン確保も考えられる（CRD 等の信用リスクデータベースの活用が有用である）。より能動的なリターン確保からは、金融機関がリレーションシップ・バンキングの機能を強化し、企業との長期継続的な取引の中から得られる情報を活用しつつ、事業の再構築を図ることに能動的関与を行えば、金融機関が明確な形でリスクマネーを供給可能となる。事業再構築の際には、債権放棄など行う場合、前向きな規律付けの機能発揮のため、収益が生じた場合にのみプラスの価値を持つ株式や、企業の再建が達成された時点で初めて償還請求権が発生する劣後ローン、などの活用もありうる。

(3) 資本的性格の資金（DDS、劣後ローン）

中小企業では、このような資本的性格の資金もリスクマネーとしての性格を明確にせずに、法形式上、資本ではなく債務により調達されてきた。従来の法制度においては、債権と株式は異なるものとして二分されていたが、中小企業においては資本的性格の資金の調達が債務の形態で行われており、実態面においては、その相違は相対的なものである。近年においては、制度面においても、債権と株式の相違の相対化が進んでいる。

商法における株式会社制度は、2001・2002 年における 4 度の商法改正により大きく変更され、2005 年成立、2006 年施行の会社法によって、債権と株式との中間的な機能を有する多様な株式の設計が可能とされた。改正後の商法においては、配当の優先性と議決権の制限との関係が解消され、配当以外の事項に関する種類株式が認められるようになり、配当の優先性とは無関係に議決権の制限を定めることが可能となった。

種類株式をデット・エクイティ・スワップにより取得した時点における債権者側の会計処理については、「金融商品会計に係る会計基準」等が適用されるが、債権者が取得する株式の取得時の時価が対価としての受取額（譲渡金額）となり、消滅した債権の帳簿価額との差額を当期の損益として処理するものとされ

7章　金融インフラの新たな手法としての資本性借入（DDS）

ている。また、債権者側の会計処理に関する考え方は、債務者側の会計処理に関わらないものとされている。

　ここにいう取得された株式の取得時の時価については、取得した株式に市場価格がある場合は、「市場価格に基づく価額」であり、市場価格がない場合には「合理的に算定された価額」であるとされている。また合理的な価額の算定が困難な場合には、「取得した株式の取得時の時価を直接的に算定する方法に代えて、適切に算定された実行時の債権の時価を用いて当該株式の時価とする」とされている。さらに、「債権の消滅時に、債権者が取得する債務者の発行した株式の時価を合理的に測定できない場合には、その時価はゼロとして譲渡損益を計算し、その当初計上額もゼロとすることとなると考えられる」とされている。

　種類株式の債権者側の会計処理については、デット・エクイティ・スワップ（DES）による取得時、期末時のそれぞれについてすでに基準が示されているが、その実務面での運用は発展途上段階にあり、会計処理基準が利用され、実務が集積されることが必要である。

　さらに、劣後ローン等の資本的性格を有する債権の評価について、既存の債務の一部を劣後ローンに変更する「デット・デット・スワップ」（DDS）を行うことがある。これが新たな資産の取得に該当するか否か、DDSで取得した劣後ローンの債権者側における取得価額の算定方法及び期末評価の方法を明確化することが必要である。

3節　DDSの基本的モデル

1　DDSの要件——基本的考え方

　新しい中小企業金融の法務に関する研究会では、「中小企業の事業及び財務再構築のモデル取引に関する基本的考え方」を提示して、DDSの基本的考え方を示した。資金の実態が中小企業と金融機関双方において、資本的性格を有すると認識されてきたことが前提である。モデル取引の対象となる金融商品は、この資金に係る権利義務関係が、資本的性格を有するものとして法律上明確化されることが要件となる。

　具体的には、法律構成において資本としての特性を明確に反映していること、すなわち資金調達者にとって、長期安定的な資金供給源として機能する条件が客観的に備わっており、資金供給者にとって、資金の回収において他の債務に劣後する一方で、利益等に関する優先的な権利や経営に対する一定の関与を行う権利を与えていることが必要である。

　モデル取引での検討事項は、従来、企業と金融機関の間で黙示的に想定されてきた権利義務関係の明確化と、当事者間のニーズに食い違いがある場合の調整であり、当事者間の権利義務関係においてとりわけ明確化すべき点は、キャッシュフローに対するコントロールである。この点で、家計と経営が未分離であるという中小企業の特性を踏まえると、従来は、金融機関が経営者等との間で包括根保証契約を締結してきたことから、結果的に企業のキャッシュフローを網羅することになっていた。そのため、金融機関の側においては、企業のキャッシュフローに対するコントロール権を明確化すべき誘因がなかった。

しかし、担保・保証に依存しないのであれば、家計と経営が未分離な場合には、企業のキャッシュフローに対する規律付けを法律上明確化していくことが不可欠となる。具体的には、配当、役員やその親族に対する報酬・給与等、オーナーや親族が出資している会社との取引に関する支払い、多額の設備投資や借入等のキャッシュフローに対するコントロールの権能を認めることが考えられる。さらに中小企業から金融機関に対して信頼できる情報を開示することも前提となる。

このことは、株式型と債務型のいずれを利用する場合でも明確にされるべきで、債務型の場合は融資の条件とすることになり、株式型の場合は種類株式の転換の条件とすることで同様の目的を達成することが可能となる。これらは、企業と金融機関との間での広義のコベナンツと整理することができ、実務上では、当事者間において、こうした内容を誓約する条項を含む特約書が交わされることになる。

2 具体的な金融商品

(1) 株式型
① 企業と金融機関の関係

中小企業が資金調達方法に求める点は、第一に自主的な経営が確保できることにある。他方、金融機関のニーズは第一義的には財産的権利の確保にあり、これが確保される限りにおいて経営権の確保まで望むことは少ない。このような当事者のニーズを踏まえると、資本的資金の実態を法的構成として明確化するとしても、その方法として、金融機関が当初から経営権を獲得することになる普通株式を用いることは現実的でない。そこで、株式自体は無議決権としておく一方、上記のように、企業のキャッシュフローに対する資金供給者による一定のコントロールを認め、また情報開示を約するという誓約条項を合意し、その違反の効果として株式の権利関係を変動させることが考えられる。

2001・2002年改正後の商法において、配当については優先株とするとしても、無議決権株式と転換権とを組み合わせることにより、配当の有無にかかわらず株主の判断により、無議決権株式を議決権を有する株式へと変更することが可能である。さらに、改正後の商法は、株主総会において議決権行使の事項につき制限を設ける議決権制限株式を利用することが可能となった（改正前商法第222条第1項第5号、同条第4項、会社法第108条）。

したがって、権利義務関係の明確化に当り、普通株または議決権制限株式への転換権を付するとともに、企業は、金融機関に対し、キャッシュフローのコントロールに関する一定の権能を認め、また情報開示を誓約することとなる。その違反の効果としては、普通株または議決権制限株式に転換することが考えられる。その場合には、事業計画期間中、金融機関が議決権を用いて企業の経営再建をすすめることとなる。また、事業の提携・再編も含めた早期の事業再生の可能性がある場合には、経営への関与を行う投資家に対し当該株式を譲渡することとなる。

なお、事業計画終了後の株式の処分という観点については、投資家への譲渡に意義がある場合に、事業再構築の必要に応じて普通株へ転換しうるとすることが必要となる一方、当事者からみて譲渡が困難と見込まれる場合には、償還株とすることが必要となる。

②企業と投資家の関係

投資家による経営関与は、事業の再構築に向けた提携・再編の一環として行われるもので、このような投資家の保有する株式は、基本的には普通株とすることとなる。従って、資本的資金の法律構成を明確化する際、このような投資家の関与を視野に入れる場合には、当初の法律構成の段階から、普通株への転換が盛り込まれていることが必要である。

(2) 債務型

① 債権者側からみた資本性

財産的権利

7章　金融インフラの新たな手法としての資本性借入（DDS）

　債権者側からみた資本性については、その収益が当該企業の業績に応じ、アップサイド・ダウンサイド双方に連動することが必要である。具体的には、業績連動型の金利設定を行うとともに、劣後特約を設けることが必要である。その場合、劣後特約の内容としては、前述の誓約違反をすることにより残債についてもクロスデフォルトとすることが考えられる。すなわち、当該企業に対する全ての債権が、クロスデフォルトの発生によって同時に期限が到来することになるが、株式と同様の性質を有する劣後ローンに対しては、これらの全ての債権が弁済を受けることによりはじめて請求権の効力が生じるという特約を付することとなる。その他の債権者においても、当該企業に対する一債権者の債権がデフォルトとなった場合には、自らの債権についてもデフォルトとしうる旨の約定を行っていることが通常である等から、このような劣後特約を締結することによって、現実的にもモデル取引により転換した債務型の金融商品について劣後性が確保されるといえる。

事業に対するコントロール権

　資金供給者による企業に対する規律付けの内容としては、企業のキャッシュフローに対するコントロールを及ぼすことが必要である。その前提としては、主要株主の変動や設備投資の計画を含め、関連する情報の開示が必要となる。キャッシュフローに対する前述の誓約が遵守されるためのインセンティブ構造においても、資本的性格を反映することが必要であり、具体的には、業績に応じて誓約の内容の緩和・追加の方法が考えられる。

　その違反の効果としては、当該劣後ローンの期限の利益喪失に加え、上記のクロスデフォルト条項により残債の期限の利益を喪失させることや、株式への転換等によりコントロール権を強化することが選択肢となる。

②　債務者側からみた資本性

事業再構築

　リスクマネーの提供を受けて、事業再構築を行うことが前提となる。債務者側からみた資本の特徴として、事業インフラ整備に資する長期安定的な資金であることが挙げられる。法律構成からみた資本性からは、当該金融商品につい

て期限の利益喪失条項が規定されていないこと等が考えられるが、規律の確保という観点から考えると必ずしも現実的な選択肢ではない。前述の誓約違反が生じない限りにおいて、原則として同一の商品性で借換特約が付された商品であることが、債務者にとっての長期安定的な資金としての意味を有し、かつ、当事者の誘因に適合する選択肢であると考えられる。

投資家との関わり

株式型を採用することのデメリットが大きい企業であっても、投資家の経営関与による事業再構築の可能性や金融機関の資金化のニーズがある。この場合については、債務型についても新株予約権を付与し、一定の場合にはその法形式を株式に変更しうるとすることが必要である。

3 活用の考え方

資本的性格を有する資金に係る実態に合わせて権利義務関係を明確化した場合には、会計上も当該明確化を反映した処理が行われることが必要である。DESにより取得した市場性のない株式の評価や株式と同様の性質を有する劣後ローンの評価に関する実務は、現状では発展途上段階にある。従って、モデル取引の検討の対象としては、要注意先以上の企業に限定する。

資本的性格の資金について法律構成を変更する場合にも、金融機関が当該企業に対して有している他の債権については、通常、債権の形態に止まる。資本的性格の資金について実態に合わせるために法律構成を明確化した結果、残債の評価にどのような影響を及ぼすかについて検討する必要がある。具体的には、残債が貸出条件緩和債権に該当し、当該企業が要管理先となるかが問題となる。

モデル取引の残債が貸出条件緩和債権に該当するか否かについては、当該残債の適用金利が、経済合理性に従って設定された基準金利を上回っているかどうかの観点から検討されることになるが、仮にこれを下回っている場合であっても、当該企業に関し、金利以外の手数料、配当等の収入、担保・保証等によ

る信用リスクの減少、競争上の観点等の当該債務者に対する取引の総合的な採算を勘案して、当該貸出金に対して基準金利が適用される場合と実質的に同等の利回りが確保されていれば貸出条件緩和債権に該当しない。

　上記の基準金利を算出するにあたって考慮する信用リスクの認識にあたっては、まず債務者の実質的な財務状況の分析が行われる必要がある。その際には、実態が資本的性格の資金について、モデル取引によって法律構成が変更された場合には、実質的な財務状況の分析にあたって資本として分析すべきこととなる。モデル取引のうち株式型の場合には、当然に資本であると判断され、債務型についても、前記の特約により資金の長期安定性が確保される場合には、実質的な財務状況の分析にあたって資本として分析することができる。

　また、残債にかかる信用リスクについては、転換した金融商品が前記の劣後性を有することが要件となって、その減少を認識することとなる。さらに、金融機関、企業双方の前向きな規律付けにより事業再構築を行い、企業においてより高い付加価値を創出できるようになれば、信用リスクの減少に繋がることとなる。

4節　バーゼル合意（BIS自己資本比率規制）
―― 自己資本比率規制と資本性借入

1　バーゼル合意（BIS規制）

　銀行には、金融システムの破綻の回避の目的で種々の公的な規制が課せられており、金融市場のグローバル化の下で、金融システムの連鎖的な破綻への対応が必要になる。1988年7月にバーゼル銀行監督委員会[7]が公表した「自己

資本の計測と基準に関する国際的統一化」の内容を「バーゼル合意（BIS 規制）」といい、日本を含む多くの国の自己資本比率規制として採用されている。これは国際的に活動する銀行等に、信用リスク等を加味して一定以上の自己資本比率を求める国際的統一基準で、累積債務問題等のリスクの増大等を背景に、国際銀行システムの健全性と安全性の強化を図るとともに、国際業務に携わる銀行間の競争上の不平等を軽減することが求められた[8]。

　自己資本比率は分母に総資産、分子に自己資本をとって算定するが、貸借対照表上のデータで計算するギアリング比率ではなく、分母となる総資産は各資産のリスクに応じて資産を分類し、それぞれをウエイト付けして加算した総資産とする方式（リスク・アセット方式）が採用された。この測定方法によって達成すべき最低水準は8％以上とされた[9]。日本では、1988―1992年度末の期間の移行措置を経て、1992年度末から、同基準が本格適用されている。国際的な金融システムの破綻回避のために、海外に営業拠点を持つ銀行に対しては、その健全性を確保するための国際的な統一ルールとして8％以上の自己資本比率を求める一方、海外に営業拠点を持たない金融機関の場合4％以上の自己資本比率が求められている[10]。分子の自己資本の構成項目は、基本的項目（Tier I）と補完的項目（Tier II）からなり、基本的項目は無制限に、補完的項目は基本的項目と同額まで自己資本に算入できる。

2　自己資本（分子）の項目――金融機関における資本性借入の扱い

　その後、銀行が抱えるリスク（自己資本比率の分母）のより精緻な計測などを目指して1998年からバーゼル合意の抜本的な見直し作業が開始され、2004年6月に「自己資本の計測と基準に関する国際的統一化：改定された枠組」として新しい基準（バーゼルII、新BIS規制案）が公表された。日本では、2006年度末から（最も先進的な手法を採用する銀行では2007年度末から）、新規制へ移行した。信用リスクの計算をより精緻化するとともに、オペレー

7章　金融インフラの新たな手法としての資本性借入（DDS）

ショナル・リスク（事務ミスや不正行為等によって損失を被るリスク）を対象に含めたもので、自己資本比率は「自己資本÷[信用リスク（貸出金等が貸倒れとなる危険）＋市場リスク＋オペレーショナル・リスクに係るリスク・アセット]×100」（％）として計算される。分母はリスク・アセットのウエイトが変更され、中小企業・個人向け融資のリスク・ウエイトが100％から75％に、住宅ローンについては50％が35％に減じられた。事業法人のリスク・ウエイトは100％から、格付け対応であれば20—150％に変更された（表7—2）。

本章では、バーゼルⅡに関しては佐藤（2007）など多くの文献があるので、サーベイは行わず、もっぱら資本性負債に焦点を当てるとの趣旨から、分子の自己資本そのものに着目する。バーゼル合意（BIS規制）では、自己資本そのものの取り扱いに特色がある。通常、一般の事業法人における自己資本の中味として挙げられるのは、資本金、資本準備金、利益準備金、剰余金（任意積立金、当期未処分利益）の4項目であり、先の基本的項目（Tier1）に該当する。バーゼルⅡでは、表7—1のように、

- 基本的項目（Tier1。資本金・資本準備金等）、
- 補完的項目（TierⅡ。劣後債・劣後ローンや有価証券評価益の45％[11]、不動産の再評価益の45％、一般貸倒引当金等）、
- 準補完的項目（Tier3。短期劣後債務）、
- 控除項目（銀行間の資本の融通分（意図的な株式などの持ち合い分）、

である。

重要なのは、補完的項目で、有価証券評価益、土地の再評価益、一般貸倒引当金のほかに、負債性資本調達手段が入る。「銀行法第14条の2の規定に基づき、銀行がその保有する資産等に照らし自己資本の充実の状況が適当であるかどうかを判断するための基準（2006年金融庁告示第19号）」によると、

- 無担保で、かつ、他の債務に劣後する払込済のものであること、
- 一定条件を除き、償還されないものであること、
- 業務を継続しながら損失の補てんに充当されるものであること、
- 利払いの義務の延期が認められるものであること、

表7—1　バーゼルⅡの自己資本比率

自己資本の額（基本的項目＋補完的項目＋準補完的項目－控除項目）
─────────────────────────────────────
信用リスク・アセットの額の合計＋マーケット・リスク相当額の合計を8パーセントで除して得た額＋オペレーショナル・リスク相当額の合計額を8パーセントで除して得た額

　　出所：金融庁ホームページ。

表7—2　リスク資産のウェイト

与信先区分	バーゼルⅠ	バーゼルⅡ
国・地方自治体	0%	0%
政府関係機関等 （うち地方三公社）	10%	10% (20%)
銀行・証券会社	20%	20%
事業法人 （中小企業以外）	100%	（格付に応じ）20%—150% ※ または（格付を使用せず） 一律100%
中小企業・個人	100%	75%
住宅ローン	50%	35%
延滞債権	100%	50%—150% ※※（引当率に応じて加減）
株式	100%	100%

出所：表7—1に同じ。

の四つの性質の全てを有するもの、と規定されている。この他に期限付き劣後債務（契約時における償還期間が5年を超えるもの）、期限付優先株も補完的項目に該当する。

いずれにせよ、バーゼル合意の自己資本比率規制において負債性資本が認知され、劣後性のある負債やローンが自己資本として認識されるようになった。この点で、一般事業法人との相違がある[12]。

3 バーゼルⅢ

2007年夏以降のサブプライム問題、2008年9月以降のリーマン・ショック、それに続く欧州債務危機など世界的な金融危機が席巻している。このような状況を踏まえて、2009年4月のロンドン金融サミットにおいて、金融監督・規制の抜本的な改革の方向性が提示された。この中で、自己資本比率規制について、サブプライム問題に端を発する金融危機への当面の対処として、バーゼルⅡの銀行勘定の証券化商品の取り扱い及びトレーディング勘定の取り扱いを強化するバーゼル2.5（マーケット・リスク規制の強化。2009年7月公表、2011年末より実施）が導入され、さらに世界の主要銀行に対して自己資本の「量」と「質」の向上が検討され、2010年9月にはバーゼル銀行監督委員会から国際的に活動する銀行に対する新しい自己資本比率規制案が発表された（バーゼルⅢ）。この規制案では自己資本に該当する要件の厳格化が取り込まれた。

2012年3月30日に金融庁はバーゼルⅢを踏まえた自己資本比率に関する告示の改正を公表し、2013年3月31日から適用される。この告示では自己資本の取り扱いに変更があり、
  ・バーゼルⅡの基本的項目・補完的項目・準補完的項目のうち、準補完的項目を廃止、
  ・基本的項目（Tier1）を、going concern base（事業継続ベース）の自己

資本とし、「コア Tier1（普通株式等 Tier1。狭義の中核的自己資本、common equity）」と「その他 Tier1」とする、
- 「コア Tier1（普通株式等 Tier1）」は、普通株式とその新株予約権、内部留保、その他の包括利益累計額（段階的に算入）およびその他公表準備金。公的資金に該当する部分は経過措置により 2018 年 3 月 31 日まで算入可能であるが、普通株転換権付優先株は「その他 Tier1」へ参入、
- 「その他 Tier1」は、優先株、ステップ・アップなしの優先出資証券は条件次第で算入不可、ステップ・アップ付の優先出資証券は算入不可、
- 補完的項目（Tier2）は、gone concern base（破綻時を想定したベース）の自己資本とし、劣後債・劣後ローン（初回コール日までが 5 年以上）を含むが、初回コール日までが 5 年未満の劣後債・劣後ローンは算入不可、

という扱いとなる。

「コア Tier1（普通株式等 Tier1）」は、不測の事態による損失吸収力が高いので重視され、段階的に措置される。2013 年 3 月期に 3.5％、2014 年 3 月期に 4％、2019 年には 4.5％が要請される。「その他 Tier1」を加えた「Tier1」は 2014 年 3 月期に 4.5％、2019 年には 6％が要請される。「Tier1」プラス「Tier2」の総資本については現行基準の 8％で変わらない。

バーゼルⅢでは、新たに「資本保全バッファー capital conservation buffer」が導入され、金融・経済のストレス期において損失の吸収に使用できる資本のバッファーの保有を要請され、2016 年から段階的に導入される（2016 年に 0.625％で、19 年に 2.5％）。上記の水準が達成されていれば、この「資本保全バッファー」が未達であっても国際的な活動は可能であるが、配当・賞与などの利益分配の制限が厳格化されることによって、経営者の短期的利益追求を目指す過度のリスクテイキングを抑制する効果を持つ[13]。

このようにバーゼルⅠ、Ⅱ、Ⅲにおいて、負債性資本が重視されている点で、変わることはない。また、自己資本比率は金融行政上、早期是正措置などに活用されている[14]。

7章　金融インフラの新たな手法としての資本性借入（DDS）

図7—2　バーゼルⅢにおける自己資本の量の強化

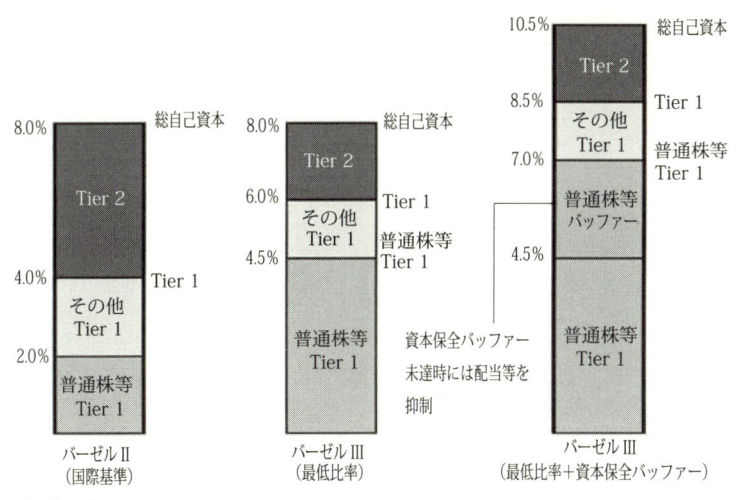

[図：バーゼルⅡ（国際基準）、バーゼルⅢ（最低比率）、バーゼルⅢ（最低比率＋資本保全バッファー）の自己資本構成比較]

出所：表7—1に同じ。

5節　資本性借入金（DDS）の活用

1　「金融検査マニュアル」の運用の明確化

(1)　2004年6月の改訂——資本的劣後ローンの新規規定

2003年7月の「新しい中小企業金融の法務に関する研究会報告書」を受けた形で、2004年2月26日に「金融検査マニュアル別冊〔中小企業編〕」の改

図7—3　バーゼルIIIの段階適用

普通株等Tier1比率（％）

- 最低水準は2013年に3.5％から開始
- 2013年：3.5％
- 2014年：4.0％
- 2015年：4.5％
- 2016年より資本保全バッファー段階導入：5.125％
- 2017年：5.75％
- 2018年：6.375％
- 2019年より7％規制開始（完全実施）：7％
- 現行最低水準＝2％
- 最低水準
- 資本保全バッファー

出所：表7—1に同じ。

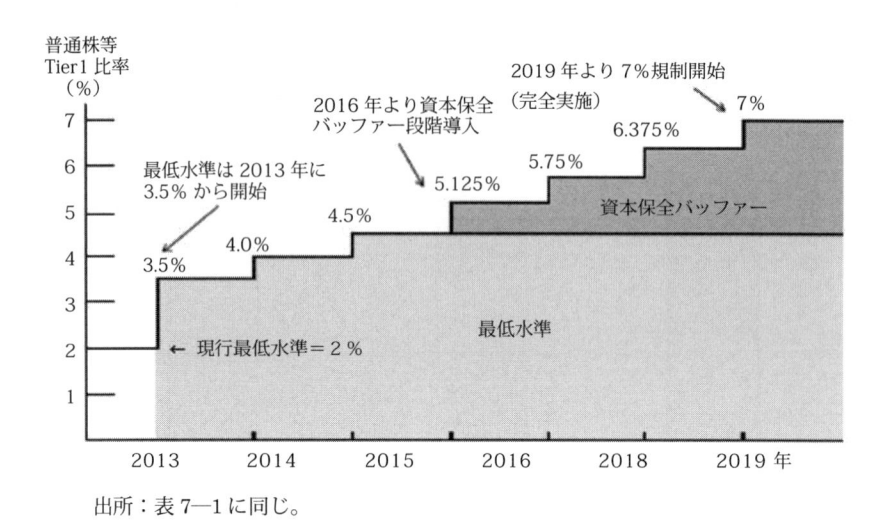

図7—4　バーゼルIIIの全体像

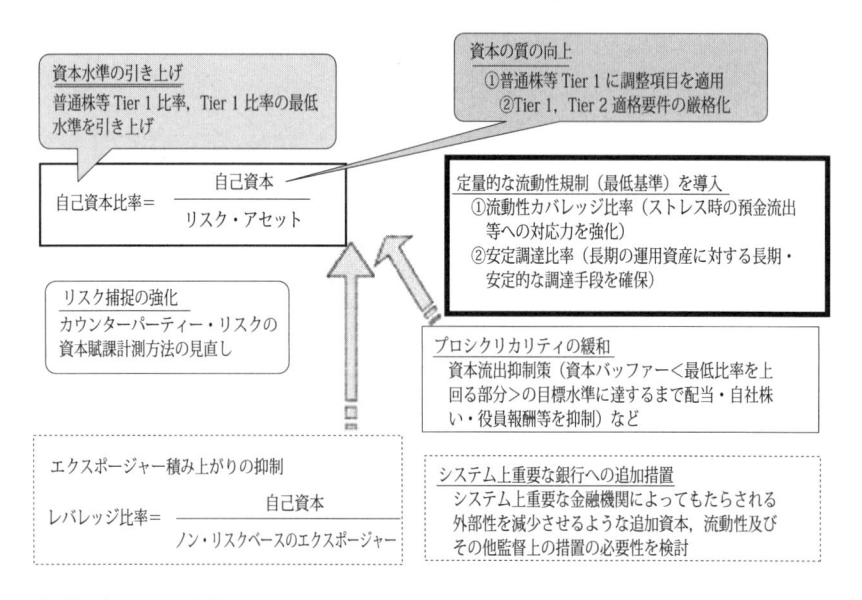

資本水準の引き上げ
普通株等Tier1比率，Tier1比率の最低水準を引き上げ

資本の質の向上
① 普通株等Tier1に調整項目を適用
② Tier1，Tier2適格要件の厳格化

$$自己資本比率 = \frac{自己資本}{リスク・アセット}$$

定量的な流動性規制（最低基準）を導入
① 流動性カバレッジ比率（ストレス時の預金流出等への対応力を強化）
② 安定調達比率（長期の運用資産に対する長期・安定的な調達手段を確保）

リスク捕捉の強化
カウンターパーティー・リスクの資本賦課計測方法の見直し

プロシクリカリティの緩和
資本流出抑制策（資本バッファー＜最低比率を上回る部分＞の目標水準に達するまで配当・自社株い・役員報酬等を抑制）など

エクスポージャー積み上がりの抑制

$$レバレッジ比率 = \frac{自己資本}{ノン・リスクベースのエクスポージャー}$$

システム上重要な銀行への追加措置
システム上重要な金融機関によってもたらされる外部性を減少させるような追加資本，流動性及びその他監督上の措置の必要性を検討

出所：表7—1に同じ。

7章 金融インフラの新たな手法としての資本性借入（DDS）

訂が行われ、中小企業の債務の擬似エクイティ部分を資本的劣後ローンに転換した場合（DDS）の取り扱いについて新設の規定を明示した。同報告に記載されたように（(2.3)参照）、資本調達手段が限られている中小・零細企業においては、事業の基盤となっている資本的性格の資金が債務の形で調達されていることが多い（擬似エクイティ的融資）。このような状況を踏まえて、金融機関が、中小・零細企業向けの要注意先債権（要管理先への債権を含む）を、債務者の経営改善計画の一環として資本的劣後ローンに転換している場合には、債務者区分等の判断において、当該資本的劣後ローンを資本とみなすことができることとする。すなわち、

「7. 資本的劣後ローンの取り扱い

(1) 金融機関の中小・零細企業向けの要注意先債権（要管理先への債権を含む）で、貸出債権の全部または一部を債務者の経営改善計画の一環として、原則として以下の要件の全てを満たす貸出金（「資本的劣後ローン」）に転換している場合には、債務者区分等の判断において、下記(2)[15]を満たすことを条件として当該資本的劣後ローンを当該債務者の資本とみなすことができる。なお、資本的劣後ローンへの転換は、合理的かつ実現可能性が高い経営改善計画[16]と一体として行われることが必要である。」

であり、その条件として、

「① 資本的劣後ローンについての契約が、金融機関と債務者との間で双方合意の上、締結されていること

② 契約内容に、原則として以下の全ての条件を付していること

　イ　資本的劣後ローンの返済（デフォルトによらない）については、資本的劣後ローンへの転換時に存在する他の全ての債権及び計画に新たに発生することが予定されている貸出債権が完済された後に償還が開始すること[17]

　ロ　債務者にデフォルトが生じた場合、金融機関の資本的劣後ローンの請求権の効力は、他の全ての債権が弁済された後に生じること

　ハ　債務者が金融機関に対して財務状況の開示を約していること及び、

金融機関が債務者のキャッシュフローに対して一定の関与ができる権利を有していること
　　ニ　資本的劣後ローンがハ．その他の約定違反により、期限の利益を喪失した場合には、債務者が当該金融機関に有する全ての債務について、期限の利益を喪失すること」
が示されている。さらに、
「資本的劣後ローンに転換された部分が貸出条件緩和債権（要管理債権）に該当する場合であっても、当該債権の残債及び当該債務者に対するその他の債権については、信用リスク検査用マニュアルの規定にかかわらず、これらをあらかじめ要管理先に対する債権として扱うことはしないものとする。」
と規定した。

⑵　2008年3月の改訂──「准資本型資本的劣後ローン」の導入
　2008年2月20日の「年度末に向けた中小企業対策に関する関係閣僚による会合」において取り纏められた「年度末に向けた中小企業対策について」を踏まえ、中小企業金融の円滑化、とりわけ中小企業の自己資本充実策拡大の一助とする観点から、資産査定における債務者区分の検討の際、債務者の実態的な財務内容の把握にあたり、十分な資本的性質が認められる借入金は資本とみなすことができる旨、検査マニュアルに記載することとなった。具体的には、2008年度に創設される中小企業金融公庫の「挑戦支援資本強化特例制度（資本的劣後ローン）」のような十分な資本性が認められる借入金を資本とみなすことが可能になった。「金融検査マニュアル」の「資産査定管理態勢の確認検査用チェックリスト別表1自己査定」（「1．債権の分類方法」「⑶債務者区分」）の「自己査定結果の正確性の検証」の部分に、「債務者区分は、債務者の実態的な財務内容、資金繰り、収益力等により、その返済能力を検討し、債務者に対する貸出条件及びその履行状況を確認の上、業種等の特性を踏まえ、事業の継続性と収益性の見通し、キャッシュ・フローによる債務償還能力、経営改善

7章 金融インフラの新たな手法としての資本性借入（DDS）

計画等の妥当性、金融機関等の支援状況等を総合的に勘案し判断するものである。」という記述があるが、この注記として「『債務者の実態的な財務内容』の把握にあたり、十分な資本的性質が認められる借入金は、負債ではなく資本とみなすことができることに留意する。」という記述が追加された。

前述のように、「金融検査マニュアル別冊〔中小企業編〕」には、借入金であっても、金融検査上は資本として取り扱うことができる「資本性借入金」について記載されていたが、2008年3月「十分な資本的性質が認められる借入金」は、資産査定において資本とみなされる、こととして「金融検査マニュアル」本体が改訂されたものである[18]。

この点について、「金融検査マニュアルに関するよくあるご質問（FAQ）」の追加について」（2008年4月1日公表）では、「十分な資本的性質が認められる借入金」とはどのようなものか、に対して「債務者の財務内容の把握、評価は、財務諸表の数字といった形式にとらわれず、実態的に行う必要があります。このため、例えば、償還条件や金利等の貸出条件が資本に準じる借入金については、十分な資本的性質が認められる借入金として当該借入金を資本と見做した上で債務者区分の検討を行うことになります。なお、本取り扱いはあくまでも借入金の実態的な性質に着目したものであり、債務者の属性（債務者区分や企業の規模等）や資金使途等により制限されるものではありません。」と記載している。かつ、中小企業金融公庫の「挑戦支援資本強化特例制度」については、劣後ローンであることに加えて、①15年の期限一括償還であり、償還条件が長期である、②赤字の場合には利子負担がほとんど生じない等配当に準じた金利設定である、という資本に準じた商品設計となっていることから、この制度に係る負債はこれを資本と見做して、債務者区分の検討を行うことが適当、といている（具体的には、償還まで相当の期間（5年以上）を有する負債については、残高の100％を資本と見做し、残存期間が5年未満の負債については、1年ごとに20％ずつ資本と見做す部分を逓減させる取り扱いとする）。

このように、財務内容が悪化し、経営難の状態にある中小企業等の経営改善を図るに当り、「十分な資本的性質が認められる借入金」を資本とみなすこと

により、財務内容を改善させた上で、業況の改善に取り組むことが効果的と考えられる上、これにより当該中小企業の経営改善可能性が高まる（債務者区分がランクアップする）ことは、金融機関等による追加的な資金供給を容易にすると考えられるのである。

(3) 2008年10月の改訂──中小企業再生支援協議会版「資本的借入金」等

前項のように、「十分な資本的性質が認められる借入金」は資産査定において資本とみなすことができる旨の「金融検査マニュアル」本体の改訂が実施されたが、規定上は新規融資、既存融資からの条件変更（DDS）のいずれであっても資本とみなすことが可能である。しかし、金融機関等の間で新規融資のみを対象としているとの受け止めがみられたことから、「金融検査マニュアル」において、既存融資からの条件変更であっても資本とみなせる旨、明確に記載した。また、「金融検査マニュアル」等の記載で、「早期経営改善特例型」・「准資本型の資本型劣後ローン」という表現で区別されるようになった。

新規融資で経営難の状態にある中小企業に対する「十分な資本的性質が認められる借入金」を実行することは、貸し手にとってリスクが大きく（回収可能性が低い）、容易には貸し手が見つからないという問題がある。しかし、既存融資からの条件変更については、貸し手が新たな資金を供給する必要はなく、また条件変更により経営改善の可能性が高まれば、経営難の状態を放置するよりもむしろリスクは小さくなる（回収可能性は高まる）と考えられる。したがって、既存融資を「十分な資本的性質が認められる借入金」へと条件変更した場合、当該借入金を資本とみなすことを明確化することを通して、金融機関における対応を促し、中小企業等の自己資本充実を通じた経営改善を支援することになる[19]。

「早期経営改善特例型」および「准資本型」資本的劣後ローンに転換された部分が貸出条件緩和債権（要管理債権）に該当する場合であっても、当該債権の残債及び当該債務者に対するその他の債権については、これらをあらかじめ要管理先に対する債権として扱うことはしないものとする。これらの債権につ

7章　金融インフラの新たな手法としての資本性借入（DDS）

いては、それらが貸出条件緩和債権に該当するか否かを「中小・地域金融機関向けの総合的な監督指針」に沿って判断するものとする。

この改訂に伴い、中小企業再生支援協議会において、「十分な資本的性質が認められる借入金を」用いた再生支援手法が導入されること等を踏まえ、中小企業再生支援協議会版「資本的借入金」も同様の扱いになった。中小企業再生支援協議会版「資本的借入金」は、劣後ローンで、かつ①15年の期限一括償還であり、償還条件が長期である、②条件変更後5年間及び5年目以降に赤字の場合、利子負担がほとんど生じない等配当に準じた金利設定である、という資本に準じた商品設計となっている。

(4) 2011年11月の改訂──「准資本型資本的劣後ローン」の活用促進

2011年11月22日に「金融検査マニュアル」における「十分な資本的性質が認められる借入金（資本性借入金）」の運用の明確化が金融庁から発表された。東日本大震災や急激な円高の影響を受け、財務内容が悪化した中小企業が増加している状況下で、資本不足により銀行からの資金調達に支障が生じることから、資本の充実策が必要になってきた。2011年11月改定では、貸出条件が明確でなく、銀行が積極的に利用しているとはいえないことから、「資本性借入金」の積極的な活用を促進するための改正が行われた。

これによると、「十分な資本的性質が認められる借入金（資本性借入金）」について、「資本とみなすことができる条件」は、

- 償還条件：5年超（原則として長期間償還不要な状態であること、期限一括償還が原則）、
- 金利設定：事務コスト相当の金利の設定も可能（原則として配当可能利益に応じた金利設定であること、具体的には、業績連動型が原則。赤字の場合には利子負担が殆んど生じないことが必要で、その場合、株式の株主管理コストに準じた事務コスト相当の金利であれば、利子負担がほとんど生じないものとして、「十分な資本的性質が認められる借入金」と判断される）、
- 劣後性：必ずしも担保の解除は要しない（ただし、一定の条件を満たす必

要。原則として、法的破綻時の劣後性が確保されていることが必要。そのため、基本的には担保付借入金は、「十分な資本的性質が認められる借入金」には該当しない)、である。しかし、既存の担保付借入金から転換する場合等のように、担保解除を行うことが事実上困難で、法的破綻時の劣後性を確保できないような場合には、他の債権に先んじて回収を行わないことを契約するなどによって、少なくとも法的破綻に至るまでの間、他の債権に先んじて回収しない仕組みが備わっていれば、担保付借入金であっても、〔十分な資本的性質が認められる借入金〕と」看做して差し支えないとして扱われる。

「資本性借入金」の効果として挙げられるのは、

- 資金繰りの改善効果（長期の期限一括償還が基本であり、資金繰りが緩和される。業績連動型の金利設定が基本であり、業況悪化時は金利が低くなる）、
- 金融機関からの新規融資の容易化効果（「資本性借入金」を資本とみなすことで、財務内容が改善されることから、新規融資が受け易くなる）、

である。このように「資本性借入金」を資本とみなした上で新規の融資を受け、事業の収益性を回復していくことが、目的となっている。東日本大震災や円高等によって資本不足に直面している中小企業でも、資本充実が図られることになり、将来性や経営改善の見通しがある場合には大いに活用されることが期待される。いずれにせよ、「資本性借入金」の活用は資本不足に直面している企業のバランスシートの改善と経営改善に繋がる効果を持っている。

2012年8月10日に金融庁が公表した地域金融機関全体の「資本性借入金」の活用件数をみると、2010年度において61件であったが、2011年11月「金融検査マニュアル」の運用の明確化を図ったこと等により、2011年度には、85件に増加し、2012年度においては、今後の予定も含め、409件（2010年度に比べて6.7倍の増加）の活用が見込まれている（表7—3）。

7章　金融インフラの新たな手法としての資本性借入（DDS）

図7—5　金融検査マニュアルの運用明確化とその効果

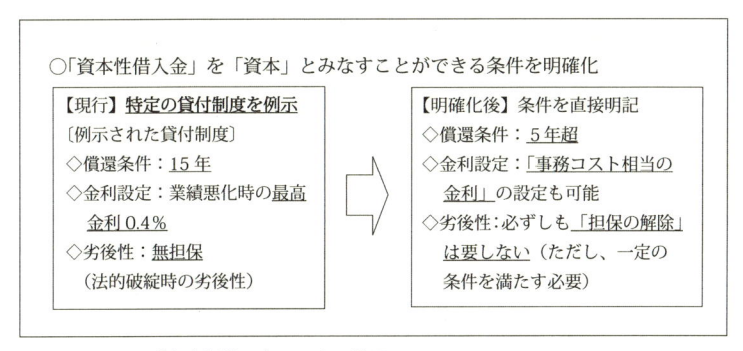

○「資本性借入金」を「資本」とみなすことができる条件を明確化

【現行】特定の貸付制度を例示
〔例示された貸付制度〕
◇償還条件：15年
◇金利設定：業績悪化時の最高金利0.4％
◇劣後性：無担保
　（法的破綻時の劣後性）

⇒

【明確化後】条件を直接明記
◇償還条件：5年超
◇金利設定：「事務コスト相当の金利」の設定も可能
◇劣後性：必ずしも「担保の解除」は要しない（ただし、一定の条件を満たす必要）

「資本制借入金」による効果
【中小企業の貸借対照表（B/S）】

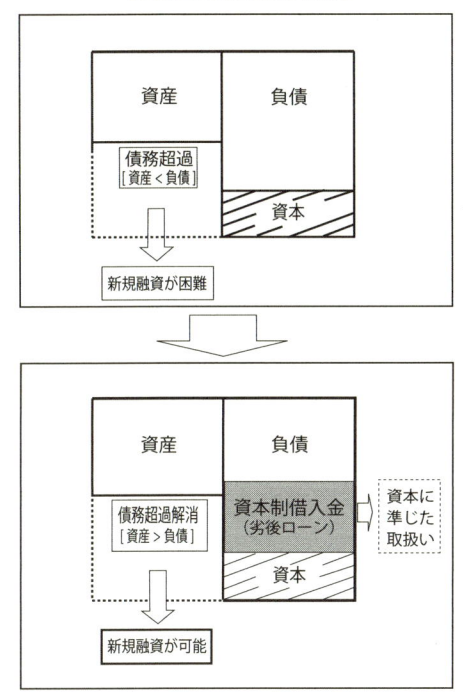

資産／負債
債務超過［資産＜負債］
→新規融資が困難

⇓

資産／負債
資本制借入金（劣後ローン）← 資本に準じた取扱い
資本
債務超過解消［資産＞負債］
→新規融資が可能

出所：表7—1に同じ。

411

表7―3 資本性借入金の活用状況

	2010年度実績	2011年度実績	2010年度からの伸び率	2012年度(注1)実績・予定	2010年度からの伸び率
地域金融機関	61件(4件)	85件(28件)	39%(7倍)	409件(85件)	6.7倍(21.3倍)
地域銀行(注2)	41件(3件)	69件(25件)	68%(8.3倍)	224(56件)	5.5倍(18.7倍)
信金・信組(注2)	20件(1件)	16件(3件)	▲20%(3倍)	85件(29件)	9.3倍(29倍)

2011年度内訳

	4-6月実績	7-9月実績	10-12月実績	1-3月実績
地域金融機関	9件(2件)	20件(3件)	13件(6件)	43件(17件)
地域銀行(注2)	5件(2件)	17件(3件)	8件(3件)	39件(17件)
信金・信組(注2)	4件(0件)	3件(0件)	5件(3件)	4件(0件)

2011年度内訳

	4-6月実績	7-9月予定	10-12月予定	1-3月予定
地域金融機関	14件(4件)		395件(81件)	
地域銀行(注2)	8件(3件)		216件(53件)	
信金・信組(注2)	6件(1件)		179件(28件)	

※「資本性借入金の積極的活用について」の公表は、2011年11月。

(注1) 2012年度は、各金融機関からの回答において、検討中とされているものを含み、今後、変動があり得る。
(注2)「地域銀行」は、地方銀行（全国地方銀行協会加盟行）64行、第二地方銀行（第二地方銀行協会加盟行）42行、埼玉りそな銀行の合計。「信金・信組」は、信用金庫271金庫、信用組合158組合の合計。
(注3) 括弧内は、被災地（青森，岩手，宮城，福島，茨城の5県）に本店が所在する金融機関の合計。
出所：表7―1に同じ。

2　中小企業金融円滑化法との関連

(1)　中小企業金融円滑化法の成立

　2009年12月に中小企業や住宅ローンの借り手が金融機関に返済負担の軽減を申し入れた際に、できる限り貸付条件の変更等を行うよう努めること等を内容とする中小企業金融円滑化法が成立した。2008年秋以降の世界金融危機・景気低迷による中小企業の資金繰り悪化等への対応策として、09年12月に約2年間の時限立法として施行された。しかし、当初の期限を迎えても中小企業の業況・資金繰りは依然として厳しいことから、2度の延長を経て、2013年3月末までを最終の期限としたものである。

　中小企業金融円滑化法では、中小企業から申し込みがあった場合には貸出条件の変更を努力義務（強制ではない）とし、金融機関サイドも体制整備と実施状況等の開示とそれらの行政当局への報告（罰則付き）と、行政による公表を求めるものであった。更なる支援措置として信用保証制度の充実等も加えられたほか、検査・監督上の措置にも改定がなされた。重要な点は、条件変更等を行っても、不良債権に該当しない要件を従来に比べて拡充したことである。

　前述のように「実現可能性の高い抜本的な経営再建計画（実抜計画）」に沿った金融支援の実施により経営再建が開始されている場合には、当該経営再建計画に基づく貸出金は貸出条件緩和債権には該当しないという取り扱いが2008年11月に明確化された。「抜本的な」とは概ね3年後の当該債務者の債務者区分が正常先となることである。ただし、債務者企業の規模または事業の特質を考慮した合理的な期間の延長を排除せず、「金融検査マニュアル別冊〔中小企業融資編〕」では「その進捗状況が概ね1年以上順調に進捗している場合には、その計画は実現可能性の高い計画であると判断して差し支えない」として期限の扱いが緩和された[20]。

　「実抜計画」を策定していない場合であっても、貸出条件の変更を行った日

から最長1年以内に当該経営再建計画を策定する見込みがあるときには、その日から最長1年間は貸出条件緩和債権には該当しないことになった。この「当該経営再建計画を策定する見込みがあるとき」とは、銀行と債務者との間で合意には至っていないが、債務者の経営再建のための資源等（例えば、売却可能な資産、削減可能な経費、新商品の開発計画、販路拡大の見込み）が存在することを確認でき、かつ、債務者に経営再建計画を策定する意思がある場合とされた。中小・零細企業等の場合、大企業と比較して経営改善に時間がかかることが多いことから、経営改善計画等に準ずる計画（「合理的かつ実現可能性の高い経営改善計画」といい、金融機関が作成した資料でも可。「合実計画」という）を「実抜計画」とみなしてよいとされた。ただし、経営改善計画の進捗状況が計画を大幅に下回っている場合には、「合理的かつ実現可能性の高い経営改善計画」とは取り扱わないなどの措置がとられた。

(2) 返済猶予措置

　金融行政の中で、融資の返済猶予は、「貸出条件緩和債権」として規定されている（第1章補記参照）。

　この「貸出条件緩和債権（リスケ債権）」は、2008年11月の改定前の「監督指針」上は不良債権扱いになっていた。ただし、改定前の「監督指針」では「実抜計画」（実現可能性が高い抜本的な経営再建計画）があれば、リスケ債権とはしない扱いとなっていた。この「実抜計画」は概ね3年後に正常先になることが目安となっていたが、事務上は使い勝手が悪く、その活用度は低いものであった[21]。

　そこでリーマン・ショック後の対策として2008年11月に中小企業向け融資の貸出条件緩和が円滑に行われるための措置が発出された。「貸出条件の緩和債権（リスケ債権）」の取り扱いの変更が、「監督指針」と「金融検査マニュアル別冊〔中小企業編〕」の改訂として2008年11月7日に実施されて、この変更は恒久措置とされた。これは、従来通り「実抜計画」があれば、「貸出条件緩和債権」でも正常先債権とみなす措置であるが、「実抜計画」の履行は概

ね「3年」で経営改善し正常先になるという条件から、概ね「5年」に改定された。特に、経営改善が計画通りの進捗ならば最長10年の計画も可能となった。さらに、計画終了時に正常先にならなくても、自助努力によって事業の継続性を確保できる見通しがあれば、債務者区分は要注意先でも構わないこととされた。加えて、対象債権を「資本性劣後ローン（資本性借入金）」にすれば、リスケ債権扱いにはしないこと、つまり資本扱いになることも重要な変更点である。整理すると、中小企業向け融資の貸出条件緩和が円滑に行われるための措置として、融資条件（貸出条件）の緩和を行っても、「実現可能性の高い抜本的な経営再建計画」（実抜計画）があれば、貸出条件緩和債権には該当しないとの取り扱いについて、金融機関がより柔軟に条件緩和に応じることができるような環境を整備したのが08年11月の改定であった（図7—6）。

「中小・地域金融機関向けの総合的な監督指針」上は、抜本的な経営再建計画について「概ね3年後の債務者区分が正常先となること」を要件として記載していたものを、改定後に中小企業は経営改善に時間がかかるとの特質を踏まえ、「概ね3年」について企業の規模に応じた延長が認められる旨を記載し、その具体的な取り扱いは「金融検査マニュアル別冊〔中小企業融資編〕」を参照すべき旨と記載した。また、「金融検査マニュアル別冊〔中小企業融資編〕」の改定で、中小企業については、上記の「概ね3年後に正常先」を「概ね5年（5年—10年で計画通りに進捗している場合を含む）後に正常先（計画終了後に自助努力により事業の継続性を確保できれば、要注意先であっても差し支えない）」に緩和した。

まとめると、金融機関の自己査定の債務者区分に「その他要注意」の中に「要管理債権」という不良債権として開示される貸出条件緩和債権を「要注意」にランクアップし、民事再生法の適用になっている企業も、今までは「破綻懸念先」だったものが、実抜計画さえあれば債務者区分が「その他要注意」になる。

(3) 事業再生とDDS

中小企業の再生には、法的整理（破産法、民事再生法、会社更生法などの法

図7―6　貸出条件緩和措置

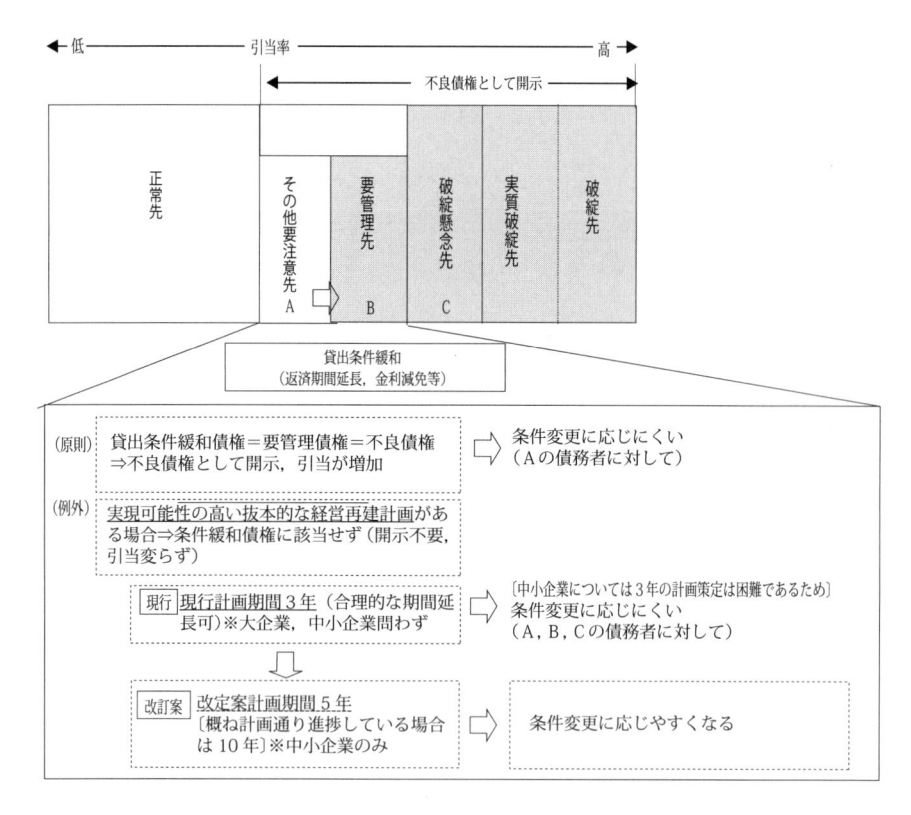

←低――――――引当率――――――高→

――――不良債権として開示――――

| 正常先 | その他要注意先 A | 要管理先 B | 破綻懸念先 C | 実質破綻先 | 破綻先 |

貸出条件緩和
（返済期間延長，金利減免等）

(原則)　貸出条件緩和債権＝要管理債権＝不良債権
　　　⇒不良債権として開示，引当が増加
　　　⇒条件変更に応じにくい
　　　（Aの債務者に対して）

(例外)　実現可能性の高い抜本的な経営再建計画がある場合⇒条件緩和債権に該当せず（開示不要，引当変らず）

　現行　現行計画期間3年（合理的な期間延長可）※大企業，中小企業問わず
　　　⇒〔中小企業については3年の計画策定は困難であるため〕
　　　条件変更に応じにくい
　　　（A，B，Cの債務者に対して）

　改訂案　改定案計画期間5年
　　　〔概ね計画通り進捗している場合は10年〕※中小企業のみ
　　　⇒条件変更に応じやすくなる

出所：表7―1に同じ。

416

7章　金融インフラの新たな手法としての資本性借入（DDS）

的手続に従って裁判所の管轄下で処理）と私的整理（法的手続によらずに債権者と債務者との自主的協議による処理）があり、それぞれ企業を解体する清算型と、事業継続を図る再建型に大別でき、後者が企業再生スキームとして用いられる。法的整理の難しさ（手続の柔軟性の無さ・時間や費用がかかる）から、私的整理として事業再生ファンドへの債権譲渡、会社分割方式による債権処理（第二会社方式）、再生支援協議会等の関与による債務免除・条件変更、金融機関独自のコンサルティングなどが活用されてきた。これらに加えて、DDS（資本性借入金、資本的劣後ローン）、ABL（動産担保貸出）などにも注目が集まっている。特に、DDSの活用は、既存借入金の資本性借入金への変更は円滑化対象企業のバランスシートを改善し、新規融資の容易化等で経営改善計画等の策定に貢献するほか、金融機関の債務者区分のランクアップに繋がる効果を持つ。

　重要なことは、DDSを活用する場合、事業再生に対しては有効である一方、安易に活用されると不良債権処理の先送りに繋がることである。金融機関は単なる延命策としてDDSを活用するのではなく、リレーションシップ・バンキングを深化・徹底すること、とりわけコンサルティング機能の発揮が出口戦略の根幹である。

6節　むすび―個人保証について

1　個人補償と信用補完

　中小企業金融のインフラが整備されてきたことには意義深いものがある。これはリレーションシップ・バンキングの徹底を図る上での環境整備・手法の多

417

様化であり、「過度の（不動産）担保・保証に依存しない」融資等を行うことに繋がる。ただし、個人保証に典型のようには十分に対応されていない課題もある。特に経営者本人の個人保証は、経営者責任の自覚や経営の規律付けに寄与するものとして活用されている。しかし、経営に一端失敗すると、復活・再興が困難になることもあり、再挑戦可能な代替的措置が必要な分野である。個人保証については、停止条件付の契約の導入が実効性を持つ。倒産を見越した資産隠し・粉飾決算などの不正発覚時にのみ保証責任を求める方式である。商工組合中央金庫や一部地域銀行に試行例があり、法制面の整備が喫緊の課題である[22]。

　第4章で論じたように、中小企業対策として活用されてきた信用保証制度にも課題が残る。従来、全部保証という100％の債権保全を公的保証制度が担っていたが、モラル・ハザードを惹起することから、部分保証に移行したのが、2005年6月の「信用補完制度のあり方に関する検討小委員会とりまとめ」を受けた方向性であった。いわゆる2007年10月に導入された責任共有制度である。併せて保険料を段階的にすることで逆選択問題も解消しようとした[23]。

　本章では、もっぱら日本における制度的整備に関して考察を進めたが、DDSに関する理論・実証研究に関しては、バーゼル合意に至る過程で行われたのが初期のものである。これは金融機関の劣後債務発行が市場から受ける影響を検討するもので、劣後債務のスプレッドと信用リスクプレミアムの関係を明らかにして、市場規律の有効性等を明らかにしている（Avery et al.〔1988〕、Gorton and Santomero〔1990〕、Flannery and Sorescu〔1996〕等）。その後の実証研究は、Lovitz et al.（2004(a)・(b)）」等があるほか、日本での実証研究としては、Ito and Sasaki（2002）、Hosono and Sakuragawa（2003）、Baba et al.（2007）などがあることを指摘しておく。ただし、金融機関の資金調達としての劣後ローンの研究に留まっている点が課題であるので、これも今後検討したい。

7章 金融インフラの新たな手法としての資本性借入（DDS）

2 個人保証の機能と問題点

　個人保証の機能と問題点については、本章2-(2)で論じたが、近年、経営者本人保証についてその取り扱いの変更が、その緩和の方向で行われてきたことは、注6で指摘した通りである。この個人保証、特に本人保証の緩和について、2013年1月―4月に中小企業庁・金融庁の「中小企業における個人保証等の在り方研究会」で検討が行われ、経営者の規律付けによるガバナンス強化、企業の信用力の補完、情報不足等に伴う債権保全という有効性は認めつつ、「法人個人の一体性の解消等が図られている、あるいは、解消等を図ろうとしている中小企業等に対しては、コベナンツないし停止条件付保証契約（または解除条件付保証契約）、ABL等の個人保証の機能を代替する融資手法のメニューの充実を通じて、借り手の資金ニーズを勘案しつつ、貸し手と借り手の双方において保証に依存しない融資の一層の促進が図られることにより、借り手における健全な事業運営や貸し手における健全な融資慣行の構築が期待される。また、行政当局としてもそのための環境整備を図る必要がある。」と提言した。これを受けて、「経営者保証に関するガイドライン研究会」が検討を重ね、2013年12月に「経営者保証に関するガイドラインについて」が発表され、2014年2月1日から実施された。

　その概要は、第1章第5節3のように、①法人と個人が明確に分離されている場合などに、経営者の個人保証を求めないこと、②多額の個人保証を行っていても、早期に事業再生や廃業を決断した際に一定の生活費等を残すことや、「華美でない」自宅に住み続けられることなどを検討すること、③保証債務の履行時に返済しきれない債務残額は原則として免除すること、といった点である。これにより、経営者保証の弊害を解消し、経営者による思い切った事業展開や、早期事業再生等を応援するもので、第三者保証人についても、上の②、③については経営者本人と同様の取り扱いとなるとされた。

3 民法（債権関係）の改正と個人保証

　この動きと並び、2009年から法制審議会で民法の債権関係の改正が検討された。2011年4月の「中間的論点整理」、2013年2月の「中間試案」、2014年8月に「要綱仮案」、2015年2月に「要綱」が決まり、同3月末に改正案が閣議決定され、国会に提出された。民法改正は約200項目に及ぶが、消費者と中小企業の保護の強化にも特色がある。法定利率引き下げ（3％に引き下げた上で変動制導入）、欠陥品の対応多様化、賃貸契約の敷金ルールの明確化、中小企業融資で求められる個人保証を原則禁止、などである[24]。

　民法改正論議では、当初「保証人の原則禁止」という方向もあったようだが、改正案では個人保証は一部制限という内容になった。一部制限とは、①公正証書に保証人となる意思を残せば、例外として第三者保証を認める、②法人の取締役、過半数の議決権を持つ株主、は保証制限の対象外、③経営者の配偶者（事業に従事）、となっている（2015年3月31日国会提出「民法の一部を改正する法律案」第465条等）。個人保証については、その負担の減少が進んできたが、第三者でも、公証人役場で保証意思確認の証明書をとれば、保証人になれること、保証制限の対象外の人物が特定された（経営者、経営者の配偶者〔事業に従事〕、取締役、過半数の株主）から、従来から金融機関が採用してきた保証人徴求の方法と個人保証重視方針が、あまり変化しない可能性もある。第三者保証の場合、公証人役場で証明をとる事務負担が増えるという課題もある。

　先の「経営者保証に関するガイドライン」は、経営者保証の負担軽減を謳っているが、民法改正は、むしろ個人保証に拠り処を与えているような印象もある。特に、第三者保証は原則禁止というその方向に逆行している感が強い。今後、実務上の混乱が懸念される。

7章　金融インフラの新たな手法としての資本性借入（DDS）

注

1　インフラ整備として売掛債権担保融資保証制度（2001年12月発足）、動産担保（2004年11月に動産譲渡登記制度（民法の特例法改正）発足、包括保証の限定化（2004年10月民法改正）、公的保証制度における第三者保証の廃止（2006年4月以降）などがある。電子記録債権については村本（2012(a)）、ABLについては村本（2012(b)）、知的資産については村本（2010）を参照されたい。

2　BIS（1986）は、ユーロ市場のセキュリタイゼーション（FRN、NIF、RUF、スワップなど）を検討したもので、危険を移転する金融イノベーション、流動性をカバーする金融イノベーション、信用創造する金融イノベーション、自己資金を創造する金融イノベーションなどが類型化された。

3　日本銀行（2005）93頁。第3章注2参照。

4　筆者はこの研究会のメンバーであった。以下の（1.2）―2.は本報告書の概要を筆者の視点で整理したものに過ぎないが、従来余り紹介されていなかった感があり、資本的債務（資本性借入）を考慮する上での重要な文書であるので丁寧に記述した。

5　個人保証については、小野・植杉による一連の共同研究があり、その有効性が検討されている。Ono, Sakai and Uesugi（2012）、Ono and Uesugi（2009）、小野・植杉（2006）など。

小野・植杉の一連の研究は、少なくとも担保・保証の提供余力のある中小企業に対する貸出おいて、担保・保証が積極的な役割を果たしている、との結論を得ている。ただし、分析に使用したデータは、マイクロデータがほとんど利用可能で着ない中で、中小企業庁「企業資金調達環境実態調査」（2001年）、「金融環境実態調査」（2002年）、「企業金融環境実態調査」（2003年）など1万5000社を対象とした（回答数7000―9000社）もので、『中小企業白書』作成上の目的で行われた調査という制約がある点に注意すべきであろう。ま

421

た保証に含まれるものは経営者の本人保証と第三者保証の合計になっている（本人保証の割合が 95% で高く、それ以外は代表者以外 34%、代表者親族 18%、会社と無関係の第三者 2.4%）。

6　制度的には、個人保証のうち第三者保証については、信用保証協会の第三者保証が 2006 年 4 月から原則禁止となっている。金融庁も 2011 年 7 月の「監督指針（主要行向け、中小・地域金融機関向け）」において、保証協会の取扱いに準拠した形で、企業経営に関与しない第三者の個人保証を原則禁止の扱いとした。経営者の本人保証についてはモラル・ハザードの防止効果・経営への規律付け効果・不正の抑止効果などがあるが、一度破綻すると再起が困難になることなどから、停止条件付の個人保証契約の検討が必要となっている。倒産を見越した資産隠し・粉飾決算などの不正が発覚した場合にだけ保証責任を発生させるもの。

7　バーゼル銀行監督委員会は G10 諸国の中央銀行総裁会議により設立された銀行監督当局の委員会（1974 年 6 月のドイツ・ヘルシュタット銀行の破綻が国際的に波及したこと受けて、第 1 回会合は 1975 年に開催）で、ベルギー、カナダ、フランス、ドイツ、イタリア、日本、ルクセンブルグ、オランダ、スペイン、スウェーデン、スイス、イギリス、アメリカの銀行監督当局と中央銀行の上席代表により構成され、同委員会は通常、常設事務局が設けられているバーゼル（スイス）の BIS（国際決済銀行）において開催される。自己資本比率規制（バーゼル合意）に至った背景には、1984 年のアメリカ・コンチネンタルイリノイ銀行の破綻もある。

8　1980 年代後半のバブル期に邦銀が円安・低金利・低自己資本比率によって国際金融市場においてオーバープレゼンスになって、邦銀は世界的ランキングをほぼ独占するような状況であった。この状況に対応する要請が大きかったため、当時の委員長だったクック（Cooke, W. P. BOE の associate director）が邦銀の弱点を過小自己資本に見出して、自己資本規制に至ったとされている。いわば、邦銀のオーバープレゼンス対策の意味合いが強かったのである（筆者が 1991 年にインタビューした Financial Times 編集長も同様の

7章 金融インフラの新たな手法としての資本性借入（DDS）

趣旨を言明した）。BIS規制に邦銀の競争力を弱体化させる意図のあったことは、孫崎（2012）も指摘している（302-04頁）。

9　クックが会議室から空の雲を見たところ、8の字に見えたことから「8（％）」に決定したとのエピソードもある。実態的に8％以上が健全で、8％未満が不健全とは断言できないともいわれ、具体的根拠は薄い。事実、コンチナンタルイリノイ銀行の自己資本比率は8％以上で高いものであった。

10　国際統一基準と国内基準を併存させたためダブル・スタンダードとの批判もある。安孫子勇一氏は村本（2010）の書評の中で、ダブル・スタンダードの意味を問うておられる（『金融経済研究』第34号、2012年4月、95-97頁）。この点で、昨今のバーゼルⅢの議論では、破綻すれば世界経済に影響が甚大となる「システム上重要なグローバル金融機関（G-SIFI）」に自己資本規制を上乗せすることが検討されているように、金融機関一律の規制では限界もあるといえよう。

11　国内基準では、有価証券評価益は全額基本的項目に入る。

12　後述するように、資本性負債（DDS）を事業法人についても自己資本として算入可能になっている。

13　このほか、マクロプルーデンス政策の観点から、「カウンターシクリカルな資本バッファー、countercyclical buffer」が求められる。これは従来の金融規制は、好況時に自己資本比率規制基準を容易にクリアできることから、金融機関がより大きなリスクテイキングを取り、景気を過熱する効果があった。逆に不況期には自己資本比率規制基準を満たすためにリスク回避行動を取り、景気悪化に拍車を架けるという悪循環を惹起するというプロシクリカリティ（景気増幅効果）を持っていた。このプロシクリカリティの抑制のために、好況時により高い自己資本を保有するようにするのが、「カウンターシクリカルな資本バッファー」である。トータルの信用供与が対GDP比の長期トレンドから乖離する時など、当該国が過度の信用拡張と判断した場合に、「資本保全的バッファー」に上乗せで最大2.5％が課せられる。

14　銀行経営の健全性を促すため、自己資本比率という客観的な基準を用いて、

423

その水準に応じて金融庁は必要な是正措置を発動できることとなっている。

自己資本比率の水準		発動措置
国際統一基準	国内基準	
8％以上	4％以上	—
4％以上8％未満	2％以上8％未満	経営改善計画の提出・実施命令
2％以上4％未満	1％以上2％未満	配当の禁止・規制、総資産の圧縮・増加の抑制
0％以上2％未満	0％以上1％未満	大幅な業務の縮小、合併または銀行家の廃止
0％未満	0％未満	実務の全部または一部停止命令

15 「下記の(2)」とは、「資本的劣後ローンを資本とみなすに際しては、金融機関において当該資本的劣後ローンの引当につき、その特性を勘案し、例えば市場価格のない株式の評価方法を踏まえて算出するなど、会計ルールに基づいた適切な引当を行うこととする。なお、企業会計基準委員会又は日本公認会計士協会において引当のルールが明確化された場合には、当該ルールに則り取扱うものとする」である。

16 「合理的かつ実現可能性が高い経営改善計画」とは、信用リスク検査用マニュアル別表1.(3)③の経営改善計画などに関する規定を満たす計画とする。なお、経営改善計画の進捗状況が計画を大幅に下回っている場合には、「合理的かつ実現性の高い経営改善計画」とは取り扱わない。

17 経営改善計画が達成され、債務者の業況が良好となり、かつ、資本的劣後ローンを資本と見なさなくても財務内容に特に問題がない場合には、債務者のオプションにより早期償還することができる旨の条項を設けることは差し支えない。

18 「金融検査マニュアル〔中小企業編〕」に規定された資本的劣後ローンを「早期経営改善特例型」といい、「金融検査マニュアル　別表1自己査定」の注記による「十分な資本的性質が認められる借入金」を「准資本型」資本的劣後ローンと区別している。これは2008年10月の「金融検査マニュアル資産査定管理態勢の確認検査用チェックリスト別表2償却・引当」や「金融検査マニュ

7章　金融インフラの新たな手法としての資本性借入（DDS）

アル別冊〔中小企業編〕」で明記された。「早期経営改善特例型」は金融機関の企業・事業再生への取組を積極的に評価する観点から経営改善計画の一環として要注意先債権が「マニュアル別冊」の要件充足が前提となる一方、「准資本型」は借入金の実態的な性質によるもので、「別冊」の要件充足とは無関係である。両者の目的・哲学が異なるものと理解すべきであり、適用対象の借入金の範囲も異なる。

19　バーゼルⅡの信用リスク・アセット上では、金融機関の保有する「十分な資本的性質が認められる借入金」は「貸出」の扱いで、標準的手法の場合リスク・ウエイトは75％。2008年4月1日および同年10月3日の「金融検査マニュアルに関するよくあるご質問（FAQ）」による。

20　「実抜計画」には、中小企業再生支援協議会が策定支援した再生計画、産業復興相談センターが債権買取支援業務において策定支援した事業計画、事業再生ADR手続に従って決議された事業再生計画、株式会社企業再生支援機構が買取決定した事業者の事業再生計画、株式会社東日本大震災事業者再生支援機構が買取決定した事業者の事業再生計画も含まれる。

21　「実現可能性の高い」とは、①計画の実現に必要な関係者との同意が得られていること、②計画における債権放棄などの支援の額が確定しており、当該計画を超える追加的支援が必要と見込まれる状況でないこと、③計画における売上高、費用及び利益の予測などの想定が十分に厳しいものとなっていること、とされる。「抜本的な」とは、概ね3年（債務者企業の規模又は事業の特質を考慮した合理的な期間の延長を排除しない）後の当該債務者の債務者区分が正常先となることをいう。

22　フランスでは、過剰債務の制限、過大な保証義務の制限、保証人の保護が実施されてきた経緯がある（消費者法典など）。特に、代表者の個人保証について、個人事業者本人についても生活に必要な資産（居住用住宅など）は残すべきという考え方から、個人と事業の財産を分離する法制が整備されている（1994年マデラン法、2003年経済主導のための法律、2010年EIRL法（有限責任個人事業者に関する法律）など）。これらは再起を容易にすることが立

法趣旨といわれる。能登（2008）、大沢（2009）参照。

23　「信用補完制度のあり方に関する検討小委員会」（委員長は清成忠男氏）は、中小企業政策審議会基本政策部会の決定（2004年12月）に基づき設置されたものである。全部保証の弊害が指摘されて久しく、従来金融機関の反対もあって、永年の懸案であった。日本銀行（2002）は、「わが国の現行の信用保証制度（一般保証融資）は、一律一定の保証料率が採用されているため、信用リスクの高い中小企業者が信用保証協会の利用希望者として集中しているという指摘が聞かれる（逆選択）。また、金融機関の信用保証付き融資の判断が、信用保証協会の目標に沿って実施されているのか、信用保証協会の目標から逸脱して金融機関の自己利益を追求する行為なのか判断できないという議論が存在する（忽那憲治「中小企業金融と信用保証制度──改革の方向性」信用保証協会トップセミナー資料、2001年2月）。すなわち、金融機関は中小企業に関する私的情報を持つため、リスクが高いと判断すれば、プロパー融資ではなく保証付き融資とする（逆選択）。また、保証付き融資とすれば、協会によって100％代位弁済されるため、金融機関は融資先をモニターするインセンティブを失う可能性がある（モラル・ハザード）」と指摘していた（32頁）。筆者は同権など小委員会の委員長代理として取り纏めに当った経緯があり、印象深いものがある。

24　個人保証について、「中間的論点整理」では、第18の6で「一定額を超える保証契約の締結には保証人に対して説明した内容を公正証書に残すことや、保証契約書における一定の重要部分について保証人による手書きを要求すること、過大な保証の禁止を導入すること、事業者である債権者が上記の説明義務等に違反した場合において保証人が個人であるときは、保証人に取消権を与えることなどの方策が示されていることから、これらの方策の当否についても、検討してはどうか。（【部会資料8-2第2、2(2)〔44頁〕】）」とされた。「中間試案」では、第17の6で「(1) 個人保証の制限　次に掲げる保証契約は、保証人が主たる債務者の〔いわゆる経営者〕であるものを除き、無効とするかどうかについて、引き続き検討する。ア　主たる債務の範囲に金銭の貸渡し

7章　金融インフラの新たな手法としての資本性借入（DDS）

又は手形の割引を受けることによって負担する債務（貸金等債務）が含まれる根保証契約であって、保証人が個人であるもの、ィ 債務者が事業者である貸金等債務を主たる債務とする保証契約であって、保証人が個人であるもの」とし、同じく 8 で「(1) 主債務の種別等による保証契約の制限　主債務者が消費者である場合における個人の保証や、主債務者が事業者である場合における経営者以外の第三者の保証などを対象として、その保証契約を無効とすべきであるとする提案については、実務上有用なものまで過剰に規制することとなるおそれや、無効とすべき保証契約の範囲を適切に画することができるかどうかなどの観点に留意しつつ、検討してはどうか」とした。さらに、「要綱仮案」では第 18 の 6「保証人保護の方策の拡充」で「(1) 個人保証の制限　個人保証の制限について、次のような規律を設けるものとする。　ァ 保証人が法人である場合を除き、事業のために負担した貸金等債務を主たる債務とする保証契約又は主たる債務の範囲に事業のために負担する貸金等債務が含まれる根保証契約は、その契約の締結に先立ち、その締結の日前 1 箇月以内に作成された公正証書で保証人になろうとする者が保証債務を履行する意思を表示していなければ、その効力を生じない」とされた。

第8章
ソフト情報としての知的資産と統合報告

1節 はじめに

　リレーションシップ・バンキング（地域密着型金融）は、2003年度以降、地域金融機関に対する監督行政として展開されてきた。2年間ずつ2回のアクション・プログラムが実施され、2007年度以降は「中小・地域金融機関に対する監督指針」に取り込まれ、地域金融機関に対する恒久的な枠組みとして監督行政にビルトインされた。この監督指針の基になった金融審議会報告「地域密着型金融の取組みについての評価と今後の対応について──地域の情報集積を活用した持続可能なビジネスモデルの確立を」（2007年4月5日公表）には、「（定性情報の適正な評価、定量情報の質の向上）」の項目の中に、「『目利き機能』の発揮に当っては、関係機関とも連携し、取引先企業の定性的な非財務情報の

429

適正な評価を行うことがとりわけ重要である。その方策として、例えば、一定の規模の企業については、特許、ブランド、組織力、顧客・取引先とのネットワークといった中小企業の非財務の定性情報評価を制度化した、知的資産経営報告書の活用も選択肢として考えられる。また、中小企業のうち、特に規模の小さい企業では、定量的な財務情報の質の向上も課題であるところ、会計参与制度の活用や『中小企業の会計に関する指針』の普及等を促すことも有用と考えられる」という記述があり、この「知的資産経営報告書」に関する記載が先の「監督指針」にも盛り込まれている。

この点で、金融検査マニュアル「中小企業融資編」は、すでに「継続的な企業訪問等を通じて企業の技術力・販売力や経営者の資質といった定性的な情報を含む経営実態の十分な把握と債権管理に努めているか」を評価する必要性を示し、「企業の技術力、販売力、経営者の資質やこれらを踏まえた成長性」を検証ポイントに例示している。「検査においては、当該企業の技術力等について、・・・あらゆる判断材料の把握に努め、それらを総合勘案して債務者区分の判断を行うことが必要」とし、今後の事業計画書等を重視すること、ソフト情報に基づく成長性の評価については金融機関の対応が良好であれば「金融機関が企業訪問や経営指導等を通じて収集した情報に基づく当該金融機関の評価を尊重する」としており、非財務情報・定性情報の重視を指摘している。

「知的資産経営報告書」ないし「知的資産経営」は比較的新しい考え方なので、本章ではその内容を検討する。この知的資産経営は OECD などでも注目され、2006 年 12 月、2007 年 6 月に東京でコンファレンスが開催されている[1]。また、日本公認会計士協会近畿会作成の「非財務情報（知的資産経営）の評価チェックリスト」（2006 年 10 月に公表）は、大阪商工会議所との連携の下、実際にいくつかの金融機関で顧客とのコミュニケーション手段としての活用を普及促進している。このチェックリストを活用している金融機関も数機関あるとされ、そのうち 2 機関は審査に参考資料的に活用しているといわれ[2]、この近畿会の手法も知的資産経営を実現する重要な手法である。具体的には、りそな銀行がベンチャー向け融資について同チェックリストを活用し、自行の判断を加味し

8章　ソフト情報としての知的資産と統合報告

た融資を実行しているほか、またある信用金庫では、この近畿会のチェックリストを実際の企業数十社に適用し、審査の入り口段階の企業とのコミュニケーションに積極的に利用することを開始している[3]。

　OECDは、知識資産（knowledge assets）あるいは知的資本（Intellectual capital）に着目して、新たな経済成長の源泉として議論を蓄積させてきた。特に、イノベーションの役割との関係で整理が行われている。これは、グローバルな競争の加速、ICT、新しいビジネス・モデル、サービス・セクターの重要性の拡大等が背景にあり、概念的・用語的にはインタンジブルズ（Intangibles ないし Intangible assets）に集約して、新たなプロジェクトが展開されている[4]。しかし、世界的経済危機によって、インタンジブルズの蓄積をいかに行うか、成長の新たな源泉をいかに提供するか、に焦点が移っている。特に、世界経済危機のインタンジブルズ投資を実現するファイナンスに対して悪影響を与える点に関心が高まっている。インタンジブルズの重要性の増大の割に、その特性からくる評価・測定の困難性が顕著になってきており、既存の評価・会計のフレームワークの改革・改善が必要になってきた[5]。

　企業レベルでは、イノベーションが技術的・組織的変革を通じて、新製品・サービスの開発、品質向上、コスト削減を実現する。そのアウトプットがキャッシュフローという企業価値で、企業成長そのものである。21世紀における最も有用な価値創出ドライバーは、イノベーションとされるが、イノベーションを技術的・組織的革新であるとすれば、ナレッジ資源すなわちインタンジブルズ（知的資産）を基軸とした種々の生産ファクターの相互作用によって創出可能となる。この相互作用の認識・コントロール・発信がマネジメントであり、その有効活用は経営能力に依存する。経営者はインタンジブルズの相互活用の状況を理解・コントロールし、内部的・外部的に伝達することが必要となる一方、インタンジブルズの評価・測定の困難性・脆弱性からの制約があるというのが、克服すべき課題となっている。

　以上のことから、インタンジブルズという非財務情報の制度化・報告書化（文書化、成文化）が求められ、知的資産経営報告書の必要性が認識されていると

431

いえよう。これらに対する日本の状況は2000年代に進展してきている。

第1期：知的立国宣言と知財経営の提唱（2002年7月—2005年）

政府知的財産戦略会議の「知的財産戦略大綱」公表（2002年7月）、知的財産の創造・保護・活用の促進による経済・文化の持続的発展を目指す「知的財産立国」の実現を国家目標として提唱、知的財産戦略を事業戦略・研究開発戦略と三位一体のものとして経営戦略の中核に位置付ける「知財経営」の重要性の認識。

第2期：知的資産経営と知的資産経営情報開示の展開（2005年8月—2006年）

経済産業省産業構造審議会新成長政策部会経営・知的資産小委員会の「中間報告」（2005年8月）・「知的資産経営の開示ガイドライン」（同年10月）の公表。広く特許権・商標権をも包含した知的資産を活用した経営の自主的取組みの支援と知的資産経営の内容・結果について企業と市場のコミュニケーションを図ることによって、知的資産経営のさらなる深化・発展を提唱。

第3期：知的資産経営報告書の普及・拡大（2006年—現在）

イノベーション担当大臣就任（2006年9月）、長期戦略指針イノベーション25」閣議決定（2007年6月）、「中小企業知的資産経営研究会中間報告」（2006年3月）の公表（中小企業の経営力強化のための方策として知的資産経営に注目し、その意義・有効性・普及等を明示）、知的資産経営のための具体的指針としての報告書作成指針としての「中小企業のための知的資産経営マニュアル」（2007年3月）の公表。

このように、OECDの定義するインタンジブルズの把握・評価・発信についての進展が加速している。昨今、別の観点から統合報告書（Integrated Reporting）という財務情報と非財務情報の統合という方向性がある。これは知的資産レポーティングの発展になる可能性もあるので、レポーティングの観点からの比較も考察する[6]。

8章 ソフト情報としての知的資産と統合報告

2節　知的資産経営（報告書）
―――不動産担保・人的保証に依存しない金融の例

1　知的資産経営

　リレーションシップ・バンキングが地域金融機関に必要なことを示した2003年金融審議会報告では、地域・中小企業金融における過度の担保・保証依存への課題が提起され、担保・保証が理論的にコスト低減効果、経営者への規律付け効果を持つとはいえ、資金供給の隘路になるので、不動産担保依存からの脱却が示された。担保・保証の持つ効果は是とした上で、それへの過度への依存を防ぐこととが必要とされ、不動産担保に替わる売掛債権担保（不動産に匹敵する担保価値が量的に存在する）、動産担保、知財担保などの方向が実現したほか、その後保証についても第三者保証の廃止や、包括保証の上限設定などの限定化が実現し、本人保証の上限・割合設定なども実現が俎上に上っている[7]。

　この面でもう一つ重要なのは、中小企業の持つ知的資産経営をいかに取り込むかである。通常、企業の競争力の源泉としての人材・技術・技能・知的財産（特許、ブランド等）、組織力、ネットワーク、戦略等は財務諸表に現れない知的資産とされ、EU諸国ではその評価などを行っている（Intellectual capital rating）。この知的資産はリレーションシップ・バンキングではソフト情報として認識されたものであるが、これを融資の審査において評価し物的担保・人的保証に替わるものとして位置付けることが重要である。何よりも、地域金融機関が中小企業の知的資産経営を評価し、それを担保価値として認識し、融資

実行までに定着させれば、中小企業サイドでも普及促進の効果を持つ一方で、企業経営者自らに対して知的資産経営を気付かせ、積極的な意識付けとその活用に繋がるものとなるし、BCP（緊急時企業存続計画）の観点からも重要である。例えば、中小企業は知的資産経営報告書の作成を行い、その内容を金融機関が財務諸表と併行して審査に活用すればよい。財務諸表のない創業企業にはこの知的資産経営報告書のみでも審査対象となる可能性がある。

2　企業価値の把握

(1)　企業価値

　一般に企業価値を確認する方法は、財務諸表のデータである総資産、自己資本、売上高などである。財務諸表は企業の重要情報であるが、過去の記録でしかない。上場企業であれば、株式時価総額という指標、株価も重要な確認方法である。企業が株式市場に上場するのは、外部資金調達という意味も大きいのだが、上場基準を満たしていることが企業価値を確認させること、加えて株価の上昇が企業価値をさらに大きなものとすることが期待できるからでもある。

　企業価値という点でいうと、これまで日本企業は国際競争力を発揮し、日本的経営の優位性などから、その企業価値も相応に認識されてきた。ところが、経済のグローバル化は企業活動の国際化、生産拠点の海外移転、定形的労働に対する労働所得の低位平準化など、種々の困難を企業・労働者にもたらした。グローバル化は、生産等のコストが極めて安い国の台頭により、単なる価格競争では経営が成り立たない状況を生み出すとともに、人口減少社会を迎え、国内の経済規模の拡大は困難な状況になり、国内の「規模の経済」をベースとした利益の確保は極めて困難になって、企業価値の把握にも困難が多くなった。

　中小企業のレベルでは、生産の海外移転もありながら、真に重要な技術の多くは日本に留まりつつ、その技術を高度化する一方、海外移転した生産の日本への回帰もみられるなど、グローバル化の中でコスト競争面だけで中小企業の

8章 ソフト情報としての知的資産と統合報告

企業価値を的確に認識することは、困難なことも認識されている。

(2) 知的資産経営の意義

このように変化している日本経済の中で、企業の価値について、財務諸表、株式時価総額等だけでは捉えきれない要素も多くあり、その正確な把握は意外に盲点でもあった。企業の将来価値ないしポテンシャル、先見性は財務諸表では捉えられない。株価は先行指標といわれ、企業の将来価値を一部反映しているとされるが、充分なものではない。そこで、注目されるのが、冒頭の「知的資産経営」という考え方である。一例を上げると 20006 年 12 月 7 日─8 日に開催された「OECD 知的資産経営国際カンファレンス～イノベーションと持続的成長に向けて～」では、グローバル化が進展する中、単純なコスト競争だけで生き残れない企業が、知識経済化の中で差別化された価値創造を行い、その固有の知的資産の蓄積により、製品やサービスの個性化を図る必要性の増大に注目して、大企業や国際的に展開する中小企業に着目しつつ、知的資産経営を実現する開示・企業統治のあり方、知的資産を活かした価値創造等についての議論が行われ、日本でも知的資産経営が本格的に取り上げられるようになった。

3 知的資産経営の考え方

2005 年 8 月産業構造審議会 新成長政策部会 経営・知的資産経営小委員会は中間報告を纏め、知的資産経営の重要性を示したが、これはこの分野で初めての文書である。その報告書では、前述のような背景を述べた上で、「このような状況下で、日本経済が中期的な活力を維持していくためには、企業がこれまでのように、『規模の経済』やプロセス技術の進歩によるコスト削減ではなく、これまでとは異なるやり方でグローバルな市場の中で持続的にレント（超過利潤・利益）の確保ができるような経営をすることが必要になってきている

といわれ、そのような能力を有する企業が真に競争力のある企業といえる。…企業が持続的にレントを確保するためには、企業が自らの強みを維持・強化し、提供する商品やサービスの個性を伸ばして他社との差別化を行うこと、それを重要な経営資源・自社の競争軸と認識して、『差別化の状況を継続』することが必要である」と指摘し、この「差別化」こそ、「知的資産経営」と考えたのである。

具体的には、「その重要な部分は、『すりあわせ』『顧客とのネットワーク』『人材』『イノベーションの能力』など、事後的に利益として実現することが期待されるものの、いまだ財務諸表上の利益に反映されているとは限らず、またストックとしては現れないが企業が価値の源泉として持っているものであり、将来的に経済的便益を生むが有形資産ではなくて無形であり、何らかの形で知的な活動が介在して生まれているという意味で『知的資産』と総称し得るものである」としている[8]。同報告書は企業価値を広く捉えて、これを定着させ、企業のステークホルダーに認識させるとともに、金融機関の審査や投資家へのIR等の情報提供として有用なことを示したのである。

この分野で先行している欧州では「知的資産」の代わりに「知的資本（Intellectual Capital）」という用語が、アメリカなどでは「インタンジブルズ（Intangibles）」という用語も用いられている。知的資産は基本的に無形の資産であるのに対し、会計学上の無形資産（Intangible assets）は、実体のない非金銭資産、とりわけ無形固定資産を表すものである。用語としては、個々の内容や定性的な部分にも着目する観点から、「知的資産」が多く用いられているし、知的資産を認識・活用した経営を、「知的資産経営」と呼んでいるので、本章でも「知的資産経営」を用いる（図8―1参照）。

図 8—1　知的財産権、知的財産、知的資産、無形資産の分類イメージ図

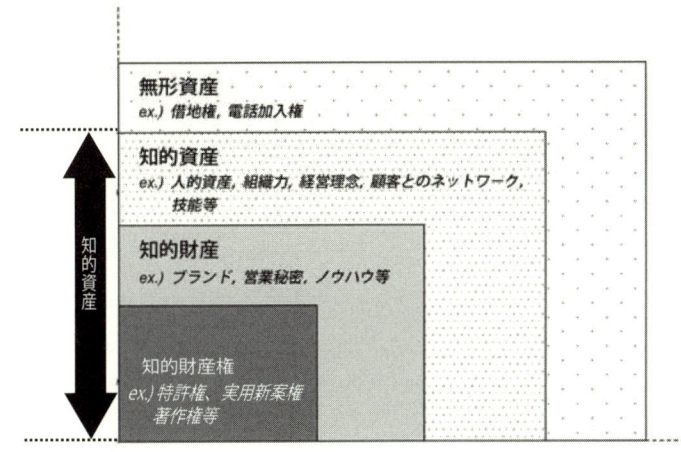

```
無形資産
  ex.) 借地権, 電話加入権

  知的資産
    ex.) 人的資産, 組織力, 経営理念, 顧客とのネットワーク,
         技能等

    知的財産
      ex.) ブランド, 営業秘密, ノウハウ等

      知的財産権
        ex.) 特許権, 実用新案権
             著作権等
```
（左側に「知的資産」の縦矢印）

注：上記の無形資産は、貸借対照表上に計上される無形固定資産と同様ではなく、企業が保有する形の無い経営資源全てと捉えている。
出所：中小機構『中小企業のための知的資産経営マニュアル』2007年3月、7頁。

3節　知的資産経営研究

1　知的資産研究と各国の対応
―― MERITUM（2002）、DMSTI（2003）、PRISM（2003）

(1)　MERITUM（2002）

1990年代末、欧州委員会は知的資産という当時未開拓領域の研究に着手し、MERITUM（MEasuRing Intangibles To Understand and improve innovation Management）プロジェクト（1998—2001）を立ち上げたが、これはナレッジ型経済への移行に伴い、伝統的な財務報告の限界と新たな測定モデルの構築の必要性を受け、無形財へのマネジメントとレポーティングのガイドラインの策定を目的とする。スカンディナビア3カ国とデンマーク、フランス、スペインが参加したこのプロジェクトでは、ガイドラインが整備され、発表された（MERITUM（2002））。

　同ガイドラインは、「概念フレームワーク」「無形財マネジメント」「知的資産レポーティングモデル」からなり、「人的資産」（従業員が退職時に一緒に持ち出す知識で、ノウハウ、モチベーション、経験など）、「構造資産」（従業員の退職時に企業内に残留する知識で、データベース、文化、システムなど）、「関係資産」（企業の対外的関係に付随した全ての資産で、イメージ、顧客満足度など）として知的資産を整理した。その上で、知的資産経営報告として、この三つの指標を可能な限り資源と活動に分類し、表示すべきことを提案した。具体的には、企業のビジョン（企業の重要な目的や戦略）、無形資源及び活動の要約（企業が活動しえる無形資源）、無形資源及び活動のための指標体系（ステークホルダーが正確に評価でき検証可能なもの）が知的資産報告書の構成要素とした。

(2)　DMSTI（2003）

　デンマークの知的資産報告書ガイドライン（DMSTI（2003））は、知的資本の利用実態をステークホルダー（投資家、従業員、顧客、金融機関等）に伝達するとともに、自らのナレッジマネジメントにより企業価値の向上を目的とする。知的資産報告書のコンテンツとして、企業のナレッジマネジメントを表す4要素（knowledge-narrative、management-challenge、initiative、指標）を挙げ、これらが企業のナレッジマネジメントを分析するものとする。knowledge-narrative は、企業技術で何ができるか、消費者のために何をすべきか、いかなるナレッジ資源が企業内で必要とされるか、などを洗い出し、再認識させるものである。management-challenge はナレッジ資源が開発され

8章 ソフト情報としての知的資産と統合報告

たならば何をすべきかを選別する。initiative は、management-challenge として特定された課題を形式化する。指標は、どのような initiative が実行され、効果が実現したかを示すものである[9]。客観的な数値情報からなる経営課題や具体的行動計画を定義し評価する（具体的には、従業員、顧客、プロセス、技術の四つの知的資本を強化、獲得するために、効果・活動・資源の三つの観点から分析を行い、行動計画の実現に繋げる）。報告書の作成は義務付けられていないが、年次報告書の補足資料として開示が推奨されている。

(3) PRISM（2003）

ヨーロッパでは知的資産を可視化するために PRISM（The PRISM Report 2003）がまとめられており、これはヨーロッパで進められた知的資産の評価プロジェクトで、銀行に対する詳細なインタビューを通じて、知的資産がいかにキャッシュ・フローを生み出す要因として機能している点にフォーカスし、融資実務面での応用可能性が高いものといわれている。PRISM では価値を生み出す要因（価値ドライバー）を有形・非人的資本関連、人的資本関連に分け、各価値ドライバーを詳細化した上で、測定変数（指標）を設定して定量評価し、他方将来キャッシュ・フローへの影響・関連性・リスクを記述して（定性的評価）、最終的に価値ドライバーごとに定量評価・定性評価を総合し、5段階で評価するもので、銀行の融資意思決定に有用性をもたらすものとされる[10]。

2 アメリカでの研究

アメリカのブルッキングス研究所は、1998年から2001年にかけて研究所内に知的資産の研究タスクフォースを発足させ、知的資産の評価方法や開示のあり方について詳細な検討を行った。この検討を踏まえ、知的資産を、①所有・売却可能な資産（特許権、著作権、ブランド等）、②支配可能であるが、分離・売却することができない資産（開発途上にある研究開発投資、企業秘密、評判

439

等)、③企業によって完全に支配できない資産(人的資産、コア・コンピタンス等)、の三つに分類した上で、次のような結論を出している。①に関する情報は比較的容易に入手できるため、企業は資本市場に対して定量的な情報の開示をすることが可能である。しかしながら、②と③に関する情報については入手が困難であるため、企業が資本市場に対して定量的な情報の開示をすることは困難である。しかし、②と③に関する情報を資本市場に対して全く開示しないことは、市場における資源配分の効率性を著しく阻害することになることから、これらに関する情報について少しでも資本市場に定量的な開示を行うことが必要であると指摘している[11]。

　アメリカでは、エンロン事件を受けてSOX法の整備に追われたが、2003年にSECはMD&A (Management Discussion and Analysis) の作成方法に関する解釈指針を発表し、その中で投資家にとって重要な非財務情報を含む業績指標(顧客満足度指標、従業員の生産性など)を経営者が特定すべきことも示されている[12]。

　アメリカ公認会計士協会(AICPA)は、現行財務報告の限界に対する懸念を受け、検討委員会を設置して、2004年にEBR (Enhanced Business Reporting) に関する報告書を公表し、財務報告における情報の質と透明性を改善するための新しい報告モデルを提案した。その後、EBECを発足させ[13]、2006年にEBR Ver.2を公表した。EBRの開示内容は、①ビジネス概観(企業の概況、経営環境やビジネス戦略に影響を与える外的要因。競争、顧客、技術変化、株主との関係、資金調達、政治、規制など)、②戦略(ビジネス概観に基づく戦略及び戦略実施のための情報(ビジネスモデル、組織と統治、リスクマネジメント、環境・社会問題など)、③資源とプロセス(企業が戦略を実施するにあたり活用可能な資源及び能力、会社のバリュードライバー。キープロセス、顧客満足度、人材、イノベーション、サプライチェーン、知的財産、情報技術、金融資産など)、④業績(ビジネス概観、戦略、資源とプロセスに関連付けした業績説明。通常の財務諸表、財務数値を使用した業績指標(KPI)、非財務情報を使用したKPIなど)、である。

8 章 ソフト情報としての知的資産と統合報告

3 RICARDIS（2006）

　中小企業の知的資本については、欧州委員会が 2006 年 6 月に中小企業の知的資本経営の基本概念とスキルを纏めた RICARDIS（Reporting Intellectual Capital to Augment Research, Development and Innovation in SMEs）Report を纏めている。これは 2004 年 12 月に研究開発型中小企業（SMEs）の知的資本（IC）報告促進策を検討する上級専門家グループの組成に端を発したもので、種々の提言を行ったものである。
　この報告書では、伝統的な会計が企業の過去の結果を表すものにすぎず、財務諸表に表示される無形資産は限定的なものにすぎないことから、企業の将来価値をみる上では不十分であることから始める。IC 報告書は企業の将来価値を図る上で補完的機能を持ち、より広範な無形資産をカバーすることになる。これにより、企業の過去をみる財務諸表と企業の将来ポテンシャルをみる IC 報告書の双方によって企業の価値創造を把握可能になるとしている。すなわち、企業の将来ポテンシャルは IC に存在することを強調する。さらに、研究開発型中小企業にとって制約になる、金融的資源不足・知識資源不足・人的資本不足・経営資源不足の解決策になるとしている。特に、SME の資金調達にネックとなる情報の非対称性について、IC 情報が情報の非対称性を解消し、金融機関や資本市場へのアクセスを容易にして、資金調達を可能にする点を強調しているのが RICARDIS の特色である。
　RICARDIS によれば、IC 報告書は、企業の内部的には経営情報の補完機能すなわち経営戦略の構築・優先順位付け、意思決定の形成などに資する効果を持つ一方で、対外的にはコミュニケーション・ツールとして機能し、パートナー、顧客、技術資源に対して情報提供を行い、対外取引を効果的なものにする。すなわちバランスシートに表れない諸資源を示す「隠れた価値ドライバー」として評価されるのである。IC 報告書は、知的資本を活用した価値創造ストーリー

を示し、①ICのストックを捉える、②ICへの投資を計画する、③ICの内部コミュニケーション（指標選びなど）、④ICを用いた内部マネジメント、⑤ICの外部レポーティング、をその内容とすることとしている。

さらに、RICARDISは、EU委員会等が取り組むべき提言を行い、①IC報告書の普及促進のタスクフォースの設置、②中小企業・銀行・投資家・情報仲介業者への実践的ガイドラインの作成、③公的支援を行う場合にIC報告を基準化、④政府機関での活用、⑤IC研究の深化、⑥国際標準化、⑦銀行の新規融資開発、への取組みを論じている[14]。

4　ドイツなどの試み

(1)　ドイツ

ドイツでは連邦政府が2004年に中小企業向けガイドラインを公開し、企業によるIC報告書（Wissensbilanz）作成費用の半分は政府から補助金が交付される。中小企業を対象に中長期的な生存のため、強み・革新力の明確化・向上を目指してIC報告書の作成を推奨している。主として内部管理ツールとして位置付けられているが、外部コミュニケーション・ツールとしての活用も視野に入れており、銀行・投資家からは融資・投資の意思決定の際に活用されるなど金融面でのメリットを期待されている。IC報告書の内容は、①初期状態の記述、②知的資本（人的資本、構造資本、関係資本）の調査、③知的資本の評価、④知的資本の指標（経験年数など〕の決定と評価、⑤知的資本の伝達、⑥知的資本の管理、といったものである。

(2)　スウェーデン

ICAB（Intellectual Capital Sweden AB）が、Leif Edvinsson教授の知的資本に関する理論に準拠し、知的資本を測定・評価するツールを開発し、IC-Ratingとして知られている。IC-Ratingは、①効率性（将来価値を生み出す

8章　ソフト情報としての知的資産と統合報告

ICの効率性)、②リスク（現在の効率性への脅威、脅威が現実のものになる確率)、③刷新及び開発（刷新及び現在の効率性の開発のための努力)、から企業分析を行い、知的資産評価結果をAAAからDでスコアリングし図式化するほか、各項目についてダイヤグラムを作成し分析することによって、評価を行う。

また、SKANDIA社が、将来の企業価値創出に向けて企業を方向付け、企業の見えざる価値と将来の企業価値創出に対するその貢献についてステークホルダーの理解を促進する目的で、Intellectual capital prototype reportを提示している。測定モデルとしてスカンディアナビゲータを開発し利用するが、見えざる能力・知識・その他の無形財への投資の位置付け、推移、速度等を数量的に指標化する（IC指標。組織（構造）資本、顧客（関係）資本、人的資本が構成要素)。このIC指標に基づく将来稼得能力の開発、無形価値の抽出と価値創造の探求を可能にし、IC報告書の伝達による外部的・内部的効果（投資決定の促進、内部管理のための経験の移転）を実現する。

(3)　オーストラリア

オーストラリア政府の委任を受けたSociety for Knowledge EconomicsがGuiding Principles on Extended Performance Managementを2005年に公表した。これは企業内に存在するナレッジ資源への認識に貢献する拡張業績管理のフレームワークを提案し、社内外に対して企業業績の情報を提供するものである。このガイドラインにある拡張業績管理（EPM）とは、ナレッジ資源（関係資本、構造資本、人的資本）ごとに、戦略的目的、その達成に向けた取り組み、指標化を行い、企業特有のナレッジ資源と活動の価値及び業績を纏めた上で、ビジネスの方向性、ビジネス分析、業績評価の3段階による業績管理を行い、ステークホルダー、市場からの評価を受けて、再度ビジネスの方向性、目的にフィードバックするものである。

(4)　フランス

パリ第11大学教授・マルネ・ラ・ヴァレ大学のBounfour教授はIC-dVAI

（Intellectual Capital dynamic Value）を開発し、動的視点からの知的資本への戦略的アプローチを提示した。企業の資源ベースビューと動的ケイパビリティビューでの議論を受けて発展してきたもので、財務情報と同様に相対的な指標情報により知的資本を測定する。具体的には、①生産プロセスへと繋がるインプットとしての資源（有形資産、R&D 投資、技術獲得など）、②様々なプロセス（無形の要素に基づいた動的戦略が実際に実行可能なプロセス）、③知的資本の構築（無形資源の組み合わせにより構築）、④アウトプット（業績がこれまでの測定方法で確認できるレベル）、によって企業競争力を把握するものである。

5　資本主義観との関係 [15]

IC ないし知的資産経営は、ヨーロッパを中心にその研究と取り組みが始まり、中小企業に適用するところまで進展してきた。日本でも、2005 年 8 月の産業構造審議会新成長政策部会経営・知的資産小委員会の「中間報告書」や経済産業省から公表された「知的資産経営の開示ガイドライン」（2005 年 10 月）が纏められ、中小企業向けには 2006 年 3 月の「中小企業知的資産経営報告書」で中小企業向けの意義と、2007 年 3 月にはその作成のための『マニュアル』が整備されてきた。

このような取り組みはアメリカでもあるものの、ヨーロッパでの取り組みの方が活性化している。何故ヨーロッパでこの取り組みが盛んであるかを、長期的利益、協調関係、人的資産重視のヨーロッパ型の資本主義いわゆるライン型資本主義との関係で整理することが可能である。

このようにヨーロッパでは知的資産の研究が 1990 年代末から急速に行われ、2000 年には Journal of Intellectual Capital（Emerald）が発刊されたことで明らかなように、相当の研究の蓄積がある。EU で知的資本・知的資産に関する関心が高いのは、ライン型資本主義とアングロ・アメリカ型資本主義の問題

8章　ソフト情報としての知的資産と統合報告

として整理すると分かりやすい。資本主義経済は、グローバリズムないしグローバリゼーションの展開が進み、グローバル資本主義というフェーズを迎えて久しい。グローバリゼーションは地球規模で経済取引が統合されるような状況を意味しているが、国民経済という国家が独立して経済取引を行うセグメンテーションを無意味にすることになる。その結果、経済取引はコスト負担を求める種々の規制を取り払う環境を求めることになり、規制緩和が地球規模で進行した。経済システムの同質化が進むのであるが、法制、税制、制度・市場は規制のない方向で標準化されていくのである。

　その際、各国の経済システムのいかなる部分が標準化されるかが重要である。その基本は法制であるが、その上に構築される制度や市場の同質性が先行していくので、ヨーロッパ大陸型システムとアングロ・アメリカ型システムが両極となりつつ、グローバリゼーションを作り上げている。ところが、アメリカの国民通貨でもあるドルをキー・カレンシー、国際通貨として使用するという意味でドル本位制が確立しているので、アングロ・アメリカ型資本主義がグローバル資本主義として成立していると理解される。

　ところが、資本主義経済は各国固有の文化を反映しており、企業経営、特にコーポレート・ガバナンス、金融システムなどで種々のコンフリクトをもたらしている。ステークホルダー型資本主義対ストックホルダー型資本主義、市場型金融システム対銀行型金融システムなどで議論される背景にはこのような課題があるからである。グローバル資本主義に対する批判があるのも、資本主義に対する見方が異なるからでもある。そこで、資本主義論をいかに整理するかは、グローバリゼーションの整理の中では不可欠の課題である。知的資産経営という視点を確立する上でも、企業の社会的責任を重視するライン型資本主義の持つ重要性からの資本主義の再理解が重要であると整理されるからである。

4 節　中小企業知的資産経営

1　中小企業知的資産経営

(1)　企業価値の把握

　中小企業の場合、企業価値の確認は意外に容易ではない。近年、中小企業会計の重要性が指摘され、その財務諸表の改善が行われてきた（「中小企業の会計に関する指針」2005 年 8 月）。税理士会計から公認会計士会計への転換ないし税務会計から企業会計への整備でもある。税務対策の財務諸表から企業価値を表し、中小企業の上場等のための会計の整備でもある。

　しかし、中小企業会計の整備が重要であるといっても、上場企業数は、中小企業についてみればエマージング市場の整備で容易になったにせよ決して多いものではない。大企業中心の東証 1 部上場企業数は 1754 社、2 部は 474 社、マザーズ 197 社で計 2425 社、JASDAQ には 978 社、その他大証 1 部・2 部に 906 社・同ヘラクレスに 167 社、名証 1 部・2 部に 360 社同セントレックスに 31 社、福証に 134 社・同 Q ボードに 8 社、札証に 78 社・アンビシャスに 10 社、など約 5000 社が上場されている（2007 年 6 月当時）が、そのうち新興市場は 1391 社である。日本の株式会社数は、国税庁の『会社標本調査結果（税務統計から見た法人企業の実態）2004 年』によれば、株式会社数は 104 万社とされるので、上場企業数は 0.5％に過ぎないし、新興市場でみれば、0.1％にすぎない。

　中小企業の企業価値といっても、従来は財務諸表の他には方法がなく、決算書がないと金融機関の審査対象にならない状況がある。創業時は技術審査情報

なども重視されるものの、中小企業について定性情報が重要といっても、結局は固定資産の保有の有無、個人資産の有無などが重要視されたのである。地域金融機関にとって課題となっているリレーションシップ・バンキングで、ソフト情報を重視することが強調されているのは、中小企業を財務情報だけでみるのではなく、定性情報それも可視不可能な情報に注目しようというものである。経営者の資質・人柄・評判をはじめ企業の持つ人材・技術力など経営資源・将来性をトータルに評価しようというものである。いわゆる目利きの必要性であり、既存の中小企業に対する経営相談・経営支援の必要性がいわれる所以である。

(2) ソフト情報・定性情報・非財務情報 ——知的財産との相違

企業の価値について財務ないし定量情報（ハード情報）だけでなく、非財務ないし定性情報（ソフト情報）を重視すべきこと、特に中小企業にとってはより重要であることは強調されてきた。しかし、その具体的手段は融資担当者のノウハウに集約され、その能力によるところが大きいとされた。この非財務情報を積極的に評価しようというアイデアの一つが、前述の企業の持つ「知的資産」に注目する方法である。従来、知的財産（知財）には一定の評価あった。特許権、意匠権、商標権などの登記制度などが整備されているもののほかに、ブランドなども担保としての有効性も持っている。しかし、企業の経営そのもの、あるいは企業の持つ強みなどの知的資産（知産）はバランスシートには表れないが、人材、技術、技能、知財、組織力、経営理念、顧客とのネットワークなどの経営資源である知的資産も競争力の源泉になっており、企業価値を表すものといえよう。

このようなソフト情報を企業が積極的に開示すれば、企業価値とその将来利益に対する信憑性が高まり、従業員の意識やロイヤリティ・士気の向上の繋がり、取引先・顧客の信頼性も確保され、経営資源の最適な配分や将来の上場への備えとなる。さらに、金融機関がそれを評価すれば、資金調達の際に有効になる、といった効果が期待できるのである。今後も、国内外の競争がますます厳しくなる中で、様々な経営課題に対処しつつ、持続的な成長を可能とする

ためには、企業独自の知的資産を活用して他社との差別化を図り、将来収益を生み出す経営である知的資産経営に取り組む必要性は高い。

(3) 金融機関との関係において
『中小企業白書2006年版』は、その第1部、第3章の末尾のコラム「中小企業と金融機関の相互理解に向けて」において以下のように記述している。

「中小企業は金融機関から融資を受ける際に「安定した資金提供」「低金利」「将来性・企業事業への理解度」を求めている。それでは、中小企業はどのような点をどのように金融機関にPRすれば、自社の実態や将来性を理解・評価してもらえ、望むような形で融資を受けることができるのだろうか。
　金融機関はリレーシップバンキング等によって、従来の決算書類等の審査方法ではなく、中小企業との関係を深め、非財務情報にも着目し、企業の実態や将来性を見極めて行う融資を進めようとしている。
　非財務情報を融資判断の際に考慮する具体的な動きとして、CSR（Corporate Social Responsibility：企業の社会的責任）に取り組む企業に対し、優遇金利で融資を行う制度等がすでに行われている。この理由として、金融機関自身のCSRへの姿勢を示すことだけでなく、実際にそうした要素が将来の利益に結びつく可能性や、将来の事業の基盤の確実性につながると考えられているからである」

このように中小企業金融におけるリレーションシップ・バンキングが重要であり、その際に非財務情報を活用することに意義が大きいことを指摘していることは興味深い。

2 知的資産経営報告書

　前述のように、知的資産経営に関する検討としては、先の産業構造審議会「中間報告書」や「知的資産経営の開示ガイドライン」(2005年10月) がある。しかし、これらは主に大企業が対象にされており、必ずしも中小企業の実態や目的に沿ったものではない。そこで、2006年1月に中小企業知的資産研究会が組織され (事務局は中小企業基盤整備機構。委員長は筆者)、中小企業を対象として、知的資産経営の実践の仕方、金融機関、従業員、取引先等のステークホルダーの共感を得て経営改善につなげる方策、知的資産経営の普及策・支援策等について検討を行い、その報告書も同年3月に公表された[16]。先のガイドラインに従って、2005年9月にJASDAQに上場したオールアバウト社はすでに知的資産経営報告書を2005年8月の経産省中間報告に基づいて作成している。

　2014年8月現在発表されている知的資産報告書は、㈱データプレイス、㈱オールアバウト、日本政策投資銀行、ネオケミア㈱、㈱ニーモニックセキュリティ、(有) AirNavi環境計画、㈱エマオス京都、㈱プロテインクリスタル、(有) 魁半導体、㈱センテック、テルモ㈱、(有) 平井活魚設備、日産自動車㈱、㈱堀場製作所など298社である[17]。㈱オールアバウト社の知的資産報告書には、IC-ratingという手法が活用され、ビジネスレシピ、関係資産 (ネットワーク、ブランド、顧客)、組織資産 (プロセス)、人的資産 (経営陣、従業員) の項目について、社内9人、社外の18人にインタビューした上で、現在の評価 (効率性)、将来の評価 (革新性)、事業リスクを格付けし、その総合として知的資産を評価している (図8—2)。

　図8—3は、ネオケミア㈱の知的資産報告書の例であるが、企業の経営哲学、事業実績、強みとそれを実現する戦略という骨格で記載されている[18]。

449

図8−2 オールアバウト社のIC−rating

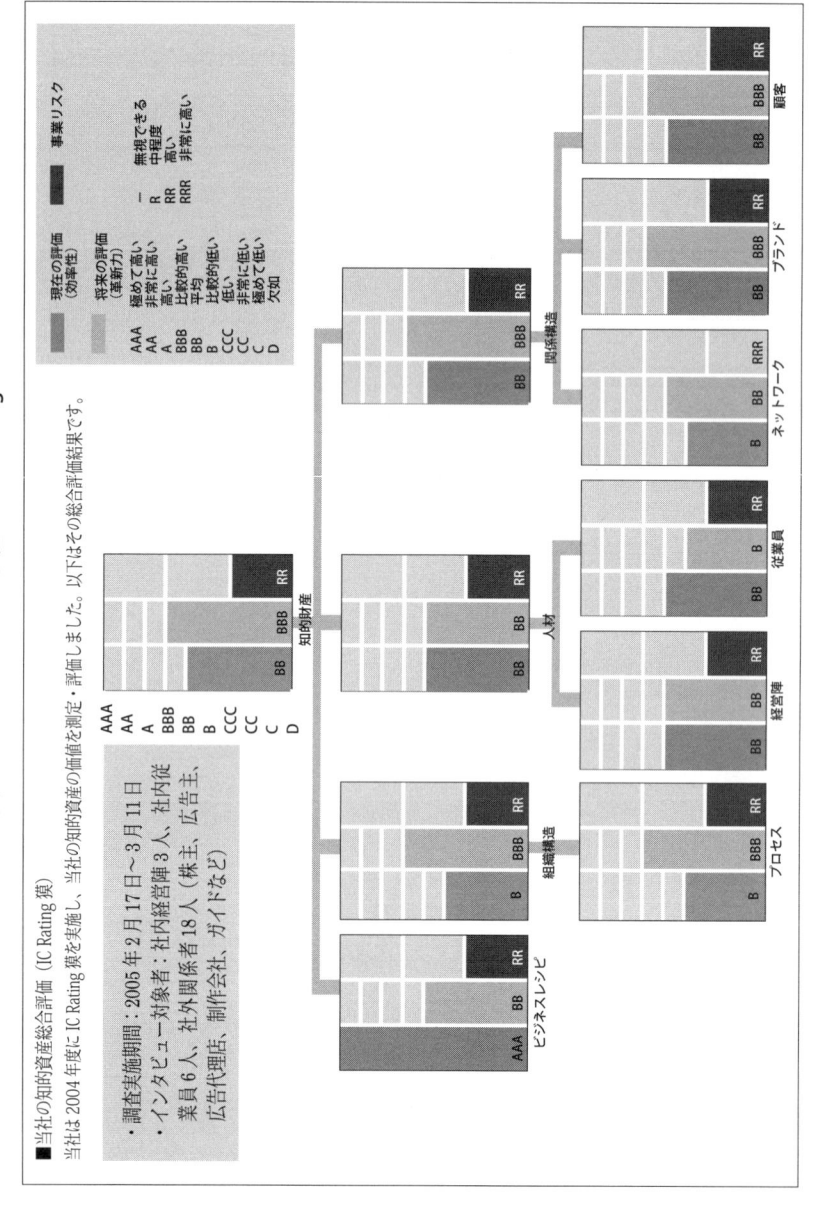

8章 ソフト情報としての知的資産と統合報告

図8―3　中小企業の知的資産経営報告書　＜事例＞

会社名：ネオケミア株式会社
設　立：平成13年5月
所在地：兵庫県神戸市
資本金：9,200万円
事業内容：医薬品、医療器具、化粧品の研究開発
　　　　　委託製造による自社開発化粧品の販売並びにOEM供給

＜報告書の構成＞

経営哲学 → 事業内容と実績 → 経営方針 → 強みと知的資産 → 研究開発戦略／事業戦略／知財戦略 → まとめ → 別添 知的資産指標 → 会社概要

経営哲学
「スカーレスヒーリング（傷跡を残さない傷の治療）」の実現を目指し、苦痛のない治療や、きれいな外観で一生過ごせるようにする技術の開発を行ってゆきます。このため、「高度の専門知識と卓越したアイデアでプロ中のプロにしか出来ない製品開発を行う」ことを企業理念としています。また、日本発の技術を世界に発信することにより、わが国の発展に寄与することを目指しています。

経営方針
自社の成長プロセスを3つのフェーズに分けて方針を明確にします。

草創期
・基礎技術と製品化の研究
・化粧品はOEM中心の販売
・医薬はライセンス中心の販売

↑現在

成長期
・知名度は向上傾向
・製造委託先の拡大
・新規事業立ち上げ
・海外展開（輸出）
・共同研究、開発の充実

発展期
・ブランド確立
・株式公開
・医薬品自社開発・製造・販売
・工場、研究所の拡充
・世界的に輸出

強みと知的資産

① 技術の優位性
　①炭酸ガス経皮吸収・・・強力な組織再生作用を促す技術
　②熱力学的DDS・・・塗るだけで薬の効果を出す技術
　　→いずれも世界的に前例のない、画期的な新技術としてアピール

② 知的資産とその活用
　①人的資産（研究開発に優れた経営者、優秀な研究スタッフ）
　②構造資産（新領域の技術：競争相手がほとんどいない技術領域）
　③関係資産（大学・製薬会社との良好な関係、OEM先や販売先との良好な関係
　　→これらの優位性を示す各種指標、表を利用して説得力を高めている

出所：http://j-net21.smrj.go.jp/common/sitemap.html より。

3 『中小企業のための知的資産経営マニュアル』(2007年3月)

2007年3月中小企業知的資産経営研究会は、『中小企業のための知的資産経営マニュアル』を公表し、中小企業が知的資産経営を行う上での指針と作成マニュアルを提示した。その内容は、

【知識編】
第1章　中小企業経営の現状
第2章　知的資産経営のための基礎知識
第3章　知的資産を効果的に活用している17社の事例
【実践編】
第4章　知的資産経営マニュアル
【モデル企業実例編】
第5章　知的資産経営支援事業のモデル企業支援事例
【巻末】
中小企業支援者のための「知的資産経営報告書作成支援ガイド」

からなる。内容は記述の内容の反復になるので避けるが、実際にモデル的に作成する作業を行い、活用の実例を示している[19]。

4 地域金融機関への期待

このような知的資産経営報告書を多くの中小企業が作成し、企業価値の対内・対外的な共有と開示によって、ソフト情報を金融機関などと共有することが期待される。金融機関はこのような報告書を評価し、その内容を担保価値のあるものとして活用することに努めることで、普及に寄与することになろう。いずれにせよ、取り組みは始まったばかりであるが、リレーションシップ・バンキ

8章　ソフト情報としての知的資産と統合報告

ングに魂を吹き込むことができるものといえよう。

　知的資産経営報告書は、経営者自身・従業員への気付きのほか、取引先などへの周知、リクルート活動への寄与などがある。それに加えて企業の資金調達面での有効性が中小企業の場合には重要となる。中小企業経営の困難の一つは資金調達であるといわれるが、資金供給元の金融機関にすれば中小企業の財務諸表が内容不足だったり、信憑性に疑義がある場合には十分な審査資料足りえない。そこで、それを補強する審査資料として知的資産経営報告書が重要になる。特に、非財務情報を提供する知的資産経営報告書の意義は大で、少なくとも、審査のきっかけないし入り口としての有効性は高い。無論、財務諸表が活用できる場合には、それを補強ないし補完する非財務情報としての意義は極めて大きいことはいうまでもない。

　リレーションシップ・バンキングのコンテクストでいえば、ソフト情報を知的資産経営報告書で代替できるはずであり、その推進に当っては不可欠になる。そこで、地域金融機関は積極的に知的資産経営報告書の作成を中小企業に促し、審査等に活用すべきである。前述のように、リレーションシップ・バンキングの地方懇談会の大阪会合では、大阪商工会議所が日本公認会計士協会近畿会作成の「非財務情報（知的資産経営）の評価チェックリスト」（2006年10月に公表）を活用している旨の発表を行ったが、同近畿会と大阪商工会議所が連携し、実際にいくつかの金融機関で顧客とのコミュニケーション手段としての活用を普及促進している。その結果、実際にこのチェックリストを活用している金融機関も数機関あるとされ、そのうち2機関は審査に参考資料的に活用しているといわれ、この近畿会の手法も知的資産経営を実現する重要な手法である。具体的には、りそな銀行がベンチャー向け融資について同チェックリストを活用し、自行の判断を加味した融資を実行しているほか、また尼ヶ崎信用金庫では、この近畿会のチェックリストを実際の企業数十社に適用し、審査の入り口段階の企業とのコミュニケーションに積極的に利用することを開始しているほか、但陽信用金庫などの取り組みがある[20]。

　いずれにしても、リレーションシップ・バンキングは金融機関の融資手法な

いし信用評価において、デフォルト損失評価（デフォルト時の損失を回避・軽減するもの）からデフォルト確率（融資先企業の将来キャッシュ・フローの創出能力にフォーカスする）を迫るものである。デフォルト損失評価は製造業中心のプロダクト型経済に適合した手法で、デフォルト時の損失に充当する担保資産の評価に大きな関心が寄せられ、担保資産として処分性の高い不動産等の物的資産や有価証券等の金融資産が担保資産として活用される。これに対してサービス業中心のナレッジ型経済ではリレーションシップ・バンキングがより重要な手法になり、融資においてデフォルト損失の軽減よりも、デフォルト確率に影響するキャッシュ・フロー評価に重点がおかれ、企業の継続的キャッシュ・フローの創出能力の評価すなわち知的資産経営がより重要視されるようになったとも整理可能である[21]。

5 『中小企業のための知的資産経営実践の指針』（2008年10月）

　中小企業知的資産経営研究会はファイナンスワーキンググループを組成し、地域金融機関における知的資産の活用を調査した。そのアンケート調査によれば[22]、知的資産（非財務情報）に関する情報の利用状況が分かる。
　金融機関の営業支援、融資判断等の局面で、情報の利用度は、財務情報が7割で、非財務情報が3割であり、非財務情報を活用する割合は低いものではない。また、非財務情報を3割以上活用している金融機関は全体の5割以上である。
　アンケート調査で明らかになった主な点は以下の通りである。
① 金融機関の営業支援及び融資判断における非財務情報の活用実態や重視項目が明らかとなった。例えば、営業支援時における活用は、経営計画や経営管理能力、後継者の有無が上位を示し、融資判断における活用は、資金調達余力や他行との取引状況、後継者の有無等があげられ、上位項目をみると、事業価値に関する目利きより不動産担保や個人保証を重視する傾向がまだ根強い感がある（表8—1）。
② 金融機関における地域密着型金融（リレーションシップ・バンキング）の

8章 ソフト情報としての知的資産と統合報告

表 8—1

	融資判断時の非財務情報上位21項目（平均3.57点以上）		
1	52. 経営計画	3.97	0.68
2	14. 経営管理能力	3.93	0.642
3	31. 技術の優位性	3.92	0.649
4	22. 後継者の有無	3.91	0.626
5	30. 事業内容の変遷	3.85	0.674
6	44. 資金調達余力	3.83	0.68
7	35. 主力事業の優位性	3.82	0.65
8	34. 製品・商品・サービスの採算性	3.81	0.674
9	17. 人格	3.79	0.678
10	43. 他行との取引状況	3.79	0.662
11	33. 製品・商品・サービスの優位性・ブランド	3.74	0.633
12	42. 主力金融機関の有無	3.71	0.673
13	24. 経営者の個人資産	3.69	0.672
14	64. 関係会社	3.69	0.661
15	28. 景気の動向・景気感応度	3.69	0.626
16	29. 競合他社の状況	3.66	0.634
17	81. 経営理念	3.62	0.654
18	16. リーダーシップ	3.62	0.664
19	67. コンプライアンス体制	3.61	0.731
20	36. 得意先とその状況	3.58	0.645
21	32. 知的財産（権）	3.56	0.696
22	15. 企画力・アイデア力	3.53	0.635
23	23. 健康状態	3.52	0.598
24	63. 親会社の支持体制	3.52	0.643
25	54. ビジネスモデル	3.52	0.661
26	66. 法的リスクへの対応	3.51	0.683

	営業支援時の非財務情報上位26項目（平均3.48点以上）		
1	44. 資金調達余力	4.01	0.623
2	24. 経営者の個人資産	3.99	0.592
3	43. 他行との取引状況	3.96	0.603
4	22. 後継者の有無	3.95	0.567
5	52. 経営計画	3.95	0.606
6	14. 経営管理能力	3.93	0.586
7	64. 関係会社	3.88	0.641
8	42. 主力金融機関の有無	3.86	0.626
9	30. 事業内容の変遷	3.85	0.592
10	31. 技術の優位性	3.85	0.596
11	35. 主力事業の優位性	3.84	0.62
12	34. 製品・商品・サービスの採算性	3.81	0.625
13	28. 景気の動向・景気感応度	3.8	0.622
14	17. 人格	3.78	0.656
15	29. 競合他社の状況	3.73	0.597
16	33. 製品・商品・サービスの優位性・ブランド	3.68	0.585
17	63. 親会社の支持体制	3.66	0.629
18	67. コンプライアンス体制	3.64	0.759
19	36. 得意先とその状況	3.63	0.626
20	23. 健康状態	3.61	0.602
21	66. 法的リスクへの対応	3.6	0.705

出所：『中小企業のための知的資産経営実践の指針』（2008年10月）。

455

表 8―2 リレバンアクションプログラム発表後の時系列比較―非財務情報

No.	項目名	時系列平均	標準偏差	営業支援時	平均	標準偏差	融資判断
1	67.コンプライアンス体制	3.6	0.713	3.61	0.731	3.64	0.759
2	52.経営計画	3.58	0.641	3.97	0.68	3.95	0.606
3	30.事業内容の変遷	3.51	0.598	3.85	0.674	3.85	0.592
4	14.経営管理能力	3.51	0.613	3.93	0.642	3.93	0.586
5	66.法的リスクへの対応	3.45	0.657	3.51	0.683	3.6	0.705
6	31.技術の優位性	3.43	0.59	3.92	0.649	3.85	0.596
7	22.後継者の有無	3.43	0.587	3.91	0.626	3.95	0.567
8	65.営業秘密の漏洩リスクへの対応	3.4	0.628	3.39	0.683	3.34	0.706
9	64.関係会社	3.4	0.593	3.69	0.661	3.88	0.641
10	32.知的財産（権）	3.39	0.576	3.56	0.696	3.44	0.668

出所：表 8―1 に同じ（39 頁）。

　　対応としても、リレバンのアクションプログラムが公表された後に重要視されている項目として、コンプライアンス体制、経営計画、事業の変遷等が上位を占めている。コンプライアンスの重要性等の背景には、食品の産地や賞味期限偽装問題、住宅の耐震強度偽装問題等から企業リスク対応等があるものと思われる（表 8―2）。
　③　知的資産の利用度（評価の視点）においては、人的資産、関係資産、構造資産といった関係でみると、融資判断においては、関係資産が高く、特に他行との取引状況や関係会社等が上位である（表 8―1）。
　融資判断において重視されている項目は、総じて営業支援においても重視されているが、特に差異がみられた項目として、後継者の有無等がある（表 8―1）。金利（利率）変更に影響するのは構造資産、人的資産である（表 8―3）。過半数以上の金融機関は、定型のヒアリングシートを用い評価している。金融機関別における非財務情報の活用においては、地銀が最も高い（表 8―4）。

8章 ソフト情報としての知的資産と統合報告

表8—3 利率の変更に影響を与える非財務情報

No.	項目名	時系列平均	標準偏差	営業支援時	平均	標準偏差	融資判断	
52. 経営計画	4.03	0.5869	3.86	0.6162	0.16	0.005	-2.797	***
→ 33. 製品・商品・サービスの優位性・ブランド	3.74	0.5552	3.62	0.6117	0.12	0.035	-2.111	**
23. 健康状態	3.67	0.6035	3.55	0.597	0.12	0.049	-1.97	**
● 16. リーダーシップ	3.54	0.6392	3.43	0.5776	0.11	0.028	-2.196	**
50. 資格・技術保有者	3.29	0.6208	3.19	0.558	0.1	0.043	-2.021	**
→ 34. 製品・商品・サービスの採算性	3.86	0.6349	3.75	0.6108	0.1	0.076	-1.775	*
● 15. 企画力・アイデア力	3.41	0.5448	3.31	0.6093	0.1	0.039	-2.069	**
→ 54 ビジネスモデル	3.47	0.6406	3.37	0.5853	0.1	0.079	1.759	

＊は両側10％、＊＊は両側5％、＊＊＊は両側1％で有意
平均値4.0以上緑色で網掛け
影響ありと影響なしの平均の差がただしいものでp値が0.1以下のものを差の降順で並び替えてある。

→ 知的資産　　● 知的資産

出所：表8—1に同じ（54頁）。

表8—4 利率の変更に影響を与える非財務情報

銀行種別	N	組織基盤 平均	標準偏差	非財務情報活用比率
全体	428	3.55	0.656	27.9%
都市銀行	6	3.84	0.872	27.5%
地方銀行	42	3.39	0.708	28.1%
第2地銀	34	3.42	0.743	23.8%
信用金庫	243	3.34	0.678	28.0%
信用組合	99	3.21	0.680	28.9%
その他	4	4.09	0.919	40.0%

出所：表8—1に同じ（48頁）。

このように金融機関では非財務情報を相当程度活用していることが分かる。一層の活用には、非財務情報の文書化の定型化（知的資産報告ないし知的資産経営報告書）と簡略化、その文書が適正なものであることを客観的に評価するシステム（格付け機関のようなシステム）が必要である。さらに金融検査等でこの知的資産・非財務情報活用の融資事例を相応に評価することである。

6 小活

中小企業金融分野では、政府系金融機関の直接融資と証券化支援、信用補完制度という3本柱が民間金融を誘導・補完する一方、リレーションシップ・バンキングが地域金融機関に浸透し、新連携などの中小企業政策とも連動して地域活性化に寄与しつつある。しかし、公的金融が明確な政策目的、民間金融機関では採算上等から対応困難な分野（零細・小口向け等）に特化し、民間金融が参入可能なように環境・インフラ整備を実施する状況では民間の一層の展開が不可欠である。

一部で取り組まれているコミュニティ・クレジットは日本版グラミン銀行であり、もっと展開されてよい[23]。これらは地域社会の信用を担保に不動産に依存しない融資を行うもので、信頼性の高い地域に適した手法である。現在、メガバンク・地域銀行が取り組む担保・保証に依存しない融資としてのクレジット・スコアリングのみでは地域活性化に繋がらないからである。このグラミン銀行的手法は2007年金融審議会報告で協同組織に期待されるとした予防策を中心とした多重債務問題への対応としても活用可能である。

いずれにせよ、ソフト情報はリレバンに固有な課題であるコントラクティング問題（contracting problem）を生じさせることが知られている[24]。ソフト情報は数量化されないため、担当者例えば融資担当者（ローンオフィサー）に集積・蓄積される傾向にある。財務情報などの定量情報は数量化して組織の中にデータベース化することが可能で、円滑に伝達されるのに対し、ソフト情報

は伝達されないのである種のエージェンシー問題が融資担当者と経営陣との間に発生して混乱を招くこともあるという問題である。そこで、ソフト情報をいかに共有し、データベース化するのかがリレバンを活かすポイントになるという発想に至ったのである。先の MERITUM は、知的資産を、人的資産（従業員が退職時に一緒に持ち出す知識で、ノウハウ、モチベーション、経験など）、構造資産（従業員の退職時に企業内に残留する知識で、データベース、文化、システムなど）、関係資産（企業の対外的関係に付随した全ての資産で、イメージ、顧客満足度など）として整理したが、三つの資産をうまく客観的に表現できればよい。リレバンを活かすも殺すも、この知的資産をいかに把握し、文書化し、ビジュアル化するかなのである。

5節　統合報告書（Integrated Report）の考え方

1　統合報告書──財務情報と非財務情報を統合する新しい潮流

　企業はその価値表現・IR 等として、有価証券報告書、事業報告、アニュアル・レポート、CSR（Corporate Social Responsibility）報告書、環境報告書（環境・社会・ガバナンスという ESG 情報）、サステナビリティ報告書、決算短信、決算説明資料、コーポレートガバナンス報告書等の企業情報に関する開示すなわち「コーポレート・レポーティング」を行っている。これらは、法令が要求するものから、自主的なものまで、歴史とともに拡大してきた経緯がある。また、原則主義を前提とする、国際財務報告基準（IFRS）の導入を見据え、今後、こうした開示に関するステークホルダーからのニーズは、質・量・タイミングのそれぞれについて、さらに多様化・高度化していく一方、多彩な報告書作成

の負担は企業にとって決して小さなものではない。

　こうした環境の中で、ただ単にステークホルダーから求められるままに情報を開示するのではなく、適切に社内の情報を整理・把握した上で、体系的かつタイムリーにステークホルダーとのコミュニケーションを行い、企業の真の姿や社会的・貢献、企業価値を伝えることは、事業展開、資金調達の国際化がますます進展する中で、企業にとって重要性が増している。2010年7月、現在のコーポレート・レポーティングにおける期待ギャップへの対応や、コーポレート・レポーティングに関する負担を軽減することを世界レベルで協議する目的のもと、国際統合報告委員会（IIRC: International Integrated Reporting Committee）が設立された[25]。IIRCは、組織が財務・環境・社会・ガバナンスの情報を、明瞭簡潔で一貫した比較可能な形で一体として提供することを目指し、同時に、組織全体の過去及び将来のパフォーマンス情報を、より網羅的・体系的に理解し易くすることによって、新しいより持続可能な国際経済モデル構築の要請に応えることも意図している。

　「統合報告書（Integrated Report: IR）」とは、企業の売上や利益などの財務情報と、ESG（環境・社会・統治）問題への対応や中長期の経営戦略などの非財務情報を関連付けて報告しようとするものである。IIRCは、2011年9月にディスカッション・ペーパー（公開草案）を公表した。これは統合報告書の定義や基本原則、構成要素について提案し、パブリックコメントを求めたものである（表8—5）。

　IIRCは統合報告書をコーポテート・レポーティングにおいて主流となることを最終的に目指しているとされる。当面は、ディスカッション・ペーパーに基づく実証実験的なパイロット・プログラムを2011年10月から開始し、2013年末に総括を行う予定とされている[26]。つまり、実際上どのような報告書を作ればよいのか、実務的にも試行錯誤しながら統合報告書の枠組みの議論がこれから本格化するものと思われる[27]。

8章 ソフト情報としての知的資産と統合報告

表8—5　IIRCの統合報告書の考え方

基本原則	開示（構成）要素
・戦略的焦点	・組織概要とビジネスモデル
・情報の結合性	・経営コンテクスト（リスクと機会を含めて）
・将来志向	・戦略目的。目標達成のための戦略
・反応性とステークホルダーの包含性	・ガバナンスと報酬
・簡潔性、信頼性、重要性	・業績

出所：IIRC（2011）p.3.

2　IIRCのディスカッション・ペーパー（2011年9月）

　IIRCは、2011年9月12日、統合報告（Integrated Reporting）に関するディスカッション・ペーパーを発表した。このディスカッション・ペーパーは、統合報告の定義、統合報告が求められる背景、統合報告枠組（International Integrated Reporting Framework）における指導原則や構成要素について提案を行い、それに対するコメントを得ることを目的としている。

　IIRCの提唱する統合報告とは、企業が、投資家を中心とするステークホルダーに対し、経営戦略、ガバナンス、パフォーマンス及び見通しに関する情報を統合的に報告するものである。統合報告書は、企業の財務面だけでなく、持続可能性や知的資産に関する情報を含み、企業の主要な報告書となる。

　IIRCは、統合報告が必要となる背景として、
・企業の経営環境の変化（グローバル化、金融危機、企業の透明性への要請、資源・人口・環境問題など）・企業価値源泉の変化（有形から無形へ）

・年次報告書のボリューム増、複雑化・異なる報告（財務、戦略、ガバナンス、持続可能性等）間の不整合を挙げている[28]。

このような課題を解決し、市場および企業による自律的な解決を促すため、企業の統合的報告に関する枠組みが必要とされる。また、各国地域制度を超えて一貫した枠組みでの報告を実現するためには、当該枠組みは国際的協調に基づくものでなければならないとされる[29]。

IIRCは以下のように統合報告を定義している。

「統合報告は、組織の戦略、ガバナンス、パフォーマンス及び見通しに関する重要な情報を、組織がおかれている商業的、社会的、環境的なコンテクストを反映する形で報告するものである。統合報告は、組織がどのように管理責任（stewardship）を遂行し、どのようにして価値を創出し、持続しているかについて明瞭で完結に報告を行うものである」[30]

統合報告書は、既存の報告書をただ単に合体した報告書（combined report）ではない。IIRCによれば、統合報告の結果として発行される統合報告書（Integrated Report）は、組織の報告媒体の中で「プライマリー」なものとして位置付けられるべきものであるとしている[31]。

統合報告書の主要な利用者として想定されているのは投資家であり、統合報告書の内容も投資家の情報ニーズに沿ったものになる。この際、統合報告では反映されなかった投資家以外のステークホルダーの情報ニーズに応えるため、何らかの対応が必要になってくると考えられ、これにはサステナビリティ・レポートを引き続き作成する、あるいは、統合報告書を補足するためのデータ集等を作成することが含まれる。統合報告書は、全てのステークホルダーのあらゆる情報ニーズを満たそうとするものではない。特定の事項について関心を持つステークホルダーはそれについての詳細な情報を求める場合があり、求める情報がしばしば大きく異なるステークホルダーの要求を全て反映することは現実的とはいえないだけでなく、合理的ともいえないからである。

*8*章　ソフト情報としての知的資産と統合報告

3　「統合」の意味

　「統合」とは何を統合するのか、財務情報と非財務情報を合体した報告書とは何が違うのか、が解明されなければ議論の流れが分からない。多くの企業は法令に基づく財務情報と環境・CSR 等の非財務情報を別々に開示している。しかし、ESG（環境・社会・ガバナンス）の取り組みや中長期的な経営戦略が、財務パフォーマンスや経営実績にどのような影響を与えたのか分かりづらいとされ、その結果、将来志向の「統合」が必要となるとされる。

　IIRC は、世界の変化すなわち経済とサプライチェーンのグローバル化を背景とする地球規模の相互依存関係の強化、人口急増や消費増大に起因するもので、このような変化は地球環境問題とともにエネルギーや水・食糧等資源の利用可能性と価格に重大な影響を与えている。さらに金融危機や安全保障などへの世界的な政策対応と影響力を強める企業の透明性と説明責任への期待が指摘されている。つまり、財務情報を中心とする現在の企業報告は 20 世紀型モデルとして形成されたが、21 世紀に入って事業環境の基本的な枠組みに大きな変化が起きており、企業経営のあり方や企業価値の意味が問われている。統合報告書は、IR（Investor Relations）や CSR の担当者が事業活動と環境や社会への配慮をうまく結合すれば済むものではなく、世界が直面する課題を認識し、自社事業との関わりを改めて検証して新たに取り組むことから始まる。統合報告を検討するに当って、企業の関心は「何をどのように報告するのか」にあるとしても、手段と目的の混同を避けるために「なぜ報告するのか」が重要になるのである。

　企業による情報開示は、各国での制度の要求に応じて行われている財務報告、自主的に行われているサステナビリティ報告など、多様な媒体を通じて行われているが、企業による現在の情報開示に対しては、

・報告書の内容が複雑になっており、ページ数も膨大であること、

463

表8—6　統合報告書と既存報告

	現在の報告	統合報告
考え方	相互の関連のない報告	統合された報告
管理責任 Stewardship	財務的資産に対する管理責任についての報告	人的資産、知的資産、天然資源、社会資本を含むあらゆる資産・資本に対する管理責任についての報告
焦点	過去財務情報に焦点を当てた報告	過去及び将来における、関連付けられた内容についての戦略的な報告
時間軸 Timeframe	短期のパフォーマンスに関する報告	短期のみならず、中期や長期のパフォーマンスに関する報告
信頼	狭い範囲の限られた課題についての報告	より幅広い範囲の課題についての開示を通じた高い透明性の実現
適用性	ルールベースの報告	原則主義に基づく、個々の状況に対応した報告
簡潔性 Concise	長くかつ複雑な報告	簡潔かつ重要な情報に焦点を当てた報告
技術の活用 Technology enabled	紙ベースの報告	インターネットやXBRLなどの技術を活用した報告

出所：IIRC（2011）p.9をもとにKPMGが作成したもの。

・重要性が低い情報の記載や重要性が高い情報の漏れがあること、
・個別の媒体での報告は、単独でお互いの関連付けなしに行われていること、

といった課題がある。統合報告はこうした問題意識から生まれたものであるが、IIRCは、少なくとも短期的には、統合報告が既存の財務報告を置き換えることは想定していない。これは、財務報告の枠組や要求事項は各国における規制で規定されており、IIRCの統合報告枠組ができたからといって既存の規制が緩和されるということは短期的に起るとは考えられな

8章 ソフト情報としての知的資産と統合報告

表8—7 統合報告における指導原則

戦略的焦点 Strategic focus	統合報告は、組織の戦略目標やそれが組織の価値創出能力や組織が依存する資源や関係性とどのように関連しているかについて、洞察を与えるものである。
情報の結合性（関連付け） Connectivity of information	統合報告は、組織のビジネスモデル、組織に影響を与える外部要因、組織やそのパフォーマンスが依存する資源や関係性といった異なる要素間の関連性を示すものである。
将来志向 Future orientation	統合報告は、マネジメントによる将来見通しを提供するだけでなく、報告書の利用者が、組織の将来性や組織が直面する不確実性について理解し、判断することを助ける情報を提供するものである。
反応性およびステークホルダーの包含性 Responsiveness and stakeholder inclusiveness	統合報告は、組織の主要なステークホルダーとの関係性や、組織がステークホルダーのニーズをどの程度理解し、考慮し、対応しているかについて洞察を与えるものである。
簡潔性、信頼性および重要性 Conciseness, reliability and materiality	統合報告は、短期、中期及び長期に組織が価値を創出し、持続する能力を評価するための、簡潔で信頼性のある重要性の高い情報を提供するものである。

出所：IIRC（2011）pp.12-13.

いためである。

　IIRC ディスカッション・ペーパーの概要[32]を示したのが、KPMG（2011）に従って統合報告書と既存報告との相違を整理した表8—6である。

　次に、統合報告における指導原則は以下の五つである（表8—7）。

　最後に、構成（内容）要素は、表8—8のようにそれぞれの関連性が明確になるように表示される必要がある。

465

表8—8　統合報告の構成（内容）要素

組織の概要とビジネスモデル Organizational overview and business model	組織はどのような事業活動を行っており、どのようにして、短期的、中期的、長期的に価値を創出し、維持しているのか？
リスクや機会を含む、 事業コンテクスト Operating context, including risks and opportunities	どのような環境で組織は事業活動を行っているのか？これには、組織が依存する資源や関係性、直面するリスクや機会が含まれる。
戦略目標および それを達成するための戦略 Strategic objectives and strategies to achieve those objectives	組織はどこにどのようにして辿りつこうとしているのか？
ガバナンスおよび報酬 Governance and remuneration	組織のガバナンス体制はどのようなものか、組織のガバナンスは組織の戦略目標をどのように支援しており、報酬に対するアプローチとどのように関係しているのか？
パフォーマンス Performance	組織の戦略目標や関連する戦略に対するパフォーマンスはどうなっているか？
将来の見通し Future outlook	組織がその戦略目標を達成する上で直面すると思われる機会、課題、不確実性はどういったものか、また、それが戦略や将来のパフォーマンスに与える影響はどのようなものか？

出所：IIRC（2011）pp.14-15.

8章 ソフト情報としての知的資産と統合報告

6節　日本での議論

1　知的資産報告書の状況

　日本の中小企業を中心とした「知的資産経営報告書」は2014年8月現在で298社が作成しているほか[33]、「中小企業魅力発信レポート」作成企業が604社存在しており[34]、京都府では「知恵の経営認定企業」を2009年9月から開始し、2015年2月までに128社が認証され、うち32社が「知恵の経営報告書」を公表している。

　注26に示したように、IIRCのパイロット・プログラムに大阪府大東市の昭和電気（創業1950年、資本金8850万円、売上高61億円、社員数177人、無借金企業）が中小企業として参加し、統合報告書を作成している。今後は、多くの業種でかつ有利子負債を保有する中小企業が参加して、ルール作りに参画することが期待されよう。

2　無形資産の学界での議論

　経済理論分野では、そもそも企業の経済学として、何故市場経済において企業という組織を形成する必要があるかというCoase（1937）以来、企業組織の問題、組織改革・人材育成への投資、経営者能力と企業成長等の観点から議論されてきた。しかし、実証分野での展開は比較的最近のもので、無形資産の経済学として行われている。その多くは、無形財産投資の有効性すなわち生産

467

性向上効果、投資関数の推計、イノベーション実現上の無形資産、TFP の上昇率、資金制約等に関しての分析である[35]。

　無形資産に関して、企業会計的には、企業の貸借対照表の貸方に無形資産の項目があり、電話使用権や特許権等が記載され、議論が展開されている（伊藤〔2006〕、古賀〔2012〕等）。経済学では、企業における特許・実用新案・商標等の権利を生み出す源泉としての知識の蓄積に着目してきた。この企業内での知識の蓄積は、研究開発の成果によるもので、建物や機械等の有形資産とは区別され、企業のパフォーマンスへの貢献も、有形資産とは異なると考えられてきた。しかし、昨今、経済学者や政策担当者が注目している無形資産の概念は、従来、経済学や会計学が扱ってきた概念よりも幅広いものである。これは、1990年代後半のIT革命に端を発したもので、コンピュータ等のIT機器やインターネット等の新しい通信手段が広範に利用され、アメリカを中心に生産性の上昇と景気回復がみられた。この動きから、各国ともIT化を推進したが、21世紀に入ってもアメリカとの生産性ギャップは縮小せず、ハードのIT投資だけでの生産性向上は困難で、IT技術を効率的に使いこなすソフト面での資産の蓄積が合わせて必要との認識が広まってきた。IT革命を活かすためには、従来のビジネスを変える人材・組織への投資も必要になるので、21世紀に入って経済学が注目し始めた無形資産投資というのは、ソフトウェアに加え、人的投資・組織改編への投資をも含むより包括的なものである。

　1990年代後半から経済学者、経営学者、国際機関において様々な無形資産の定義がなされたが[36]、この定義に沿って統計データを収集し、無形資産投資の系列を推計したのは、Corrado, Hulten and Sichel（2009）で、組織革新やビジネス・モデル改革を含めて、①コンピュータ化された情報、②革新的資産、③経済的競争力、という三つのカテゴリーを「無形資産」に含めており、企業会計上の無形固定資産よりもかなり広い範囲となっている。Corrado et al.（2009）の計測手法に沿って行った Fukao et al.（2009）が、日本の無形資産を計測した先駆的な研究であり、日本の無形資産はGDP比で11.1％（2000—2005年）で、このうちコンピュータ化された情報2.2％、革新的資産6.0％、

8 章 ソフト情報としての知的資産と統合報告

経済的競争力2.9%であることから、アメリカと比べてGDP比で低く、伸び率も近年鈍化していることなどを示している。

海外ではアメリカについてCorrado et al.（2009）のほか、Marrano et al.（2009）（イギリス）、Belhocine（2009）（カナダ）、Edquist（2011）（スウェーデン）等、多くの国で同様のフレームワークによる研究が行われている。これらの研究を通じて、マクロ経済成長や生産性上昇に対する無形資産の寄与度が定量的に明らかにされてきた[37]。

経営学・会計学分野では、企業の「暗黙知」や「見えざる資産」として議論されてきた。管理会計ではオフバランスの資産として把握されてきた。財務会計上の超過収益（市場価値マイナス〔純資産、帳簿価格〕）は「のれん」として認識されてきた。1990年代以降は「知的資産」として認識されてきた経緯がある。財務会計上（決算上）の資産にならないインタンジブルズとして、知的財産としての無形資産（特許権、営業権等）、オフバランスの無形資産（ブランド、コーポレート・レピュテーション等）、「無形」の資産（スキル等の人的資産、ネットワーク等の情報資産、チームワーク等の組織資産という整理もある[38]。

このほか、FSASの議論、企業情報開示システムの最適設計（経済産業研究所プロジェクト）、前述のヨーロッパのMERITUM（2002）、RICARDIS（2006）等がある[39]。

3 金融行政上の要請（ソフト情報の把握）

知的資産の把握は、金融行政上、その要請が高まっている。いわゆるリレーションシップ・バンキング（地域密着型金融）が2003年3月以降展開されており、その骨格をなすのはソフト情報という企業の定性情報・非財務情報である。この点は、「中小・地域金融機関向けの総合的監督指針」や「金融検査マニュアル（中小企業編）」で詳細に記載されている。

例えば、「金融検査マニュアル〔中小企業編〕（2012年1月）」では、「中小・零細企業等については、当該企業の財務状況のみならず、当該企業の技術力、販売力や成長性、代表者等の役員に対する報酬の支払状況、代表者等の収入状況や資産内容、保証状況と保証能力等を総合的に勘案し、当該企業の経営実態を踏まえて判断する。・・・金融機関が、継続的な企業訪問等を通じて企業の技術力・販売力や経営者の資質といった定性的な情報を含む経営実態の十分な把握」の必要性が指摘されている。

　ソフト情報としての知的資産経営報告書の活用に関しては、地域密着型金融を恒久的な措置として導入することを決定した2007年4月の金融審議会報告の後の2007年8月に改正された「中小・地域金融機関向けの総合的監督指針」では、「事業価値を見極める融資手法をはじめ中小企業に適した資金供給手法の徹底に係る基本的考え方」の中で、「特許、ブランド、組織力、顧客・取引先とのネットワーク等の非財務の定性情報評価を制度化した、知的資産経営報告書の活用」という記述がなされて、金融行政の中に位置付けられた経緯がある。

　2015年3月改訂の「金融検査マニュアル」（預金等受入金融機関に係わる検査マニュアル）の「金融円滑化編」の「Ⅲ　個別の問題点」の「2. 中小・零細企業向け融資」の（参考2）に具体的な手法の例として、知的資産経営報告書の活用が記載されている（43頁）。

　2009年12月成立の中小企業金融円滑化法では、貸出条件の緩和措置が実施されて、返済猶予措置等により、30—40万社の利用と約80兆円規模が措置対象となってきた。今後、これら30万社の債務者区分の見直しや、実抜計画（実行可能な抜本的な経営再建計画）の策定、合実計画（合理的かつ実現可能性の高い経営改善計画）の策定、事業再生計画の策定等が行われていくことになる。金融機関は債務者区分の見直し・実抜先（実抜計画策定企業）のランクダウンによる厳格な与信コストの適用、引当の増加が必要になる。

　このような計画における企業の「強み・弱み」に関しては知的資産の部分が大きいので、財務情報のほかに知的資産を取り込むことが不可欠である。そこで、その知的資産情報について専門家（士業）による証明・認証等によって、

8章 ソフト情報としての知的資産と統合報告

信憑性を確保可能となる。この点で、監督指針は、「地域金融機関は、人材やノウハウの面から、顧客企業に対し十分なソリューションを必ずしも提案できていない。各業種に関する知識の吸収などノウハウの底上げが必要であり、・・外部専門家や外部機関等との連携といった対応が課題となっている」と記述している。

このように、経営再建計画書・経営改善計画書等において財務諸計数のほかに、知的資産の項目を入れて相応の記述をした上で、士業の専門家の証明・認証が貼付すること等を行うことが期待される。これにより知的資産経営報告を包含するより広範な経営再建計画書・経営改善計画書が作成されよう。

7節　むすび

インタンジブルズ、ナレッジ資産、Intellectual capital、無形資産、知的資産等、企業の非財務情報や将来価値に焦点が集まっている。金融面では、IT革命というエンジンとしてのコンピュータ、「場の概念である」時間・空間を超克し喪失させた通信コストの低下が、ファイナンス理論の発展と相俟って金融イノベーションがもたらされてきた。これは、リスク管理の高度化、内部統制・コンプライアンスの重要性の要請、イノベーションに対する感応度の向上等が必要になるとともに、金融システムの比重が増大して、2000年代の世界的金融危機の一因になった。このことが、金融規制に関しても新たな展開を要請している。

この潮流は、マクロ的には無形資産投資の問題（生産性の向上）として実証研究のレベルで展開されている一方、ミクロの企業レベルでは企業価値の創造過程の発信が求められており、Integrated Reporting もその一環で知的資産経営レポーティングも包含される可能性が高い。今後は、インタンジブルズの経

済分析との摺り合わせによってその有効性を確認していくことが課題となる。

　統合報告書は、複数のコーポレート・レポーティングに対する、まさに統合である。しかし、中小企業にとってその財務諸表の信頼性が低い状況の中で、まず「中小会計要領」（2011年3月）の普及が喫緊の課題である。その上で、財務情報と並んで非財務情報を発信する手法こそコーポレート・レポーティングとして重要なのである。知的資産レポーティングに Integrated Reporting が取って代わるのか、あるいは並存するのか等は、IIRC のパイロット・プログラムの成果と絡んでいる。

　IIRC は、第5節で紹介したディスカッション・ペーパーを踏まえて、コンサルテーション・ドラフトを公開し、2013年7月までコメントを募り、それらを取りまとめ、2013年12月にフレームワークを公表した。国際統合報告フレームワークは、大筋ではデュシカッション・ペーパーと同じである。

　指導原則は、報告書の内容及び情報の開示方法に関する情報を提供することにより、統合報告書の作成の基礎を提供するもので、戦略的焦点と将来志向、情報の結合性、ステークホルダーとの関係性、重要性・簡潔性・信頼性と完全性、首尾一貫性と比較可能性、となっており、表8—5とほぼ同様である。

　内容要素は、組織概要と外部環境、ガバナンス、ビジネスモデル、リスクと機会、戦略と資源配分、実績、見通し、作成と表示の基礎、の八つであるが、これも表8—8とほぼ同様である。

　フレームワークでは、組織が利用し影響を与える資源及び関係を「資本」と総称し、組織が短・中・長期的に価値を創造するために外部環境及び資本と、どのように相互作用するかについての説明を目指しており、これらの資本について、財務資本、製造資本、知的資本、人的資本、社会・関係資本、自然資本から構成されるものとしている。

　このように、統合報告書は非財務情報の開示に向けて大きな進展を記すものといえよう。

*8*章 ソフト情報としての知的資産と統合報告

注

1　知的資産経営については、筆者の金融審議会リレーションシップバンキングWG（2007年）での報告があり、これは後述のように、中小企業知的資産経営研究会の成果に準拠している。また、村本（2010）でも検討した。

2　https://www.jicpa-knk.ne.jp/download/image/index.html にチェックリストがある（2006年12月20日アクセス）。2007年2月23日金融庁金融審議会の大阪地方懇談会での発言による。

3　りそな銀行ではベンチャー企業向けの特別融資枠の審査材料として同リストを活用し、りそな銀行独自の企業審査と比較して、すでに5社を審査、2社に融資実行した（『産経新聞』2007年7月27日号）。

4　OECD, "A new OECD project: New sources of growth: intangible assets", Sep. 2011. OECDのいうインタンジブルズは、コンピュータ化情報（ソフトウエア、データベースなど）、イノベーティブな財産（科学的・非科学的なR&W、著作権、デザイン、トレードマークなど）、経済的コンピタンシー（ブランド、人的資本、ネットワーク、組織的ノウハウ、広告・マーケティングなど）、である。知的資産とは企業の価値創出ないしキャッシュフローを生み出す源泉となる無形の価値（無形財）で、企業会計上は簿外処理（オフバランス）。知的財産権は知的資産に含まれることがポイントである。知的資産の財としての特性は非競合性ないし汎用性（同時にかつ反復的に利用可能）、収益逓増性（アイデア、知識などは蓄積されることによって、新たな知的資産を開発可能）、コンテクスト依存性（特許・スキルは特定の企業や状況に固有で模倣されにくい）、ネットワーク効果（ネットワークの規模が拡大するほどにベネフィットも増大する）である（古賀〔2012〕12-13頁）。なお、知的資産を文書化（成文化）されたものと、知的資本を成文化されないものも含む、として厳密に区別する学説もあるが、古賀（2012）は知的資産と知的資本を相互互換的に統一的に用いている（10頁）。本章でも同様の立場を採る。

473

日本でも 2006 年 12 月 7 日―8 日に開催された「OECD 知的資産経営国際カンファレンス～イノベーションと持続的成長に向けて～」や 2007 年 5 月 31 日―6 月 1 日の OECD 国際コンファレンス「グローバル・バリュー・チェーンにおける中小企業の役割変化」で知的資産が取り上げられている。

5 　OECD, "Intangible Asset, Resource Allocation and Growth: A Framework for Analysis," Feb. 2012（For 0fficial use）and "New Sources of Growth: Intangible Assets -A Project Update," Mar. 2012（For official use）．

6 　以上の整理に関しては、日本知的資産経営学会第 1 回研究年次大会（2012 年 8 月 28 日）での古賀智敏会長講演に依拠した部分がある。知的資産については村本（2010）参照。筆者は会計学分野について専門外であり、正鵠をえない指摘もあり得るので、各方面からのコメントを賜れば幸いである。

7 　売掛債権担保融資保証制度（2001 年 12 月発足）、動産担保（2004 年 11 月に動産譲渡登記制度（民法の特例法改正）発足、包括保証の限定化（2004 年 10 月民法改正）、公的保証制度の第三者保証の廃止（2006 年 4 月以降）。

8 　http://www.meti.go.jp/policy/intellectual_assets/index.htm 知的資産とは企業の価値創出ないしキャッシュフローを生み出す源泉となる無形の価値（無形財）で、企業会計上は簿外処理（オフバランス）。知的財産権は知的資産に含まれることがポイントである。知的資産の財としての特性は非競合性ないし汎用性（同時にかつ反復的に利用可能）、収益逓増性（アイデア、知識などは蓄積されることによって、新たな知的資産を開発可能）、コンテクスト依存性（特許・スキルは特定の企業や状況に固有で模倣されにくい）、ネットワーク効果（ネットワークの規模が拡大するほどにベネフィットも増大する）。

9 　古賀他（2007）によれば、「MERITUM が無形財の新たな競争優位性について幅広いアウトラインを示そうとしているのに対し、デンマーク・ガイドラインは専門性の高い方法を指向し、・・・MERITUM の一般原則より、具体的実践を指向しているものと位置づけることができる」という（古賀他編（2007）325-326 頁）。

10 　『通商白書』（2004 年版）では以下のように記述している。欧州においても、

8 章　ソフト情報としての知的資産と統合報告

2000年1月に、欧州委員」会（The European Commission）において、知的資産に関する有識者による検討プロジェクト（PRISプロジェクト）が開始され、2003年9月には、報告書（"The PRISM Report 2003"）が発表された。この報告書では、経済における知的資産の重要性が高まる中で、企業像もそれに合わせて変化してきており、さらに、資本市場や公共政策といった幅広い分野にも知的資産の重要性の拡大が長期的には影響を与えることなどを示しており、具体策は必ずしも多くはないものの、幅広い政策領域をカバーした包括的な提言となっている。以下では、上記報告書の概要を紹介する。

(1) 新しい企業像

まず、この報告書では、近年、経済的な価値や富の主要な源泉が、もはや財を生産することではなく、知的資産を創造し、獲得し及び利用することにある、という knowledge-based economy（「知識基盤経済」）へと移行してきていると指摘している。この背景としては、1）グローバル化とIT化とが進展したことにより、イノベーションがその規模や複雑さの点で一企業のレベルを超えたため、資源を以前のように独占的に所有することができなくなり、何らかの形で他社とネットワークを形成して資源を活用していくことが主要な企業戦略と考えられるようになったこと、2）消費者の基本的なニーズが根本的に満たされているという状況の中で、「コモディティ」化してしまった有形資産から、知的資産へと企業の価値創造（バリューチェーン）の基軸が変化してきたこと、さらには、3）技術的な進歩により、コカコーラ社やIBM社に代表されるように、規模の経済性と消費者の多様なニーズとの両方を満たすことが可能になったことを挙げている。その上で、報告書は、このような経済環境の変化の中で、現代のオープンでかつ激烈な競争を勝ち抜こうとする場合には、その企業固有の、少なくとも他の企業が複製することが困難な能力や資産を持つことが必要不可欠な状況になっていると指摘している。

(2) 新たな評価の仕組み

以上のように、根本的に経済を動かす要因が変わってきている以上、国や企業における資産の評価の仕組みもまた、従来とは異なったものにする必要

があると報告書は指摘している。これをマクロ経済的に見ると、例えば、国民経済計算（SNA）は知的資産を反映していないため、今日の経済の実態を適切に評価していないとして、SNAが経済の実情を適切に評価するためには、次のような抜本的な改革が必要であると報告書は指摘している。1）経済の生産活動における価値創造の源泉を把握し評価すること、2）R＆Dのようなイノベーションを促進する創造的な活動については、現在の取扱いと異なり、将来的には富を創造する投資活動として認識されるべきであること、3）教育訓練やスキル開発のような、知識の生産や知的資産の形成に関わる活動も、将来的には富を創造する投資活動として認識すべきことである。

　その上で、報告書は、以上のことは、マクロレベルのみならず、企業レベルにもあてはまる問題であり、知的資産、イノベーション関連投資などは、マクロレベルの場合と同様に企業レベルにおいても適切に評価されていない状況であると指摘している。

　また、こうした問題に加えて、企業会計と情報開示という観点から見てみると、以下のような問題点を現状の会計システムは抱えている、と報告書は指摘している。すなわち、既存の会計システムは、企業の取引上の資金の出入りを把握する上では十分な機能を果たしているが、知的資産のように、取引を介さずに、イノベーション、生産及び資源配分の際にも重要な役割を果たしているものについては、上記のような会計システムのモデルでは適切に把握することが困難になってきているとしている。このことから、同報告書は、企業のパフォーマンスを測るためには、現状の会計システムで開示されている財務情報を把握するだけでは不十分であり、近年、このような状況を踏まえて、知的資産に関する多様な評価方法や開示手段が提案されているが、それらが包括的なフレームワークを提案するには至っていない状況であると指摘している。

(3)　企業社会のプレーヤーへの影響

　以上のような企業の情報開示と会計制度の見直しは、企業社会の各プレーヤー（企業経営者、金融機関、格付け会社、アナリストなど）にも影響を与

8章　ソフト情報としての知的資産と統合報告

えることになると報告書は指摘している。

　まず、企業の経営者は企業のパフォーマンスに関する適切な情報を必要としており、会社内部で知的資産を適切にマネジメントすることが必要になっており、あわせて、投資家などに対して適切な情報を提供することも必要になっている、としている。また、金融機関やベンチャーファンドは、現状では投融資先の保有する知的資産の評価に関心が薄いようにも見えるが、知的資産評価という呼び方をされていないだけで、現状においても独自の手法で投融資先の知的資産についての評価が試みられている、としている。さらに、報告書は、格付け会社についても、国や企業の負債に係るデフォルトリスクを評価する上で、金融機関と同様に非財務的な情報、すなわち知的資産を効果的に活用していると指摘している。

　その上で、報告書は、以上のような現状分析を受けて、次のような提案を行っている。

(1)　国レベル及び企業レベルでの知的資産に関する統計情報の制度整備を行うこと
　　1)　SNA を改訂し、技術や知識の把握と評価を行うこと。
　　2)　EU 内における企業の情報開示の範囲を大幅に拡充し、資本市場への透明性を高めること。そのため、EU、国、産業及び企業レベルでそれぞれ情報開示の拡充に向けた取り組みが行われること。
　　3)　企業はこうした情報開示の拡充の仕組みに従って、情報開示を行うこと。
(2)　サービス業における R & D 投資の評価手法を確立すること
(3)　知的財産戦略を引き続き促進すること
(4)　中小企業金融政策において知的資産を考慮に入れること

11　『通商白書』2004 年版。
12　MD&A に関連する SOX 法の条項は 401 条(a)であり、1934 年証券取引法の規制に修正を加えたものである。
13　Enhance Business Reporting Consortium で、メンバーは AICPA, Price-

waterhouse Coopers, Grant Thornton, Microsoft.
14　RICARDIS pp.9-16,97-115. この報告書では、日本やオーストラリアでの最近の取組み状況を脅威とし、EUでの早急かつ協調した対応が必要なことを強調している（p.14,74）。新たな銀行融資として、ハイリスクをカバーする高金利融資、前払いの高手数料融資、成果報酬付低金利融資（株式オプション付など。ハイブリッド型融資）を例示している（p.115）。
15　詳細は村本（2010）第7章を参照。
16　http://www.smrj.go.jp/keiei/dbps_data/_material_/chushou/b_keiei/keie-iinfo/pdf/chitekishisan-chukanhokoku.pdf
17　http://www.meti.go.jp/policy/intellectual_assets/index.htm
18　http://www.neochemir.co.jp/chizai/chizaihoukokusyoH17.pdf
19　http://www.smrj.go.jp/keiei/dbps_data/_material_/chushou/b_keiei/keie-iinfo/pdf/chiteki-001.pdf ～・・・・・/chiteki-007.pdf にアップロードされている。
20　りそな銀行ではベンチャー企業向けの特別融資枠の審査材料として同リストを活用し、融資実行した（注(3)参照）。大阪府の制度に大阪府中小企業支援センターの「大阪府成長性評価融資」があり、成長性を評価委員会で認定する融資を取扱民間金融機関が行い、センターが部分保証するもので、2005年1月の発足以来270社の例がある。但陽信用金庫も知的資産経営報告書作りに積極的で、セミナー開催や実際のレポート作成を行い、企業の経営改善・販路開拓・事業承継・業容拡大に役立てるとともに、庫員が作成に協力することでスキルアップも図っている。同様な試みは西兵庫信用金庫や呉信用金庫にも見られる。
21　古賀他（2007）8-9頁。
22　地域金融機関を含む都銀以下575機関に2008年5—6月に調査し、76.3%の回答を得る。
23　「神戸コミュニティ・クレジット」「諏訪一の柱ファンド」の例がある。
24　contracting problem については村本（2005）参照。

8 章　ソフト情報としての知的資産と統合報告

25　IIRC は、国際的に合意された統合報告フレームワークを構築することを目的として、2010 年 7 月に設立された民間の任意団体である（http://www.theiirc.org/）。IIRC は、世界の大企業、機関投資家、会計士団体、NPO などにより設立され、日本からのメンバーは東京証券取引所　CEO や日本公認会計士協会常務理事などである。

2006 年にイギリスのチャールズ皇太子が主宰するプロジェクトが統合の概念を提案したことを受けたもので、議長は英国チャールズ皇太子の秘書である。IIRC は、Integrated Reporting を <IR> として表記している。実務ベースでは、Integrated Reporting について、2010 年頃に一度盛り上がったようだが、「仕事となった」例はないようである。雰囲気としては「あぁ、昔あったねぇ」という感じという（PWC へのヒアリング）。

26　世界から 70 社が参加し、日本からは武田薬品工業、昭和電機、新日本監査法人が参加している。参加費は年 1 万ポンドである。統合報告に関しては、欧州を中心に検討が進み、欧州委員会は 2010 年 11 月より非財務報告に関するコンサルテーションを実施し、2011 年 5 月の結果報告においては、統合報告に関する一定の合意が得られたとの報告をしている。また、2011 年 7 月から、2012 年に提出される予定の法規則案へのインプットを得るため、投資家、企業、会計士などから構成される専門家グループを構成し、非財務報告のあり方についての検討を進めている。南アフリカでは、ヨハネスブルグ証券取引所に上場する企業は、これまでの年次報告書に代えて、2010 年 3 月 1 日以降に開始する期から統合報告書の作成が義務付けられており、すでに多くの南アフリカ企業による「統合報告書」が作成されている。

27　ただし、GRI（CSR 報告書のガイドラインを策定する国際的 NPO で、Green Reporting initiative）によれば、主に　財務報告を行うアニュアル・レポートに CSR 情報を掲載した統合報告書が世界的に増えており、欧州を中心にすでに 350 社が 2011 年版報告書を発行している。日本企業でもすでに数社が発行しているが、武田薬品工業と日東電工は数年前から発行しており、いずれもグローバル化に伴う事業環境や社会的課題の認識に変化が起き

479

ていることが背景にあるという。野村ホールディングスの 2012 年 9 月末発行『NOMURA レポート』は、従来のアニュアルレポートと CSR の取り組みを報告する Citizenship レポートを合体したもので、事業活動と CSR 活動などの財務情報と非財務情報の関連性を明確にした統合レポートである。

28　経済産業省 News Release、2011 年 12 月 7 日。

29　"The world has changed ―Reporting must too.（Reporting needs to keep pace.）"（IIRC〔2010〕p.4）.

30　IIRC（2011）p.2.

31　IIRC（2011）p.2.

32　以下では、KPMG あずさサステナビリティの IIRC のディスカッション・ペーパーについての解説レポートによる。http://sus.kpmg.or.jp/knowledge/newsletter/201110.html. IIRC の DP の邦訳は、日本公認会計士協会の HP に許諾の上、閲覧可能である。http://www.hp.jicpa.or.jp/specialized_field/files/03-0-020111118.pdf

33　http://www.jiam.or.jp/CCP013.html

34　人材や技術、知的財産や顧客ネットワークなど数値化しにくい「力」と事業展開における価値の創造や将来ビジョンなどを分かり易く纏めたレポート。もともと、中小企業の新規採用向けのテキストとして導入されたもの。2009 年 4 月から 3 年間の時限で行われた支援事業で、現在は新規作成・掲載は行われていない。http://miryoku.smrj.go.jp/index.html

35　例えば、Corrado, Hulten and Sichel（2009）、Fukao et al.（2009）、宮川務ほか（2010 (a)）、（2010 (b)）、森川正之（2012）などがあり、経済産業研究所（RIETI）のグループが精力的に取り組んでいる。

36　インタンジブルズの定義については宮川ほか（2010 (a)）を参照。

37　森川（2012）2-4 頁。このほか、刈屋（2005）、山口（2005）、宮川ほか（2010 (a)・(b)）などを参照。

38　インタンジブルズには、所有・販売が可能な資産（特許権、著作権、商標権など）、支配可能性あり・分離しての販売不能（進行中の研究開発、ノウハ

ウ、資産管理システム、ブランド、レピュテーションなど)、全く支配不能(人的資本、コアコンピタンス、組織資本など)、という定義もある。

39　MERITUM、RICARDISについては村本(2010)参照。

第9章
事業承継・事業再生の金融

1節　はじめに

　1999年の中小企業基本法の改正以後、イノベーティブな企業の育成・支援が中小企業政策の中心となったが、もう一つの課題は企業減少社会においていかに企業の存続を図るかである。規模の大きい企業であれば、後継者の育成が継続的に行われ、後継者不在による企業の消滅はない。中小企業の場合、特に小規模企業の場合には、経営者がオンリーワンの存在で、その経営者が引退すれば、その経営する企業も消滅・退出することも多い。
　いかに企業を存続させるために、経営者の後継者を育成するか、あるいは円滑に経営を引き継ぐかは、中小企業に固有のかつ喫緊の課題である。中小企業・小規模事業者は、地域での雇用を担っており、三大都市圏では大企業の雇用吸

図 9—1　規模別常用雇用者・従業員組合

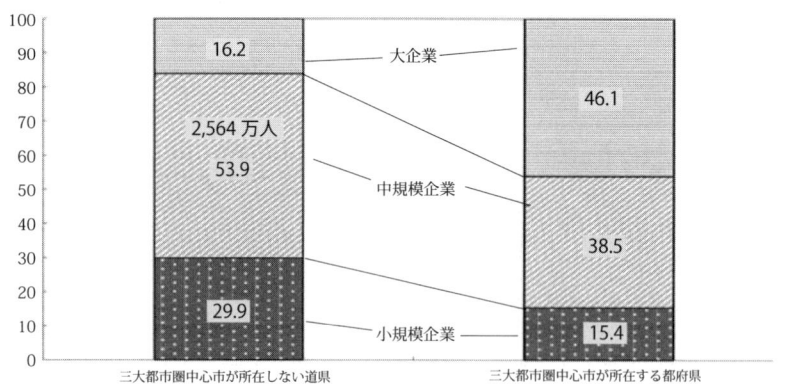

```
三大都市圏中心市が所在しない道県:
  大企業 16.2
  中規模企業 53.9 (2,564万人)
  小規模企業 29.9

三大都市圏中心市が所在する都府県:
  大企業 46.1
  中規模企業 38.5
  小規模企業 15.4
```

(出典) 経済センサス-基礎調査 (2009)。
(備考) 三大都市圏を関東大都市圏、中京大都市圏、京阪神大都市圏、三大都市圏中心市が所在する都府県を埼玉県、千葉県、神奈川県、愛知県、京都府、大阪府、兵庫県としている。常用雇用者・従業者の数は、本社の所在する都道府県に計上している

出所：『事業承継を中心とする事業活性化に関する検討会中間報告』4 頁。

収割合は 54％であるが、それ以外の地方圏では 84％が中小企業によって雇用の場が提供されている（図 9—1）。中小企業は、顧客や取引先との信頼関係を構築し、社会のニーズにきめ細かく応える商品やサービスの提供を行うといった社会的な価値を生み出しており、この価値を持続させていくためには、事業が円滑に次世代にバトンタッチされていくことが極めて重要である[1]。

2014 年 3 月—7 月に開催された「事業承継を中心とする事業活性化に関する検討会」の「中間報告」には、「創業 100 年を超える老舗企業の強みとして挙げられている「信用」「伝統」「知名度」は、事業承継を重ね、事業を継続してきたからこそ培われているものであり、事業承継の重要性が窺える。事業承継による経営者の世代交代によって、地域や社会に良い影響があったと回答する中小企業・小規模事業者は 6 割を超えており、事業承継の意義は、企業の存続はもとより、新たな経営者の手によって地域や社会と一層強く結びついていくことにあると考えられる」（8 頁。）と指摘している。

本章では、事業承継の必要性とその対応について整理する。

2節　事業承継の必要性

1　経営者の高齢化

　経営者の高齢化が進んでいる。帝国データバンクは社長の平均年齢を調査しているが、図9—2に見るように、1990年に社長の平均年齢は全体で54歳であったが、2012年には58.7歳になった。これには売上1000億円以上の大企業が含まれるので（ほぼ61歳で推移）、中小企業だけで見ると、売上高10億未満は全体とほぼ同じであるが、売上1億円未満の小規模企業では同じ時期に52.4歳から58.7歳になり、経営者の高齢化がより進んでいる。中小企業では、経営者すなわち社長の高齢化が進んでいるのである。平均年齢が上がるということは、高齢経営者の割も多くなっていることを意味しており、60歳以上の経営者の割合は1990年の約30％に対して、2012年には52％にまで増えている（図9—3）。

　図9—4に見るように、経営者の平均年齢の上昇に伴って、平均引退年齢も上昇傾向にある。直近の経営者の平均引退年齢は、中規模企業で67.7歳、小規模事業者では70.5歳となっている。このことは、今後10年間で、現在5割を超える現経営者が平均引退年齢に差し掛かり、事業承継のタイミングを迎えることになると予想される。

　帝国データバンクの調査によると、経営者の交代率は1970年代の平均5％に比べて、足下約10年間の平均では3.5％、2011年では2.46％と低迷しており、経営者の交代率の低迷が生じている（図9—5）。すなわち、事業承継は困難化しているのが、近年の状況である。

図9—2 社長の平均年齢の推移

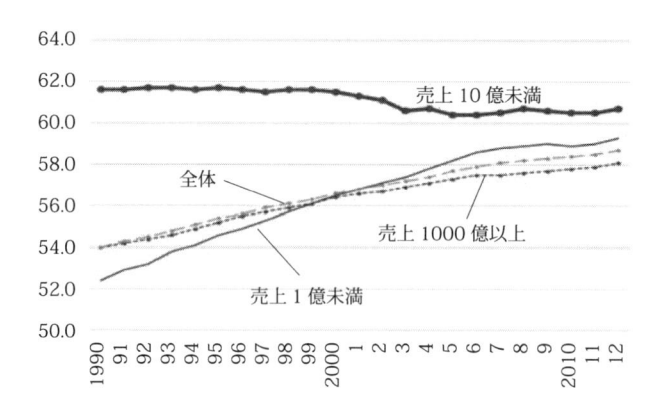

出所:帝国データバンク「全国社長分析」。

図9—3 経営者の年齢階層別構成

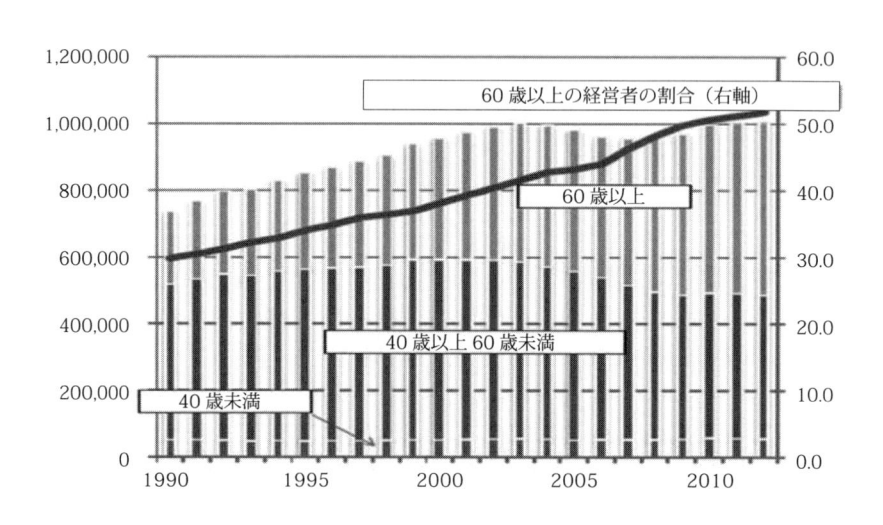

出所:図9—1に同じ(31頁)。

9章 事業承継・事業再生の金融

図9—4 経営者の平均引退年齢

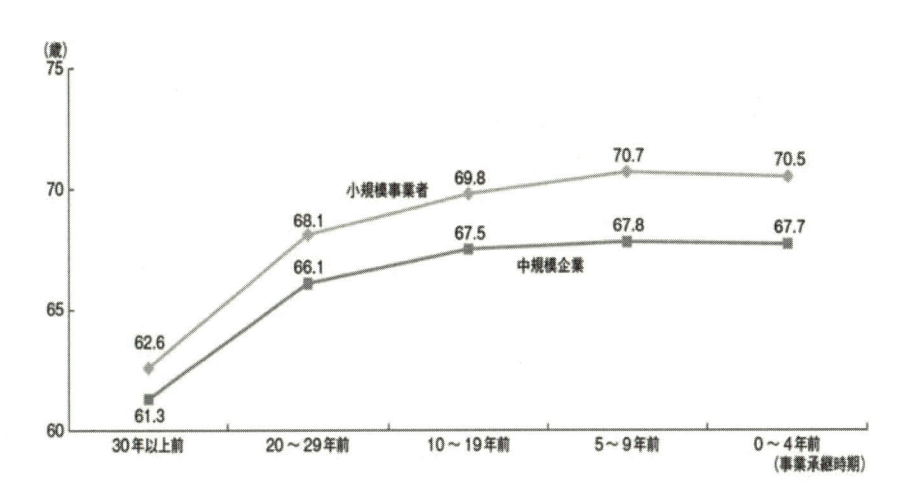

	30年以上前	20～29年前	10～19年前	5～9年前	0～4年前（事業承継時期）
小規模事業者	62.6	68.1	69.8	70.7	70.5
中規模企業	61.3	66.1	67.5	67.8	67.7

出所：図9—1に同じ（30頁）。

図9—5 経営者の交代率

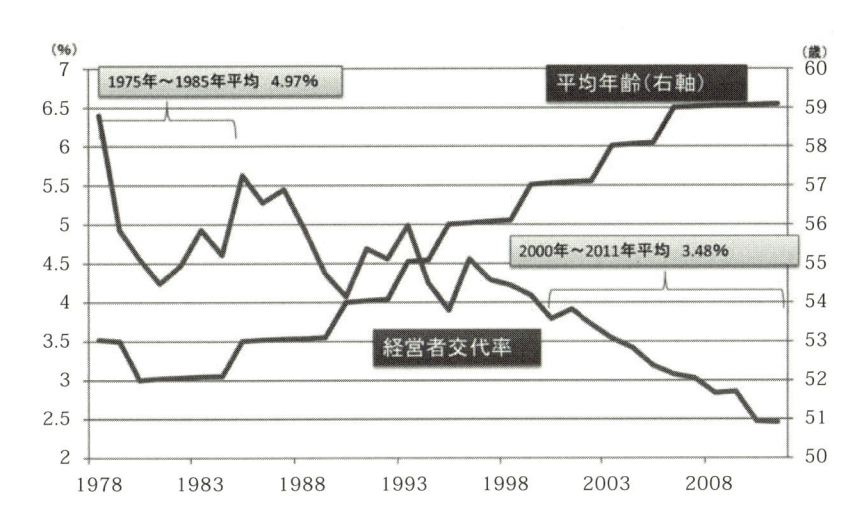

1975年～1985年平均 4.97%
2000年～2011年平均 3.48%
平均年齢（右軸）
経営者交代率

出所：図9—1に同じ（30頁）。

2　事業承継と財務状況——黒字でも廃業の危機

　2014年7月の「事業承継検討会中間報告」では、次のような指摘をしている。「中小企業庁調査によれば、経営者が引退した後の事業の継続意向について、「まだ決めていない」と回答した中小企業が約3割、「事業をやめたい」と回答した中小企業も約1割存在している。「事業をやめたい」と回答した中小企業のうち、後継者不足に関連する理由をあげた中小企業は5割を超えている。さらに、後継者不足を理由にあげた企業のうち、就業の多様化や少子化を背景に、親族である息子・娘に継がせられないと回答した中小企業が約6割となっている。「まだ決めていない」と回答した中小企業のうち、「後継者を確保できるか分からない」ことを理由とする中小企業が約3割となっている。
　このように、少子化等を背景とした親族内承継の難しさによる後継者不足問

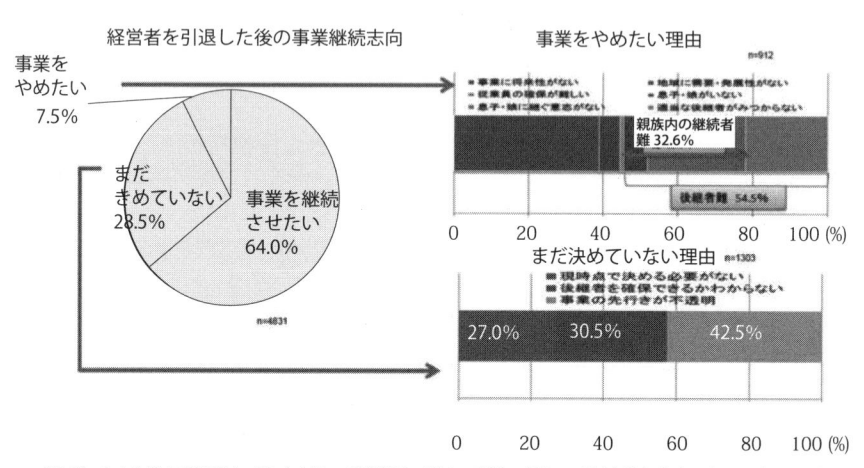

図9—6　経営者を引退した後の事業継続の意向とその理由

（出典）中小企業庁委託調査「中小企業の事業継承に関する調査に係わる委託事業報告書」（2012年11月）
　　　　株式会社野村総合研究所　再編加工

　出所：図9—1に同じ（32頁）。

9章　事業承継・事業再生の金融

図9―7　資産超過企業で廃業する理由

(1) 自分の代で廃業を検討する理由（資産状況別）～廃業検討の理由として「適切な後継者が見当たらない」ことを挙げる企業の割合は財務状況によらず2～3割程度～

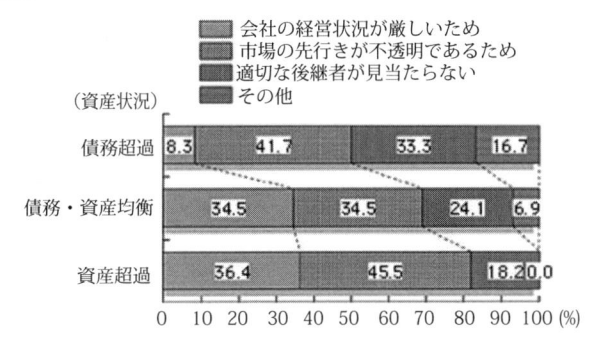

凡例：
- 会社の経営状況が厳しいため
- 市場の先行きが不透明であるため
- 適切な後継者が見当たらない
- その他

（資産状況）

資産状況	会社の経営状況が厳しいため	市場の先行きが不透明であるため	適切な後継者が見当たらない	その他
債務超過	8.3	41.7	33.3	16.7
債務・資産均衡	34.5	34.5	24.1	6.9
資産超過	36.4	45.5	18.2	0.0

資料：三菱UFJリサーチ＆コンサルティング(株)「「事業承継」「職業能力承継」アンケート調査」（2005年12月）
(注) 1.「自分の代で廃業したい」と回答した企業のみ集計している。
2.「3期連続債務超過」「債務超過転落型」を債務超過企業として、「3期連続資産超過」「資産超過回復型」を資産超過企業

出所：『中小企業白書2006年版』。

(2) 経営者引退を決めた時点での資産状況
～債務超過であった廃業者も24.7％存在するが倒産企業と比較すると、その割合ははるかに低い～

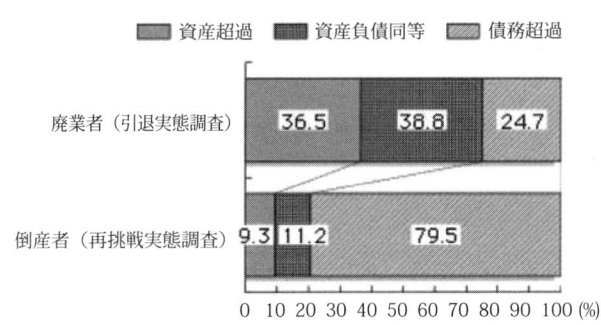

凡例：資産超過　資産負債同等　債務超過

	資産超過	資産負債同等	債務超過
廃業者（引退実態調査）	36.5	38.8	24.7
倒産者（再挑戦実態調査）	9.3	11.2	79.5

資料：中小企業総合事業団「小規模企業経営者の引退に関する実態調査」（2003年12月）
　　　(社)中小企業研究所「事業再挑戦に関する実態調査」（2002年）
(注)「引退実態調査」については、他の人に事業を譲渡せずに「廃業・精算した」回答者のみ、「再挑戦実態調査」については全回答者について集計した。

出所：『中小企業白書2004年版』。

題で、廃業を余儀なくされる中小企業や、事業継続の意向が決まらない背景として後継者が確保できるかどうかが分からないとする中小企業が、全体の約1割強を占めていることがわかる」(32頁。)という認識である。

『中小企業白書』は、2004―2006年に中小企業の事業承継問題を継続して検討している。行政が10年以上前から事業承継を視野に入れていたことが分かる。例えば、『白書2006年版』では、自分の代で廃業を検討する企業について、後継者難を挙げる場合が2―3割になるとした(図9―7(1))。図9―7では、企業の資産状況別に見ているが、債務超過の場合には、経営が厳しいことや市場の先行き不透明性が、廃業の理由の8割を占めており、この点は納得がいく。資産超過であっても、同じ理由は5割に及ぶが、後継者難(適切な後継者が見当たらない)が3分の1程ある。つまり、経営は安定し、市場の先行きが良好であって、資産超過という優良な企業であっても、後継者難が事業存続のネックになっているのである。『白書2004年版』では、同様な調査を紹介し、廃業のうち36.5％が資産超過であると指摘した(図9―7(2))。

廃業の時点で、利益がどうであったかを見たのが、図9―8である(『白書2004年版』)。過半数の経営者が2期連続経常赤字で廃業を決断しているものの、倒産企業よりはその割合が低いことが分かるほか、廃業時の直前期の経常利益が黒字である企業の割合は30.7％もあることが分かる。これは、黒字経営であっても、廃業に追い込まれる企業があることを示すもので、適切な後継者が入れば廃業しない企業であると考えられる。

後継者が決定している状況を資産別に見たものが図9―9である(『白書2006年版』)。これによると、すでに後継者が決まっているとする企業と資産状況にはあまり関係が見られないものの、適当な候補者がいないとしている企業は債務超過企業である割合が高い、という傾向が見られる。資産超過企業でも17％位は、後継者が見つかっておらず、黒字企業も後継者難で廃業のリスクがあることを示している。

9章 事業承継・事業再生の金融

図9―8 廃業時の利益状況

〜債務超過であった廃業者も24.7%存在するが倒産企業と比較すると、その割合ははるかに低い〜

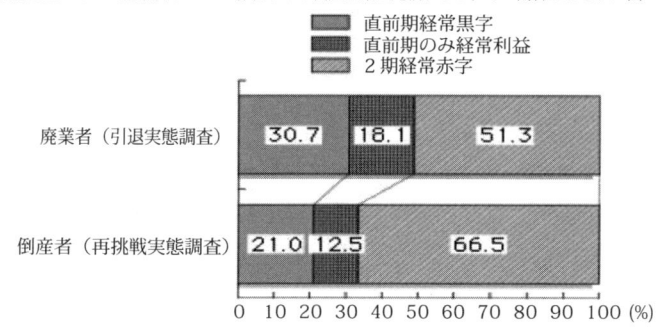

凡例：直前期経常黒字／直前期のみ経常利益／2期経常赤字

	直前期経常黒字	直前期のみ経常利益	2期経常赤字
廃業者（引退実態調査）	30.7	18.1	51.3
倒産者（再挑戦実態調査）	21.0	12.5	66.5

資料：中小企業総合事業団「小規模企業経営者の引退に関する実態調査」（2003年12月）
（社）中小企業研究所「事業再挑戦に関する実態調査」（2002年）
（注）「引退実態調査」については、他の人に事業を譲渡せずに「廃業・精算した」回答者のみ、「再挑戦実態調査」については全回答者について集計した。

出所：『中小企業白書2004年版』。

図9―9 後継者の決定状況（資産状況別）

〜既に後継者が決まっているとする企業と資産状況にはあまり関係が見られないものの、適当な候補者がいないとしている企業は債務超過企業である割合が高い〜

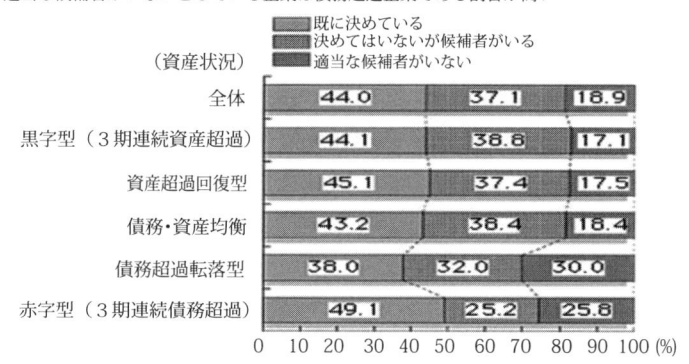

凡例：既に決めている／決めてはいないが候補者がいる／適当な候補者がいない

（資産状況）	既に決めている	決めてはいないが候補者がいる	適当な候補者がいない
全体	44.0	37.1	18.9
黒字型（3期連続資産超過）	44.1	38.8	17.1
資産超過回復型	45.1	37.4	17.5
債務・資産均衡	43.2	38.4	18.4
債務超過転落型	38.0	32.0	30.0
赤字型（3期連続債務超過）	49.1	25.2	25.8

資料：三菱UFJリサーチ＆コンサルティング(株)「「事業承継」「職業能力承継」アンケート調査」（2005年12月）
（注）「事業を何らかの形で他者に引き継ぎたい」と回答した企業のみ集計している。

出所：『中小企業白書2006年版』。

図9―10　事業承継の状況

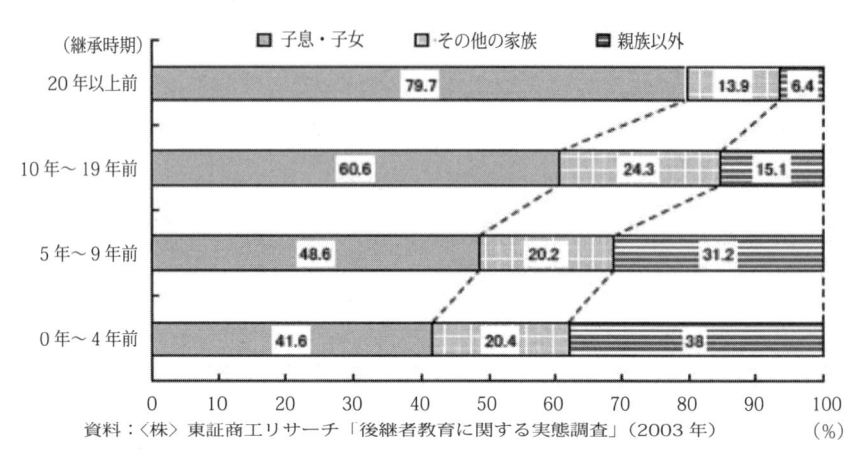

(継承時期)　　■子息・子女　　■その他の家族　　■親族以外

期間	子息・子女	その他の家族	親族以外
20年以上前	79.7	13.9	6.4
10年～19年前	60.6	24.3	15.1
5年～9年前	48.6	20.2	31.2
0年～4年前	41.6	20.4	38

資料：〈株〉東証商工リサーチ「後継者教育に関する実態調査」(2003年)

出所：中小機構 (2008) 4頁。

図9―11　経営者として望む後継者像

経営者として望む後継者像

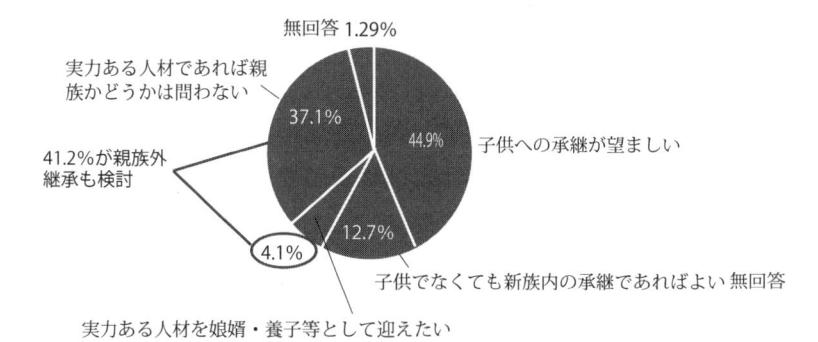

- 無回答 1.29%
- 実力ある人材であれば親族かどうかは問わない 37.1%
- 41.2%が親族外継承も検討
- 子供への承継が望ましい 44.9%
- 12.7% 子供でなくても親族内の承継であればよい 無回答
- 4.1% 実力ある人材を娘婿・養子等として迎えたい

(出典) みずほレポート『「事業承継の2012年問題」を乗り越えるために』(2011)

出所：図9―1に同じ (35頁)。

3　事業承継の実態

親族内・親族外承継

　実際に事業承継が実現した事例で見ると、承継のうち、親族内承継の割合は約6割となっている（図9—10）。過去（20年以上前）は後継者候補として親族を挙げる中小企業が約9割となっていたことと比べると、足下では、少子化等も背景に親族外承継も視野に入れて後継者を検討する企業の経営者が4割を超えている。実際、過去と比較して親族外承継をした中小企業の割合は増加傾向にある。後継者の選び方として、親族であることを優先するよりも、実力のある人材であるかを重視する経営者が増えているとの調査結果もある（図9—11）。

　後継者への承継だけでなく、事業売却を行う事例も増えてきている。未上場企業間のM&Aの件数は、リーマンショック後に減少傾向がみられたものの再び増加傾向にある。

　我が国における事業承継は、依然として親族内の承継が中心ではあるものの、親族外への承継や事業売却など、形態が多様化している。このため、企業の事業を円滑に次世代にバトンタッチしていくためには、多様化する事業承継の形態に対応した施策を検討することも必要である。

親族内承継の問題

　中小企業庁調査によれば、親族内の事業承継の際に問題があると回答した中小企業は約7割にのぼっている。具体的な問題点としては、第一に経営者としての資質や能力の不足の問題、続いて、相続税・贈与税の負担があげられている（図9—12）。資質や能力の不足については、事業承継の準備をしている中小企業の具体的な準備内容として、後継者の資質・能力の向上に取り組んでいるとの回答が最も多かったことからも、問題として認識され、実際に取組が進められていると考えられる。

図 9—12　事業を引き継ぐ際の問題、具体的な問題（1）（複数回答）

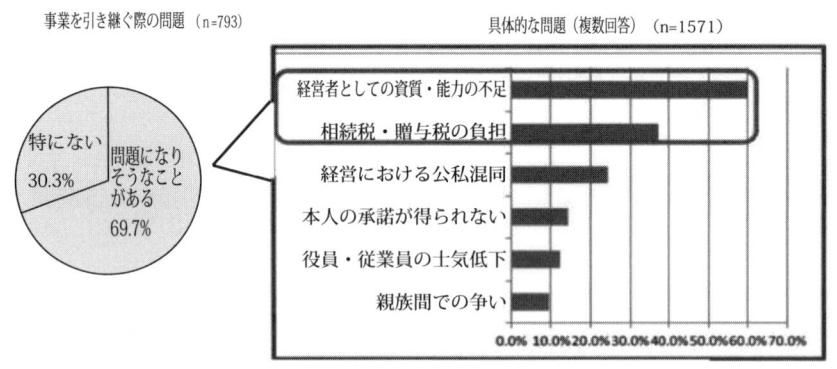

事業を引き継ぐ際の問題（n=793）
- 特にない　30.3%
- 問題になりそうなことがある　69.7%

具体的な問題（複数回答）（n=1571）
- 経営者としての資質・能力の不足
- 相続税・贈与税の負担
- 経営における公私混同
- 本人の承諾が得られない
- 役員・従業員の士気低下
- 親族間での争い

（出典）中小企業庁委託調査「中小企業の事業継承に関する調査に係わる委託事業報告書」（2012 年 11 月）株式会社野村総合研究所　再編加工

出所：図 9—1 に同じ（35 頁）。

図 9—13　事業を引き継ぐ際の問題、具体的な問題（2）（複数回答）

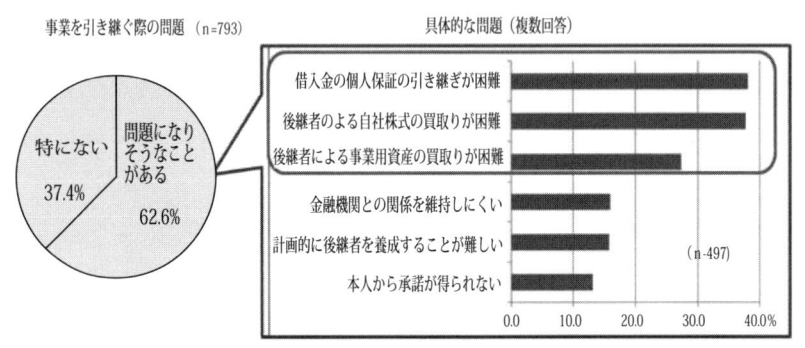

事業を引き継ぐ際の問題（n=793）
- 特にない　37.4%
- 問題になりそうなことがある　62.6%

具体的な問題（複数回答）
- 借入金の個人保証の引き継ぎが困難
- 後継者による自社株式の買取りが困難
- 後継者による事業用資産の買取りが困難
- 金融機関との関係を維持しにくい
- 計画的に後継者を養成することが難しい
- 本人から承諾が得られない

（n=497）

（出典）中小企業庁委託調査「中小企業の事業継承に関する調査に係わる委託事業報告書」（2012 年 11 月）株式会社野村総合研究所　再編加工

出所：図 9—1 に同じ（35 頁）。

9章　事業承継・事業再生の金融

親族外承継の問題

　近年、増加傾向にある親族外承継でも、事業承継の際に問題があると回答した中小企業は約6割にのぼる。具体的な問題点としては、第一に借入金の個人保証の引継ぎ、続いて自社株式や事業用資産の買取りが困難であることが挙げられている（図9—13）。

　借入金の個人保証については、2014年2月から適用されている「経営者保証に関するガイドライン」において、事業承継時には、主債務者や保証人は、経営者交代の事業への影響を説明するなど債権者の情報開示要請に適切に対応すること、債権者は後継者に当然に保証債務を引き継がせず、必要性を改めて検証することとし、前経営者との保証契約の解除についても適切に判断することとされた。また、自社株式や事業用資産の買取りが困難な状況の中で、現経営者から後継者へ自社株式や事業用資産を無償で譲り渡しても良いとするケースがあるものの、贈与税の問題は残る。

図9—14　事業引継ぎ支援体制

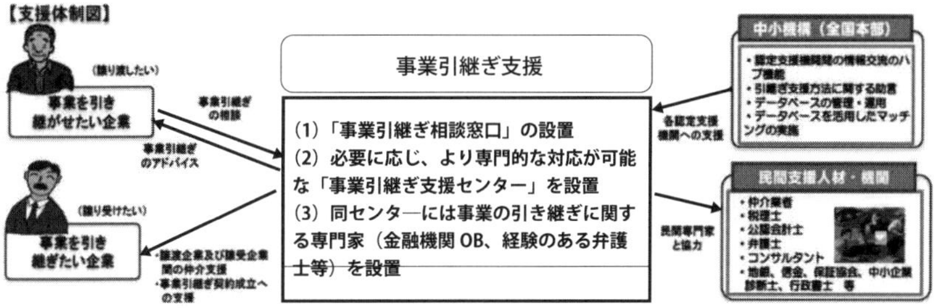

出所：図9—1に同じ（24頁）。

4　事業引継ぎの課題

　中小企業の事業承継には、事業譲渡ないし事業引継ぎという手法もある。いわゆるM&Aである。事業譲渡・事業売却（M&A）についての問題点は、買い手企業を見つけることが難しいことや、適正な売却価格を算定することが難しいといったことである。買い手企業を見つけるマッチングについては、比較的規模の大きな会社であれば、金融機関や証券会社、M&Aの専門会社など民間の担い手が存在しているが、小規模な会社になると手数料が小さくなることもあり、民間の担い手が必ずしも充実しているとはいえない[2]。

　このため、2011年から事業引継ぎの支援体制が整備されてきており、47都道府県に、事業引継ぎ等に関する情報提供・助言等を行う「事業引継ぎ相談窓口」が設置されているほか、事業引継ぎ支援の需要が多く、支援体制が整った地域に「事業引継ぎ支援センター」を設置し、事業引継ぎに関するより専門的な支援を実施している[3]。

3節　事業承継と人材マッチング

1　外部人材の活用

　事業承継が親族内で行われる割合が、図9—10のように6割になると、残りは親族外になるが、可能性のあるのは社長以外の親族外の役職員（経営陣あるいは従業員）、もしくは社外の人材による承継である。経営陣が事業を引き継ぐ（事業の買収や経営権の取得）を行うのがマネジメント・バイアウト

9章 事業承継・事業再生の金融

図9—15　現在の候補者に決定しなかった場合の対応

～現在の候補者に決定しなかった場合は、社外から経営者を探すとしている企業の割合が高い～

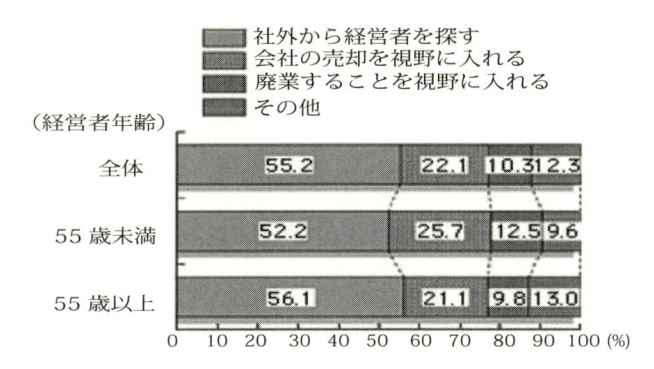

凡例：
- 社外から経営者を探す
- 会社の売却を視野に入れる
- 廃業することを視野に入れる
- その他

（経営者年齢）

	社外から経営者を探す	会社の売却を視野に入れる	廃業することを視野に入れる	その他
全体	55.2	22.1	10.3	12.3
55歳未満	52.2	25.7	12.5	9.6
55歳以上	56.1	21.1	9.8	13.0

資料：三菱UFJリサーチ＆コンサルティング(株)「『事業承継』『職業能力承継』アンケート調査」(2005年12月)
(注) 後継者について「決めてはいないが候補者がいる」と回答した企業のみ集計している。

出所：図9—9に同じ（24頁）。

（Management Buy-Out、MBO）であり、従業員が行うのがエンプロイー・バイアウト（Employee Buy-Out、EBO）である。このような場合、役職員は自社を買収できるほどの資金を持っておらず、また金融機関から買収資金を調達できる当てもないことも多い。したがって、MBOやEBOを可能にする金融手法などが必要となる。このような制約から、血縁関係にない自社の役職員を後継者とすることは難しい。

『中小企業白書2006年版』は「コラム3-2-1」で、「『承継アンケート』において、『事業売却を検討する』という者に対して具体的に考えている事業売却の方法を聞いてみても、「経営陣による会社買収（MBO）」との回答は6.7％に過ぎなかった」と記述している。そこで、「子息・親族の後継者もおらず、社内に自社を買い取れる役職員もいない場合、他の会社に自社を買収・合併させる（M&A）か、社外の第三者に自社を買い取らせて経営者として入ってきてもらう（MBI：Management Buy In）というのも、事業承継の手段として有力な

497

図9―16　社外から経営者を探す際の招聘先
～社外招聘を検討する場合は、自社のステークホルダーでない者を希望する傾向～

	取引先	同業者	金融機関	その他
現時点で適当な候補者がいない企業のうち、社外から後継者を招聘したいとするもの	20.7	27.8	4.7	46.8
候補者を決めてはいないが候補者がいる企業のうち、後継者を決められなかった場合に社外から経営者を招聘するもの	13.2	24.8	2.5	59.5

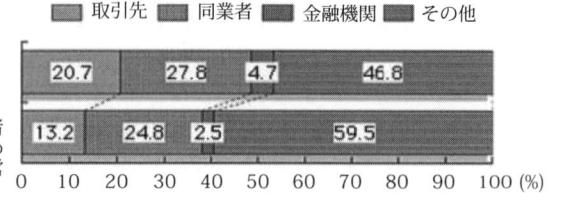

資料：三菱UFJリサーチ＆コンサルティング(株)「「事業承継」「職業能力承継」アンケート調査」(2005年12月)
(注)後継者について「決めてはいないが候補者がいる」と回答した企業のみ集計している。

出所：図9―9に同じ（24頁）。

選択肢となり得るのである」としている。

　MBO、EBOの他に、社外の人材を求めるという企業経営者も多いことを、『中小企業白書2006年版』はさらに指摘している。図9―15は、経営者が候補書を決定しているが、その候補者に決定されなかった場合にどうするかを調査した結果であるが、「社外から経営者を探す」という割合は55％に及んでいる。

　図9―16は、後継者を決定していないが、候補者がいるものの、その候補者に決定できなかった場合に、社外から経営者を探すとすると、取引先・同業者・金融機関以外のその他が47―60％で、社外招聘先は自社のステークホルダーでない者を希望する傾向があることを示している。

　このように、経営者は親族外の事業承継を考える場合に、後継者を社外から選ぶことも重要な選択肢であり、かつその場合にステークホルダー以外への期待が大きいことが分かる。

9章　事業承継・事業再生の金融

図9—17　高齢者の就業希望
〜高齢者の就業意欲は高い〜

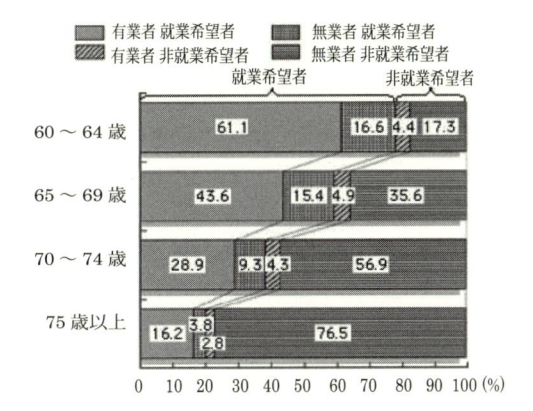

	有業者 就業希望者	無業者 就業希望者	有業者 非就業希望者	無業者 非就業希望者
60〜64歳	61.1	16.6	4.4	17.3
65〜69歳	43.6	15.4	4.9	35.6
70〜74歳	28.9	9.3	4.3	56.9
75歳以上	16.2	3.8 / 2.8		76.5

資料：資料：総務省「就業構造基本調査」（2002年）
注：1. 男性のみを集計している。
2. 有業者の就業希望者は継続就業希望者、追加就業希望者、転職希望者の合計で、非就業希望者は就業休止希望者である。
3. 分母となる総数には分類不能、不詳等の数値が含まれているため内訳を合計しても100％とならない。

出所：『中小企業白書2005年版』。

2　人材マッチング

　現在の経営者が後継者に社外人材を招聘したいと考える場合、大都市圏であれば若年層・女性の人材、士業の人材も豊富で、社外招聘に困難は少ないと思われる。しかし、地方圏ではこのような人材の確保は容易ではない。そこで、元気な高齢者を活用するニーズが大きくなる。
　団塊世代は、1947—49年生まれのベビーブーム世代で、この世代の年間出生数は250万人超で、約800万人の人口を擁する。その後の世代もこれに次ぐ人口である。この世代は、2015年には60歳代半ばに達し、健康面でも十分活躍可能である。すなわち、定年退職により、高度な技能を持った労

図 9—18　高齢者の就業希望理由

〜高齢者は健康のために就業を希望する割合

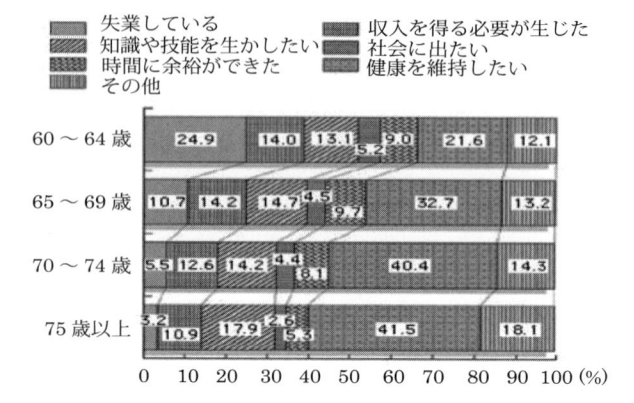

凡例：
- 失業している
- 知識や技能を生かしたい
- 時間に余裕ができた
- その他
- 収入を得る必要が生じた
- 社会に出たい
- 健康を維持したい

年齢	失業	知識技能	時間余裕	その他	収入	社会	健康
60〜64歳	24.9	14.0	13.1	5.2	9.0	21.6	12.1
65〜69歳	10.7	14.2	14.7	4.5	9.7	32.7	13.2
70〜74歳	5.5	12.6	14.2	4.4	8.1	40.4	14.3
75歳以上	3.2	10.9	17.9	2.6	5.3	41.5	18.1

資料：資料：総務省「就業構造基本調査」(2002年)
(注) 1. 無業の男性のみを集計している。
2. 分母となる総数には分類不能、不詳等の数値が含まれているため内訳を合計しても100％とならない

出所：図 9—17 に同じ (24 頁)。

働者が労働市場に潜在的に存在する。このような他社で就業していた者（いわゆる企業等 OB 人材）を活用することで今まで自社になかったノウハウを得る可能性が生じる。このような大企業を退職する団塊世代を積極的に活用することで自社の技術力の向上を期待することができる状況が出現している。

　『中小企業白書 2005 年版』は、高齢者の就業希望などを検討しているが、図 9—17 に見るように、総務省「就業構造基本調査」(2002 年) で見ると、高齢者の就業希望は、現在無業の者と就業している者の合計で、60 歳代前半で 78％、同後半で 59％と高い水準である。現在、無業ではあるが就業を希望している者は 60—64 歳では 16.6％、65—69 歳では 15.4％、70—74 歳でも 9.3％もいる。現在就業している者を含めると 70—74 歳の年齢でも 38.2％の者が就業を希望しており、高齢者の就業意欲は旺盛であるといえよう。

　この調査は 2002 年のもので、団塊の世代はまだ 50 歳代前半であった。し

9章 事業承継・事業再生の金融

たがって、その結果を単純に踏襲することは困難であるが、2014年現在でも高齢者の就業のニーズは高いと思われる。2002年当時の高齢者よりも公的年金の受給水準は低下していることもその一因になるからである。

図9—18は、高齢者の就業希望を調査したものであるが、60歳代前半では失業がその理由になっているが、加齢とともに減少し、健康の維持がその理由としては多くなる。また知識・技能を生かしたいという理由も10数％ある。高齢者の働きたい理由と高齢者がこれまでの就業経験に基づいた豊富な知識を持っていることを考慮すると、高齢者を活用することで企業は大きな負担をかけずに優秀な労働力を利用することが可能になる。特に、経営資源が不足しがちな中小企業にとって、高齢者を活用することは非常に有益なものであるといえよう。

こうした状況を踏まえ、中小企業庁では「企業等OB人材活用推進事業」を2003年から開始し、各地の商工会議所に「企業等OB人材マッチング地域協議会」を設置し、OB人材の発掘やOB人材の活用を希望する中小企業の情報を収集し、企業と高齢者とのマッチングを支援している。2005年度末のOB登録数は4633人で目標達成度は46％、マッチング成立件数は1830件で目標達成度は55％であった。この事業は2007年度に終了した。その後継として、2008年からは「新現役チャレンジ支援事業」となり、新現役人材（大企業等の退職者及び近く退職を控えるシニア人材）の持つ豊富な技術・ノウハウを中小企業等の支援などに活用することを目的に、新現役人材の発掘・登録、支援希望先企業等とのマッチングを行うものでとなった。具体的には、中小企業基盤整備機構本部において、新現役人材の発掘・登録、希望先企業とのマッチング等の業務を地域事務局（商工会議所等）に再委託して実施した。また、自治体との連携により大都市在住の新現役と地方中小企業とのマッチングを促進する事業等をモデル事業として採択・実施し、新現役の活躍に関する新たな仕組みづくりを目指すものであった。2008年度末時点で、地域協議会に登録されているOB人材は8425人で（2009年度末目標3万人、達成率28％）、マッチング成立件数は1841件で（2009年度末目標中小企業向け目標3000件、

62％）、達成度が低水準とされ、予算執行調査の対象となり、この新現役チャレンジ事業は、2010年3月で終了した。その後「中小企業支援体制連携強化事業（2013年3月まで）」「中小企業・小規模事業者ビジネス創造等支援事業」に受け継がれた。関東経済産業局では、マネジメントマンター登録制度や新現役人材交流会（＠都内信用金庫）、新現役活用中小企業支援事業などを展開している[4]。

3　新現役の活動を容易化するために

　団塊の世代の人材活用は、「新現役」として、事業が進められてきたが、より活性化させることが必要である。団塊の世代は現在60歳代半ばから前半であり、あと10年弱は勤労可能であるので、「新現役チャレンジ事業」とその後継事業などを活用し、中小企業の経営に参画し、一時的に地方に移転する（中小企業の8割は東京圏以外にある）。高齢化した中小企業の経営者を補助して経営の支援をし、次世代に引き継ぐという事業承継に携わることを推進したい。
　団塊の世代が、抱える困難は、持家という住宅（自宅）の問題である。地域にＩターンして、その地域に根付くことも多い。信州では、退職後移住している世帯が多いし、地元に密着している方も多い。しかし、10年ほど地域で活動してもいずれは自宅に戻りたいという願いがあるし、10年間だったら「まあいいか」との思いもあろう。特に、自分は良くても奥さんの自宅に戻りたい希望は無視できないであろう。
　そこで、役に立つのが、「住替え型リバース・モーゲジ」である。高齢社会では自助が重要だが、この自助は経済的には貯蓄ということになる。いうまでもないが、資産保有は金融資産に留まらない。住宅という実物資産住宅も資産保有では重要である。この住宅をキャッシュフローとして活用できれば自助に繋がる。「資産のフロー化」がそのエッセンスである。いわゆるリバース・モーゲジである。住宅がフローからストックの時代に移行し、ストック活用が言わ

9章　事業承継・事業再生の金融

れて久しい。住宅のストック化の意味は、いかにストックとしての価値を維持し、その価値を「見える化」するかがポイントである。自動車に車検証があるのに、住宅に「家歴書」(住宅の履歴情報である改修などを記録するもの。現在「家カルテ」という住宅履歴制度が整備されつつある)が必要なことはいうまでもない。これは住宅の瑕疵担保責任や性能表示などで実現しつつある。

しかし、木造住宅であれば20年程度で価値が事実上ゼロになるという住宅価値の評価に基本的な問題がある。これはいずれ家歴書の普及で解決しよう。ということは、いかに優良な住宅を建築するかである。ストックが存在するということは、リフォームを確実に行うことである。

これらの課題はあるものの、高齢者の選択で重要なのが、「住替え型リバース・モーゲジ」である。これは、自宅に住んだまま資金化するのではなく、自宅は賃貸に出して、その賃料で別の住宅に住まう方式である。これを使えば、例えば、東京にある自宅を賃貸に出し、自分は地方で暮らすことも可能になる。「一般社団法人　移住・住かえ支援機構 (JTI)」を使用すれば、いずれ東京に戻って元の住宅に住むことも可能である。JTIの「マイホーム借上げ制度」は、50歳以上のシニアを対象にマイホームを借上げ、賃貸住宅として転貸するシステムである。シニアライフには広すぎたり、住み替えにより使われなくなった家を、子育て世帯などに賃貸し、賃料を受け取るスキームである。この機構は、国の基金を使うこともできる組織で、耐震性能などをクリアすれば、一定の賃料を保証してくれる。「10年Iターン」も団塊の世代には良い選択肢ではないであろうか。

日本創成会議の「増田レポート」(2014年5月)は、その中で国が人口減少の基本ビジョンの策定の必要性を論じ、「IV．戦略の全体像」として、1．ストップ少子化戦略(若者(男女)が結婚し、子どもを産み、育てやすい環境を作る、2．地方元気戦略(地方を立て直し、再興を図る)、3．女性・人材活躍戦略(女性や高齢者など人材の活躍を推進する)、を掲げ、この2．中で「⑤地方へ人を呼び込む魅力づくり」として、「東京圏の住宅を売却し地方圏の住宅を取得した者に対しては税制上の優遇措置を講じ、地方へ移住することを容易にする

図9—19　JTIのマイホーム借上げ制度

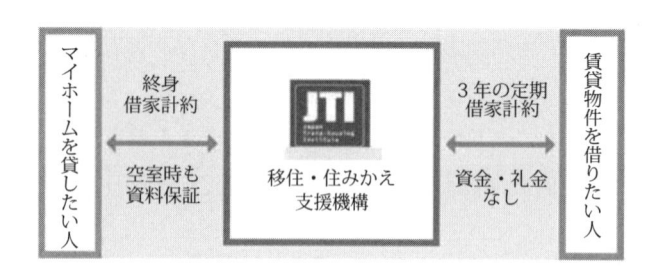

出所：移住・住み替え機構ホームページ。

こととも考えられる」(43頁)とした。

　さらに、「都会に住む高齢者が地方への住み替えを選択するケースが増加する」ことは、地方の雇用機会を増加させるので、「高齢者移住を支援する方策として、高齢者の個人単位や自治体間のマッチング組織の整備や高齢者が居住していた戸建住宅を賃貸マーケットに出し、若年層に貸し出すスキームの整備」が必要とし、先の提案と同じ方向を示している。

　リバース・モーゲジは土地の評価に依存するのがこれまでの活用事例であるが、上物重視のリバース・モーゲジが普及することが期待される。リフォームによるストック活用・家歴書・土地ではないリバース・モーゲジは、住宅そのものの価値を活用するアイデアで住宅のキャッシュフロー化という自助の根幹をなすものである。

　問題は上物といってもこのリバース・モーゲジに耐え得るのかである。新耐震基準制定の1981年以前の住宅は32％存在し、住宅戸数は5500万戸なの

9章 事業承継・事業再生の金融

表9—1 住み替え型リバース・モーゲジ

従前住宅		住み替え後住宅		RMの担保物件
		賃　貸	購　入	
	売却	RMなし	購入資金不足充当分 リフォームなど融資枠 月々式融資	住み替え後の住宅
	賃貸	融資枠（入居一時金） 月々式融資	購入資金不足充当分 リフォームなど融資枠 月々式融資	（賃貸→賃貸の場合） 従前の住宅 （賃貸→購入の場合） 従前の住宅ないし 住み替え後の住宅

出所：筆者作成。

図9—20 住み替え型リバース・モーゲジ

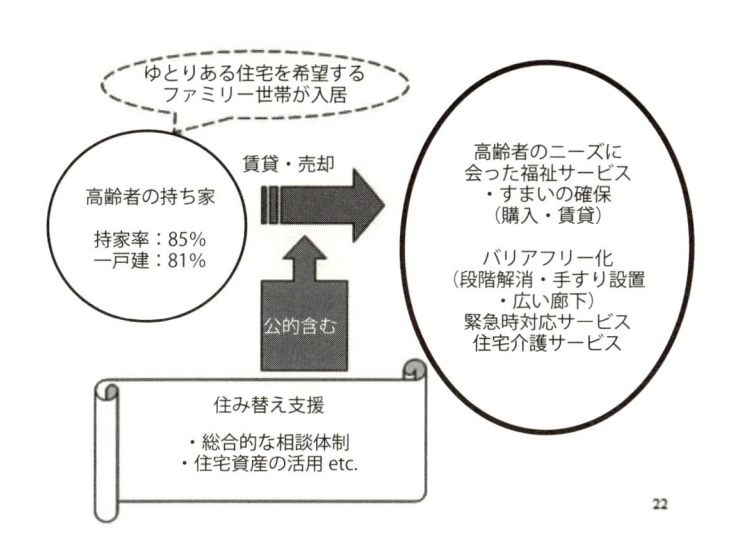

ゆとりある住宅を希望する
ファミリー世帯が入居

高齢者の持ち家
持家率：85%
一戸建：81%

賃貸・売却

高齢者のニーズに
会った福祉サービス
・すまいの確保
（購入・賃貸）

バリアフリー化
（段階解消・手すり設置
・広い廊下）
緊急時対応サービス
住宅介護サービス

公的含む

住み替え支援
・総合的な相談体制
・住宅資産の活用 etc.

22

出所：筆者作成。

で、1600万戸の建替えは必要である。低く見積もっても800万戸のストック入れ替え需要が発生する。1戸2000万円の住宅として、160兆円の需要である。この住宅需要を向こう10年間で顕在化させ、年間16兆円の住宅需要を喚起する。現在の住宅投資はGDP比5％なので、これを8％程度に上昇させることにより、内需を牽引するのである。需給ギャップは相当埋められよう。さらに住宅の生産誘発係数は高く、裾野効果は大きい。

　住宅需要の原資は、高齢者層の保有する金融資産800兆円の2％程度を活用することで相当部分がカバーされる。すなわち、高齢者に老後保障を担保した上で、2000万円程度の住宅取得を促すのである。200年住宅仕様とし、バリアフリー・耐震・太陽光パネルなどを設置した環境対応住宅で、リバース・モーゲジ利用に耐えうるものとする。これらを自己居住にせず、若い子育て世代に賃貸して、家賃収入を得てもよい。

　このような住み替え型リバース・モーゲジと「新現役」事業をドッキングし、団塊の世代に地域へのIターンを促すことも重要である。その際、地域金融機関にはマッチングを図る役割がある。

*4*節　事業承継の金融

1　事業承継の政策的課題[5]

事業承継税制

　事業承継については、中小企業における経営の承継の円滑化に関する法律（2008年法律第33号。以下「経営承継円滑化法」）の制定、非上場株式等についての相続税・贈与税の納税猶予制度（以下「事業承継税制」）の創設（2009

9章 事業承継・事業再生の金融

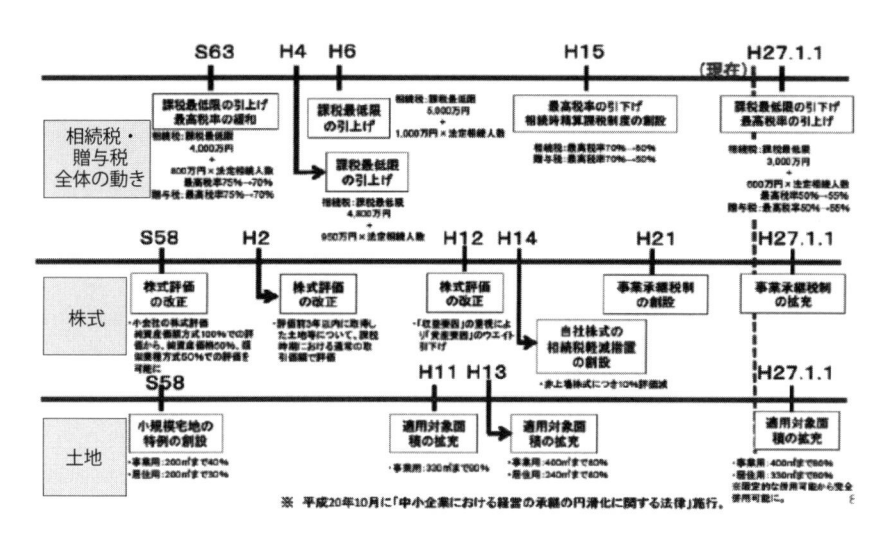

図9—21 中小企業における事業継承に関する措置

出所：図9—2に同じ。

年度税制改正）など、事業承継の円滑化を支援する様々な措置が講じられてきた。2013年度税制改正において事業承継税制の要件について相当な見直しが行われ、2015年1月1日に施行される。

事業承継は、税制が重要な鍵になる。というのは、会社形態を採用する我が国の中小企業・小規模事業者の多くは、所有と経営が一致する同族会社であり、このような会社の事業承継は経営権の移転だけでなく自社株式の移転を伴うことになる。このため、後継者が自社株式を取得した際に課される相続税・贈与税の負担が重いことが事業承継のボトルネックになることから、負担の軽減のために様々な税制措置等が講じられてきた。

ここ30年の間でも、取引相場のない非上場株式の評価方法が数度にわたり改正されたほか、2002年には自社株式の相続税軽減の特例措置が実現し、さらに2009年度税制改正において「事業承継税制」が創設された（図9—21）。

経営承継円滑化法の制定

経営承継円滑化法は、①遺留分に関する民法の特例、②事業承継時の金融支援措置、③事業承継税制の基本的枠組みを盛り込んだ事業承継円滑化に向けた総合的支援策の基礎となる法律で、2008年5月可決・成立し、同年10月1日（遺留分に関する民法の特例に係る規定については2009年3月1日）から施行された[6]。

2　経営承継円滑化法の措置

遺留分に関する民法の特例（経営承継円滑化法第3―11条）

後継者が、遺留分権利者全員との合意の後、経済産業大臣の確認及び家庭裁判所の許可を得ることを前提に、次の二種類のいずれか一方又は双方（株式の一部を除外合意し、残りを固定合意する）の民法特例の適用を受けることができる。

①　除外合意制度（生前贈与株式等を遺留分算定基礎財産から除外できる制度）

先代経営者の生前に、経済産業大臣の確認を受けた後継者が、遺留分権利者全員との合意内容について家庭裁判所の許可を受けることで、先代経営者から後継者へ贈与された自社株式その他一定の財産について、遺留分算定の基礎財産から除外することができる制度。

これにより、事業継続に不可欠な自社株式等に係る遺留分減殺請求を未然に防止することが可能になるとともに、後継者単独で家庭裁判所に申し立てることになるため、遺留分放棄制度と比べて後継者以外の者の手続は簡素化される。

②　固定合意制度（生前贈与株式の評価額を予め固定できる制度）

生前贈与後に株式価値が後継者の貢献により上昇した場合でも、遺留分の算定に際しては相続開始時点の上昇後の評価で計算されてしまう。このため、経済産業大臣の確認を受けた後継者が、遺留分権利者全員との合意内容について家庭裁判所の許可を受けることで、遺留分の算定に際して、生前贈与株式の価

額を当該合意時の評価額で予め固定することができる。これにより、後継者が株式価値の上昇分を保持できることになり、経営意欲の阻害要因が排除できる。

経営承継円滑化法の遺留分に関する民法特例については、後継者は現経営者の推定相続人であることとされており（経営承継円滑化法第三条第三項）、親族外の第三者が後継者となる場合の事業承継については、本特例の適用を受けることができないという課題がある。

民法特例の利用状況

民法特例の利用件数は、2014年3月末に70件となっている（全て除外合意制度の利用）。民法特例を利用した中小企業・小規模事業者は、従業員数20人超の会社が7割を超えており、中規模企業の利用が中心となっている。

民法特例を利用した会社の特徴として、株式評価の一つの基準である純資産額が合意後に増加する傾向がみられることから、将来の株式評価額の上昇を予想して民法特例を利用した可能性が考えられる。しかし、他の推定相続人との間で株式等を除外することが合意できる場合であれば、当該株式等の全てが遺留分算定基礎財産に算入されないことから、除外合意制度の利用のみが進んでおり、固定合意制度については利用実績がない。

3　事業承継税制（経営承継円滑化法第12条）

制度の概要

事業承継の際には後継者に相続税・贈与税が課されるが、キャッシュフローの乏しい中小企業・小規模事業者にとってはその負担が重く、株式を分散させて相続・贈与する誘因が働く。こうした対応は、中小・小規模事業者の経営の安定を損ね、ひいては中小企業・小規模事業者が支えている地域の雇用や経済の活力にも支障を与えるおそれがある。したがって、後継者が、経済産業大臣の認定を受けた非上場会社の株式等を現経営者から相続又は贈与により取得した場合には、相続税・贈与税の納税を猶予する特例制度として事業承継税制が

創設された。

　後継者の要件として、後継者と後継者の親族などで総議決権株式の過半数を保有し、かつこれらの者の中で筆頭株主であることなどが課せられており、事業承継税制の対象となる後継者は事実上一人に限られている。2017年以後、後継者は親族内承継に限定されず、親族外承継でも可能となった。

相続税の納税猶予特例

　後継者が納付すべき相続税のうち、相続により取得した非上場株式（相続前から後継者がすでに保有していた議決権株式等を含め、発行済議決権株式総数の3分の2に達するまでの部分に限る）に係る課税価格の80％に対応する額が納税猶予される。

贈与税の納税猶予特例

　後継者が納付すべき贈与税のうち、相続により取得した非上場株式（贈与前から後継者がすでに保有していた議決権株式等を含め、発行済議決権株式総数の3分の2に達するまでの部分に限る）に係る課税価格の全額に対応する額が納税猶予される。

納税猶予特例の要件

　この相続税・贈与税の納税猶予特例の適用を受けるためには、相続税・贈与税の申告期限から5年間は次のような要件を満たして事業を継続することが必要である。

①　雇用の8割以上を毎年維持すること、
②　後継者が代表を継続すること、
③　先代経営者が役員（有給）を退任すること（贈与税の場合）、
④　対象株式を継続して保有すること、
⑤　上場会社、資産管理会社、風俗関連事業を行う会社に該当しないこと、

などである。

　なお、要件を満たせなかった場合は全額納付（5年経過後は譲渡した株式の割合分だけ納付）となるが、後継者が死亡した場合は全額免除となる[6]。

制度の利用状況

9章 事業承継・事業再生の金融

図9—22 「通所」+「拡大（別枠化）」の図

通常
普通保険（2億円）
無担保保険（8,000万円）
特別小口保険（1,250）万円

拡大（別枠化）
普通保険（2億円）
無担保保険（8,000万円）
特別小口保険（1,250）万円

出所：図9—1に同じ（14頁）。

　事業承継税制についての経済産業大臣の認定件数は、2014年3月に846件（相続税539件、贈与税307件）となっている。相続税の納税猶予の認定を受けた中小企業・小規模事業者は、従業員数20人以下が49%、21人以上が51%となっており、小規模・中規模ともに利用している。また、贈与税の納税猶予の認定を受けた中小企業・小規模事業者は、従業員数20人以下が44%、21人以上が56%となっており、小規模・中規模ともに利用している。

　認定を受けた企業のうち、相続税・贈与税の申告期限から1年後の時点における認定企業の雇用状況をみると、相続・贈与ともに90%以上が雇用を確保している[7]。

4　金融支援措置（経営承継円滑化法第12—14条）

　代表者の死亡等に起因する経営の承継に伴う様々な資金需要が発生し、当該資金需要に応えられない場合、事業の継続に支障が生じるおそれがあることか

ら、経済産業大臣の認定を受けた中小企業者及び当該認定を受けた中小企業者の代表者個人に対して、次のような金融支援措置を講じている。

中小企業信用保険法の特例

事業承継により緊急的に発生する多額の資金需要に対応するため、経済産業大臣の認定を受けた中小企業者における事業資金に係る信用保険枠を別枠化している。

株式会社日本政策金融公庫法及び沖縄振興開発公庫法の特例

原則として、日本政策金融公庫等から、代表者個人が融資を受けることはできないが、事業承継の局面においては、後継者個人に発生する資金需要であって、会社の事業資金とは整理できないものの、会社が事業活動を継続していくために必要かつ不可欠な資金需要が存在する。このため、当該資金需要に対応すべく、特例により日本政策金融公庫等の融資対象に後継者個人を加えることとしている。

金融支援措置についての経済産業大臣の認定件数は 85 件となっている（2014 年 3 月末時点）。認定を受けた中小企業・小規模事業者は、従業員数 20 人以下の小規模企業が半数を超えている。

個人保証の問題

親族外承継でも、事業承継の際の問題として、借入金の個人保証の引継ぎの問題、自社株式や事業用資産の買取りの問題がある。借入金の個人保証については、2014 年 2 月から適用されている「経営者保証に関するガイドライン」において、事業承継時には、主債務者や保証人は、経営者交代の事業への影響を説明するなど債権者の情報開示要請に適切に対応すること、債権者は後継者に当然に保証債務を引き継ぐことはせず、必要性を改めて検証し、前経営者との保証契約の解除についても適切に判断することとされた[8]。

自社株式や事業用資産の買取りが困難な状況の中で、現経営者から後継者へ自社株式や事業用資産を無償で譲り渡しても良いとするケースがある、この場合でも、贈与税の問題は残る。

5 MBO・EBO 支援の金融

事業承継の資金ニーズ

事業承継には、多くの資金ニーズがある。具体的には、

① 後継者が、相続等で分散した自社株式や事業用資産を買い取るための資金、

② 後継者が、相続や贈与によって自社株式や事業用資産を取得した場合の納税資金ための資金、

④ 経営者の交代により信用状態が悪化し、銀行の借入条件や取引先の支払条件が厳しくなった場合の資金、

といったものである。

特に、事業承継を親族外の後継者が担うことが多くなっているが、MBO にせよ、EBO にせよ、③のように承継に必要な資金の確保が重要になってくる。図9─13で見たように、事業承継の際の問題点は、株式の買い取りと事業用資産の買い取り、という課題がある。この株式の購入資金、事業用資産の購入資金をいかに調達確保するのかという課題は、親族外後継者には重いものがある。

日本政策金融公庫等の公的融資

そこで、金融機関がそのための資金を円滑に供給できれば、事業承継は円滑に進むことになる。このような事業承継円滑化融資を設定することが金融機関の責務となる。日本政策金融公庫には、「企業再建・事業承継支援資金（企業再生貸付）」制度があり、その対象は「安定的な経営権の確保により、事業の継続を図る方であって、次のいずれかに該当する方」で、

「① 親族内に後継者が不在であるなどにより事業継続が困難となっている企業から事業の譲渡、株式の譲渡、合併などにより事業を承継する企業、

② 株主の方などから自己株式および事業用資産の取得などを行う法人、

③　事業用資産の取得などを行う後継者（個人事業主）の方で、一定要件を満たす方（前個人事業主の退任等の事由が発生してから5年以内で、相続等により分散した事業用資産の取得等を行うことなど）、
④　事業会社の株式または事業用資産を取得する持株会社」
となっており、融資限度は7.2億円である。

　また、中小機構の小規模共済制度には契約者貸付制度があり、その中に「事業承継貸付」制度がある。これは共済契約者に事業承継（事業用資産または株式等の取得）に要する資金を貸付ける制度である。対象は、一般貸付けの資格を取得している共済契約者で、①個人事業の事業資産を取得または取得する意思を持っていること、②会社等の役員に就任しており、その株式等を取得ないし取得する意思を持っていること、が条件で、市町村の商工会、商工会議所、中小企業団体中央会、青色申告会その他相当の団体からその確認を受けている

図9—23　りそな銀行の事業承継融資スキーム

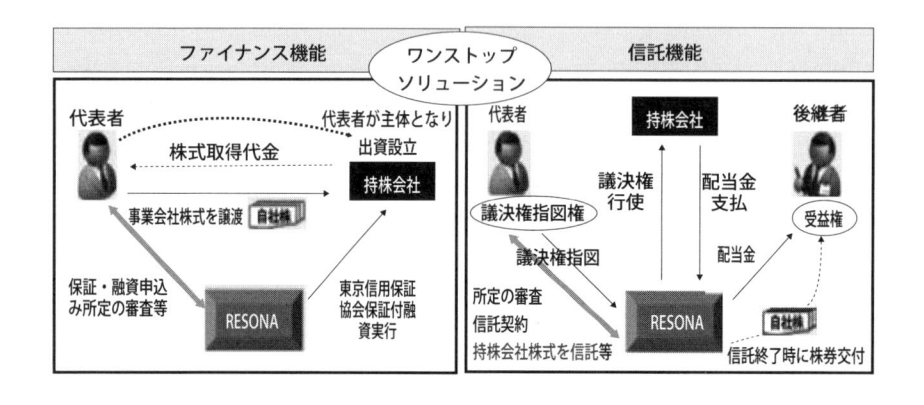

出所：りそな銀行オームページ。

9章 事業承継・事業再生の金融

ことが要件である。掛金の範囲内の融資で、上限は1000万円である。

地方自治体の制度融資にもこの種の制度がある。例えば、長野県中小企業融資制度の新事業活性化資金制度は、事業承継により、既存事業を譲り受けようと場合（既存事業を譲り受け、事業継続又は当該事業により事業拡大を行おうとする場合、事業引継ぎ支援センターの支援を受けて事業承継計画を策定し、既存事業を譲り受けようとする場合、経営承継関連保証を利用する場合）に適用される。

民間の事業承継融資

民間でも、信用保証制度を活用した融資制度がある。例えば、りそな銀行は「政策特別融資 りそな事業承継」融資を行っている。これは、企業オーナーの高齢化や後継者不足などを背景とした中小企業の「事業承継問題」に対し、円滑に事業承継を行う目的で創設された[9]。この制度は、りそな銀行が持つ信託機能とファイナンス機能を融合させた事業承継スキームで、中小企業オーナーが抱える自社株移転や相続等の事業承継に係る課題解決を通して、今後の事業展開をサポートするものである。企業オーナー（代表者）は、新設の持株会社にて資金を調達し、所有する事業会社株式を取得する（株式取得資金融資）。併せて、りそな銀行の「自社株承継信託」を活用して、代表者が持株会社の議決権行使の指図権を保持することで、継続して経営権を維持しつつ、財産権部分のみを後継者へ渡すことができる。信託期間終了時には、後継者が自社株の交付を受けることで後継者の地位を承継することができ、安心して経営を行うことができるというものである。融資上限2.8億円で、東京信用保証協会の保証を活用する（図9—23）。

このような事業承継資金の融資は、民間でもあるが、信用保証協会の利用が前提のものが多い。自治体の制度融資と日本政策公庫の公的融資が基本になっている。

残された課題

親族外承継の場合に、前の経営者には後継者に対して安価な価格で株式を売った場合に、みなし贈与課税が発生する。この問題点の元は株の評価の問題

515

であり、事業承継に絡んだ特別の評価方法とか、原則的な評価方法、例外措置をどう設けたらいいかというような課題が残っている。

5節　事業承継に関する先行研究

1　先行研究

　事業承継に関する先行研究は多いものではない。安田・許（2005）は、「本分野の研究は欧米でも多いとはいえない」が、「先代経営者の子息が承継する場合と従業員等先代の子息ではない第三者が承継する場合の承継後のパフォーマンスの違い等の観点から分析は行われてきた。それら研究での中心的関心は、子息等は、日頃から先代経営者を側にいるため、第三者より経営に必要な考え方やノウハウ等を無意識に吸収することが出来、そのことを通じて承継後、良好なパフォーマンスを示すことが出来るという仮説（いわば「門前の小僧、習わぬ経を読み」ということである」（2頁）ということとした。

　事業承継の実態に関する実証分析は、欧米においてもそれほど多く行われていないようである。安田・許（2005）によると、「事業承継に関する研究には Christensen（1953）、Trow（1961）、Davis（1968）、Helmich（1975）、Brown（1982）などが存在するが、近年はこうしたテーマに関する研究は多くは見られない」（3頁。）

　Christensen（1953）は、事業承継に対する意識的で組織的な計画が、企業のパフォーマンスに与える正の効果を分析した。Trow（1961）は、Christensen のデータを再分析し、事業承継の計画プロセスに関する多様な要素の関係について、クロス集計と有意性の検証を行い、企業の規模、企業成長の有

9章 事業承継・事業再生の金融

無、および企業のオーナーシップ形態といった要素が、承継計画のタイミングに影響を与えることが示された。また、Christensen のオリジナル研究と比較して、後継者のマネジメント能力が、承継後の企業パフォーマンスにより大きな影響を与えることを指摘した。

これらに対し企業家へのインタビュー調査をベースとした実証研究としてDavis（1968）があり、父親から息子へと承継を行った企業へのインタビュー調査から、事業承継の三つのパターンが示された。第一は、創業者である父親が強力なパワーを持ち、息子に権限と責任を委譲するのを躊躇するタイプ、第二は、保守的な父親に対して、高等教育を受けた息子が、斬新なアイデアを実現させようとして摩擦を起こすタイプ、そして第三は、兄弟、婿、甥などの広義の家族が、技術や経営管理の各分野を担当し、視野の違い等によって、不和が生じるタイプ等である。各タイプで問題への対処方法は異なるが、各々の共通点として、利益の最大化よりも、家族における個人間の関係が優先されるべきであることが指摘された。

Helmich（1975）の実証研究は、後継者が内部昇進者か外部出身者かという「後継者のタイプ」、後継者がタスク指向か従業員指向かという「リーダーシップのスタイル」、後継者が職務から得られる「ニーズの満足感」の程度、そして管理職の交代などの「組織変化」という四つの要素の相関を分析し、後継者のニーズに対する満足度が経営者の交代における様々な行為や現象に最も強く影響を与えることを示した。

同様に、リーダーの交代が組織のパフォーマンスに与える影響に関して、米国のプロフットボールチームをケースとした実証研究も存在し（Brown〔1982〕）、プロフットボールチームのパフォーマンスに対するリーダー交代の効果に有意性は見られなかった。

Lentz and Laband（1992）は創業者と第二世代を比較して、第二世代は第一世代より若い年齢で事業を始め、かつ、その所得が教育や経験に影響を受けることが少ないことを発見した。彼らはこのことを第二世代の相続人後継者においては教育や経験の効果を補うものがあると考え、それを先代経営者からの

人的資本の移転（つまり、門前の小僧仮説）に求めた。これについては異なる結果も示されており、例えばGonzalez（2002）は、承継企業のうち子息承継とそれ以外のパフォーマンスを比較し、子息承継企業のパフォーマンスがより悪いことを示している。

2　安田・許（2005）

　これらの先行研究を踏まえ、安田・許（2005）は、「増加することが予想される事業承継について、①承継後のパフォーマンスを良好に保つのは如何なる承継者なのか、②どのような企業が子息等に承継され、どのような企業が第三者に承継されるのかといった点を独自のデータセットをもとに分析し」、その結果「(1)事業承継と創業では経営者の年齢、教育といった基本的な企業家の属性が企業のパフォーマンスに与える影響が全く異なること、(2)同じ事業承継でも子息等承継と第三者承継では同じく基本的な属性がパフォーマンスに与える影響が異なること等」（1頁）を明らかにした。

3　中小企業基盤整備機構調査（2008）

　中小機構では、「事業承継に係る親族外承継に関する研究　～親族外承継と事業承継に係るM&Aの実態～」を2007年に行った。これは、急増する親族外承継に焦点をあわせた研究で、その実態と円滑な親族外承継を進めるための条件や公的支援機関の役割を探るもので、さらに、親族外承継のうちのM&Aによる事業承継がM&A市場の整備などによりM&A件数も増加傾向にあり、その実態を分析するとともに経営者のM&Aに対する考え方や取り組みについても分析を行った。
　親族外承継について、「親族外承継に係るアンケート調査」[10]を実施し、同

9章 事業承継・事業再生の金融

時に「M&A企業へのアンケート調査」及びヒアリングを行った[11]。

アンケート調査結果からみる親族外承継の実態

大半の経営者は「事業を承継したい」と願っているが、そのほとんどは後継者候補がいないか、決めかねている。そのうちの半数は、社内の役員・従業員への承継に期待をかけているが、専門家への相談もできず経営者一人で後継者問題を悩み、誰にも相談できない状況にある。

アンケートによると、①ほとんどの中小企業が、事業承継を希望（是非、事業を承継したい（45.8％）、できれば事業を承継したい（35.3％）。その半数は、他社よりもコア技術・サービスが強く（強い（9.2％）、やや強い（36.3％））、3期連続資産超過（50.2％）と財務基盤も健全な企業）、②ほとんどの経営者には、配偶者・子供もいるが、「後継者が決まっている」は15.8％にすぎない、③大半の経営者が後継者候補を探していたり、決めかねている（親族内に候補者がいるが、まだ決めていない（10.6％）、親族外に候補者がいるが、まだ決めていない（24.5％）であり、後継者を決めかねている経営者は35.1％ある。他方、後継者候補を探している（31.6％）、後継者がいない（17.4％）で、84％の経営者は、後継者問題で苦悩している）、④後継者を決めていない経営者は、社内の従業員・役員への承継を期待（できれば親族内で承継は10％で、他は従業員・役員へ承継するつもり（47.4％）、会社を売却したい（15.7％）、外部から招聘（6.1）％で、後継者不在で悩む経営者の半数は、社内の従業員・役員へ事業を承継することを期待）、⑤事業承継問題を「公的機関」へ相談する割合は僅かで、事業承継について相談する相手は、税理士・会計士・会計事務所（35.6％）、家族（27.4％）、友人（25.2％）となっており、商工会議所・商工会（3％）、公的機関（2.2％）で、公的機関の専門家への相談は、わずか5.2％にすぎない、という結果であった。

事業承継問題は、企業経営と経営者個人（家族を含む）の側面の問題が混在しており、相談者（経営者等）と相談される者（専門家等）との相互の信頼関係が構築されないと、相談しにくいと感じる経営者が多いと言えよう。

M&Aや社内の従業員・役員への事業承継（MBO）への考え方

社内の従業員や役員への承継も、後継者として育たない、事業承継に係る資金手当が困難など、円滑に承継が進まない企業も半数以上ある。また、会社を売却して、事業承継をすることに関心がある企業も多いが、M&A知識が乏しく、信頼ある相談者がいないなど、M&Aへ踏み出すにも、課題が多い。

　M&Aに「関心ある」は60.3％、「関心なし」は26.6％だが、M&Aは、身売りのイメージ、自社とは関係ない、専門知識がないなどの理由でM&Aに関心を示さない経営者もいる。M&Aの経験は、28.1％あり。7割はM&Aの経験なし。M&Aへの心理的な抵抗感は、「非常に抵抗あり」(8.3％)、「抵抗がある」(22.3％)と、「抵抗感あり」が3割を占める。M&Aの希望事項については、「雇用確保」(77.7％)、「会社発展」(58.1％)を希望する経営者が多い。⑥M&A実行上の障害は、雇用問題(57.5％)、次いで「社員の了解」(37％)、譲渡希望価額は、約2—4倍(27.3％)が多いが、バラツキがある。業種は、同業者か関連業者への譲渡希望が半数以上である。

　社員への承継、「資金手当が困難」が51.6％、「育たない」43.7％。この二つが大きな課題となっている。株式移転については、従業員へ承継しても、株式の大半を移転すると回答したのは26％。社外からの人材招聘は、取引先(42.9％)、次いで金融機関(35.7％)となっている。

M&Aを実行した企業の実態

　M&Aを実行した企業は、規模が小さく、業種も多様で、その企業の条件として、「利益は黒字かトントン」「資産超過であること」「同業他社よりは競争力が同程度以上」が必要であり、債務超過状況ではM&Aはむずかしい。経営者の年齢は、60代・70代が大半で、創業者オーナーが主体。社長の就任期間が30年以上。親族に後継者候補の子供はいるが、「子供が承継しない」又は「承継をさせない」と判断している。

　M&Aに対する「心理的抵抗感はない」経営者がほとんどで、自分の会社存続には、有効な手段と考えている。そのため、後継者が不在のため、M&Aを選択した。M&A前には、社内人材も後継者候補に考えたが、それが上手くいかず断念している。また、M&Aの経験少なく、M&A専門会社へ相談してい

る企業がほとんどであった。

　M&Aを希望する条件は、社員の雇用の確保と労働条件の維持で、次いで、取引先に迷惑をかけないこと、社長の債務保証を解除してほしいという3条件がM&Aの基本的な条件であり、これがクリアできることが不可欠と考えている経営者がほとんどであった。M&A先を決めた要因は、「社員の雇用確保ができた」「譲渡先が信頼のおける会社であった」と大半の企業は、二つが満たされた時にM&Aを決意している。M&A実行上での障害は、半数が「とくになし」だが、一部、譲渡価額が低いという障害がある。M&A先の規模は自社より大きい企業がほとんどで、業種は同業、関連業である。M&Aを実施した経営者の高い満足度は、「非常に満足」42％、「やや、満足」29％とM&A実行で高い評価をしている。その満足度の理由は、「社員の雇用確保できた」88％、「譲渡価額に満足」59％であった。ただ、譲渡価額が予想より低かった、経営理念が引き継がれなかったなどでの不満であった企業も一部あった。ほとんどの企業が、M&A後も業績は順調に推移している。半数の経営者が、前の会社の顧問、会長などで何らかの形で事業とのかかわりをもって引き継いでおり、全く引退した者は4分の1である。

親族外承継を円滑に行うために公的機関が担う役割

　親族外承継への公的機関への期待する経営者は少ないのが現状で、かつ公的融資制度などについても不十分な点も多い。そこで、次の点で公的支援制度の充実・強化が求められる。

・事業承継向けの融資制度（低利、長期融資制度）やファンド制度の充実、
・後継者候補マッチング制度などの整備、
・事業承継税制の周知と見直し、
・専門家による事業承継に係るアドバイス、

　また、事業承継に係るM&Aについては、公的機関では、事業承継の選択肢の一つとして「M&Aの啓蒙普及」「M&A情報の提供と斡旋機能」の充実、専門家派遣や窓口相談によるソフト支援、業承継ファンド・融資制度の充実が必要である。

4　帝国データバンク調査（2013）

　帝国データバンク（2013）では、保有する企業情報データベースをもとに、中小企業法の定義にもとづく中小企業に該当し、過去5年間（2008年4月—2013年3月）に事業承継を実施し、前経営者の年齢、就任経緯などの属性が判明した2万9520社を対象に分析を行った。なお、同様の調査はこれが初めてである。調査対象は、帝国データバンクの企業データベース「COSMOS2」収録企業のうち、中小企業法に定める中小企業の定義に該当する企業、法人形態は株式会社・有限会社・合資会社・合名会社・相互会社・個人営業、経営者交代年月は2008年4月—2013年3月である。

　その大要は、次の通りである。
① 　事業承継を実施した中小企業の前経営者の年齢は、65—70歳未満が23.8％を占め、最多で、そのうち70歳以上が約3割を占め、経営者交代年齢の高齢化が顕著となった。
② 　事業承継を実施した新経営者の年齢は、40歳未満（20.3％）がトップ。一方で、60—65歳未満（13.9％）、65歳以上（8.3％）と、60歳以上の新経営者も約2割を占めた。
③ 　新経営者の就任経緯は、同族承継が44.2％を占め、内部昇格（31.6％）がこれに続き、この二つで7割以上を占めた。
④ 　新経営者の業界経験は、10年以上が85.5％を占めた。経営経験は3年未満が55.0％と経営経験が少ない新経営者が過半数を占めたが、10年以上も14.2％であった。

5　小括

　事業承継は、企業の退出をいかに行うかという普遍的な課題である。経済の

9章 事業承継・事業再生の金融

発展プロセスの中で、陳腐化した事業もあり、全ての事業が存続する訳ではない。しかし、第二創業や新分野事業進出によって、企業が存続することは多い。したがって、企業承継と事業承継はイコールではないが、共通の課題も多く、同義として考えてよい場合もある。少なくとも、毎年20万社の企業が退出・廃業する状況は、地域の雇用のみならず、貴重な技術力・技能を逸失させることになり、地域経済の疲弊を加速する。このような状況は回避したい。

　事業承継の問題は、税制に関わるものが多い。事業承継は経営者の交代の場合に生じることが多いので、相続税の問題が大きい。相続の前に事業存続を意図して譲渡する場合には贈与税の問題が発生する。このように事業承継は須らく税務問題といってもよい。しかし、事業承継を円滑に行うには、納税資金の確保はもとより、MBO・EBOで典型的なように株式や事業用資産の購入資金の確保・調達という金融面の課題もある。あるいは、新現役のように、人材のマッチングの問題もあり（特に大都市圏の新現役を地方に誘導するマッチング）、地域の優良な中小企業を存続させるためには、地域金融機関の果たすべき役割は大きい。

6節　事業再生

1　事業再生問題

　1999年中小企業基本法の改正は、中小企業政策を一変させ、イノベーティブな中小企業の育成・支援等に政策の軸足が置かれるようになった。創業支援・ベンチャーファイナンスなどはその典型ですでに論じたが、このような光の部分は前向きな政策であるが、反面事業の遂行が困難とか事業の再構築など

といった影ないしやや後ろ向きの部分である事業再生・事業承継などの課題もあり、これらへの対応もこの10数年の間に実施されてきた。この事業再生も中小企業基本法改正後の中小企業問題の中心課題であった。

　事業再生というのは、過剰債務などによって事業の継続が困難になった事業者に対して、早期段階においてその事業の再生を図ることである。実務的にはデューデリジェンス（事業DD、法務DD、財務DD）を行い、再生計画を策定し、債務の整理を行って、爾後の事業を継続させる一連の作業のことをいう。具体的な再生手法としては、リスケジュール、DDS（資本性借入金）、DES（債務の株式化）、債権放棄（債務免除）、第二会社方式による実質的債権放棄、などが活用される[12]。

　1989年12月29日、日経平均株価は取引時間中3万8957.44円の最高値を付けたが、その後一本調子で下落し、少し後に地価もピークを付けた後、一挙に下落した。いわゆるバブルの崩壊であるが、これらは金融機関の不良債権問題を顕在化させた。1994年に東京の二つの信用組合の破綻をきっ掛けとして、1995年8月の兵庫銀行の破綻、97年の北海道拓殖銀行・山一證券・三洋証券の破綻、98年の日本長期信用銀行・日本債券信用銀行などの破綻と金融システム不安が進展した。

　これらの事態に対応するため、金融再生法（1998年）、サービサー法（99年）、産業活力再生特別措置法（99年）、民事再生法（2000年）、私的整理ガイドライン（01年）などの法整備が進み、2002年10月の金融再生プログラムの策定とともに、産業再生機構と中小企業再生支援協議会が、5年間の時限で2003年に設置された。07年に産業再生機構は解散したが、協議会制度は産活法改正により8年間の時限延長となり、協議会制度の機能強化に向けて中小企業再生支援全国本部が設置された[13]。協議会制度は、その後2014年1月成立の産業競争力強化法に引き継がれている。

　このように、中小企業の再生支援は、イノベーティブな中小企業の育成・支援と並んで、中小企業政策の重要な柱である[14]。というのは、企業の廃業率はその開業率よりも高い水準で推移し、毎年数万社規模での退出がある。この

中には、競争力のある技術・技能を有する企業で再生可能なものも多いのだが、適切な再生支援がなく退出を余儀なくされる場合もある。2009 年の中小企業金融円滑化法もそのような問題意識に基づくものであった。

2000 年代以降、金融再生プログラム等により大手金融機関の不良債権問題は一段落し、中小企業金融にもリレーションシップ・バンキング（地域密着型金融）が展開されて、地域金融機関の不良債権問題も改善に向かい、中小企業の景況回復と資金繰りにも徐々に落ち着きと回復が見られ、2005 年 6 月に金融庁から金融システムの正常化の宣言もあり、金融システムは有事から平時に移ったが、中小企業の再生は 09 年の事業再生 ADR の発足などもあり、制度整備が進んでいるが、途半ばである。

2　事業再生の担い手

中小企業再生支援協議会

1999 年に産業活力再生特別措置法（産活法）が、2003 年 3 月末までの時限立法として成立した。2003 年と 2007、2009 年には、それぞれ適用範囲を拡大した上で期限が延長されている。この産活法で 2003 年 2 月以降設置されたのが、中小企業再生支援協議会である。同法は、2009 年 8 月の改正で、「産業活力の再生及び産業活動の革新に関する特別措置法」と名称変更され、2014 年 1 月の「産業競争力強化法」の施行で廃止されたが、規定の多くは産業競争力強化法に受け継がれ、中小企業再生支援協議会も同法 128 条で規定されている。

中小企業再生支援協議会は、商工会議所、商工会連合会、政府系金融機関、地域の金融機関、中小企業支援センター及び自治体等から構成され、関係者間の日常的な連携を図ることで、地域の実情に応じたきめ細かな中小企業の再生への取り組みを支援するため、経済産業大臣の認定により設置された機関で、産活法に基づき、2003 年 2 月から各都道府県で設置された。事業再生の意欲

がある中小企業者に対して中小企業再生支援協議会に常駐する支援業務責任者及び窓口専門家が中小企業の再生に関する相談を受け、助言を行う機能を持つ。相談においては、企業再建型の再生に限定することなく、基本的な対応の方向性について適切な判断を行い、対応策を提示する。また、相談のうち、事業再生は可能であるが、抜本的な財務体質や経営改善が必要な企業について、支援業務責任者自らが個別企業の取り組みを支援し、必要に応じて中小企業診断士、弁護士等の専門家に依頼して、共同で再生計画の作成支援等を実施する。

2003年4月に産業再生機構（IRCJ）法が制定され、同5月から業務を開始したが、これは主に大企業の再生を行うものであった[15]。これに対し、中小企業再生支援協議会は中小企業の再生を行う機関で、破綻懸念先の再生は整理回収機構が担う一方、要注意先の早期再生を担うのは協議会であった。藤原（2013）によれば、設立当初の協議会では「債権放棄」案件は想定されていなかったものの、実際の支援では破綻懸念先からの相談が多く、「債権放棄」による再生が行われたという[16]。

地域経済活性化支援機構（REVIC）

2009年10月に企業再生支援機構が設立された。これは、産業の再生と信用秩序の維持を図るため、有用な経営資源を有しながら過大な債務を負っている事業者に対し、事業の再生を支援することを目的として、2003年4月—07年6月に活動したのが産業再生機構の地域版である。IRCJは、債権買取・資金の貸付・債務保証・出資・債務の一部免除・デット・エクイティ・スワップ（債務の株式化）などの業務を行い、カネボウ、ダイエー等41社の再建を実施したが、企業再生支援機構は、主として「地域経済の再建」とこれによる「地域の信用秩序の基盤強化」を目的としている。産業再生機構が「産業の再生」・「不良債権の処理の促進による信用秩序の維持」を目的としたのとは異なっているが、事業再生支援という目的は共通である。

グローバル経済化に伴う競争激化や少子高齢化、国と地方の財政状況の悪化に加え、2008年秋以降の金融経済情勢の急速かつ大幅な悪化等、多くの地域が各個の尽力にもかかわらず引き続き低迷を余儀なくされているという厳しい

9章 事業承継・事業再生の金融

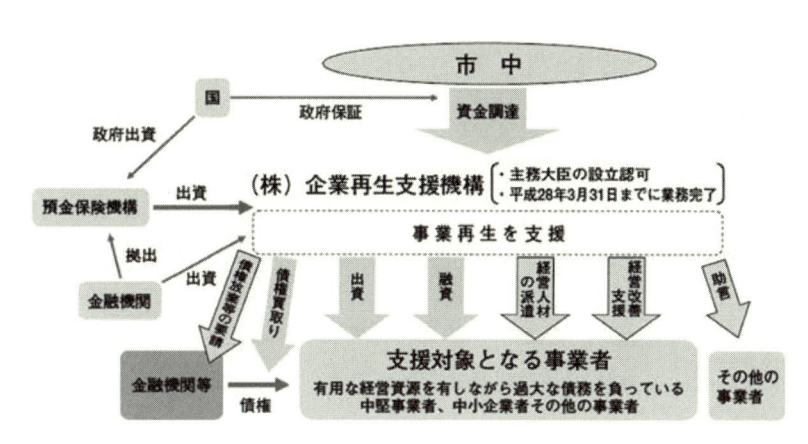

表 9—24　旧企業再生支援機構のスキーム

出所：同オームページ。

　地域経済の現状打開を目指して、地域経済を支えるさまざまな企業の事業再生・活性化のための支援組織（官民ファンド）として、企業再生支援機構（国の認可法人）が設立されたのである[17]。

　当初、地域の有用な経営資源を有しながら過大な債務を負っている中堅事業者、中小企業者その他の事業者の事業再生を支援し、2015 年 3 月 31 日までに業務完了に努める時限的な組織で、支援決定は 2013 年 3 月 31 日までに行って、支援決定から 3 年以内の支援完了を目指していた。機構の資本金は、政府と金融機関が預金保険機構経由等でそれぞれ出資している（政府 100 億円、金融機関 100 億円で計約 201 億円）。また、機構の事業資金は市中から政府保証付きで借入れにより調達している（2012 年度予算で保証上限は 1 兆 6990 億円になった）。

　同機構の最初の案件が 2010 年 1 月の日本航空（JAL）、同年 3 月のウィルコムであったため、当初大企業中心の再生支援であったが、その後は中小企業・医療法人・学校法人など 2012 年 4 月までに 28 件の支援を行ってきた。医療

527

法人等病院が9件で3分の1ほどあるのが特色である。ただし、機構には全国をカバーする支店網はなく（本店のみ）、金融機関等との連携が前提とされるスキームである。

企業再生支援機構は、2013年3月18日に地域経済活性化支援機構（REVIC）に改組された。資本金は231億円で、2013年度予算で政府保証枠1兆円を措置され、支援期間も「3年以内」から「5年以内」に延長された。さらに、支援対象者への出資・融資・債権買取・専門家派遣等の業務に加え、新たに事業再生ファンド・地域活性化ファンドに対する無限責任組合員出資（ゼネラルパートナーとしてファンドの業務執行を行う）、有限責任組合出資（LPとしての出資）等の業務が追加された。同様な機能を持つ機関として、2012年2月設立の東日本大震災事業者再生支援機構や5県の産業復興機構がある[18]。

整理回収機構

整理回収機構は、健全金融機関から金融再生法53条に基づく不良債権の買取り・回収、破綻金融機関からの債権買取り・回収を行う中で、再生可能性のある債務者について、自ら債権者として事業再生に取り組んでいる（2014年3月末で、実施案件691件）。このほか自ら債権者となることなく、中立的な調整役として関与し、同機構の信託機能を活用して、債権管理回収・不良債権の証券化・企業再編ファンドの組成等を行っている。

3　中小企業再生支援協議会の概要

中小企業再生支援協議会は、産業活力再生特別措置法41条に基づく中小企業再生支援業務を行う機関で、2003年2月から全国に順次設置され、現在は47の都道府県に1カ所ずつ設置されている。商工会議所等の中小企業再生支援業務を行う認定支援機関が国から業務を受託して、その機関の下に設置されている。前述のように、商工会議所等の関係者間の日常的な連携を図ることで、多様性・地域性といった中小企業の特性を踏まえた地域の実情に応じたきめ細

9章　事業承継・事業再生の金融

かな中小企業の再生への取り組みを支援している。

　協議会では、事業再生に関する知識と経験とを有する専門家（金融機関出身者・公認会計士・税理士・弁護士・中小企業診断士等）が統括責任者（プロジェクトマネージャー）・統括責任者補佐（サブマネージャー）として常駐している。窮境にある中小企業者からの相談を受付け、解決に向けた助言、支援施策・支援機関の紹介や、場合によっては弁護士の紹介などを行い（1次対応）、事業性など一定の要件を満たす場合には再生計画の策定支援（2次対応）を実施する。地域の総力の結集による再生がそのコンセプトである。

　協議会は、公正中立な第三者機関で、中小企業者（債務者）の代理人でも金融機関（債権者）の代理人でもなく、ファンドやスポンサーの代理人でもない。したがって、協議会では、公正中立な第三者としての立場から、事業再生の意欲がある中小企業者に事業再生に関する相談を受け、助言を行う。相談においては、企業再建型の再生に限定することなく、基本的な対応の方向性について適切な判断を行い、企業の事業面、財務面の詳細な調査分析（デューデリジェンス）を実施し、かつ当該企業が窮境に至った原因の分析等を実施した上で、債務者による再生計画案の策定を支援する。また、相談のうち、事業再生可能案件のうち、抜本的な財務体質や経営改善が必要な企業について、支援業務責任者自らが個別企業の取組みを支援し、必要に応じて中小企業診断士、弁護士等の専門家に依頼して、共同で再生計画の作成支援等を実施するとともに、金融機関に再生計画案を提示し、金融機関調整を実施している。政府系金融機関や信用保証協会のほか、商工会議所、中小企業支援センター等の他機関とも連携し、公正中立な立場で、複数の金融機関をはじめとする関係者間の調整等を行う点に特色があり、具体的には、

- 管理会計の手法導入による事業の選択と集中、
- 収益管理体制の確立やコスト削減策の提示等の事業面での見直しに向けた必要なアドバイスの実施、
- 資産売却による債務圧縮、既存借入金の返済計画や売掛金回収期間の条件改善、長期資金の確保等、政策支援措置も活用しつつ、資金繰り改善のた

図9—25 中小企業再生支援協議会の支援スキーム

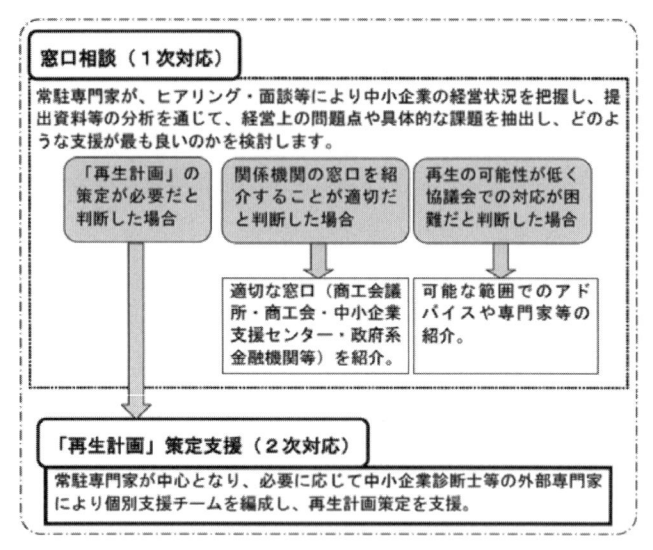

出所：中小企業庁オームページ。

　め複数金融機関との調整や財務面での見直しに向けた必要なアドバイス、を行っている。

　ただ、47の協議会で、具体的な支援手続について独自の手法が取られたり、対応が統一的ではないという問題があったため、2007年6月28日に各協議会の活動を支援する機関として中小企業再生支援全国本部が、中小企業基盤整備機構に設置された[19]。中小企業再生支援全国本部では、①各地の中小企業再生支援協議会の能力向上に対するサポート、②外部専門家の派遣、③中小企業再生支援協議会の手続きマニュアルの作成等を主な業務とし、これにより各地の中小企業再生支援協議会の機能強化と均一的能力向上に取り組んでいる。

9章　事業承継・事業再生の金融

表9—2　1次対応の相談経路

経路	累積 企業数	累積 割合	今回公表分 企業数	今回公表分 割合
金融機関	15,351	45.7%	788	78.3%
企業本人	14,915	44.4%	194	19.3%
商工会議所・商工会	1,831	5.4%	8	0.8%
都道府県・中小企業支援センター等	1,516	4.5%	17	1.7%
合計	33,613	100.0%	1,007	100.0%

出所：図9—25に同じ。

4　中小企業再生支援協議会の実績

　中小企業再生支援協議会は、2003年2月の発足以来、2014年9月末までに3万3613社からの相談に応じ、8060社の再生計画の策定支援を完了している（図9—26）。発足時の2003年中（3—12月）には2506件の相談件数で、再生計画策定完了件数が45件であったから、この11年間の累計で相談件数は13倍、策定完了件数で約180倍になっている（協議会の活動状況は「中小企業再生支援協議会の活動状況について」として四半期毎と年度毎に中小企業庁から公表されており、以下はその活動状況分析に拠る）。

図9—26　相談企業数と計画策定完了件数

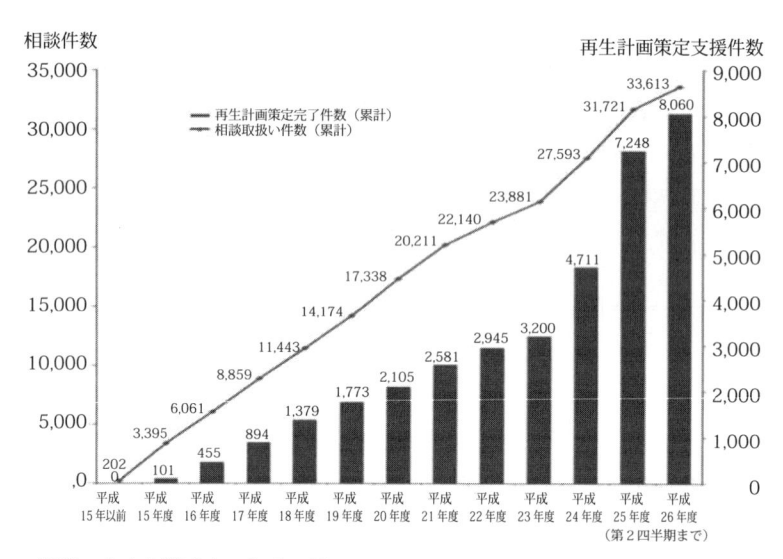

出所：中小企業庁オームページ。

　協議会利用の最初は窓口対応（1次対応）であるが、その持込みは企業自身・金融機関経由・その他（商工会議所・商工会・都道府県中小企業支援センター）である（図9—26）。累計でみると企業自身が44.4％、金融機関経由が45.7％、その他が9.9％である。11年間の時系列では企業自身の持込み件数が低下し、金融機関経由・その他が増加している。2014年9月末にはそれぞれ19.3％、78.3％、2.5％である。金融機関経由が大きくなっていることはコンサルティング機能の発揮が進んでいることを示している。

　11年間の累計相談企業数に対して、再生計画策定支援完了の件数割合は24％、相談段階（1次対応）での企業の課題解決の提示が約5割、協議会での2次対応は約2割である。1次対応という協議会の相談で対応が済むというのは、経営上の課題が比較的軽微なケースともいえるが、入り口段階での解決策

9章 事業承継・事業再生の金融

の有効性は高いようである。

再生計画策定支援完了案件は累計で 8000 件に及んでいるが、いかなるルートで協議会に来訪したかを見ると、前述のように 7 割が金融機関経由である。時系列では、企業自身の来訪は減少しており、その分金融機関経由の案件が増加しているが、これは、再生計画の策定に金融機関の協力が不可欠で、企業の種々の情報を保有し、課題解決にも知見を有していることの証左である。

さらに、再生計画策定支援完了の手法（金融支援）を整理すると、「金融機関による条件変更（リスケジュール）」が累計 92％で金融機関の対応が大きいことが分かる。時系列でもリスケの割合が高まっており、2014 年 9 月末には累計で 85.5％になっている。次いで「債務免除」が 9.4％でそのうち「第二会社方式」が 5.6％で、これも増加傾向である。借入金の株式化（DES）が 0.8％、借入金の資本的劣後ローン（DDS）転換が 4.1％、協議会版資本的借入金活用 2.1％で、時系列的には DES と協議会版資本的借入金が増加傾向にある。ファンドの活用も累計で 2.76％である（図 9―27）。

これらを概括すると、相談に持込む段階、再生計画の策定段階、再生計画完了の手法に占める金融機関のリスケが相応であることなど、金融機関の機能発揮の重要性が高いことが分かる。計画完了の金融支援には、金融機関が関与するものも多くあり、資金供給以外のコンサルティング機能の発揮が重要なことと理解される。

5　これまでの事業再生の評価

円滑化法の出口戦略パッケージの根幹は、中小企業の経営改善・事業再生の促進で、特に中小企業の事業再生・業種転換等の支援の実効性の向上にある。以上では現状の事業再生スキームを概観しましたが、数量ベースで見るとその効果は限定的である。実績を直近のデータで見ると、

- 地域活性化支援機構の対象案件 ⇒ 40 件（うち旧企業再生支援機構分 28 件）

図9―27　金融支援の手法

再生計画策定完了案件の金融手法別割合

※ かっこ内は前年同期における金融手法別割合

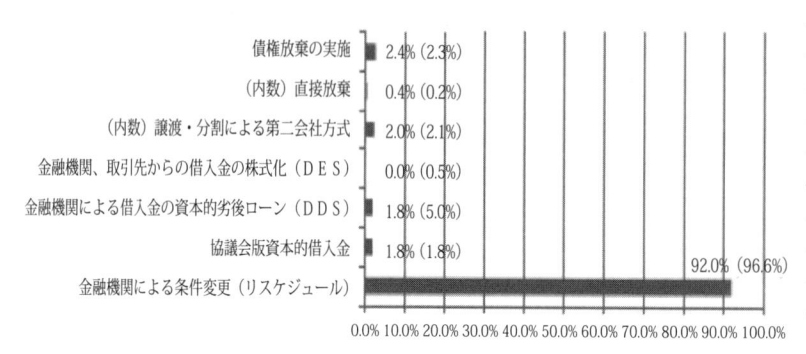

手法	割合
債権放棄の実施	2.4%（2.3%）
（内数）直接放棄	0.4%（0.2%）
（内数）譲渡・分割による第二会社方式	2.0%（2.1%）
金融機関、取引先からの借入金の株式化（DES）	0.0%（0.5%）
金融機関による借入金の資本的劣後ローン（DDS）	1.8%（5.0%）
協議会版資本的借入金	1.8%（1.8%）
金融機関による条件変更（リスケジュール）	92.0%（96.6%）

※上記手法を複数行っている案件がある。

出所：中小企業庁『中小企業再生支援協議会の活動状況』。

・中小企業再生支援協議会の相談件数・再生計画完了件数⇒3万3613件・8060件、

これに対して、貸出条件の変更等の状況は、2013年3月末までで、

・申込み件数・金額⇒436万9962件・119万6000億円、
・実行件数・金額⇒407万5064件・112万3490億円、

となっている。一方、金融機関の中小企業向け貸出残高は、2013年12月末で224兆8000億円です。したがって、貸出条件の変更額は、貸出残高の50％（112.3÷224.8）になる。これまでの事業再生の実現状況をみると、地域経済活性化支援機構と中小企業再生支援協議会の対象件数が占める貸出条件変更に対する割合は、相談件数ベースで0.77％、再生計画策定完了件数ベースで0.2％である。

極論すれば、事業再生の実績は、当面解決すべき貸出条件変更額に対して圧倒的に小さく、ネグリブルともいえよう。したがって、地域活性化支援機構

と中小企業再生支援協議会の活動を格段に高めていくことが期待される。とはいえ、出口戦略の政策パッケージにある年間で3000件程度の相談件数では、408万件の貸出債権変更件数の処理には1300年超の期間を要することになる。対象企業数では30万社程度とされるので、それでも処理には100年規模の期間になる。両機関の有機的連携だけでは不十分で、金融機関が自立的に処理することが求められており、これこそリレーションシップ・バンキングの徹底なのである。

　藤原（2013）は、「『金融機関の不良債権問題』と『中小企業の再生』は、いまだ終わっていないというより、いよいよ本番を迎えることになるといっても過言ではない」[20]と指摘し、「中小企業の再生」が思うように進まない理由として、①金融機関の体力不足（引当金不足）、②債権放棄を行った場合の地域金融機関としての風評リスク、③本格再生に関するノウハウ不足とエネルギー不足、を挙げている。特に、③では専門人材の不足が大きいとしている[21]。

6　事業再生ファンド

　事業再生のプロセスで重要な役割を果たすのが、事業再生ファンドである。事業再生は対象企業の債務免除などを行うが、様々な手法があり、例えば、金融機関から対象企業向けの貸出債権を額面よりも低い価額で買取り、支払猶予などの返済条件の緩和などで財務面での支援を行い、モニタリングなどで事業再構築を支援して事業価値の向上を図り、当該貸出債権の弁済や転売で利益を上げる、ことを行う（デット型）。これを実施する主体として事業再生ファンドがある。

　新規株式の発行や既存株主から株式を買取り（株式取得）、また経営者を派遣して対象企業の経営権を確保して、事業分野の選択と経営資源の集中により事業価値の向上を図った上で、他の企業への株式の転売・株式公開により利益

表 9―3　2 次対応の相談経路

経路	累積 企業数	累積 割合	今回公表分 企業数	今回公表分 割合
金融機関	7,070	87.7%	484	96.2%
都市銀行	216	2.7%	13	2.6%
地方銀行	30,663	8.0%	209	1.6%
第二地方銀行	10,501	3.0%	801	5.9%
信金・信組	21,532	6.7%	1492	9.6%
政府系	479	5.9%	29	5.8%
その他金融機関	106	1.3%	4	0.8%
企業等	990	12.3%	19	3.8%
合計	8,060	100.0%	503	100.0%

出所：図 9―25 に同じ。

　を得る、こともある（エクイティ型）。これも事業再生ファンドがその実施主体となる。

　このような事業再生のプロセスは、再生計画の策定・実行・完了であるが、これを管理・実行する主体として、かつてはメインバンクがその役割を担った。メインバンクは、再建を行う際にその計画策定、債権放棄などの損失負担とその負担の調整（債権者調整）、ニューマネーの提供などを行ったが、1990 年代の不良債権処理の中で、メインバンクの役割は後退し、事業再生ファンドが登場した。中小企業向けには、地域金融機関が組成した再生ファンドが多く存在する。

　この点に関連して、中小企業に特化した公的なファンドも存在する。それが、中小機構の再生ファンドであるが、これは中小企業の再生支援を目的として設立される投資事業有限責任組合（中小企業再生ファンド）へ出資することで組

9章 事業承継・事業再生の金融

表9―4　金融支援の手法

	累積		今回公表分	
	企業数	割合	企業数	割合
債務免除の実施	754	9.40%	12	2.40%
・直接放棄	299	3.70%	2	0.40%
・譲渡・分割による第二会社方式	455	5.60%	10	2.00%
金融機関、取引先からの借入金の株式化（DES）	64	0.80%	0	0.00%
金融機関による借入金の資本的劣後ローン（DDS）	329	4.10%	9	1.80%
協議会版資本的借入金	167	2.10%	9	1.80%
金融機関による条件変更（リスケジュール）	6,893	85.50%	4639	2.00%
平成17年税制改正適用	33	0.40%	0	0.00%
RCCや債権管理会社からの卒業	175	2.20%	0	0.00%
ファンド活用	214	2.70%	7	1.40%
※完了案件総数	8,060		503	

注：表記手法を複数実施している案件がある。
出所：図9―25に同じ。

成されるファンドである。中小機構が主導してGPを募り、機構がLPとして出資して組成し、事業再生に取り組む中小企業の資金調達の円滑化及び再生支援を行うものである。機構は再生ファンドへの出資のみで、個別の再生対象への投資は各ファンドを運営する投資会社（GP）等が行う。具体的には、過剰債務等により経営状況が悪化しているものの、本業には相応の収益力があり、財務リストラや事業再構築により再生が可能な中小企業を対象とする（図9―29）。

　支援方法は、中小企業再生支援協議会との連携による再生計画策定支援、株

式や新株予約権付社債の取得等による資金提供、金融機関の保有する貸出債権の買取による金融支援（過剰債務軽減等）、ファンド運営会社等による経営面のハンズオン支援等、である。2010年3月末までに19のファンドが組成されている。

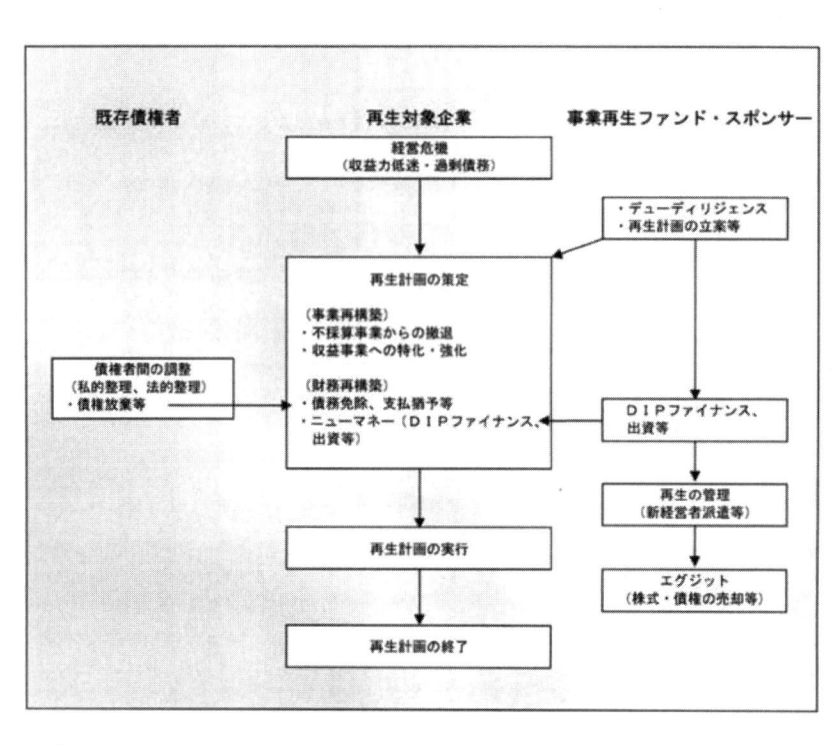

図9―28　事業再生の流れ

出所：日本銀行（2005）97頁。

9章 事業承継・事業再生の金融

図9—29　中小機構の再生ファンド・スキーム

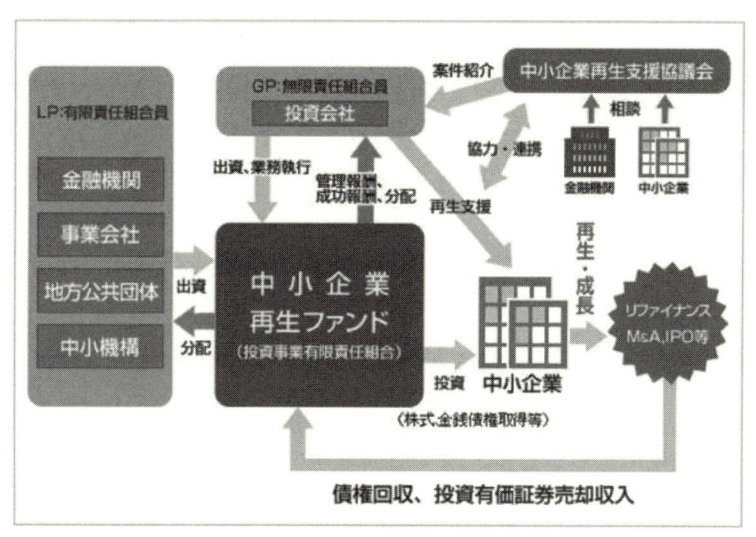

出所：中小機構オームページ。

7節　中小企業の経営支援のための政策パッケージ

1　金融円滑化法の最終延長を踏まえた政策パッケージ

　2012年3月30日、中小企業金融円滑化法を1年延長するための改正法案と企業再生支援機構法の支援決定期限を1年延長するための改正法案が成立した。これを受けて、4月20日に「中小企業金融円滑化法の最終延長を踏ま

539

えた中小企業の経営支援のための政策パッケージ」が、内閣府・金融庁・中小企業庁によって公表された。この政策パッケージは中小企業の経営改善・事業再生の促進等を図るために取り組むべき施策の枠組みを提示している。その三つの柱は、
- ① 金融機関によるコンサルティング機能の一層の発揮、
- ② 企業再生支援機構および中小企業再生支援協議会の機能及び連携の強化、
- ③ その他経営改善・事業再生支援の環境整備、

である。これらは、事業再生の一層の推進を求める措置であった。

金融機関によるコンサルティング機能の一層の発揮

上記①の内容は、金融機関が自助努力による経営改善や抜本的な事業再生・業種転換・事業承継による経営改善が見込まれる中小企業に対して、必要に応じ、外部専門家や外部機関、中小企業関係団体、他の金融機関、信用保証協会等と連携を図りながらコンサルティング機能を発揮することにより、最大限支援していくことを求められる、ということである。このため、金融庁は、

- ・各金融機関に対し、中小企業に対する具体的な支援の方針や取組み状況等について集中的なヒアリング（「出口戦略ヒアリング」）を実施する、
- ・抜本的な事業再生、業種転換、事業承継等の支援が必要な場合には、判断を先送りせず外部機関等の第三者的な視点や専門的な知見を積極的に活用する旨を監督指針に明記する、

という取組みを行うことにより、金融機関によるコンサルティング機能の一層の発揮を促すとされている。このコンサルティング機能は、債務者の経営課題を把握・分析した上で、適切な助言などにより債務者自身の課題認識を深めつつ主体的な取組みを促し、同時に、最適なソリューション（経営課題を解決するための方策）を提案・実行するものである。金融機関のコンサルティング機能については、リレーションシップ・バンキングの遂行の中ですでに強調されてきた。

コンサルティング機能の一層の機能発揮というのは、
- ・金融機関が日常的・継続的な関係強化、貸付条件の変更等の相談や申込み

9章 事業承継・事業再生の金融

への真摯な対応等を通じて把握した債務者の財務情報や各種の定性情報を蓄積していること、
- 債務者の経営課題を適切に把握・分析することに優位性があること、
- 自らのそうした立場や期待されている機能を十分に認識して、債務者の経営資源、経営改善・事業再生等に向けた意欲、経営課題を克服する能力、外部環境の見通し、債務者の関係者（取引先、他の金融機関、外部専門家、外部機関等）の協力姿勢、金融機関の取引地位（総借入残高に占める自らのシェア）や取引状況（設備資金・運転資金の別、取引期間の長短等）、金融機関の財務の健全性確保の観点を、総合的に勘案して顧客企業のライフステージ・事業可能性の程度見極めることができる、

点に集約される。

そこで、債務者の本質的な経営課題を、債務者自身が正確かつ十分に認識できるよう適切に助言し、債務者がその解決に向けて主体的に取り組んでいくよう促すことが第一になる。また、経営課題についての債務者の認識が不十分な場合は、必要に応じて、他の金融機関、外部専門家、外部機関等と連携し、債務者に対し認識を深めるよう働きかけるとともに主体的な取組みを促すことになる。こうして、顧客企業のライフステージ等を適切かつ慎重に見極めた上で、当該ライフステージ等に応じて適時に最適なソリューションを提案することになる。

特に、顧客企業が事業再生、業種転換、事業承継、廃業等の支援を必要とする状況にある場合や、支援に当たり債権者間の調整を必要とする場合には、当該支援の実効性を高める観点から、外部機関等の第三者的な視点や専門的な知見・機能を積極的に活用することが必要となる。外部機関等には中小企業再生支援協議会・地域経済活性化支援支援（旧企業再生支援機構）・事業再生ファンド・東日本大震災事業者再生支援機構・産業復興機構が事業再生支援に有効とされているほか、信用保証協会・地方公共団体・商工会議所・商工会等も該当する。監督指針には、具体的なソリューションの例がある（表9—5）。

経営再建計画の策定支援

このソリューションが、金融機関と債務者、必要に応じて他の金融機関、外部専門家、外部機関等との間で合意された場合（金融機関から提案されたソリューションが債務者、必要に応じて他の金融機関、外部専門家、外部機関等との協議等を踏まえて修正された後に合意に至る場合を含む）、速やかに、当該ソリューションを織り込んだ経営再建計画の策定に取り組むこととなる。

　経営再建計画は、債務者が本質的な経営課題を認識し改善に向けて主体的に取り組んでいくためにも、できる限り、債務者が自力で策定することが望ましい。その際、金融機関は、経営再建計画の合理性や実現可能性、先のソリューションを適切に織り込んでいるか等について、債務者と協力しながら確認するよう努めることになる。

　ただし、債務者がやむを得ず自力で経営再建計画を策定できない場合には、金融機関が債務者の理解を得つつ、経営再建計画の策定を積極的に支援する（債務者の実態を踏まえて経営再建計画を策定するために必要な資料を金融機関が作成することを含む）。

　なお、経営再建計画の策定に当たっては、中小企業者の人員や財務諸表の作成能力等を勘案し、大企業の場合と同様な大部で精緻な経営再建計画等の策定に拘ることなく、簡素・定性的であっても、債務者の経営改善や事業再生等に向けて、実効性のある課題解決の方向性を提案することを目指すことになっている。

新規の信用供与

　貸付条件の変更等を行った債務者には、金融機関のもつ金融仲介機能を発揮により、経営改善必要債務者等からの新規信用供与の申込みについて、それが新たな収益機会の獲得・中長期的な経費削減等と、債務者の業況や財務等の改善に繋がって債務償還能力の向上となる場合には、積極的かつ適時適切に新規の信用供与を行うよう努めることになる。

　金融機関は、債務者や連携先とともに、ソリューションの合理性や実行可能性を検証・確認した上で、協働してソリューションを実行する。ソリューションの実行後においても、必要に応じて連携先と協力しながら、実行状況を継続

的にモニタリングするとともに、経営相談や経営指導を行っていくなど、ソリューションの進捗状況を適切に管理する。

また、債務者へ貸付を行っている金融機関が複数存在することを認識している場合は、必要に応じ、それらの金融機関と連携を図りながら進捗状況の管理を行うことも検討することになっている。

なお、進捗状況の管理を行っている間に、経営再建計画の策定当初には予期し得なかった外部環境の大きな変化等が生じたことを察知した場合には、経営再建計画やソリューションの見直しの要否について債務者や連携先とともに検討する。見直しが必要な場合は、そうした変化や見直しの必要性等を債務者が認識できるよう適切な助言を行った上で、ソリューションの見直し（経営再建計画の再策定を含む）を提案し、債務者や連携先と協働して実行することになっている。

2　地域経済活性化支援機構と中小企業再生支援協議会の機能・連携の強化

財務内容の毀損度合いが大きく、債権者間調整を要する中小企業に対しては、地域経済活性化支援機構や中小企業再生支援協議会を通じて、事業再生を支援する。このため、内閣府・金融庁・中小企業庁は緊密に連携して、両機関の機能及び連携を大幅に強化することとされた。

地域経済活性化支援機構（旧企業再生支援機構）は、
・中小企業の事業再生支援機能を抜本的に強化するため、専門人材の拡充を図る、
・中小企業再生支援全国本部や中小企業再生支援協議会との円滑な連携を図るため、企画・業務統括機能を強化するとともに、協議会との連携窓口を設置する、
・中小企業の実態に合わせた支援基準の見直しを行う（従来は3年以内に生産性向上基準と財務健全性基準を満たすのに対し、中小企業の再生支援

表9—5　金融支援の手法

事業の持続可能性等の類型	金融機関が提案するソリューション	外部専門家・外部機関等との連携
経営改善が必要な債務者（自助努力により経営改善が見込まれる顧客企業など）	・ビジネスマッチングや技術開発支援により新たな販路の獲得等を支援 ・貸付の条件の変更等 ・新規の信用供与により新たな収益機会の獲得や中長期的な経費削減等が見込まれ、それが債務者の業況や財務等の改善につながることで債務償還能力の向上に資すると判断される場合には、新規の信用を供与。その際、事業価値を見極める融資手法（不動産担保や個人保証に過度に依存しない融資）も活用 ・上記の方策を含む経営再建計画の策定を支援（顧客企業の理解を得つつ、顧客企業の実態を踏まえて経営再建計画を策定するために必要な資料を金融機関が作成することを含む）。定量的な経営再建計画の策定が困難な場合には、簡素・定性的であっても実効性のある課題解決の方向性を提案	・中小企業診断士、税理士、経営相談員等からの助言・提案の活用（第三者の知見の活用） ・他の金融機関、信用保証協会等と連携した返済計画の見直し ・地方公共団体、商工会議所、他の金融機関等との連携によるビジネスマッチング ・産学官連携による技術開発支援
事業再生や業種転換が必要な顧客企業（抜本的な事業再生や業種転換により経営の改善が見込まれる顧客企業など）	・貸付の条件の変更等を行うほか、金融機関の取引地位や取引状況等に応じ、DES・DDSやDIPファイナンスの活用、債権放棄も検討 ・上記の方策を含む経営再建計画の策定を支援	・地域経済活性化支援機構、東日本大震災事業者再生支援機構、中小企業再生支援協議会等との連携による事業再生方策の策定 ・企業再生ファンドの組成・活用

9章 事業承継・事業再生の金融

事業の持続可能性等の類型	金融機関が提案するソリューション	外部専門家・外部機関等との連携
事業の持続可能性が見込まれない債務者 (事業の存続がいたずらに長引くことで、却って、経営者の生活再建や当該債務者の取引先の事業等に悪影響が見込まれる先など)	・貸付の条件の変更等の申込みに対しては、機械的にこれに応ずるのではなく、事業継続に向けた経営者の意欲、経営者の生活再建、当該顧客企業の取引先等への影響、金融機関の取引地位や取引状況、財務の健全性確保の観点等を総合的に勘案し、慎重かつ十分な検討を行う ・そのうえで、債務整理等を前提とした顧客企業の再起に向けた適切な助言や顧客企業が自主廃業を選択する場合の取引先対応等を含めた円滑な処理等への協力を含め、顧客企業や関係者にとって真に望ましいソリューションを適切に実施 ・その際、顧客企業の納得性を高めるために十分な説明に努める	・慎重かつ十分な検討と債務者の納得性を高めるための十分な説明を行ったうえで、税理士、弁護士、サービサー等との連携により債務者の債務整理を前提とした再起に向けた方策を検討

注1：この図表の例示に当てはまらない対応が必要となる場合もある。例えば、金融機関が適切な融資等を実行するため必要な信頼関係の構築が困難な顧客企業（金融機関からの真摯な働きかけにもかかわらず財務内容の正確な開示に向けた誠実な対応が見られない顧客企業、反社会的勢力との関係が疑われる顧客企業など）の場合は、金融機関の財務の健全性や業務の適切な運営の確保の観点を念頭に置きつつ、債権保全の必要性を検討するとともに、必要に応じて、税理士や弁護士等と連携しながら、適切かつ速やかな対応を実施することも考えられる。

注2：上記の図表のうち「事業再生や業種転換が必要な顧客企業」に対してコンサルティングを行う場合には、中小企業の再生支援のために、以下のような税制特例措置が講じられたことにより、提供できるソリューションの幅が広がっていることに留意する必要がある。
・企業再生税制による再生の円滑化を図るための特例（事業再生ファンドを通じた債権放棄への企業再生税制の適用）
・合理的な再生計画に基づく、保証人となっている経営者による私財提供に係る譲渡所得の非課税措置

出所：金融庁「中小・地域金融機関向けの総合的な監督指針」。

には時間が掛かるので実情に合わせる）とともに、協議会では事業再生支援の実施が困難な案件を中心に積極的に取り組む、
・デューデリジェンス等にかかる手数料の負担軽減を図る、
といった取組みを推進して、事業再生支援の仕組みを再構築する。

また、協議会は、以下のことに取組む。
・金融機関等の主体的な関与やデューデリジェンスの省略等により、再生計画の策定支援を出来る限り迅速かつ簡易に行う方法を確立して、案件処理を増加する（標準処理期間を2ヶ月に設定。協議会毎に計画策定支援の目標件数を設定し、2012年度に全体で3000件程度を目指す）。
・事業再生支援の実効性を高めるため、地域金融機関や中小企業支援機関等の協力を得て、専門性の高い人材の確保及び人員体制の大幅な拡充を図る。
・経営改善、事業再生、業種転換、事業承継等が必要な中小企業にとって相談しやすい窓口としての機能を充実し、最適な解決策の提案や専門家の紹介等を行う。

中小企業の真の意味での経営改善に繋げるように、財務・事業の内容に関する調査・当該企業との十分な議論の上、必要に応じてDDS・DES・債権放棄等を活用し、実効性のある再生計画策定支援を行い、その機能を抜本的に強化する。専門人材については、現在でも地域金融機関からの派遣が多いが、今後も引き続き地域金融機関の協力を求める。

機構及び協議会においては、機構が時限的な組織であるので、その存続期間内に機構の持つ再生支援の手法やノウハウを移転していくことが必要なことから、
・機構または協議会が相談を受けた案件について、他方が対応した方が効果的かつ迅速な支援が可能となる場合には、相互に案件の仲介等を行う。このため、機構と全国本部は連携して、相互仲介ルールを策定する、
・事業再生支援機能の向上や相談機能を実務面から支援するため、機構と全国本部は連携して、中小企業の経営状況の把握・分析や支援の手法等に係る改善や指針等の策定を行い、それらを協議会とも共有する、

- 機構は、協議会が取組む案件について、相談・助言機能を提供する、
- 機構及び全国本部は、協議会や金融機関が必要とする専門性を有する人材を紹介できる体制の構築を進める、
- 機構、協議会及び全国本部との間で、「連携会議」を設置する、

といった取組みにより連携を強化する。具体的には、協議会マターであるとしても、県境を跨ぐ案件、学校法人や医療法人、公共交通等地域の生活インフラに関連した案件、グループ会社を複数所有しているためデューデリジェンスや事業再生計画が複雑な案件、債権買取りや出融資など抜本的な金融支援が必要な案件は速やかに機構に仲介する。他方、機構への相談案件のうち機構の再生支援に馴染まない案件の速やかな協議会への仲介によって、両機関で出来るだけ多くの再生支援が迅速かつ効果的に実施されるようにする。

さらに、各地の協議会や金融機関による事業再生支援をサポートするために、中小企業の経営状況の把握・分析や支援の手法等に係わる改善・指針等を機構が策定して協議会と共有する体制整備と、協議会や金融機関が必要とする専門人材の紹介を行う体制の構築、機構の人材が協議会の求めで協議会案件に出向き相談・助言に当る取組みも目指す。

いずれにせよ、事業再生支援を支援する公的機関が複数あることから、それら機関の相互協力体制の構築によって、その実効性を高めることとされた。

3　その他経営改善・事業再生支援の環境整備

金融機関によるコンサルティング機能の発揮に当たって、経営改善・事業再生支援を行うための環境整備も不可欠となり、このため、内閣府・金融庁・中小企業庁は、

- 各地域における中小企業の経営改善・事業再生・業種転換等の支援を実効性向上のため、協議会と機構を核として、金融機関、事業再生の実務家、法務・会計・税務等の専門家、中小企業関係団体、国、地方公共団体等か

らなる「中小企業支援ネットワーク」を構築する、
- 地域における事業再生支援の機能強化のため、地域金融機関と中小企業基盤整備機構が連携し、出資・債権買取りの機能をもつ事業再生ファンドの設立を促進する、
- 公的金融機関による事業再生支援機能を充実させるため、資本性借入金を活用した事業再生支援の強化について検討する、
- 以上に加え、中小企業の事業再生・業種転換等の支援の実効性を高めるための施策を検討する、

といった取組みにより環境整備を行う。

「中小企業支援ネットワーク」とは会議体ではなく、中小企業から経営相談を受けた金融機関が外部専門家等による助言が必要と判断した場合に、いつでも気軽に外部専門家等にコンタクト可能な体制整備のことである。また各地域における事業再生支援機能の強化を図るための再生ファンドの設立促進が重要で、その際エクイティ性の資金投入が必要となる場合や金融機関によっては債権放棄ではなく債権売却による支援のニーズもあり、事業再生ファンドはその受け皿となる。

4　政策パッケージ（出口戦略）の意味するところ
　　――外部専門家と連携した金融機関によるコンサルティング

金融円滑化法終了に伴う中小企業の経営改善・事業再生の促進等を図る政策パッケージの第一は、金融機関による外部専門家・外部機関と連携したコンサルティング機能の一層の発揮である。リレーションシップ・バンキング（地域密着型金融）のエッセンスの一つがコンサルティング機能であるが、顧客企業の事業拡大・経営改善等には、経営者自らの経営の目標・課題の見定めとその実現・解決への意欲的・主体的取組みが重要になる一方で、資金供給者としての地域金融機関は、長期的な取引関係による蓄積情報や地域の外部専門家・外

9章 事業承継・事業再生の金融

部機関等とのネットワーク活用というコンサルティング機能の発揮によって、中小企業の事業拡大・経営改善等に向けた自助努力を最大限支援することが求められている。これによる最適なソリューションの提案・実行がコンサルティング機能である。

このコンサルティング機能を経営改善・事業再生の促進に重点的に活用しようというのが、政策パッケージの中心である。2003年3月の金融審議会「リレーションシップバンキングの機能強化に向けて」報告では、地域金融機関に求められるものを「借り手中小企業のライフステージに応じ、円滑な資金供給やコンサルティング機能、ビジネス・マッチング機能等の問題解決型サービスの提供」と指摘した。

これを受けた「リレーションシップバンキングの機能強化に関連するアクションプログラム」では「3. 早期事業再生に向けた積極的取組み」を掲げて、①事業再生（適切な再建計画を前提とし、プリパッケージ型事業再生（民事再生法等の活用）、私的整理ガイドラインを積極的活用等、中小企業の過剰債務構造の解消と迅速な再生を図るための取組み、企業再生ファンドの組成についての検討、②企業再生に当たり、デット・エクイティ・スワップ（DES）、DIPファイナンス等の手法の積極的な活用、③再生支援のための「中小企業再生型信託スキーム」等RCCの信託機能の積極的活用、④中小企業の再生計画の内容が合理的で、関係者の合意が得られるものについての関係者の再生支援に向けての積極的な取組み。そこで、中小企業再生支援協議会に、中小企業専門家の協力、政府系金融機関と民間金融機関の効果的な連携、再生計画作成のための支援人材確保と、各金融機関に対するこうした取組みへの協力とその機能の積極的な活用、などといったメニューが示されていた。

このように、2003年の「リレーションシップバンキングの機能強化に向けて」報告以降、地域金融行政では一貫してコンサルティング機能が強調され、事業再生についてもメニューは示されていた。

5　新しい金融モニタリング（2013年9月、2014年9月）

　金融庁は、2013年9月6日発表の今年度の「金融モニタリング基本方針」において、現下の金融行政上の課題を踏まえ、検査局・監督局が協働し、金融機関、金融システムについてより深度ある実態把握を行うことを示した。従来の「検査基本方針」に替えて、両局が協働して行うオンサイト・オフサイトのモニタリングについて、一体化するというものである（オン・オフ一体化）。これは1990年代からの不良債権問題が一服し、金融システムが平時に戻ったとの認識から、赤字でも成長が期待できる企業にも融資が拡大できるよう、検査と監督を一体化して金融行政を行うというものである。金融処分庁から金融育成庁への転換といわれるものである。

　これまでの金融検査は、個別の金融機関の定点的な実態把握が中心であったが、マクロ・プルーデンスに力点を置き、オフサイトのモニタリングや新たに試行的に導入する水平的レビューによる横断的な分析を組み合わせ、例えば、①金融機関が担保・保証に過度に依存し、適切なリスクを取った貸出ができていないのではないか、②海外業務展開を拡大したり、地域経済を活性化する上で適切な経営・業務態勢を確立できているか、③今後の金利シナリオ（短・中・長期）を前提にどのようなポートフォリオ管理を行おうとしているのか、といった金融行政上の重要な課題について、業界横断的な実態把握・分析、課題の抽出、改善策の検討を行い、オンサイト・オフサイトのフォローアップに繋げていく、というものである。

　地域金融機関については、既存の経営情報等に基づき、個々の金融機関のリスクの所在等について事前情報分析を行った上で、必要と認められる検証項目について、通常検査を含めたオンサイト・オフサイトの手法を効率的に組み合わせた金融モニタリングを実施していくとされている。その際は、業態毎の特性等に配慮するとされ、業界に共通する重要課題については、対象金融機関を

選定の上、水平的レビューを実施する。水平的レビューの検証項目については、一部の地域銀行にオフサイト・モニタリングを実施し、業界横断的な課題について当局としての知見を深めた上で、確定していくとされている。

具体的には、適切なリスク管理の下、デフレ脱却のための成長分野などへの積極的な資金供給や中小企業の経営改善・体質強化の支援の本格化を、地域金融機関の役割としていることから、①東日本大震災からの復興に向けた金融面からの対応（二重ローン問題への対応、復旧・復興に向けた資金需要の対応）、②成長可能性を重視した新規融資（企業の経営改善、事業再生、育成・成長に繋がる新規融資への取組み）、③地域密着型金融の深化、④中小企業に対する経営改善支援（外部専門家・機関等とも連携したコンサルティング機能の発揮、条件変更等を行った中小企業に対する実効性のある経営再建計画策定支援と進捗状況のフォローなど）、が挙げられている。今後の急激な社会・経済等の変化に対応するため、経営陣が責任ある迅速な経営判断を行うとともに、5—10年後を見据えた中長期の経営戦略を検討することが重要とされている。

特に、政府のデフレ脱却の取組みが進む中での審査の考え方の変更、融資権限・審査プロセスの実態、無担保・無保証融資の位置付け、目利き能力のある人材の確保と育成等与信能力向上に向けた取組み、信用保証制度の適切な活用等の他に、金融円滑化対応の変化、金融円滑化法対象企業の管理状況と対応方針、経営改善・事業再生への取組みと課題について重点的に検査・監督することが盛られている。このように、金融円滑化法終了後の中小企業金融に対して、従来にも増して手厚い取組みが求められている。

2014年9月11日の「金融モニタリング基本方針（監督・検査基本方針）」では、事業性を評価した融資の重要性が指摘されている。地域金融機関は、地域の経済・産業の現状及び課題を適切に認識・分析するとともに、こうした分析結果を活用し、様々なライフステージにある企業の事業の内容や成長可能性などを適切に評価（事業性評価）した上で、それを踏まえた解決策を検討・提案し、必要な支援等を行っていくことが重要としている。特に、目利き能力の発揮による企業の事業性評価を重視した融資や、コンサルティング機能の発揮

による持続可能な企業（特に地域の経済・産業を牽引する企業）の経営改善・生産性向上・体質強化の支援等の取組みを一層強化していくとともに継続困難な企業に対する円滑な退出への支援にも取り組んでいくことが求められる。

*8*節　事業再生の経済理論

1　事業再生の経済理論

　事業再生は、経済学における分析としては、企業の過剰債務問題として考察される一方、金融機関サイドの不良債権問題としても考察でき、1990年代以降の日本の不良債権問題への対応過程で分析が進んだ。企業倒産に関する法制は、破産法、民事再生法、会社更生法、会社法（第二編第二章第二節「特別清算」）、金融再生法、更生特例法、特定調停法などがあるほか、裁判外紛争解決手続の利用の促進に関する法律と産業活力再生特別措置法が事業再生ADRの根拠法となっている。さらに、私的整理ガイドラインという法的手続きを使わずに債権者と債務者の合意に基づいて債権放棄などを行うための手続きがあり、2001年に公表された。このように事業再生の法的整理・私的整理の手続き整備が進んだのである（表9―6）。

　このような法制度の整備などは概ね2000年代に入ってからのもので、経済分析的にはやや遅れていた感がある。しかし、産業再生機構などによる実際の再生事例が見られるようになり、実証的な研究も多くなった。また、制度の改善等をめぐって、経済産業省は「事業再生制度研究会報告書」（2006年9月）、「今後の事業再生のあり方に関する懇談会報告書」（2007年3月）を纏め、制度の見直しも進んでおり、2009年の事業ADRはその一例である。

9章 事業承継・事業再生の金融

表9―6　事業再生の手法

法的整理			
再建型	①会社更生手続	②民事再生手続	③その他
清算型	①破産手続	②特別清算手続	③その他
私的整理	広義の私的整理では、債務者と権利変更する債権者全員が合意すれば成立する。		
	私的整理に関するガイドライン		
	RCC企業再生スキーム		
	中小企業再生支援協議会スキーム		
	事業再生ＡＤＲ		
	企業再生支援機構（現・地域経済活性化支援機構）		

出所：藤原（2013）15頁。

　これらの制度の変遷と法制度について概観したものに中込（2004）、林（2007）、藤原（2011）、加藤（2013）などがある。これらの分析で明らかにされてきたことは、日本の金融システムの特色であったメインバンク制が事業再生にも有効に機能したことの確認と金融機関自体の不良債権問題がメインバンクとしての機能を十分に発揮できなくなったことを認識した。その上で、事業再生に伴う課題としてステークホルダー間の利害調整問題が「協調の失敗」というゲーム理論のコンテクストで理解可能であるとの研究が進んだ（武田（2003）、三井（2004）、福田・鯉渕（2006）、鯉渕（2008）、豊福（2010）など）。

2　メインバンクの機能

　事業再生が重要なのは、優良な企業であっても債務過多などの要因でその事業継続が困難になる状況を回避し、倒産・破綻に伴う社会的非効率性を回避することとして理解される。特に、日本の1990年頃に生じた資産価格の暴落と

553

いうマクロショックをいかに吸収するかというマクロ経済学的に重要な課題を提起し、金融システムでは不良債権問題として長期に亘る困難な事象を生じさせてきた。

　三井（2004）は、「高度成長期においてはメインバンクが事業を再生する中心的な役割を担っていた」[22]とし、池尾・瀬下（1998）のいうメインバンクによる破綻処理が、事前の負債のbondingの役割を維持しつつ[23]、事後的に企業の価値を最大にするような意思決定が可能という意味で、理想的な破綻処理手続きになっていた、という評価を紹介し、「メインバンクが景気低迷による企業の経営状態の悪化と金融機関の与信機能の低下という悪循環を断ち切る役割を担っていたと考えられる」とした[24]。

　同様な指摘は、豊福（2010）にも見られ、メインバンク主導の事業再生が機能しなくなった状況では債権者間の利害対立が顕在化し、不良債権問題が先送りされ、金融面の資金供給の問題が経済全体の資金配分の歪みを生み出した可能性を論じた[25]。豊福（2010）は、事業再生問題を、債権者間の利害調整として債権者間の協調の失敗の問題として整理した。特に、債権放棄の際に生じる債権者間の利害対立が協調の失敗となること、優先権の差から生じる利害対立、クレジット・ランと呼ばれる債権者間で債権の引き上げ競争が生じ、その結果として企業の資金繰りが悪化し、破綻に追い込まれる状況が発生する問題を、ゲーム理論を活用して解明している[26]。この債権者間の利害調整のという問題というのは、債権者が複数あり、その対立構造がある場合であり、大企業の場合に当てはまると思われる。

　メインバンク制が事業再生を担っていた時期には、債権者間の調整を円滑に行うことで、事業再生を推進したと理解できるが、メインバンクがその役割を降りた時期からは、債権者間の調整問題が事業再生にとって重要な課題になり、「協調の失敗」が顕在化したといえよう。中小企業の場合には、債権者間の利害対立があるとしても、相対的にメインバンクが機能し、「協調の失敗」が顕著になる場合は少ないと思われる。

3 協調の失敗

　三井（2004）も、事業再生のためには公的な取組が必要なことを理論的に整理したものであるが、事業再生が債権者間の協調の失敗にあるとしている。三井（2004）は、「短期的な経営悪化に直面する企業に融資している債権者の間には、債権を早期に回収するかあるいは債務の返済を一時的に猶予して事業の再生を促すかということに関してゲーム的な依存関係が生じる」とする。この場合、全債権者が協調し、一致して債務返済を猶予すれば、事業が再生して全債権者の債権は回収可能になる。しかし、一部の債権者が返済猶予に応じても、他の債権者が債権回収を優先することで経営が行き詰まり、事業が破綻すれば、返済猶予を認めた債権者の損害は大きい。したがって、協調に失敗した場合に被る損失の回避には、早期の債権回収こそ、全ての債権者にとって合理的となるのである。

　協調の失敗がある場合、短期的には経営が悪化しているとはいえ、中長期的には収益性の回復見込みのあり、存続させるべき事業を清算させることになれば、資源配分的にはマイナスの効果が生じる。他方、経営者が、短期的には経営悪化が見込まれる事業は清算されるということを読み込み、より堅実な経営を選択するようになるという規律付けを通じて資源配分が効率化される可能性もあるというプラスの効果もあると、三井（2004）は指摘している。このためには、公的な政策手段の活用とその選択が重要になると分析し、信用保証制度よりも DES の方がより効率的であると整理した[27]。

9節　まとめ——事業再生の金融理論

　金融契約に関する理論では、債務不履行により、決定権は債権者に移転すると考えられる。債権者が決定権を持つのであれば、債権者は自身の債権回収額を最大にするように決定する。それは、設備投資の一部凍結、経営者の交替、事業の清算等であり、経営者にとっては不効用や損失を生じさせる決定がある場合も少なくない。そのため、経営者はそのような事態を出来るだけ回避したいので、債務不履行にならないように努力するはずである。債務不履行が生じた場合に債権者による決定が経営者に不利なことは、経営者の経営に対するインセンティブを喚起し、適切な融資を受けられるように行動するはずである。

　しかしながら、現実の制度は理論が想定しているようには設計されてはいない。法的整理の段階では、理論が想定しているような明確な形では債権者には決定権限が与えられていない。民事再生法においては、経営者は原則存続することが可能なDIP型[28]となっており、債務不履行が生じても債権者が自由に経営者を交替させることはできない。会社更生法では、経営者の交替が可能だが、管財人に対して裁判所の影響が強く、債権者の決定は自由にできるわけではない。ただし、実証研究でも明らかなように、民事再生法申請後に経営者の交替が多くあるので、一定の規律付けにはなっている。

　この点で、コベナンツの適切な設定などは有効であろう。コベナンツを設定しておくことにより、債権者は情報を得ることができるとともに、経営者に対して望ましいインセンティブを与える可能性が高い（表9—7）。

9章 事業承継・事業再生の金融

表 9—7 新しい手法

目的	新しい対応策
①事業用資産への担保設定	アセット・ベースト・レンディング（「事業のライフスタイル」を一体として把握し、原則としてこの事業価値のみを担保とする融資）（動産譲渡登記を活用することにより、在庫等の動産についても譲渡担保の対抗要件を確実に具備）
②財務情報の把握	コベナンツ（融資契約において、事業および財務の報告義務を課す）
③経営者のモラルハザードを防ぐ仕組み	停止条件付き個人保証（無条件の個人保証ではなく、経営者が誠実に事業を遂行し、借入金の返済に努力していると認められる限り、債務者の事業および財務状況が結果的に悪化したとしても連帯保証債務を負わせないため、連帯保証に「代表者の不誠実さを基礎づける一定のコベナンツ違反が認められた場合」という停止条件を付す）

出所：「今後の事業再生のあり方に関する懇談会報告書」2007年3月、71頁。

注

1 『事業承継を中心とする事業活性化に関する検討会中間報告』2014年7月24日、8頁。
2 ㈱日本M&Aセンターが中堅・中小企業のM&Aに特化した専門機関である。

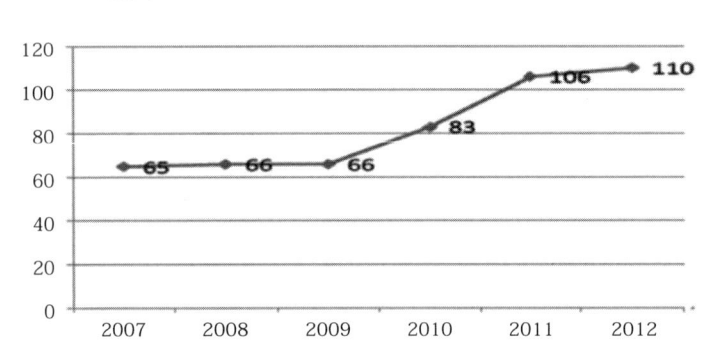

付図　日本M&AセンターによるM&A成約組織の推移

年	2007	2008	2009	2010	2011	2012
件数	65	66	66	83	106	110

出所：図9―1に同じ。

3 中小企業・小規模事業者のM&A活用を促進するために、2011年5月の産活法の一部改正に基づき、認定を受けた全国47都道府県の商工会議所等の支援機関に「事業引継ぎ相談窓口」が設置された。2013年成立の産業競争力強化法に基づき、地域をまたがる広域的なM&Aマッチングの強化等を図るため、中小企業基盤整備機構に2014年4月1日より「全国本部」を設置し、「事業引継ぎ相談窓口」及び「事業引継ぎ支援センター」に対する指導、助言等の支援業務を行っている。
4 http://www.kanto.meti.go.jp/seisaku/chusho/management_mentor.html
民間の「特定非営利活動法人　新現役ネット」もシニア支援を広範な分野で

9章　事業承継・事業再生の金融

行い、1万7000人の登録があるという（2014年3月末）。
5　以下の記述は、『事業承継を中心とする事業活性化に関する検討会中間報告』に拠っている。
6　報道によれば、現行は親族内承継の場合、他の親族が合意し裁判所が許可すれば、株式を時価より安く譲渡可能であるが、親族外承継の場合にも会社の株式を時価よりも安く譲渡可能にすることや、株式譲渡の際の贈与税の優遇対象の拡大（創業者が2代目の経営者に引き継ぐ場合のみの優遇から、創業者が存命中に譲渡を受けた2代目が3代目に引き継ぐ場合も対象とする）などの法改正が検討されている。
7　ある税務会計事務所のホームページには、事業承継に関して次のような説明がある。

　「会社が成長するにつれて、オーナーの財産としての会社の株式の評価額が、最初に出資した金額の数倍から数十倍になっていることがあります。計画的に、またはタイミングをとらえて、後継者や妻・子に贈与または売却することが、大変重要です。当税理士事務所では、次の制度などを利用して、円滑な事業承継策を提供いたします」
とし、親族外承継について、

　「すべての株主グループの持株割合が15％未満であれば、全株主が、会社の収益力や財産を基礎として算定した金額でなく、「配当還元による評価額」で売買等しても税務上問題は生じません。「配当還元評価額」とは、1株当たりの配当金額を10％で割り戻した金額、すなわち1株当たりの配当金額の10倍の金額を、その株式の「税務上の価格」とするものです。（配当をしていない場合は、1株当たりの資本金額の半分の金額が評価額となります。（＝額面金額の半分の金額））。しかし、全株主グループの持株割合を15％未満とするには、最低でも7人（7グループ）が株式を分散所有することになります。株主の数が多いことや、各株主（又は株主グループ）の持株数の差が小さいことは、経営を不安定にする要因です。「配当還元額による株式の移転」と「株式の分散の防止」を両方とも可能にする方策として、中小企業投資育成会

社を株主にする方法があります。中小企業投資育成会社と中小企業に対していくつかのやりかたで投資をするのですが、「中小企業の安定株主として株式を保有し続ける」ことも同社の目的のひとつです。例えば、中小企業投資育成会社が30％の株式を持てば、他の株主は5人で済みます。投資後は、投資先企業の経営の自主性を尊重しつつ、信頼できるパートナーとして各種の経営相談に応じ、成長を支援します。同社が持つことになるのは、議決権のある普通株式ですが、同社は原則として経営には介入しません。後継者の持株割合が低い場合でも、投資育成会社が長期安定株主として後継者を支援するため、経営権が安定します。中小企業投資育成会社の出資を受けるには審査があります。主な条件の一つは、投資育成会社が出資する金額に見合った配当を、継続して行なうことです」とある。（兵頭税務会計事務所ホームページ、2014年8月14日アクセス）

8　「経営者保証ガイドライン」（2014年2月）では、経営者の個人保証について、一定の条件の下で経営者保証の弊害を解消し、経営者による思い切った事業展開や、早期事業再生等をサポートしている。

9　りそな銀行ホームページ。

10　調査対象は、関東・東海・近畿地域で親族内の後継者が不在または後継者を決めていないと推測される中小企業（製造、建設、卸・小売業、サービス業、3500社）。調査期間：平成19年11月14日―12月7日、調査回収数：592件（回収率16.9％）、有効回答数：318件（有効回収率9.1％）。

11　アンケート調査は、日本M&Aセンター等を通じてM&A実施した企業46社、調査期間：平成19年12月4日―12月20日、調査回収数24社（回収率52.2％）。

12　具体的な再生手法の実務については、藤原（2013）の第4・5・6章を参照。

13　2007年6月に設置され、初代本部長は筆者であった。

14　事業再生は、金融機関の不良債権問題への対応として日本でも注目されるようになったが、海外ではターン・アラウンドとして実施されてきた問題である。

9 章　事業承継・事業再生の金融

15　株式会社産業再生機構は、産業の再生と信用秩序の維持のため、株式会社産業再生機構法に基づき設立された特殊会社で、2003年4月16日設立され、当初5年間の時限組織であったが、予定よりも1年早く07年6月5日に清算結了して解散した。預金保険機構が株式の過半数を保有し、金融再生プログラムの一環で、スウェーデンのセキュラムをモデルにして作られたという。債務一部免除やDESなどにより再生を行い、カネボウ、ダイエー、九州産交、ミサワホーム、大京（ライオンズマンション）など41社の再生支援を行った。存続期間中におよそ312億円を納税、解散後の残余財産の分配により更に約432億円を国庫に納付したため、国民負担は発生しなかった。福田・鯉渕（2006）は、産業再生機構の債権放棄事例を取り上げ、その債権放棄において従来のメインバンクの債権放棄負担比率が放棄前融資比率を上回るという「メイン寄せ」といわれる債権放棄をしていたが、産業再生機構案件では、大口債権者も小口債権者も、融資比率に応じたプロラタ負担（比例配分法）を行うようになり、メインバンクの超過負担はなかったことを指摘した。すなわち、「イザというときの貸し手」として顧客企業を救済したメインバンクの役割が、近年急速に低下していることを論じた（117-120頁）。

16　藤原（2013）4-5頁。

17　もともとは第3セクターの再生を目指した地域力再生機構構想があり、2008年法案化されたが、その後第3セクター案件を除いて企業再生支援機構になり、大企業も支援対象となった。

18　東日本大震災により被害を受けた中小事業者を対象に経営支援や再生支援を行う中小企業庁所管の組織。2011年11月以降岩手・宮城・福島・茨城・千葉の5県に設置。二重債務の解消に向けて債権の買取りなどを行う。復興庁所管の東日本大震災事業者再生支援機構が小規模事業者（資本金5億円未満、従業員1000人未満）を対象とするのに対し、比較的規模の大きな企業を支援対象とする。

19　藤原（2013）によれば、「政府系金融機関や全国をカバーする金融機関、その他の多くのプレーヤー等から、各県ごとに対応が異なっていることに関し

ての問題提起や、金融機関の下請けではないか、あるいはレベルが低いとの批判も寄せられていた」（5頁）という。

20　藤原（2013）9頁。
21　藤原（2013）は、「いわゆるメインバンク制度が成り立っていた時代には、金融機関がその役目（再生の専門家）を果たしていたのではなかろうか」とし、かつては「毎月初には融資先から当月の日繰表の提出を受け、振込回収や手形回収の日と金額を把握し、支払も買掛金や給料その他支払もすべて管理していた。それだけにとどまらず、商品別売上や販売先売上、仕入先別の仕入状況の管理、さらには回ってきた手形や小切手の裏書までチェックしていた」が、「時代の変化の中で、・・・このような管理は今やとうてい無理な話である。・・・事業再生に取り組むためには、多大なエネルギーが必要となる。今日の金融機関の実状を踏まえると、投資対効果という観点からとうてい不可能であると考えるのが自然である」（10頁）としている。

　　1990年代以前にメインバンクが事業再生で主導ないし中心的役割を担った点については、池尾・瀬下（1998）、奥野・河野（2007）などが指摘している。90年代以降はバブルの崩壊に伴う資産価格の暴落というマクロショックにより、メインバンク主導の事業再生は機能しなくなった。メインバンク主導の事業再生は、債務者間の利害調整がメインバンクのコーディネーションによって、利害調整関係者間すなわちステークホルダー間で比較的円滑に機能し、調整の長期化を防ぎ、結果として社会的非効率性を排除してきたのである。

22　三井（2004）59頁。
23　「bondingの役割」というのは、債務不履行時に経営者から経営決定権を奪うことにコミットすることを通じて、企業を継続するか清算するかといった観点に関する経営判断を下すこと、とされる（三井〔2004〕70頁）。
24　三井（2004）59頁。
25　豊福（2010）82-83頁。
26　豊福（2010）83-90頁。

27　三井（2004）65-69頁。

28　DIPとはDebtor in Possession（占有を継続する債務者）のことで、倒産手続き開始後も旧経営陣に経営を任せ、再建を行いつつ、新たな資金を供給する短期の金融手法のことをいう。もともとは、米国の連邦破産法第11条の適用を受けて、経営破綻後も経営陣が留まる形（debtor in possession）で再建計画が策定される企業に対して、人件費や原材料費などの当面の運転資金を融資する目的で行われる。通常、企業が破綻すると仕入れ先業者が手形でなく現金払いを要求し、急速に資金繰りが行き詰まることが多い。そこで当座の運転資金もしくは融資枠を提供し、資産価値の劣化をくい止めるのがDIPファイナンスの役割である。

参考文献

【洋書・洋雑誌】

Allen, F. and Gale, D., *Financial Innovation and Risk Sharing*, The MIT Press, Apr. 1994.

――and――, "Financial Markets, Intermediaries, and Intertemporal Smoothing", *Journal of Political Economy,* Vol.105 No.3, June 1997, pp.523-546.

――and――, "Innovations in Financial Services:, Relationships and Risk Sharing", Wharton Financial Institutions Center Discussion Papers, 97-26-B, Apr. 1998.

――and――, *Comparing Financial Systems*, MIT Press, 2000.

――and Santomero, A., "The theory of financial intermediation", Wharton School, Financial Institution Center, University of Pennsylvania, Working Paper 96-32, Aug. 1996. (*Journal of Banking and Finance* Vol.21 Issues11-12, 1997, pp.1461-1486.)

――and――, "What Do Financial Intermediaries Do?" Wharton School, Financial Institution Center, University of Pennsylvania, Working Paper 99-30-B, Sep. 1999. (*Journal of Banking and Finance*, Issue25 No.2, Feb. 2001, pp.271-294.)

Arthurs, J. D. and Busenitz, L. W., "Dynamic capabilities and venture performance: The effects of venture capitalists", *Journal of Business Venturing,* Vol.21 Issue2, Mar. 2006, pp.195-215.

Avery, R. B., Belton, T. and Goldberg, M., "Market Discipline in Regulating Bank Risk: New Evidence from Capital Markets", *Journal of Money, Credit, and Banking*, Vol.20 No.4, Nov. 1998, pp.597-610.

参考文献

Baba. N., Inada, M, and Maeda, Y., "Determinants of Subordinated Debt Issuance by Japanese Regional Banks", IMS Discusion Paper Series, Bank of Japan, 2007-E-3, Mar. 2007.

Baird, D. G., "The initiation problem in bankruptcy", *International Review of Law and Economics,* Vol.11 Issue2, Sep. 1991, pp.223-232.

Barker III,V.L.and Duhaime,I.M.", Change in the Turnaround Process: Theory and Empirical Evidence", *Strategic Management Journal,* Vol.18 Issue1, Jan. 1997, pp.13-38.

Barkham, R., Hart, M. and Hanvey, E., "Growth in Small Manufacturing Firms: An Empirical Analysis", in R. Blackburn and Jennings,P.(eds), *Small Firms Contribution to Economic Regeneration,* Paul Champman, London,1996.

Bates, T., "Entrepreneur Human Capital Inputs and Small Business Longevity", *Review of Economics and Statistics,* Vol.72 No.4,Nov. 1990,pp551-559.

Baum, J. A. C. and Silverman, B. S., "Picking winners or building them? Alliance, intellectual, and human capital as selection criteria in venture capital financing and performance of biotechnology startups, *Journal of Business Venturing*, Vol.19 Issue3, May., 2004, pp.411-436.

Bebchuk, L. A., "Ex ante costs of violating absolute priority in bankruptcy", *Journal of Finance,* Vol.57 Issue1, Feb.2002, pp.445-460.

── and Picker,R., "Bankruptcy rules, managerial entrenchment, and firm-specific human capital", Law and Economics working paper, No.16, 1993,The University of Chicago Law School.

Becker, S. O. and Ichino, A., "Estimation of Average Treatment Effects Based on Propensity Scores", *The Stata Journal*, Vol.2 No.4, 4th Quarter 2002, pp.358-377.

Belhocine, N., "Treating Intangible Inputs as Investment Goods: the Impact on Canadian GDP", IMF Working Paper, No.09/240, Nov. 2009.

Bengtsson, Ola, "Relational venture capital financing of serial founders", *ournal

565

of Financial Intermediation, Vol.22 Issue3, July 2013, pp.308-334.

Berger, A. N. and Udell, G. F., "Relationship Lending and Lines of Credit in Small Firm Finance", *Journal of Business*, Vol.68 No.3, July 1995, pp.351-381.

——and——, "Small Business Credit Availability and Relationship Lending: The Importance of Bank Organisational Structure", *Economic Journal*, Vol.112 No.477, Feb. 2002, F32-F53.

——and——, "The Economics of Small Business Finance: The Role of Private Equity and Debt Markets in the Financial Growth Cycle", *Journal of Banking and Finance*, Vol.22 Issues 6-8, Aug. 1998, pp.613-673.

——, Demsetz, R. and Strahan, P., "The consolidation of the financial services industry: Causes, consequences, and implications for the future", *Journal of Banking and Finance*, Vol.23 Nos. 2-4, Feb. 1999, pp.135-194.

——and——, "A More Complete Conceptual Framework for SME Finance", *Journal of Banking and Finance*, Vol.30 Issue11, Nov. 2006, pp.2945-2966.

Berkovitch,E., Israel,R. and J. F. Zender,J.F., "An optimal bankruptcy law and firm-specific investments", European Economic Review, Vol.41 Issues3-5, April 1997, pp.487-497.

——,——,and ——, "The design of bankruptcy law: A case for management bias in bankruptcy reorganizations", *Journal of Financial and Quantitative Analysis*, Vol.33 Issue4 Dec. 1998, pp.441-464.

Birchler, U. and Hancock, D., "What does the yield on subordinated bank debt measure?", Finance Economics Discussion Series (FEDS) Working Paper, No.2004-19, Board of Governors of the Federal Reserve System, 2004.

BIS, *Recent Innovations in International Banking*, BIS Report dated April 1986.

Black, B. and Gilson, R., "Venture capital and the structure of capital markets: banks versus stock markets". *Journal of Financial Economics,* Vol.47 Issue3, Mar. 1998, pp.243-277.

Blum, J., "Do Capital Adequacy Requirements reduce Risks in Banking? ",

Journal of Banking and Finance, Vol.23 Issues, May 1999, pp.755-771.

――, "Subordinated Debt, Market Discipline, and Banks' Risk Taking", *Journal of Banking and Finance*, Vol.26 Issue7, July 2001, pp.1427-1441.

Bolton,P. and Scharfstein,D., "Optimal Debt Structure and the Number of Creditors", *Journal of Political Economy*, Vol.104 No.1,Feb. 1996, pp.1-25.

Boot, A., "Relationship Banking: What Do We Know?", *Journal of Financial Intermediation*, Vol.9 Issue1, Jan. 2000, pp.7-25.

――and Thakor, A., "Moral Hazard and Secured Lending in an Infinitely Repeated Credit Market Game", *International Economic Review*, Vol.35 No.4, Nov. 1994, pp.899-920.

――and――, "Can Relationship Banking Survive Competition?", *Journal of Finance*, Vol.55 Issue2, April 2000, pp.679-713.

Boyd, J. H., and De Nicolo, G., "The Theory of Bank Risk Taking and Competition Revisited", *Journal of Finance,* Vol.60 Issue53, June 2005, pp.1329-1343.

――and――, "Bank Risk-taking and Competition Revisited: New theory and new evidence", *Working Paper* No.06/297, International Monetary Fund, Credit Guarantee Corporation, 2006, *Credit Guarantee System in Japan*.

Boyne,G.A., "Strategies for Public Service Turnaround: Lessons from the Private Sector?", *Administration & Society*, Vol.38 No.3, July 2006, pp.365-388.

――andMeier, K., "Environmental Change, Human Resources and Organizational Turnaround", *Journal of Management Studies,* Vol.46 Issue5, July 2009, pp.835-863.

Brav, A. and Gompers, P. A., "Myth or Reality? The Long-Run Under-performance of Initial Public Offerings: Evidence from Venture and Non venture Capital-Backed Companies", *Journal of Finance*, Vol.52 Issue5, Dec. 1997, pp.1791-1821.

Brixy, U. and Kohaut,S., "Employment Growth Determinants in New Firms in Eastern Germany", *Small Business Economics,* Vol.13 Issue2, Sep. 1999, pp.155-70.

Brown M. C., "Administrative Succession and Organizational Performance: The Succession Effect", *Administrative Science Quarterly,* Vol.27 No.1, 1982, pp.1-16.

Calvet,L.,Gonzalez-Eiras,M. and Sodini,P., "Financial Innovation,Market Participation and Asset Prices", NBER Working Paper No.9840, July 2003.

Carlson, H. and van Damme,E., "Global games and equilibrium selections", *Econometrica,* Vol.61 Issue5, Sep. 1993, pp.989-1018.

Castrogiovanni,G.J.,Baliga,B.R.and Kidwell Jr.,R.E., "Curing Sick Businesss: Changing CEOs in Turnaround Efforts," *The Executive,* Vol.6 No.3, Aug. 1992, pp.26-41.

Christensen,C.R., *Management Succession in Small and Growing Enterprises,* Harvard University, Boston,1953.

Chun, H., Fukao, K., Hisa, S. and Miyagawa, T., "The Measurement of Intangible Investment by Industry and Its Role in Productivity Improvements: Comparative Studies between Japan and Korea", RIETI Discussion Paper 12-E-037, June 2012.

Coase, R., "The Nature of the Firm", *Economica,* Vol.4 Issue14, Nov. 1937, pp.386-405.

Communication from the Commission to the Council, The European Parliament, The European Economic and Social Committee and the Committee of the Regions, "Think Small First"; A "Small Business Act" for Europe, 2008. (*http:// eur-lex. europa. eu/LexUriServ/LexUriServ.* do?uri=COM:2008:0394:FIN:EN: PDF)

Corrado, C., Hulten, C. and Sichel, D., "Intangible Capital and Economic Growth", *NBER Working Paper, No.*11948. Cambridge, MA: National Bureau of Economic Research, Jan. 2006.

――, "Intangible Capital and U. S. Economic Growth", *Review of Income and*

Wealth, Vol.55 Issue3, Sep. 2009, pp.661-685.

Corsetti, G., Dasgupta,A., Morris,S. and Shin,H.S., "Does one Soros make a difference? A theory of currency crises with large and small traders," *Review of Economic Studies,* Vol.71 Issue1, Jan. 2004, pp.87-113.

Covitz, D. M., Hancock, D. and Kwast, M., "Market Discipline in Banking Reconsidered: The Roles of Funding Manager Decisions and Deposit Insurance Reform", Finance Economics Discussion Series (FEDS) Working Paper No.2004-53, Board of Governors of the Federal Reserve System, August 2004 (a).

——, ——and——, "A Reconsideration of the Risk Sensitivity of 12 U. S. Banking Organization Subordinated Debt Spreads: A Sample Selection Approach", *FRBNY Economic Policy Review*, Vol.10 No.2, Federal Reserve Bank of New York, 2004 (b), pp.73-92.

——and Harrison, P., "Do Banks Time Bond Issuance to Trigger Disclosure, Due Diligence, and Investor Scrutiny?", *Journal of Financial Intermediation*, Vol.13 Issue3, July 2004, pp.299-323. Da Cowling, M., "The Role of Loan Guarantee Schemes in Alleviating Credit Rationing in the UK", *Journal of Financial Stability*, Vol.6 Issue1, April 2010, pp.36-44.

—— and Mitchell, P., "Is the Small Firms Loan Guarantee Scheme Hazardous for Banks or Helpful to Small Business?", *Small Business Economics*, Vol.21 Issue1, August 2003, pp.63-71.

Craig, B. R., Jackson, W. E., and Thomson, J. B., "SBA-Loan Guarantees and Local Economic Growth", *Federal Reserve Bank of Cleveland Working Paper*, 05-03.

——, ——, and——, "On Government Intervention in the Small-Firm Credit Market and its Effect on Economic Performance", *Entrepreneurship in Emerging Domestic Markets,* The Milken Institute Series on Financial Innovation and Economic Growth Volume 7, 2008, pp.47-67.

Da Silva Rosa, R., Velayuthen, G. and Walter, T., "The share market performance of Australian venture capital-backed and non-venture capital-backed IPOs", *Pacific-Basin Finance Journal*, Vol.11, Issue2 2003, pp.197-218.

Daves, S. M., "Entrepreneurial Succession", *Administrative Science Quarterly*, Vol.13, No.3,1968, pp.402-416.

Davidsson P. and Henrekson M. "Determinants of the Prevalence of Start-ups and High Growth Firms", *Small Business Economics*, Vol.19. Issue2, Sep.2002, pp.81-104.

DeMeza D. and Webb, D. C., "Too Much Investment: A Problem of Asymmetric Information", *The Quarterly Journal of Economics*, Vol.102 Issue2, May 1987, pp.281-292.

Dewatripont, M. and Maskin, E., "Credit and Efficiency in Centralized and Decentralized Economies", *Review of Economic Studies*, Vol.62 Issue4, Oct. 1995, pp.541-555.

Diamond, D., "Should Japanese Banks be Recapitalized?", *Monetary and Economic Studies*, Vol.19 No.2, May 2001, pp.1-19. DMSTI, *Intellectual capital statements the new guideline, Danish Ministry of Science, Technology and Innovation,* Copenhagen.

DMSTI, *Intellectual capital statements -the new guideline, Danish Ministry of Science,Technology and Innovation,* Copenhagen.

Dunne, P. and Hughes, A., "Age, Size, Growth and Survival: UK Companies in the 1980s." *Journal of Industrial Economics,* Vol.43. Issue2, June 1994, pp115-140.

——,Roberts M.J.and Samuelson,L."The Growth and Failure of US Manufacuturing Plants." *Quarterly Journal of Economics,* Vol.104 Issue4, Nov. 1989, pp.671-698.

Edquist, H., "Can Investment in Intangibles Explain the Swedish Productivity Boom in the 1990s?" *Review of Income and Wealth*, Vol.57 Issue4, Dec. 2011,

参考文献

pp.658-682.

Edvinsson, E. and Malone, M. S. (1997) *Intellectual Capital*, Harper Collins Publishers, 1997. 邦訳『インテレクチュアル・キャピタル』日本能率協会マネジメントセンター、1999年。

EU, *Study on the Measurement of Intangible Assets and Associated Reporting Practices*, 2003 Presented for the Commission of the European Communities Enterprise Directorate General.

European Charter for Small Enterprises, 2000.

European Commission, MERITUM, *Guideline for Managing and Reporting on Intangibles,* 2002.

――, *RICARDIS (Reporting Intellectual Capital to Augment Research, Development and Innovation in SMEs) Report,* June 2006.

EUROSTAT, *Measuring the New Economy,* Luxembourg, 2001.

Evans, D. S., "The Relationship Between Firm Growth, Size, and Age : Estimates for 100 Manufacturing Industries", *The Journal of Industrial Economics,* Vol.35 Issue4, June 1987(a), pp.567-81.

――, "Tests of Alternative Theories of Firm Growth." *The Journal of Political Economy,* Vol.95 No.4, Aug.1987(b), pp.657-674.

Flannery, M. J., and Sorescu, S., "Evidence of Bank Market Discipline in Subordinated Debenture Yields:1983―1991", *Journal of Finance*, Vol.51 Issue4, Sep. 1996, pp.1347-1377.

Frame, S. and White, L., "Empirical Studies of Financial Innovation: Lots of Talk, Little Action?", Stern School of Business, New York Univ. Working Paper 2002/2-18.

FRB of Philadelphia, "Innovation in Financial Services and Payments" (Conference Summary), May 2002.

Frei, F., Harker, P. and Hunter, L., "Innovation in Retail Banking", Wharton Financial Institutions Center, Working Paper 97-48-B, Jan. 1998, pp.1-44.

571

Freixas, X. and Rochet, J. C., *Microeconomics of Banking*, Cambridge, Massachusetts: MIT Press, 1997.

Fukao, K., Miyagawa, T., Mukai, K., Shinoda, Y. and Tonogi, K, "Intangible Investment in Japan: new Estimates and Contribution to Economic Growth", *Economic Research Bureau, Cabinet office Discussion paper* 08-03, 2008.

——, "Intangible Investment in Japan: Measurement and Contribution to Economic Growth", *Review of Income and Wealth*, Vol.55 Issue3, Sep. 2009, pp.717-736.

——, Miyagawa, T., Pyo, H. and Rhee, K., "Estimates of Multifactor Productivity, ICT Contributions and Resource Reallocation Effects in Japan and Korea", RIETI Discussion Paper Series 09-E-022, 2009.

——, Hisa, S. and Miyagawa, T., "Measurement of Intangible Investments by Industry and Its Role in Productivity Improvement Utilizing Comparative Studies between Japan and Korea", RIETI Discussion Paper Series 12-E-037, June 2012.

Gale, W. G., "Federal Lending and the Market for Credit", *Journal of Public Economics*, Vol.42 Issue2, July 1990, pp.177-193.

——, "Economic Effects of Federal Credit Programs, "*American Economic Review*, Vol.81 Issue1, Mar. 1991, pp.133-152.

Gertler, R. and Schrafstein, D., "A Theory of Workouts and the Effects of Reorganization Law", *Journal of Finance,* Vol.46 Isuue4, Sep. 1991, pp.1189-1222.

Glennon, D. and Nigro, P., "Measuring the Default Risk of Small Business Loans: A Survival Analysis Approach, "*Journal of Money, Credit, and Banking*, Vol.37 No.5, Oct. 2005, pp.923-947.

Goldstein, I. and Pauzner, A., "Demand-deposit contracts and the probability of bank runs", *Journal of Finance,* Vol.60 Issue3, June 2005, pp.1293-1327.

Gompers, P. A., "Optimal investment, monitoring and the staging of capital",

Journal of Finance, Vol.50 Issue5, Dec. 1995, pp.1461-89.

―, "Grandstanding in the venture capital industry", *Journal of Financial Economics,* Vol.42 Issue1 Sep. 1996, pp.133-156.

―, "An examination of convertible securities in venture capital invest-ments", 1997, mimeo.

―, "Resource allocation, incentives and control: The importance of venture capital in financing entrepreneurial firms", in *Entrepreneurship, SMEs, and the Macroeconomy,* Cambridge University Press, 1998.

―and J. Lerner, *The venture capital cycle, Cambridge,* MIT Press, 1999. (2. ed., MIT Press, 2004).

――and J. Lerner, "The venture capital revolution", *Journal of Economic Perspective,* Vol.15 No.2, Spring 2001, pp.145-168.

―, Kovner, A. and Lerner, J. "Specialization and Success: Evidence from Venture Capital", *Journal of Economics & Management Strategy*, Vol.18 Issue3, Fall 2009, pp.817-844.

Gonzalez, F. P., "Inherite d Control and Firm Performance", mimeo, 2002.

Gonzalez, L., "Bank Loans and Bubbles: How Informative are the Announcements?", Fordham University, Nov. 2010.

―, "Dogs that Bark: Why are Bank Loan Announcements Newsworthy?, *Global Economy and Finance Journal,* Vol.4 No.1. March 2011, pp.62-79.

Gorton, G., and Santomero, A., "Market Discipline and Bank Subordinated Debt", *Journal of Money, Credit, and Banking*, Vol.22 No.1, Feb. 1990, pp.119-128.

Green, A., "Credit Guarantee Schemes for Small Enterprises: An Effective Instrument to Promote Private Sector-Led Growth?", *SME Technical Working Paper Series*, No.10, UNIDO, 2003, .

Hancock, D., Peek, J., and Wilcox, J., "The Repercussions on Small Banks and Small Businesses of Procyclical Bank Capital and Countercyclical Loan Guarantees", Paper presented at the World Bank Conference on Partial

Credit Guarantees, March 13-14, 2008.

——and Wilcox, J., "The 'Credit Crunch' and the Availability of Credit to Small Businesses", *Journal of Banking and Finance*, Vol.22, Nos. 6-8, August 1998, pp.983-1014.

——and Birchler, U., "What Does the Yield on Subordinated Bank Debt Measure?", Working Papers 2004-02, Swiss National Bank. Hamao, Y., Packer, F. and Ritter, J., "Institutional Affiliation and the Role of Venture Capital: Evidence from Initial Public Offerings in Japan", *Pacific Basin Finance Journal*, 8, 2000, pp.529- 558.

Harhoff, D., K. and Woywode, S. M., "Legal Form, Growth and Exit of West German Firm-Empirical Results for Manufacturing, Construction, Trade and Service Industries." *The Journal of Industrial Economics,* Vol.46 No.4, Dec. 1998, pp.453-488.

Heckman, J., Ichimura, H., Smith, J., and Todd, P., 1998, "Characterizing Selection Bias Using Experimental Data", *Econometrica*, Vol.66 No.5, Sep. 1998, pp.1017-1098.

Hellmann, T, F, Murdock, K. C. and Stigliz, J, "Liberalization, Moral Hazard in Banking, and Prudential Regulation: Are Capital Requirements Enough?", *American Economic Review,* Vol.90 No.1, Mar. 2000 pp.147-165.

——, "The allocation of control rights in venture capital contracts", *Rand Journal of economics*, Vol.29 No.1, Spring 1998, pp.57-76.

——and Puri, M., "The interaction between product market and financing strategy: The role of venture capital", *Review of Financial Studies*, Vol.13 No.4, Winter 2000, pp.959-984.

——and Puri, M., "Venture Capital and the Professionalization of Start-up Firms: Empirical Evidence", *Journal of Finance*, Vol.57 No.1, Feb. 2002, pp.169-197.

——, Lindsey, L. and Puri, M., "Building Relationships Early: Banks in Venture Capital", *Review of Financial Studies*, Vol.21 Issue2, April 2008, pp.513-541,

参考文献

Helmich D. L., "Corporate Succession: An Examination", *The Academy of Management Journal,* Vol.18 No.3, Sep. 1975, pp.429-441.

Hirukawa, M. and Ueda, M. "Venture capital and industrial innovation". CEPR Discussion Paper 7089, 2008a (June 2013 Draft.)

——and——, "Venture capital and innovation: which is first?", CEPR Discussion Paper 7090, 2008b (*Pacific Economic Review*, Vol.16 No.4, Oct. 2011, pp.421–465).

Honohan, P., "Partial Credit Guarantees: Principles and Practice", Paper presented at the World Bank Conference on Partial Credit Guarantees, March 13-14, 2008.

Hori. Keiichi, Saito. Makoto, and Ando. Koichi, "What Caused Fixed Investment to Stagnate During the 1990s in Japan? Evidence from Panel Data of Listed Companies", *The Japanese Economic Review*, Vol.57 No.2, June 2006, pp.283-321.

Hoshi, T. and Kashyap, A. K., "Japan's Financial Crisis and Economic Stagnation", *Journal of Economic Perspectives*, Vol.18 No.1, Winter 2004, pp.3-26.

Hosono, K., and Sakuragawa, M., "Soft Budgeting Problems in the Japanese Credit Market", Nagoya City University Discussion Papers in Economics, No.345, 2003.

Hubert, F. and Schafer, D., "Coordination Failure with Multiple-Source Lending, the Cost of Protection Against a Powerful Lender", *Journal of Institutional and Theoretical Economics*, Vol.158 Issue2,May 2002, pp.256-275.

IIRC, *Towards Integrated Reporting: Communicating Value in the 21st Century,* 2011.

Innes, R., 1991, "Investment and Government Intervention in Credit Markets When There is Asymmetric Information", *Journal of Public Economics*, Vol.46 No.3, Dec. 1991, pp.347-381. Ito, T., and Sasaki, Y., "Impacts of the Basel Capital Standard on Japanese Banks'Behavior", *Journal of the Japanese and*

575

International Economies, Vol.16 Issue3, Sep. 2002, pp.372-397.

Jain, B. A. and Kini, O., "Venture Capitalist Participation and the Post-Issue Operating Performance of IPO Firms", *Managerial and Decision Economics*, Vol.16 Issue6, Nov. /Dec. 1995, pp.593-606.

Jeng, L. and Wells, P., "The determinants of venture capital funding: Evidence across countries", *Journal of Corporate Finance*, Vol.6 Issue3, Sep. 2000, pp. 241-289.

Kang, J. W., and Heshmati, A., "Effect of Credit Guarantee Policy on Survival and Performance of SMEs in Republic of Korea" (sic), *Small Business Economics*, Online publication, 2007.

Kaplan, S. N. and Strömberg, P., "Venture Capitalists as Principals: Contracting, Screening, and Monitoring", *NBER Working Paper* No.8202, 2001.

Keely, M., "Deposit Insurance, Risk, and Market Power in Banking", *American Economic Review,* Vol.80 No.5, Dec. 1990, pp.1184-1200.

Kutsuna, K., Cowling, M. and Westhead, P., "The Short-Run Performance of JASDAQ Companies and Venture Capital Involvement Before and After Flotation", *Venture Capital : An International Journal of Entrepreneurial Finance*, Vol.2 Issue1, 2000, pp.1-25.

——, H., and Cowling, M., "Ownership Structure Pre- and Post-IPOs and the Operating Performance of JASDAQ Companies, *"Pacific-Basin Finance Journal*, 10, 2002, pp.163-181.

Lee, P. M. and Wahal, S., "Grandstanding, certification and the underpricing of venture capital backed IPOs", *Journal of Financial Economics*, Vol.73 Issue2, August 2004 pp.375-407.

Lentz B. and Laband, D. "Entrepreneurial Success and Occupational Inheritance Among Propietors", *Canadian Journal of Economics,* Vol.23 No.3, Aug. 1990, pp.563-579.

Lev, B., *Intangibles: Management, Measurement and Reporting*, Brookings

Institution, 2001.

Li, W., "Government Loan, Guarantee, and Grant Programs: An Evaluation", Federal Reserve Bank of Richmond, *Economic Quarterly*, Vol.84, No.4, Fall 1998, pp.25-51.

Mankiw, G. N., "The Allocation of Credit and Financial Collapse", *Quarterly Journal of Economics*, Vol.101 No.3, August 1986, pp.455-470.

Marcus, A. J., "Deregulation and Bank Finance Policy", *Journal of Banking and Finance*, Vol.8 Issue4, Dec. 1984, pp.557-565.

Marrano, M, Haskel, J. and Wallis, G., What Happened to the Knowledge Economy? ICT, Intangible Investment, and Britain's Productivity Revisited, "*Review of Income and Wealth*, Vol.55 No.3, Sep. 2009, pp.661-716.

Massolution, *Crowdfunding Industry Report Market Trednd, Composition and Crowdfunding Platforms*, May 2012. (crowdfunding, org).

Mayer, C., Koen, S. and Yishay, Y., "Sources of funds and investment activities of venture capital funds: evidence from Germany, Israel, Japan and the United Kingdom", *Journal of Corporate Finance*, Vol.11 Issue3, June 2005, pp.586-608.

Megginson, W. and Weiss, K., "Venture Capitalist Certification in Initial Public Offerings", *Journal of Finance*, Vol.46 Issue3, July 1991, pp.879-903. Merton, R., "Financial innovation and economic performance", *Journal of Applied Corporate Finance*, Vol.4 No.4, Winter 1992, pp.12-22.

——, "An Analytic Derivation of the Cost of Deposit Insurance Loan Guarantees: An application of modern option pricing theory", *Journal of Banking and Finance,* Vol.1 Issue1, June 1977, pp.3- 11.

Mikkelson, W. H., Partch, M. M. and Shah, K., "Ownership and operating performance of companies that go public", *Journal of Financial Economics*, Vol.44 No.3, June 1997, pp.281-307.

Miller, M., "Financial Innovation: The Last Twenty Years and the Next", *Journal* of *Financial and Quantitative Analysis*, Vol.21 No.4, Dec. 1986, pp.459-471.

Miyagawa, T., Lee, K., Kabe, S., Lee, J., Kim, H., Kim, Y. and Edamura, K., "Management Practices and Firm Performance in Japanese and Korean Firms: An Empirical Study Using Interview Surveys", RIETI Discussion Paper, 10-E-013, Feb. 2010.

Molyneux, P. and Shamroukh, N., *Financial Innovation*, John Wiley, 1999.

Morris, S. and H. S. Shin, H. S., "Unique equilibrium in a model of self-fulfilling currency attacks", *American Economic Review*, Vol.88 Issue3, June 1998, pp.587-597.

——and——, "Global games: Theory and Applications", *Paper prepared for the eighth world congress of the econometric society, 2001*.

Motonishi, T. and Yoshikawa H., "Causes of the Long Stagnation of Japan during the 1990s: Financial or Real?", *Journal of the Japanese and International Economies*, Vol.13 Issue3, Sep. 1999, pp.181-200.

OECD, "A new OECD project: New sources of growth: intangible assets", Sep. 2011.

——, "Intangible Asset, Resource Allocation and Growth: A Framework for Analysis", Feb. 2012 (For Official use).

——, "New Sources of Growth: Intangible Assets A Project Update, "Mar. 2012 (For official use). Ogawa, K., "Financial Distress and Employment: The Japanese Case in the 90s, "*NBER Working Paper*, No.9646, April 2003.

——, Kitasaka, S., Yamaoka, H. and Iwata, Y., "Borrowing Constraints and the Role of Land Asset in Japanese Corporate Investment Decision", *Journal of the Japanese and International Economies*, Vol.10 No.2, June 1996, pp.122-149.

Ono, A., Sakai, K. and Uesugi, I., "The Effects of Collateral on Firm Performance", *Journal of the Japanese and International Economies*, Vol.26 No.1, March 2012, pp.84-109.

――, ――and――, "The Role of Collateral and Personal Guarantees in Relationship Lending: Evidence from Japan's SME Loan Market", *Journal of Money, Credit, and Banking*, Vol.41 No.5, August 2009, pp.935-960.

――, Uesugi, I., and Yasuda, Y., "Are Lending Relationships Beneficial for Public Credit Guarantees? Evidence From Japan's ECG Program during the Financial Crisis", 2010, mimeo.

Petersen, M. and Rajan, R., "The Effects of Credit Market Competition on Firm-Creditor Relationships", Working Papers, University of Chicago, Feb. 1991.

――and――, "The Benefits of Firm-creditor Relationships: Evidence from Small Business Data", *Journal of Finance*, Vol.49 Issue1, Mar., 1994, pp.3-37.

――and――, "The Effects of Credit Market Competition on Lending Relationships", *Quarterly Journal of Economics*, Vol.110 Issue2, May 1995, pp.403-444.

Povel, P., "Optimal "Soft" or "Tough" bankruptcy procedures", Financial markets group Discussion paper, No.240, 1996, London school of Economics.

Puri, M. (1994). "The long-term default performance of bank underwritten security issues、" *Journal of Banking and Finance*, Vol.18 Issue2, Jan. 1994, pp.397-418.

――, "Commercial banks in investment banking: conflict of interest or certification role?" *Journal of Financial Economics*, Vol.40 Issue3, Mar. 1996, pp.373-401.

――and Robinson, D., "Optimism and economic choice", *Journal of Financial Economics, Vol.*86 Issue1, Oct. 2007, pp.71-99.

Riding, A. L. and Haines, G. Jr., "Loan Guarantees: Costs of Default and Benefits to Small Firms", *Journal of Business Venturing*, Vol.16 No.6, Nov. 2001, pp.595-612.

――, Madill, J., and Haines, G. Jr., "Incrementality of SME Loan Guarantees", *Small Business Economics*, Vol.29, Issue Nos. 1-2, June 2007, pp.47-61.

Rin, M., Hellmann, T. & Puri, M. L., "A Survey of Venture Capital Research", Discussion Paper 2011-044, Tilburg University, Tilburg Law and Economic

579

Center, 2011. (in Constantinides, G., Harris, M. and Stulz、R. (eds), *Handbook of the Economics of Finance*, Vol.2, North Holland, 2013, Vol.2 A Chap8. pp.573-648.)

Robbins, D. K. and Pearce II J. A. "Retrenchment und Recovery", *Strategic Management Journal,* Vol.13 No.4, May 1992, pp.287-309.

Roos, J, Roos, G., Dragonetti, N. C. and Edvinsson, L., *Intellectual Capital: Navigating in the New Business Landscape,* Macmillan, 1997.

Rosenbaum, P. P., and Rubin, D. B., "The Central Role of the Propensity Score in Observational Studies for Causal Effects", *Biometrika*, Vol.70 No.1, April 1983, pp.41-55.

Ruiz-Navarro, J., "Turnaround and Renewal in a Spanish Shipyard", *Long Range Planning,* Vol.31 No.1, Feb. 1998, pp.51-59.

Sahlman, W., "The structure and governance of venture-capital organizations". *Journal of Financial Economics,* Vol.27 Issue2, Oct. 1990, pp.473-521.

Schmitt, A. and Raisch, S., "Corporate turnarounds: The duality of retrenchment and recovery", *Journal of Management Studies,* Vol.50 Issue7, Nov. 2013,pp.1216-1243.

Schumpeter, J., *Theorie Der Wirtschaftlichen Entwicklung*, 1912 (2. Aufl., 1926). 塩野谷祐一・中山伊知郎・東畑精一訳『経済発展の理論』岩波書店（文庫）、1977年9月（上巻）、11月（下巻）。（岩波書店、机上版、1980年）。英語訳；Opie, R., *The Theory of Economic Development: An Inquiry into Profits, Capital, Credit, Interest, and the Business Cycle*, Harvard Univ. Press, 1934. (4th printing, 1954).

——, *Business Cycles —A Theoretical, Historical, and Statistical Analysis of the Capitalist Process,* Vol.1&2, McGraw-Hill, 1939. 吉田昇三監修・金融経済研究所訳『景気循環論』有斐閣、Ⅰ－Ⅴ巻、1958年12月－1964年12月。

——, *Capitalism, Socialism, and Democracy,* 1942. 中山伊知郎・東畑精一訳『資本主義・社会主義・民主主義』（上・中・下巻）東洋経済新報社、1951-52年（改

訳版 1962 年、新装版〔合冊本〕1995 年 6 月)。Skandia Insurance Company, *Visualizing Intellectual Capital in Skandia: Supplement to Skandia's 1994 Annual Reports*, Skandia Insurance Company, 1995.

Sheard, P. "Main Banks and the Governance of Financial Distress", in Patrick,H. and Aoki,M. (eds.), *Japanese Main Bank System: Its Relevance for Developing and Transforming Economies,* Oxford University Press,1994. (東銀リサーチインターナショナル訳『日本のメインバンク・システム』東洋経済新報社、1996 年)。

Shiller, R., "Radical Financial Innovation", Cowles Foundation Discussion Paper No.1461, April 2004, pp.1-28.

Smith, B. D. and Stutzer, M. J., "Credit Rationing and Government Loan Programs: A Welfare Analysis", *Real Estate Economics*, Vol.17 Issue2, June 1989, pp.177-193.

Stewart, T. A., *Intellectual Capital: The New Wealth of Organizations. Doubleday/Currency*, 1997, New York.

Stiglitz, J., and Weiss, A., "Credit Rationing in Markets with Imperfect Information", *American Economic Review*, Vol.71 No.3, June 1981, pp.93-110.

Storey D. J., *Understanding the Small Business Sector, Routredge,* 1994. 忽那憲治・安田武彦・高橋徳行訳『アントレプレナーシップ入門』有斐閣、2004 年。

Sullivan, P., *Value-driven Intellectual Capital. How to convert intangible corporate assets into market value,* Wiley, 2000. 水谷孝三訳『知的経営の真髄—知的資本を資本市場に転換させる方法』東洋経済 新報社、2002 年。

Sveiby, K. E., T*he new organizational wealth ‐ Managing & Measuring Knowledge-Based Assets,* Berret-Koehler Publishers, 1997.

Trow, D. B. "Exective Succession in Small Companies", *Administrative Science Quarterly,* Vol.6 No.2, 1961, pp.228-239.

Tufano, P., "Financial Innovation", in Constantinides *et al.* (eds.), *Handbook of the Economics of Finance*, Chap.6, 2003, North Holland. (mimeo. June 16,

2002)

Tykvová, T. andWalz, U. (2003), Are IPOs of Different VCs Different?, *"Centre for European Economic Research (ZEW) Discussion Paper*, No.04-32, 2003.

Uesugi, I., Sakai, K. and Yamashiro, G., "The Effectiveness of Public Credit Guarantees in the Japanese Loan Market, "RIETI Discussion Paper Series No.06-E-004, Feb. 2006. (HERMES-IR、2008 年 9 月。*Journal of the Japanese and International Economies,* Vol.24 No.4, Dec. 2010, pp.457-480.)

Van Ark, B., "The Measurement of Productivity: What Do the Numbers Mean?", in Gelauff, G., Klomp, L., Raes, S. and Roelandt, T. (eds), *Fostering Productivity*, Elsevier, 2004, pp.29-61.

Van Horne, J., "Of financial innovations and excesses", *Journal of Finance*, Vol.40, July 1985, pp.621-631.

Variyam, J., Kraybill, N. and David, S., "Small Firms' Choice of Business Strategies", Southern Economic Journal, Vol.60.No1. July 1993, pp136-145.

Vogel, R. C., Adams, D. W., "Costs and Benefits of Loan Guarantee Programs", *The Financier*, Vol.4, Nos. 1–2, 1997, pp.22-29.

Vosselman, W., *Initial Guidelines for the Collection and Comparison of Data on Intangible Investment.*, OECD, 1998.

Walshe, K., Harvey, G., Hyde, P. and Pandit, N., "Organizational Failure and Turnaround: Lessons for Public Services from the For-Profit Sector", *Public Money & Management,* Vol.24 No.4, Aug. 2004, pp.201-208.

Wang, C. K., Wang, K. and Lu, Q., "Differences in Performance of Independent and Finance- Affiliated Venture Capital Firms", *Journal of Financial Research*, Vol.25 Issue1, Mar. 2002, pp.59-80.

——and——, "Effects of venture capitalists participation in listed companies", *Journal of Banking and Finance*, Vol.27 Issue10, Oct. 2003, pp.2015-2034.

Wilcox, J. A. and Yasuda, Y., "Do Government Loan Guarantees Lower, or Raise, Banks' Non-Guaranteed Lending? Evidence from Japanese Banks", Paper presented at the World Bank Conference onPartial Credit Guarantees, March 13-14, 2008.

Williamson, S. D., "Do Informational Frictions Justify Federal Credit Programs?", *Journal of Money, Credit and Banking*, Vol.26 No.3, 1994, pp.523-544.

Woo, D., "In Search of 'Capital Crunch': Supply Factors Behind the Credit Slowdown in Japan", *Journal of Money, Credit and Banking*, Vol.35 No.6, Part 1, Dec. 2003, pp.1019-1038.

Wooldridge, J. M., *Econometric Analysis of Cross Section and Panel Data*, Cambridge, MIT Press, 2002.

Yasuda, T., "Firm Growth, Size, Age and Behavior in Japanese Manufac-turing", *Small Business Economics,* Vol.24 Issue1, Feb. 2004, pp.1-16.

Young, A., *Towards an Interim Statistical Framework: Selecting the Core Components of Intangible Investment.*, OECD, 1998.

Zecchini, S. and Ventura, M., "The Impact of Public Guarantees on Credit to SMEs", *Small Business Economics*, Online publication, 2007.

【和書・和雑誌】

赤石義博「「中小企業憲章」制定運動推進のために」『企業環境研究年報』No.9、2004年12月、117頁。ベンチャーエンタープライズセンター『日本ベンチャーキャピタル要覧』2002年3月。

安孫子勇一「沖縄県の相対的な高金利―全国との比較による定量分析」RIETI Discussion Paper Series 06-J-041、2006年8月31日。

――「沖縄県の相対的な高金利―全国との比較による定量分析」筒井義郎・植村修一編『リレーションシップバンキングと地域金融』日本経済新聞社、2007年5月、161-191頁。

池尾和人・瀬下博之「日本における企業破綻処理の制度的枠組み」三輪芳郎・神田秀樹・柳川範之編『会社法の経済学』東京大学出版会、1998年11月。

石井芳明「日本のベンチャー企業への公的支援策の効果に関する研究―成長企業育成を目指すベンチャーファンド事業を中心として」早稲田大学博士学位請求論文、2011年9月（a）。

――「ベンチャー政策評価の事例研究――ベンチャーファンド事業によるリスク資金供給の有効性」RIERI Discussion Paper Series 11-P-016、2011年9月（b）。

伊藤晃子「公的信用保証制度におけるモラルハザードに関する一考察」政策研究大学院大学2010年度修士論文、2011年2月（2014年3月3日アクセス）。

伊藤邦雄『無形資産の会計』中央経済社、2006年。

植杉威一郎「中小企業金融安定化特別保証制度の検証」『信用保険月報』2006年5月。

――「政府による特別信用保証には効果があったのか」渡辺努・植杉威一郎編『検証中小企業金融』日本経済新聞出版社、2008年9月。

植村修一・筒井義郎『リレーションシップバンキングと地域金融』日本経済新聞社、

2007年5月。

内田交謹・孫月「ベンチャー・キャピタルの投資行動とパフォーマンスに関する実証分析」『信託研究奨励金論集』第34号、2013年11月、132-143頁。

内田真人・大谷聡・川本卓司「情報技術革新と銀行業」日本銀行金融研究所, Discussion Paper No.2000-J-16、2000年6月、1-64頁。

――・石井芳明・福島章雄「ファンド投資によるベンチャー企業の成長促進効果—中小企業基盤整備機構のベンチャーファンド事業データによる検証」日本金融学会春季大会発表資料（於：成城大学）、2008年5月。

――「非伝統的金融政策の効果と限界—デフレ脱却と金融政策」『成城大学経済研究所年報』第26号、2013年4月、129-160頁。

大垣尚司『電子債権』日本経済新聞社、20005年11月。

――「金融と法—方法論的序説」日本金融学会春季大会報告、2015年5月16日。

大蔵省財政金融研究所（現財務省財務総合政策研究所）『フィナンシャル・レビュー』第51号（特集—金融技術の高度化）、1999年6月。

大沢伸太郎「フランスにおける保証人の保護に関する法律の生成と展開（1）・（2）」『比較法学』第42巻第2号・第3号、2009年1月・3月、47-90・25-73頁。

大林弘道「中小企業憲章制定運動の可能性」『企業環境研究年報』No.10、2005年12月、3-12頁。

大橋正義「開かれた社会の序奏――中小企業憲章制定運動の大河を—ある中小企業家の社会へのメッセージ」『企業環境研究年報』No.10、2005年12月、139-152頁。

大山陽久・成毛建介「フランスにおける中小企業公的金融制度の特徴」日本銀行海外事務所ワーキングペーパーシリーズ2002-1、2002年7月24日。

――・――「近年におけるフランスの公的金融機関の民営化について」日本銀行海外事務所ワーキングペーパーシリーズ2002-2、2002年9月27日。

岡田悟「信用保証制度をめぐる現状と課題」国立国会図書館『調査と情報（Isuue Brief）』第794号、2013年6月。

岡室博之・比佐優子「選別か育成か—ベンチャーキャピタルの関与とIPO前後の企業成長率」COE/RESDiscussion Paper Series、No.131、2005年9月。

奥野正寛・河野敏鑑（2007）「システム転換と利害調整に基づく先送り」林文夫編『経済制度の実証分析と設計　第3巻　経済制度設計』第7章、勁草書房、2007年1月。

小田切宏之『企業経済学』東洋経済新報社、2000年5月。

乙政正太「日本企業の利益圧縮行動――ビッグバスの実証分析に向けて」『曾計』151（4）、1997年、533-545頁。

小野有人「中小企業向け貸出をめぐる実証分析――現状と展望」『金融研究』第30巻3号、2011年8月、130-134頁。

加藤峰弘『事業再生と銀行－経済学的接近と法制度概説』昭和堂、2013年2月。

亀澤宏得・内田衡純・笹井かおり「中小企業基本法改正後の中小企業政策の展開と最近の動向－中小企業をめぐる状況と活性化に向けた取組」『立法と調査』（参議院）No.287、2008年10月、36-72頁。

刈屋武昭「無形資産の理解の枠組みと情報開示問題」RIETI Discussion Paper Series 05-J-019、2005年5月。

岸川善光編『イノベーション要論』同文舘出版、2004年7月。

木下信行「情報通信技術の革新と金融システムの進化」『フィナンシャル・レビュー』第51号、1999年6月。

金榮愨・宮川努「無形資産の役割と経済的意義」『日中韓台企業の生産性と組織資本』日本経済研究センター『国際経済研究・組織資本と生産性』報告書、2008年。

金融庁『新しい中小企業金融の法務に関する研究会報告書』2003年7月16日。

――『中小企業者等に対する金融の円滑化を図るための臨時措置に関する法律に基づく金融監督に関する指針』2009年12月。

――『金融検査マニュアル別冊〔中小企業融資編〕』2012年1月、2014年1月。

――『中小企業者等に対する金融の円滑化を図るための臨時措置に関する法律に基づく金融監督に関する指針（コンサルティング機能の発揮にあたり金融機関が果たすべき具体的な役割）』2012年5月。

――『中小・地域金融機関向けの総合的な監督指針』2012年7月、2013年12月。

金融審議会第二部会『リレーションシップ・バンキングの機能強化に向けて』報告、2003年3月27日。

参考文献

――『地域密着型金融の取組みについての評価と今後の対応について』2007年4月5日。

――協同組織金融機関のあり方に関するワーキング・グループ『中間論点整理報告書』2009年6月19日。

金融審議会『中期的に展望した我が国金融システムの将来ビジョン』報告、2002年9月30日。

――『リレーションシップ・バンキングの機能強化に向けて』報告、2003年3月27日。

――『我が国金融業の中長期的な在り方について（現状と展望）』2012年5月15日。

忽那憲治『中小企業金融とベンチャーファイナンス』東洋経済新報社、1997年10月。

――「新規開業時の資金調達と金融機関の役割」忽那憲治・安田武彦編『日本の新規開業』白桃書房、2005年6月。

――・長谷川博和・山本一彦編『ベンチャーキャピタル入門』中央経済社，2006年。

黒瀬直宏『中小企業政策』日本経済評論社、2006年7月。

経済産業研究所・通商産業政策史編纂委員会編 中田哲雄編著『通商産業政策史（1980―2000）第12巻 中小企業政策』経済産業調査会、2013年3月。

経済産業省『今後の事業再生のあり方に関する懇談会報告書』2007年3月。

――『動産・債権担保融資（ABL）の普及・インフラ構築に関する調査研究報告書』2008年3月。

――『ABLの普及・活用に関する調査研究報告書』2009年3月。

経済企画庁『世界経済白書』（1986年版）。

古賀智敏『知的資産の会計』東洋経済新報社、2005年9月（改訂増補版、2012年10月）。

――・榊原茂樹・興三野禎倫編著『知的資産ファイナンスの探求』中央経済社、2007年1月。

小西大・長谷部賢「公的信用保証の政策効果」『一橋論叢』第128巻第5号、2002年11月、522-533頁。

――「銀行系ベンチャーキャピタルの役割」『郵貯資金研究』第13巻、2004年、45-59頁。

定光裕樹・坪内浩・鶴谷学・鹿島鉄也「先進4カ国における政策金融について」内閣府経済社会総合研究所『ESRII調査研究レポート』No.1、2003年2月。

佐藤隆文編著『バーゼルIIと銀行監督——新しい自己資本比率規制』東洋経済新報社、2007年4月。

塩野谷祐一『シュンペーター的思考』東洋経済新報社、1995年4月。

鹿野嘉昭「CRDデータベースからみた日本の中小企業金融の姿」同志社大学経済学部経済学会ワーキングペーパー No.27、2006年12月。

——「CRDデータベースからみた日本の中小企業金融の収益性」(未発表)、2007年1月。

——『日本の中小企業』東洋経済新報社、2008年2月。

シュンペーター・清成忠男編訳『Entrepreneur 企業家とは何か』東洋経済新報社、1998年12月。

鈴木健嗣「引受シンジケートの構成が新規公開費用に与える影響」『一橋論叢』第132巻第5号、2004年5月、87-106頁。

全国信用保証協会連合会『日本の信用保証制度2013年』2013年9月。

高橋徳行『起業学の基礎』勁草書房、2005年。

高橋正彦「債権譲渡ファイナンスの法と経済学」『横浜経営研究』第35巻第3号、2014年12月、41-79頁。

高橋泰蔵『経済学巡礼記』東洋経済新報社、1977年3月。

——『経済学褞記』(東洋経済印刷) 1981年12月。

滝川好夫『信用金庫のアイデンティティと役割』千倉書房、2014年4月。

——『特別企画 — 事業承継を実施した中小企業の実態調査』2013年6月26日。

——(TDB REPORT Vol.128)『事業承継2014-— 差し迫る後継ぎ問題 中小企業の出口戦略』2014年6月。

竹澤康子・松浦克己・堀雅博「中小企業円滑化策と倒産・代位弁済の相互関係——EC3SLSによる都道府県別パネル分析」ESRI Discussion Paper Series No.87、2004年2月(『経済分析』第176号、2005年6月、1-18頁)。

武田浩一「債権者間の協調の失敗と大口債権者」『経済志林(法政大学)』第71巻第1号、2003年月、191-221頁。

伊達邦春『シュンペーター』日本経済新聞社、1979年4月。

参考文献

中小企業庁『中小企業白書』各年版。
――・中小企業基盤整備機構『中小企業景況調査報告』各回版。
――事業承継協議会　事業承継関連相続法制検討委員会『中間報告』2006年6月。
――事業承継関連会社法制等検討委員会『中間報告』2006年6月。
――『新しい中小企業金融研究会報告』2006年7月25日。
――　事業承継税制検討委員会『中間報告』2007年6月。
――相続関連事業承継法制等検討委員会『中間報告』2007年6月。
――経営支援部長私的研究会『小規模企業政策研究会中間取りまとめ』2007年7月。
――事業承継・第二創業研究会「事業体の継続・発展のために　中間報告」2001年8月。
――事業承継を中心とする事業活性化に関する検討会『中間報告』2014年7月。
中小企業家同友会全国協議会『Think Small First 中小企業憲章 ヨーロッパ視察報告』2008年10月。
中小企業研究センター『中小企業における世代交代と次世代経営者の育成』調査研究報告 No.109、2002年（三井逸友、髙橋美樹、塩見正洋 担当執筆）。
中小企業基盤整備機構新事業支援部『平成16年度ベンチャーファンド出資事業に係るフォローアップ調査』中小企業基盤整備機構、2005年。
――ファンド事業部『平成18年度ベンチャーファンド出資事業・がんばれ！中小企業ファンド出資事業に係るフォローアップ調査報告書』中小企業基盤整備機構、2007年（a）。
――ファンド事業評価・検討委員会『中小企業基盤整備機構ベンチャーファンド事業に係る評価・中間とりまとめ』中小企業基盤整備機構、2007年（b）。
――『中小企業知的資産経営報告書』2006年3月。
――『中小企業のための知的資産経営マニュアル』2007年3月。
――『平成19年度ナレッジリサーチ事業　事業承継に係る親族外承継に関する研究　― 親族外承継と事業承継に係る M＆A の実態』2008年3月。
――『中小企業のための知的資産経営実践の指針』2008年10月。
――『ベンチャーファイナンスに関する調査研究（平成21年度ナレッジリサーチ事業）』（中小機構調査研究報告書第2巻第2号（通巻第5号）、2010年3月。

中小企業研究センター『中小企業における世代交代と次世代経営者の育成』調査研究報告 No.109、2002 年（三井逸友、高橋美樹、塩見正洋担当執筆）。

中小企業金融公庫総合研究所『欧米主要国の中小企業向け政策金融―制度の違いを生み出す背景』中小公庫レポート No.2004-10、2005 年 3 月 25 日。

――『平成 16 年度業務に係る政策評価報告書』2005 年 10 月。

中小企業政策審議会『信用補完制度のあり方に関するとりまとめ』2005 年 6 月。

――"ちいさな企業"未来部会『取りまとめ』"2013 年 3 月。

中小企業総合事業団調査・国際部『主要ベンチャーキャピタルの投資重点分野と支援の実際』2003 年 3 月。

――調査・国際部『主要ベンチャーキャピタルの投資重点分野と支援の実際』2004 年 3 月。

中小企業総合研究機構『戦後中小企業政策年表』日本図書センター、2011 年 3 月。（島田晴樹『戦後の中小企業政策年表』（財団法人中小企業総合研究機構編集・発行、2003 年）を底本として復刻したもの）

土屋宰貴・西岡慎一「無形資産を考慮した企業のデフォルト率の推計」日本銀行ワーキングペーパーシリーズ No.-13-J-12、2013 年 10 月 22 日。

鶴光太郎「ハイブリッド型金融システムとしてのベンチャー・キャピタル―アメリカの経験から何を学ぶか」RIETI Economic Review No.1, 2001 年 9 月。

帝国データバンク編『金融機関等から見た企業の知的財産を活用した資金調達に関する調査研究報告書』2014 年 2 月（経済産業調査会（現代産業選書）、2013 年 8 月）。

ディスクロージャー実務研究会編（1999a―2005a）『平成 11 年版株式店頭上場白書』（―平成 17 年版）亜細亜証券印刷。

――（1999b―2005b）『平成 11 年版株式上場白書（新興市場編）』（―平成 17 年版）亜細亜証券印刷。

――（1999c―2005c）『平成 11 年版株式上場白書（既存市場編）』（―平成 17 年版）亜細亜証券印刷。

土居丈朗「信用保険制度のあり方に関する一考察」『公的金融の現代的役割』金融調

査研究会、2009年7月、57-68頁。

豊福建太「債権者間の協調の失敗とクレジット・ランに関する理論的構造」『日本大学経済科学研究所紀要』第40巻、2010年3月、81-92頁。

中内基博「日本の製造業における社長交代と企業競争力の関係性——事業再構築の観点から」2007年。

中込正樹『事業再生のマクロ経済学－老化する経済への挑戦』岩波書店、2004年4月。

長瀬毅（2003）「新規上場企業のガバナンス構造について——上場に伴う企業の規律付け主体の変化とその効果」花崎正晴・寺西重郎編『コーポレート・ガバナンスの経済分析』第4章、東京大学出版会2003年。

南西地域産業活性化センター『債権の電子的取扱いに関する調査研究』2005年3月。

日経産業消費研究所（ベンチャー投融資問題研究会）『リスクマネー供給の実態と課題——ベンチャー金融の活性化に向けて』日本経済新聞社・日経産業消費研究所、1996年6月。

日本政策投資銀行「米国のコミュニティ開発金融機関の支援の仕組み——欧米地域金融調査①（米国編）」『地域レポート』Vol.12、2005年3月。

──「カナダの地域金融とクレジットユニオン——欧米地域金融調査②（カナダ編）」『地域レポート』Vol.13、2005年3月。

──「イタリアの地域金融と相互保証システム——欧米地域金融調査③（イタリア編）」『地域レポート』Vol.14、2005年3月。

──『新時代の中小企業論』東洋経済新報社、2007年6月。

──・植杉威一郎「リレーションシップ貸出における担保・保証の役割」『みずほ総研論集』2006年Ⅰ号（1月）。

日本銀行『新版わが国の金融制度』日本銀行金融研究所、1995年4月。

──（金融市場局金融市場課市場企画グループ）「中小企業売掛債権の証券化に関する勉強会報告書」金融市場局ワーキングペーパーシリーズ2002-J-6、2002年7月26日。

──（企画局）「金融イノベーションと金融法制」『日本銀行調査季報』2005年1月、92-117頁。

――（信用機構局）「わが国における事業再生ファンドの最近の動向」『日本銀行調査季報』2005 年春号（4 月）、95-118 頁。

――『金融システムレポート』2013 年 4 月号、2013 年 4 月 17 日。

根井雅弘『シュンペーター』講談社、2001 年 10 月。

根本忠宣「諸外国の協同組織金融機関にみる改革の方向」『信用金庫』2003 年 2 月、2-9 頁。

――「イタリアの中小企業金融」国民生活金融公庫総合研究所『調査季報』第 70 号、2004 年 8 月、1-25 頁。

――「信用保証制度の経済効果とパフォーマンス評価」『中小企業総合研究』第 9 号、2008 年 6 月、46-67 頁。

――「公的信用保証制度の制度設計とパフォーマンス評価の重要性」『信用保証』No.124、2013 年月。

能登真規子「保証人の「過大な責任」――フランス保証法における比例原則」『名古屋大学法政論集』第 227 号、2008 年 12 月、371-395 頁。

蓮見亮・平田英明「スコアリング貸出の収益性」『金融経済研究』第 32 号、2011 年 4 月、31-53 頁．

長谷川博和『決定版ベンチャーキャピタリストの実務』東洋経済新報社、2007 年 6 月。

林文夫編『経済制度の実証分析と設計　第 1・2・3 巻』勁草書房、2007 年 1 月。

比佐優子「銀行系ベンチャーキャピタルと IPO が企業の設備投資行動に与える影響」日本金融学会 2007 年秋季大会。

――「銀行系ベンチャーキャピタルと IPO が企業の設備投資行動に与える影響」一橋大学機関レポジトリー HERMES-IR、technical report、（一橋大学経済研究所ディスカッションペーパーシリーズ No.253、2009 年 3 月。

深澤映司「公的信用保証制度と地域間リスクシェアリング」『レファレンス』2006 年 8 月、71-94 頁。

深浦厚之「地場産業の事業承継における信託機能の活用と効果」『信託研究奨励金論集第 33 号、2012 年 11 月、1-16 頁。

福島章雄「ベンチャーファイナンスに関する調査研究」（講演用資料）

参考文献

福田慎一・鯉渕賢「不良債権と債権放棄―メインバンクの超過負担」『経済研究』第57巻第2号、2006年4月、110-120頁。

藤倉孝行「日本の金融システムの変革―ベンチャーファイナンスを中心に」成城大学社会イノベーション研究科博士申請論文（2014年度）、2015年3月博士認定。

藤原敬三『実践的中小企業再生論―「再生計画」策定の理論と実務』金融財政事情研究会、2011年4月（改訂版　2013年4月）。

――『別冊版　実践的中小企業再生論　―「経営改善計画」策定の理論と実際―』金融財政事情研究会、2013年4月。

ベンチャーエンタープライズセンター『ベンチャーキャピタル投資動向調査・ベンチャーキャピタル・ファンド・ベンチマーク調査報告書』2003年3月。

細谷祐二『グローバル・ニッチトップ企業論――日本の明日を拓くものづくり中小企業』白桃書房、2014年3月。

堀内昭義「銀行危機と金融システムの再構築――融資取引関係の可能性」（2004年日本金融学会関東部会報告論文）、2004年9月。

――「金融システムにおける融資取引関係の可能性と限界」池尾和人・堀内昭義編『日本の産業システム9　金融サービス』NTT出版、2004年11月、100-150頁。

――「地域密着型金融の可能性を提示した金融審第二部会報告」『週刊金融財政事情』2007年5月14日、14-18頁。

前原康宏「中小企業金融における信用リスクデータベースの役割」RIETIディスカッションペーパー13-J-067、2013年9月。

孫崎享『昭和史の正体』創元社、2012年7月。

増田寛也編著『地方消滅　東京集中が招く人口急減』中公新書、2014年8月。

松浦克己・竹澤康子「銀行の中小企業向け貸出供給と担保、信用保証、不良債権」郵政研究所ディスカッションペーパー・シリーズ2001-01、2001年1月。

――・堀雅博「特別信用保証と中小企業経営の再構築――中小企業の個票データによる概観と考察」ESRI Discussion Paper Series No.50、2003年7月。

松岡憲司編『事業承継と地域産業の発展』新評論、2013年3月。

みずほ証券バーゼルIII研究会『詳解バーゼルIIIによる新国際金融規制』中央経済社、

2012 年 2 月。

三井逸友「21 世紀最初の 5 年における EU 中小企業政策の新展開——2000 年「欧州小企業憲章」の意義と今後の中小企業政策」『中小企業総合研究』創刊号、2005 年 8 月（a）、37-61 頁。

――「欧州小企業憲章と EU 中小企業政策の今日的意義」『企業環境研究年報』No.10、2005 年 12 月（b）、37-52 頁。

――『中小企業政策と「中小企業憲章」――日欧比較の 21 世紀』花伝社、2011 年 3 月。

三井清「事業再生と資金市場への政策介入」『研究所年報（明治学院大学産業経済研究所）』第 21 号、2004 年 12 月、59-71 頁。

南里光一郎・平田英明「スコアリング貸出の課題——新銀行東京を例に」、『成城大学経済研究所年報』第 22 号、2009 年 04 月、109-126 頁。

宮川努・田中賢治「設備投資分析の潮流と日本経済－過剰投資か過少投資か」ESRI Discussion Paper、No.218、2009 年。

――・滝澤美帆・金榮愨「無形資産の経済学－生産性向上への役割を中心として」日本銀行ワーキングペーパー、10-j-08、2010 年 3 月（a）。

――・金榮愨「無形資産の計測と経済効果－マクロ・産業・企業レベルでの分析」RIETI Policy Discussion Paper、10-P-014、2010 年 11 月（b）。

村本孜「中小企業における信用補完制度（Ⅰ）」『成城大学経済研究』第 120 号、1993 年 3 月、123-140 頁。

――「新事業育成貸付制度の創設と新事業開始時の問題点」『週刊金融財政事情』1994 年 4 月 11 日号、38-42 頁。

――『制度改革とリテール金融』有斐閣、1994 年 6 月。

――「中小企業の金融の現状と新たな対応」『商工金融』第 45 巻第 12 号、1995 年 12 月、3-18 頁。

――「ベンチャー・ファイナンスの現状と課題」『商工金融』第 47 巻第 11 号、1997 年 11 月、30-45. 頁。

――「金融情報技術革新の理論的整理－展望」『成城大学経済研究』第 149 号、2000 年 7 月、19-43 頁。

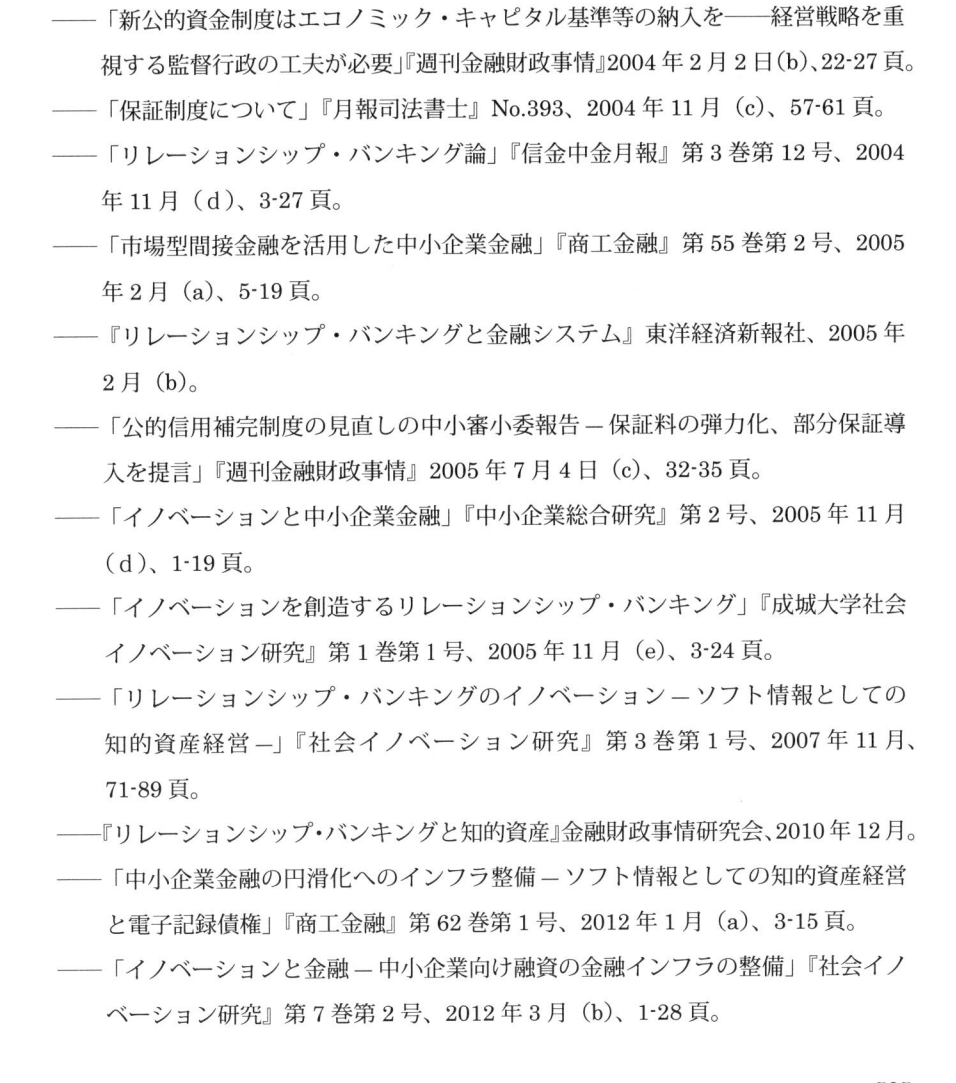

参考文献

――「中小企業金融の理論的基礎と間接金融の新たな手法」『商工金融』2002年9月、16-25頁。
――「リレーションシップ・バンキングと中小企業金融（Ⅰ）・（Ⅱ）・（Ⅲ）」『成城大学経済研究』第162号、第163号、第164号、2003年11月、12月、2004年3月（a）、255-277、229-249、1-27頁。
――「新公的資金制度はエコノミック・キャピタル基準等の納入を――経営戦略を重視する監督行政の工夫が必要」『週刊金融財政事情』2004年2月2日（b）、22-27頁。
――「保証制度について」『月報司法書士』No.393、2004年11月（c）、57-61頁。
――「リレーションシップ・バンキング論」『信金中金月報』第3巻第12号、2004年11月（d）、3-27頁。
――「市場型間接金融を活用した中小企業金融」『商工金融』第55巻第2号、2005年2月（a）、5-19頁。
――『リレーションシップ・バンキングと金融システム』東洋経済新報社、2005年2月（b）。
――「公的信用補完制度の見直しの中小審小委報告－保証料の弾力化、部分保証導入を提言」『週刊金融財政事情』2005年7月4日（c）、32-35頁。
――「イノベーションと中小企業金融」『中小企業総合研究』第2号、2005年11月（d）、1-19頁。
――「イノベーションを創造するリレーションシップ・バンキング」『成城大学社会イノベーション研究』第1巻第1号、2005年11月（e）、3-24頁。
――「リレーションシップ・バンキングのイノベーション－ソフト情報としての知的資産経営－」『社会イノベーション研究』第3巻第1号、2007年11月、71-89頁。
――『リレーションシップ・バンキングと知的資産』金融財政事情研究会、2010年12月。
――「中小企業金融の円滑化へのインフラ整備－ソフト情報としての知的資産経営と電子記録債権」『商工金融』第62巻第1号、2012年1月（a）、3-15頁。
――「イノベーションと金融－中小企業向け融資の金融インフラの整備」『社会イノベーション研究』第7巻第2号、2012年3月（b）、1-28頁。

──「金融インフラの新たな手法としての資本性借入（DDS）──金融イノベーションの視点から」『社会イノベーション研究』第 8 巻第 1 号、2012 年 11 月（c）、71-113 頁。

──「中小企業憲章の制定とその意義－中小企業政策のイノベーション」『成城大学経済研究所研究報告』No.65、2013 年 7 月、1-64 頁。

──「The world has changed—Reporting must too.— コーポレート・レポーティングのイノベーション－知的資産レポーティングをめぐって」『社会イノベーション研究』第 8 巻第 2 号、2013 年 3 月、149-170 頁。

──「クラウドファンディング──イノベーションを実現する創業金融の一形態」『社会イノベーション研究』第 10 巻第 1 号、2015 年 1 月、139-184 頁。

──『元気な中小企業を育てる』蒼天社出版、2015 年 3 月。

──『信用金庫論－制度論としての整理』金融財政事情研究会、2015 年 2 月。

森川正之「無形資産投資における資金制約」RIETI Discussion Paper、12-J-016、2012 年 5 月。

森田果「ソーシャルレンディングはどのように機能しているのか？」『季刊個人金融』第 8 巻第 1 号、May 2013、52-61 頁。

安田武彦「起業後の成長率と起業家属性、起業タイプと起業動機－日本のケース－」『企業家研究』創刊号、2004 年、79-95 頁。

安田行宏「信用保証制度が銀行のリスクテイクに与える影響について」『東京経大学会誌』第 272 号、2011 年 12 月、3-13 頁。

──「信用金庫の貸出行動と信用保証との関係についての実証分析」『東京経大学会誌』第 268 号、2010 年 11 月、19-35 頁。

澤柳健一「中小企業信用保険収支赤字の要因分析」（一橋大学国際・公共政策大学院 2009 年度コンサルティング・レポート）

山口不二夫「無形資産の分類と報告様式の研究」RIETI Discussion Paper、05-J-30、2005 年 10 月。

家森信善『地域金融システムの危機と中小企業金融──信用保証制度の役割と信用金庫のガバナンス』千倉書房、2004 年 3 月。

――編『地域の中小企業と信用保証制度――金融危機からの愛知経済復活への道』中央経済社、2010年9月。

――編『地域連携と中小企業の競争力――地域金融機関と地方自治体の役割を探る』中央経済社、2014年2月。

吉田敬一「持続可能な社会・経済システムと中小企業―"新しい国づくり"を展望する中小企業憲章」『企業環境研究年報』No.10、2005年12月、13-36頁。

蠟山昌一「「市場型間接金融」序説」『フィナンシャル・レビュー』第56号、2001年3月、1-10頁。

渡辺努・植杉威一郎編『検証中小企業金融』日本経済新聞社、2008年9月。

鯉渕賢「失われた10年の債権放棄」『金融経済研究』第27号、2008年10月、1-24頁。

あとがき

　本書は、成城大学経済研究所モノグラフシリーズの第4巻である。成城大学経済研究所では、いくつかの研究プロジェクトを展開しているが、「環太平洋地域における中小企業支援施策の比較分析──日本型金融モデルの有効性の検証」プロジェクトは、2014・2015年度私学共済・振興事業団の学術研究振興資金に採択、助成を受けている。環太平洋地域の経済問題は、TPP（環太平洋経済連携協定）に代表されるように、世界経済の中でも注目される課題である。環太平洋地域の各国の経済問題のうち、成長産業のサポーティング・インダストリーとして機能する中小企業問題に焦点を当て、経済発展に果たす中小企業の育成に必要な中小企業支援施策を横断的ないし比較研究することを目的としている。日本の中小企業金融システムは、成熟諸国の中でも先進性があり、政策金融面での直接融資・信用補完のほか、証券化や資本性借入、民間金融での担保評価、リレーションシップ・バンキング、動産担保貸出（ABL）、電子記録債権などは「日本型モデル」として環太平洋地域諸国にも援用可能と位置付け、その有効性・頑健性（robustness）の検証は、政策支援の先導性などから、これら諸国への政策的な問題提起、特にイノベーションの実現などの上での意義も大きい、というのがそのスタンスである。本書は、先のプロジェクトのうち、この日本型モデルの成果として発刊するものである。

　本書は、後述のように、いくつかの既発表論文を基礎としているが、基の論文に大幅な加筆修正を加えている。個人保証については民法（債権関係）改正などの大きな動きもあり、他についても制度改革等もあったからである。ただ、紙幅の関係で、クラウドファンディングなどについては掲載できなかった。これらについては、『元気な中小企業を育てる』（蒼天社出版、2015年3月）、『成城大学社会イノベーション研究』第10巻第1号（2015年1月）を参照頂け

れば幸いである。また、知的資産経営については、『リレーションシップバンキングと知的資産経営』（金融財政事情研究会、2010年12月）を参照されることを念じている。本書の研究成果は、筆者が参加した経済産業省や金融庁での審議会や研究会、経済産業研究所（RIETI）等での議論を基にしたものが多く、筆者個人の範囲を超えるものも多い。いちいち氏名を挙げないが、関係各位に謝意を表したい。特に、（独）中小企業基盤整備機構での執務経験は大きな刺激と着想・果実となっており、本書に反映されたことを記しておきたい。

　本書の成立には、前任の所長・主事を勤められた明石茂生・大津浩両教授、現任の手塚公登所長、立川潔主事の多大なご尽力を賜ったことに深謝したい。成城学園は、2017年に創立100年を迎えるが、その記念事業の一環として本書の刊行を支援された学校法人各位にも謝意を表したい。また、厳冬の出版事情の中、モノグラフシリーズ第3巻に引き続き、学術書という形での出版に協力された蒼天社出版社長の上野教信氏のご厚情と渾身の編集作業に篤く御礼申し上げたい。最後に、本書は体系化を意図しており、第1章の総論と、第2章以下の各論での記述に若干の重複を残したが、あくまで理解を深める配慮であることと、用意した索引は膨大なため紙幅の関係で断念したことを記して、読者諸兄の寛恕を請いたい。

2015年春　筆者

蒼天社出版経済関係図書

書名	執筆者	定価
米国経済白書 2015	萩原伸次郎監修・『米国経済白書』翻訳研究会訳	定価：本体 2,800 円＋税
元気な中小企業を育てる	村本孜著	定価：本体 2,700 円＋税
米国経済白書 2014	萩原伸次郎監修・『米国経済白書』翻訳研究会訳	定価：本体 2,800 円＋税
揺れ動くユーロ 通貨・財政安定化への道	吉國眞一・小川英治・春井久志編	定価：本体 2,800 円＋税
カンリフ委員会審議記録全 3 巻	春井久志・森映雄訳	定価：本体 89,000 円＋税
システム危機の歴史的位相 ユーロとドルの危機が問いかけるもの	矢後和彦編著	定価：本体 3,400 円＋税
国際通貨制度論攷	島崎久彌著	定価：本体 5,200 円＋税
バーゼルプロセス 金融システム安定への挑戦	渡部訓著	定価：本体 3,200 円＋税
銀行の罪と罰 ガバナンスと規制のバランスを求めて	野﨑浩成著	定価：本体 1,800 円＋税
現代証券取引の基礎知識	国際通貨研究所糠谷英輝編	定価：本体 2,400 円＋税
国際決済銀行の 20 世紀	矢後和彦著	定価：本体 3,800 円＋税
サウンドマネー BIS と IMF を築いた男 ペール・ヤコブソン	吉國眞一・矢後和彦監訳	定価：本体 4,500 円＋税
多国籍金融機関のリテール戦略	長島芳枝著	定価：本体 3,800 円＋税
拡大するイスラーム金融	糠谷英輝著	定価：本体 2,800 円＋税
HSBC の挑戦	立脇和夫著	定価：本体 1,800 円＋税
国立国会図書館所蔵 GHQ/SCAP 文書目録 全 11 巻	荒敬・内海愛子・林博史編	定価：本体 420,000 円＋税
外国銀行と日本	立脇和夫著	定価：本体 3,200 円＋税
グローバリゼーションと地域経済統合	村本孜監修	定価：本体 4,500 円＋税
ユーロと国際通貨システム	田中素香・藤田誠一編著	定価：本体 3,800 円＋税

【著者紹介】

村本　孜（むらもと・つとむ）

　1945年生まれ。1973年一橋大学大学院修了。同年から成城大学に勤務。経済学部専任講師・助教授・教授を経て、2005年から新設の社会イノベーション学部教授。この間、中小企業政策審議会委員、金融庁参事・金融機能強化審査会長・金融審議会専門委員、情報通信審議会委員などを務める。2004年から2010年まで（独）中小企業基盤整備機構副理事長兼務。著書に、『現代国際通貨論』（有斐閣、1985年）、『現代日本の住宅金融システム』（千倉書房、1986年）、『制度改革とリテール金融』（有斐閣、1994年）、『リレーションシップ・バンキングと金融システム』（東洋経済新報社、2005年）、『リレーションシップバンキングと知的資産』（金融財政事情研究会、2010年）、『信用金庫論』（金融財政事情研究会、2015年）、『元気な中小企業を育てる』（蒼天社出版、2015年）など多数。

中小企業支援・政策システム
―― 金融を中心とした体系化 ――

2015年7月5日　初版第1刷発行

著　者　　村本　孜
発行者　　上野　教信
発行所　　蒼天社出版（株式会社　蒼天社）
　　　　　101-0051　東京都千代田区神田神保町3-25-11
　　　　　電話 03-6272-5911　FAX 03-6272-5912
　　　　　振替口座番号　00100-3-628586
印刷・製本所　　シナノパブリッシングプレス

©2015 Tutomu Muramoto
ISBN 978-4-901916-44-8　　Printed in Japan
万一落丁・乱丁などがございましたらお取り替えいたします。
®〈日本複写権センター委託出版物〉
本書の全部または一部を無断で複写複製（コピー）することは、著作権法上での例外を除き、禁じられています。本書からの複写を希望される場合は、日本複写センター（03-3401-2382）にご連絡ください。

あとがき

【初出一覧】

第1章 「日本型モデルとしての中小企業支援・政策システム――中小企業金融を中心とした体系化」『成城大学経済研究所年報』第27巻、2014年4月。

第2章 「中小企業憲章の制定とその意義――中小企業政策のイノベーション」『成城大学経済研究所研究報告』第65巻、2013年7月。

第3章・第4章・第6章 「イノベーションと中小企業金融――ベンチャー・ファイナンス、信用補完、市場型間接金融」『中小企業総合研究』第2号、2005年11月。

第5章 「イノベーションと金融――中小企業向け融資の金融インフラの整備」『成城大学社会イノベーション研究』第7巻第2号、2012年3月。

第7章 「金融インフラの新たな手法としての資本性借入（DDS）――金融イノベーションの視点から」『成城大学社会イノベーション研究』第8巻第1号、2012年11月。

第8章 「リレーションシップ・バンキングのイノベーション――ソフト情報としての知的資産経営」『成城大学社会イノベーション研究』第3巻第1号、2008年1月。「The world has changed —Reporting must too. —コーポレート・レポーティングのイノベーション――知的資産レポーティングをめぐって」『成城大学社会イノベーション研究』第8巻第2号、2013年2月。

第9章 「事業再生・事業承継の金融」『成城大学社会イノベーション研究』第10巻第2号、2015年近刊。